17판

# CFO 강의노트

## 회계정보를 활용한 新재무전략

17판

CFO 강의노트

회계정보를 활용한 新재무전략

2007년 2월 28일 | 제 1 판 1쇄 발행
2025년 2월 17일 | 제17판 1쇄 발행

지 은 이 | 황이석, 이우종, 이문영
발 행 인 | 이민동
발 행 처 | 서울경제경영출판사
북디자인 | (주)우일미디어디지텍

주 소 | 03767 서울특별시 서대문구 신촌로 205, 2층 201호(북아현동)
전 화 | 02)313-2682
팩 스 | 02)313-8860

등 록 | 1998년 1월 22일 제5-63호

ISBN 979-11-6282-135-0 93320 정가 33,000원

※ 파본은 바꾸어 드립니다.

17판

# CFO 강의노트

## 회계정보를 활용한 新재무전략

황이석 • 이우종 • 이문영 공저

서울경제경영

## 학력 및 경력

### 황이석

현) 서울대학교 경영대학 교수/공인회계사
New York University (NYU), Stern School of Business 경영학 박사
연세대학교 경영대학 경영학 학사/석사
City University of New York, Baruch College, 부교수
Chinese University of Hong Kong, Visiting Scholar

### 이우종

현) 서울대학교 경영대학 교수
서울대학교 경영대학 경영학 학사/박사
The Hong Kong Polytechnic University, School of Accounting and Finance, 부교수
Deakin University, Visiting Scholar

### 이문영

현) 덕성여자대학교 경영대학 부교수
서울대학교 경영대학 경영학 학사/석사/박사
University of Wisconsin - Eau Claire, Visiting Scholar

## 주요 논문

"Business Group Affiliation, Ownership Structure, and the Cost of Debt," Hae-Young Byun, Sunhwa Choi, Lee-Seok Hwang and Robert G. Kim, *Journal of Corporate Finance*, 2013

"Does Information Risk Affect the Implied Cost of Equity Capital? An Analysis of PIN and Adjusted PIN," Lee-Seok Hwang, Woo-Jong Lee, Seung-Yeon Lim and Kyung-Ho Park, *Journal of Accounting and Economics*, 2013

"Do Investors Price Accruals Quality? A Reexamination of the Implied Cost of Equity Capital," Lee-Seok Hwang and Seung-Yeon Lim, *Asia-Pacific Journal of Financial Studies*, 2012

"Do Takeover Defenses Impair Equity Investors' Perception of 'Higher Quality' Earnings?," Lee-Seok Hwang and Woo-Jong Lee, *Journal of Accounting, Auditing, and Finance*, 2012

"How Does Ownership Concentration Exacerbate Information Asymmetry Among Equity Investors?," Hae-Young Byun, Lee-Seok Hwang, and Woo-Jong Lee, *Pacific-Basin Finance Journal*, 2011

"Return Predictability and Shareholders' Real Options," Lee-Seok Hwang and Byungcherl Charlie Sohn, *Review of Accounting Studies*, 2010

"CEO Compensation after Deregulation: The Case of Electric Utilities," Stephen Bryan, Lee-Seok Hwang, and Steven Lilien, *Journal of Business*, 2005

"Ultimate Ownership, Income Management, and Legal and Extra-Legal Institutions," In-Mu Haw, Bingbing Hu, Lee-Seok Hwang, and Woody Wu, *Journal of Accounting Research*, 2004

"Arbitrage Risk and the Book-to-Market Anomaly," Ashiq Ali, Lee-Seok Hwang, and Mark A. Trombley, *Journal of Financial Economics*, 2003

"Residual-Income-Based Valuation Predicts Future Stock Returns: Evidence on Mispricing vs. Risk Explanations," Ashiq Ali, Lee-Seok Hwang, and Mark A. Trombley, *The Accounting Review*, 2003

"CEO Stock-Based Compensation: An Empirical Analysis of Incentive-Intensity, Relative Mix, and Economic Determinants," Stephen Bryan, Lee-Seok Hwang, and Steven Lilien, *Journal of Business*, 2000

"Country Specific Factors Related to Financial Reporting and the Value Relevance of Accounting Data," Ashiq Ali, and Lee-Seok Hwang, *Journal of Accounting Research*, 2000

# 머리말

본서는 필자들이 공공 및 민간기업 임직원을 대상으로 강의하였던 가치평가 및 자본시장회계에 관한 강의내용을 정리한 것이다. 그 동안 만났던 많은 기업의 임직원들은 기업의 본질가치를 향상시키는 데 필요한 개념체계와 이를 이해하는 데 필요한 재무회계정보의 유용성 및 한계에 대해 항상 지적 갈증을 갖고 있었다. 이들은 기존사업을 효율적으로 운영해야 하는 책임뿐 아니라 새로운 투자기회를 발굴함으로써 지속가능한 성장을 추구해야 하는 책임감에 언제나 긴장을 늦추지 않았다. 그리고 기업가치를 향상시키는 데 도움이 되는 새로운 이론이나 전략 또는 모범사례에 많은 관심과 애정을 보였다. 이 책은 바로 이들의 지적호기심과 관심을 다소나마 충족시키기 위해 마련된 작은 노력이다.

이 책에서는 기업의 임직원들이 자본시장과 재무회계에 관한 기본적인 이해를 배가할 뿐만 아니라 재무회계정책에 관한 전략적 사고의 틀도 갖출 수 있도록 다양한 주제를 다루고 있다. 경영자는 기업가치를 높이기 위해 핵심 투자 및 영업활동에 필요한 자금을 효율적으로 조달하여야 하며, 이를 위해 자본제공자인 채권자와 주주로부터 신뢰를 얻을 수 있는 방안까지도 고려하여야 한다. 이를 위해 이 책에서는 기업가치평가에 관한 여러 이론은 물론, 이를 실무에 적용하는 데 필요한 재무회계정보의 유용성과 한계를 자본제공자의 시각과 경영자의 시각 모두에서 다루고자 한다.

어떠한 사업영역이든 사업 초기에 막대한 투자가 선행되어야 하는 반면 투자로 인한 영업현금흐름은 즉시 창출되지 않는 공통점을 갖고 있다. 이는 투자 시점과 현금흐름창출 시점 간에 상당한 시간적 괴리가 존재함을 뜻한다. 사업초기의 열악한 수익성을 장기간 동안 회복하지 못하는 기업들도 다수 존재하며, 이들 기업들은 안정적인 수익과 영업현금흐름을 확보하고 있는 다른 기업들과는 달리 배당금 지급수준도 매우 낮은 경우가 일반적이다. 이와 같은 특성을 갖는 많은 기업들의 기업가치를 평가하는 데 있어서 기존의 배당할인모형(dividend discount model)이나 잉여현금흐름(free cash flows) 할인모형을 사용하는 것은 적절치 않아 보인다. 우선, 이들 기업에게는 배당금 지급이 중요하지 않으므로 배당할인모형을 사용하기 어렵다는 점은 쉽게 이해할 수 있다. 또한 잉여현금흐름은 영업활동으로 인한 현금흐름(operating cash flows)에서 설비투자액(investments)을 차감한 것이므로, 이 금액이 사업초기에 음(−)수가 되는 경우가 일반적이다. 따라서 잉여현금흐름할인모형 역시 실무에 그대로 적용하기는 어렵다.

이처럼 경영환경의 변화로 인해 전통적 방식의 기업가치평가모형을 적용하는 것은 많은 한계가 있다. 따라서 본서에서는 이들 모형의 한계를 분석하고 이 한계를 극복할 수 있는 새로운 가치평가모형을 제시하고자 한다. 특히 최근 활발히 논의되고 있는 초과이익모형(residual income model)과 초과이익성장모형(abnormal earnings growth model) 그리고 초과영업이익모형(residual operating income model)을 이론적으로 고려하고, 이를 실제 사례에 적용함으로써 이들 가치평가모형에 대한 경영자의 이해 수준을 높이고자 노력하였다.

상장 기업에서 종종 나타나는 또 다른 특징은 이들 기업의 주가가 본질가치와 괴리되기 쉽다는 점이다. 기업의 영업 및 투자활동을 적절히 평가하고 그로 인한 경영성과를 예측하는 것이 어렵기 때문에 주식시장은 이들 기업의 본질가치를 과대평가하거나 과소평가하는 경향이 있다. 이 책에서는 새로운 가치평가모형들을 사용하여 기업의 주가가 본질가치를 적정하게 반영하고 있는지를 분석하는 기본적인 틀도 제공하였다. 또한 기업가치평가와 밀접하게 관련되어 있는 배당정책, 자사주 매입정책, 주주의 요구수익률, 기업지배구조, 부채조달정책, 경영자보상제도 그리고 회계정보의 투명성에 관한 내용들이 자세하게 소개될 것이다.

이 책의 출판을 위해 여러 분들의 도움을 받았다. 특히 본서의 발간을 위하여 심혈을 기울여주신 서울경제경영의 故 김은중 대표님, 이민동 대표님, 편집진 여러분들, 그리고 정성스럽게 원고를 교정해 준 서울대학교 최선화 교수, 국민대학교 심호식 교수, 임상균 교수, 한국회계기준원 조형진 수석, 세종대학교 양승희 교수, 이화여자대학교 한승엽 교수, The City University of New York at Baruch College 김희동 교수, University of Nebraska Omaha 장영기 교수, 그리고 한양대학교 정태진 교수에게 감사의 정을 표한다. 아울러 언제나 저자를 격려해주시고 조언을 아끼지 않으시는 동료 교수님들께 감사의 마음을 전한다. 끝으로, 본 저자들이 강의를 하는 동안 적극적으로 수업에 참가하여 좋은 질문과 제안을 피력해준 기업 경영자 여러분께 감사드린다. 본서의 집필은 이들의 열정에 바탕을 둔 것이라고 볼 수 있다. 기업의 본질가치를 향상시키기 위해 노력하고 이를 위해 새로운 이론과 시각에 대한 지적호기심과 열정을 갖고 있는 모든 경영자에게 이 책을 청해 드린다.

2025년 2월

저자 일동

# 차 례

SECTION

# 01 자본조달 우선순위와 재무레버리지

기업 경영진의 책임은 투자 및 영업의사결정을 통해 기업가치를 높이는 데 있다. 이들은 기존사업의 효율적인 운영을 통해 수익성을 향상시키고, 새로운 투자기회를 발굴함으로써 지속가능한 성장을 달성해야 하는 책임을 안고 있다. 이 같은 핵심 투자 및 영업활동을 위해서는 효율적인 자본조달이 중요한 역할을 한다. 경영자는 다음과 같은 세 가지 원천에서 자금을 조달하게 된다. 내부유보금, 타인자본, 주주로부터의 납입자본이 그것이다. 이들 자금조달원천은 각각 어떤 특성을 가졌는지 또한 기업은 어떤 순서로 이들을 사용할 것인지에 대해 알아보자.

## 01 자본조달 우선순위

세 가지 자본조달원천 가운데 경영자는 자금조달비용이 가장 낮은 자금부터 사용하고자 할 것이다. 즉 자본비용이 낮은 순서대로 자금을 사용하는 것이다. 여기서 자본비용이란 명시적으로 지출하여야 하는 비용뿐 아니라 암묵적으로 기업이 부담하여야 하는 기회비용까지도 포함하는 것으로 이해하기로 하자.

우선 경영자의 입장에서 가장 손쉽게 사용할 수 있는 재원은 내부유보금(internally generated capital)이다. 내부유보금이란 기업 설립시점 이후 경영활동으로부터 창출된 순이익 적립금액에서 주주에게 지급한 배당금(또는 자사주 취득)을 제외한 나머지를 의미한다. 경영자가 내부유보금을 투자 및 영업활동에 우선적으로 사용하고자 하는 것은 자연스러운 일이다. 내부유보금을 사용하기 위해서는 일정 규모의 투자대안에 대해서 이사회의 동의를 받아야 하지만, 채권자나 주주 등 외부 자본제공자의 직접적인 동의를 구할 필요는 없기 때문이다. 그러나 비록 내부유보금에 대해 주주의 명시적인 제약은 없다고 하더라도 주주들은 내부유보금에 대해서도 암묵적으로 일정 수준의 수익률을 요구하고 있음을 기억하고 넘어가자. 이에 대하여는 다음에 자세히 설명하기로 하자.

그런데 내부창출현금만을 활용하여 투자를 하는 경우의 단점은 성장속도가 떨어진다는 점이다. 따라서 경영진은 자연스럽게 외부 자본제공자로부터 투자재원을 조달할 필요성을 갖게 된다. 문제는 채권자로부터 조달한 타인자본(또는 금융부채, debt)과 주주가 제공하는 납입자본 가운데 어느 재원이 기업입장에서 더 저렴할 것인가를 판단하는 것이다.

우선 자금을 빌려준 채권자의 경우에는 지급되는 이자와 만기시점에 상환되는 원금을 통해 투자한 자본의 회수를 대체로 약속 받을 수 있다. 그리고 자금을 조달한 채무자인 기업 입장에서는 타인자본(또는 금융부채)에 대한 비용이 명시적으로 발생한다. 예를 들어 표면이자율이 6%인 차입금의 경우 할인 또는 할증발행에 따라 약간의 변동은 있겠으나 6% 내외의 이자비용이 손익계산서에 인식된다. 물론 이자비용이 발생하는 만큼 세전이익도 감소하여 기업은 '이자비용 × 법인세율' 만큼의 세금을 절약하게 된다. 즉, 회사는 타인자본을 이용하는 대가로 '이자율 × (1 − 법인세율)' 만큼의 이자비용을 부담한다. 따라서 기업 입장에서는 타인자본을 사용함으로써 부담하는 비용을 손쉽게 파악할 수 있으며, 채권자 입장에서는 이자수익과 원금회수를 통해 투자자본의 회수에 대한 불확실성을 크게 부담하고 있지는 않다.

금융부채의 특성은 충격을 완충하는 역할을 한다는 것이다. 기존사업에서 창출하는 영업현금흐름이 취약할 때 채권자로부터 빌려서라도 투자를 할 수 있다면 경영진 입장에서는 축복이라고 볼 수 있기 때문이다. 그러나 금융부채가 이 같은 '충격완충 역할'을 하는 것은 금융부채의 규모가 '적정수준'을 초과하지 않는 범위 내일 것이다. 만일 타인자본에 과도하게 의존하여 투자한 후 경영성과가 악화되는 경우 금융부채는 충격을 완충하는 것이 아니라 오히려 충격을 증폭시키는 부정적인 역할을 하기 때문이다.

금융부채가 적정수준을 넘었다고 판단한다면 경영진은 두 가지 대안을 갖고 있다. 첫째, 금융부채를 조달하는 것이 부담스러우므로 투자속도를 줄이는 것이다. 즉 기존사업에서 창출하는 현금 범위 내에서만 성장을 하는 전략이다. 둘째, 주주로부터 투자재원을 조달하는 것이다. 이를 납입자본을 조달한다고 한다. 그렇다면 주주는 투자재원을 제공하고 얼마만큼의 수익률을 기대할까? 주주 기대수익률이 채권자가 요구하는 금리수준보다 높을까?

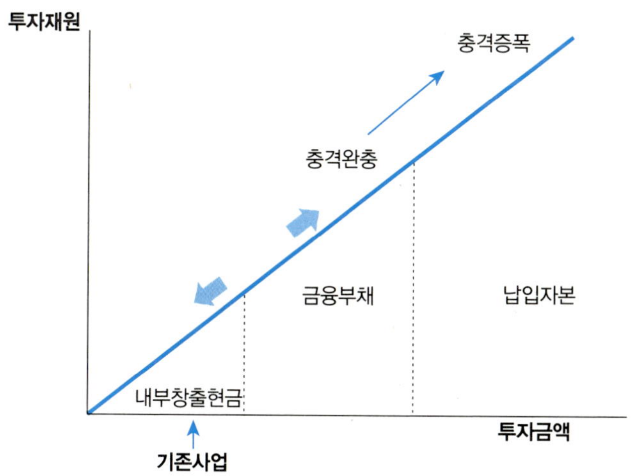


[그림 01-1] 투자재원조달 우선순위

## 02 자기자본비용 〉 타인자본비용?

주주의 경우에는 채권자와 상황이 다르다. 주주가 투하된 자본을 회수하기 위해서는 (1) 기업으로부터 배당을 받거나, (2) 다시 기업에 주식을 되팔거나(기업입장에서는 자기주식의 취득 혹은 자사주 취득이라고 함), 아니면 (3) 보유하고 있는 주식을 주식시장에서 다른 투자자에게 처분하는 방법을 사용할 수 있다. 주주가 보유주식을 회사에 되팔거나 아니면 다른 투자자에게 매각하는 것은 시세차익(자본이득이라고도 함)을 목적으로 하는 것이므로, 주주가 투자 후 기대하는 것은 결국 '배당 + 시세차익' 으로 요약할 수 있다. 그러나 채권자의 경우와는 달리, 주주가 기대하는 배당이나 시세차익에는 많은 불확실성이 수반된다.

우선 현금배당과 자사주취득의 규모 및 지급시기는 전적으로 기업의 판단에 달려 있기 때문에, 주주입장에서는 채권자에 비하여 투자자금 회수가 더 불확실하다. 만일 기업이 과거에 배당금을 적극적으로 지급하지 않았다면 주주의 투하자본 회수에 대한 불확실성은 더 높아질 것이다. 특히 한국 상장기업은 평균 배당수익률($=\frac{배당금}{주가}$)이 2% 내외이고, 이는 미국 상장기업 평균 배당수익률의 반 정도에 해당된다는 점을 고려하면 한국 기업의 주주들이 갖는 불확실성은 그만큼 높아질 수 있다. 그리고 시세차익을 통해 투자자금을 회수한다는 것은 더 불확실할 지도 모른다. 여기서 '불확실성' 의 의미란 회사 경영진이 주주로부터 조달한 투자자금을 유용하거나 낭비하기 때문이 아니라, 경쟁이 심한 경영환경에서 수익성이 높은 사업을 발굴해서 궁극적으로 주주에게 수익을 돌려주는 것이 결코 쉽지 않다는 의미이다.

이와 같은 불확실성의 증가로 인해 주주는 채권자보다 더 높은 기대수익률을 요구하게 될 것임을 예상할 수 있다. 그리고 주주가 요구하는 기대수익률이 높다는 것은 기업의 입장에서는 자본비용이 높아진다는 것을 의미하므로, 이는 궁극적으로 자기자본비용이 타인자본비용보다 높아지는 이유가 된다.

따라서 기업의 입장에서는 자기자본비용은 명시적인 부담(즉 현금배당금의 지급요구)과 명시적으로 나타나지 않은 암묵적 비용(즉 주가를 올려야 하는 부담)의 합으로 구성됨을 기억하자. 명시적인 부담인 현금배당은 기업의 부가 주주에게 환원되는 것으로서 배당금 지급은 비용이 아닌 내부유보금(또는 이익잉여금이라고 함)의 처분으로 인식된다. 따라서 기업의 손익계산서에는 비용으로 나타나지 않고 이익잉여금의 처분 항목이 된다.

여기서 중요한 것은 자기자본비용은 명시적이지 않은 비용이 포함되어 있는 반면 타인자본비용은 명확하게 파악할 수 있으므로, 마치 타인자본비용은 높고 자기자본비용은 없거나(현금배당이 없는 경우) 또는 낮다고 오해할 수 있다는 점이다. 물론 기업의 입장에서는 자본비용을 명시적으로 지출하지 않고도 주주로부터 자기자본을 조달할 수 있기 때문에 자기자본비용이 타인자본비용보다 저렴하다고도 생각할 수도 있다.

그러나 기업이 자기자본을 비용이 없거나 또는 낮은 재원으로 생각한다면, 그 반대편에 있는 주주 입장에서도 이러한 기업의 인식을 꿰뚫어 볼 것이다. 주주는 배당이나 자사주 취득 여부는 전적으로 기업의 재량에 달려 있다는 것을 잘 알고 있다. 따라서 합리적인 주주라면 투자자금회수에 대한 높은 불확실성을 고려하여 그에 상응하는 높은 수준의 기대수익률을 요구할 것이다.

그렇다면 주주의 기대수익률(또는 요구수익률)이 높아진다는 것은 어떤 의미인가? 주주의 기대수익률이 높아진다는 것은 두 가지를 의미한다. 첫째, 주주가 기대하는 수익률이 높아진다는 것은 그 만큼 경영진이 높은 수익성을 달성해야 한다는 의미이다. 만일 기업 수익성이 주주 기대수익률에 미치지 못한다면 이는 기업 가치가 훼손된다는 뜻이기 때문이다. 이 같은 경우가 상장기업에 나타난다면 주가는 오르지 않게 된다. 여기서 기업 수익성은 주주의 관점을 반영한 자기자본수익률($=\frac{\text{당기순이익}}{\text{순자산}}$, 순자산=자산−부채)을 나타낸다. 이에 대해서는 추후 다시 상세하게 살펴 보기로 하자.

둘째, 주주의 기대수익률이 높아지기 위해서는 투자자 입장에서 주식의 구입가격이 낮아져야 한다는 것을 뜻한다. 구입가격이 낮아야만 주가상승으로 투자자금을 회수할 수 있는 확률이 높아지기 때문이다. 만일 기업이 주당 10,000원의 가격을 요구한다면 주주는 이 가격보다는 현저히 낮은 가격을 지급함으로써 기대수익률을 높이려 할 것이다. 이와 같은 현상을 주식가격의 할인현상이라고 한다. 따라서 주식의 할인현상 때문에 기업 입장에서는 주식발행으로 인한 자본조달이 채권발행으로 인한 자본조달에 비해 암묵적인 자본비용이 더 높아지는 것이다. 투자자본회수에 대한 주주의 불확실성이 높을수록 주주는 더 높은 기대수익률을 요구하게 되고 이는 기업이 더 높은 암묵적인 비용을 부담한다는 의미이다.

이제 주주의 요구수익률이 이자비용보다 높을 것이라는 것에 대해서 직관적으로는 이해할 수 있게 되었다. 그렇다면 주주의 요구수익률이 구체적으로 어느 정도 되는지를 알 수 있을까? 다시 말해 주주의 요구수익률을 측정하는 방법이 있을까? 앞에서 본대로, 주주의 요구수익률은 (1) 배당수익률과 (2) 시세차익의 합으로 나타낼 수 있다. 그러나 이 같은 직관적인 이해수준을 넘어 구체적으로 주주 요구수익률이 얼마인가를 알 수 있는 방법이 있다면 매우 유용할 것이다.

주주 요구수익률을 측정하는 방법으로 다음과 같은 세 가지 방법이 있다.

- 자본자산가격결정모형(CAPM: capital asset pricing model)이라는 정교한 방법을 사용하여 주주의 요구수익률을 구한다. CAPM의 핵심은 회사의 체계적위험(systematic risk)을 추정하고 이에 대해 주주가 느끼는 위험프리미엄을 고려하여 주주의 요구수익률을 산출하는 것이다.
- 요구수익률이 얼마인가를 주주에게 '묻는' 방법이다. 주가에는 이미 주주의 요구수익률이 반영되어 있다. 주가란 회사의 미래 경영성과지표(영업현금흐름이나 순이익)를 주주의 요구수익률(또는 할인율)로 할인한 것이기 때문이다. 따라서 주가에 반영되어 있는 주주의 요구수익률을 역으로 추적해 보면 주주가 생각하고 있는 요구수익률 수준을 간접적으로 파악할 수 있다.
- 경영진에게 투자의사결정 과정에서 사용하고 있는 요구수익률이 얼마인가를 확인하는 방법이다. 경영진이 회사재원을 사용하여 다른 회사를 인수하려 한다고 가정하자. 이 같은 기업인수결정을 위해 임원진은 투자 수익성이 좋을 것이라는 것을 최고경영층에게 효과적으로 전달해야 한다. 이때 사용하는 개념 중 목표수익률과 투자회수기간(payback period)이 있다. 경영진이 회사재원을 사용하여 다

른 회사의 주주가 되고자 하는 경우, 경영진이 목표로 하는 수익률이 얼마인지 또는 투자재원을 몇 년 만에 회수할 수 있을 것인가에 대한 자신감을 보여야 한다. 이 같은 정보를 바탕으로 주주(여기서는 인수를 하고자 하는 기업)의 요구수익률 수준을 확인할 수 있다.

위의 방법들에 대해서는 다음 기회에 자세히 살펴 본다(Section 22과 23 참조).

## 03 투자재원의 조달원천

지금까지의 내용을 정리해보자. 기업은 핵심 영업 및 투자활동에 필요한 재원을 조달하기 위해 (1) 내부유보금, (2) 타인자본, (3) 납입자본의 순서대로 자원을 사용할 것이다. 이 순서를 자본조달순서(pecking order theory)라고 부른다. 이를 자본비용이 저렴한 순서대로 자원을 조달한다는 의미로 해석하기로 하자. 이 내용을 [그림 01-2]와 같이 표현할 수 있다.

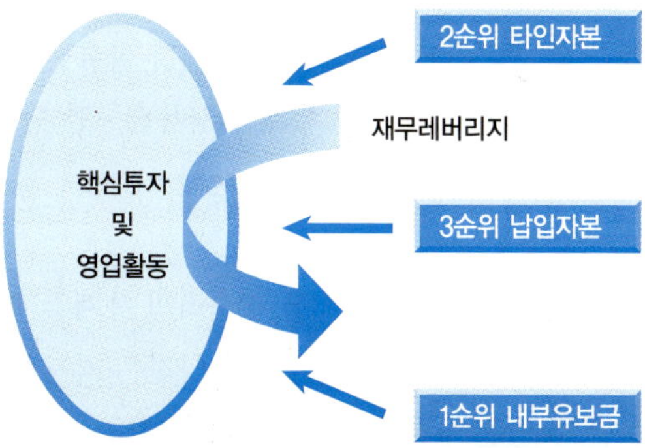


[그림 01-2] 자본조달 우선순위 및 재무레버리지

그렇다면 이 세가지 자금조달 원천이 실제 기업투자활동에 어떤 비중으로 쓰이고 있을까? 연구에 의하면 기업 투자재원 중 내부유보금이 차지하는 비중이 평균 70%정도라고 한다. 내부유보금이란 기업이 영업활동으로 창출한 현금흐름에서 이자비용과 배당금지급 및 자사주취득에 소요된 금액을 차감한 후의 유보금을 의미한다. 나머지

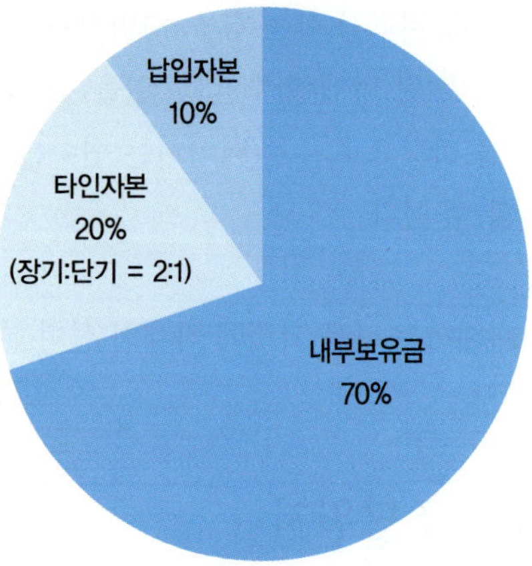


**[그림 01-3]** 투자재원의 조달원천

투자재원 30% 가운데 약 3분의 2는 은행차입금이나 채권자로부터 조달한 타인자본으로 충당하고, 나머지 3분의 1을 주주로부터의 납입자본으로 조달한다고 한다.

또 하나 흥미로운 점은 타인자본을 사용하는 경우 장기차입금과 단기차입금의 비율이 2:1 정도로 나타나, 기업 경영진은 투자재원으로 단기부채보다는 장기부채를 선호한다는 것을 알 수 있다. 이는 공장설립이나 물류센터의 건립 등과 같은 고정실물자산 투자를 위해서는 만기가 긴 부채를 사용해야만 단기차입금 조달에서 나타나는 단기상환의 압박을 회피할 수 있기 때문이다.

물론 위와 같은 투자재원 조달원천은 평균적인 통계일 뿐이다. 기업마다 영업전략 및 자산구조와 재무정책이 다르기 때문에 경영진은 각자의 경영환경 변화에 가장 효율적으로 대응할 수 있는 투자재원 조달방법에 대해 심사 숙고할 것임에 틀림없다.

그런데 여기서 다음과 같은 질문을 해 보자. 경영진 입장에서는 증자를 통해 투자재원을 조달하기 보다는 내부유보자금을 사용하는 것이 가장 편하지만, 주주도 경영진과 같은 생각을 할까? 아니면, 주주의 시각에서는 내부유보금은 주주에게 배당을 지급하지 않고 유보한 것이므로, 이 역시 주주의 몫이라고 인식하고, 내부유보금을 사용할 때는 마치 증자로 마련한 자금을 사용할 때와 같은 엄격함을 요구할까? 당연히 정답은 주주는 내부유보금도 주주의 몫이라는 생각을 할 것이다.

따라서 이제 자금조달의 원천이 세 가지(내부유보금, 타인자본, 증자자금)에서 두 가지(주주의 몫인 자기자본과 채권자의 몫인 타인자본)로 재구성된다는 점을 기억하자. 이 같은 개념이 추후 가중평균자본비용(자기자본비용과 타인자본비용을 자본조달 비중에 따라 가중평균한 것) 논의에서 활용될 것이다(Section 27 및 28 참고).

## 04 재무레버리지

자본조달순서를 기억하면 재무레버리지(financial leverage) 개념도 쉽게 이해할 수 있다. 재무레버리지란 자기자본에 비해 상대적으로 저렴한 타인자본을 조달하여 핵심영업 및 투자활동에 재원을 투입하고 그로 인해 이자비용을 초과하는 수익을 창출할 수 있다면, 기업은 더 높은 자기자본수익률($=\frac{\text{순이익}}{\text{자기자본}}$)을 창출할 수 있다는 개념이다. 예를 들어 타인자본에 대한 (세후)이자비용이 6%, 영업활동으로 인한 수익성이 이보다 높은 10%, 그리고 타인자본이 자기자본의 2.0배라면, 주주들이 관심있게 지켜보는 자기자본수익률은 타인자본을 전혀 사용하지 않을 때보다 다음과 같이 8%만큼 더 높게 나타나게 난다.

$$(10\% - 6\%) \times \frac{\text{타인자본}}{\text{자기자본}} = 4\% \times 2.0 = 8\%$$

즉 타인자본을 적절하게 사용하는 경우의 자기자본수익률은 10% + 8% = 18%로 높게 나타나 타인자본을 사용하지 않을 경우의 수익률 10%와 대비된다.* 이 경우는 적절한 타인자본의 사용이 기업수익성을 높이는 지렛대 역할을 잘 해내고 있는 것이다. 즉 기업은 상대적으로 저렴한 타인자본을 적절히 사용하여 핵심 투자 및 영업활동을 하고, 이를 통해 자기자본수익률을 높일 수 있다.

물론 타인자본이 부정적인 방향으로 지렛대 역할을 하는 경우도 발생한다. 위의 예에서 영업활동으로 인한 수익성이 4%라고 한다면 자기자본수익률은 0으로 나타나게 되어, 타인자본을 사용하지 않을 경우의 자기자본수익률인 4%보다도 오히려 낮아진다.

* 자기자본수익률 = 10% + 2.0 × (10% − 6%) = 18%가 되는 구체적인 이유는 Section 10에서 다룬다.

$$4\% + (4\% - 6\%) \times \frac{\text{타인자본}}{\text{자기자본}} = 4\% - 2\% \times 2.0 = 0$$

이 경우 타인자본의 사용이 기업수익성을 올리는 역할을 하기보다는 반대로 수익성을 끌어내리는 역할을 하고 있다.

따라서 타인자본의 사용은 자기자본수익률의 변동성을 높이는 역할을 하게 됨을 알 수 있다. 직관적으로 타인자본의 지렛대 역할을 설명하면 다음과 같다. 타인자본의 사용이 증가할수록 주주의 몫인 자기자본의 비중은 줄어들게 되나 고정적으로 지출하여야 하는 이자비용은 늘어나게 되므로, 자기자본에 대한 순이익의 변동폭이 상대적으로 커지게 된다. 즉 낮아진 자기자본 비중으로 인해 영업활동으로 인한 이익이 고정이자비용을 초과하는 경우에는 자기자본수익률은 영업수익률보다 더 높아지나, 반대로 영업이익이 고정이자비용보다도 낮은 경우 자기자본수익률은 더 빠른 속도로 악화되어 결과적으로 자기자본수익률의 변동성을 높이게 된다.

최근 한국 기업들은 타인자본 사용으로 인한 긍정적인 재무 지렛대 효과를 추구하기보다는 이로 인한 부정적인 재무 지렛대 효과를 방지하는 데에 더 큰 관심을 보이고 있다. 많은 기업들이 부채를 상환하거나 매우 낮은 수준의 타인자본만을 사용하고 있으며 대신 현금이나 단기금융상품 보유량은 높은 수준을 유지하고 있다. 1990년대 말 발생한 경제위기를 겪고 난 후 경영자들은 타인자본을 사용함으로써 수익률을 높이는 것보다는 과도한 부채사용으로 인해 발생할 수도 있는 최악의 상황을 방지하는 데 더 큰 주의를 기울이고 있다는 의미이다.

현재의 최고경영층은 당분간 이 같은 재무구조 전략을 유지할 것으로 보인다. 외환위기 때의 어려운 기억이 여전히 잊혀지지 않았기 때문이다. 더구나 한국 기업들은 유가나 환율 그리고 해외상품시장의 변동성에 노출되어 있기 때문에 영업현금흐름의 변동성이 높다. 따라서 과도한 부채사용으로 인한 재무레버리지의 부정적인 영향을 최소화하려는 전략을 채택하고 있다. 재무레버리지의 긍정적인 효과를 강조하는 새로운 세대가 최고경영층을 구성하기까지는 여러 해가 더 지나야 할 것으로 보인다.

SECTION

# 02 재무레버리지와 재무상태표

재무레버리지의 개념을 이해하기 위해서는 타인자본비용이 자기자본비용보다 평균적으로 저렴하다는 점을 기억하는 것이 중요하다. 상대적으로 저렴한 타인자본을 조달하여 그 재원을 핵심영업활동과 투자활동에 투자하고 타인자본비용을 초과하는 수익성을 창출할 수 있다면 주주에게 돌아가는 수익률은 더 높아질 수 있다는 것이다. 이 같은 재무레버리지 개념은 기업이 제공하는 재무상태표에 고스란히 잘 나타나 있다. [그림 02-1]은 재무상태표의 구조를 개념적으로 간략히 보여주고 있다.

## 01 자산수익률(ROA)과 순자산수익률(ROE)

재무상태표에 기록되어 있는 자산(assets)은 기업 임직원이 통제하며 관리하고 있는 전체 자원을 뜻한다. 경영자는 자산을 효율적으로 활용하여 부를 창출하게 되며, 손익계산서에서 보고되는 당기순이익(NI: net income)은 이같이 창출된 부를 나타내는 하나의 지표이다. 따라서 당기순이익을 자산총계(엄밀하게는 기초와 기말 자산의 평균)로 나눈 자산수익률(ROA: return on assets)을 사용하여 경영성과를 나타내고자 하는 것

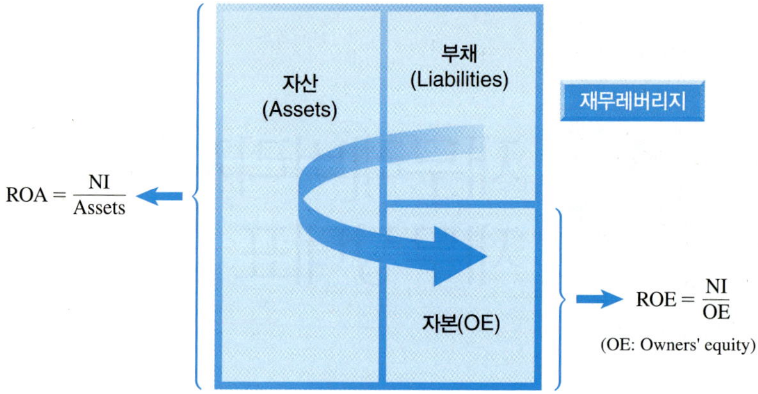


[그림 02-1] 재무상태표와 재무레버리지

은 자연스러운 일이다. 순이익 창출을 위해 투입된 기업의 자원이 채권자로부터 조달되었든 또는 주주로부터 조달되었든 구별없이 경영자는 자산수익률을 높이고자 한다. 따라서 자산수익률은 경영자가 관심있게 지켜보아야 할 중요한 경영성과지표이다.

[표 02-1]은 주식회사 태평양의 2004년도와 2005년도 말 재무상태표이다. 이를 사용하여 자산수익률을 계산해보자.

이 회사의 2005년도 당기순이익이 1,650억 원, 기초총자산이 1조 1,940억 원이고 기말총자산이 1조 3,690억 원이므로 평균총자산은 1조 2,815억 원이며, 따라서 자산수익률은 12.88%이다.

$$\text{자산수익률(ROA)} = \frac{\text{1,650억 원}}{\text{1조 2,815억 원}} = 12.88\%$$

이 수준의 자산수익률은 좋은 평가를 받을 만한가? 이에 대한 대답은 보다 정교한 논의가 필요하다. 일단은 '그렇다' 라고 할 수 있다. 이 정도 수준의 자산수익률을 갖는 상장기업들이 많지 않기 때문이다.

그러나 주주는 자산수익률보다는 순자산수익률(ROE: return on equity) 또는 자기자본

[표 02-1] **재무상태표(태평양)** (단위: 십억 원)

| 계정명 | 2004 | 2005 | 계정명 | 2004 | 2005 |
|---|---|---|---|---|---|
| 자산총계 | 1,194 | 1,369 | 부채총계 | 248 | 364 |
| 유동자산 | 476 | 669 | 유동부채 | 185 | 209 |
| 당좌자산 | 398 | 576 | 매입채무 | 50 | 33 |
| 현금 및 현금등가물 | 86 | 88 | 미지급금 | 78 | 71 |
| 단기금융상품 | 225 | 378 | 선수금 | 3 | 27 |
| 매출채권 | 75 | 95 | 미지급비용 | 34 | 45 |
| 재고자산 | 78 | 93 | 비유동부채 | 63 | 155 |
| 상품 | 10 | 8 | 이연법인세대 | 35 | 120 |
| 제품 | 38 | 48 | 자본총계 | 946 | 1,005 |
| 원재료 | 18 | 23 | 자본금 | 51 | 56 |
| 비유동자산 | 718 | 699 | 자본잉여금 | 191 | 505 |
| 투자자산 | 288 | 213 | 자본준비금 | 18 | 332 |
| 지분법적용투자주식 | 244 | 142 | 재평가적립금 | 173 | 173 |
| 보증금 등 | 29 | 38 | 이익잉여금 | 726 | 867 |
| 유형자산 | 413 | 570 | 당기순이익 | 150 | 165 |
| 토지 | 191 | 281 | 자본조정 | − 22 | − 422 |
| 건물 및 부속설비 | 141 | 164 | 자기주식 | − 34 | − 431 |
| 기계장치 | 20 | 44 | 투자유가증권평가이익 | 16 | 13 |
| 기타유형자산 | 61 | 81 | 발행주식수 | 10,200,960 | 11,113,910 |
| 무형자산 | 17 | − 84 | 보통주 | 8,500,800 | 9,413,750 |
| 부의영업권 | 0 | − 99 | 우선주 | 1,700,160 | 1,700,160 |

수익률에 더 많은 관심을 갖고 있다. 순자산수익률이란 당기순이익을 순자산(또는 자본 = 자산 − 부채, 보다 정확히는 순자산의 평균값)으로 나눈 것을 뜻한다.* 따라서 순자산수익률은 주주의 몫인 순자산을 경영활동에 투입함으로써 얼마만큼의 수익성을 창출하였는지를 나타낸다. 주주가 자산수익률(ROA)보다는 순자산수익률(ROE)에 더 높은 관심을 보이는 이유는 그들의 몫이라고 생각하는 순자산이 주주가 요구하는 수익률(이를 기대수익률이라고 함)을 초과하여 수익성을 창출하였는가에 관심이 있기 때문이다.

* 순자산의 영어 표현으로는 주주의 몫이라는 의미에서 owners' equities 또는 '자산 − 부채' 라는 의미에서 book value를 사용한다.

앞의 예에서 기초순자산이 9,460억 원이고 기말순자산이 1조 50억 원이므로 평균순자산은 9,755억 원이며, 따라서 순자산수익률은 16.91%이다.

$$순자산수익률(ROE) = \frac{1,650억\ 원}{9,755억\ 원} = 16.91\%$$

이 역시 양호한 평가를 받을 만한 수준으로 보인다. 물론 보다 정교한 평가는 이 기업의 주주들이 요구하는 수익률이 얼마인지를 파악하여 이와 비교하여야만 가능하다. 만일 주주의 기대수익률이 10%로 파악되었다면(이에 대해서는 Section 22에서 자세히 살펴본다), 16.91%의 순자산수익률은 좋은 성적임에 틀림없다.

비록 자산수익률과 순자산수익률이 경영성과를 나타내는 주요지표로서 사용되고 있으나 주주는 순자산수익률에 더 큰 관심을 보이고 있으므로, 경영자는 재무레버리지의 긍정적 효과를 기대하고 타인자본을 사용하게 된다. 적정수준의 타인자본을 사용하여 그 재원을 핵심영업 및 투자활동에 투입하고 타인자본비용(이자비용)을 초과하는 수익을 창출한다면 주주들이 관심있게 지켜보는 순자산수익률을 높일 수 있기 때문이다. 이와 같은 이유로 경영자는 적정 타인자본수준에 관심을 갖게 된다. 타인자본에 대해서는 자산의 구성요소들을 살펴본 후 상세히 알아보기로 하자.

## 02 영업자산 및 금융자산

자산을 구성하는 구체적인 항목들을 살펴보자. 자산은 전통적으로 유동자산과 비유동자산으로 구분한다. 유동 및 비유동자산의 구분은 일반적으로 1년 기간을 염두에 두고 분류되어 있다. 유동자산의 예로는 1년 이내에 현금으로 회수될 것으로 예상하는 자산(매출채권, 미수금 등), 판매될 것으로 예상하는 자산(재고자산), 또는 사용될 것으로 예상하는 자산(선급비용)과 현금이나 단기금융자산(단기목적으로 보유하고 있는 타기업이 발행한 주식이나 채권) 등이 있다.

이때 현금성자산(현금과 단기금융상품)을 다른 말로는 금융자산이라 부른다. 따라서 유동자산을 영업활동과 직접 관련이 있는 재고자산, 매출채권, 선급금, 선급비용 등의 영업자산(operating assets)과 현금성자산인 금융자산(financial assets)으로 구분할 수 있다는 점도 기억하자.

또한 영업자산 가운데 매출채권과 재고자산은 전체 자산 가운데 가장 '위험한' 자산이라는 점을 기억하자. 그 이유는 이들 자산은 과대평가될 위험이 과소평가될 위험보다 크기 때문이다. 매출채권이란 상품이나 용역을 신용으로 판매하였으나 아직 회수되지 않은 금액을 의미한다. 따라서 매출채권 중 일부는 회수하지 못할 가능성이 있을 수 있다. 재고자산 역시 이미 기업 임직원의 노력과, 원재료비 및 간접경비 그리고 물류비용 등이 투입되어 있으나, 판매되어 현금으로 투자금액을 회수하기 전에는 노후 및 진부화 위험에 노출되어 실제 처분가치보다 과대평가될 위험이 큰 자산이다. 매출채권과 재고자산의 과대평가 위험성에 대해서는 추후 상세히 살펴본다.

앞의 예에서 2005년 말 총자산 1조 3,690억 원 가운데 유동자산이 6,690억 원으로 총자산의 48.9%를 차지하고 있으며, 이 중 현금, 단기금융상품, 그리고 매출채권 등 현금자산이거나 단기간 내에 현금으로 회수될 것으로 예상되는 당좌자산이 42.1%나 된다. 특히 현금과 단기금융상품 합계금액이 4,660억 원이나 되어 총자산의 34%를 차지하고 있어, 이 회사는 실질적으로 원금과 이자지급이 수반되는 금융부채는 없는 대신 현금성자산 보유수준이 높은 특성을 보이고 있다. 적정 현금성자산 보유수준에 대해서는 Section 67에서 살펴본다.

## 03 지분법투자주식과 경영성과평가

비유동자산은 1년 이상의 생산활동에 사용할 목적으로 보유하고 있는 유형, 무형의 자산을 포함한다. 비유동자산을 구성하는 대표적인 항목으로는 투자자산, 유형자산, 그리고 무형자산 등이 있다. 여기서 투자자산이라 함은 기업이 전략적인 목적으로 관계회사나 자회사에 투자한 '지분법적용투자주식'과 기타 타회사의 주식이나 채권 등에 투자한 투자유가증권을 포함한다.

앞의 기업에서 비유동자산은 총자산의 51.1%를 차지하고 있고, 구체적으로는 투자자산이 15.6%이고 유형자산이 41.6%의 비율을 보이고 있다. 한 가지 흥미로운 항목은 무형자산이 음(−)수로 나타나 있다는 점이다. 특히 부(−)의영업권이라는 항목이 눈에 띈다. 부의영업권이란 영업권의 반대되는 개념으로, 우선 영업권부터 간단히 살펴보자. 영업권이란 투자기업이 피투자기업을 합병하는 경우 공정금액으로 평가한 피투자기업의 순자산금액을 초과하여 지급하는 프리미엄 가격을 의미한다. 따라서 영업권은 피투자회사의 경영권을 취득함으로써 향후 초과이익을 창출할 수 있다고 믿는 경우 발생하게 된다.

이와는 반대로 부의영업권은 공정금액으로 평가한 피투자회사의 순자산금액보다 낮은 가격으로 경영권을 취득하는 경우 발생한다. 부의영업권이 발생하는 이유는 피투자회사의 순자산이 과대평가되었거나 투자회사가 어떤 이유에서든지 저렴하게 경영권을 취득하였기 때문이다. 또한 그 이유와 관계없이 부의영업권은 향후 점진적으로 투자회사의 이익으로 환입되는 특징을 갖고 있다. 앞의 예에서는 990억 원이 부의영업권으로 나타나고 있다.

지분법투자주식이란 기업이 관계회사나 자회사에 유의적인 영향력(significant influence)을 행사할 수 있는 소유권을 보유한 경우의 투자주식을 의미한다. 여기서 '유의적인 영향력' 이란 20% 이상의 소유권을 보유하거나 20% 미만의 지분을 소유하더라도 최대주주의 지위를 갖는 등 실질적으로 피투자회사의 영업, 투자 및 재무활동에 중요한 영향력을 행사하는 것을 나타낸다.

위의 기업은 총자산의 10.4%에 달하는 1,425억 원의 지분법투자주식을 보유하고 있다. 다음 [표 02-2]는 이 회사가 2005년 말 현재 국내 및 해외 관계회사에 투자한 지분비율과 장부금액으로 표시된 투자금액, 그리고 피투자회사의 2005년도 당기순이익 정보를 보여준다. 예를 들면 모기업인 태평양은 국내 비상장 관계회사인 태평양금속의 지분을 33.05% 보유하고 있으며, 그 장부금액은 164억 원이다. 피투자회사에의 투자금액을 모두 합하면 1,425억 원이 되며 이 금액이 재무상태표에 나타난다.

또한 태평양금속의 2005년도 당기순이익이 2억 3,600만 원이므로, 2억 3,600만 원 × 33.05% = 7,800만 원이 모기업의 손익계산서에 지분법평가이익으로 인식된다.

**[표 02-2] 국내외 관계사 출자현황(태평양)**

[2005.12.31 현재] (단위 : 천주, 백만 원, %)

| 구분 | 계정과목 | 법인명 또는 종목명 | 출자목적 | 기초잔액 | | | 증가(감소)내역 | | 기말잔액 | | | 피출자법인의 최근사업연도당기순이익 |
|---|---|---|---|---|---|---|---|---|---|---|---|---|
| | | | | 수량 | 지분율 | 장부가액 | 수량 | 취득(처분)가액 | 수량 | 지분율 | 장부가액 | |
| 국내 | 관계회사주식(상장) | ㈜퍼시픽글라스 | 경영참여 | 4,757 | 64.28 | 97,546 | (4,902) | (102,727) | - | - | - | - |
| | | ㈜태평양제약 | 경영참여 | 1,223 | 52.53 | 22,155 | - | - | 1,223 | 52.53 | 25,258 | 7,326 |
| | 관계회사주식(비상장) | ㈜아모스프로페셔널 | 경영참여 | 700 | 100 | 17,186 | - | - | 700 | 100 | 18,918 | 1,728 |
| | | ㈜에뛰드 | 경영참여 | 107 | 73.32 | 9,746 | 1 | 78 | 108 | 74.34 | 8,652 | (1,647) |
| | | ㈜빠팡에스쁘아 | 경영참여 | 214 | 71.33 | 972 | 6 | 40 | 220 | 73.33 | 1,099 | 135 |
| | | ㈜태평양금속 | 투자 | 991 | 33.05 | 16,614 | - | - | 991 | 33.05 | 16,403 | 236 |
| | | ㈜비비디오코리아 | 투자 | 180 | 30.00 | 4,521 | - | - | 180 | 30.00 | 4,177 | 3,053 |
| 해외 | 관계회사주식(비상장) | PACIFIC EUROPE S.A | 현지법인 | 44,126 | 98.65 | 49,339 | 8,000 | 10,564 | 52,126 | 98.85 | 42,613 | (9,238) |
| | | AMOREPACIFIC Cosmetic (USA)Co.,Ltd. | 현지법인 | 14,900 | 100 | 9,531 | 2,500 | 2,535 | 17,400 | 100 | 9,845 | (2,223) |
| | | AMOREPACIFIC Cosmetic (shenyang)Co.,Ltd. | 현지법인 | 2,500 | 100 | 6,037 | - | - | 2,500 | 100 | 6,329 | 207 |
| | | AMOREPACIFIC Cosmetic (sanghai)Co.,Ltd. | 현지법인 | 10,500 | 100 | 5,433 | - | - | 10,500 | 100 | 1,921 | (3,476) |
| | | PACIFIC Japan Co., Ltd. | 현지법인 | 76,200 | 100 | 1,239 | - | - | 76,200 | 100 | 1,107 | 59 |
| | | Laneige Singapore Pte., Ltd. | 현지법인 | 1,903 | 100 | 658 | 744 | 453 | 2,647 | 100 | 147 | (605) |
| | | AMOREPACIFIC Taiwan Co., Ltd. | 현지법인 | 1,538 | 100 | 433 | 1,930 | 1,980 | 3,468 | 100 | 1,128 | (1,568) |
| | | TAIWAN AMORE Co.,Ltd. | 현지법인 | 10,000 | 50.00 | 1,397 | - | - | 10,000 | 50.00 | 1,280 | 594 |
| | | Laneige Hongkong Co., Ltd. | 현지법인 | 27 | 30.00 | 1,315 | - | - | 27 | 30.00 | 1,250 | 303 |
| | | Laneige Indonesia Pacific Co.,Ltd. | 현지법인 | 150 | 30.00 | 172 | - | - | 150 | 30.00 | 59 | (297) |
| | | AMOREPACIFIC japan Co., Ltd. | 현지법인 | - | - | - | 300,000 | 2,972 | 300,000 | 100 | 1,257 | (1,443) |
| | | AMOREPACIFIC (Thailand) Limited. | 현지법인 | - | - | - | 6,000 | 150 | 6,000 | 30.00 | 144 | (63) |
| | | 안휘태평양다업유한회사 | 현지법인 | - | - | - | 1,000 | 904 | 1,000 | 80.00 | 904 | 70 |
| 합 계 | | | | - | - | 244,295 | - | (83,051) | - | - | 142,491 | |

※ 태평양 사업보고서 실제 예임

지분법투자주식은 한국 기업집단에 속한 기업들에서 중요한 역할을 한다. 기업집단을 형성하는 연결고리가 이 지분법투자주식이기 때문이다. 모기업 역할을 하는 기업이 전략적으로 관계회사나 자회사의 지분을 소유함으로써 기업집단을 형성하는 경우 지분법적용투자주식이 투자회사의 재무상태표에 나타난다. 따라서 다음의 식을 사용하여 모기업의 경영성과를 평가하는 경우 지분법투자주식을 자산수익률의 분모에 포함시킬 것인가를 결정하여야 한다.

$$\text{자산수익률} = \frac{\text{당기순이익}}{\text{총자산}}$$

모기업의 최고경영자가 이 같은 투자의 지속 여부에 대해 의사결정권한을 갖고 있다면 당연히 지분법투자주식도 자산수익률 산정에 포함시켜야 한다. 그러나 개별 모기업의 입장에서가 아니라 기업집단의 전략적 판단에 따라 투자가 이루어졌다면, 모기업 경영자의 경영성과를 평가할 때 이 같은 투자금액을 포함시키는 것이 적절하지 않을 수 있다.

지분법투자의 또 다른 특징으로 다음 두 가지를 들 수 있다. 첫째, 투자기업은 피투자회사의 순이익을 투자지분비율만큼 투자기업의 순이익에 포함시키게 된다. 이를 지분법평가이익이라고 한다. 물론 피투자기업이 손실이 났다면 투자기업도 투자비율만큼 그 손실을 떠안아야 하고 이를 지분법평가손실이라고 한다. 지분법평가손익을 투자기업의 손익계산서에 포함시키는 이유는 투자기업이 피투자기업에 대해 유의적인 영향력을 행사하기 때문에 피투자기업의 손익을 투자지분 비율만큼 인식할 수 있기 때문이다. 그렇다면 투자회사 임직원의 경영성과를 평가할 때 지분법평가손익도 포함시켜야 할 것인가?

위에서 지분법투자주식을 자산수익률 계산의 분모에 포함시킬 것인가를 고려하였듯이, 지분법평가손익을 자산수익률 계산의 분자에 포함시킬 것인가의 문제도 중요하다. 지분법투자주식과 평가손익을 일관성 있게 고려한다면 문제는 없어 보일 수 있다. 그러나 보다 중요하게 고려할 점은 지분법투자가 적정 수익률을 창출하지 못하는 경우 모기업 경영자가 선택할 수 있는 대안은 무엇인가이다. 지분법투자로 인해 모기업이 지속적인 손실을 실현함에도 불구하고 기업집단의 전략적 이해로 인해 이를 해소할 수 없다면 모기업 경영성과를 평가하는 경우 지분법투자로 인한 효과를 제외하는 것도 고려하여야 한다.

둘째, 지분법평가손익의 특징은 손익계산서 상의 이익이나 손실일 뿐 영업현금흐름은 수반하지 않는다는 점이다. 물론 피투자회사가 현금배당을 지급하는 경우 투자기업은 받은 현금만큼 지분법적용투자주식금액을 감소시킨다. 따라서 배당금은 마치 투자원금의 일부를 회수하는 것과 같은 효과를 갖는다.

투자자산 가운데 지분법적용투자주식 이외의 기타 투자자산에는 유의적인 영향력을 행사하지 못하는 피투자회사에 대한 지분투자나 타기업의 채권에 대한 투자 등이 포함된다.

# 04 감가상각자산과 보수주의

유형자산은 기업의 영업 및 실물투자활동의 결과를 반영하고 있는 기업의 핵심자산이다. 유형자산에는 토지, 건물, 기계장치, 물류설비, 차량운반구 등 제품과 서비스의 생산과 유통 그리고 판매에 필요한 실물투자금액이 포함된다. 이 가운데 토지는 감가상각대상 자산이 아니다. 토지가 닳아서 없어지는 것이 아니기 때문이다. 그 밖에 유형자산은 건설 중인 자산을 제외하고는 모두 감가상각의 과정을 거쳐 점진적으로 비용으로 인식하게 된다.

앞의 예에서 유형자산은 총자산의 41.6%를 차지하고 있고 이는 토지 20.5%(2,810억 원), 나머지 감가상각대상 자산 21.1%(2,890억 원)로 구성되어 있다. 여기서 질문 하나를 해보자. 2,890억 원의 감가상각대상자산은 매년 얼마만큼 감가상각비로 인식될까? 만일 매년 10%씩 감가상각된다면 약 290억 원 정도가 비용으로 인식될 것이고, 매년 20%씩 감가상각된다면 약 580억 원이 비용으로 인식될 것이다. 이 질문이 중요한 이유는 매년 감가상각비로 인식되는 금액을 알아야만 현재의 기업경쟁력을 유지하기 위한 재투자금액의 규모를 예상할 수 있기 때문이다. 2005년도 이 기업의 실제 감가상각비는 460억 원이었다. 따라서 기업 전체적으로 감가상각기간은 5년과 10년 사이 중 5년에 가까운 기간이라고 판단할 수 있다.

유형자산의 특징은 보수적으로 재무상태표에 기록된다는 점이다. 위에서 살펴본 감가상각비가 보수주의의 전형적인 예이다. 즉 실제로는 유형자산의 가치가 상승한다고 하더라도 자산재평가를 하지 않는 경우 재무상태표에 나타나는 유형자산은 감가상각비를 인식한 후의 낮은 금액으로 표시되기 때문이다. 유형자산을 보수적으로 평가하는 또 다른 예로는 손상차손(impairment loss)이 있다. 손상차손이란 유형자산이 향후 충분한 현금흐름을 창출하지 못한다고 판단하는 경우 그에 상응하는 경제적 손실금액을 유형자산의 금액에서 떼어내어 손실로 인식한 금액을 의미한다.

여기서 흥미로운 현상을 발견할 수 있다. 만일 실제 가격이 상승하였다면 이를 반영하여 재무상태표상의 유형자산 금액을 상향조정하지 않으나, 반대로 자산의 미래 현금흐름창출능력이 현저히 감소하였다고 판단하는 경우에는 기다리지 않고 바로 유형자산의 금액을 감소시킨다는 것이다. 즉 가격상승분은 고려하지 않는 반면 자산의 잠재적 손실은 적시에 손실로 인식하는 비대칭적인 구조를 나타낸다.

이 같이 비대칭적으로 경제적 손실을 조기에 인식하는 특성은 왜 나타나는 것일까? 손실을 조기에 인식함으로써 이익이 감소하는 것을 선호하는 경영자는 많지 않을 것이다. 그런데 경제적 손실을 조기에 인식하는 것이 도움이 되지 않으면 이 같은 현상은 나타나지 않을 것이다. 따라서 어떤 경우에 경제적 손실의 조기 인식이 경영자에게 도움이 될 것인가를 파악하는 것이 중요하다. 채권자는 당연히 경제적 손실이 조기에 인식되는 것을 바랄 것이다. 왜냐하면 채권자 입장에서는 이익이 과다하게 인식되고 이로 인해 부당하게 현금배당이 유출되는 것을 방지함으로써 투자자금을 안전하게 회수할 수 있기 때문이다. 따라서 경영자는 경제적 손실을 조기에 인식한다는 것을 채권자에게 보여줌으로써 채권자가 요구하는 요구수익률(즉 이자비용)을 낮출 수 있게 된다.

또한 경영자, 주주, 그리고 주주의 이해를 대변하는 이사회 역시 경제적 손실을 조기에 인식하는 것이 궁극적으로 기업가치 향상에 도움이 된다고 생각할 수 있다. 투자를 실행한 결과 성과가 나쁘게 나타나는 경우를 예로 들어 생각해보자. 투자가 기대했던 것보다 나쁜 성과를 나타내는 경우 투자로 인한 경제적 손실을 적시에 인식하게 되면, 경영자와 이사회는 그 투자에 대해 전반적으로 사업의 타당성을 검토하게 된다. 검토 결과 사업을 지속하는 것이 적절치 않다고 판단되면 사업에서 철수함으로써 추가적인 손실을 방지할 수 있게 된다. 그러나 만일 투자로 인한 경제적 손실을 적시에 인식하지 않는 경우, 사업의 경제적 타당성을 재검토하기 위한 적절한 시기를 놓치게 되어 궁극적으로 손실이 더 커질 수 있다. 따라서 경영자와 이사회도 투자대안의 경제적 손실을 적시에 인식하는 것이 궁극적으로 기업가치를 향상시키는 데 도움이 된다고 생각하게 된다.

경제적 손실을 적시에 인식하고자 하는 또 다른 이유는 주주로부터 소송위험을 감소시키기 위해서이다. 2007년부터 모든 상장기업들은 주주로부터 증권관련집단소송의 위험에 노출되어 있다. 특히 기업의 자산가치가 경제적 실질가치보다 과도하게 평가되어 있다면 그 기업의 재무회계 정보가 중대하게 왜곡되어 있다고 판명될 수 있다. 따라서 경영자는 이 같은 소송위험을 낮추기 위해 경제적 손실이 발생하였다고 판단하는 경우 지체없이 그 손실을 인식하고자 하는 유인을 갖게 된다. 보수주의에 대한 상세한 논의는 뒤로 미루기로 한다.

## 05 영업부채와 금융부채

부채는 전통적으로 단기부채와 장기부채로 구분한다. 장기와 단기의 구분은 1년을 기준으로 한다. 1년 이내에 상환할 것으로 예상하는 부채는 단기부채로, 그 이후의 기간에 상환할 부채는 장기부채로 구별한다. 이 같은 분류는 단기부채상환에 필요한 금융자산을 어느 정도 수준으로 유지할 것인가와 밀접하게 관련되어 있다. 유동자산을 유동부채로 나눈 유동비율이 이 같은 판단을 위해 사용하는 유용한 지표이다.

장단기의 기간구분보다 더 중요한 것은 부채가 영업 및 투자활동에 필요한 자금을 조달하기 위해 발생한 금융부채인지, 아니면 자금조달과는 직접적인 관계없이 영업활동으로부터 자연스럽게 발생한 영업부채인지를 구별하는 것이다. 금융부채(debt)의 대표적인 예로는 장단기 은행차입금이나 회사채 발행, 또는 주식으로 전환할 수 있는 전환사채 등을 들 수 있다. 이들 금융부채는 원금상환과 이자지급을 통해 채권자에게 투자자금이 환원되는 특징을 갖고 있다. 따라서 금융부채는 장단기의 기간구분에 초점을 두는 대신, 핵심영업 및 투자활동을 지원하기 위한 자금의 조달과 환원이라는 본래의 금융활동에 초점을 두고 있는 개념이다.

금융부채는 자연스럽게 금융자산과 대비된다. 만일 금융부채가 금융자산 수준보다 높다면 양(+)의 순금융부채가 나타날 것이며, 금융부채가 오히려 금융자산보다 낮은 수준이라면 순금융부채는 음(−)이 될 것이다. 최근 많은 한국 상장기업들이 금융부채보다 금융자산을 더 많이 보유하고 있어 순금융부채가 음(−)인 경우가 나타나고 있다.

영업부채(Operating liabilities)의 예로는 신용으로 재고자산이나 용역을 구매하는 경우 발생하는 매입채무, 상품이나 용역을 제공하기 전에 미리 받아 놓은 선수금, 임직원의 장래 퇴직금지급을 위해 마련해 놓은 퇴직급여충당금, 미래 법인세 지급의무를 나타내는 이연법인세부채 등을 들 수 있다. 이들 부채는 자금을 직접 조달한 결과로 나타난 것이 아니라 영업활동의 결과로 자연스럽게 나타나게 된 것이다. 영업부채는 영업자산과 서로 대비된다. 따라서 영업자산에서 영업부채를 차감한 것을 순영업자산(NOA: net operating assets)으로 부르기도 한다. 한국 경영진들은 순영업자산이라는 단어보다는 실무에서는 '투하자본(IC: invested capital)' 이라는 용어를 더 선호하는 것으로 보인다. 순영업자산 또는 투하자본 개념에 대한 보다 구체적인 내용은 다음에 상세히 살펴 보기로 하자.

앞에 예시된 기업의 경우 2005년 말 현재 총부채는 3,640억 원이며 이 중 유동부채는 2,090억 원, 비유동부채는 1,550억 원으로 나타나있다. 흥미로운 점은 이 기업의 총부채는 금융부채가 아닌 영업부채만으로 구성되어 있다는 점이다. 유동부채로 분류된 매입채무, 미지급금, 선수금, 미지급비용과 고정부채로 분류된 이연법인세부채 등이 그 예이다.

## 06 순자산과 순자산수익률(ROE)

총자산의 효율성을 판단하기 위해서 자산수익률(ROA)의 개념을 사용한다는 것을 위에서 살펴보았다. 이 지표는 기업 임직원들이 관심있게 지켜보아야 할 지표이다. 영업 및 투자활동에 필요한 재원이 채권자로부터 조달(부채)되었든 아니면 주주의 몫(자기자본 또는 순자산)이든 전체 자산의 효율적인 운영에 관심을 가져야 함은 당연하다. 하지만 주주들은 자산수익률보다는 그들의 몫인 순자산에 대한 수익성 지표인 순자산수익률(ROE)에 더 많은 관심을 갖는다는 점도 살펴보았다.

그렇다면 주주의 몫인 순자산은 어떻게 구성되어 있는지 살펴보자. 우선 주주로부터의 투자자금인 납입자본이 있다. 예를 들어보자. 주당 액면금액이 5,000원인 주식 1주를 주주에게 15,000원에 팔았다면 5,000원은 자본금으로, 나머지 10,000원은 주식발행초과금이라는 명칭으로 분류될 뿐 주주에게서 받은 납입자본은 15,000원이 된다. 위의 사례에서 자본금은 560억 원, 주식발행초과금을 포함한 자본준비금은 3,320억 원, 그리고 비유동지산을 재평가한 결과 나타난 재평가적립금 1,730억 원으로 나타나 있다. 그리고 회사설립 이후 누적된 순이익 중 배당금을 지급한 후 남아 있는 내부유보금인 이익잉여금은 8,670억 원이며, 이 중 2005년도 순이익이 공헌한 금액은 1,650억 원이다.

순자산 항목 가운데 눈에 띄는 것은 자기주식으로 4,310억 원이 음(−)수로 나타나 있다. 자기주식 또는 자사주란 회사가 발행한 주식 중 다시 시장에서 사들여 기업이 보유하고 있는 주식을 의미한다. 기업이 자기주식을 보유하는 이유는 다양하다. 주가가 낮다고 판단되는 경우 주가를 일정수준으로 관리하고자 하는 목적으로 자사주를 취득할 수도 있고, 적대적 M&A 위협에 대응하기 위해 자사주를 취득하기도 한다. 또한 자사주의 취득은 현금배당을 대신하여 주주에게 투자자금을 돌려주는 역할도 한다. 자기주식은 투자유가증권과 같은 회사 자산으로 나타나지 않고 순자산을 차감하는 방식으로 나타난다.

순자산 항목 중 투자유가증권평가이익 130억 원도 눈에 들어온다. 기업이 타회사의 주식이나 채권에 투자하는 경우 나타나는 투자유가증권은 (1) 단기매매증권, (2) 매도가능증권, (3) 만기보유증권 등 세 가지로 분류한다. 첫 번째인 단기매매증권(trading securities)이란 단기간 내에 매각함으로써 자본이득을 얻을 목적으로 연말에 보유하고 있는 유가증권이다. 단기매매증권의 특징은 연말 현재 평가금액이 취득시점의 가격과 다른 경우 비록 매각하여 실현되지는 않았더라도 평가손익을 손익계산서에 인식하여야 한다는 점이다. 그 이유는 자본이득을 취할 목적으로 단기매매증권을 보유하고 있으므로 미실현된 평가손익도 손익계산서에 영업외손익항목으로 포함시킴으로써 경영성과를 판단하는 데 도움을 주기 위해서이다.

두 번째인 매도가능증권(securities available for sale)은 단기매매증권과 아래에서 설명하는 만기보유증권을 제외한 투자유가증권을 뜻한다. 매도가능증권의 특징은 단기매매증권의 경우와는 달리 보유로 인한 미실현평가손익을 손익계산서에 인식하지 않고, 그 대신 재무상태표의 순자산을 구성하는 항목으로 분류한다는 점이다.* 즉

* 구체적으로 이 항목은 자기자본 중 하나인 '기타포괄손익(OCI: other comprehensive income)'으로 분류된다. 비록 이름은 포괄손익이나 이는 손익계산서에 나타나지 않고 재무상태표의 자기자본에 포함된다는 점을 기억하자.

미실현평가손익이 손익계산서를 통하지 않고 곧바로 순자산에 반영된다는 것이다. 그 이유는 매도가능증권으로부터의 미실현평가손익을 손익계산서에 포함시키는 경우 당기순이익의 기간간 변동성이 높아지기 때문이다. 앞의 예에서 나타난 투자유가증권평가이익은 바로 매도가능증권으로 분류된 투자유가증권(주식과 채권 모두 포함)에서 발생한 미실현평가이익을 보여주는 것이다.

세 번째인 만기보유증권(securities held to maturity)은 타회사가 발행한 채권에 투자하고 이를 만기까지 보유하는 경우에만 해당되는 분류이다. 타사가 발행한 주식은 만기가 없기 때문이다. 투자채권을 만기까지 보유하고자 하는 의도와 능력이 있다면 이 투자를 만기보유증권으로 분류하게 된다. 이 같은 분류방법의 특징은 단기매도증권과는 달리 연말 현재의 공정금액이 투자금액과 다르더라도 그 미실현손익을 손익계산서에 인식하지 않는다는 점이다. 그 이유는 만기까지 보유하고자 하는 의도와 능력이 있으므로 투자채권의 미실현평가손익은 경영성과를 판단하는 데 직접적인 관련이 없기 때문이다.

앞에 회사는 2005년 말 현재 941만 주의 보통주를 발행하였고 우선주도 170만 주를 발행하였다. 보통주는 1주 1의결권을 갖는 주식이며, 우선주는 의결권은 없으나 배당을 받을 권리는 강화된 주식을 의미한다. 구체적으로 이 기업이 발행한 우선주는 현금배당을 하는 경우에만 보통주보다 액면금액(5천원)을 기준으로 연 1%를 더 배당하고 주식배당을 하는 경우에는 이를 적용하지 않고 있다. 또한 우선주의 배당은 비참가적이며 비누적적이다. 비참가적 배당이란 정해진 우선주 배당을 한 후 우선주주를 더 이상의 배당에 참가시키지 않는 것을 의미하며, 비누적적 배당이란 우선주 배당이 실시되지 않고 일정 기간이 경과한 후 우선주 배당이 다시 실시되는 경우 그 동안 누적된 우선주배당금액은 지급하지 않는 것을 뜻한다.

우선주를 선호하는 주주들은 누구일까? 우선주에는 주주총회에 참석하여 의결권을 행사할 수 있는 권한이 없거나 제한되어 있으므로, 우선주주들은 의결권이나 경영권에는 관심이 없는 대신 높은 배당금에만 관심이 있음을 알 수 있다. 최근에는 우선주를 경영권 강화를 위해 사용하는 경우도 나타나고 있다. 비록 우선주는 의결권은 없으나 배당권한은 높기 때문에 우선주 배당금으로 의결권을 갖는 보통주를 취득함으로써 소유지분을 확대할 수 있기 때문이다.

이제까지 재무상태표에 대해 살펴보았다. 재무상태표에는 쉽게 이해하기 어려운 다양한 재무회계 정보가 포함되어 있다. 그러나 자본의 조달순서라는 개념을 염두에 둔다면 재무상태표를 이해하는 것이 그다지 어려운 일만은 아닐 것이다.

SECTION

# 03 손익계산서와 KPI

기업에서 임직원의 경영성과를 평가하기 위해 사용하는 계량, 비계량지표들의 집합체를 흔히 KPI(key performance indicators)라고 부른다. 우리말로는 경영성과지표라고 부른다. 대부분의 경우 연간 단위로 경영성과를 측정, 평가하게 되며 그 때 사용되는 지표로는 매출액성장률, 영업이익성장률, 순이익성장률 등의 재무지표와 시장점유율, 투자실행건수, 고객만족도, 임직원역량개발, 근무환경의 안정성 등 비재무지표 등이 포함된다. 여기서는 재무지표 중에서도 손익계산서 정보를 기초로 측정하는 지표에 대해 논의해보자.

## 01 손익계산서의 구성과 해석

손익계산서는 영어로는 Income Statement 또는 Profit and Loss Statement (P/L)라고 부른다. 전자는 경영활동의 목적이 이익창출이라는 것을 명시적으로 나타내고 있는 반면, 후자는 실무에서 전통적으로 흔히 사용하는 용어이다. 경영성과평가에 사용하는 손익계산서는 분기나 반기 기준으로 작성된 것 보다는 연간 기준으로 작성된 경우가 대부분이다. 그 이유는 중장기 경영목표를 설정한 후 연간 단위로 단기 경영목표를 설정하고 실행하기 때문일 것이다.

손익계산서에는 기업에서 가장 핵심적인 활동이라 할 수 있는 매출활동의 결과인 '매출수익(sales revenue)' 또는 '매출액'이 먼저 나타난다. 기업이 다루는 제품이나 상품 또는 용역제공활동이 다르더라도, 매출액을 손익계산서에 기록(또는 '인식(recognition)' 한다고 함)하기 위해서는 일정한 요건을 충족하여야 한다. 우선 제품, 상품, 또는 용역을 고객에게 인도 또는 제공하였어야 하며, 그 대가를 현금으로 받았거나 받을 것에 대한 확실성이 매우 높아야 한다. 여기서 중요한 점이 대가를 현금으로 받지 않았음에도 불구하고 매출액을 인식할 수 있다는 것이다. 이 때문에 신용매출 또는 외상매출의 경우에도 매출액으로 인식할 수 있어 간혹 이를 남용하는 경우가 발생한다. 예를 들어, 연말에 경영성과가 좋아 보이게 하기 위하여 해외 현지법인에 상품을 보내 놓고 그것을 매출액으로 인식할 수도 있다. 고객에게 판매된 상품이 아니라 유통채널 상에 밀어 넣어 놓은 상품이라는 의미에서 실무에서는 이를 channel stuffing 이라고도 한다. 물론 이 행위는 회계부정에 속한다.

[표 03-1]에 있는 롯데쇼핑의 손익계산서에 의하면, 2006년도 매출액은 9조 559억 원이다. 물론 이 금액 가운데 현금매출부분과 신용매출부분을 알기 위해서는 재무상태표의 '매출채권' 금액을 살펴보아야 한다. [표 03-2]에서 2006년 초에 남아있던 매출채권금액 1,799억 원이 2006년 동안 모두 회수되었다고 가정하면, 연말잔액 2,302억 원은 당해 연도 매출액 가운데 연말까지 회수되지 않은 신용매출잔액을 의미한다.

그렇다면 이 회사의 매출액 규모는 많다고 평가하여야 하나, 아니면 적다고 해야 하나? 무슨 기준으로 판단해야 하는가? 하나의 기준은 이 같은 매출액을 창출하기 위해 사용된 자산의 규모가 얼마인가를 살펴보는 일이다. 우선 총자산회전율(asset turnover)이라는 지표가 있는데, 이는 매출액을 총자산으로 나눈 것이다. 롯데쇼핑은 총자산회전율이 0.76배로 나타났다.

**[표 03-1] 손익계산서(롯데쇼핑)** (단위: 억 원)

| 계정명 | 2002 | 2003 | 2004 | 2005 | 2006 |
|---|---|---|---|---|---|
| 매출액 | 34,237 | 35,418 | 76,279 | 86.071 | 90,559 |
| 매출원가 | 14,992 | 15,436 | 55,003 | 61,893 | 63,835 |
| 매출총이익 | 19,245 | 19,982 | 21,276 | 24,178 | 26,723 |
| 판매비와 관리비 | 14,266` | 15,318 | 15,823 | 17,290 | 19,230 |
| 급여 | 2,251 | 2,627 | 2,909 | 3,306 | 3,690 |
| 퇴직급여 | 255 | 297 | 288 | 287 | 310 |
| 복리후생비 | 377 | 409 | 477 | 521 | 576 |
| 임차료 | 619 | 655 | 727 | 815 | 913 |
| 광고선전비 | 1,169 | 1,170 | 1,354 | 1,288 | 1,288 |
| 대손상각비 | 693 | 1,462 | 10 | 2 | 3 |
| 감가상각비 | 1,676 | 1,806 | 1,958 | 2,225 | 2,627 |
| 무형자산상각비 | 15 | 16 | 30 | 44 | 45 |
| 영업이익 | 4,980 | 4,664 | 5,453 | 6,888 | 7,494 |
| 영업외수익 | 410 | 430 | 906 | 2,012 | 4,309 |
| 이자수익 | 162 | 168 | 120 | 92 | 1,113 |
| 외환차익 | 0 | 0 | 0 | 13 | 33 |
| 외화환산이익 | 0 | 0 | 205 | 31 | 84 |
| 유형자산처분이익 | 23 | 38 | 1 | 25 | 43 |
| 지분법이익 | 0 | 0 | 480 | 1,598 | 2,346 |
| 영업외비용 | 1,988 | 3,839 | 2,216 | 1,612 | 1,943 |
| 이자비용 | 1,601 | 1,768 | 1,521 | 1,315 | 873 |
| 외환차손 | 0 | 0 | 0 | 0 | 163 |
| 외화환산손실 | 0 | 2 | 0 | 0 | 258 |
| 유형자산처분손실 | 5 | 7 | 235 | 29 | 192 |
| 지분법손실 | 128 | 739 | 0 | 46 | 62 |
| 법인세비용차감전손익 | 3,402 | 1,256 | 4,143 | 7,288 | 9,859 |
| 법인세비용 | 892 | 343 | 1,118 | 1,826 | 2,461 |
| 당기순이익 | 2,510 | 913 | 3,025 | 5,462 | 7,398 |
| 주당순이익(단위: 원) | 12,550 | 4,563 | 15,124 | 27,311 | 26,399 |

$$\text{롯데쇼핑 총자산회전율} = \frac{\text{매출액}}{\text{총자산}} = \frac{\text{9조 559억 원}}{\text{11조 8,723억 원}} = 0.76\text{배}$$

반면 신세계의 총자산회전율은 1.08배이다.

**[표 03-2] 재무상태표(롯데쇼핑)** (단위: 억 원)

| 계정명 | 2005 | 2006 | 계정명 | 2005 | 2006 |
|---|---|---|---|---|---|
| 자산 | 83,914 | 118,723 | 부채 | 51,555 | 43,565 |
| 유동자산 | 13,898 | 34,651 | 유동부채 | 35,282 | 33,780 |
| 당좌자산 | 6,013 | 25,190 | 매입채무 | 13,749 | 15,482 |
| 현금 및 현금성자산 | 375 | 7,476 | 미지급금 | 2,918 | 4,400 |
| 단기예금 | 122 | 14,265 | 선수금 | 2,930 | 3,198 |
| 매출채권 | 1,799 | 2,302 | 미지급비용 | 2,194 | 2,410 |
| 미수금 | 1,195 | 416 | 유동성장기부채 | 6,969 | 7,218 |
| 선급금 | 2,342 | 366 | 단기부채성충당부채 | 214 | 233 |
| 선급비용 | 93 | 110 | 비유동부채 | 16,273 | 9,785 |
| 재고자산 | 7,885 | 9,461 | 사채 | 12,025 | 5,483 |
| 상품 | 7,774 | 9,068 | 보증금등 | 2,195 | 2,528 |
| 원재료 | 27 | 330 | 퇴직급여충당부채 | 359 | 454 |
| 비유동자산 | 70,016 | 84,072 | 자본 | 32,359 | 75,159 |
| 투자자산 | 12,211 | 17,620 | 자본금 | 1,000 | 1,452 |
| 장기투자증권(매도가능증권) | 779 | 1,153 | 자본잉여금 | 11,467 | 46,509 |
| 지분법적용투자주식 | 11,357 | 14,338 | 자본준비금 | 1,180 | 36,222 |
| 유형자산 | 53,426 | 61,111 | 재평가적립금 | 10,287 | 10,287 |
| 토지 | 25,872 | 26,733 | 기타포괄손익누계액 | 822 | 843 |
| 건설중인자산 | 1,790 | 6,185 | 투자유가증권평가이익 | 825 | 855 |
| 건물 및 부속설비 | 23,734 | 25,982 | 투자유가증권평가손실 | – 10 | – 14 |
| 무형자산 | 368 | 356 | 이익잉여금 | 19,070 | 26,354 |
| 영업권 | 149 | 131 | 이익준비금 | 166 | 181 |
| 제이용권 | 162 | 167 | 기타법정적립금 | 1,340 | 1,340 |
| 기타비유동자산 | 4,010 | 4,985 | 임의적립금 | 12,001 | 17,301 |
| 장기선급비용 | 1,115 | 1,421 | 당기순이익 | 5,462 | 7,398 |
| 보증금 등 | 2,895 | 3,564 | 보통주발행주식수 | 20,000,000 | 29,043,374 |

$$\text{신세계 총자산회전율} = \frac{\text{매출액}}{\text{총자산}} = \frac{\text{8조 875억 원}}{\text{7조 5,198억 원}} = 1.08\text{배}$$

따라서 롯데쇼핑은 신세계에 비해 총자산 대비 매출수익 창출능력이 낮다고 평가할 수 있다. 이와 같은 결론을 내리기 전에 주의하여야 할 점은 각 회사의 총자산 중 매출에 직접적으로 공헌하는 영업자산의 규모가 얼마인지를 고려하는 것이다. 따라서 매출액을 총자산으로 나누는 대신 고정자산(토지, 건물, 판매설비, 기타 영업자산 포함)으로 나누어 고정자산회전율을 계산하여 보면 롯데쇼핑의 경우 1.08배가 되고, 신세계는 1.14배가 됨을 알 수 있다.

이러한 자산회전율 정보는 최고경영층에게는 매우 중요하면서도 부담스러운 지표이다. 자산구성, 영업전략, 판매망구성, 자본조달의 형태, 인적자원구성 등 전략적 의사결정을 최고경영층이 최종적으로 하였고 그 결과가 매출액, 총자산 그리고 고정자산의 형태로 나타나기 때문이다. 회사의 자산회전율을 과거의 추세와 비교하거나 동종업계나 경쟁회사의 자산회전율과 비교함으로써 최고경영자는 자산구성의 적절성에 대해 지속적으로 고민하여야 한다.

매출액 다음에 나타나는 항목은 매출원가(COGS: cost of goods sold)로써 이는 매출수익 창출에 공헌한 원가를 의미한다. 생산제조기업의 경우는 판매된 제품의 생산원가(재료비, 노무비 및 제조간접비)가 매출원가로 인식되며, 도소매기업의 경우에는 판매된 상품의 구입원가가 매출원가로 기록된다. 롯데쇼핑의 2006년도 매출원가는 6조 3,835억 원으로 나타나 있다.

매출액에서 매출원가를 차감하면 매출총이익(gross profit)이 구해진다. 롯데쇼핑의 경우 2006년도 이 금액이 2조 6,723억 원으로 매출액대비 29.5%임을 알 수 있다. 매출총이익에서 판매비와 일반관리비를 빼면 영업이익(operating income)이 구해진다. 롯데쇼핑의 2006년도 판매관리비 중 눈에 띄는 항목은 임직원에게 지급한 급여와 복리후생비, 광고선전비, 감가상각비 그리고 대손상각비 등이다. 특히 감가상각비 2,627억 원에 대해서는 관심을 가질 필요가 있다.

감가상각비는 당해 연도에 현금지출이 수반되지 않는 장부상의 비용이다. 따라서 감가상각비를 비용은 발생하였으나 현금지출이 없다는 의미에서 발생액(accruals)이라고 부른다. '발생액' 이라는 용어는 생소하게 들릴지 모르나, 기업회계를 발생주의 회계라고 부를 때 사용하는 바로 그 용어이다. 비록 감가상각비가 현금지출이 수반되지 않은 (발생)비용이라 하더라도 기업은 이 금액만큼을 재투자하지 않으면 현재의 기업경쟁력을 유지하기 어렵기 때문에 전략적으로 중요한 정보가치를 갖는다.

대손상각비란 매출채권 가운데 연말 현재 회수하지 못할 것이라고 예상되는 손실을 기록해 놓은 것이다. 대손상각비도 현금유출이 수반되지 않은 장부상의 발생손실이라는 의미에서 이 역시 발생액의 또 다른 예이다. 롯데쇼핑의 경우 대손상각비는 3억 원에 그치고 있어 회수가 어려운 매출채권이 낮은 수준임을 알 수 있다. 그 이유는 아마도 고객이 제품을 구입할 때 대부분 신용카드를 사용하기 때문에 회사는 카드회사로부터 판매대금을 신속히 회수함으로써 대손상각의 위험이 낮기 때문인 것으로 보인다.

영업이익은 기업의 핵심영업활동에서 창출된 이익을 의미하며 모든 회사에서 중요하게 생각하는 경영성과지표이다. 영업이익을 영어로 core earnings, 즉 핵심 이익이라고, 부르는 이유이다. 또한 실무에서는 영업이익을 EBIT(earnings before interest expenses and taxes)라고도 부른다. EBIT는 금융부채사용의 대가인 이자비용과 정부에 내는 세금을 공제하기 전의 이익을 의미한다. 따라서 이 용어는 투자재원을 주주로부터 조달했는지(자기자본) 아니면 채권자로부터 조달했는지(타인자본)와는 관계없이 회사 본업(핵심사업)에서 벌어들인 영업이익이 얼마인가를 나타낸다는 면에서 실무에서 활용도가 높다. 롯데쇼핑의 2006년도 영업이익은 7,494억 원이다.

그런데 영업이익이 7,494억 원인데, 영업활동으로 인한 현금흐름(CFO: cash flows from operating activities)은 얼마가 될까? 우선 판매관리비 가운데 현금유출이 수반되지 않은 비용을 생각해 보자. 감가상각비와 대손상각비가 먼저 눈에 들어온다. 이 금액들을 영업이익에 가산해 주면 영업현금흐름을 대략적이나마 산출할 수 있다. 이와 같은 방법으로 영업현금흐름을 추정하면 1조 124억 원이 된다.

영업현금흐름 = 영업이익 + 감가상각비 + 대손상각비
= 7,494억 원 + 2,627억 원 + 3억 원
= 1조 124억 원

그러나 이 금액은 추정치이므로 현금흐름표에서 직접 영업현금흐름을 확인해 보아야 한다. 2006년도에 보고된 이 회사의 영업현금흐름액은 1조 867억 원으로 나타나 추정치와 큰 차이가 없었음을 알 수 있다. 그러나 실제 영업현금흐름액과 추정치가 언제나 이렇게 차이가 나지 않는다고 기대해서는 안 된다. 중요한 점은 경영자의 성과를 평가할 때 영업이익을 중요시할 것인가 아니면 영업현금흐름을 중요시 할 것인가 하는 점이다. 어느 지표를 중요시 하느냐에 따라 경영자의 관심이 달라지기 때문이다. 이에 대해서는 현금흐름에 대한 다른 장에서 상세히 살펴보기로 하자.

영업이익 다음에는 영업외수익과 영업외비용이 기록된다. 영업외수익 가운데 대표적인 항목들은 이자수익, 배당금수익, 외화환산이익, 지분법이익 그리고 유형자산처분이익이다. 회사가 여유자금을 대출해 준 경우 이 대여금에서 창출되는 이자수익이나, 타회사의 주식에 투자함으로써 얻어지는 배당금수익은 영업외수익으로 인식한다. 대출활동이나 주식매수활동을 핵심영업활동이 아닌 투자활동으로 보기 때문이다.

외화환산이익도 유사한 이유로 영업외수익으로 인식한다. 외화환산이익이 발생하는 경우는 예를 들어, 미국 달러화로 회사채를 발행한 경우 원화 값이 달러화에 비해 강해지면 원화로 표시되는 회사채금액은 낮아지게 되며 그 금액 만큼 외화환산이익이 발생하게 된다. 따라서 이 금액은 현금유입이 수반되지 않은 발생액이다. 여기서 생각해봐야할 점은 외화환산이익이 비록 현금유입을 수반하지는 않는다고 하더라도 당기순이익을 증가시키기 때문에 다른 이익항목 특히 영업이익과 동일한 중요성을 갖는가 하는 점이다. 현금이 수반되지 않은 이익을 현금이 수반된 이익과 달리 볼 것인지 아니면 동등하게 볼 것인지는 기업의 성과평가정책과 달성하고자 하는 목표에 따라 달라질 수 있다. 이 질문은 앞으로도 계속 제기하게 될 중요한 질문이므로 그때마다 반복해서 언급하고자 한다.

유형자산처분이익은 핵심영업활동의 결과라기보다는 투자활동의 결과이므로 영업외수익으로 분류한다. 이 금액은 유형자산의 순자산(감가상각 후의 금액으로 장부금액이라고도 함)보다 많은 대가를 받고 자산을 매각한 것을 의미하므로 현금이 수반되는 이익이다.

지분법이익이란 관계회사와 자회사의 당기순이익 중 회사가 소유한 지분비율만큼 이익으로 인식한 금액을 의미한다. 지분법이익을 인식하기 위해서는 회사가 20% 이상의 지분을 소유함으로써 투자대상회사의 영업, 투자 및 재무의사결정과정에 '유의적인 영향력'을 행사할 수 있어야 한다. 금융회사의 경우는 15% 이상의 지분을 소유하면 지분법을 적용할 수 있다. 물론 지분율만이 유의적인 영향력 여부를 판단하는 정보는 아니다. 일반회사가 20% 이상의 지분을 보유한 경우에도 유의적인 영향력을 행사할 수 없는 경우도 있고 반대로 지분율이 낮아도 지분법을 적용할 수 있는 경우도 있기 때문이다.

롯데쇼핑의 경우 관계회사인 롯데역사 발행주식의 25%를 소유하고 있으며 2006년도 초 투자금액은 장부금액으로 973억 원 정도이며, 출자목적은 '경영참여'로 표시되어 있다. 지분법 투자금액은 주식시장에서 시가가 있더라도 장부금액으로 평가된다. 그 이유는 경영참여가 목적이므로 투자주식의 시가가 변동된다고 하더라도 이를 재무상태표에 기록할 필요가 없기 때문이다. 2006년도 롯데역사의 당기순이익은 565억 원이므로, 롯데쇼핑은 이 금액 중 25%에 해당하는 141억 원을 지분법이익으로 인식하였을 것이다. 따라서 2006년 말 롯데역사에 대한 투자금액은 장부금액으로 973억 원 + 141억 원 = 1,114억 원이 되었어야 한다.

그런데 보고된 기말 장부금액은 이보다 약 10억 원 적은 1,104억 원으로 나타나 있다. 이는 피투자기업인 롯데역사의 순자산(또는 자본)이 당기순이익 이외의 다른 이유로 인해 변동이 있었음을 의미한다. 예를 들면 롯데역사가 현금배당을 지급하였거나 보유하고 있는 타회사 주식가격이 하락한 경우 그 금액만큼 롯데역사의 순자산이 낮아지고 그 효과로 인해 롯데쇼핑의 기말 지분법투자금액 역시 소유 지분율만큼 낮아지게 된다. 또한 두 회사간의 내부거래로 인한 미실현이익을 제거하는 과정에서도 지분법투자금액이 낮아질 수 있다.

롯데쇼핑의 2006년도 지분법이익은 2,346억 원이며 지분법손실은 62억 원으로 나타나 있다. 이는 영업이익 7,494억 원과 비교할 때 결코 작은 금액이 아니다. 지분법이익 정보를 사용하는데 있어 중요한 점은 이 금액 역시 현금이 전혀 수반되지 않은 장부상의 이익이라는 것이다.

영업이익에서 영업외수익을 더하고 영업외비용을 빼면 경상이익이 산출된다. 경상이익은 영어로는 recurring income이라고 하며, 이는 기업이 핵심영업활동과 영업외활동 모두를 계속 수행함으로써 얻는 이익을 의미한다. 대개의 경우 특별손익이 없으며, 이렇게 되면 경상이익이 바로 법인세비용차감전이익으로 된다. 여기서 법인세비용을 차감하면 당기순이익이 계산된다. 롯데쇼핑의 법인세비용차감전이익은 9,859억 원, 법인세비용은 2,461억 원, 그리고 당기순이익은 7,398억 원으로 보고되었다.

이제 이 회사의 주당순이익(EPS: earnings per share)을 계산해 보자. 주당순이익은 당기순이익을 유통주식수(=발행주식수－자사주)로 나누어 계산한다.* 그런데 2006년 말 현재 롯데쇼핑이 보유하고 있는 자사주가 없기 때문에 유통주식수는 발행주식수와 동일하다. 따라서 주당순이익은 당기순이익 7,398억 원을 2천 8백만 주의 유통주식수로 나눈 26,399원이 된다. 주당순이익을 회사의 주가와 연계시키면 경제신문에서 자주 접하는 주가순이익비율(price earnings ratio)이 된다. 이에 대해서는 다른 장에서 상세히 살펴본다.

## 02 ROA와 ROE

이 회사의 2006년도 당기순이익 7,398억 원은 적절한 성과로 볼 수 있는가? 이 회사의 임직원은 성과급을 받을 자격이 있는가? 회사의 주가는 올라갈 것인가? 재무회계정보의 궁극적인 유용성은 성과평가와 가치평가에 있다. '성과평가'를 뜻하는 영어는 evaluation이고 '가치평가'를 뜻하는 영어는 valuation이므로, 재무회계정보를 중요시하는 이유는 바로 '평가'에 있다고 하겠다. 성과평가의 핵심은 임직원을 위한 적절한 성과보상제도를 운영함으로써 기업 성장동력을 지속적으로 발굴, 관리하도록 경제적 유인을 제공하는 것이다. 가치평가는 주가예측에 관심있는 주주나, 인수합병이나 신주발행(SEO: seasoned equity offerings) 또는 기업공개(IPO: initial public offerings)를 계획하고 있는 경영자에게도 필수적인 활동이다.

* 보다 정확하게는 연말 현재의 유통주식수가 아니라 가중평균유통주식수를 사용하여 주당순이익을 계산한다. 그 이유는 한 해 동안 신주발행이나 자사주 취득이나 매각을 통하여 유통주식수가 변하기 때문이다.

성과평가와 가치평가에 손익계산서 정보가 유용하게 사용된다. 우선 당기순이익 규모가 적정한지를 평가하기 위해서는 당기순이익을 창출하기 위해 투입된 자원이 얼마인지를 함께 살펴보아야 한다. 투입된 자원을 회사의 총자산으로 보는 경우에는 당기순이익을 연평균총자산으로 나눈 자산수익률(ROA: return on assets)을 사용한다. 롯데쇼핑의 연평균총자산은 10조 1,319억 원이 되고, 2006년도 ROA는 7.30%이다.

$$\text{연평균총자산} = \frac{\text{8조 3,914억 원} + \text{11조 8,723억 원}}{2} = \text{10조 1,319억 원}$$

$$\text{ROA} = \frac{\text{7,398억 원}}{\text{10조 1,319억 원}} = 7.30\%$$

자산수익률은 기업 임직원에게는 매우 중요한 성과지표이다. 기업활동을 위한 재원을 채권자로부터 조달하거나 주주로부터 조달하든가에 관계없이 임직원은 그들이 통제하고 있는 전체 기업자원을 얼마나 효율적으로 활용하였는가에 관심을 갖기 때문이다.

그러나 상장기업의 주주들은 자산수익률보다는 당기순이익을 순자산(=자산−부채) 또는 연평균순자산으로 나눈 순자산수익률(ROE: return on equity)에 더 많은 관심을 갖는다. 그 이유는 주주 입장에서는 총자산에서 나온 수익률보다는 그들의 몫인 순자산에서 나온 수익률이 더욱 중요하기 때문이다. ROE의 분모에 있는 equity란 기업의 총자산에서 채권자의 몫을 뺀 주주의 몫을 뜻하는 shareholders' equity를 간단히 표현한 것으로 우리말로는 순자산(net asset value) 또는 장부금액(book value)이라고 부르고 회계전문용어로는 자기자본의 줄임말인 '자본'이라고 부른다.

롯데쇼핑의 2006년 ROE 계산을 위해 연평균순자산을 구해보면 5조 3,759억 원이다. 연평균순자산을 사용하는 이유는 이 회사는 2006년 중에 신주발행(SEO)을 통해 자본을 대폭 늘렸기 때문이다. 따라서 이 회사의 2006년 ROE는 13.76%이다.

$$\text{연평균순자산} = \frac{\text{3조 2,359억 원} + \text{7조 5,159억 원}}{2} = \text{5조 3,759억 원}$$

$$\text{ROE} = \frac{7{,}398\text{억 원}}{5\text{조 } 3{,}759\text{억 원}} = 13.76\%$$

순자산수익률 13.76%는 만족할 만한 수준인가? 이 같은 성과는 좋은 소식인가 나쁜 소식인가? 성과평과와 가치평가에 있어서 중요한 점은 비교기준(benchmarks)을 무엇으로 보느냐이다. 일반적인 비교잣대로는 다음과 같은 지표들이 있다.

- **적자회피.** 이 경우 흑자를 기록하였다면 좋은 평가를 받을 것이다. 전세계 상장기업 가운데 상당수의 기업들이 적자를 기록하는 것을 고려하면 흑자를 기록하는 것만도 좋은 소식일 수 있다. 한편 적자를 기록하는 경우 기업들은 여러 가지 부작용을 겪게 된다. 신규투자를 축소하거나 인건비 절감을 위해 해고를 단행하기도 하며 연구개발비나 광고비 또는 수선유지비를 삭감하기도 한다. 적자가 보고되는 경우 기업들이 어떤 전략을 선택하는지는 다른 장에서 상세히 살펴본다.
- **전년 동기 대비 증가.** 전년 동기 대비 이익이나 ROE가 늘었다면 이 역시 좋은 소식일 수 있다. 이사회에서나 경제지에서 이 같은 비교기준을 종종 사용한다.
- **경쟁사 대비 이익효과.** 국내외 동종산업 내의 경쟁자에 비해 높은 수익성을 창출하였다면 시장에서의 평가가 당연히 긍정적일 것이다. 경쟁사보다 높은 수익을 냈다는 것은 기술력이나 경영능력에 있어 상대적으로 높은 경쟁력을 갖추었다는 것을 의미하기 때문이다.
- **재무분석가의 예측치 초과.** 상장기업의 경우 재무분석가들이 제시했던 매출액, 영업이익, 당기순이익 예측치보다 높은 수준의 성과를 거두었다면 자본시장에서 평가는 당연히 좋을 것이다. 실무에서는 이를 재무분석가의 예측치(expectations)를 달성하거나(meeting) 또는 초과달성한다고(beating) 하여 영어로 MBE(meeting or beating expectations)라고도 부른다.

그러나 이러한 비교기준이 과연 바람직할까? 기업 임직원 입장에서는 위와 같은 평가기준을 사용해도 큰 문제가 없어 보인다. 적자도 피했을 뿐 아니라 전년 대비 이익도 늘었고 재무분석가의 예측치도 상회하는 실적을 냈다면 당연히 좋은 소식이다. 그러나 주주 입장에서는 이들 이외에도 추가로 고려할 점이 있다. 바로 주주의 요구수익률(required rate of return)이다. 따라서 위의 지표들보다 더 중요한 잣대는 회사의 ROE가 주주의 요구수익률보다 높은가 하는 것이다.

- **주주의 요구수익률을 초과하는 ROE.** ROE가 주주의 요구수익률보다 높다면 주주 입장에서도 흡족할 만한 실적을 낸 것이다.

그런데 문제는 주주의 요구수익률이 얼마인가를 알기가 어렵다는 점이다. 주주의 요구수익률에 대하여는 Section 22에서 자세히 살펴볼 것이며 간단히 개념만 소개하면 '주주 요구수익률 = 무위험자산수익률 + 체계적위험 × 시장위험프리미엄' 이라 할 수 있다. 하지만 개별회사 주주들의 실질적인 요구수익률을 정확히 파악하는 것은 매우 어렵다는 점도 미리 밝혀둔다. 그러나 주주 요구수익률 수준이 얼마인지 정확히 알지 못한다고 하더라도 이를 낮출 수 있는 방안은 생각해 볼 수 있다.

주주의 요구수익률이 높아지는 이유는 주주가 투자원금을 회수하고 이윤을 얻을 수 있을 것이라는 확신이 낮은 경우이다. 주주에게 확신을 주기 위한 장치들을 좁게는 기업지배구조라고 부르며, 넓게는 기업문화라고 부른다. 기업지배구조의 내용에는 소유구조, 이사회 구성, IR(investor relations) 활동, 기업공시 등 다양한 내용들이 포함되어 있다. 그러나 보다 중요한 것은 최고경영자와 최대주주뿐 아니라 임직원 모두 자본제공자 입장에서 가장 효율성이 높은 투자안에 기업자원을 재분배함과 동시에 기업문화의 투명성을 높이려 노력하는 것이다. 외부주주는 기업자원이 어느 투자안에 사용되고 그 성과는 어떠한가를 쉽게 파악할 수 없을 뿐 아니라 파악하려고 하지 않을지도 모른다. 하지만 임직원 모두 수탁된 주주의 자금을 최선을 다해 관리하는 실질적인 노력을 보이는 것이 주주의 요구수익률을 낮추는 가장 효과적인 전략으로 보인다.

## 03 영업이익의 활용

손익계산서 정보 중 경영진이 중요하게 고려하는 경영성과지표가 영업이익과 당기순이익라는 점을 앞에서 살펴 보았다. 이제 KT의 손익계산서를 이용하여 이 두 경영성과지표를 경영의사결정에 활용하는 방안에 대해 보다 상세히 알아 본다.

**[표 03-3] 손익계산서 (KT)** (단위: 백만 원)

| 과 목 | 2009 | % | 2008 | % | 타인자본 사용대가 | 자기자본 사용대가 |
|---|---|---|---|---|---|---|
| I. 영업수익 | 15,906,174 | 100.0% | 11,784,835 | 100.0% | | |
| II. 영업비용 | −15,294,624 | −96.2% | −10,671,446 | −90.6% | | |
| III. 영업이익 | 611,550 | 3.8% | 1,113,389 | 9.4% | X | X |
| IV. 영업외수익 | 884,339 | 5.6% | 855,289 | 7.3% | (ROIC ↔ $r_{WACC}$) | |
| 1. 이자수익 | 159,637 | | 103,636 | | | |
| 2. 외환차익 | 32,165 | | 49,045 | | | |
| 3. 외화환산이익 | 232,369 | | 36,385 | | | |
| 4. 지분법이익 | 182,135 | | 72,486 | | | |
| 9. 유형자산처분이익 | 4,972 | | 3,495 | | | |
| 10. 충당부채환입 | 3,268 | | 3,846 | | | |
| V. 영업외비용 | −939,724 | −5.9% | −1,408,633 | −12.0% | | |
| 1. 이자비용 | 445,893 | | 329,352 | | | |
| 3. 외환차손 | 36,468 | | 39,013 | | | |
| 4. 외화환산손실 | 11,524 | | 657,225 | | | |
| 5. 지분법손실 | 63,085 | | 73,379 | | | |
| 6. 기부금비용 | 34,410 | | 63,107 | | | |
| 9. 유형자산처분손실 | 90,387 | | 49,616 | | | |
| 10. 유형자산손상차손 | | | 1,565 | | | |
| 11. 무형자산처분손실 | 4,114 | | 1,247 | | | |
| VI. 법인세비용차감전순이익 | 556,165 | 3.5% | 560,045 | 4.8% | | |
| VII. 법인세비용 | −39,632 | −0.2% | −110,235 | −0.9% | | |
| VIII. 당기순이익 | 516,533 | 3.2% | 449,810 | 2.2% | O | X |
| | | | | | (ROE ↔ $r_E$) | |

우선 영업이익에 대해 살펴보자. 경영진은 다음과 같은 세 가지 관점에서 영업이익 정보를 활용할 것이다.

### ■ 영업이익의 규모

경영진은 영업이익 금액을 당연히 중시한다. 경영진은 전년보다 영업이익 목표를 높게 설정한 후 이를 달성하기 노력하거나, 경쟁회사에 비해 더 높은 수준의 영업이익을 달성하기 위해 전략을 수립하기 때문이다. KT의 2009년도 영업이익은 6,115억 원으로 2008년도에 비해 감소했음을 알 수 있다.

[표 03-4] 영업이익과 당기순이익

| | 자본사용대가 차감여부 (O: 차감, X: 미차감) | | 경영성과지표 | 평가기준 |
|---|---|---|---|---|
| | 타인자본 | 자기자본 | | |
| 영업이익 | X | X | 투하자본수익률 $ROIC = \frac{영업이익}{투하자본}$ | 가중평균자본비용 ($r_{WACC}$) |
| 당기순이익 | O | X | 자기자본수익률 $ROE = \frac{당기순이익}{자기자본}$ | 자기자본비용 ($r_E$) |

### ■ 영업이익률($= \frac{영업이익}{매출액}$)

경영진은 영업이익 금액뿐 아니라 매출액 대비 영업이익률이 전년보다 향상되고 있는지 또는 경쟁회사보다 더 높은지에 관심이 있다. 영업이익률에 관심을 둔다는 것은 매출원가율($= \frac{매출원가}{매출액}$)과 판매비 및 일반관리비율($= \frac{판매비\ 및\ 일반관리비}{매출액}$)이 적정 수준으로 유지되는 가에 초점을 둔다는 의미이기도 하다. KT의 2009년도 영업이익률은 3.8%로 2008년도 영업이익률 9.4%에 비해 감소했다.

### ■ 투하자본수익률($= \frac{영업이익}{투하자본} = ROIC$)

경영진은 영업이익을 창출하기 위해 주주 및 채권자가 제공한 투자재원을 핵심사업에 투입했음에도 불구하고 이 같은 투자재원에 대한 대가가 영업이익에서 차감되지 않았다는 점을 인식해야 한다. 우선 채권자가 제공한 투자재원에 대한 대가인 이자비용이 영업이익에서 차감되지 않았다는 점은 쉽게 알 수 있다. 그 이유는 이자비용은 '영업외비용'으로 영업이익을 산출한 후 차감되기 때문이다. KT의 2009년도 이자비용은 4,458억 원이다. 그리고 주주가 제공한 투자재원에 대한 대가 역시 영업이익 산출과정에서 차감되지 않았다. 주주에게 지급한 배당금은 이익의 처분이므로 이는 손익계산서에서 비용으로 나타나지 않는다는 것을 기억하자.

주주와 채권자가 제공한 투자재원에 대한 대가를 직접 영업이익에서 차감할 수는 없다. 따라서 보완적인 지표를 사용해야 할 필요성이 생긴다. 그것이 바로 영업이익을 투하자본(IC: invested capital)으로 나눈 투하자본수익률(ROIC: return on invested capital)이다. 영업이익 창출을 위해 주주와 채권자로부터 조달한 투자재원이 핵심사업에 투자되었고 이의 평균자본조달비용이 바로 가중평균자본비용($r_{WACC}$)이다. 따라서 경영진은 투하자본수익률이 가중평균자본비용에 비해 더 높은가에 관심을 가져야 한다. 'ROIC > $r_{WACC}$' 라는 것은 경영진이 핵심사업으로부터 창출한 수익률이 평균자본조달비용보다 높다는 뜻이며, 이 경우 기업가치는 향상된다고 볼 수 있다. 그러나 반대로 'ROIC < $r_{WACC}$' 인 상태가 지속되는 경우, 경영진은 기업가치를 훼손하고 있다고 보아야 한다.

한국 주요 기업에서는 이미 이 같은 관점을 경영의사결정에서 활용하고 있다. 즉 'ROIC − $r_{WACC}$ > 0' 인 경우 이를 투하자본에 곱한 금액 (=(ROIC−$r_{WACC}$)×IC)을 경영진에게 지급할 성과급 산정의 기초 자료로 사용하기 때문이다. 실무에서는 이 개념을 경제적 부가가치를 의미하는 EVA(economic value added)라고 부른다. EVA의 개념에 대해서는 다음 기회에 살펴본다(Section 28와 30 참고).

## 04 당기순이익의 활용

당기순이익을 활용하는 관점에 대해서도 살펴보기로 하자. 영업이익에서와 같이 경영진은 다음과 같은 세 가지 관점에서 당기순이익을 활용할 것으로 본다.

- **당기순이익의 규모**
- **당기순이익률($= \frac{\text{당기순이익}}{\text{매출액}}$)**

경영진은 당기순이익 규모와 당기순이익률이 전년보다 상승하고 있는지 또는 국내외의 경쟁기업에 비해 더 나은지에 관심을 갖는다. KT의 2009년도 당기순이익은 5,165억 원, 당기순이익률은 3.2%로 2008년도에 비해 호전되었음을 알 수 있다.

### ■ 순자산수익률(= $\frac{\text{당기순이익}}{\text{순자산}}$ = ROE)

그런데 당기순이익은 주주와 채권자가 제공한 투자재원 중 채권자의 몫에 대한 대가만을 차감하였고 주주의 투자재원에 대한 대가는 여전히 고려하지 않고 있다는 점을 기억하자. 즉 이자비용은 영업외비용으로 당기순이익을 산정하는 과정에서 고려되었으나, 주주에게 지급한 배당금은 이익의 처분이므로 손익계산서에서는 차감되지 않았기 때문이다.

주주가 제공한 투자재원(즉, 자기자본 또는 순자산)에 대한 대가를 직접 당기순이익에서 차감할 수는 없으므로, 당기순이익을 순자산으로 나눈 순자산수익률(ROE: return on equity)을 우선 산출해야 한다. 그리고 이 순자산수익률이 주주가 기대하는 수익률($r_E$)보다 높은가를 평가해야 한다. 여기서 주주의 기대수익률은 CAPM을 활용해서 구할 수 있다 (Section 40 참고).

'ROE > $r_E$' 라는 것은 주주의 관점에서 측정한 전사차원의 수익성(ROE)이 주주 기대수익률보다 높다는 의미이며 따라서 경영진은 기업가치를 향상시키는 역량을 갖고 있다고 볼 수 있다. 그러나 반대로 경영진이 'ROE < $r_E$' 인 상태를 신속히 개선하지 못한다면, 상장기업의 경우 주가가 오르지 않고, 극단적인 경우 경영진은 주주로부터 교체압력을 받을 수도 있다.

그리고 'ROE − $r_E$ > 0' 인 경우 이를 순자산에 곱한 금액(=(ROE−$r_E$)×순자산)을 초과이익(residual income)이라고 부른다. 초과이익의 개념 및 향상전략에 대해서는 다음 기회에 살펴본다(Section 12 참고).

# SECTION 04 영업이익, 영업이익률 및 투하자본수익률

영업이익은 경영진이 핵심사업으로부터 가치를 창출하고 있는가를 판단하는 중요한 정보이다. 제품판매나 용역제공의 대가로 얻은 가치분(=매출액)에서 기업자원의 희생(=매출원가)과 판매 및 관리활동에 필요한 노력(=판매비 및 일반관리비)을 차감한 나머지가 영업이익이기 때문이다. 앞 장에서 살펴본대로 경영진은 다음과 같은 세 가지 관점으로 영업이익 정보를 활용한다.

- 영업이익의 규모
- 영업이익률(= $\frac{\text{영업이익}}{\text{매출액}}$)
- 투하자본수익률(= $\frac{\text{영업이익}}{\text{투하자본}}$)

경영진이 (1) 영업이익 규모와 (2) 영업이익률 정보를 경영성과평가 및 보상에 사용하는 것은 자연스럽다. 전년과 대비하여 또는 경쟁기업과 비교하여, 회사 영업이익과 영업이익률을 향상시키고자 하는 경영진의 의지를 명확하게 평가할 수 있기 때문이다. 그런데 투하자본수익률(ROIC, return on invested capital) 정보를 활용하는 것은 여전히 불편하다. 영업이익 크기와 매출액 대비 영업이익률 정보 이외에 ROIC개념을 사용하는 것은 어떤 의미를 갖는 것일까? 또한 ROIC개념을 성과평가 및 보상제도에 활용하는 경우 장점과 단점은 무엇일까?

## 01 영업이익률과 투하자본수익률

이 질문에 답하기 위해 서로 다른 두 개 사업부를 운영하고 있는 회사를 가정하자. 사업부 A는 매출액 200을 달성했고 영업이익은 24이다. 따라서 영업이익률은 12%이다. 한국 상장기업의 평균 영업이익률이 6%정도이므로 사업부 A는 좋은 성과를 달성했다고 볼 수 있다. 반면 사업부 B의 매출액은 400이고 영업이익은 20이다. 이 사업부의 영업이익률은 5%이므로 한국 상장기업 평균에도 미치지 못한다.

| | 사업부 A | 사업부 B |
|---|---|---|
| 매출액 | 200 | 400 |
| 영업이익 | 24 | 20 |
| 영업이익률 | 12% | 5% |

질문 1. 어느 사업부의 경영성과가 양호한가?

| | | |
|---|---|---|
| 투하자본 (IC, invested capital) | 600 | 50 |
| 투하자본회전율 | $\frac{1}{3}$배 | 8배 |
| 투하자본수익률(ROIC) | 4% | 40% |

질문 2. 어느 사업부의 경영성과가 '진정으로' 양호한가?

질문 3. 이 밖에 경영진이 고려할 요인은 무엇인가?

[그림 04-1] 영업이익, 영업이익률 및 투하자본수익률

두 사업부 중 어느 사업부가 좋은 평가를 받을까? 당연히 사업부 A가 더 좋은 평가를 받을 것이다. 사업부 A의 영업이익규모와 영업이익률이 사업부 B보다 모두 뛰어나기 때문이다. 사업부 A의 경영진은 성과급도 더 받고, 보다 많은 회사의 인적, 물적 자원이 이 사업부로 배분될 것이다.

그러나 이 같은 결론은 성급해 보인다. 그 이유는 매출액 달성을 위해 각 사업부에 투입된 투하자본(IC, invested capital)의 크기를 고려하지 않았기 때문이다. 사업부 A에 투입된 투하자본은 600, 사업부 B에 투입된 투하자본은 50이라고 가정하자. 사업부 A는 매출액 200을 달성하는데 600만큼의 투하자본이 투입되었고, 사업부 B는 매출액 400을 달성하는데 단지 50만큼의 투하자본이 사용된 것이다.

이러한 매출액을 투하자본으로 나눈 값을 투하자본회전율이라고 한다. 사업부 A와 B의 투하자본회전율은 각각 $\frac{1}{3}$배($=\frac{200}{600}$)와 8배($=\frac{400}{50}$)가 된다. 투하자본 100을 투입하는 경우 사업부 A는 33만큼의 매출액만을 창출하는 반면, 사업부 B는 무려 800의 매출액을 달성한다는 뜻이다. 이렇듯 투하자본회전율은 투하자본이 얼마나 빨리 '회전' 해서 매출액 달성에 공헌하는가를 나타낸다. 또는 매출액 달성을 위해 투하자본이 얼마나 투입되어야 하는가를 의미하기도 한다.

투하자본 대비 영업이익률인 투하자본수익률(ROIC)은 사업부 A가 4%($=\frac{24}{600}$), 사업부 B는 40%($=\frac{20}{50}$)로 나타난다. 사업부 A는 대규모 투자가 수반되는 '자본집약적' 사업의 특성을 갖는다. 투하자본 규모가 크기 때문에 영업이익률이 높아야만 투하자본 회수가 가능한 사업이라는 의미이다. 반대로 사업부 B는 영업이익률은 낮지만 투하자본을 적게 쓰면서도 높은 매출액을 달성하고 있으므로 '박리다매형' 사업의 특성을 갖는다고 볼 수 있다.

이제 어느 사업부의 경영성과가 진정으로 양호하다고 평가하는 것이 적절할까? 영업이익금액과 영업이익률 정보만을 활용하여 평가하는 경우 사업부 A의 경영실적이 뛰어나 보인다. 그러나 사업부 B는 한정된 회사자원을 적게 사용하면서도 높은 투하자본수익률(ROIC)을 달성하였기 때문에 기업가치 창출에 공헌한 것은 분명하다. 따라서 ROIC개념을 활용하는 경영진은 한정된 회사자원을 사업부 A에만 집중하는 대신 사업부 B에도 배분하는 것이 필요하다는 통찰력을 갖게 된다.

여기서 중요한 점은 위와 같은 관리방안을 실천하기 위해서는 회사 전체의 투하자본이 각 사업부에 얼마나 투입되었는가를 추적하는 장치가 있어야 한다. 경영진이 활용하는 투하자본은 궁극적으로 주주와 채권자로부터 조달한 것이다. 이 투하자본이 주요 사업단위에 얼마나 투입되었는지를 추적하고 파악하지 않고서는 각 사업부별로 투하자본수익률(ROIC)을 산출할 수 없다. 그렇다면 어느 사업부가 진정으로 양호한 성과를 냈는지도 파악하기 어려울 것이다.

이제 경영진은 투하자본수익률 개념을 활용한 성과평가결과가 영업이익규모나 영업이익률 정보만을 바탕으로 한 평가결과와는 다른 결론을 낼 수 있다는 점을 명확히 이해할 수 있게 되었다. 물론 회사가 단일 영역에서만 사업을 한다면 투하자본수익률의 중요성은 높지 않을 수 있다. 그러나 한정된 투하자본을 여러 사업분야에 배분해야 하는 경영진은 영업이익과 영업이익률뿐 아니라 투하자본수익률 개념도 함께 활용하는 것이 균형적인 투자재원 배분원칙을 갖추는데 도움이 된다는 것을 기억하자.

## 02 사업담당경영진과 최고경영진의 관점

영업이익률과 투하자본수익률 개념의 활용 정도는 경영진의 업무영역과 밀접하게 연계된다. 사업을 담당하는 임원진은 영업이익과 영업이익률 정보를 주로 강조한다. 매출액 목표를 달성하기 위해 시장점유율 확보에 신경을 쓰고, 생산원가 및 판매, 관리비용을 최적화함으로써 영업성과를 극대화해야 하기 때문이다. 따라서 사업담당 임원진은 영업이익 규모와 매출액대비 영업이익률이 전년보다 좋아지거나 경쟁기업

$$\text{투하자본수익률(ROIC)} = \frac{\text{영업이익}}{\text{투하자본}} = \frac{\text{영업이익}}{\text{매출액}} \times \frac{\text{매출액}}{\text{투하자본}} = \underbrace{\underbrace{\text{영업이익률}}_{\text{사업담당경영진}} \times \text{투하자본회전율}}_{\text{최고경영진(CEO, CFO)}}$$

[그림 04-2] 영업이익률과 투하자본수익률

보다 우월한가에 관심을 갖는다.

그런데 최고경영자(CEO: chief executive officer)와 재무담당임원(CFO: chief financial officer)은 매출액, 영업이익 크기 및 영업이익률뿐만 아니라 투입된 자본의 규모, 투하자본회전율 그리고 투하자본수익률에도 관심을 갖게 된다. 회사가 조달할 수 있는 투하자본의 규모가 한정되어 있고, 투하자본조달에는 자본비용이 수반되기 때문이다.

투하자본수익률(ROIC)은 사업담당경영진의 주 관심사인 영업이익률에 최고경영진의 관심사인 투하자본회전율을 곱한 통합적 성과지표라고 볼 수 있다. 이렇게 ROIC를 분해해서 그 의미를 살펴보면 이 개념이 그다지 부담스러워 보이지 않는다.

그리고 궁극적으로 최고경영진은 가중평균자본비용 이상으로 ROIC를 지속적으로 달성하는가에 관심을 갖는다. 즉, 경영진은 영업이익에서 투하자본에 대한 평균자본조달비용($r_{WACC}$)을 차감하고도 이 금액이 양(+)이 되는가에 관심을 갖는다. 이를 간결하게

$$\text{영업이익} - \text{투하자본} \times \text{가중평균자본조달비용} > 0$$

로 표현할 수 있다. 또한 이를 달리 표현하면

$$(\text{투하자본수익률} - \text{가중평균자본비용}) \times \text{투하자본}$$
$$= (ROIC - r_{WACC}) \times IC > 0$$

경제적 부가가치(EVA)

$$= \text{영업이익} - \text{투하자본} \times \text{가중평균자본조달비용}$$
$$= (\text{투하자본수익률} - \text{가중평균자본비용}) \times \text{투하자본}$$
$$= (ROIC - r_{WACC}) \times IC > 0$$

**[그림 04-3]** 경제적 부가가치

이 된다. 이 개념이 경제적 부가가치(EVA: economic valued added)라는 점을 다시 기억하자. CEO와 CFO 관점에서는 영업이익만 고려한 성과지표는 완전하지 않다.

## 03 ROIC개념 장점 및 단점

한국의 여러 기업에서는 'ROIC > $r_{WACC}$' 인 경우(= 경제적부가가치 > 0) 경영진에게 성과급을 지급한다. 이 같은 보상제도의 장점은 핵심사업에서 수익성(ROIC)을 자본조달에 소요되는 평균적인 자본비용($r_{WACC}$) 이상으로 달성하자는 의미를 쉽게 전달할 수 있다는 점이다. 한정된 회사 자원을 고부가가치 사업에 집중을 하는 것이 기업가치 향상에 공헌하고, 이 경우 경제적 보상이 수반된다는 것을 명확히 알 수 있기 때문이다.

그러나 'ROIC > $r_{WACC}$' 인 경우에만 성과급을 지급하는 경우 부작용은 없을까? 경영진이 장기적인 경쟁력 강화를 위한 투자를 실행하는데 혹시라도 주저하지는 않을까? 투자를 늘리면 ROIC의 분모인 투하자본이 커진다. 그러나 추가투자로 인해 창출되는 매출액은 단기적으로는 늘지 않을 수도 있다. 오히려 설비투자로 인한 감가상각비나 인적자원확보에 필요한 추가비용이 늘어나, ROIC의 분자인 영업이익은 낮아질 수 있다. 이 같은 단기적 부담으로 인해 경영진이 투자를 적극적으로 하지 않는다면 회사는 궁극적으로 경쟁력을 잃게 될 것이다.

따라서 경영진에게 단기적 경영성과를 향상시키는 동시에 장기적 경쟁력 강화를 위한 투자를 적극적으로 독려하기 위해서는 'ROIC > $r_{WACC}$' 를 기반으로 한 성과평가와 보상제도를 세심하게 설계하고 운영해야 한다. 이와 같은 단점을 보완하기 위한 구체적인 실행대안은 무엇일까? 이에 대해서는 다음 기회에 상세히 논의하기로 하자(Section 31 EVA와 ΔEVA 참고).

SECTION 05

# 인식된 정보와 공시된 정보의 차이: 금융리스와 운용리스

재무회계에서 어려운 질문 중 하나는 인식된(recognized) 정보와 공시된(disclosed) 정보 간에 정보가치가 차이가 있는가 하는 점이다. 인식된 정보란 회사의 재무상태표나 손익계산서에 기록되는 정보를 의미한다. 반면 공시된 정보는 이들 재무제표에는 기록되지 않으나 사업보고서에 주석사항으로 기재되는 정보를 뜻한다. 인식된 정보와 공시된 정보의 차이를 리스 형태로 자산을 사용하는 예를 통하여 생각해보자.

## 01 금융리스와 운용리스

리스 계약이란 리스이용자(a lessee)가 리스회사인 리스제공자(a lessor)에게 리스료를 지불하고 대신 리스제공자의 자산을 사용할 수 있는 권리를 얻게 되는 것을 말한다. 이때 리스이용자는 대여하여 사용하고 있는 자산(이를 리스자산이라고 함)을 분류 기준에 따라 금융리스(financing lease) 혹은 운용리스(operating lease)로 분류하는데, 어떻게 분류하는가에 따라 재무제표에 미치는 영향이 크게 다르다.

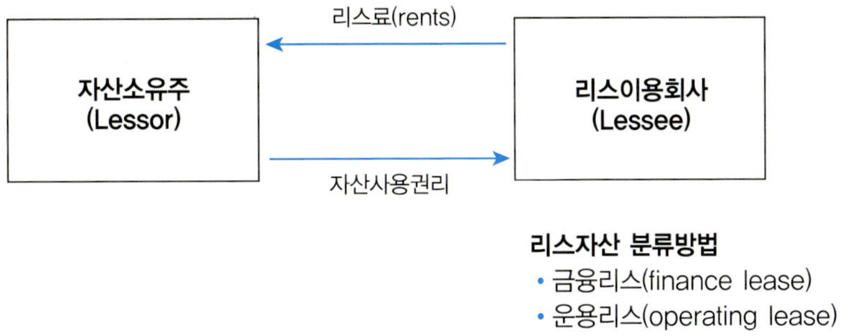


**[그림 05-1]** 리스계약의 구조

금융리스(financing lease)는 리스자산을 마치 회사가 구입한 것과 마찬가지로 재무상태표에 유형고정자산으로 분류한다. 실제로는 구입하지 않았으나 경제적인 실질을 따져보면 마치 구입한 것이나 다름없다는 것이다. 리스이용자 회사의 재무상태표에는 금융리스부채도 기록될 것이다. 리스자산에 대한 대가를 모두 지불한 것도 아니기 때문이다. 또한 재무상태표에 리스부채가 인식되었으므로 손익계산서에는 이에 대한 이자비용도 인식된다. 결국 리스 계약을 금융리스 형태로 한 경우에는 리스이용회사는 리스자산을 재무상태표에 자산과 부채로 인식(recognition)하고 그 후 리스자산에 대한 감가상각비와 이자비용도 손익계산서에 인식하게 되는 것이다.

한편, 운용리스(operating lease)는 금융리스처럼 리스자산과 리스부채를 재무상태표에 인식하는 대신 매년 지불하는 리스료를 손익계산서에 비용으로 처리한다. 그리고 사업보고서의 주석에 운용리스로 인해 매년 지불해야 할 리스료를 공시(disclosure)하기만 하면 된다.

대한항공의 경우 사업의 특성상 리스자산을 많이 사용하고 있는 회사이다. Korean Lease and Finance Co.이라는 금융자회사를 통해 항공기 및 엔진을 대여하여 여객과 화물운송사업을 하고 있는데, 금융리스 형태도 있고 운용리스 형태도 있다. 2007년 말 현재 대한항공의 재무상태표에는 항공기리스자산 총액 5조 1,600억 원, 엔진리스자산 총액 1조 2,500억 원, 그리고 금융리스부채 2조 2,000억 원이 있음을 볼 수 있다.

동일한 자산을 대여해 영업활동을 하는 경우에도 이 자산을 어떻게 분류했는지에 따라 리스이용회사의 재정상태와 경영성과가 다르게 나타날 수 있다는 점은 흥미로운 점이다. 구체적인 예를 들어 그 차이를 살펴보자.

## 02 금융리스의 자본화 조건

금융리스의 경우처럼 리스자산을 재무상태표에 인식하는 것을 다른 용어로는 자본화(capitalization)한다고 표현한다. 즉 자산으로 기록한다는 의미이다. 그렇다면 어떤 경우에 리스자산을 금융리스로 분류할 것인가? 리스계약이 다음의 상황 중 하나라도 충족하는 경우 금융리스로 분류해야 한다.

- **리스기간 종료 시 또는 그 이전에 리스자산의 소유권이 리스이용자에게 이전되는 경우.** 이 경우 비록 리스자산을 구입한 것은 아니더라도 리스계약기간 종료 시 또는 그 이전에 리스자산의 소유권이 이전될 것이므로 리스자산과 리스부채를 재무상태표에 인식한다.
- **리스실행일 현재 리스이용자가 염가매수선택권을 가지고 있고, 이를 행사할 것이 확실시 되는 경우.** 리스계약이 종료될 때 그 시점의 시장가격에 비해 낮은 금액으로 리스자산을 구매할 수 있는 염가매수선택권(bargain purchase option)이 있고 이를 행사할 것이 확실시 된다면, 비록 리스자산이더라도 마치 구매한 것과 같이 리스자산을 인식하고 아직 대금을 지급한 것은 아니므로 리스부채를 인식하게 된다.
- **리스자산의 소유권이 이전되지 않을지라도 리스기간이 리스자산 내용연수의 상당부분을 차지하는 경우.** 리스이용자가 리스자산을 내용연수 대부분 기간 동안 사용한다면 경제적인 실질로는 구매한 것과 유사하다고 보고 금융리스로 인식한다.
- **리스실행일 현재 최소리스료를 내재이자율로 할인한 현재가치가 리스자산 공정가치의 대부분을 차지하는 경우.** 리스자산의 현재 시장가격의 대부분을 리스료로 지급한다면 이 역시 취득한 것과 경제적인 실질이 차이가 없다고 보고 금융리스로 인식한다.
- **리스이용자만이 중요한 변경 없이 사용할 수 있는 특수한 용도의 리스자산인 경우.**

만일 위 조건 중 어느 것에도 해당하지 않는다면 그 리스계약은 운용리스로 분류되어 손익계산서에는 리스료만 비용으로 처리되고 리스자산과 리스부채는 재무상태표에 인식되지 않는다.

## 03 인식되는 정보와 공시되는 정보의 정보가치 차이

그렇다면 리스이용회사는 리스계약을 금융리스로 분류하는 것과 운용리스로 처리하는 것 중 어느 방법을 선호할까? 금융리스로 분류하는 경우 운용리스에 비해 다음과 같은 효과가 있다.

- **리스자산의 증가로 인한 총자산의 증가.** 그런데 자산이 증가하면 좋은 소식일까? 기업규모가 중요한 평가기준이라면 그럴 수도 있겠다. 하지만 자산규모가 커지면 자산수익률(ROA: return on assets)은 낮아진다. 따라서 기업규모가 커지는 장점도 있고 다른 한편으로는 기업 수익성이 낮아 보이는 단점도 있다. 이 중 어떤 것이 더 중요할까? 규모의 증가로 인한 긍정적인 효과보다도 수익성이 낮아 보이는 부정적인 효과가 더 클 것이다. 한편 주주의 입장에서는 자산수익률보다는 순자산수익률(ROE: return on equity)을 더 중시한다는 점을 기억하자.
- **리스부채의 증가.** 금융리스에서는 리스자산이 증가하는 것만큼 리스부채도 증가한다. 부채가 늘어나는 것은 당연히 부정적인 효과가 클 것이다. 부채비율($=\frac{\text{타인자본}}{\text{자기자본}}$)이 높아지면 신용등급에 부정적인 영향을 주어, 은행차입금리와 회사채발행금리가 상승하여 이자비용이 늘게 된다.
- **영업현금흐름의 증가.** 리스 계약에서 매년 지급하는 리스료는 리스 원금과 이자로 구성된다. 금융리스의 경우 원금 부분은 금융리스부채 상환에 해당하므로 현금흐름표(cash flow statement)에서 재무활동에 사용한 것으로 기록하고, 이자부분은 영업활동에 사용한 것으로 기록한다. 한편 운용리스의 경우 리스료 전액을 비용으로 인식하여 영업활동에 사용한 것으로 기록한다. 따라서 영업현금흐름은 금융리스가 더 양호한 것으로 나타나게 된다. 자본시장에서 영업현금흐름 창출능력을 관심있게 보고 있으므로 영업현금흐름 금액이 높아 보이는 것은 나쁜 소식이 아니다.

위와 같은 효과를 분석하면 리스이용회사는 금융리스를 사용함으로써 자산이 증가하고 영업현금흐름이 양호해 보이는 긍정적 효과와 자산수익률이 낮아지고 부채비율이 악화되는 부정적인 효과를 비교하게 될 것이다. 리스이용회사가 금융리스와 운용리스 중 하나를 택할 수 있다면 어떤 형태를 선호할까? 만일 회사가 성장을 위한 재원조달을 은행차입금이나 회사채발행에 의존하고자 하는 경우 자산수익률이 낮아지고 부채비율을 높이는 금융리스 대신 운용리스를 선택하려 할 것이다. 은행차입이나 회사채발행을 당장 계획하고 있지 않은 기업들도 아마도 같은 선택을 할 것으로 보인다. 경영진은 향후 성장재원조달의 탄력성을 확보하는 것이 중요하므로 가능하면 부채비율을 낮게 유지하고자 하기 때문이다.

[그림 05-2]는 금융리스자산과 금융리스부채를 재무상태표에 인식하는 경우 자산과 부채가 동시에 증가하고 이로 인해 자산수익률(ROA)은 떨어지고 부채비율은 악화됨을 보여 주고 있다.

운용리스의 예처럼 경제적 실질로는 부채를 사용하면서도 재무상태표에 부채를 인식하지 않음으로써(물론 이에 대응되는 자산도 인식하지 않는다) 부채비율을 낮게

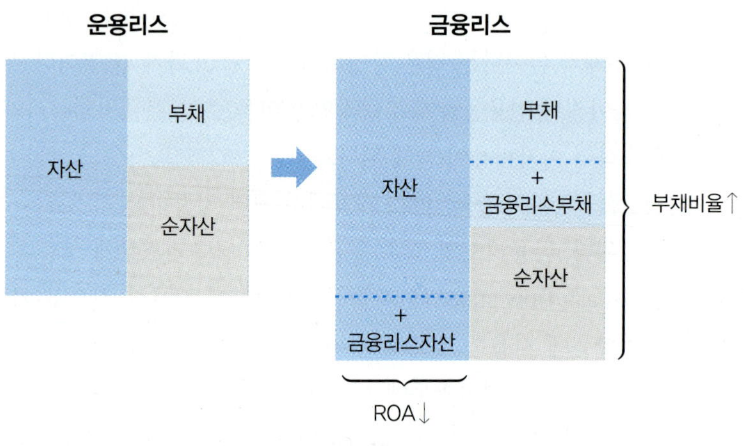


[그림 05-2] 운용리스와 금융리스

지털경영 환경에서는 오히려 부담이 될 수도 있다. 경영진은 환경 변화를 미리 감지하고 그에 상응하는 경영전략을 수립, 실행해야 하는 부담을 갖고 있다. 물적 자원의 중요성이 감소하는 환경에서, 리스회계기준 변경은 경영진에게는 당연히 부담이 된다. 그러나 역량을 갖춘 경영진에는 새로운 사업 기회로 나타날 것이다.

## 05 정보가치와 정보제공 장소

동일한 재무회계정보라도 인식된(즉 재무상태표와 손익계산서에 기록된) 정보의 정보가치가 공시된(즉 주석사항으로 기록된) 정보의 정보가치보다 크다는 점을 금융리스와 운용리스의 예를 통해 알아보았다. 즉 재무회계정보도 그 정보가 어디에 기록되는가에 따라, 다시 말해 재무회계정보가 어느 '장소'에 나타나는지에 따라 정보가치가 달라질 수 있다는 점을 기억하자.

이 같은 견해의 바탕에는 정보이용자가 정보제공 장소에 따라 그 재무회계정보의 중요성을 달리 해석하기 때문이라는 발견이 깔려 있다. 주주나 채권자 또는 기타 정보이용자들은 한정된 시간과 재원을 사용하여 정보가치를 판단하므로 재무회계정보가 '잘 보이지 않는 장소(예를 들면 사업보고서 뒤편에 작은 글씨로 서술되어 있는 운용리스에 관한 주석사항)' 에 기록되어 있으면 이 정보를 간과하기 쉽기 때문이다. 그런데 이 같은 발견은 새삼스러운 것이 아니다. 영어 속담에도 있지 않은가? 안 보면 잊혀 진다고(Out of sight, out of mind).

## 06 매각후임차(sales-and-lease-back)

경기가 나빠지면 경영진은 회사 건물, 공장, 선박 또는 항공기와 같은 핵심 영업자산을 매각해서라도 재원을 마련하기도 한다. 그러나 사업을 지속해야 하므로 매각한 자산을 다시 임차해서 경영활동을 유지할 필요가 있다. 이 같은 거래를 매각후임차(sales-and-lease-back, 판매후리스)라고 한다.

이 경우 두 가지 쟁점이 발생한다. 첫째, 영업자산 매각시 장부금액보다 높은 가격으로 매각함으로써 매각이익이 발생한 경우 이를 손익계산서에 이익(구체적으로는 영업외이익)으로 인식할 수 있는지 여부이다. 둘째, 다시 임차한 자산을 운용리스와 금융리스 중 어떤 것으로 분류해야 하는가이다. 예를 들어, 회사가 운영 중인 선박(장부금액 = 100)을 150에 매각하고, 이를 다시 임차해서 경영을 지속한다면 이 경우 매각이익(= 150 − 100)을 손익계산서에 이익으로 인식할 수 있을까? 또 이 선박을 리스해 올 때 회계적으로는 어떻게 처리해야 할까?

매각이익을 손익계산서에 인식하기 위해서는 영업자산 매각이 진성매각(true sale)에 해당되어야 한다. 진성매각이란 자산이 매각됨으로써 회사가 더 이상 점유하고 활용할 수 없음을 의미한다. 그런데 매각후임차 거래에서는 회사가 매각된 자산을 다시 임차해서 사업을 계속하기 때문에, 자산매각이 진정한 의미의 매각이 아닐 수도 있다. 만일 진정한 매각이 아니라면 앞의 매각이익 50은 손익계산서에서 영업외이익으로 인식하는 것이 아니라, 재무상태표에 이연이익(deferred gain)이란 이름으로 부채로 분류하고 추후 임차기간 동안 나누어서 천천히 이익으로 인식해야 한다(이를 환입한다고 한다). 이는 비록 영업자산이 '형식적으로는' 매각되었더라도, 경제적 실질의 관점에서는 매각된 것이 아니라고 보기 때문이다. 그 대신 영업자산을 담보로 자금을 차입한 것으로 보는 것이 적절하다는 의미이다.

다음으로, 매각후 다시 임차한 영업자산은 운용리스와 금융리스 중 어떤 것으로 분류해야 할까? 이 때에는 매각 자산을 다시 임차할 때의 경제적 특성을 고려해야 한다. 만일 금융리스에 해당하는 조건들을 충족하였다면, 매각후임차로 인해 금융리스자산과 금융리스부채가 동시에 150 만큼 늘어난다. 따라서 부채비율도 높아질 것이다.

물론 경영진은 매각후임차를 금융리스(또는 담보차입)로 분류하는 것보다 운용리스로 분류하는 것을 선호할 것이다. 그래서 영업외이익도 늘릴 수 있고 부채비율도 낮게 유지할 수 있기 때문이다. 그러나 책임있는 경영진은 '매각'과 '재임차'라는 형식적인 모습만이 아니라 경제적 실질에 관해 더욱 관심을 가져야 한다. 그래야만 회사 재무회계정보의 신뢰성에 대한 투자자와 규제기관의 믿음을 지킬 수 있기 때문이다.

# SECTION 06 재무약정과 성과연동 변동이자율 차입금

주주가 제공하는 자기자본에 대한 기대수익률(cost of equity capital)보다 부채조달비용(cost of debt capital)이 낮은 이유는 채권자의 경우 원금과 이자수익을 통해 투자한 자금을 회수할 수 있다는 확신을 어느 정도 갖고 있기 때문이다. 따라서 부채조달비용을 더욱 낮추기 위해서는 채권자의 투자자금회수에 대한 불안감을 낮추어야 한다. 어떻게 채권자의 불안감을 해소시켜 부채조달비용을 더 낮출 수 있을까?

가장 먼저 떠오르는 것은 신용평가기관에서 좋은 신용등급을 받는 것이다. 신용평가기관은 채권발행기업의 수익성, 성장성, 담보가치, 자금소요액 등을 고려하여 채권발행시에 약속한 원금과 이자지급능력이 충분히 유지되고 있는가를 평가한다. 또한 경영자의 윤리의식, 기업의 투명성, 지배구조의 건전성 등도 고려하여 채권자가 제공한 자금을 경영자가 유용하거나 남용하지는 않는지도 관심있게 지켜본다. 따라서 신용평가기관에서 평가한 신용등급은 기업이 발행하는 채권에 대한 중요한 판단기준이 된다.

## 01 재무약정(covenants)

부채조달비용을 낮추는 데에 있어 또 다른 핵심은 투자자금의 회수가능성에 대한 불확실성을 실질적으로 해소할 수 있는 방안을 찾아보는 것이다. 첫째는 채권발행기업이 자발적으로 채권자가 갖는 불안감을 해소하기 위해 재무약정(covenants)을 설정하는 방법이다. 재무약정에는 (1) 채권이자와 원금상환에 필요한 현금보유금액을 어느 정도로 유지하기 위해 현금배당을 일정수준 이하로 유지하는 방안, (2) 과도한 채권발행을 억제함으로써 기존 채권자의 경제적 이해를 보호하는 방안, (3) 위험수준이 과도하게 높은 투자대안은 선택하지 않는다는 방안, (4) 이자지급금액이 영업현금흐름의 일정수준을 초과하지 않도록 하는 방안 등이 포함된다. 재무약정의 구체적인 예를 들면 다음과 같다.

- 자산매각대금은 전액 부채상환에 사용한다.
- $\frac{\text{부채}}{\text{영업현금흐름}}$ 비율은 3배를 초과하지 않는다.
- 이자보상비율($=\frac{\text{영업현금흐름}}{\text{이자지급액}}$)을 10배 이상 유지한다.
- 순자산을 일정수준으로 유지한다.

발행기업 스스로 채권자에게 재무약정을 제공하는 것은 언뜻 보기에 비효율적으로 보인다. 재무약정이 발행기업 경영자의 투자 및 재무 의사결정을 제한할 수 있기 때문이다. 그러나 경영자의 경영의사결정에 제한을 가하는 바로 그 이유 때문에 채권자는 투자자금 회수에 대한 불안감을 다소나마 해소할 수 있는 것이다. 이처럼 투자자의 경제적 이해를 실질적으로 보호하는 장치를 통하여 차입비용을 낮출 수 있다.

그러나 한국 기업에서는 재무약정을 찾아보기 어렵다. 그 이유는 경영자가 투자 및 재무 의사결정에 스스로 제약조건을 제시하는 것을 꺼려하기 때문이다. 재무약정을 제공함으로써 부채조달비용을 감소시키는 효과보다는 재무약정으로 인해 발생할 수 있는 경영상의 제약이 더 큰 부담이 되기 때문일 것이다. 특히 1990년대 후반 경제위기의 경험을 아직도 생생히 기억하고 있는 경영자들에게는 부채조달비용을 절감하는 것보다도, 채무를 이행하지 못함으로써 경영권을 채권자에게 넘겨야 하는 극단적인 상황을 원천적으로 배제하려는 유인이 더 큰 것으로 보인다.

그렇다면 경영의사결정에 제한을 가하는 재무약정 대신 부채조달비용을 낮출 수 있는 다른 방법은 없을까? 채권자와 부채조달기업 모두의 경제적 이해를 보호하면서도 부채조달비용을 낮출 수 있는 방법 중의 하나로 우리가 주목하고자 하는 것은 성과에 연동되어 차입금 이자율을 변동시키는 시스템이다.

## 02 성과연동 변동이자율 차입금

성과연동 변동이자율 차입금(performance pricing loans)은 부채조달기업의 경영성과에 따라 차입금 이자율이 변동하는 차입금을 의미한다. 성과연동제도는 두 가지 형태를 갖는다. 첫째는 경영성과가 좋아지면 이자율이 낮아지는 방안(IDPP: interest-decreasing performance pricing)이며, 둘째는 반대로 경영성과가 악화되면 이자율이 상승하는 방안(IIPP: interest-increasing performance pricing)이다.

우선 성과연동 이자율하락 차입금(IDPP)의 예를 살펴보자. 차입금 조달 당시의 이자율을 'LIBOR + 325 basis points (bp)'로 하고, 향후 '$\frac{\text{차입금}}{\text{영업현금흐름}}$ 비율'이 개선되는 경우(즉 이 비율이 낮아지는 경우), LIBOR에 가산하는 금리를 점차 낮추는 방안이다. 이를 간단히 표로 나타내면 다음과 같다. 여기서 LIBOR(London inter-bank offered rates)는 국제금융시장 중심지인 영국 런던에서 우량은행간 단기자금을 거래할 때 적용하는 금리를 의미한다.

[표 06-1] **성과연동 이자율하락 차입금의 예**

| 단계 | 차입금/영업현금흐름 비율 | 가산 금리 |
|---|---|---|
| 1 | 4.5 ≤ 차입금/영업현금흐름 | + 325 bp |
| 2 | 4.0 ≤ 차입금/영업현금흐름 < 4.5 | + 300 bp |
| 3 | 3.5 ≤ 차입금/영업현금흐름 < 4.0 | + 275 bp |
| 4 | 3.0 ≤ 차입금/영업현금흐름 < 3.5 | + 250 bp |
| 5 | 2.5 ≤ 차입금/영업현금흐름 < 3.0 | + 225 bp |
| 6 | 차입금/영업현금흐름 < 2.5 | + 200 bp |

경영성과가 향상됨에 따라 차입금 이자율이 감소하는 이 같은 제도의 장점은 무엇일까? 전통적인 차입금의 경우에도 차입기업은 만기 이전이라도 위약금을 물지 않고 차입금을 조기에 상환할 수 있는 선택권을 갖고 있다. 다만 높은 이자율의 차입금을 조기 상환하고 낮은 이자율로 다시 차입금을 조달하기 위해서는 차입에 필요한 추가 비용을 지불해야 한다. 그러나 성과연동이자율을 갖는 차입금의 경우에는 이 같은 추가조달비용을 지출하지 않고도 성과향상에 따라 이미 정해진 약정에 의해 낮은 이자율을 지불하는 장점이 있다. 따라서 장래 신용등급이 상향 조정되거나 경영성과가 향상될 것으로 예상하는 기업은 성과연동이자율 차입금을 사용하고자 할 유인이 커지게 될 것이다.

차입기업에게 위와 같은 장점이 있는 것은 쉽게 이해할 수 있다. 그렇다면 채권자에게는 어떠한 장점이 있을까? 차입기업이 차입금을 조기상환하고 낮은 이자율로 다시 차입을 하고자 하는 경우 성과연동 변동이자율 구조를 통하여 채권자가 추가비용없이 이를 재조정하게 함으로써, 채권자는 신용등급이 우수하고 경영성과가 향상되는 우량기업을 고객으로 계속 유지할 수 있고 궁극적으로는 채권의 건전성을 유지할 수 있다. 이 같은 제도가 없다면 우량고객을 다른 채권자에게 빼앗길 수도 있기 때문이다.

그러나 이 같은 제도를 효율적으로 운용하는 데 있어서 주의해야 할 점들이 있다. 위의 예와 같이 $\frac{\text{차입금}}{\text{영업현금흐름}}$과 같은 단일 성과지표를 기준으로 차입금 이자율을 조정하게 되면 차입기업은 당연히 이 지표를 당해 기업에 유리하도록 관리하고 조정할 유인을 갖게 된다. 물론 정상적인 경영활동을 통해 이 지표를 향상시킬 것이라는 가정을 하고 이 제도를 운용하게 되나, 사후적으로는 차입기업이 자의적으로 이 지표를 조정할 가능성도 배제할 수 없다. 따라서 채권자로서는 '$\frac{\text{차입금}}{\text{영업현금흐름}}$'과 같은 단일 성과지표뿐 아니라 다양한 재무지표들을 사용할 유인을 갖게 된다.

다음으로 성과연동 이자율상승 차입금(IIPP)의 예를 살펴보자. 차입금 조달 당시의 이자율을 'LIBOR + 75 basis points (bp)'로 하고, 향후 $\frac{\text{차입금}}{\text{영업현금흐름}}$ 비율이 악화되는 경우(즉 이 비율이 높아지는 경우) LIBOR에 가산하는 금리를 점차 올리는 방안이다. 이를 간단히 표로 나타내면 다음과 같다.

[표 06-2] 성과연동 이자율상승 차입금의 예

| 단계 | 차입금/영업현금흐름 비율 | 가산 금리 |
|---|---|---|
| 1 | 차입금/영업현금흐름 < 1.00 | + 75 bp |
| 2 | 1.00 ≤ 차입금/영업현금흐름 < 1.25 | + 100 bp |
| 3 | 1.25 ≤ 차입금/영업현금흐름 < 1.75 | + 125 bp |
| 4 | 1.75 ≤ 차입금/영업현금흐름 | + 150 bp |

전통적인 차입금의 경우 차입기업은 차입금 조기상환 선택권을 갖고 있으나, 채권자는 차입기업의 경영성과가 악화되거나 신용상태가 나빠진다고 해서 차입금의 조기상환을 요구할 수 있는 권리는 갖고 있지 않다. 따라서 경영성과가 악화될 가능성이 있는 기업에 대해서는 대출금 이자율을 어느 정도 높게 결정할 수밖에 없다. 이 같은 문제점을 어느 정도 보완하기 위한 방안이 경영성과가 악화되는 경우 미리 정해진 규약에 따라 이자율이 상승하는 차입금을 활용하는 방안이다. 차입기업의 입장에서는 경영성과가 나빠지는 상황에서 이자율이 높아지게 된다는 단점이 있는 반면, 전통적인 차입금 이자율보다 낮은 이자율로 자금을 차입할 수 있다는 장점이 있다.

## 03 채권자 보호와 자본비용

재무약정이나 성과연동 변동이자율 차입금 제도는 궁극적으로 자본제공자인 채권자가 자금사용자인 기업으로부터 투자원금과 적정이자를 안전하게 회수할 수 있다는 확신을 주기 위한 장치들이다. 채권자의 확신이 높아질수록 차입기업은 낮은 타인자본비용으로 재원을 조달할 수 있어 기업 성장에 유리한 위치에 있게 된다. 따라서 채권채무계약시 재무약정이나 성과연동 변동이자율 차입금제도를 효과적으로 사용할 수 있을 것이다.

이와 같이 자본제공자인 채권자의 불안감을 해소함으로써 자본조달비용을 낮출 수 있다는 개념을 '채권자에 대한 가격보호(price protection)' 현상이라고 부른다. 즉 투자원금과 적정이자의 회수에 대한 채권자의 불안감이 높아질수록 채권자는 더욱 높은 이자율을 요구함으로써 불안감(즉 위험)에 대한 보상을 받고자 한다는 것이다. 따라서 채권자는 자본제공에 대한 위험을 이자율(또는 가격)에 적절하게 반영함으로써 보호를 받는다는 것이 '가격보호' 라는 표현에 잘 나타나 있다.

한편 이자율이 상승하면 기업은 투자재원조달에 더욱 어려움을 겪게 되고, 경우에 따라서는 사업기회를 포기할 수밖에 없다. 따라서 이 같은 과소투자로 인한 기업가치 하락을 방지하기 위해서는 자본제공자인 채권자의 불안감을 해소하는 것이 중요하다. 채권자의 권익을 보호하고 불안감을 해소하는 장치를 사용하는 것이 궁극적으로 기업가치 향상을 위해서도 필요하다는 관점이 '가격보호' 개념의 핵심이다.

SECTION

# 07 영업레버리지와 고정영업비용

타인자본 사용으로 인한 고정이자비용의 지출로 인해 자기자본수익률의 변동성이 높아지는 것을 재무레버리지 효과라고 한다면, 고정영업비용의 증가로 인해 영업이익률의 변동성이 높아지는 것을 영업레버리지 효과라고 한다. 고정비 성격을 갖는 영업비용은 매우 다양하다. 고정설비투자가 늘어나게 되면 자연스럽게 증가하는 감가상각비, 장기근로계약 구성원에게 지급하는 급여 등이 그것이다. 고정영업비용이 증가할수록 총영업비 중 변동영업비가 차지하는 비중이 작아지므로, 매출수익이 조금만 변동해도 영업이익률의 변동폭은 더욱 커지게 된다.

따라서 영업이익률의 변동성을 낮추고자 한다면, 영업레버리지를 낮추어야 하며 그러기 위해서는 매출수익의 변동과 무관하게 발생하는 고정영업비의 비중을 줄여야 한다. 고정설비투자 대신 단기리스계약을 사용하고 장기고용계약 대신 단기고용계약을 사용하여 조직원을 구성하는 방안이 그 예가 된다. 최근 여러 기업에서 핵심경쟁력을 갖는 분야를 제외한 나머지 활동은 외부에서 조달받는 형태(outsourcing)도 이와 유사한 개념에서 출발한다.

그러나 여전히 많은 기업들은 매출수익과 연동성이 높아지는 영업비용구조만 선택하는 것은 아닌 것으로 보인다. 이들 기업은 영업이익률의 변동성이 높더라도 단기리스계약 대신 고정투자를 계속하고 장기고용계약제도를 포기하지 않는다는 것이다. 그 이유는 무엇일까?

## 01 영업비용의 하방경직성(Cost stickiness)

매출이 증감하면 영업비용도 그에 상응하는 만큼 증감하는지 살펴보자. 우선 매출이 증가하게 되면 영업비용도 그에 상응하여 늘어나는 것이 일반적이다. 고정투자도 늘고 고용도 증가한다. 그러나 반대로 매출이 감소하는 경우 영업비용은 그에 상응하는 만큼 감소하지 않는 경우가 일반적이다. 그 이유는 매출이 감소하였다고 하여, 과거 고정투자로 인한 감가상각비가 단기간에 줄어들지도 않을 뿐 아니라 조직구성원을 해고하지도 않기 때문이다.

이 같은 현상을 영업비용의 하방경직성이라 표현하며 이를 그림으로 나타내면 아래와 같다. 매출이 증가하는 경우 영업비용은 빠르게 증가하나, 매출이 감소하는 경우 영업비용은 상대적으로 느린 속도로 감소하는 것을 알 수 있다.

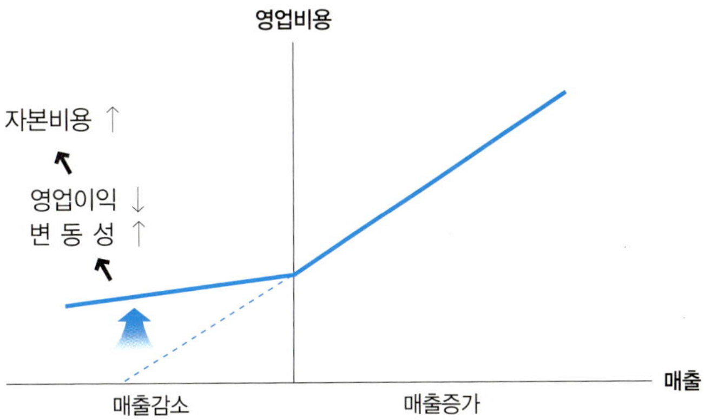


[그림 07-1] 영업비용의 하방경직성

따라서 고정영업비용의 비중이 높은 경우 경기둔화 등으로 인해 매출이 감소하더라도 단기간에 영업비용은 감소하지 않기 때문에 영업이익률은 급락할 수 있으며, 이 같은 영업레버리지 현상은 영업비용의 하방경직성과 밀접한 관계를 갖게 된다.

그리고 추후 경기가 좋아지고 매출이 증가하면 영업이익률이 빠르게 상승하므로, 결과적으로 경영성과의 변동성이 높아지게 된다. 높아진 경영성과의 변동성은 궁극적으로 회사의 자본조달비용을 높이게 될 것이다(경영성과의 변동성이 높아지면 왜 기업의 자본조달비용이 높아지는지에 대해서는 Section 34 참고).

## 02 하방경직성에 영향을 주는 요인

영업비용의 하방경직성이 기업마다 서로 다를 것이라고 예상하는 것은 어렵지 않다. 그렇다면 어떤 기업들에서 영업비용의 하방경직성이 상대적으로 더 두드러질 것인지 살펴보자. 매출감소시 영업비용을 상대적으로 적게 감소시키는 경영자들은 다음과 같은 판단을 할 것으로 보인다.

첫째, 매출감소가 구조적이고 장기적인 것이 아니라 일시적인 현상이라는 판단을 했을 것이다. 매출감소가 일시적이고 따라서 매출이 단기간에 회복될 것이라고 판단하는 경우 고정설비투자나 인력투자를 무리하게 감소시킬 필요가 없기 때문이다. 매출감소가 일시적인지 또는 구조적인지를 판단하는 것은 쉬운 일은 아니나, 경기상황을 나타내는 여러 경제지표들을 참고할 수 있다. 그러나 매출감소가 한 기간에 국한되지 않고 다음 기에도 계속된다면, 이는 판매되는 상품이나 용역이 시장에서 경쟁력을 점차 잃고 있다는 것을 의미하므로 이에 따라 고정자산이나 고용에 대한 투자규모를 조정하게 될 것이다. 따라서 장기적으로는 영업비용의 하방경직성이 줄어들 것이다.

둘째, 영업비용을 감소시키기 위한 추가적인 비용이 큰 경우에도 영업비용의 하방경직성이 커진다. 조직구성원을 해고하는 경우 지급하는 퇴직금, 매출회복시 구성원을 채용하기 위한 비용(광고비, 선발비용 등), 새로운 구성원에 대한 훈련비용 등 직접

지출되는 비용뿐 아니라, 조직원의 사기저하와 이로 인한 생산성 하락 등 기회비용이 크다면 쉽게 고용조정을 하지 않을 것이다. 고정자산의 경우 자산매각비용이나 재투자시 설치 및 운영비용 등이 크다면 매출감소가 있는 경우에도 이들 자산에 대한 투자는 크게 감소하지 않을 것이다. 따라서 영업비용의 하방경직성은 커지게 된다.

많은 한국 기업들은 이와 같은 영업비용의 하방경직현상에 더 크게 노출되어 있다고 본다. 그 이유는 생산 및 제조분야에서 세계적인 경쟁력을 갖추고 있는 기업들이 경제상황이 일시적으로 악화되었다고 해서 단기간에 생산설비를 축소하거나 관련 임직원을 정리하지 않기 때문이다. 그 대신 기타 경비를 절감함으로써 원가부담을 최소화하고자 한다. 따라서 경영환경이 악화될 때마다 한국 기업들이 경비절감을 유난히 강조하는 이유는, 흥미롭게도 생산설비 및 핵심인력에 대한 투자를 훼손하지 않겠다고 하는 경영진의 전략적 선택 때문일지도 모른다.

앞의 내용을 요약하면 영업비용의 하방경직성과 영업레버리지는 동전의 앞뒷면과 같은 성격을 갖고 있음을 알 수 있다. 따라서 경영자가 영업레버리지 효과로 인한 영업이익률의 변동성에 대한 우려를 갖고 있다고 하더라도, 그것은 고정자산투자나 고용투자에 대한 기업의 전략적인 의사결정의 결과로 나타나는 것임을 기억하기로 하자.

## 03 고정영업비용과 공헌이익

고정영업비용의 하방경직성은 기업 내 여러 사업부들의 성과를 평가하여 수익성이 낮은 사업부를 구조조정할 것인가를 결정하는 데 주요 고려사항이다. 예를 들어, 여러 사업부 가운데 수익성이 나쁜 사업부가 있다고 가정하자. 경영층은 이 사업에서 철수하면 기업 전체의 수익성이 높아질 것이라는 판단을 하게 된다. 그런데 흥미로운 것은 수익성이 낮은 사업부를 없앤다고 할지라도 기업전체의 수익성은 개선되지 않고 오히려 악화되는 경우가 있다.

그 이유는 없어진 사업부에서 발생하던 변동영업비용(임직원 급여나 기타 영업비용)은 더 이상 발생하지 않으나 고정영업비용은 단기적으로 계속하여 발생하기 때문이다. 예를 들면, 당해 사업부 임직원들이 사용했던 사무실 공간에 대한 감가상각비는 여전히 회사 전체의 관점에서는 줄어들지 않는다. 또한 당해 사업부가 속해 있던 상위의 조직 경영층에 지급했던 급여도 고정영업비용의 성격을 갖는 경우가 많아 사업부를 없앤 후에도 그 비용이 계속 발생한다.

따라서 수익성이 낮은 사업부를 없앴음에도 불구하고 회사 전체의 수익성이 호전되는 것이 아니라 오히려 악화되는 이해하기 힘든 현상이 나타날 수 있다. 이 같은 현상을 영어로는 death spiral이라고 부른다. 마치 수익성이 낮은 사업부문을 부지런히 없애면 없앨수록 기업 전체의 수익성은 더 악화된다는 것을 뜻하는 표현이다. 따라서 이 현상이 나타나면 이는 기업의 고정영업비용을 줄이는 것이 단기적으로 어렵기 때문이라는 점을 기억하기로 하자. 그렇다면 이 문제를 해결할 수 있는 방법은 무엇일까? 여기에 공헌이익 개념이 유용하게 사용된다.

공헌이익(CM: contribution margin)이란 변동영업비용을 초과하는 수익을 의미한다. 위의 예에서 사업부가 달성하는 매출액에서 변동영업비용을 뺀 것을 이 사업부의 공헌이익(또는 한계이익)이라고 한다. 만일 공헌이익이 양(+)이라면 이 사업부는 최소한 변동영업비용을 충당할 정도의 매출을 달성하고 있다고 평가한다.

그런데 이 공헌이익에서 이 사업부에 할당된 고정영업비용(감가상각비, 최고경영층 급여, 이자비용 등)을 차감한 순이익이 음(−)이라고 가정하자. 그렇다면 이 사업부는 손실을 내기 때문에 없어져야 하는가? 만일 이 사업부에 할당되었던 고정영업비용을 함께 줄일 수 있다면 이 사업부를 없애는 것이 회사 전체의 수익성 향상에 도움이 될 것이다. 그러나 회사 내의 여러 가지 이유로 인해 고정영업비용을 단기간에 줄일 수 없다면, 이 사업부가 양(+)의 공헌이익을 창출하는 한 사업부를 존속시키는 것이 회사 전체의 수익성을 높이는 방안이 될 것이다.

회사 경영진은 이미 사업부별로 공헌이익을 산출할 수 있는 관리방안과 정보체계를 갖고 있다. 고정영업비용의 특성과 각 사업부에 할당되는 고정비용 배부원칙 및 공헌이익에 기반한 사업관리방안에 대한 합의가 되어 있는 것이다. 따라서 이 같은 관리방안과 배부원치이 회사의 전략적 투자의사결징 과정을 효율적으로 지원할 수 있도록 설계되고 운영되고 있는지를 지속적으로 검토하여야 한다. 그렇지 않으면 위에서 본 대로 언뜻 보기에는 합리적으로 판단되는 의사결정을 하였으나 오히려 기업가치가 훼손될 수 있기 때문이다.

SECTION

# 08 손익분기점과 투자의사결정

앞 장에서 공헌이익(CM: contribution margin, 또는 한계이익)이란 매출수익에서 변동영업비를 차감한 것임을 살펴보았다. 이 공헌이익개념을 투자의사결정 과정에 적용해 보자.

## 01 손익분기점과 고정영업비용

우선 손익분기점(BEP: break even point) 개념에 공헌이익과 고정영업비 개념이 사용된다. 손익분기점이란 변동영업비와 고정영업비 모두를 충당하기 위해 달성해야 하는 제품이나 상품의 판매수량을 의미한다. 우선 현실에는 없는 가상의 회사를 다음과 같이 예로 들어 보자.

- **제품 단위당 판매 가격:** 100원
- **단위당 변동영업비용:** 60원
- **고정영업비용:** 없음

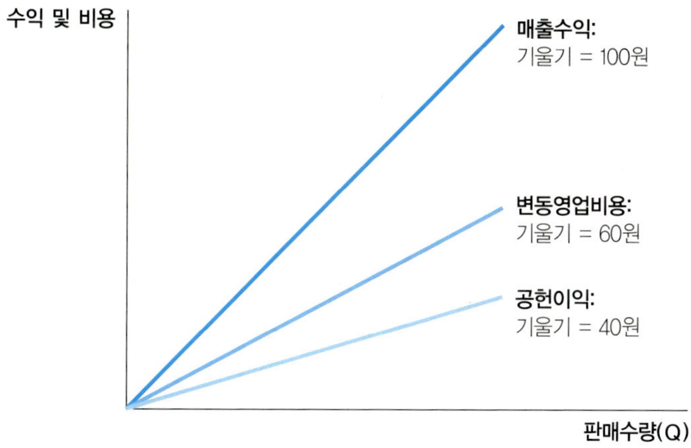


**[그림 08-1]** 변동영업비용과 공헌이익

이 경우 단위당 공헌이익은 40원(=100원−60원)이다. 즉 제품을 하나 더 팔면 이익이 40원 증가한다. 이 같은 내용은 [그림 08-1]과 같다.

이 그림에서 매출수익은 단위당 100원의 속도(또는 기울기)로 올라가고, 변동영업비용은 단위당 60원의 속도로 상승하므로, 공헌이익은 단위당 40원만큼 커진다. 흥미로운 점은 이 같은 원가구조를 가진 기업은 절대 망하지 않는다. 그 이유는 제품에 대한 수요가 줄어 판매가 감소함으로써 총공헌이익은 줄더라도 영업손실은 나타나지 않기 때문이다. 즉 고정영업비용이 존재하지 않는 한 손실이 나타나지 않는다. 물론 이 같은 영업비용구조를 갖는 기업은 현실적으로는 존재하지 않는다. 그 이유는 기업은 고정영업비용을 갖고 있기 때문이다. 그렇다면 고정영업비용이란 무엇인가?

생산설비에 대한 감가상각비나 정규직 임직원에 대한 급여 및 복리후생 등이 고정영업비용의 구체적인 예이다. 그러나 보다 본질적으로 고정영업비용은 핵심 인적 및 물적 자원에 대한 투자의사결정으로 인해 나타난다고 보는 것이 중요하다. 즉 고정영업비용을 '비용'으로 보기보다는 회사의 생존 및 성장에 필요한 인적 자원 및 물적 자원을 확보하기 위한 '투자'로 보는 것이 설득력이 있다. 단지 그 효과가 손익계산서에서 인건비나 감가상각비와 같은 '비용'으로 인식된다는 것 뿐이다.

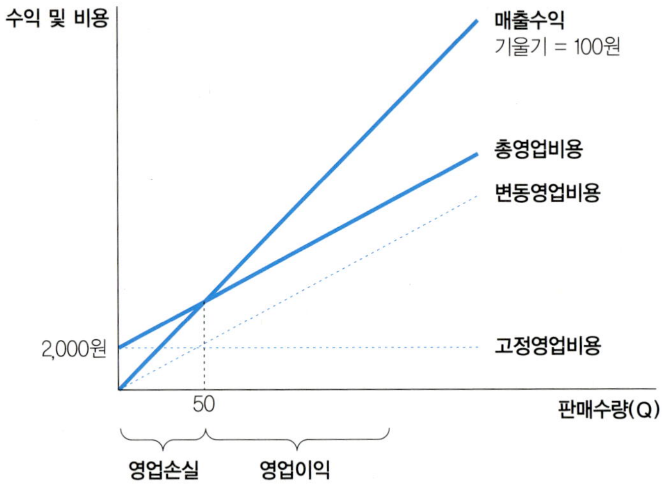


**[그림 08-2]** 손익분기점과 영업레버리지

이제 고정영업비용을 고려하여 손익분기점을 구해 보기로 하자. 앞의 예에서 고정영업비용이 2,000원이라고 하자.

- **제품 단위당 판매 가격:** 100원
- **단위당 변동영업비용:** 60원
- **고정영업비용:** 2,000원

단위당 공헌이익이 40원이므로, 이 회사는 50단위($=\frac{2,000원}{40원}$)의 제품을 판매한다면 판매수익으로 총영업비용(=변동영업비용+고정영업비용)을 충당할 수 있다. 매출로 인한 수익도 5,000원(=50개×100원)이고 총영업비용도 5,000원(=50개×60원+2,000원)이기 때문이다.

따라서 고정영업비는 단기적으로는 2,000원으로 변동이 없으므로, 제품을 50개 이상 판매하는 경우 회사는 단위당 40원 만큼 추가로 이익을 내게 된다. 그러나 반대로 50개 미만으로 제품을 판매한다면 고정영업비를 충분히 감당하지 못하게 되어 영업손실이 나타난다. 즉 손익분기점을 초과하면 제품판매가 있는 경우 회사의 영업이익은 빠르게 증가하나, 그렇지 못한 경우에는 영업손실이 빠르게 늘어난다. 이 같은 현상을 영업레버리지 효과라고 부른다는 것을 기억하자.

## 02 손익분기점과 투자의사결정

이제 손익분기점 개념을 투자의사결정에 활용해 보자. 이를 위해 현재의 고정영업비용 및 변동영업비용 구조하에서 회사 제품의 경쟁력은 다음과 같다고 가정하자.

- **현재의 제품 판매수량:** 100단위
- **시장점유율:** 5%
- **불량률:** 10%
- **시장에서의 위치:** 5위 사업자

현재의 생산설비와 인적자원의 생산성을 바탕으로 달성할 수 있는 최대 판매실적은 그다지 뛰어나 보이지 않는다. 해당 제품에 대한 1위 사업자는 불량률도 1% 정도이고 그 만큼 제품의 안정성도 뛰어나다고 가정하자. 따라서 해당 제품을 부품으로 활용하여 완성품을 생산, 판매하는 구매회사의 입장에서는 5위 사업자의 부품에 대해서 그다지 높은 신뢰를 갖고 있지 않으며, 다만 구입처를 다각화하는 차원에서 일정 수량을 주문한다고 하자.

이 경우 이 회사의 경영진은 어려운 의사결정을 해야 한다. 경쟁사를 따라잡기 위해서는 열악한 생산성을 획기적으로 개선해야 한다. 불량률을 대폭 낮춤으로서 제품의 품질을 높이고 이를 바탕으로 구입회사의 구매담당자를 설득해야 한다. 그러기 위해서는 투자가 필요하다. 보다 정교한 생산 및 검사 설비를 추가로 도입해야 할 필요도 있고, 생산방식의 변화와 생산인력 구성원들을 대상으로 한 품질개선 교육도 필요할 것이다.

어려운 점은 이 같은 투자의사결정에 수반되는 투자규모는 상대적으로 쉽게 예상되나, 투자로부터 기대되는 효과를 예측하는 것은 매우 어렵다. 새로운 생산 및 검사설비를 도입해 불량률을 낮추고 제품의 생산성을 높인다고 하더라고 제품의 판매가 획기적으로 늘어날 것이라는 확신이 없으면 투자하기를 당연히 꺼려할 것이다. 이 같은 상황에서 생산담당 임원진은 어떤 시각을 가져야 할까? 위에서 살펴본 손익분기점 분석방법으로 접근해보자.

제품 품질이 크게 향상되면 제품의 판매수량이 대폭 늘어날 수 있을까? 그 답은 당해 제품을 구매하는 회사의 구매담당자로부터 찾을 수 있다. 구매회사는 부품의 품질 및 안정도가 뛰어남으로써 구매회사가 생산, 완성품의 가치를 높이는데 공헌할 수 있는 최고의 부품에 관심을 갖고 있다. 즉 1위 사업자의 부품에 신뢰를 가질 수 밖에 없다.

따라서 위 회사가 새로운 생산 및 검사설비를 도입해 불량률을 1위 사업자의 불량률 수준으로 낮추고 부품의 안정성을 확보하면, 구매회사는 구매물량을 현재 100단위에서 300단위(시장점유율 15%)까지 늘릴 수 있을지도 모른다. 즉 추가 설비도입을 위해 투자가 수반되는 부담은 있으나 매출증가로 인한 수익성은 더욱 커질 수도 있다.

만일 추가투자로 인해 고정영업비용이 2,000원 만큼 증가한다고 가정하자. 즉 고정영업비용이 두 배가 된 것이다. 이 경우 새로운 손익분기점의 매출 수량은 100단위

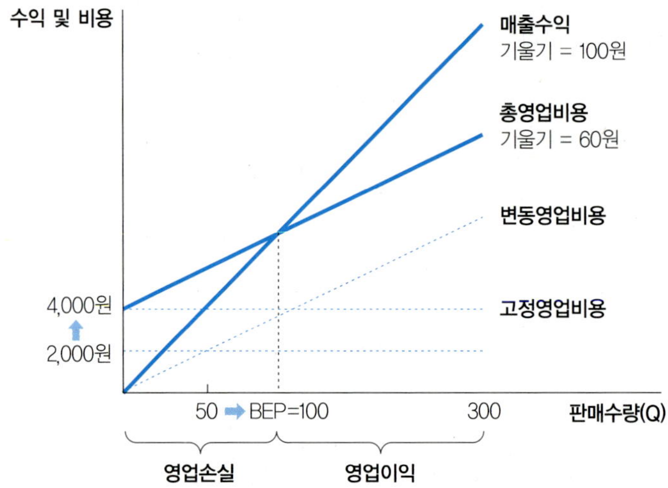


[그림 08-3] 추가투자와 손익분기점의 변화

($=\frac{4,000원}{40원}$)가 된다. 따라서 추가투자가 부담스럽기는 하나, 새로운 손익분기점인 100단위를 월등히 초과하는 매출을 달성할 수 있을 것이라는 자신감이 있는 경우 투자를 실행하게 된다.

따라서 위와 같은 투자의사결정 과정에서 손익분기점 개념을 효율적으로 사용하기 위해서는 제품의 경쟁력 및 특성, 구입고객의 전략, 시장경쟁자의 특성 등을 통합적으로 고려할 수 있는 정보체제와 분석 능력을 갖추어야 한다. 손익분기점 분석에서 사용된 원가구조 및 제품경쟁력에 대한 가정들이 기업 전략과 시장 상황이 변화될 때 어떻게 변할 것인지에 대한 통찰력을 갖춘다면 손익분기점 개념은 실무적으로 유용한 수단으로 활용될 수 있다.

# SECTION 09 재무상태표와 손익계산서의 재구성: 영업활동과 재무활동

재무상태표가 제공하는 매력적인 정보는 '자산 = 부채 + 순자산'이라는 개념이다. 투자 및 영업활동의 결과로 인해 자산이 형성되고, 이 같은 경영활동을 위해 부채와 순자산(=주주의 납입자본+이익잉여금)이 재원으로 사용된다는 것을 나타내기 때문이다.

그런데 재무상태표에 대한 이와 같은 전통적인 관점을 한 단계 발전시킬 수 없을까? 이 같은 질문을 하는 이유는 투자 및 영업활동과 재무활동의 결과 모두가 재무상태표에 섞여 있기 때문이다. 만일 투자 및 영업활동의 결과와 재무활동의 결과를 분리할 수 있다면 기업경쟁력의 원천에 대해 보다 명확한 이해를 할 수 있을 것이다.

## 01 자산의 재구성: 영업자산 및 금융자산

우선 재무상태표의 총자산을 보자. 총자산은 전통적으로 유동자산과 비유동자산(또는 고정자산)으로 분류된다. 유동과 비유동자산의 구분은 1년(또는 영업순환주기를 의미하기도 함)이라는 기간을 염두에 둔 개념이다. 예를 들면, 1년 이내에 판매하거나(재고자산), 현금으로 회수하거나(매출채권), 단기적인 시세차익을 목적으로 보유하거나(단기유가증권), 또는 당해 연도에 비용화될 자산(선급비용) 등이 대표적인 유동자산이다. 유동자산에 포함되지 않는 다른 자산들은 모두 비유동자산이다. 실물자산인 토지, 건물, 기계설비 등의 고정자산뿐 아니라 관계회사 지분인 지분법투자주식, 전략적으로 장기보유하고 있는 타회사의 투자유가증권, 그리고 영업권이나 개발비와 같은 무형자산이 대표적인 비유동자산의 예이다.

그런데 이 같은 유동 및 비유동자산 분류만큼 중요한 개념이 총자산을 '영업자산'과 '금융자산'으로 구분하는 것이다. 금융자산(FA: financial assets)에는 현금과 단기유가증권 등 현금화가 손쉬운(즉 유동성이 높은) 자산들이 포함되며, 따라서 이들 자산을 현금 및 현금등가물(cash and cash equivalents)이라고도 부른다. 현금 및 현금등가물(및 유동성이 높은 투자유가증권)은 영업활동의 결과 창출된 현금흐름을 배당금이나 차입금 상환에 사용하지 않고 현금성자산(이를 간단히 cash라고 부르자)으로 보유하고 있는 자산을 뜻한다.

영업자산(OA: operating assets)은 총자산에서 현금성자산을 차감한 자산으로, 이는 영업활동과 투자활동에 투입된 모든 자산을 나타낸다. 여기에는 유동자산으로 분류되었던 재고자산과 매출채권도 포함된다. 따라서 영업자산은 유동자산과 비유동자산 개념에서 사용된 기간 개념 대신, 회사의 투자 및 영업의사결정의 결과와 산출물을 나타낸다.

총자산을 유동자산 및 비유동자산이 아닌 금융자산 및 영업자산으로 재구성하는 이유는 투자와 영업의사결정의 결과를 재무활동의 결과와 구분함으로써 기업가치 향상에 핵심적인 영업자산으로부터의 효율성과 수익성을 파악하기 위해서이다. 또한 재무레버리지 효과가 주주들의 주요 관심 평가지표인 순자산수익률(ROE: return on equity)에 어떤 영향을 미치는지도 명확하게 파악할 수 있다.

## 02 부채의 재구성: 영업부채 및 금융부채

그렇다면 부채는 어떨까? 부채도 전통적으로 유동부채(또는 단기부채)와 비유동부채(또는 장기부채)로 분류한다. 이 역시 1년이라는 기간을 염두에 두고 1년 이내에 갚아야 하는 부채와 그 기간 이후에 갚아도 될 부채 금액이 얼마인가를 파악하는데 초점을 둔다. 유동부채에는 신용으로 구입한 재고자산에 대한 미지급금(매입채무)이나, 1년 이내에 만기가 도래하는 차입금(유동성장기차입금), 연말까지 갚지 못한 이자금액(미지급이자), 또는 고객으로부터 미리 받아 놓은 현금(선수금이나 예수금) 등이 포함된다. 실무에서는 유동부채를 갚기 위해 유동자산이 충분한가를 평가하기 위해 유동비율($=\frac{\text{유동자산}}{\text{유동부채}}$)을 자주 사용한다. 비유동부채에는 1년 이후에 만기가 도래하는 회사채나 장기차입금, 금융리스부채, 장기매입채무, 장기선수금, 장기예수금, 그리고 퇴직급여충당금 등이 포함된다.

그러나 유동부채와 비유동부채의 분류만큼 중요한 개념이 '금융부채'와 '영업부채'이다. 금융부채(FL: financial liabilities)란 은행이나 채권시장에서 조달한 타인자본(이를 간단히 debt라고 부르자)으로 원금상환과 이자지급이 수반되는 부채를 의미한다. 여기에는 만기도래 시점과는 관계없이 은행차입금이나 회사채 그리고 금융리스부채 등이 포함된다. 즉 금융부채 개념은 유동부채 · 비유동부채의 분류에서 강조하는 기간 개념 대신, 회사의 투자 및 영업활동을 지원하기 위한 재원조달 의사결정의 특성을 강조한다.

영업부채(OL: operating liabilities)는 총부채에서 금융부채(또는 타인자본)를 차감한 금액이다. 여기에는 유동부채로 분류된 매입채무와 미지급금 그리고 비유동부채로 분류된 장기매입채무, 장기선수금, 장기예수금, 그리고 퇴직급여충당금이 포함된다. 즉 영업부채는 만기의 장단과는 무관하게 영업활동의 결과 자연스럽게 발생한 부채들을 의미한다. 영업부채는 비록 언젠가는 회사 재원으로 갚아야 하는 것이거나(매입채무와 퇴직급여충당금) 또는 제품이나 용역을 생산, 제공해야 하는 의무(선수금과 미지급금)인 것은 분명하지만, 회사에는 부정적인 영향을 주는 것이 아니라 오히려 도움이 될 수 있다. 그 예로 매입채무와 선수금이 있다

우선 매입채무의 예를 보자. 매입채무란 제품과 재고자산을 공급자로부터 신용으로 구입하고 아직 갚지 않은 유동부채이다. 만일 이 재고자산을 고객에게 현금으로 판매하거나, 신용매출을 하더라도 매입채무 결제기간보다 짧은 기간 내에 매출채권을

회수할 수 있다면, 회사는 실질적으로 회사재원의 투입없이 영업이익을 창출할 수 있다. 회사는 이 같은 영업전략(매입채무의 지급기간 > 매출채권의 회수기간)을 운용함으로써 영업자산에의 투자를 줄이고 영업이익률을 높일 수 있다. 따라서 매입채무라는 영업부채는 회사의 시각에서는 부정적인 것이 아니라 오히려 회사의 재원투입을 줄여주고 영업이익률을 향상시키는 긍정적인 효과를 가져온다.

물론 이 경우 제품의 공급회사가 구매회사 대신 재정부담을 지게 된다. 따라서 공급자는 제품을 고객회사에 신용으로 제공하기 전에 고객사의 재고판매실적과 판매예측 그리고 재무상태를 검토함으로써 공급자의 매출채권회수에 어려움이 없도록 위험관리에 관심을 갖게 된다.

영업부채의 또 다른 예로는 선박건조회사에서 나타나는 공사선수금이다. 조선사는 선박건조 계약 당시 공사발주처인 선주로부터 총공사비의 20~30% 정도를 선수금으로 받고, 나머지 공사대금은 선박건조 기간 동안 몇 차례에 걸쳐 나누어 받는다. 이 때 공사계약금으로 받은 선수금은 잔여 선박공사기간의 장단에 따라 유동부채나 비유동부채로 분류된다. 이 선수금은 공사가 진행되는 정도에 따라 점진적으로 손익계산서에 매출수익으로 인식된다.

선수금 역시 매입채무와 마찬가지로 회사재원의 투입이 없이도 영업이익을 높이는 긍정적인 역할을 한다는 것을 기억하자. 회사는 선수금을 받아 단기금융상품에 투자해 이자수익이나 배당금과 같은 금융소득도 얻을 수 있는 장점이 있다.

이제부터는 금융부채와 영업부채의 구분이 기업가치평가와 경영의사결정에서 왜 중요한지를 선수금을 통해 알아보자. 예를 들어 2008년 6월말 현재 대우조선해양의 반기보고서에 의하면 총부채와 총자산은 다음과 같이 구성되어 있다.

- **총부채** 9조 8,709억 원
  - **유동부채** 7조 6,585억 원 (선수금 5조 5,616억 원 포함)
  - **비유동부채** 2조 2,123억 원
- **순자산** 6,274억 원
- **총자산** 10조 4,963억 원

이 회사는 총부채 중 유동부채가 비유동부채에 비해 월등히 크며, 그 이유는 선박 발주회사로부터 미리 받은 선박공사 선수금이 높은 비중을 차지하고 있기 때문이다. 이 회사의 경우 부채비율은 무려 1,573%($=\frac{9조\ 8,709억\ 원}{6,274억\ 원}$)나 되어 한국 상장기업의 평균 부채비율에 비해 열 배가 넘는다.

이와 같이 선수금이 늘어나면 전통적으로 계산된 부채비율이 크게 악화되는 경우가 있다. 전통적으로 부채비율은 $\frac{총부채}{순자산}$로 계산하기 때문이다. 즉 부채비율 산정시 총부채에서 선수금이나 매입채무 등과 같은 영업부채를 차감하지 않고 전체 부채금액을 순자산과 비교해서 부채비율을 산정한다.

이 같은 방법을 사용하는 이유는 두 가지로 생각된다. 첫째, 비록 업종에 따라서는 영업부채 금액이 중요할 수도 있으나, 평균적으로는 영업부채의 금액이 크지 않을 것이라는 가정을 하기 때문이다. 둘째, 영업부채라 하더라도 회사재원으로 갚거나(매입채무), 조선사의 선수금과 같이 제품을 생산, 인도해야 하는 의무가 있기 때문에 회사의 입장에서는 영업부채와 금융부채를 구분하는 대신 총부채로 고려하는 것이 합리적이라는 견해가 있기 때문이다. 이러한 견해들은 영업부채가 오히려 기업가치에 공헌할 수도 있다고 보는 시각을 보완하는 것으로 의미가 있을 것이다.

이렇게 선수금을 전통적인 부채비율 산정에 포함시킨다면 위의 예와 같이 대부분 조선사들의 부채비율은 수백~수천%에 달할 것이다. 영업이익률 향상과 유동성 확보에 공헌한 선수금이 오히려 재무구조를 악화시키는 원인으로 오해를 받기가 쉬운 이유가 바로 이 때문이다. 이 같은 현상을 해소하기 위해서는 영업부채에 대한 개념과 유용성에 관해 관심을 가져야 한다. 예를 들면, 부채비율을 산정할 때 총부채 대신 금융부채를 순자산으로 나누게 되면, 보다 유용하게 금융부채 상환능력을 측정할 수 있다.

## 03 순영업자산과 순금융부채

영업활동의 결과와 재무활동의 결과로 재구성된 자산과 부채를 사용하여 '순영업자산'과 '순금융부채'를 구해보기로 하자. 순영업지산(NOA: net operating assets)이란 영업자산에서 영업부채를 차감한 개념이다. 이는 핵심 투자 및 영업활동을 위해 회사가 투입한 전체 재원 가운데 영업부채(즉 고객이나 공급자가 회사 대신 투자한 몫)를 제외한 금액이다. 전체 영업자산에 대한 투입재원 중 회사의 부담이 낮을수록 회사는 높은 수익률을 창출할 수 있으므로 순영업자산의 효율성과 생산성은 중요한 성과지표가 된다. 이에 대해서는 다음에 다시 알아보자.

그리고 실무에서는 '순영업자산' 대신 '투하자본'이라는 용어를 사용하기도 하고 영어로는 간략히 IC(invested capital)라고 표현하기도 한다. 따라서 앞으로의 논의에서는 '순영업자산'과 '투하자본'을 섞어서 사용하기로 한다.

순금융부채(NFL: net financial liabilities)는 금융부채에서 금융자산(또는 현금성자산)을 차감한 것으로, 회사의 순차입금액(ND: net debt)을 의미한다. 여기서는 전략적 목적으로 보유하고 있는 현금성자산이라도 언제든지 금융부채의 상환에 사용할 수 있다는 가정을 하고 있다.

따라서 순영업자산과 순금융부채 개념은 다음과 같이 나타낼 수 있다. 재무상태표에 의하면 '자산 = 부채 + 순자산'이므로 이를 주주의 몫인 순자산을 중심으로 재구성하면 다음처럼 변환된다.

$$
\begin{aligned}
\text{순자산} &= \text{자산} - \text{부채} \\
&= (\text{영업자산} + \text{금융자산}) - (\text{영업부채} + \text{금융부채}) \\
&= (\text{영업자산} - \text{영업부채}) - (\text{금융부채} - \text{금융자산}) \\
&= \text{순영업자산} - \text{순금융부채(혹은 순차입금)}
\end{aligned}
$$

이 변환과정을 그림으로 나타내면 [그림 09-1]과 같다. 재구성된 재무상태표는 순영업자산에 대한 투자를 주주와 채권자가 각각 얼마나 담당했는가를 명확히 나타낸다.

그리고 주주의 투자금액대비 채권자의 투자금액을 측정하는 재무레버리지는 $\frac{\text{순차입금}}{\text{순자산}}$으로 쉽게 계산된다. 그런데 만일 회사 보유 현금성자산이 금융부채보다 많다면 순차입금이 음(−)이 되므로 재무레버리지도 음(−)으로 나타난다. 이 경우 높은 수준의 현금성자산 보유로 인해 회사의 순자산수익률(ROE)이 순영업자산수익률

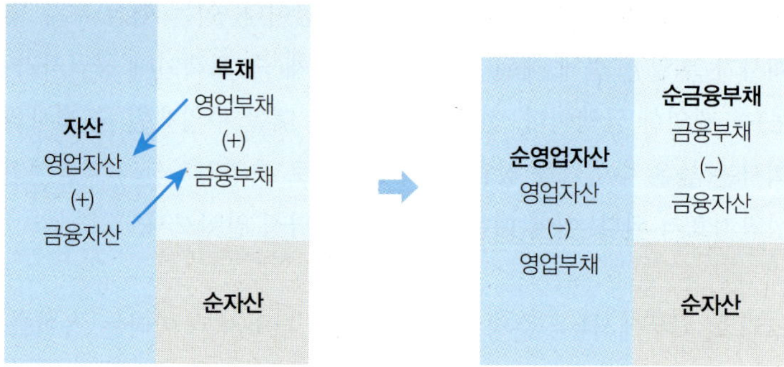


[그림 09-1] 재무상태표의 재구성: 영업활동과 재무활동

(RNOA: return on net operating assets)에 비해 낮게 나타나게 된다. 이에 대해서는 다음에 다시 알아본다

## 04 손익계산서의 재구성

재무상태표 정보를 영업활동과 금융활동의 결과로 재구성하듯, 손익계산서 정보도 이와 같이 재구성할 수 있다. 손익계산서가 제공하는 정보는 전형적으로 다음과 같은 형식을 갖는다.

■ 매출액
(−) 매출원가
■ 매출총이익
(−) 판매비 및 일반관리비
■ 영업이익
(+) 영업외수익
(−) 영업외비용
■ 법인세차감전순이익
(−) 법인세비용
■ 당기순이익

손익계산서 정보 역시 영업활동의 결과와 재무활동의 결과로 나누어서 생각해 볼 수 있다. 즉 '당기순이익 = (세후)영업이익 − (세후)순이자비용' 으로 재구성해보자. 우선 세후순이자비용(net interest expense 또는 간단히 net interest라고 부르자)은 금융부채의 사용으로 인한 이자비용에서 현금성자산보유에서 얻는 이자수익 및 배당수익을 차감하고 여기에 세금효과를 조정한 금액이다. 즉 순차입금으로 인해 회사가 부담해야 하는 순이자비용을 나타낸다. 세후순이자비용을 세후순차입비용이라고도 한다.

세후영업이익(OI: operating income)은 당기순이익에서 (세후)순이자비용을 가산한 것으로 투자 및 영업활동에서 창출한 이익을 의미한다. 즉 여기에는 재무활동을 제외한 투자 및 영업활동의 모든 결과가 포함된다. 따라서 전통적으로 영업외손익 항목으로 구분되었던 관계회사 지분법평가손익이나 고정자산처분손익도 포함된다. 실무에서는 이 개념을 NOPAT(net operating profit after tax)라고도 부른다.

## 05 순영업자산수익률과 순차입금이자율

이제 핵심적인 투자 및 영업활동으로부터의 수익률과 재무활동의 결과를 다음과 같이 요약할 수 있다.

- 순영업자산수익률(RNOA) = $\frac{\text{(세후)영업이익}}{\text{순영업자산}} = \frac{\text{OI}}{\text{NOA}}$. 이 개념은 핵심 투자 및 영업활동으로부터 기업이 어느 정도의 수익성을 창출하는지를 나타낸다. 그리고 실무에서는 '순영업자산수익률' 대신 '투하자본수익률' 이라는 용어를 사용하기도 하고 영어로는 ROIC (return on invested capital)라고 표현하기도 한다는 것을 기억하자.
- 순차입금이자율(NBC) = $\frac{\text{순이자비용}}{\text{순차입금}}$. 이 지표는 회사의 핵심적인 투자 및 영업활동을 지원하기 위한 재무활동의 결과 어느 정도의 순금융비용이 발생하였는지를 나타낸다. 만일 회사가 보유한 현금성자산이 순차입금을 초과하는 경우에는 순이자비용 대신 순이자수익이 발생하고, 따라서 순차입금이자율(NBC: net borrowing cost) 대신 순현금성자산수익률$\left(= \frac{\text{순이자수익}}{\text{순현금성자산}}\right)$을 고려하게 된다.

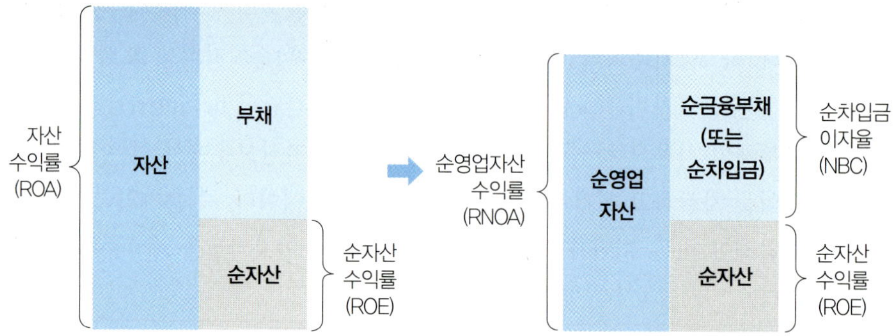


**[그림 09-2]** 순자산수익률(ROE)과 순영업자산수익률(RNOA)

이 두 지표의 중요성을 표현하기 위해 다음 그림은 전통적으로 강조하는 재무성과 지표인 총자산수익률(ROA)과 순자산수익률(ROE)을 재구성된 재무상태표와 손익계산서에 의해 순영업자산수익률(RNOA)과 순차입금이자율(NBC)로 다시 나타낸다.

다음 장에서는 순자산수익률(ROE)과 순영업자산수익률(RNOA) 또는 투하자본수익률(ROIC)을 활용하여 재무전략에 대한 통찰력을 향상시키기로 한다.

SECTION

# 10 순자산수익률(ROE)과 순영업자산수익률(RNOA)의 전략적 활용

순자산수익률(ROE: return on equity)은 주주가 가장 관심 있게 지켜보는 경영성과지표이다. 주주는 자신들의 몫인 순자산(=자산−부채)이 경영활동에 투입됨으로써 얼마만큼의 당기순이익을 창출하였는지 관심이 있기 때문이다. 순자산수익률이 주주의 요구수익률을 초과하지 못하면 기업의 본질가치는 훼손되어 주가는 하락할 것이며 경영자는 성과급을 받지 못할 수도 있다. 순자산수익률을 상세히 분석하면 흥미로운 전략적 가치를 찾아낼 수 있다.

## 01 순자산수익률의 분해: DuPont 분석

순자산수익률은 $\frac{\text{당기순이익}}{\text{순자산}}$ 이므로 이를 다음과 같이 표현할 수 있다.

$$\begin{aligned} \text{순자산수익률(ROE)} &= \frac{\text{당기순이익}}{\text{순자산}} \\ &= \frac{\text{당기순이익}}{\text{매출액}} \times \frac{\text{매출액}}{\text{총자산}} \times \frac{\text{총자산}}{\text{순자산}} \\ &= \underbrace{\frac{\text{당기순이익}}{\text{매출액}}}_{\text{매출액수익률}} \times \underbrace{\frac{\text{매출액}}{\text{총자산}}}_{\text{자산회전율}} \times \underbrace{\left(1 + \frac{\text{부채}}{\text{순자산}}\right)}_{\text{(1 + 부채비율)}} \end{aligned}$$

따라서 순자산수익률은 다음 세 항목의 곱으로 결정된다

- 매출액수익률($=\frac{\text{당기순이익}}{\text{매출액}}$) ➡ 손익계산서 정보
- 자산회전율($=\frac{\text{매출액}}{\text{총자산}}$) ➡ 손익계산서와 재무상태표 정보
- 부채비율($=\frac{\text{부채}}{\text{순자산}}$) ➡ 재무상태표 정보

이들 세 항목에 대해 상세히 살펴보자.

첫째, 매출액수익률(PM: profit margin)은 손익계산서에서 추출할 수 있는 매우 중요한 정보이다. 매출액 대비 어느 정도의 순이익을 창출하는지는 제품과 용역의 원가경쟁력, 가격정책, 브랜드가치, 제품혁신정도 등 모든 경쟁요소들의 결과물이기 때문이다.

참고로 경영진은 매출액 대비 순이익에 궁극적으로 관심이 있으나 매출액 대비 영업이익(=영업이익률)에도 관심이 많다. 그 이유는 업종별로 영업이익률이 일정 범위 내에서 결정되므로 회사의 수익성이 경쟁회사에 비해 어떤 위치에 있는가를 평가하는 것이 중요하기 때문이다.

그런데 여기서 기억할 점은 업종의 평균 영업이익률이나 매출액수익률을 월등히 뛰어 넘을 수 있다는 발상의 전환이 필요하다는 점이다. 업종 평균수익률 이상으로 수익성을 내기 위해서는 과감한 원가절감과 인적, 물적 재원의 효율적인 재배분이 기업문화의 중심에 있어야 한다.

둘째, 자산회전율(AT: asset turnover)은 손익계산서와 재무상태표에서 가장 큰 항목들을 비교함으로써 회사 전체의 관점에서 자산이 매출을 창출하는데 얼마나 기여했는가를 나타낸다. 따라서 이 지표는 최고경영자에게 가장 단순하면서도 또한 가장 부담스러운 지표이다. 예를 들어, 회사가 관계회사의 지분을 20% 이상 보유함으로써 지분법투자주식을 보유하고 있다면 이 투자주식은 당연히 회사의 총자산에 포함되나, 지분법투자에서는 관계회사의 순이익 중 지분비율에 해당하는 금액만을 '지분법평가이익'으로 회사 순이익에 반영할 뿐 매출액이나 영업이익 증가에는 전혀 공헌하지 못한다. 따라서 만일 지분법투자로 인한 수익성이 낮을 경우 자산회전율에는 부정적인 영향을 미치게 된다. 지분법투자에 관한 의사결정은 최고경영자의 책임이므로 최고경영자는 이 지표의 과거 추세변화와 경쟁사와의 비교를 통해 자산의 효율성에 대해 지속적으로 관심을 가져야 한다.

연구에 의하면 자산회전율이 높아지는 기업은 주가가 많이 오른다고 한다. 어쩌면 이 같은 결과는 당연하다고 볼 수 있다. 그 이유는 자산회전율이 높아진다는 것은 총자산의 투입이 일정한 경우에도 매출이 늘어나던가, 아니면 같은 금액의 매출을 달성하기 위해 총자산의 투입이 줄어드는 것을 의미하기 때문이다. 물론 이들 중 더욱 바람직한 것은 총자산의 증가속도보다 매출이 더 빨리 늘어나는 경우일 것이다.

그런데 여기서 기억할 것은 매출액이익률과 자산회전율은 서로 상반되는 모습을 띠고 있다는 점이다. 즉 자산회전율이 높은 기업은 투입자산에 비해 매출이 크다는 의미이므로, 이 같은 기업은 평균적으로 매출액이익률이 낮다. 반면, 투입자산에 비해 매출이 적은 기업은 자산회전율이 낮은 반면, 매출액이익률이 평균적으로 높다. 보다 구체적으로는 매출액이익률과 자산회전율이 [그림 10-1]에서와 같이 우하방향으로 내려가는 모습을 갖는다. 이는 매출액이익률이 낮은 기업이 생존하고 성장하기 위해서는 자산회전율을 높이는 것이 중요한 전략이 됨을 의미하는 결과로도 해석할 수 있다.

[그림 10-1]에서 A점에 있는 기업은 경쟁기업들에 비해 같은 수준의 자산회전율에 비해 수익성이 낮은 사업을 하고 있거나, 또는 같은 매출액수익률을 내더라도 자산투입이 너무 많은 기업이다. 이 기업은 고부가가치 상품이나 용역을 제공하기 위해

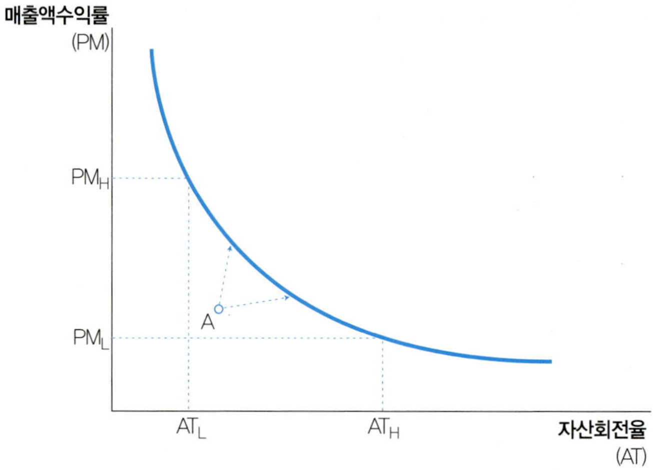


**[그림 10-1]** 매출액수익률과 자산회전율

핵심인적자원의 창의성과 경쟁력을 강화하고, 또 한편으로는 한정된 기업자원을 보다 효율적으로 재배분하기 위해 노력을 해야 하는 숙제를 안고 있다.

셋째, 투입된 총자산 가운데 주주의 몫인 자기자본과 채권자의 몫인 타인자본의 비중을 나타내는 부채비율($=\frac{부채}{순자산}$)은 재무레버리지 효과에 대한 정보를 제공한다. 즉 부채를 적절히 활용하면 ROE를 높일 수 있다는 것을 나타낸다.

이 같이 ROE를 매출액수익률, 자산회전율 및 부채비율로 각각 나누어서 그 의미를 살펴보면 흥미로운 경영전략 및 재무전략에 대한 시각을 갖게 되는데, 이를 DuPont 분석방법이라고 흔히 부른다. 그 이유는 미국 회사인 DuPont이 이 같은 방법을 활용하여 경영관리를 하였기 때문이라고 한다. 이 같은 관리방법이 실무적으로 매우 유용하게 활용되고 있다.

ROE를 구성하는 매출액수익률, 자산회전율 및 부채비율을 사용하여 경영진은 한정된 회사재원을 어떻게 재배분할 것인가에 대한 통찰력을 갖추게 된다. [그림 10-2]의 우측 하단에 위치한 '취약한 기업'에 대해 살펴 보자.

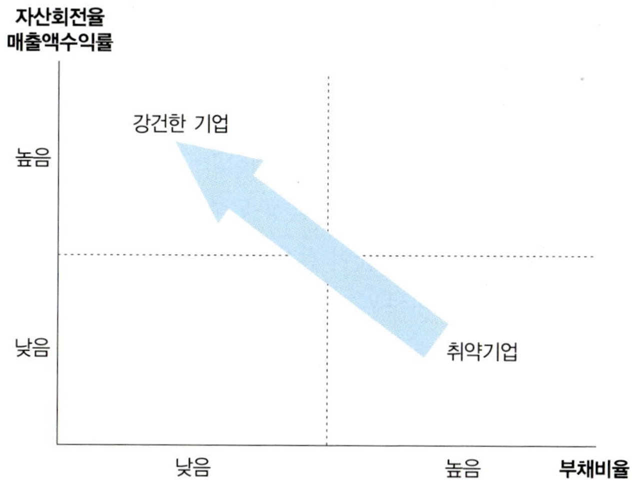


**[그림 10-2]** 자산회전율, 매출액수익률 및 부채비율

이들 기업은 매출액수익률과 자산회전율은 낮은 반면 부채비율이 높은 기업들이다. 이들 기업의 경영진은 회사가 취약한 상태에 빠져 있다는 점을 인식하게 된다. 매출액수익률과 자산회전율이 낮다는 것은 주력사업의 경쟁력과 생산성이 낮다는 의미이고, 부채비율이 높다는 것은 기존 사업으로부터 창출하는 영업현금만으로는 투자재원을 충분히 마련할 수 없으므로 금융부채에 과도하게 의존한다는 의미이기 때문이다.

이들 기업의 공통점은 수익성 위주의 투자의사결정을 하는 것이 아니라 매출액 목표달성과 같은 양적 성장에 더 많은 관심을 갖는 경향을 보이는 것이다. 취약 기업의 경영진은 새로운 상품이나 용역을 출시할 때 수익성이나 목표수익률에 대해 엄격한 기준을 적용하는 대신 매출액이나 영업이익 금액 목표를 달성하는 것에 더 많은 관심을 갖는다. 그 결과 매출액 목표는 달성하더라도 수익성이 높지 않게 되어, 영업에서 창출하는 현금흐름만으로는 투자재원을 감당할 수 없게 되고 그로 인해 금융부채의 사용이 늘어나게 된다.

따라서 우측 하단에 위치한 취약 기업의 경영진은 좌측 상단의 '강건한 기업'으로 변신하기 위해 과감한 발상의 전환이 필요하다. 매출액 금액 목표의 달성보다는 수익성을 강조하는 경영철학을 채택하고 이를 경영진의 성과평가 및 보상제도에 보다 명시적으로 반영하는 어려운 선택을 해야 한다. 수익성이 낮은 사업영역으로부터 자원을 철수하거나 또는 추가투자를 억제하고 그 대신 금융부채를 갚는데 그 재원을 우선 사용함으로써 회사의 재무취약성을 줄여나가야 한다. 물론 조직을 성장시키고자 하는 경영진의 시각에서는 이 같은 의사결정이 결코 쉽지 않을 것이다. 그러나 이를 신속하게 실천하지 못하는 경영진은 한정된 재원의 효율적인 배분에 실패함으로써 회사의 경쟁력을 지속적으로 떨어뜨리게 되고 그 대가는 궁극적으로 경쟁에서 뒤쳐지는 것임을 기억해야 한다.

## 02 DuPont 분석방법의 한계: 순영업자산수익률과 재무레버리지 효과

위와 같은 장점에도 불구하고 DuPont 분석방법도 한계를 갖고 있다. 그 이유는 순자산수익률이 핵심 투자 및 영업의사결정의 결과와 이를 지원하기 위한 재무활동의 결과를 구분해서 제공하지 못하기 때문이다. 경영진은 핵심 사업으로부터의 경영성과와 재무활동의 효과 각각에 대해 관심을 갖고 있다. 이 같은 정보를 각각 제공할 수 있는 경영성과지표가 있을까? 순영업자산수익률(또는 투하자본수익률)과 순차입금이자율이 그 답을 준다.

순자산수익률의 분자인 당기순이익과 분모인 순자산을 앞장에서 살펴본 대로 다음과 같이 분석해 보자.

- 당기순이익(NI) = 세후영업이익(OI) − 세후순차입비용(Net interest)
- 순자산(BV) = 순영업자산(NOA) − 순차입금(ND)

따라서 순자산수익률(ROE)은 다음과 같다.

$$
\begin{aligned}
&\text{순자산수익률(ROE)}\\
&= \frac{\text{NI}}{\text{BV}}\\
&= \frac{\text{OI} - \text{Net interest}}{\text{BV}}\\
&= \frac{\text{OI}}{\text{BV}} - \frac{\text{Net interest}}{\text{BV}}\\
&= \frac{\text{OI}}{\text{NOA}} \times \frac{\text{NOA}}{\text{BV}} - \frac{\text{Net interest}}{\text{ND}} \times \frac{\text{ND}}{\text{BV}}\\
&= \frac{\text{OI}}{\text{NOA}} \times \frac{(\text{BV} + \text{ND})}{\text{BV}} - \frac{\text{Net interest}}{\text{ND}} \times \frac{\text{ND}}{\text{BV}}\\
&= \underbrace{\frac{\text{OI}}{\text{NOA}}}_{\substack{\text{순영업자산수익률(RNOA)}\\ \text{또는 투하자본수익률(ROIC)}}} \times \left(1 + \frac{\text{ND}}{\text{BV}}\right) - \underbrace{\frac{\text{Net interest}}{\text{ND}}}_{\substack{\text{순차입금이자율}\\ \text{(NBC)}}} \times \underbrace{\frac{\text{ND}}{\text{BV}}}_{\substack{\text{재무레버리지}\\ \text{(LEV)}}}
\end{aligned}
$$

여기서 순영업자산수익률(RNOA: return on net operating assets) $= \frac{\text{OI}}{\text{NOA}}$, 순차입금이자율(NBC, net borrowing cost) $= \frac{\text{Net interest}}{\text{ND}}$, 그리고 재무레버리지 또는 부채비율(LEV: leverage) $= \frac{\text{ND}}{\text{BV}}$이므로, 궁극적으로

$$
\begin{aligned}
&\text{순자산수익률(ROE)}\\
&= \text{RNOA} \times (1 + \text{LEV}) - \text{NBC} \times \text{LEV}\\
&= \text{RNOA} + \text{LEV} \times (\text{RNOA} - \text{NBC})\\
&= \text{순영업자산수익률} + \text{부채비율} \times (\text{순영업자산수익률} - \text{차입금이자율})
\end{aligned}
$$

가 된다. 조금 복잡하게 보이나 중요한 점은 순자산수익률은 다음과 같이 세 항목으로 표현될 수 있다.

- **순영업자산수익률:** 핵심 투자 및 영업활동으로부터의 수익성
- **부채비율:** 순자산 대비 순금융부채의 비율을 나타내는 재무레버리지
- **순영업자산수익률 - 순차입금이자율:** 핵심 투자 및 영업활동으로부터의 수익률과 순금융비용과의 차이(이를 spread라고 함)

이와 같은 분석으로 인해 핵심 투자 및 영업활동으로부터의 수익성을 직관적으로 쉽게 이해할 수 있을 뿐 아니라 재무레버리지가 미치는 영향도 분명히 표현할 수 있는 장점이 있다.

## 03 재무레버리지와 순자산수익률의 변동성

이제 재무레버리지가 순자산수익률에 미치는 영향을 명확하게 분석할 수 있다. 예를 들어 설명해 보자.

- **순영업자산수익률(RNOA) 또는 투하자본수익률(ROIC)** 10%
- **부채비율(LEV)** 2배
- **순차입금이자율(NBC)** 5%

이 경우 순자산수익률(ROE)은 20%가 된다.

$$
\begin{aligned}
\text{순자산수익률(ROE)} &= \text{RNOA} + \text{LEV} \times (\text{RNOA} - \text{NBC}) \\
&= 10\% + 2 \times (10\% - 5\%) \\
&= 20\%
\end{aligned}
$$

즉, 핵심 투자 및 영업활동으로부터의 수익률이 10%인데 비해 순자산수익률은 그 두 배인 20%로 높게 나타난다. 따라서 이 회사의 경영진은 금융부채를 적절히 사용함으로써 주주에게 높은 수익률을 제공할 수 있었다. 이같은 내용이 아래 그림에 잘 나타나 있다.

금융부채(은행차입금과 회사채)를 적극적으로 활용하는 경영진은 이 같은 재무레버리지의 긍정적인 효과를 염두에 두었을 것이다. 기존 사업으로부터 창출되는 영업현금흐름에만 의존하지 않고 금융부채를 적절하게 사용하면 더 높은 수익률을 창출할 수 있다는 경영진의 자신감은 이 같은 긍정적인 효과에 바탕을 둔 것이다. 이 같은 금융부채의 긍정적인 효과에 대한 관심은 1990년대 말 경제위기를 겪기 전까지 한국 주요 기업들의 경영철학으로 자리를 잡게 된다. 상장 기업들의 평균 부채비율이 400%나 되었다는 점이 이를 잘 나타낸다.

그러나 금융부채를 사용하는 것이 언제나 위와 같이 긍정적인 효과만을 갖는 것은 아니다. 경기가 악화되어 매출감소가 불가피하거나 원가가 상승하여 영업이익이 줄어드는 경우 금융부채를 사용하는 것은 순자산수익률에 매우 부정적인 영향을 준다. 위의 예에서, 순영업자산수익률이 10%에서 3%로 하락하였다고 가정하자.

- **순영업자산수익률(RNOA) 또는 투하자본수익률(ROIC)** 3%
- **부채비율(LEV)** 2배
- **순차입금이자율(NBC)** 5%

이 때 순자산수익률은 −1%가 된다. 즉, 핵심 투자 및 영업활동으로부터의 수익률은 낮기는 하지만 3%임에도 불구하고 순자산수익률은 −1%로 급락한다. 이는 영업수익만으로는 순부채비용 5%을 충당할 수 없어 적자가 발생했기 때문이다.

$$
\begin{aligned}
\text{순자산수익률(ROE)} &= 3\% + 2 \times (3\% - 5\%) \\
&= -1\%
\end{aligned}
$$

금융부채를 사용하는 경우 영업성과가 좋을 때는 순자산수익률이 더 좋게 나타나고, 영업수익이 악화되는 경우 순자산수익률은 더 나쁘게 나타나는 이 같은 현상을 재무레버리지가 갖는 양면성이라고 한다(Section 01 참조). 금융부채의 사용은 궁극적으로 순자산수익률(ROE)로 나타난 경영성과의 변동성을 높이는 효과를 갖는다. 따라서 경영진은 재무레버리지의 긍정적인 효과와 부정적인 면을 모두 고려하여 기업 생

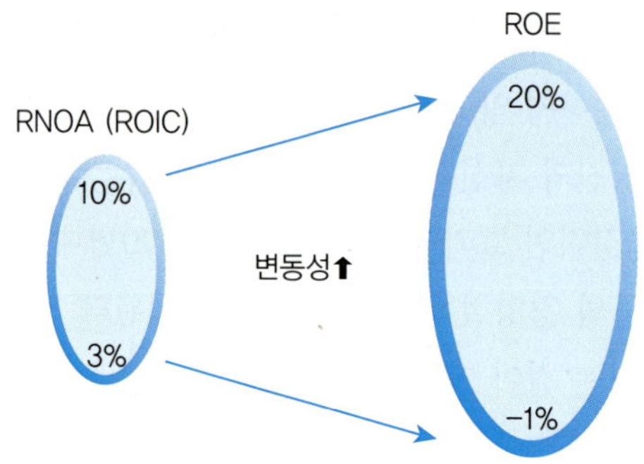


**[그림 10-3]** 금융부채와 변동성

존과 성장에 가장 효율적인 자본조달원천에 대한 통찰력을 갖추어야 한다.

한국 기업들은 1990년대 말 경제위기 이전에는 재무레버리지의 긍정적인 효과를 강조하는 재무정책을 채택했다. 많은 기업들의 부채비율이 높아진 이유가 바로 이 때문이다. 그러나 경제위기로 인해 금융부채의 부정적인 효과에 더 많은 관심을 갖게 된다. 금융부채의 원금과 이자를 제 때에 갚지 못하게 되면서 채권은행에 경영권을 넘기거나 또는 회사가 청산되는 어려움을 겪었기 때문이다.

그 이후의 기간에는 많은 기업들이 '보수적인 재무정책'을 선호함으로써 금융부채 사용을 억제하게 된다. 이 같은 보수적인 재무정책이 2008년부터 시작된 세계적인 경제위기 시기에 한국 기업의 생존과 성장에 긍정적인 영향을 미쳤다는 점을 평가하는 것은 어렵지 않아 보인다.

그렇다면 금융부채를 어느 정도 사용하는 것이 적절할까? 물론 이에 대한 답은 쉽지 않다. 다만, 연구에 의하면 소유경영자가 경영하는 기업은 평균적으로 부채비율이 낮다고 한다. 소유경영자의 가장 큰 관심은 수익성을 높이는 것도 중요하지만 더욱 중요한 것은 경영권을 유지, 강화하는 것이다. 과도한 금융부채 사용으로 인해 경영권을 잃을 수도 있는 가능성을 원천적으로 회피하고자 하는 소유경영자의 선호를 고려하면 이는 쉽게 이해할 수 있다.

반면 사업을 추진하는 전문경영진은 평균적으로 금융부채사용에 보다 적극적이라고 한다. 소유경영자와는 달리 사업담당 경영진은 공격적인 투자를 통해 경쟁기업과의 경쟁에서 앞서 나가기 위한 기반을 마련하라는 임무를 부여 받았기 때문인지도 모른다.

앞에서 살펴본 DuPont분석개념의 한계는 적극적인 금융부채의 사용으로 인해 나타날 수 있는 부정적인 효과를 직관적으로 파악하기 어렵다는 점이다.* 그 대신 부채의 양면성에 대한 개념을 활용하면 과도한 금융부채사용의 위험성을 보다 효과적으로 전달할 수 있는 장점이 있다. 금융부채의 부정적 효과에 대한 앞 예에서 보듯이, 과도한 부채의 사용은 순자산수익률(ROE)을 적자로 반전시킬수 있는 파괴력을 갖고 있기 때문이다.

따라서 기업이 어느 정도의 금융부채를 사용해야 하는 가에 대한 물음에 대한 답은 아마도 다음과 같지 않을까? 기존 핵심 사업으로부터 창출되는 영업현금흐름으로는 감내할 수 없는 '과도한' 금융부채의 사용은 회사의 생존과 성장에 도움이 되지 않는다는 지극히 '상식적인' 결론 말이다(Section 06 및 57 참고).

## 04 금융부채와 미래 경영성과

금융부채를 얼마만큼 활용하는 것이 적정한가에 대한 질문은 경영진이 회사성장을 얼마나 빠르게 추진할 것인가와 연계된 질문이다. 그렇다면 금융부채가 많은 기업의 경영성과는 앞으로 향상되고 주가도 오를지, 아니면 반대로 경영성과가 나빠지고 주가도 하락할 것인지를 미리 알 수 있을까? 이에 대한 답을 안다면 경영진은 금융부채를 얼마나 사용하는 것이 적절한가에 대해 균형적인 관점을 가질 수 있다.

* DuPont분석개념은 위와 같은 한계 뿐만 아니라 주주의 관심사인 순자산수익률(ROE)을 높이기 위해서는 금융부채를 사용하는 것이 도움이 될 수 있다는 것을 잘 보여준다는 장점도 있다. 순자산수익률을 높이기 위해서는 매출액을 늘려야 하고(매출액수익률 부분), 이를 위해서는 적극적인 투자를 해야 하며(자산회전율 부분), 투자확대에 필요한 재원으로 금융부채를 적극적으로 사용하는 것을 고려하는 개념(부채비율 부분)이 잘 반영되어 있기 때문이다.

앞에서 살펴 본대로 금융부채는 경영성과에 긍정적인 영향도 줄 수 있고, 반대로 부정적인 영향도 줄 수 있다. 따라서 금융부채가 많은 기업의 경영성과가 향후 좋아질 것인지 아니면 악화될 것인지를 사전적으로 예측하기는 어렵다. 이 같은 질문에 대한 답을 구하기 위해서 회사들의 실제 금융부채 사용수준과 경영성과 그리고 주가자료를 분석해 보면 어떨까?

연구에 의하면 금융부채가 많은 기업은 평균적으로 미래의 경영성과가 악화되고 주가도 하락한다고 한다. 그 이유는 금융부채 수준이 높은 기업은 적기에 투자를 실행하지 못하고, 궁극적으로 경쟁자에 비해 낮은 성과를 내기 때문이라는 것이다. 금융부채 상환압력으로 인해 공장건설 및 설비증설과 같은 유형자산투자나 연구개발, 브랜드 및 인적자원과 같은 무형자산투자를 적기에 실행하지 못하고, 이로 인해 경영성과가 악화되고 주가도 떨어진다는 것이다. 아래 그림은 금융부채가 미래 경영성과 및 주가에 미치는 영향을 보여준다.

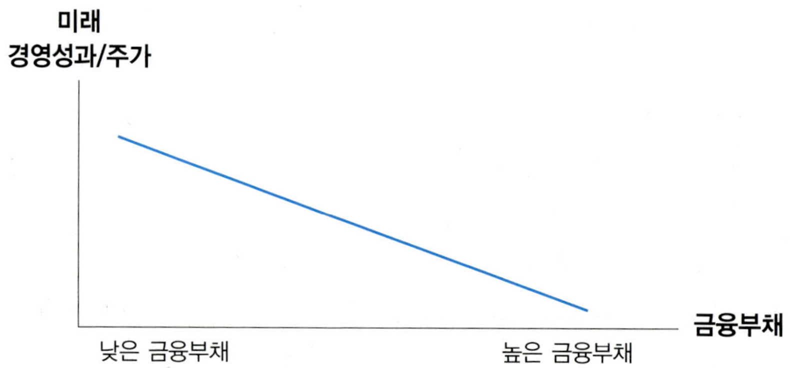


[그림 10-4] 금융부채와 미래 경영성과/주가

금융부채수준이 높을수록 미래 경영성과가 악화된다는 결과는 기업차원에서만 나타나는 것이 아니라, 국가경제에서도 발견된다. 연구에 의하면 국가부채가 국가경제(GDP: gross domestic products)규모에 도달하거나 초과하는 경우 더 이상 경제성장을 달성하는 것이 어렵다고 한다. 높은 수준의 국가부채가 국가경쟁력과 경제활력을 떨어뜨린다는 것이다.

그러나 금융부채수준이 높은 기업의 미래 경영성과가 나쁜 이유는 금융부채 그 자체가 나쁘기 때문은 아니다. 금융부채가 많다는 것은 경영진이 수익성 중심의 경영철학에서 벗어나 외형중심(즉, 매출액 중심)의 경영전략을 채택한 결과일 가능성이 높다. 기존 사업에서 창출하는 현금흐름이 강력하지 않음에도 불구하고 금융부채를 사용해서라도 투자를 계속하고 사업을 확장하는 의사결정을 했기 때문이다.

경쟁력이 취약한 기업이 수익성 중심으로 사업을 근본적으로 재편하지 않고 금융부채에 의존한 외형중심의 경영전략을 지속하고 그 후유증으로 경영성과가 악화되었다고 해석하는 것이 보다 적절하다. 특히 금리상승, 유가상승, 원자재 가격인상 또는 세계경제 침체와 같은 예상하지 못했던 외부적인 충격이 발생하는 경우 이 같은 외형중심전략을 추구한 기업은 더욱 심한 타격을 받게 된다(아래 그림 참고).

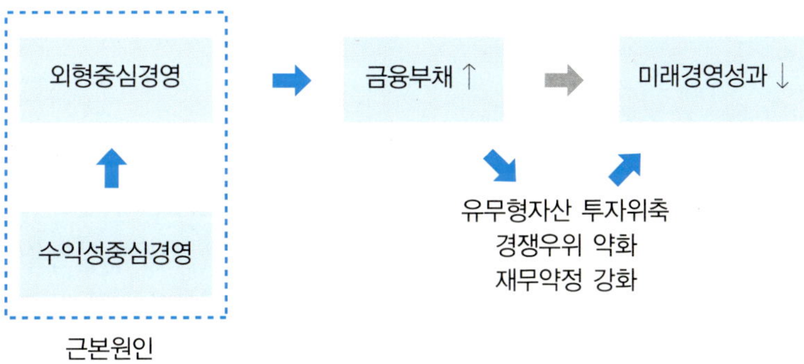


[그림 10-5] 금융부채와 미래 경영성과: 근본적 이유

금융부채가 경영성과에 미치는 영향은 양면성을 갖는다. 그럼에도 불구하고 금융부채 수준이 높은 기업의 미래 경영성과가 악화된다는 실증결과는 금융부채 사용의 적정수준에 대해 고민하는 경영진에게 유용한 통찰력을 제시한다.

# SECTION 11 가치평가의 기본: 배당할인모형

기업에 자본을 제공하는 주주의 입장에서 기업의 본질가치는 미래 예상되는 배당금액의 현재가치라고 할 수 있다. 즉 주주는 주식의 매입시점 이후 받을 것으로 예상되는 미래의 배당금액(D: dividends)을 적절한 할인율(r)로 할인한 금액(PV: present value)만큼을 주식의 취득대금으로 지불하려 할 것이다. 여기서 배당이란 현금배당뿐 아니라 자사주의 취득을 통한 부의 배분까지도 포함하는 넓은 의미로 사용된다. 만일 신주발행이 있는 경우에는 현금배당과 자사주취득금액에서 주주의 출자금을 차감한 순배당금액을 배당으로 이해하면 된다. 여기에서 할인율(r)은 주주가 회사로부터 기대하는 수익률, 즉 기대수익률(expected rate of returns)을 의미하며, 이 값을 도출하기 위한 개념체계에 대해서는 다음에 논의한다(Section 22 참고).

# 01 배당할인모형(DDM, dividend discount model)

이같은 본질가치 개념을 간단히 수식으로 표현하면,

$$본질가치(V) = PV\ of\ future\ dividends = \frac{D_1}{(1+r)^1} + \frac{D_2}{(1+r)^2} + \cdots \qquad (1)$$

분자는 미래 (순)배당을, 분모는 미래 각 시점의 배당을 할인하는 과정을 보여준다. 그러나 이 식을 그대로 사용하기에는 어려운 점이 많다. 특히 미래기간이 확정되지 않고 영원히 계속된다는 가정을 하기 때문이다. 만일 미래 배당금액이 특정 기간(T)이 경과한 후에는 일정한 형태로 유지될 것이라고 가정한다면 위의 식을 다음과 같이 변환할 수 있다.

$$V = \frac{D_1}{(1+r)^1} + \frac{D_2}{(1+r)^2} + \cdots$$

$$= \frac{D_1}{(1+r)^1} + \cdots + \frac{D_T}{(1+r)^T} + \frac{\frac{D_{T+1}}{r}}{(1+r)^T} \qquad (2)$$

식 (2)의 마지막 항은 미래배당금액이 (T+1) 이후의 기간에는 $D_{T+1}$로 일정하게 유지될 것이라는 가정을 표현한다.

$\frac{D_{T+1}}{r}$의 분모에 있는 r은 일정하게 계속되는 미래 배당액을 T시점의 현재가치로 환산하는 역할을 하며, 이를 '영구연금의 현재가치' 라고 표현한다.

$$\frac{\frac{D_{T+1}}{r}}{(1+r)^T}$$

위에서 $(1+r)^T$은 T시점에서 계산된 (T+1) 이후의 배당금액의 현가를 현재시점의 현재가치로 다시 한번 변환시키는 역할을 한다.

[표 11-1] 예상 주당배당금

| | t = 1 | t = 2 | t = 3 | t = 4 | t ≥ 5 |
|---|---|---|---|---|---|
| D | 100원 | 103원 | 105원 | 105원 | 110원 |

예를 들어 보자. 할인율이 10%인 기업의 예상 주당배당금액(D)이 [표 11-1]과 같다고 가정하자(할인율의 결정에 대해서는 후에 자세히 알아 본다).

이 예에서 5년 이후에는 주당배당금액이 110원으로 일정하게 유지된다. 이 경우 본질가치(V)는 다음과 같이 계산된다.

$$V = \frac{100}{(1+10\%)^1} + \frac{103}{(1+10\%)^2} + \frac{105}{(1+10\%)^3} + \frac{105}{(1+10\%)^4} + \frac{\frac{110}{10\%}}{(1+10\%)^4}$$

$$= 90.91 + 85.12 + 78.89 + 71.72 + 751.31$$

$$= 1,077.95$$

이 계산에서 흥미로운 점은 마지막 항의 값이 매우 크다는 점이다. 단기 미래 시점의 예상배당금액과 비교하여 장기 미래기간에 예상되는 배당금액의 영향이 매우 크다는 점은 배당할인모형(또는 그 밖의 가치평가모형들)을 이용하여 기업의 본질가치를 추정하는 것이 그만큼 어렵다는 의미이다. 만일 5년 이후 기간에 예상되는 주당배당금액을 110원이 아닌 115원이라고 하면, 마지막 항의 값은 751.31원에서 758.47원으로 늘어나고 주당 본질가치측정치도 1,077.95원에서 1,112.10원으로 늘어나게 된다.

## 02 Gordon 일정배당성장률 모형

식 (2)에서는 T시점 이후부터 배당이 일정하게 유지된다는 가정을 하고 있다. 만일 일정형태의 배당이 첫 연도부터 시작된다고 가정하면, 식 (2)는 더욱 간결하게 표현될 수 있다. 다음 식을 살펴보자.

$$V = \frac{D_1}{r - g} \tag{3}$$

여기서 g는 배당성장률을 뜻한다. 즉 당기의 주당배당금이 100원, 차기의 주당배당금이 105원이라면 g = 5%가 된다. 이와 같은 모형을 Gordon의 일정배당성장률 모형이라 한다. 그리고 할인율인 주주의 기대수익률이 10%라고 하자. 이 경우 기업의 주당 본질가치는 2,000원이다.

$$V = \frac{100\text{원}}{10\% - 5\%} = 2{,}000\text{원}$$

만일 배당성장률 예상치를 5%에서 6%로 높이면, 주당 본질가치는 2,500원이 된다.

$$V = \frac{100\text{원}}{10\% - 6\%} = 2{,}500\text{원}$$

여기에서 배당성장률 예상치를 1% 포인트만 올려도 본질가치는 25%나 증가함을 알 수 있다.

## 03 배당할인모형의 유용성

배당할인모형은 우선 이해하기 쉽다는 장점이 있다. 주주가 관심 있게 지켜보는 배당금액을 기업 본질가치추정에 이용하는 것은 일견 설득력이 있어 보인다. 바로 이 점이 실무에서 배당할인모형을 많이 사용하는 이유일 것이다.

특히 지주회사 형태의 기업소유구조를 갖고 있는 경우, 지주회사는 투자한 자회사로부터 창출되는 배당수익이 매우 중요한 수익원이 된다. 이 경우 지주회사는 최대주주 입장에서 미래 배당금의 금액과 유입시점에 대하여 매우 큰 관심을 갖게 되므로, 위의 배당할인모형이 유용하게 사용될 수 있다.

또한 배당할인모형은 주주의 기대수익률인 할인율의 추정에도 활용될 수 있다. 만일 현재의 주가수준이 기업의 본질가치를 적정하게 반영하고 있고, 예상배당금액도 안정적으로 예측할 수 있다면, 주식시장에서 암묵적으로 적용하는 할인율을 역산할 수 있게 된다. 식 (3)을 변형하면 다음처럼 표현할 수 있다.

$$r - g = \frac{D_1}{V}$$

따라서

$$r = \frac{D_1}{V} + g \tag{4}$$

즉, '할인율(또는 주주의 기대수익률) = 배당수익률 + 배당성장률' 로 표현할 수 있다.

예를 들어 현재 주가수준은 2,000원, 당기 주당배당금액이 100원, 그리고 예상 배당성장률이 5%라고 한다면 식 (4)를 이용하여 다음과 같이 할인율이 10%임을 알 수 있다.

$$r = \frac{100\text{원}}{2{,}000\text{원}} + 5\% = 10\%$$

배당할인모형을 사용하는 경우 배당금은 당기순이익(E: earnings)의 일정한 비율로 유지된다는 가정을 종종 하게 된다. 이 비율을 배당성향(k)이라고 한다.

$$\text{배당성향}(k) = \frac{\text{배당금}}{\text{당기순이익}} = \frac{D}{E}$$

이 비율이 일정하다고 가정하면, 배당금은 다음과 같이 나타난다.

$$D_1 = k \times E_1$$

따라서 배당할인모형을 이용하여 주주가 암묵적으로 사용할 것으로 예상되는 할인율을 추정하는 경우 배당금 성장성에 대한 정보가 부족할 때, 순이익 성장성에 대한 정보를 사용할 수도 있다.

이와 같은 방법을 사용하여 기업의 자기자본비용 또는 할인율을 추정할 수 있고, 기업간 또는 국가간 상장기업의 자기자본비용을 비교할 수도 있다.

## 04 배당할인모형의 한계

배당할인모형의 한계를 생각해 보자. 우선 배당할인모형을 사용하기 위해서 사용된 여러 가정들이 현실성이 떨어질 수 있다. 배당금을 지급하지 않는 기업의 본질가치를 평가하는 경우, 이 모형을 어떻게 활용해야 할지 분명하지 않다. 배당금 지급이 안정적이지 않은 경우 배당이 일정한 비율로 성장할 것이라는 가정도 현실성이 부족할 것이다.

배당금이 순이익의 일정한 비율로 지급된다고 가정(즉 배당성향이 일정한 경우)해 보자. 성장 기업의 경우 단기적으로는 이익성장률이 매우 높아질 수 있으며, 이 경우 가정된 배당성장률(g)이 주주의 할인율(r)보다 높아지게 된다. 그렇다면 식 (4)의 분모인 'r − g'가 음(−)이 되어 배당할인모형을 사용한 본질가치 추정이 불가능해진다.

그러나 이 같은 적용상의 한계보다도 경영자의 입장에서나 주주의 입장에서 배당할인모형은 근본적인 한계를 갖고 있다. 그 이유는 기업의 본질가치를 추정하는데 있어 기업의 핵심활동인 투자 및 영업활동을 강조하는 것이 아니라 이들 활동의 결과로 창출된 부의 분배인 배당금액에 초점을 두고 있기 때문이다. 특히 단기적으로 배당금액은 기업의 가치창출과 관련이 없을 수도 있다. 즉 배당은 부채를 조달하여 늘릴 수도 있고 또는 기업투자에 필요한 자금소요로 인해 줄일 수도 있으므로, 배당금액에 초점을 두어 본질가치를 추정하게 되면 투자 및 영업활동을 통한 부의 창출과정을 전혀 고려하지 못하게 된다. 이와 같은 문제점을 보완하기 위해 기업 부의 분배가 아닌 가치창출과정에 초점을 두는 새로운 가치평가모형을 다음 장에서 소개하고자 한다.

SECTION

# 12 기업의 본질가치와 초과이익모형

한국 제조업과 서비스업 생산성이 아직은 선진국의 절반수준에 머물고 있다고 한다. 매일경제신문은 2006년 1월 3일자 기사에서 한국 제조업 생산성은 선진 7개국 평균생산성의 57% 수준이며, 서비스업 생산성은 미국, 일본, 독일기업의 생산성에 비해 46~60% 수준에 머물고 있다고 지적하였다. 그리고 5년 이내에 1인당 국민소득 3만 달러, 10년 내에 4만 달러 수준을 달성하기 위해서는 현재 4~5% 수준의 경제성장률을 6.6% 수준으로 획기적으로 끌어올려야 한다고 주문하였다.

물론 한국 기업 중 일부는 세계시장을 무대로 초일류 기업의 반열에 도달한 기업도 있다. 그러나 위의 기사에서 지적한 대로 한국 평균기업의 생산성과 경쟁력은 아직도 개선할 여지가 많으며, 이를 위해서는 투자확대와 고부가가치화를 서둘러야 한다. 여기에서 '투자확대'와 '고부가가치화'라는 두 단어를 기억하자. 그 이유는 아래에서 살펴보듯 기업의 본질가치를 향상시키는 데에 이 두 개념이 매우 중요한 역할을 하기 때문이다.

# 01 초과이익의 개념

다음과 같은 예를 들어 초과이익 개념을 설명해보자. 만일 금년 초 자본투자액($B_{t-1}$)이 1,000원, 당해 연도 순이익($NI_t$: net income)이 120원이고 배당액($D_t$)이 40원이라고 하자. 이 기업의 당기순이익은 주주의 입장에서 충분하다고 평가할 수 있는가? 우선 당기순이익 120원을 창출하였다는 점이 나쁜 소식은 아니라고 할 수 있다. 손실이 발생하지는 않았기 때문이다. 그러나 과연 120원의 당기순이익은 좋은 소식이라고 할 수 있는가?

이에 대한 답을 하기 위해서 초과이익(RI: residual income)이라는 매우 유용한 개념을 살펴보자. 초과이익이란 주주의 기대이익을 초과하는 이익을 뜻한다. 만일 주주의 기대수익률 또는 할인율(r)이 10%라면, 위의 예에서 첫해의 기대이익은 '10% × 1,000원 = 100원'이 된다. 따라서 당기순이익이 120원이므로 첫해의 초과이익은 20원이 된다.

이와 같은 내용을 간단한 수식으로 표현하면 아래와 같다.

$$
\begin{aligned}
\text{초과이익} &= \text{순이익} - \text{기대이익} \\
&= \text{순이익} - \text{기대수익률} \times \text{기초자본액} \\
&= NI_t - r \times B_{t-1} \\
&= \left( \frac{NI_t}{B_{t-1}} - r \right) \times B_{t-1} \\
&= (ROE - r) \times B_{t-1}
\end{aligned}
$$

즉 초과이익은 주주의 기대수익률보다 높은 순자산수익률 또는 자본이익률(ROE: return on equity)로 수익을 창출할 수 있는 투자가 있는 경우에 발생한다. 이 표현은 중요한 개념을 나타내고 있으므로 잘 기억해두자. 위의 예에서 ROE = 12%, r = 10%, 그리고 $B_{t-1}$ = 1,000원이므로 초과이익은 20원으로 위에서 계산된 초과이익의 금액과 동일하다. 순이익과 초과이익의 관계는 다음 그림에 간략하게 소개되어 있다.

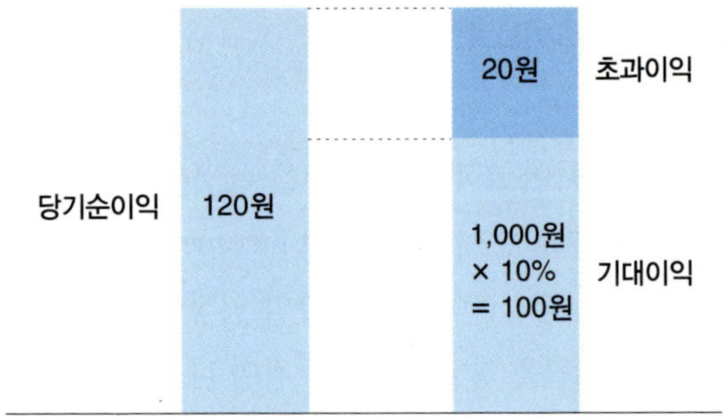


[그림 12-1] 당기순이익, 기대이익과 초과이익

$$초과이익 = (12\% - 10\%) \times 1{,}000원 = 20원$$

초과이익의 개념은 기업가치평가뿐 아니라 경영관리 목적으로도 매우 유용하게 활용할 수 있다. 즉 기업경영자가 기업가치를 높이기 위해서는 다음과 같이 세 가지의 요소를 고려하여야 한다.

- **높은 자본이익률(ROE).** 자본이익률이 높다는 것은 투입자원을 효율적으로 활용하여 수익성이 높은 상품이나 용역을 제공할 수 있는 역량을 가졌다는 것을 의미한다. 이것이 앞에서 언급한 고부가가치화를 뜻한다고 보면 된다. 고부가가치 상품과 용역을 생산하고 제공하기 위해서는 연구개발(R&D: research and development) 활동의 중요성을 강조하지 않을 수 없다. 경쟁기업이 쉽게 모방할 수 없는 제품과 용역을 개발하기 위해서는 핵심 인적자원의 역량을 높이는데 필요한 연구개발투자가 필수적이기 때문이다.
- **적극적인 투자 및 효율적인 자원배분(B).** 자본이익률을 높임과 동시에 투자도 적극적으로 하여야만 기업의 본질가치가 향상된다. 즉 자본이익률이 주주의 기대수익률보다 높아 초과수익률이 양(+)이라 하더라도 적극적인 투자가 수반되지 않는다면 초과이익의 규모는 크지 않기 때문이다. 이것이 투자확대를 권고하는 이유이다. 그런데 투자확대보다 더 중요한 것은 한정된 기업자원을 효율적으로 재배분하는 것이다. 즉 투자재원이 한정되어 있다면, 수익성이 높은 상품이나 용역을 생산, 제공하는 사업부문에 투자를 늘리기 위해서는 그렇지 않은 사업부문으

로부터 자원을 철수시켜야 한다는 의미이다. 유휴부동산을 매각하고 그 매각대금으로 새로운 성장사업에 투자를 확대하는 의사결정이나, 관계회사나 자회사에의 지분투자가 적정한 수익률을 창출하지 못하는 경우 구조조정을 요구하는 것 등이 좋은 예가 될 수 있다.

- **주주요구수익률(r)의 감소.** 주주가 요구하는 수익률인 자기자본비용을 낮추는데 전사적인 노력을 기울여야 한다. 이를 위해서는 체계적이고 지속적으로 기업정보의 투명성을 향상시켜 기업과 주주 간 정보의 불균형을 해소하기 위한 노력을 경주하여야 한다. 주주의 요구수익률을 낮춘다는 것을 보다 넓게 해석하면 기업의 자금조달비용(즉 부채조달비용 및 주주의 요구수익률)을 낮춘다고 보면 된다. 투자재원 조달비용이 낮을수록 초과이익이 높아지므로 기업의 본질가치가 높아진다고 이해하기로 하자.

## 02 초과이익과 손익계산서의 구조

초과이익에 대한 설명에도 불구하고 이 개념이 여전히 생소하게 여겨질 수 있다. 그러나 손익계산서의 특성을 살펴보면 당기순이익에 이미 그 개념이 내재되어 있음을 알 수 있다. 이 같은 주장을 하는 근거는 무엇일까?

손익계산서에 보고된 당기순이익을 다시 떠 올려보자. 당기순이익이란 매출액에서 회사가치 향상에 공헌한 다음과 같은 여러 이해관계자(stakeholders)에게 적절한 대가를 지급한 후 산출된 개념이다.

- **임직원.** 임직원 노력에 대한 대가인 급여와 성과급은 '매출원가' 또는 '판매비 및 일반관리비'로 인식되어 당기순이익 계산시에 이미 차감되었다.
- **공급자.** 원재료, 상품 또는 용역을 제공한 공급자(vendors)에게는 적절한 대가를 지급했으며 이는 '매출원가'나 '판매비 및 일반관리비' 포함되었을 것이다.
- **채권자.** 채권자가 제공한 타인자본에 대한 대가는 영업외항목인 '이자비용'으로 고려되었다.

■ **정부.** 그리고 정부에게도 '법인세' 등 세금을 지급했다.

그러나 정작 회사 주인인 주주의 공헌에 대해서는 그 대가를 명시적으로 고려하지 않았다. 첫째, 주주에게 현금배당금을 지급했다면 이는 '이익의 처분' 이므로 손익계산서에는 '비용' 으로 나타나지 않았다. 둘째, 주주가 제공한 투자재원인 순자산(= 자산 − 부채)에 대해서도 그 대가를 손익계산서에서 고려하지 않았다. 따라서 손익계산서에 보고된 당기순이익은 주주 공헌에 대한 대가를 고려하지 않은 채 산정되었다는 것이 명확해 졌다.

그렇다면 주주 공헌에 대한 대가를 고려하기 위해서는 어떻게 해야 할까? 손익계산서에서는 이를 직접 고려할 수는 없다. 따라서 유일한 대안은 당기순이익 창출을 위해 사용한 주주 투자재원에 주주 기대수익률을 곱한 값(=순자산×주주의 기대수익률=주주의 기대이익)을 당기순이익에서 간접적으로 차감하는 방법 밖에는 없다. 따라서 경영진은 당기순이익 대신 '당기순이익 − 주주 기대이익(즉, 순자산×주주 기대수익률)' 을 그들이 창출한 부라고 보는 시각을 가져야 한다.

바로 이 값이 '초과이익' 인 것이다. 따라서 손익계산서에 보고된 당기순이익의 개념적인 특성을 명확하게 이해하고 있는 경영진은 초과이익개념을 보다 친숙하게 받아들일 수 있게 되었다.

## 03 '곱셈의 개념' 과 '덧셈의 개념'

여기서 '곱셈의 개념' 을 도입하기로 하자. 만일 투자확대와 자본이익률 향상을 통한 초과이익 창출과정이 곱셈의 개념이 아닌 '덧셈의 개념' 을 따른다고 가정해 보자. 예를 들어 기업의 자본이익률 8%, 주주의 기대수익률 10%, 투자금액 1,000 원이라고 하자. 만일 초과이익이 '덧셈의 개념' 을 따른다면 초과수익률이 −2%(= 자본이익률 − 자본비용=8% − 10%)라고 하더라도 투자를 확대함으로써 초과이익을 창출할 수도 있을 것이다. 과거에는 수익성이 낮다 하더라도 물량확대를 통해 기업성장을 도모했던 경험이 있다.

그러나 이와 같은 덧셈의 개념은 더 이상 설득력을 가질 수 없다. 그 이유는 앞의 식 (1)이 보여주는 대로 주주의 기대수익률에 미치지 못하는 자본이익률이 발생하는 경우, 투자를 확대하면 할수록 기업가치가 빠른 속도로 하락하기 때문이다. 즉 '초과이익 = 초과수익률 + 투자' 가 아니라 '초과이익 = 초과수익률 × 투자' 인 것이다.

기업의 본질가치를 높이기 위해서 부가가치가 높은 상품이나 서비스에 기업의 한정된 재원을 효율적으로 재배분해야 한다는 결론에 대해서는 대체로 이견이 없을 것이다. 문제는 사업수익성이 주주의 요구수익률에 미치지 못하는 경우 이 사업으로부터 인적, 물적 자원을 철수시키는 것이 쉽지 않다는 점이다. 자원투입을 줄이기 어려운 이유는 다양하다. 우선 당초 투자의사결정을 최고경영자나 지배주주가 주도한 경우에는 사업수익성이 높지 않더라도 투자를 계속 진행해야 하는 명시적 또는 묵시적 기업문화가 있을 수 있기 때문이다. 투자관리 책임을 맡고 있는 임원들조차도 최고경영층의 '전략적 판단' 에 대해 반대 의견을 내기는 어려운 경우가 있다.

또 다른 이유로는 사업수익성이 단기적으로는 좋지 않더라도 중장기적으로 기업의 전략적 우위를 확보하기 위해 필요하다고 판단하는 경우 지속적인 투자가 일어날 수 있다. 예를 들어 유전개발사업에 대한 투자를 결정할 당시에는 석유가격이 낮아 경제성이 낮은 사업이었으나 전세계적인 석유 소비 급증으로 유가가 높아져 이 사업으로부터 많은 수익을 얻는 경우가 있다. 이같은 경영환경 변화를 경험한 경영자는 단기 수익성보다는 장기적이고 전략적인 시각에서 투자의사결정을 하게 되고, 따라서 단기적으로 초과이익을 얻지 못하더라도 투자를 줄이지 않으려고 할 것이다. 그러나 기업 임직원은 이와 같은 전략적 투자 역시 자본제공자인 주주의 입장에서 비판적으로 투자효율성을 검토하고 재조정할 수 있는 경영역량을 갖는 것이 중요하다.

## 04 배당은 가치창출인가

또 하나의 유용한 개념을 알아보자. 손익계산서의 당기순이익은 기업경영 활동의 결과로 창출된 가치를 나타낸다. 창출된 부에서 주주에게 배당도 하고 미래의 투자를 위해 적립해 놓기도 한다. 부의 창출과 부의 분배에 관한 관계를 보다 명료하게 정리하면 아래와 같다.

$$\begin{aligned} \text{금년도 말 자본액}(B_t) &= \text{기초자본액}(B_{t-1}) + \text{순이익}(NI_t) - \text{배당액}(D_t) \\ &= 1{,}000\text{원} + 120\text{원} - 40\text{원} \\ &= 1{,}080\text{원} \end{aligned}$$

즉 금년도에 영업활동에서 창출된 부 120원 가운데 40원만큼은 주주에게 배당의 형태로 분배하고 나머지 80원은 미래의 투자를 위해 유보함으로써, 내년도 초에는 모두 1,080원만큼의 자본이 영업활동에 투입되게 된다.

부의 창출에 초점을 둔 모형을 생각하기 위하여, 우선 배당을 기초, 기말 자본액과 당기순이익으로 다시 표현해 보기로 하자.

$$\begin{aligned} D_t &= NI_t + B_{t-1} - B_t \\ &= 120\text{원} + 1{,}000\text{원} - 1{,}080\text{원} \qquad (1) \\ &= 40\text{원} \end{aligned}$$

즉 부의 분배를 나타내는 배당(40원)이란 창출된 부(120원)에서 재투자금액(80원)을 유보한 금액을 나타낸다. 이를 표현다면 다음과 같다.

$$\begin{array}{ccccc} D_t & = & NI_t & - & (B_t - B_{t-1}) \\ (\text{부의 분배}) & = & (\text{부의 창출}) & - & (\text{재투자금액}) \end{array}$$

이 같은 표현의 장점은 부의 분배인 배당을 위해서는 투자를 통한 부의 창출이 선행되어야 함을 잘 나타낸다는 점이다.

앞에서 초과이익의 개념을 확인하였으니, 이제 기업가치평가모형 중의 하나인 배당할인모형으로 돌아가 보기로 하자.

$$\text{본질가치}(V) = \text{PV of future } \textbf{dividends} = \frac{D_1}{(1+r)^1} + \frac{D_2}{(1+r)^2} + \cdots \qquad (2)$$

## 05 초과이익모형(RIM, residual income model)

배당에 관한 식 (1)을 본질가치식인 식 (2)에 대입하게 되면

본질가치(V)

= PV of future **dividends**

$$= \frac{D_1}{(1+r)^1} + \frac{D_2}{(1+r)^2} + \cdots$$ ➡ '부의 분배' 관점

$$= \frac{NI_1 + B_0 - B_1}{(1+r)^1} + \frac{NI_2 + B_1 - B_2}{(1+r)^2} + \cdots$$ ➡ '부의 창출' 관점

여기에서 주주의 기대이익($r \times B_{t-1}$)을 차감하고 또 같은 금액을 가산하게 되면

$$= \frac{NI_1 - rB_0 + rB_0 + B_0 - B_1}{(1+r)^1} + \frac{NI_2 - rB_1 + rB_1 + B_1 - B_2}{(1+r)^2} + \cdots$$

$$= \frac{NI_1 - rB_0 + (1+r)B_0 - B_1}{(1+r)^1} + \frac{NI_2 - rB_1 + (1+r)B_1 - B_2}{(1+r)^2} + \cdots$$

이를 정리하면

$$= B_0 + \frac{NI_1 - rB_0}{(1+r)^1} - \cancel{\frac{B_1}{(1+r)^1}} + \cancel{\frac{B_1}{(1+r)^1}} + \frac{NI_2 - rB_1}{(1+r)^2} - \cancel{\frac{B_2}{(1+r)^2}} + \cdots$$

줄 그은 항들을 정리하고 나면

$$= B_0 + \frac{NI_1 - rB_0}{(1+r)^1} + \frac{NI_2 - rB_1}{(1+r)^2} + \cdots$$

따라서

본질가치(V) = $B_0$(기초장부금액) + PV of future **residual income** (3)

즉 기업의 본질가치는 '기초장부금액 + 미래초과이익의 현재가치' 로 표현할 수 있다. 식 (3)에 나타난 가치평가모형을 초과이익모형이라 한다. 이 모형의 특징은 본질가치를 결정하는 동인으로 부의 분배(배당금) 대신 부의 창출(초과이익과 투하자본) 과정을 강조하고 있다. 기초 투하자본의 크기뿐 아니라 그 투자가 주주의 요구수익률을 초과하는 이익을 창출하지 않으면 시장에서의 평가는 부정적이라는 점이다.

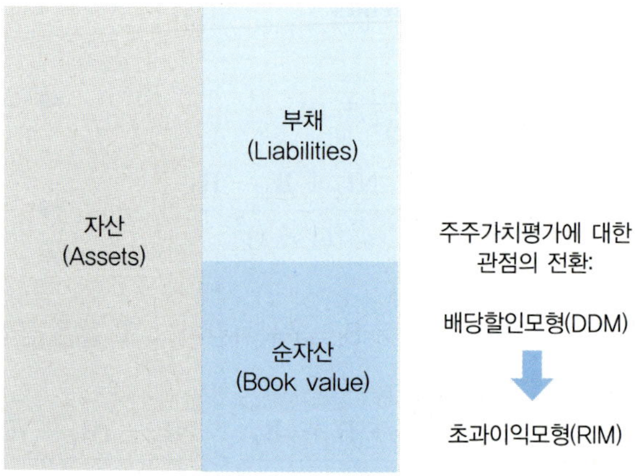


**[그림 12-2]** 주주가치평가에 대한 관점의 전환

초과이익모형의 이 같은 개념적인 특징을 다음과 같이 요약해 보자.

- **투자를 긍정적인 가치동인(a positive value driver)으로 파악.** 초과이익모형에서는 투자를 확대하는 것이 기업가치에 긍정적인 영향을 준다는 것이 잘 반영되어 있어, 기업 경영진에는 매우 매력적인 개념이다.
- **과잉투자(over-investments)를 억제하는 기능.** 그러나 모든 투자가 기업가치에 긍정적인 영향을 미치는 것은 아니다. 수익성이 낮은 투자대안은 오히려 기업가치를 떨어뜨린다. 초과이익모형은 궁극적으로 주주 기대수익률 이상으로 수익을 창출할 수 없는 투자를 '과잉투자' 로 정의하고, 과잉투자는 기업가치에 부정적인 영향을 미친다는 것을 효과적으로 전달하는 개념도 포함하고 있다. 따라서 경영진은 초과이익모형개념을 통해 과잉투자를 억제할 수 있는 자정능력(a check-and-balance)도 동시에 갖추게 된다.

이와 같은 초점의 전환은 단순히 가치평가모형에서 수식의 변화만을 의미하는 것이 아니라 경영관리철학의 근본적인 전환을 의미한다. 인수합병이나 자산의 취득 그리고 투자확대를 통한 자산규모의 확대만으로는 시장에서 좋은 평가를 받기가 어렵게 된 것이다. 자산규모의 확대와 더불어 수익성의 확보도 반드시 동반되어야 하기 때문이다.

초과이익모형의 의미는 기업의 본질가치를 향상시키기 위해서는 투자를 통해 주주의 요구수익률 이상으로 이익을 창출할 수 있는 역량을 갖추어야 함을 뜻한다. 따라서 초과이익모형은 회사의 생존과 성장에 대해 고민하는 경영진이 갖추어야 할 새로운 관점을 제시한다.

경영진은 이제 배당할인모형이 갖는 의미(= 적절한 배당금 지급을 통한 주주중시경영 실천)뿐 아니라 초과이익모형이 뜻하는 개념(= 투자를 통한 초과이익창출역량 강화)에 대해서도 이해할 수 있게 되었다. 또한 초과이익모형은 경영진이 실무에서 사용하는 기업가치에 대한 개념을 보다 명확히 하는 장점을 갖고 있다.

아래 그림에서 알 수 있듯이, 실무에서는 '기업가치 = 자산가치 + 수익가치' 라는 개념을 종종 사용한다. 여기서 자산가치는 순자산가치(= 자산−부채)를 의미하고, 수익가치는 초과이익창출역량을 의미한다고 이해하자. 그렇다면 초과이익모형의 개념은 경영진이 실무에서 이미 오랫동안 사용해 왔던 개념과 유사한 특성을 갖고 있다고 볼 수 있다.

[그림 12-3] 초과이익모형과 기업가치

그러나 식 (3)을 실무에서 그대로 사용하기에는 어려운 점이 많다. 특히 미래기간이 확정되지 않고 영원히 계속된다는 가정을 하기 때문이다. 만일 미래 초과이익이 특정 기간(T)이 경과한 후에는 일정한 형태로 유지될 것이라고 가정한다면 위의 식을 다음과 같이 변환할 수 있다.

$$V = B_0 + \frac{NI_1 - rB_0}{(1+r)^1} + \frac{NI_2 - rB_1}{(1+r)^2} + \cdots + \frac{\frac{NI_T - rB_{T-1}}{r}}{(1+r)^T} \quad (4)$$

위 식의 마지막 항은 미래 초과이익이 (T+1) 이후의 기간에는 $(NI_T - rB_{T-1})$로 일정하게 유지될 것이라는 가정을 표현한다. 여기에서 $\frac{NI_T - rB_{T-1}}{r}$의 분모에 있는 r은 일정한 미래 초과이익을 T시점의 현재가치로 환산하는 역할을 한다. 그리고

$$\frac{\frac{NI_T - rB_{T-1}}{r}}{(1+r)^T}$$

의 $(1+r)^T$은 T시점에서 계산된 (T+1) 이후의 초과이익의 현가를 현재시점의 현재가치로 다시 한번 할인하는 역할을 한다.

만일 일정형태의 초과이익이 T시점 이후에는 일정한 성장률(g)로 증가한다고 가정하면, 식 (4)는 아래와 같이 변환된다.

$$V = B_0 + \frac{NI_1 - rB_0}{(1+r)^1} + \frac{NI_2 - rB_1}{(1+r)^2} + \cdots + \frac{\frac{(NI_T - rB_{T-1}) \times (1+g)}{r-g}}{(1+r)^T} \quad (5)$$

Section 13에서는 기간통신사업자인 KT의 예를 들어 초과이익모형의 유용성과 한계에 대해 살펴본다.

## 06 초과이익과 경제적 부가가치(EVA)

사례를 논의하기 전에 이제까지 논의한 초과이익(RI: residual income) 개념과 실무에서 종종 사용하는 경제적 부가가치(EVA: economic value added) 개념을 비교해 보자. 우선 초과이익과 경제적 부가가치를 다음과 같이 표현한다.

초과이익(RI) = 당기순이익 − 주주의 요구 수익률 × 자기자본

경제적 부가가치(EVA) = 영업이익 − 가중평균자본비용 × 영업자산투자금액

이 두 표현에는 다음과 같은 특징이 포함되어 있다. 우선, 초과이익은 주주의 관점에서 출발한다. 회사의 순자산이 주주의 요구수익률을 초과하는 순이익을 창출하는 경우에만 주주의 경제적 부가 증가한다는 의미를 명확하게 전달하고 있다. 반면 경제적 부가가치는 경영자의 관점을 강조한다. 즉 영업자산에의 투자금액이 이 투자를 위해 사용된 자기자본과 타인자본의 가중평균자본비용(WACC: weighted average costs of capital)을 초과하는 영업이익을 창출하는 경우에 경영성과를 긍정적으로 평가 받을 수 있게 된다. 따라서 경제적 부가가치를 '초과영업이익' 이라고 불러도 좋을 것이다. 가중평균자본비용에 대해서는 Section 23에서 상세히 다룬다.

따라서 주주의 경제적 부를 증가시키기 위해서는 자본이익률(ROE)이 주주의 요구수익률 보다 높아야 하듯이, 경영자의 경영성과를 높이기 위해서는 영업자산의 투자수익률($=\frac{\text{영업이익}}{\text{영업자산투자금액}}$)이 가중평균자본비용을 초과하여야 한다. 결국 경영자의 책임은 기존사업의 수익성 향상과 신규사업의 발굴 및 추진을 통해 이를 어떻게 달성할 것인가에 집중되어 있다.

SECTION

# 13 초과이익모형의 사례

이 장에서는 기간통신사업자인 KT의 사례를 이용하여 초과이익모형의 유용성과 한계에 대해 살펴본다. KT의 2007년도 실제 주당순이익은 4,635원, 주당 현금배당금은 2,000원, 주당 장부금액은 43,660원이다. 주당순이익(EPS: earnings per share)이란 당기순이익을 유통주식수(=발행주식수−자기주식수)로 나눈 값이며, 주당장부금액 또는 주당자기자본(BPS: book value per share)이란 자기자본(=자산−부채)을 유통주식수로 나눈 값이다.

KT의 2007년 말 유통주식수는 발행주식수 275,202,400주에서 자기주식(또는 자사주) 71,515,577주를 뺀 203,686,823주이다. 따라서 이 회사는 26.0%에 이르는 높은 수준의 자사주를 보유하고 있음을 알 수 있다. [표 13-1]에서 KT의 2007년도 실제 주당순이익 4,635원*은 손익계산서에 보고된 정보이며, 주당자기자본 43,660원은 전체 자기자본 8조 8,928억 원을 유통주식수인 203,686,823주로 나누어 산출하였

* 주당순이익은 기말유통주식수가 아니라 연간 가중평균유통주식수로 나눈 값이다. 자세한 내용은 Section 03 참조.

[표 13-1] 기업의 본질가치 추정예시(KT)

(단위: 원)

| | | 본질가치 비중 | 2007 실적치 | 2008 예상치 | 2009 예상치 | 2010 예상치 |
|---|---|---|---|---|---|---|
| | 매출액(억원) | | | 119,554 | 121,139 | 122,690 |
| | 영업이익(억원) | | | 13,771 | 14,879 | 15,625 |
| | 당기순이익(억원) | | | 8,569 | 9.877 | 10,660 |
| | 재무분석가의 수(명) | | | 18 | 18 | 15 |
| | 주당순이익(EPS) | | 4,635 | 3,114 | 3,589 | 3,874 |
| | 주당배당금(DPS) | | | 2,000 | 2,000 | 2,000 |
| A | **주당자기자본(BPS)** | 80% | **43,660** | 44,774 | 46,363 | 48,237 |
| | 자기자본수익률(ROE) | | | 7.13% | 8.02% | 8.35% |
| | 주당초과이익(RI) | | | 32 | 428 | 600 |
| | 할인율(7.06%) | | | 0.957 | 0.894 | 0.835 |
| | 초과이익의 현재가치 | | | 30 | 382 | 501 |
| B | **초과이익 현재가치의 합** | 2% | **914** | | | |
| | 계속기업가치(CV) | | | | | 12,095 |
| C | **계속기업가치의 현재가치** | 18% | **10,095** | | | |
| D = A + B + C | **본질가치 추정치** | 100% | **54,669** | | | |
| | 종가(2008년 5월 8일) | | 45,100 | | | |
| | 재무분석가의 목표주가 평균 | | 58,000 | | | |

다. 2008년 5월 8일 현재 재무분석가들의 예측치에 의하면, KT의 주당순이익은 향후 3년간 2007년도 4,635원보다 낮은 3,114원(2008년), 3,589원(2009년) 그리고 3,874원(2010년) 수준을 나타낼 것으로 예상된다.

## 01 본질가치의 추정

재무분석가들의 예상 주당순이익을 기초로, 2008년도의 예상 주당장부금액은 아래처럼 44,774원이 될 것으로 추정된다.

예상 주당장부금액 = 기초 주당장부금액 + 예상 주당순이익 − 예상 주당현금배당액
= 43,660원 + 3,114원 − 2,000원
= 44,774원

따라서 2008년도 예상 주당초과이익은 다음과 같이 32원이 된다.

$$\begin{aligned}\text{예상 주당초과이익} &= \text{예상 주당순이익} - \text{주주요구수익률} \times \text{기초 주당장부금액}\\ &= 3{,}114\text{원} - 7.06\% \times 43{,}660\text{원}\\ &= 32\text{원}\end{aligned}$$

기대이익의 추정에 사용된 자기자본비용(주주요구수익률 또는 할인율)은 7.06%로 계산되었다고 일단 가정한다. 이 자기자본비용의 추정은 Section 22에서 상세히 살펴본다. 같은 방법으로 2009년과 2010년의 예상 주당초과이익은 428원과 600원이 된다. 향후 3년 모두 양의 초과이익이 예상된다는 것은 고무적인 일이다. 이들 초과이익을 7.06%의 할인율로 할인한 현재가치는 2008년 5월 8일 현재 각각 30원, 383원 그리고 501원이 되며, 이들의 합은 915원이 된다.

여기서 현재가치를 계산할 때 주의할 점이 있다. 예를 들어 2008년도 예상 주당초과이익인 32원을 현재가치로 할인해 보자. 이 금액은 2008년 말 시점의 당기순이익 예상치를 사용했으므로 이를 2008년 5월 8일의 현재가치로 할인하기 위해서는 2008년 5월 9월부터 12월 31일까지 237일 동안의 기간을 할인기간으로 고려하여야 한다. 따라서 현재가치는 다음과 같이 계산된다.

$$\text{2008년 초과이익의 현재가치} = 32\text{원} \times \frac{1}{(1 + 7.06\%)^{\frac{237}{365}}} = 30\text{원}$$

또한 2009년 예상 주당초과이익 428원을 2008년 5월 8일의 현재가치로 계산하기 위해서도 2008년 5월 9일부터 2009년 12월 31일까지의 기간인 603일(= 237일 + 365일) 동안을 고려하여야 한다. 이같은 계산방법은 복잡해 보이기는 하지만 현재가치를 정확하게 계산하기 위해 필요하므로 기억하기로 하자.*

* 물론 주당장부금액도 2008년 5월 8일 현재의 정보를 사용하여야 한다. 그러기 위해서는 기초 주당장부금액에서 2008년 예상순이익 중 5월 8일까지 실현되리라 예상되는 금액을 더해주고 예상배당금 역시 이 기간중에 해당되는 금액만큼을 빼주어야 한다. 그러나 계산의 편의성을 고려하여 기초 장부금액을 사용하기로 하자.

지금까지 계산한 단기 미래 기간인 2008년에서 2010년도까지의 예상초과이익을 예측하는 것은 상대적으로 수월해 보인다. 그렇다면 2011년 이후의 초과이익은 얼마나 될 것인가? 다음과 같은 상황을 생각해볼 수 있다.

- **가정 1.** 2011년도 이후에는 초과이익이 존재하지 않는다는 가정이다. 즉 2011년 이후에는 예상 자본이익률(ROE)이 자기자본비용(7.06%)과 동일할 것으로 가정하는 것이다. 이 가정은 시장에서 경쟁이 매우 치열하여 2011년부터는 초과이익을 창출하기 못한 채 주주의 요구수익률만큼의 이익만을 창출한다는 의미이다.
- **가정 2.** 2011년 이후에는 2010년도에 예상되는 초과이익이 점진적으로 산업평균으로 회귀하여 일정기간 후에는 초과이익이 0으로 소멸할 것으로 가정한다. 기업의 독점력 또는 시장의 진입장벽 효과가 당분간 지속되어 초과이익을 창출할 것으로 예상되나, 궁극적으로는 경쟁으로 인해 초과이익이 소멸될 것이라는 가정을 의미한다.
- **가정 3.** 2011년 이후에는 2010년도 예상 주당초과이익이 일정한 수준으로 유지될 것으로 가정한다. 이 가정은 시장에서의 경쟁력이 계속 유지되어 초과이익이 같은 수준으로 오랜 기간 지속될 수 있다는 낙관론에 바탕을 두고 있다.
- **가정 4.** 2011년 이후에는 2010년도 예상 주당초과이익이 일정한 성장률(g)로 증가한다는 가정이다. 시장에서의 경쟁력이 강화되어 초과이익이 매년 증가하는 경우에 이와 같은 가정을 할 수 있다.

초과이익에 관한 이와 같은 가정 가운데 여기서는 네 번째 가정을 사용한다. 그리고 초과이익의 예상성장률을 2%라고 일단 가정하자. 물론 추후 이 가정을 변화시켜 봄으로써 KT의 본질가치가 가정의 변화에 얼마나 민감하게 영향을 받는지 살펴볼 것이다.

위의 예에서 2011년도 이후 계속될 것으로 예상되는 초과이익(이를 '계속기업가치'라고 함)은 2010년도 말 현재 주당 12,095원으로 추정되었다. 이는 Section 12의 식 (5)에서 마지막 항의 분자에 표시된 내용으로 다음과 같이 계산된다.

$$\text{계속기업가치의 2010년 말 현재가치} = \frac{600\text{원} \times (1 + 2\%)}{7.06\% - 2\%} = 12{,}095\text{원}$$

이 추정치를 2008년 5월 8일 현재의 값으로 전환하게 되면 계속기업가치의 현재가치가 된다.

$$\text{계속기업가치의 현재가치} = \frac{\dfrac{600\text{원} \times (1+2\%)}{7.06\% - 2\%}}{(1+7.06\%)^{\left(2+\frac{237}{365}\right)}}$$

$$= \frac{12{,}095\text{원}}{(1+7.06\%)^{\left(2+\frac{237}{365}\right)}}$$

$$= 10{,}095\text{원}$$

이제는 KT의 주당본질가치를 추정할 수 있게 된다. Section 12의 식 (3)에 의하면 '본질가치(V) = 기초장부가액 + 미래초과이익의 현재가치의 합' 이므로 KT의 주당본질가치(D)는 54,669원으로 추정된다.

주당본질가치(D) = 주당장부금액(A)
+ 향후 3년간 초과이익의 현재가치(B)
+ 3년 이후 기간의 초과이익(즉 계속기업가치)의 현재가치(C)
= 43,660원 + 914원 + 10,095원
= 54,669원

## 02 본질가치와 실제주가의 비교

그런데 2008년 5월 8일 현재 KT 종가는 45,100원이다. 실제 주가는 추정된 주당 본질가치 54,669원과 비교하여 약 18% 낮게 평가되어 있는 것이다. 반면 이 날 현재 18명의 재무분석가들이 제시한 목표주가의 평균치는 58,000원이다. 이와 같은 상황에서 투자자들은 다음과 같은 두 개의 상반된 견해를 가질 것으로 예상된다.

첫째, 현재 주가가 본질가치에 비해 저평가되어 있으므로 KT의 주식을 구입하여야 한다는 견해이다. 특히 분석가들이 제시한 KT의 목표주가가 58,000원이므로, 이 시점에서 이 주식에 투자하는 것이 부담스럽지 않을 수도 있다. 이 같은 견해 뒤에는 주식시장참여자들이 이 기업의 본질가치를 적절히 평가하지 못하고 있다는 가정이 있는 것이다.

둘째, 비록 현재 주가가 추정본질가치에 비하여 낮은 수준이라 하더라도, 그럼에도 불구하고 주가는 평균적으로 적정하게 평가되었을 것이라는 견해이다. 이 견해는 주식시장에는 기업의 경영 및 투자성과와 경영위험에 대하여 합리적인 판단을 할 수 있는 투자자들이 모여 있으므로, 주가가 단기적으로는 저평가 또는 고평가될 수는 있으나 궁극적으로 주가는 기업의 본질가치를 적정하게 반영할 것이라는 믿음에 근거한다.

어느 견해를 갖는가에 따라 투자자의 투자행태는 전혀 다를 것이다. 따라서 어느 견해가 보다 현실성이 높은지를 살펴보는 일이 중요하다. 이에 대해서는 다음 기회에 상세히 알아보기로 하자. 우선 초과이익모형의 특성 가운데 계속기업가치의 중요성에 관해 좀더 살펴보자.

## 03 계속기업가치의 중요성

KT의 주당 본질가치 54,669원을 구성하는 항목을 다시 살펴보면,

- **주당장부금액 43,660원(A).** 주당본질가치의 80%
- **향후 3년간 초과이익의 현재가치 914원(B).** 주당본질가치의 2%
- **3년 이후 기간의 초과이익(즉 계속기업가치)의 현재가치 10,095원(C).** 주당본질가치의 18%

따라서 본질가치를 구성하는 항목 중 3년 이후 기간에 예상되는 초과이익의 현재가치가 차지하는 비중이 18%에 달한다. 즉 본질가치의 결정에는 단기 미래 기간의 수

익성보다도 장기 미래 기간의 투자와 경영성과가 큰 영향을 미치게 된다는 점이다. 이는 또 계속기업가치에 관한 가정을 약간만 변경하더라도 그 영향이 매우 커 추정된 본질가치의 안정성과 신뢰성이 떨어질 수 있다.

예를 들어 3년 이후 기간 동안의 초과이익 예상성장률을 2%에서 1%로 낮추게 되면 KT의 계속기업가치는 10,095원에서 8,352원으로 하락하고, 주당본질가치는 54,669원에서 52,926원으로 3.2% 정도 낮아진다. 또한 계속기업의 가치가 본질가치에서 차지하는 비중도 약 18%에서 16% 대로 낮아진다.

흥미롭게도 2011년 이후 초과이익의 예상성장률을 3%로 가정했을 때의 주당본질가치인 57,287원은 재무분석가들이 제시한 목표주가인 58,000원에 가장 근접해있다. 그렇다면 이 회사의 주식이 적정하게 평가되었다고 볼 것인가? 어느 견해가 현실적으로 보다 유용한지를 판단하기는 쉽지 않으나, 기억해야 할 점은 초과이익모형(또는 다른 평가모형)을 이용한 기업가치의 추정치를 해석할 경우에는 사용한 가정이 적절한가와 이 가정이 미치는 영향을 주의 깊게 살펴야 한다는 것이다.

## 04 재무분석가의 예측치와 주주요구수익률

위의 본질가치 추정과정에서 재무분석가들이 제시한 주당순이익 예측치가 매우 중요한 역할을 하고 있다. 위에 사례에서는 18명의 재무분석가들이 주당순이익뿐 아니라 매출액, 영업이익 및 당기순이익에 대한 예측치도 제시하고 있다. 재무분석가들의 추정 당기순이익이 높아지면 당연히 기업의 본질가치추정치도 높아지게 된다.

그런데 재무분석가의 예측치는 과연 어느 정도의 신뢰성이 있을까? 주당순이익 예측치는 기업의 실제 주당순이익에 얼마나 근접할까? 과거 실제 주당순이익과 재무분석가의 예상 주당순이익을 비교해 보면 재무분석가의 예측치가 평균적으로 낙관적임을 알 수 있다. 예를 들어, 실제 주당순이익이 100원이면 재무분석가들의 평균 예측치는 120원 정도로 높다. 특히 흥미로운 점은 연초에는 재무분석가들의 예측치가 더욱 낙관적이며 연말에 다가갈수록 낙관적인 성향이 줄어 든다는 것이다. 즉 재무분석가들이 연초에는 예상 주당순이익을 140원 정도로 높게 제시하다가 기업의 분기 및 반기 경영성과가 시장참여자에게 알려지게 되는 연말쯤 되어서는 예상 주당순이익이 110원 정도로 낮아진다는 점이다.

따라서 위에서 추정된 KT의 본질가치추정치 54,669원은 재무분석가들의 낙관적인 주당순이익 예측치를 반영하여 산출되었으므로 실제 본질가치는 이 금액보다 낮을 수 있다. 그렇다면 추정본질가치가 현재의 주가 수준 45,100원보다 높기 때문에 이 기업의 주식이 매력적이라는 견해가 설득력을 잃을 수 있다.

마지막으로 고려해야 할 점은 본질가치추정에 사용된 주주의 요구수익률이 적절한가를 살펴보아야 한다. Section 22에서 자세히 살펴보겠지만, 주주의 요구수익률 7.06%는 주식시장참여자가 '실질적'으로 기대하는 수익률에 비해 낮아 보인다. 만일 요구수익률이 높아진다면 본질가치추정치는 어떻게 변할까? 주주 요구수익률이 높아진다면 이 수준을 초과하는 이익을 내기가 더욱 어려워질 것이므로 추정본질가치는 당연히 낮아지게 될 것이다.

만일 주주요구수익률을 8%로 올리면 본질가치추정치는 45,722원으로 낮아져 현재 주가수준과 큰 차이가 없게 된다. 따라서 주주요구수익률을 조금만 올려도 본질가치추정치가 크게 낮아지게 되어 현재의 주가가 적정한 수준일수도 있다는 견해가 있을 수 있다.

재무분석가의 예측치나 주주요구수익률 수준을 변화시킴으로써 본질가치추정치가 변화하는 것을 살펴본 이유는 이 같은 분석을 통해 저평가되거나 고평가된 주식을 발굴하기 위해서가 아니라 경영진이 어떤 의사결정을 해야만 기업가치를 높일 수 있을지를 분석하기 위한 전략적 수단을 제시하기 때문이다. 고부가가치를 갖는 상품이나 용역을 제공하기 위해 한정된 기업의 인적, 물적자원을 효율적으로 배분하고 동시에 자본제공자의 요구수익률(타인자본과 자기자본)을 낮추기 위한 방안들을 지속적으로 발굴하고 실행하기 위해 임직원들이 사용하는 전략적 수단인 것이다.

SECTION

# 14 PBR(주가순자산비율)의 의미

아래 내용의 기사가 경제신문에 실렸다.

> "현재 주가가 1주당 순자산가치에도 못 미치는 저평가 상태인 상장회사가 전체 85%인 것으로 나타났다. 증권거래소에 따르면 2004년 10월 22일을 기준으로 12월 결산 424개 상장회사 가운데 84.91%인 360개사 주가가 1주당 순자산가치보다 낮은 상태, 즉 주가순자산비율(PBR)이 1.0배에 미달했다."
>
> 매일경제 2004년 10월

경제지를 보면 PBR이라는 지표를 자주 접하게 된다. 주가순자산비율(PBR: price to book ratio)이란 1주당 주가(P: price)를 1주당 순자산가치(B: book value)로 나눈 값이다. 여기서 순자산가치란 기업의 총자산에서 부채를 제외한 자본액을 뜻하며, 보다 구체적으로는 주주의 출자액(자본금과 주식발행초과금)과 누적 이익잉여금의 합에서 자기주식취득액 등을 제외한 것을 의미한다.

# 01 상장기업 PBR의 추세

앞의 경제신문기사의 내용을 보완하기 위해 12월 결산 상장회사들의 과거 29년간 PBR 추세에 관하여 살펴보기로 하자. 우선 PBR은 다음과 같이 계산되었다.

$$PBR_{2008} = \frac{\text{2009년 3월말 주가}}{\text{2008 회계년도 주당 순자산가치}}$$

2008년도 PBR 계산에서 2009년 3월말 주가를 사용하는 이유는 2008년도 순자산가치 정보가 담겨 있는 재무상태표가 다음해 3월 말까지 규제기관에 보고되기 때문이다.

아래 그림은 이들 상장기업들의 PBR 중간값(또는 중앙값), 하위 25% 값, 그리고 상위 25% 값을 보여준다. 그림에 의하면 PBR 중간값은 3저현상(미국달러화 약세, 유가 하락, 이자율 하락)으로 인한 주가상승의 영향으로 1980년대 후반들어 2.0을 초과한 이후 계속 하강추세를 보이다가 2009년 3월 말 현재 1.0 수준 아래에 머물고 있다. 또 하나의 흥미로운 점은, 상위 25% 기업들의 PBR은 2009년도에도 1.2를 넘고 있으나, 하위 25% 기업들의 PBR은 0.5 이하에 머물고 있다는 점이다.

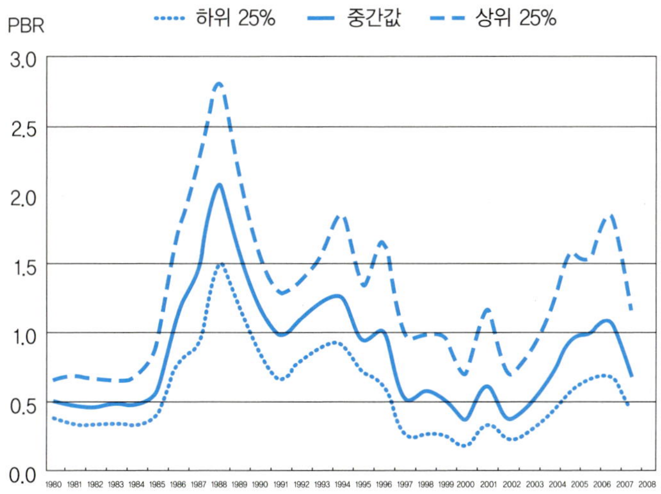


[그림 14-1] 상장기업의 PBR 추세

PBR이 1.0보다 높은 기업의 비율

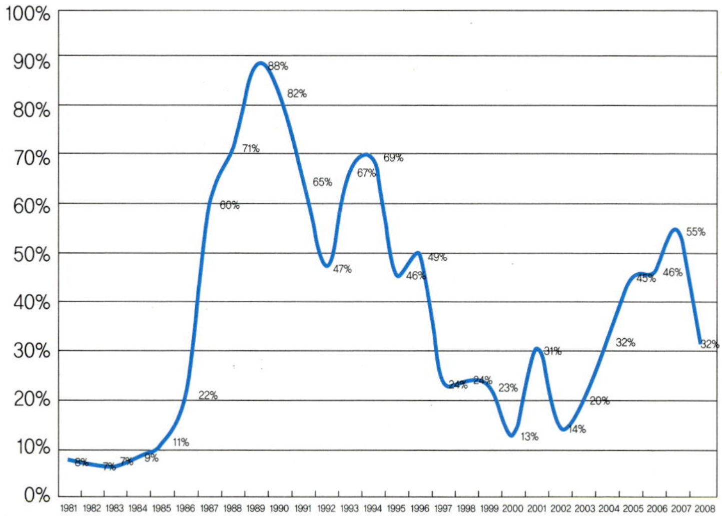


**[그림 14-2]** PBR이 1.0보다 높은 기업의 비율

이와 같은 현상을 보다 구체적으로 살펴보기 위해 이들 기업 중 PBR이 1.0보다 높은 비율이 과거 29년 동안 어떻게 변화하였는지 알아보자. [그림 14-2]에 의하면 1989년 3월 말에는 88%에 달하는 기업들의 PBR이 1.0보다 높았으나, 그 후 그 비율이 계속 낮아져, 2001년 3월 말에는 단지 13%의 기업만이 1.0보다 높은 PBR을 나타내다가, 그 후 상승하여 2009년 3월 말 현재에는 32%의 기업들이 1.0보다 높은 PBR을 보여주고 있다.

그러나 위의 결과를 정확하게 해석하기 위해서는, 지난 29년 동안 상장기업들의 특성이나 구성이 급격히 변화되지는 않았는가를 확인하여야 한다. 예를 들어 이 기간 동안 매우 다른 기업특성을 가진 새로운 기업들이 주식시장에 진입하였다면, PBR의 수준도 이에 영향을 받았을 것이기 때문이다. 이와 같은 가능성을 살펴보기 위해 다음 [그림 14-3]에서는 증권거래소에 상장된 기업수와 유상증자를 행한 회사수를 연도별로 보여주고 있다.

상장기업의 수는 1988년도에 500개를 넘긴 후 1995년에 이르러 700개사를 넘게 된

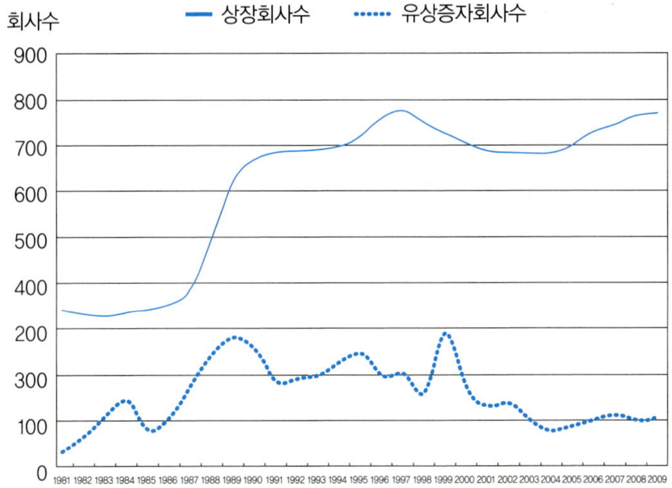


**[그림 14-3]** 상장회사수 및 유상증자회사수 비교

다. 이후 상장기업수는 1997년 776개사를 정점으로 감소추세를 보인 후 다시 회복하여 2009년 말 현재 770개사에 이르고 있다. 따라서 30% 정도의 상장기업들만이 1.0보다 높은 PBR을 갖는다는 결과는 상장기업의 구성변화와는 크게 관련이 없어 보인다. 그렇다면 그 이유는 무엇일까? 이에 대한 답을 구하기 위해 초과이익의 개념을 다시 살펴보자.

## 02 초과이익과 PBR

PBR이 1.0배에 미달했다는 것이 무슨 의미인가? 단순하게는 주가가 주주의 투자액에 미달한다는 것을 의미하나, 이것만 가지고는 만족스럽지 않아 보인다. 경제지에서는 PBR이 1.0배에 미달하는 경우 회사의 순자산(= 자산 − 부채)에 비해 주가가 저평가되어 있다는 분석을 하기도 한다. 그리고 이를 '자산주' 라고 부르기도 한다. 이 같은 주식을 '자산주' 라고 해석한다면, 자기주식을 취득하는 것이 아마도 가장 합리적인 의사결정일지도 모른다. 즉 주식시장에서 회사의 주가를 제대로 평가하지 못해 주가가 낮다고 생각하면, 주가가 낮을 때 주식을 취득한 후 주가가 오르면 다시 팔아 시세차익을 얻는 것이 자연스러워 보인다. 실무적으로 주가가 저평가되었다고 인식하는 경우, 경영진이 자사주를 취득하는 것은 이 같은 인식을 하기 때문일 것이다.

그러나 이 경우 어려운 것은, 자기주식을 취득하는 것이 기업의 핵심적인 경쟁력을 강화하는데 과연 도움이 되느냐는 점이다. 자기주식을 취득한다고 해서 본질적인 기업가치가 향상된다면, 기업가치를 높이는 일이 너무 쉬워 보인다. 이제 보다 자세히 PBR의 내용을 들여다 보자.

Section 12에서 주주가 평가하는 기업가치는 우선 미래 배당의 현재가치로 표현할 수 있음을 살펴보았다. 또한 기업 부의 환원인 배당보다는 기업 부의 창출에 초점을 두는 기업평가방안인 초과이익모형의 유용성과 한계에 대해서도 알아 보았다. 특히 초과이익모형에서는 기초투하자본과 미래초과이익의 중요성을 다음과 같이 나타냄을 강조하였다.

$$\begin{aligned} V(\text{본질가치}) &= B(\text{기초장부금액}) + \text{PV of future residual income} \\ &= B + \text{PV of } (ROE - r) \times B \end{aligned} \qquad (1)$$

이제 주가의 성격에 대하여 한 가지 가정을 해보자. 만일 주식시장이 기업의 경영활동에 관한 정보를 효율적으로 주가에 반영한다면, 시가총액(= 주가 × 유통주식수)은 본질가치(V)와 평균적으로는 동일하다고 가정할 수 있다. 여기서 '평균적으로' 라는 표현은 특정 기업 또는 특정 기간 동안 시가총액(= 주가 × 유통주식수)이 본질가치를 적정하게 반영하지 못하는 경우가 있다고 하더라도 궁극적으로는 주가와 본질가치는 함께 움직인다는 의미이다.

따라서 V = P라면,

$$P = B + \text{PV of } (ROE - r) \times B$$

가 되고, 위 식의 양변을 B(기초투하자본 또는 자기자본)로 나누면,

$$PBR = \frac{P}{B} = 1 + \text{PV of } (ROE - r) \qquad (2)$$

보다 직관적으로 식 (2)를 해석하면 'PBR = 1 + 미래초과수익률(즉, ROE − r)의 현재가치' 로 표현할 수 있다. 이같은 해석을 바탕으로 다음 세 가지 경우를 생각해 볼 수 있다.

- 만일 ROE − r = 0 (즉 미래 초과이익 = 0) ➡ PBR = 1
- 만일 ROE − r > 0 (즉 미래 초과이익 > 0) ➡ PBR > 1
- 만일 ROE − r < 0 (즉 미래 초과이익 < 0) ➡ PBR < 1

따라서 회사의 주가순자산비율이 1.0배보다 높다는 것은 회사가 창출하는 자기자본수익률(ROE)이 주주의 요구수익률(r) 이상일 것이라고 시장에서 믿어준다는 의미이다. 즉 회사가 주주의 요구수익률 이상으로 이익을 창출할 수 있는 역량을 갖추었다고 시장에서 믿을 때 주가순자산비율이 1.0배를 넘게 된다. 반대로 회사가 어떤 이유에서든지 초과이익창출 역량을 갖추지 못했다면 이 회사의 주가순자산비율은 1.0보다 낮을 것이다.

예를 들어 보자. 어떤 상장기업에 대한 주주들의 기대수익률이 10%, 이 회사의 ROE는 매년 6%로 향후에도 동일한 수준으로 지속될 것으로 예상된다. 이 회사의 PBR은 얼마일까? 정답은 아래에서와 같이 0.6이다. 우선 PBR이 0.6이 되는 이유를 위의 논리에 따라 조금 어렵게 구해보기로 하자.

$$\begin{aligned} PBR &= 1 + \text{미래 초과수익률의 현재가치} \\ &= 1 + (6\% - 10\%)\text{의 현재가치} \\ &= 1 + (-4\%)\text{의 현재가치} \\ &= 1 + \frac{-4\%}{10\%}^{*} \\ &= 1 - 0.4 \\ &= 0.6 \end{aligned}$$

정답은 0.6임을 확인할 수 있다. 그러나 이와 같은 방법으로 PBR 값에 대한 설명을 하

* −4%를 10%로 나누는 이유는 매년 4%만큼의 초과손실이 향후에도 계속 발생하는 경우 그 현재가치는 10%로 나누면 되기 때문이다. 이를 영구연금의 현재가치라고 표현한다.

는 것은 번거로워 보인다. 그렇다면 어떻게 보다 직관적으로 PBR 값이 0.6임을 설명할 수 있을까? 만일 최고경영자가 그 이유를 묻는다면 다음과 같은 답변이 직관적으로 이해하기 쉬울 것이다. 회사 주주들은 10%의 수익률을 요구하고 있으나 정작 회사는 향후 6%의 수익률을 달성할 것이라고 주식시장에서 예상하고 있으므로, 예상수익률이 주주의 기대수익률에 미치지 못하는 40%만큼 주가도 낮게 거래되고 있다는 것이다.

따라서 많은 상장 기업들의 PBR이 여전히 1.0배에 미달하였다면 그 의미가 무엇인지 설명할 수 있게 되었다. 즉 주주들은 이들 기업의 수익성이 주주의 요구수익률에 미치지는 못할 것이라는 비판적인 평가를 하고 있는 것이다.

그렇다면 PBR이 1.0배에 미달한다면 경영진은 어떤 의사결정을 해야 할까? 주가순자산비율이 1.0배보다 낮은 것이 회사의 순자산(=자산-부채)에 비해 시가총액이 낮다는 의미이므로, 이 같은 회사 주식을 '자산주' 또는 '가치주'로 보아 경영진은 회사 자신의 주식을 사들여야 할까? 회사가 자신의 주식을 시장에서 사는 것을 '자사주 취득'이라고 한다.

자사주를 취득하면 순자산을 줄이는 효과가 있다. 따라서 순자산수익률(ROE)을 높이게 되고 이로 인해 회사의 수익률이 높아지는 효과가 있다. 주가가 하락하는 경우 회사 경영진이 자사주 취득을 하는 이유는 이 같은 효과를 염두에 두었기 때문일 것이다(Section 44 참조).

| | 비효율적 시장 가설 | 효율적 시장 가설 |
|---|---|---|
| PBR이 낮은 원인 진단 | 자산주(가치주) | 초과이익 창출역량 부족 |
| | ⬇ | ⬇ |
| 대응 전략 | 자사주 취득<br>배당금 지급 | ? |

**[그림 14-4]** 낮은 PBR에 대한 원인 진단과 대응

PBR이 1.0배에 미달하는 경우, 경영진은 자사주 취득뿐 아니라 현금배당을 늘여야 할지에 대해서도 고민을 한다. 순자산에 비해 주가가 너무 낮게 평가 되었다면 배당을 늘려서라도 주주 불만을 완화시키고자 시도할 것이기 때문이다.

그러나 궁금한 점은 자사주를 취득하거나 배당을 늘린다고 하여 회사의 본질적인 경쟁력이 향상될까 하는 점이다. 이에 대한 답은 물론 '아니오' 이다. 자사주를 취득하거나 배당을 늘린다고 해서 회사의 신제품 출시 역량이나 소비자 충성도가 높아지는 것이 아니라는 점이다. 그렇다면 경영진은 어떻게 해야 할까?

그 해답은 주가순자산비율이 1.0배에 미치는 못하는 이유가 초과이익창출 역량을 갖추지 못했기 때문이라는 점을 인식하는 데 있다. 따라서 초과이익을 창출하기 위한 세 가지 전략을 다시 점검해 보아야 한다. 그 세 가지란 앞에서 본 대로 (1) 고부가가치 상품과 용역을 제공하는데 더욱 신경을 써야 하고, (2) 한정된 재원을 보다 효율적으로 배분하며, (3) 자본조달비용을 낮추기 위해 투명성향상과 지배구조개선을 포함한 기업문화개선에 관심을 가져야 한다.

실제로 주주의 기대수익률이 얼마인지는 잘 알 수 없다. 다만 최근의 연구에 의하면 미국 다우지수에 편입된 30개 우량기업의 주주 기대수익률이 13~15%에 달한다고 한다. 한국의 주요 대기업들의 자본비용을 추정해 보면 이 이상인 20% 수준으로 나타난다.

따라서 한국 상장기업 주가의 저평가 현상을 보는 시각을 새롭게 살펴볼 필요가 있다. 일반적으로 이러한 현상을 Korea Discount라고 부른다. 그러나 저평가의 원인이 주주가 기대하는 기대수익률에 미달하는 수익성 때문이라고 본다면, 저평가 현상을 줄이기 위한 구체적인 전략을 생각할 수 있다.

그 전략은 이미 앞의 식 (1)에 나타나 있다. 즉 투자규모의 확대만으로는 본질가치를 높일 수 없으며, 반드시 그 투자는 주주의 요구수익률 이상으로 수익성을 내야 한다는 점이다. 즉 투자의 규모가 중요한 것이 아니라, 투자의 수익성 또는 효율성이 중요하다는 점이다. 그 이유는 투자규모가 크다고 하더라도 투자수익성이 주주가 기대하는 요구수익률인 자본비용보다 낮다면 투자확대가 기업의 본질가치를 향상시키는 것이 아니라 오히려 기업가치를 더 빨리 훼손시키기 때문이다.
외국인 지분이 높은 기업들은 비핵심자산을 처분함으로써 자산의 수익성을 향상시키라는 시장의 압력에 이미 노출되어 있다. 투자규모의 확대를 통한 과거의 기업성장 전략이 이제는 수익성 게임이라는 새로운 경영전략으로 변하고 있다는 증거이다.

## 03 KT의 예

이제 다시 KT의 예로 돌아가 보자. 2008년 5월 8일 현재 KT 주식의 종가는 45,100원, 주당 장부금액은 43,660원이므로, PBR은 1.03배가 된다. 이는 많은 한국 상장기업의 PBR이 1.0배에 미치지 못하고 있는 점과 비교하면 낮은 수준은 아니다.

KT의 예상 ROE 수준이 2009년과 2010년에 각각 8.02%와 8.35%인 점, 그리고 주주의 추정 요구수익률이 7.06%인 점을 고려하면, 이와 같은 수준의 PBR이 충분히 설명될 수 있다. 즉 주주의 요구수익률을 약간 상회하는 자기자본수익성을 실현할 것으로 주식시장에서 평가하고 있는 것이다. 물론 이러한 주식시장의 평가가 적절하였는지는 사후적으로 다시 판단해봐야 하는 문제이다.

SECTION

# 15 무형자산투자와 초과이익

기업가치와 경영성과를 평가하는데 있어 무형자산은 곤혹스러운 존재이다. 무형자산이란 기업가치를 향상시키는데 도움은 되나 물리적 형태가 없는 자산을 의미한다. 최고경영자의 탁월한 경영능력, 임직원의 회사에 대한 충성심, 회사의 지적자산이나 브랜드가치 등 무형자산의 형태와 종류는 다양하다. 그러나 이같은 무형자산은 재무상태표에 자산으로 기록되지 않는다. 물론 다른 회사를 인수합병함으로써 그 회사의 무형자산에 대한 대가를 지급하였다면 그 값은 '영업권(goodwill)' 이라는 항목으로 나타나기는 하나, 회사가 스스로 위와 같은 무형자산에 대해 투자를 하였다면 그 투자는 자산으로 기록, 인식하지 않고 모두 당해 연도에 비용으로 인식한다.

## 01 투자불확실성과 투자

신제품 개발을 위한 연구비와 광고선전비도 당연히 기업가치에 공헌하지만 이러한 투자 역시 재무상태표에 자산으로 인식하지 않고 당해 연도에 모두 비용으로 처리하도록 규정되어 있다. 최근 연구에 의하면 연구개발비와 광고선전비는 기업가치를 향상시키는데 도움이 된다고 한다. 연구개발비는 약 7년간 그리고 광고선전비는 약 2~3년간 기업의 영업이익을 늘리는데 공헌한다는 흥미로운 결과가 그것이다. 물론 연구개발비와 광고선전비의 증가로 인해 기업가치가 향상되는 것인지 아니면 높은 수익을 내며 기업가치가 높은 기업들이 이 같은 투자를 많이 하는지에 대한 연구는 계속되고 있으나, 분명한 것은 연구개발비와 광고선전비에 대한 투자를 게을리해서는 기업의 생존과 성장이 어려울 것이라는 점이다.

그럼에도 불구하고 연구비와 광고선전비를 자산이 아닌 비용으로 인식하는 이유는 투자로 인한 미래의 효익이 언제(timing), 얼마나(amount) 될 것인지 투자 시점에서는 파악하기가 어렵기 때문이다. 또 다른 연구에 의하면 연구개발비를 늘리는 기업의 주가는 올라가지만 반대로 이들 기업에 대한 채권신용평가등급은 오히려 하락하고 부채조달비용은 상승한다고 한다. 그 이유는 연구개발비투자로 인해 평균적으로는 기업가치는 상승하나 투자실패의 가능성 역시 높아지므로 경영성과의 변동성과 기업가치의 변동성이 동시에 높아지기 때문이다. 따라서 이 투자를 자산으로 재무상태표에 인식하는 대신 비용으로 인식함으로써 당해 연도의 순이익을 낮추는 보수적인 정책을 채택하게 된다.

무형자산에 대한 투자를 자산으로 기록, 인식하지 않고 비용으로 처리하기 때문에 재무상태표가 기업의 자산을 충실하게 나타내지 못하고 있다는 비판이 있다. 이 비판은 과연 타당한 것일까? 여기에 대한 답을 하기 위하여 기업의 재무상태표에 자산으로 인식되기 위해서는 어떠한 조건을 충족하여야 하는지 살펴보자.

투자가 자산으로 인정받기 위해서는 그로 인해 창출되는 미래 효익의 금액과 시점에 대한 신뢰할 만한 근거와 믿음이 있어야 한다. 여기서 핵심은 금액(amount)과 시점(timing)이다. 투자성과가 미래 어느 시점에 얼마만큼 될 것인지를 합리적인 수준에서 예상할 수 있다면 그 투자는 자산으로 인정될 수 있다. 그렇다면 광고선전비나 신제품연구비 또는 원천기술을 개발하기 위한 연구활동 등에 필요한 투자 등이 자산으로 인정받지 못하는 이유는 미래 투자성과에 대한 금액과 시점에 대한 불확실성이 너무 크기 때문이라고 설명할 수 있다.

## 02 무형자산투자와 초과이익

그렇다면 이같은 무형자산에의 투자가 자산으로 기록되지 않고 비용으로 인식되기 때문에 경영성과평가가 왜곡되는 일은 없을까? 다시 말해 무형자산투자가 재무상태표에 기록되지 않았기 때문에 회사 자산은 과소평가되고, 손익계산서의 순이익도 과소평가되지는 않을까? 그 결과 경영성과가 실제보다 나빠 보이지는 않을까?

이 의구심의 중심에는 기업가치를 결정하는 요인이 자산규모와 순이익규모라는 생각이 자리잡고 있다. 순이익이 높고 자산규모가 클수록 기업성과가 좋게 보이고 따라서 기업가치가 늘어난다는 생각이다. 과연 그럴까? 정답은 '아니다' 이다.

그 이유는 주주 입장에서 기업의 본질가치는 투자와 투자로 인해 창출되는 미래 초과이익의 현재가치이기 때문이다. 여기서 투자는 재무상태표에서는 순자산(=자산－부채)으로 표시되어 있음을 기억하자. Section 12에서 살펴보았듯이 초과이익(residual income)이란 순이익에서 자본제공자인 주주의 기대이익을 차감한 금액이다. 주주는 투자자금을 제공하는 대가로 기회비용을 반영한 기대수익률을 요구하기 때문에 초과이익을 다음과 같이 표현할 수 있다.

$$\text{초과이익} = \text{당기순이익} - \text{주주기대수익률} \times \text{기초순자산}$$

무형자산투자가 자산으로 기록되지 않았으므로 순자산금액은 당연히 낮게 나타날 것이며, 또한 이 투자가 비용으로 인식되었으므로 투자연도의 순이익도 낮게 나타날 것이다. 그러나 그렇다고 해서 당연히 미래 예상 초과이익이 낮아질 것이라고 생각해서는 안 된다. 왜냐하면 순자산이 낮게 기록되는 만큼 주주의 기대이익도 '기대수익률 × 무형자산투자금액' 만큼 낮아지고 따라서 당기순이익이 낮게 보고되는 것을 상쇄하는 효과가 나타나기 때문이다.

예를 들어 지난 해의 무형자산투자금액이 100원이고 주주 요구수익률이 10%라고 가정하자. 무형자산투자를 자산으로 인식하는 대신 당해 연도 비용으로 인식하게 되므로 지난 해의 당기순이익은 100원 만큼 줄어들고 따라서 작년 말 순자산금액도

100원 만큼 감소한다. 이 경우 금년 초 현재 기업의 본질가치는 지난 해의 무형자산 투자로 인해 부정적인 영향을 받을까? 금년 초 현재 기업가치는 금년 초 '순자산금액 + 미래 초과이익의 현재가치' 이므로 지난 해 무형자산투자로 인해 순자산금액은 100원 만큼 줄어 있으나 금년도에 예상되는 초과이익은 '주주요구수익률 × 기초순자산 = 10% × 100원 = 10원' 만큼 오히려 늘어나게 된다. 이 초과이익 증가금액이 향후에도 계속된다고 가정하면 이 금액의 현재가치는 '$\frac{10원}{10\%}$ = 100원' 이 된다. 따라서 무형자산투자로 인한 순자산감소금액과 미래 초과이익증가금액의 현재가치는 일치하게 되어 궁극적으로 기업가치에는 변동이 없게 된다.

결국 주주 입장에서 기업의 본질가치는 순이익의 규모 자체보다는 주주의 기대수익을 초과하여 창출된 이익으로 결정된다는 점을 기억하여야 한다. 그리고 무형자산투자가 자산으로 인식되는지의 여부에 따라 기업가치가 영향을 받을 수 있다는 시각도 바뀌어야 한다. 기업가치는 투자가 재무상태표와 손익계산서에 어떻게 기록되는가에 관계없이, 기업이 주주기대수익률을 초과하는 이익을 창출할 수 있는 투자안에 기업자원을 집중했을 때에만 향상되는 것이기 때문이다.

재무상태표가 무형자산투자를 자산으로 인식하지 않기 때문에 현재의 재무보고체계가 투자자와 경영자에게 유용한 재무정보를 제공하지 못하고 있다는 비판이 있음을 앞에서 언급하였다. 그러나 기업가치는 순이익 자체보다는 초과이익에 의해 결정된다는 점을 상기한다면 이와 같은 비판에 효과적으로 대응할 수 있을 것이다.

## 03 브랜드가치와 보수주의

무형자산투자를 자산으로 인식하는 경우 생길 수 있는 부작용을 살펴보면 현재의 재무보고방안이 오히려 보다 유용한 정보를 제공한다는 것을 알 수 있다. 건물, 공장설비, 기계장치, 항공기 등 유형자산에의 투자는 곧바로 자산으로 인식되고 그 후 일정한 방법으로 감가상각을 통해 이들 유형자산이 비용화된다. 유형자산의 경우에도 자산을 활용함으로써 창출되는 미래 효익의 크기와 시점에 대해서는 여전히 불확실성이 남아 있다. 만일 보유 자산의 미래 수익창출능력이 현저히 훼손되었다면 자산의 손상 정도를 평가하여 적시에 손익계산서에 그 손실을 인식하여야 한다. 이를 유형자산의 손상차손을 인식(recognition)한다고 한다.

무형자산은 이 과정이 더욱 복잡하다. 무형자산투자를 자산으로 인식한 후 일정 기간마다 무형자산의 가치가 손상되었는지를 평가하는 일은 매우 어려운 일이다. 뿐만 아니라 경우에 따라서는 경영자의 자의적인 판단으로 인해 보고되는 순이익이 오도되는 일도 발생할 수 있다. 이같은 불확실성으로 인해 무형자산투자는 자산으로 인식하지 않고 곧바로 비용으로 인식하는 것이다.

기업의 브랜드가치는 기업가치의 중요한 부분을 차지하지만 기업의 재무상태표에는 나타나지 않는다. 따라서 브랜드가치를 측정하여 재무상태표에 자산으로 기록하여야 한다는 주장도 있다. 이 경우 나타나는 문제점은 브랜드 자산가치의 객관적인 측정이 어렵다는 점뿐 아니라, 보다 중요한 것은 브랜드 자산가치의 손상이 나타나는 경우 경영자가 그 손실을 적시에 인식하고자 하는 경제적 유인이 과연 있을 것인가 하는 점이다. 만일 브랜드 자산가치에 손상이 있는 경우에도 그 손실을 적시에 인식하지 않는다면, 브랜드자산뿐 아니라 기업의 다른 유형자산에 대한 투자자의 신뢰도도 함께 떨어질 것이다. 그렇게 되면 기업의 재무상태표와 손익계산서가 제공하는 정보 전체에 대해서도 투자자의 신뢰성이 하락할 수 있다.

지금까지 살펴본 대로 자산규모나 순이익규모가 기업가치를 결정하는 것이 아니라 투자자의 기대수익률을 초과하는 이익을 창출하는 경우에만 기업가치가 향상된다는 점을 기억한다면, 브랜드가치의 자산화에 대한 논의 역시 그다지 큰 설득력이 없다.

SECTION

# 16 PER(주가순이익비율)의 의미

2004년 10월 중순 현재 주가순이익비율(PER: price to earnings ratio)은 삼성전자가 7배 수준인 반면, 주요 경쟁사인 미국의 인텔은 19배, 일본의 토시바는 29배에 달하고 있다. 삼성전자뿐 아니라 한국 상장기업의 낮은 PER은 한국 주식시장이 전반적으로 저평가되어 있다는 Korea Discount의 증거로 자주 인용되고 있다. 그렇다면 PER이 몇 배가 되어야 적정한 수준이라고 할 수 있는가? PER이 7배라는 것은 무엇을 의미하는가?

## 01 PER이란

우선 PER이란 무엇인가 알아보자. 가장 기본적인 정의는 현재의 주가(Price)를 직전 회계연도의 주당순이익(EPS: earnings per share)으로 나눈 것을 뜻한다. 여기서 주당순이익이란 순이익을 한 해 동안의 평균 보통주식 발행주식수(만일 자기주식을 시장에서 사들였다면 발행주식수에서 자기주식을 뺀 주식수)로 나눈 것으로, 보통주 1주당 얼마만큼의 순이익이 배정되는지 보여준다.

예를 들면 현재의 주가(Price)가 100원, 직전연도의 주당순이익(EPS)이 10원이라면 PER은 10.0배가 된다.

$$PER = \frac{100\text{원}}{10\text{원}} = 10.0\text{배} \tag{1}$$

이와 같은 PER의 정의에 따라 한국상장기업 가운데 12월 결산기업들을 대상으로 과거 29년간의 PER 추세를 살펴보기로 하자. 우선 PER은 다음과 같이 계산되었다.

$$PER_{2008} = \frac{2009\text{년 3월 말 주가}}{2008\text{ 회계년도 주당순이익}}$$

PER의 계산에서 2008년도 주당순이익을 2009년 3월 말 주가와 비교하는 이유는 손익계산서의 순이익 정보가 투자자에게 완전히 알려지기 위해서는 기업이 감독기관에 재무정보를 보고하여야 하는 다음해 3월 말까지 기다려야 하기 때문이다.

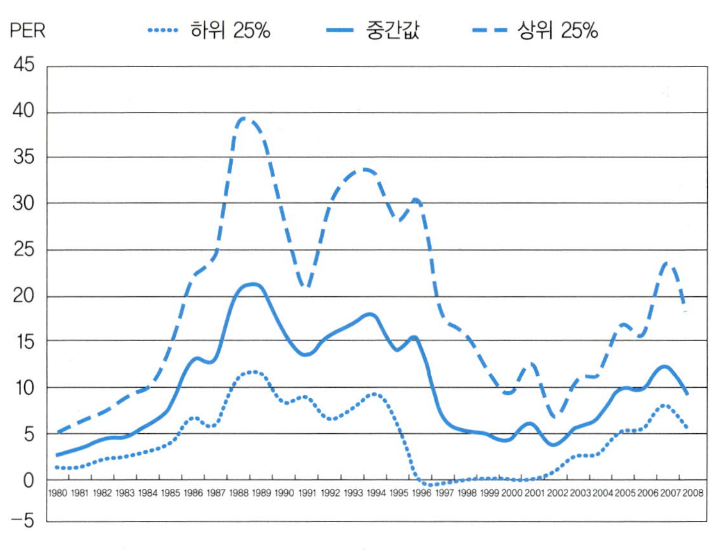


[그림 16-1] 12월 결산 상장기업의 PER 추세

[그림 16-1]은 12월 결산 상장기업들의 PER 중간값, 하위 25%값, 그리고 상위 25%값을 보여준다. 그림에 의하면 PER 중간값은 1988년에 20배를 초과한 이후 장기적으로 하강추세를 보이다, 2009년 3월 말 현재 10.0배 수준에 머물고 있다. 상위 25% 기업들의 PER은 2007년도에도 15배를 넘고 있으나, 하위 25% 기업들의 PER은 5배 수준에 머물고 있다는 점도 관심있게 보아야 한다.

그러나 직전연도의 주당순이익을 현재시점의 주가와 대비시키는 것은 어딘가 어색하다. 그 이유는 주가는 미래에 예상되는 경영성과(그것이 배당이라는 부의 환원으로 표현되든 아니면 초과이익이라는 부의 창출과정으로 표현이 되든)를 반영하지만, 주당순이익은 미래 기간의 것이 아닌 직전연도의 것이기 때문이다. 물론 직전연도의 주당순이익이 앞으로도 같은 수준으로 계속된다면 문제가 없다. 그러나 미래의 경영성과를 과거의 경영성과정보를 사용하여 예측하기가 쉽지 않다면, 오히려 현재의 주가를 과거의 주당순이익으로 나누기보다는 미래 기간의 주당순이익, 특히 다가오는 연도의 주당순이익으로 나누는 것이 더 유용할 것으로 보인다.

식 (1)에는 또 다른 문제가 있다. 이번에는 분자에 있는 주가로, 그 원인은 현금배당정책이 미치는 영향에 있다. 현금배당은 경영의 과실(적립된 이익잉여금)을 주주에게 현금으로 분배하는 것을 의미한다. 따라서 채권자에게 지급되는 이자비용과는 달리 현금배당은 비용으로 인식되는 것이 아니라 이익잉여금(수익에서 비용을 차감한 후 결정되는 순이익이 적립된 것)을 주주에게 환원시키는 것으로 이해할 수 있다. 따라서 식 (1)의 분모인 직전연도의 주당순이익은 그 해의 배당금액에 전혀 영향을 받지 않는다.

그러나 분자인 주가는 현금배당에 직접적인 영향을 받는다. 주주의 입장에서는 주가가 올라 자본이득의 형태로 투하자본을 회수하든(주식을 매각하는 경우), 배당을 통해 투하자본을 회수하든 관계가 없다. 따라서 배당금이 지급되면 그만큼 기업의 부가 주주에게 이미 분배되었으므로 주가도 그만큼 하락할 것이다. 예를 들어 주당 현금배당금액이 100원이라면 주가는 100원만큼 하락하게 된다. 이를 배당락이라고 한다. 물론 실제로는 현금배당과 주가가 정확하게 1:1의 관계로 움직이지는 않는다. 기업 재무제표 등에서는 쉽게 제공될 수 없는 미래경영성과나 재무상태에 관한 정보 등을 현금배당을 통해 제공할 수도 있기 때문이다.

어쨌든 식 (1)에서 중요한 점은 현금배당의 지급으로 인해 주가는 영향을 받았으나 직전연도 주당순이익은 영향을 받지 않았다는 점이다. 따라서 배당을 많이 지급한 기업과 그렇지 않은 기업간 PER을 비교할 때는 기업간 서로 다른 배당정책을 고려하여야 한다. 그렇지 않으면 마치 배당정책이 PER에 영향을 줄 수 있는 듯한 오해를 일으키기 쉽다. 앞의 예에서 주당배당금액이 5원이면, 배당금액수정 후 PER은 10.5배가 된다.

$$\text{PER} = \frac{100\text{원} + 5\text{원}}{10\text{원}} = 10.5\text{배}$$

따라서 직전연도의 주당순이익을 사용하여 PER을 계산하는 경우에는 반드시 주당배당금액을 주가에 더한 후 주당순이익으로 나누어야 한다. 실무에서는 간혹 직전연도의 주당순이익을 이용하여 PER을 비교하는 경우에도 이와 같은 배당성향의 차이점을 고려하지 않는 경우가 있는데 이는 옳지 않은 방법이다.

## 02 예상 주당순이익의 사용

그러나 기업간 PER을 비교할 때 위와 같이 배당금액을 조정하는 것은 번거롭기도 할 뿐 아니라, 미래 경영성과를 반영하는 현재 시점의 주가를 과거의 주당순이익과 연결시키는 것은 아무래도 만족스럽지 않다. 그렇다면 직전연도의 주당순이익을 사용하는 대신 당해 연도의 예상 주당순이익을 사용하면 어떨까? 예를 들어 현재의 주가가 100원, 금년도 예상 주당순이익이 20원이라면 PER은 5.0배가 된다.

$$\text{PER} = \frac{100\text{원}}{20\text{원}} = 5.0\text{배}$$

이와 같은 PER 계산의 장점으로는 현금배당의 영향을 고려할 필요가 없다는 점을 들 수 있다. 그 이유는 배당으로 인해 주가가 하락하지만, 예상 주당순이익도 함께 낮아지기 때문이다. 배당으로 인해 미래의 예상 주당순이익이 하락한다? 이는 또 무슨 의미일까?

기업이 현금배당을 하지 않고 대신 그 자원을 내부에 유보한 후 투자한다고 가정하자. 그 투자대안이 주주의 기대수익률보다 높은 수익률을 창출할 수도 있고 그렇지 못할 수도 있다. 그러나 평균적으로는 투자대안에서 주주의 기대수익률만큼의 수익성을 창출한다고 가정해도 무리가 없다. 이와 같은 가정하에서 현금배당을 하는 경우, 현금배당에 소요되는 자금을 투자함으로써 얻을 수 있는 기대수익만큼을 포기하는 효과가 발생한다. 예를 들면 주당현금배당이 1,000원, 주주의 기대수익률은 10%라면, 현금배당 기업의 주당순이익은 1,000원 × 10% = 100원만큼 늘어나지 못하게 된다.

만일 현금배당을 하지 않고 유보한 자원을 투자대안에 투입한 후 주주의 기대수익률에 미치지 못하는 실적을 보였다면 주주의 평가는 호의적이지 못할 것이고 이는 결국 주가하락으로 이어질 것이다. 즉 마땅한 투자대안이 없다면 기업은 현금배당을 선호하게 될 것이다. 한편 투자대안이 단기적으로는 주주의 기대수익률을 초과하는 수익성을 보일 수는 있으나, 궁극적으로는 시장에서의 경쟁으로 인해 투자로부터의 수익성은 기대수익률 수준으로 하락할 것이다.

따라서 PER의 계산에 직전연도의 주당순이익 대신, 예상주당순이익을 사용하게 되면, 현금배당이 분자, 분모 모두에 영향을 미치기 때문에 논리적으로 일관적인 비교를 할 수 있는 장점이 있다.

## 03 정상수준의 PER이란

그렇다면 예상 주당순이익을 사용하는 경우 몇 배수의 PER이 정상적인 수준인가?* 만일 주주의 자본투자액이 1,000원, 주주의 기대수익률(또는 자본비용)은 10%이고, 기업이 매년 10%만큼의 수익률을 계속하여 창출한다고 가정하면 초과이익은 매년

* 자세한 내용은 Section 17에서 다시 설명한다.

(10% − 10%) × 1,000 = 0원이 될 것이다. 이 경우 PER은 10배가 된다.

$$\text{PER} = \frac{1}{10\%} = 10\text{배}$$

이와 같은 PER을 정상수준의 PER, 즉 정상 PER이라 하자. 따라서 정상 PER이란 경영성과의 초과이익이 매년 동일하다면(경영성과가 주주의 기대수익률과 매년 같은 경우와 같이), 주가는 예상 주당순이익의 10.0배가 된다는 의미이다. 이는 Section 11에서 살펴본 '영구연금의 현재가치' 개념을 참고하면 이해가 쉽다.

그렇다면 위에서 보듯이 삼성전자의 PER이 7배 수준이라는 것은 어떻게 해석하여야 할까? 두 가지 해석이 있다.

- **첫째,** 주주의 기대수익률이 10%보다 높기 때문이다. 만일 경영활동에서 창출된 초과이익이 매년 동일하다고 가정하면, 기대수익률은 10%보다는 높을 것이다. 즉 기대수익률은 약 14.2%($=\frac{1}{7\text{배수}}$)가 된다.
- **둘째,** 기대수익률이 10%라고 하더라도, 경영활동에서 나온 초과이익이 향후 하락할 것으로 예상하는 경우에는 PER이 정상수준 이하로 하락하게 된다. 반대로 초과이익이 더 커지는 경우에는 PER이 정상수준 이상으로 상승하게 될 것이다. 즉 예상 초과이익의 크기뿐 아니라 그 방향성이 매우 중요함을 알 수 있다. 따라서 이와 같은 가정에서 향후 삼성전자의 수익성이 하락할 것이라는 시장의 예측이 반영된 것이라고 볼 수도 있다.

따라서 인텔에 비하여 삼성전자의 PER이 낮다는 점을 한국 주식의 일반적인 저평가 현상만으로 설명하는 것은 충분하지 않다. 낮은 PER이 어떤 이유에서 발생하였는지에 대한 편의없는 분석이 선행되어야 할 것이다.

## 04 KT의 PER

2008년 5월 8일 현재 KT의 주가는 45,110원, 2008년도 예상 주당순이익의 평균치는 3,114원이므로, PER은 14.48배($=\frac{45,100원}{3,114원}$)로 계산된다. 이는 한국 상장기업 평균 PER에 비해 약간 높은 수준이다.

우선 KT의 정상 PER 수준은 얼마일까? 주주의 추정 기대수익률이 7.06%, 예상 자본이익률(ROE)이 2008년 7.13%, 2009년 8.02%이다. 추정 기대수익률이 7.06%이므로 정상수준의 PER은 14.16배이다.

$$\text{정상수준의 PER} = \frac{1}{7.06\%} = 14.16\text{배}$$

실제 PER(14.48배)이 정상수준의 PER(14.16배)보다 약간 높은 이유를 설명하기는 어렵지 않다. 왜냐하면 향후 3년간 예상되는 ROE 수준이 주주의 요구수익률보다 다소나마 높을 뿐 아니라 완만하게 상승하고 있어 실제 PER이 정상수준의 PER보다 높아야 하기 때문이다. KT가 초과이익을 창출할 수 있을 뿐 아니라(즉 ROE > r), 초과이익이 향후에도 증가할 것으로 재무분석가들이 예측하고 있고 주식시장의 평가도 그에 상응하는 만큼 호의적이라고 설명할 수 있다.

SECTION

# 17 초과이익성장모형

앞에서 살펴본 초과이익모형은 투하자본(장부금액)과 투자로 창출한 초과이익(또는 잔여이익)의 현재가치 합으로 기업의 본질가치를 추정한다. 즉 초과이익모형은 재무상태표 정보(장부금액)와 손익계산서 정보(당기순이익), 그리고 주주의 기대수익률 정보(자본비용)를 모두 이용하는 특징이 있다. 그렇다면 손익계산서 정보(현재 및 미래의 순이익)만을 사용하는 본질가치평가모형은 없는 것일까? 실무에서는 재무분석가들이 장래 순이익 예측자료를 제공하고 있다. 재무분석가들이 암묵적으로 고려하는 개념적인 틀이 초과이익모형 이외에는 없는 것일까? 답은 초과이익성장모형에서 찾을 수 있다.

## 01 경제적 이익과 회계이익

우선 주식시장이 매우 효율적이라고 하자. 즉 투자자들이 공개된 기업 경영정보를 충분히 이해하고 이에 근거하여 투자의사결정을 하므로 공개된 정보만 사용해서는 기대수익률(r) 이상의 수익성을 실현할 수 없다는 가정을 해 본다. 이 경우 현재시점의 주가($P_0$)는 당기 말에 기대되는 주주의 부(=기말 시점의 주가+예상 주당배당금 $=P_1+D_1$)를 현재시점으로 변환시킨 것으로 정의할 수 있다.

$$P_0 = \frac{P_1 + D_1}{1 + r} \qquad (1)$$

즉, 앞에서 살펴본 대로 주주 입장에서는 현금배당으로 인한 부의 증가든 아니면 주가상승으로 인한 부의 증가든 관계가 없다.* 따라서 기말 현재 예상되는 주주의 부는 주당 ($P_1 + D_1$)이 되고, 현재 시점으로 이 부를 환산하려면 주주의 기대수익률을 할인율로 사용하면 된다.

예를 들면 기말 현재 예상 주가는 105원, 예상 주당배당금은 5원, 주주의 기대수익률은 10%라고 하면 현재시점의 주가는 100원이 될 것이다.

$$P_0 = \frac{105\text{원} + 5\text{원}}{1 + 10\%} = 100\text{원}$$

식 (1)에서 초과이익성장모형을 도출하기 위해 식 (1)에 $\frac{E_1}{r}$을 가산한 후 차감해 주기로 하자. 이때 $\frac{E_1}{r}$은 차기의 예상 주당순이익($E_1$)을 주주의 기대수익률(r)로 나눈 값으로, 이를 '예상 주당순이익이 자본화되었다' 고 표현한다. '자본화' 라는 뜻은 예상 주당순이익($E_1$)이 앞으로도 동일한 금액만큼 영원히 계속된다고 가정하는 경우, 이것의 현재가치를 의미한다.

$$P_0 = \frac{P_1 + D_1}{1 + r} = \frac{E_1}{r} - \left(\frac{E_1}{r} - \frac{P_1 + D_1}{1 + r}\right) \qquad (2)$$

식 (2)를 자세히 살펴보면 회계이익과 경제적 이익에 관한 매우 유익한 시사점을 발견할 수 있다. 회계이익이란 다름 아닌 당기순이익($E_1$)을 의미하며, 경제적 이익이란

* 만일 현금배당은 소득세 대상이고 자본이익은 과세대상이 아니라면, 소득세에 미치는 영향만큼은 관계가 있으나 여기서는 소득세 영향은 없는 것으로 가정한다.

현재의 주가가 창출할 것으로 예상되는 이익, 즉 $(r \times P_0)$를 의미한다. 앞의 예를 들면 현 주가가 100원, 기대수익률이 10%라면 경제적 이익은 10원$(=r \times P_0 = 10\% \times$ 100원)이 된다.

만일 예상 주당순이익($E_1$)이 경제적 이익($r \times P_0$)과 동일한 경우에는 식 (2)의 마지막 부분은 아래처럼 0이 된다.

$$\left(\frac{E_1}{r} - \frac{P_1 + D_1}{1 + r}\right) = \frac{r \times P_0}{r} - \frac{P_1 + D_1}{1 + r} = P_0 - P_0 = 0$$

따라서 식 (2)는 다음과 같이 간단하게 된다.

$$P_0 = \frac{E_1}{r} \tag{3}$$

즉 회계이익이 경제적 이익을 완전히 반영한다면, 주가는 예상 주당순이익을 기대수익률로 나누는 것으로 쉽게 추정할 수 있다. 물론 이와 같은 가정은 현실에서는 존재하지 않는다. 회계이익은 경제적 이익과는 다른 요인들을 고려하여 산출되기 때문이다.

이와 같은 가정을 염두에 두고 식 (3)을 다시 자세히 살펴보자. 이를 약간만 바꾸면 PER도 쉽게 계산할 수 있다.

$$PER = \frac{P_0}{E_1} = \frac{1}{r}$$

즉 PER의 수준은 주주 기대수익률의 역수가 된다.

$$PER = \frac{1}{\text{주주의 기대수익률}}$$

앞에서 살펴보았듯이 이를 '정상수준의 PER' 이라고 한다. 예상 주당순이익이 매년 동일한 수준으로 유지된다는 가정을 한다면 PER 값은 매우 간편하게 얻어진다. 예를 들면 기대수익률이 5%라면 정상수준의 PER은 20배가 된다.

$$PER = \frac{1}{5\%} = 20배$$

또 다른 한편으로는 식 (3)을 사용하여 주주의 기대수익률을 추정할 수도 있다.

$$r = \frac{E_1}{P_0}^{*} = \frac{1}{PER}$$

따라서 PER 수준이 10배인 기업의 주주 기대수익률의 추정치는 10%가 된다.

$$r = \frac{1}{10배} = 10\%$$

물론 이와 같은 논의는 매우 제한적이면서도 강한 가정에 (즉 예상 주당 순이익이 매년 일정할 것이라는) 근거하고 있으므로 보다 현실적인 모형을 논의해 보기로 한다.

## 02 초과이익성장모형의 개념

초과이익성장모형에 대하여 자세히 살펴보자. 주주의 입장에서 기업의 본질가치는 미래 예상되는 배당금액의 현재가치이다. 주가가 기업의 본질가치를 적절히 반영하고 있다고 가정하고 이 관계를 표현하면

$$P_0 = \text{PV of future } \textbf{dividends} = \frac{D_1}{(1+r)^1} + \frac{D_2}{(1+r)^2} + \cdots \tag{4}$$

이제 초과이익성장모형을 도출하기 위해 다음을 소개한다. 아래 값은 궁극적으로 얼마일까?

$$B_0 + \frac{B_1 - (1+r)B_0}{(1+r)^1} + \frac{B_2 - (1+r)B_1}{(1+r)^2} + \cdots = 0 \tag{5}$$

* $\frac{E_1}{P_0}$을 EP ratio라고 함.

여기에 B는 어떤 정보라도 가능하나 기업의 순자산가치(book value)로 이해해도 좋다. 식 (5)에서 두 번째 항과 세 번째 항을 정리하면 아래와 같다.

$$\frac{B_1-(1+r)B_0}{(1+r)^1}=\frac{B_1}{(1+r)^1}-B_0$$
$$\frac{B_2-(1+r)B_1}{(1+r)^2}=\frac{B_2}{(1+r)^2}-\frac{B_1}{(1+r)^1} \quad (6)$$

식 (6)과 같은 방법으로 식 (5)를 정리하면 각 항이 앞뒤로 연쇄적으로 상쇄되어 아래처럼 마지막 항만 남게 된다.

$$\frac{B_T}{(1+r)^T}$$

이 값은 먼 미래(T년 후)에 예상되는 순자산을 현재가치로 할인한 것이다. 이는 미래기간이 길어질수록 0에 가까워지므로 식 (5)는 궁극적으로 0이 되는 것이다.

이제 식 (4)의 본질가치표현에 식 (5)를 더해보자. 식 (5)의 값은 0이므로 더해도 무방하다는 점을 기억하자.

$$P_0=B_0+\frac{B_1-(1+r)B_0}{(1+r)^1}+\frac{D_1}{(1+r)^1}+\frac{B_2-(1+r)B_1}{(1+r)^2}+\frac{D_2}{(1+r)^2}+\cdots$$
$$=B_0+\frac{B_1+D_1-(1+r)B_0}{(1+r)^1}+\frac{B_2+D_2-(1+r)B_1}{(1+r)^2}+\cdots \quad (7)$$

여기에서 $B_0$와 $B_1$ 대신에 식 (8)의 자본화된 이익예측치 $\frac{E_1}{r}$, $\frac{E_2}{r}$를 대입하자.

$$B_0=\frac{E_1}{r} \text{ (현재 시점에서 다음 연도 예상이익이 자본화된 금액)}$$

$$B_1=\frac{E_2}{r} \text{ (다음 연도 시점에서 그 다음 연도 예상이익이 자본화된 금액)} \quad (8)$$

그러면 식 (7)의 두번째 항은 식 (9)처럼 바뀐다.

$$\frac{B_1 + D_1 - (1+r)B_0}{(1+r)^1}$$

$$= \frac{\frac{E_2}{r} + D_1 - (1+r)\frac{E_1}{r}}{(1+r)^1}$$

$$= \frac{E_2 + rD_1 - (1+r)E_1}{r(1+r)^1}$$

$$= \frac{AEG_2}{r(1+r)^1} \quad (9)$$

식 (9)에서 분자 '$E_2 + rD_1 - (1 + r)E_1$'를 $AEG_2$라 하면 드디어 이익성장모형이 도출된 것이다. AEG에 대한 자세한 설명은 아래에서 다시 하겠다.

이제 드디어 식 (10)에서 초과이익성장모형이 도출되었다. 여기에서 $AEG_2$는 '$E_2 + r \times D_1 - (1 + r) \times E_1$'를 대신하는 것으로, 초과이익의 성장(AEG: abnormal earnings growth)을 의미하는 것이다.

$$P_0 = \frac{E_1}{r} + \frac{AEG_2}{r \times (1+r)^1} + \frac{AEG_3}{r \times (1+r)^2} + \cdots \quad (10)$$

식이 복잡해 보이지만 처음 두 항만 자세히 보자.

첫째 항인 $\frac{E_1}{r}$은 앞에서 설명한 대로 예상 주당순이익을 주주의 기대수익률로 자본화한 값이다. 둘째 항인 $\frac{AEG_2}{r(1+r)^1}$에 대해 자세히 볼 것인데, 우선 $AEG_2$의 여러가지 의미를 살펴보자.

초과이익의 증가($AEG_2$) = $E_2 + r \times D_1 - (1 + r) \times E_1$

$AEG_2$는 초과이익의 증가(AEG: abnormal earnings growth)를 의미하는 표현이다. 이 표현에서 ($E_2 + r \times D_1$)은 당해 연도 현금배당 효과가 조정된 다음 연도의 주당

순이익이다. 여기서 당해 연도 현금배당이 다음 연도 이익에 미치는 영향($r \times D_1$)을 조정하는 이유는 무엇일까? 현금배당을 하게 되면 그만큼 기업의 부가 주주에게 환원되므로 기업은 그 금액을 재투자함으로써 창출할 수 있는 이익을 얻지 못하게 된다. 따라서 배당성향이 서로 다른 기업의 다음 연도 순이익을 예측할 경우 현금배당의 영향을 조정해 주지 않으면 예측치가 왜곡될 수 있다. 또한 $(1 + r) \times E_1$ 부분은 다음 연도 예상주당순이익 수준이 당해 연도 주당순이익($E_1$)에 주주의 기대수익률만큼 증가하는 것으로 의미한다. 따라서 $AEG_2$란 기대되는 주당순이익을 초과하는 (배당효과 조정 후의) 이익증가분을 뜻한다.

이 같은 설명만으로는 초과이익의 증가를 이해하기가 쉽지 않다. 따라서 이를 SK텔레콤의 예를 사용하여 설명해보자. 2008년 5월 8일 현재 SK텔레콤의 주주 요구수익률(r)은 9.32%로 추정되었다. 주주 요구수익률 추정에 대해서는 Section 22에서 상세히 살펴보겠으나, 우선 이 값은 '5년 만기 국공채 수익률(5.59%) + 주식시장위험프리미엄(6%) × SK텔레콤 체계적위험계수(0.621)' 로 추정되었다. 이 회사는 2007년도에 주당 9,400원의 현금배당($D_{2007}$)을 지급하였다. 이와 동일한 금액이 다음 해에도 지급될 것이라고 가정한다.

2008년 5월 8일 현재 18명이 재무분석가들이 제시한 예상 주당순이익의 평균값을 보니, 2008년도 주당순이익($E_{2008}$)은 18,790원, 2009년도 주당순이익($E_{2009}$)은 22,267원이 될 것이라고 한다. 그렇다면 2009년도 초과이익의 증가분($AEG_{2009}$)은 다음과 같이 2,603원으로 계산된다.

2009년도 초과이익의 증가분($AEG_{2009}$)

$= E_{2009} + r \times D_{2008} - (1 + r) \times E_{2008}$

$= 22{,}267\text{원} + 9.32\% \times 9{,}400\text{원} - (1 + 9.32\%) \times 18{,}790\text{원}$

$= 2{,}603\text{원}$

즉 2008년에서 2009년까지 주당순이익은 주주의 요구수익률(9.32%) 보다 2,603원 많은 이익의 증가를 달성할 것으로 예상한다.

이 내용을 조금 다른 각도에서 해석해 보자.

$$초과이익의\ 증가(AEG_2) = E_2 + r \times D_1 - (1 + r) \times E_1$$
$$= (E_2 - E_1) - r \times (E_1 - D_1)$$

여기에서 $(E_2 - E_1)$은 이익예측치의 증가분을 나타내고, $r \times (E_1 - D_1)$은 배당금 지급 후 유보금액을 재투자하여 얻은 수익을 나타낸다. 따라서 초과이익의 증가(AEG)란 유보된 재원을 재투자함으로써 얻을 수 있는 이익을 초과하는 이익의 증가분을 의미한다. 한편 초과이익 증가분을 추정하는 경우 기업들의 서로 다른 배당정책으로 인한 영향을 적절히 고려하여야 함도 보여주고 있다.

SK텔레콤의 예로 설명해보자.

$$2009년도\ 초과이익의\ 증가분(AEG_{2009})$$
$$= E_{2009} + r \times D_{2008} - (1 + r) \times E_{2008}$$
$$= (E_{2009} - E_{2008}) - r \times (E_{2008} - D_{2008})$$
$$= (22{,}267원 - 18{,}790원) - 9.32\% \times (18{,}790원 - 9{,}400원)$$
$$= 2{,}603원$$

따라서 이 회사의 이익증가분(=22,267원−18,790원=3,477원)은 배당금지급 후 유보재원을 재투자함으로써 얻을 수 있는 이익(=9.32%×(18,790원−9,400원)=875원)을 2,603원만큼 초과할 것으로 예상된다.

초과이익의 증가(AEG)를 다음과 같이 해석할 수도 있다.

$$초과이익의\ 증가(AEG_2) = E_2 + r \times D_1 - (1 + r) \times E_1$$
$$= (E_2 - E_1) - r \times (E_1 - D_1)$$
$$= (E_2 - E_1) - r \times (B_1 - B_0)$$

우선 '$E_1 - D_1 = B_1 - B_0$' 임을 기억하자. 여기서 '$r \times (B_1 - B_0)$' 는 기업의 순자산 증가로부터 예상되는 '정상이익' 을 의미한다. 따라서 초과이익의 증가란 기업의 투자증가로부터 예상되는 이익수준을 초과하는 이익의 성장을 의미한다고도 해석할 수 있다.

SK텔레콤의 예에서 2007년 말 주당순자산($B_{2007}$)은 157,575원이다. 이 금액은 총 순자산 11조 4,375억 원을 유통주식수(=발행주식수−자사주=81,193,711−8,609,034=72,584,677)로 나눈 값이다. 2008년 말 주당순자산($B_{2008}$)은 166,964원으로 다음과 같이 추정되었다.

$$
\begin{aligned}
&\text{2008년 말 주당순자산}(B_{2008})\\
&= \text{2007년 말 주당순자산}(B_{2007}) + \text{2008년도 예상 주당순이익}(E_{2008})\\
&\quad - \text{2008년도 예상 주당배당금}(D_{2008})\\
&= 157{,}575\text{원} + 18{,}790\text{원} - 9{,}400\text{원}\\
&= 166{,}964\text{원}
\end{aligned}
$$

따라서 초과이익의 증가는 다음처럼 계산된다.

$$
\begin{aligned}
&\text{2009년도 초과이익의 증가분}(AEG_{2009})\\
&= E_{2009} + r \times D_{2008} - (1 + r) \times E_{2008}\\
&= (E_{2009} - E_{2008}) - r \times (E_{2008} - D_{2008})\\
&= (E_{2009} - E_{2008}) - r \times (B_{2008} - B_{2007})\\
&= (22{,}267\text{원} - 18{,}790\text{원}) - 9.32\% \times (166{,}964\text{원} - 157{,}575\text{원})\\
&= 2{,}603\text{원}
\end{aligned}
$$

따라서 이 회사는 순자산증가로부터 예상되는 정상이익(875원)을 2,603원만큼 초과하는 이익증가를 달성할 것으로 보인다.

이제 $\frac{AEG_2}{r(1+r)}$에서 r과 (1 + r)로 나누는 것에 대해 살펴보자. 우선 $AEG_2$를 r로 나누는 이유는 당기 말 시점에서 예상되는 초과이익 증가분이 미래에도 동일한 수준으로 유지된다는 가정하에 그 금액을 자본화하는 과정이다. 그리고 $\frac{AEG_2}{r}$를 다시 (1+ r)로 나누는 것은 당기 말 시점에서 추정된 초과이익 증가분의 자본화된 금액

$\frac{AEG_2}{r}$를 현재 시점으로 다시 환산하는 데 필요한 현재가치 환산과정이다.

초과이익성장모형의 특징은 이미 위에서 지적한 대로 재무분석가들이 예측하는 당기순이익정보만을 사용하고, 재무상태표 정보인 장부금액은 직접 사용하지 않는다는 점이다. 물론 주주의 기대수익률 정보는 이 모형에서도 필수적이다.

## 03 단순한 초과이익성장모형

식 (10)의 모형을 간편하게 사용하기 위해서는 추가적인 가정을 할 필요가 있다. 특히 재무분석가들은 향후 2~3년간의 순이익만을 예측하는 경향이 있으므로 재무분석가의 예측치를 적절히 활용할 수 있는 방안을 모색하여야 한다.

만일 초과이익 증가분($AEG_2$)이 향후 2년 이후의 기간에는 일정한 성장률(g)로 성장할 것으로 가정하면 식 (10)은 다음과 같이 간편해진다.

$$P_0 = \frac{E_1}{r} + \frac{AEG_2}{(r-g) \times r}$$

이 식을 적용할 때 가장 중요한 점은 초과이익 증가분의 성장률이 과연 일정하게 유지될 수 있는지를 면밀하게 검토하여야 한다. 특히 초과이익 증가분이 0의 값을 갖게 될 때까지 미래 주당순이익 추정기간을 충분하게 설정하지 않으면, 초과이익성장모형으로 도출된 기업의 본질가치가 과대평가될 위험이 존재한다.

## 04 PER과 초과이익성장모형

식 (10)을 이용하여 PER의 수준에 관한 이해를 한 단계 높여보자. 우선 식 (10)의 두 번째 항에서 초과이익 증가분을 자세히 살펴보면 다음과 같은 재미있는 결과를 발견하게 된다.

$$\begin{aligned} AEG_2 &= E_2 + r \times D_1 - (1 + r) \times E_1 \\ &= E_2 - E_1 - r \times (E_1 - D_1) \\ &= E_2 - E_1 - r \times (B_1 - B_0)^{*} \\ &= E_2 - r \times B_1 - (E_1 - r \times B_0) \\ &= RI_2 - RI_1 \\ &= \Delta RI_2 \end{aligned} \tag{11}$$

즉 초과이익 증가분($AEG_2$)은 다름 아닌 이번 연도의 초과이익금액($RI_2$)이 전년도 초과이익금액($RI_1$)에 비해 얼마만큼 증가하였는가($\Delta RI_2$)를 나타낸다. 따라서 초과이익성장모형과 초과이익모형은 모두 초과이익개념을 사용하기 때문에 매우 밀접하게 연결되어 있다고 하겠다.

앞의 예에서 2009년도 초과이익의 증가분($AEG_{2009}$)은 아래처럼 계산된다.

2009년도 초과이익의 증가분($AEG_{2009}$)

$= E_{2009} + r \times D_{2008} - (1 + r) \times E_{2008}$

$= (E_{2009} - E_{2008}) - r \times (E_{2008} - D_{2008})$

$= (E_{2009} - E_{2008}) - r \times (B_{2008} - B_{2007})$

$= (E_{2009} - r \times B_{2008}) - (E_{2008} - r \times B_{2007})$

= (22,267원 − 9.32% × 166,964원) − (18,790원 − 9.32% × 157,575원)

= 2,603원

따라서 이 회사의 2009년도 초과이익(=22,267원−9.32%×166,964원=6,713원)은 2008년도 초과이익(=18,790원−9.32%×157,575원=4,110원)에 비해 2,603원 양(+)의 성장을 할 것으로 해석할 수 있다.

이제 식 (10)과 식 (11)을 이용하여 세 가지 유형의 PER 수준을 도출해 보자.

* $(E_1 - D_1) = (B_1 - B_0)$라는 점을 기억하자.

- 만일 $AEG_2 = 0$ ($RI_2 = RI_1$, 즉 초과이익이 매년 일정한 경우) ➡ $PER = \frac{1}{r}$
- 만일 $AEG_2 > 0$ ($RI_2 > RI_1$, 즉 초과이익이 매년 증가하는 경우) ➡ $PER > \frac{1}{r}$
- 만일 $AEG_2 < 0$ ($RI_2 < RI_1$, 즉 초과이익이 매년 감소하는 경우) ➡ $PER < \frac{1}{r}$

따라서 PER이 정상수준인 $\frac{1}{r}$을 넘는다면, 이는 향후 초과이익이 증가할 것으로 주식시장이 평가하고 있다고 이해하여야 한다. 반대로 PER 수준이 $\frac{1}{r}$보다 낮다면, 이는 초과이익이 감소할 것으로 시장에서 평가한다는 의미이다.

한국 상장기업의 평균 PER이 선진국 주식시장의 PER에 비해 낮은 수준이라는 지적은 지금까지 살펴 본대로 향후 초과이익이 감소할 것이라는 주식투자자의 기대가 주가에 반영되어 있기 때문이다. 따라서 낮은 PER이 나타난 이유 중 하나는 한국 상장 기업에 대한 주주의 요구수익률(r)이 다른 나라에 비해 높기 때문일 것이다. 기대수익률이 높다면 정상수준의 $PER = \frac{1}{r}$도 낮을 뿐 아니라 초과이익을 창출하기도 어려울 것이며, 특히 초과이익을 매년 증가시키는 것은 더욱 어려울 것으로 예상된다. 바로 이 점이 주주의 요구수익률을 낮추기 위한 기업의 체계적인 노력이 필요한 이유이다.

SECTION

# 18 초과이익성장모형의 사례

초과이익성장모형을 사용하여 기업의 본질가치를 추정하는 경우 순자산(즉 투자금액의 대용치)을 명시적으로 강조하는 대신 초과이익의 성장에 초점을 두고 있음을 기억하자. 즉 투자금액의 크기 보다는 투자금액의 기회비용을 초과하는 이익(즉 초과이익)이 얼마나 성장하는가에 초점을 두고 기업의 본질가치를 평가하는 것이다.

초과이익성장모형을 어떻게 사용할 수 있는지 SK텔레콤 사례를 들어 설명해 보자. 2008년 5월 8일 현재 18명의 재무분석가들이 이 회사에 대해 미래 이익예측치를 제공하고 있다. 이 회사에 대한 향후 3년간의 예상 주당순이익의 평균값을 조사해 보니, 2008년 주당순이익($E_{2008}$) 18,790원, 2009년 주당순이익($E_{2009}$) 22,267원, 그리고 2010년 주당순이익($E_{2010}$) 26,628원으로 점진적으로 상승할 것이라고 한다.

그리고 이 회사의 2007년에 주당 현금배당금은 9,400원이었다. 향후 현금배당금 지급금액이 달라질 가능성도 있으나 그 방향을 예측하는 것은 쉽지 않다. 따라서 향후 배당금은 직전 연도 배당금액과 동일할 것이라는 가정을 하는 것도 합리적으로 보인다. 따라서 이 회사의 2008년 예상 배당성향$\left(=\frac{\text{주당배당금}}{\text{주당당기순이익}}\right)$은 50%$\left(=\frac{9{,}400\text{원}}{18{,}790\text{원}}\right)$에 달할 것으로 보인다.

## 01 주당순자산의 추정

이 같은 정보를 사용하여 우선 주당순자산 금액을 추정해 보자. SK텔레콤의 2007년 말 순자산(=자산-부채)은 11조 4,375억 원이고, 유통주식수(=발행주식수-자사주)는 72,584,677주(=81,193,711주-8,609,034주)이다. 따라서 주당순자산 금액($B_{2007}$)은 157,575원이다.

따라서 2008년 말 예상 주당순자산($B_{2008}$)은 다음과 같이 추정된다.

2008년 말 예상 주당순자산($B_{2008}$)
= 2007년 말 주당순자산($B_{2007}$) + 2008년 예상 주당순이익($E_{2008}$)
 − 2008년 예상 주당배당금($D_{2008}$)
= 157,575원 + 18,790원 − 9,400원
= 166,965원

이 같은 과정을 반복하면 2009년 말 예상 주당순자산은 179,832원, 2010년 말 예상 주당순자산은 197,060원으로 추정된다. 주당 순자산 예상치가 매년 상승하는 이유는 주당배당금액 9,400원은 향후에도 일정할 것이라고 가정한 반면 주당순이익은 매년 상승하기 때문이다.

그렇다면 순자산이 증가하는 것은 좋은 소식일까? 순자산이 늘어나면 부채비율$\left(=\frac{\text{부채}}{\text{순자산}}\right)$이 감소하므로 은행으로부터 차입을 하거나 회사채를 발행할 때 이자율을 낮출 수 있는 장점이 있다. 즉 자산건전성이 좋아짐으로써 타인자본비용을 낮출 수 있다. 반면 순자산이 증가할수록 '$\frac{\text{예상순이익}}{\text{순자산}}$'인 순자산수익률(ROE: return on equity)은 그만큼 하락압박을 받게 된다. 주주는 순자산수익률에 많은 관심을 보이므로, 이 비율이 낮아지는 것은 주가상승에 부담을 주게 될 것이다. 따라서 자금조달의 필요가 많지 않은 기업은 부채비용의 감소로 인한 차입비용 절감효과보다는 순자산수익률의 하락에 대한 부담에 더 큰 관심을 보일 것이다.

## 02 초과이익의 증가

이제 초과이익을 산출해 보자. 초과이익(RI: residual income)이란 투자재원에 대한 기회비용을 초과하는 이익을 의미하므로, 2008년과 2009년 초과이익은 다음과 같이 추정된다. 여기서 주주의 요구수익률로 9.32%를 사용한다. 이에 대해서는 아래에서 다시 설명한다.

2008년 초과이익($RI_{2008}$)
= 2008년 예상주당순이익($E_{2008}$)
− 주주 요구수익률 × 2007년 말 주당순자산($B_{2007}$)
= 18,790원 − 9.32% × 157,575원
= 4,104원

그리고 위에서 추정된 2008년 말 주당순자산 166,965원을 이용하여 2009년 초과이익을 추정하면 다음과 같다.

2009년 초과이익($RI_{2009}$)
= 2009년 예상주당순이익($E_{2009}$)
− 주주 요구수익률 × 2008년 말 주당순자산($B_{2008}$)
= 22,267원 − 9.32% × 166,965원
= 6,706원

2008년 5월 8일 현재 SK텔레콤의 주주요구수익률(r)은 9.32%로 추정되었다. 이 값은 '5년 만기 국공채 수익률(5.59%) + 주식시장위험프리미엄(6%) × SK텔레콤 체계적위험계수(0.621)' 로 추정되었다. 주식시장의 위험프리미엄을 6%로 하는 것이 적절한가는 다른 장에서 상세히 알아본다.

이제 초과이익증가모형을 이용하여 본질가치를 추정하기 위해, 초과이익의 증가를 구해보자. 초과이익의 증가분은 당해 년도의 초과이익에서 지난 해의 초과이익을 차감하면 되므로, 2009년 초과이익 증가분($\Delta RI_{2009}$)은 다음과 같다.

2009년 초과이익 증가분($\Delta RI_{2009}$)
= 2009년 초과이익($RI_{2009}$) − 2008년 초과이익($RI_{2008}$)
= 6,706원 − 4,104원
= 2,602원

이 같은 과정을 반복하면 2010년 예상 초과이익 증가분($\Delta RI_{2010}$)은 3,169원으로 추정된다.

## 03 본질가치의 추정

이제 초과이익성장모형을 이용하여 본질가치를 구할 준비가 되었다. 앞 장에서 살펴본 대로 초과이익성장모형은 다음과 같이 표현된다.

$$\text{기업의 본질가치} = \frac{E_{2008}}{r} + \frac{\Delta RI_{2009}}{r \times (1+r)^1} + \frac{\Delta RI_{2010}}{r \times (1+r)^2} + \cdots$$

$$= \frac{1}{r} \times \left(E_{2008} + \frac{\Delta RI_{2009}}{(1+r)^1} + \frac{\Delta RI_{2010}}{(1+r)^2} + \cdots\right)$$

$= \frac{1}{r} \times$ (2008년 예상주당순이익 + 2009년 예상초과이익 증가분의 현재가치 + 2010년 예상초과이익 증가분의 현재가치+ ⋯) (1)

앞의 표현에서 $\frac{1}{r}$ 부분은 같은 금액이 미래에도 무한히 반복되는 경우(즉 perpetuity를 가정하는 경우) 그것의 현재가치를 구할 때 사용했던 자본화개념임을 기억하자.

다음의 표에서와 같이 이 모형을 적용하기 위해 다음과 같은 구체적인 정보가 준비되었다.

- 주주 요구수익률(r): 9.32%
- 2008년 예상 주당순이익($E_{2008}$): 18,790원
- 2009년 예상 초과이익 증가분($\Delta RI_{2009}$): 2,602원
- 2010년 예상 초과이익 증가분($\Delta RI_{2010}$): 3,169원
- 2011년 이후 기간의 예상 초과이익 증가분: 0원

[표 18-1] 초과이익성장모형의 적용 사례: SK텔레콤

| | | 2007 실적치 | 2008 예상치 | 2009 예상치 | 2010 예상치 |
|---|---|---|---|---|---|
| | 매출액(억원) | | 116,247 | 123,922 | 125,982 |
| | 영업이익(억원) | | 23,547 | 27,561 | 31,963 |
| | 당기순이익(억원) | | 15,256 | 18,080 | 21,620 |
| | 재무분석가의 수(명) | | 18 | 18 | 14 |
| A | 주당순이익(EPS) | | 18,790 | 22,267 | 26,628 |
| | 주당배당금(DPS) | | 9,400 | 9,400 | 9,400 |
| | 주당자기자본(BPS) | 157,575 | 166,965 | 179,832 | 197,060 |
| | 자기자본수익률(ROE) | | 11.92% | 13.34% | 14.81% |
| | 초과이익(RI) | | 4,104 | 6,706 | 9,875 |
| | 초과이익증가(ΔRI = AEG) | | 23,142 | 2,602 | 3,169 |
| | 할인률(9.32%) | | | 0.915 | 0.837 |
| | ΔRI 현재가치 | | | 2,380 | 2,652 |
| B | ΔRI 현재가치의 합 | 5,032 | | | |
| A + B | 주당순이익과 ΔRI 현재가치의 합 | 23,822 | | | |
| (A + B) ÷ 9.32% | 본질가치 추정치 | 255,712 | | | |
| | 종가(2008년 5월 8일) | 209,500 | | | |
| | 재무분석가의 목표주가 평균 | 280,000 | | | |

위 마지막 항은 다음과 같은 가성을 바탕으로 한다. 재무분석가들은 일반적으로 향후 3년간의 이익 전망치만을 제공하기 때문에 그 이후의 기간에 대해서는 재무분석가들의 이익예측정보가 없다. 따라서 부득이 가정을 할 수밖에 없다. 위의 예에서는 2010년 예상초과이익($RI_{2010}$)이 향후에도 같은 금액으로 일정하게 유지될 것이라고 가정하자. 즉 예상초과이익이 2011년 이후 기간 동안 모두 9,875원일 것이라는 가정을 한다는 의미이다. 물론 이 가정이 현실성이 없다면 그 만큼 본질가치추정치도 현실성이 떨어질 것이다. 따라서 초과이익의 성장에 관한 다양한 가정을 적용함으로써 본질가치추정치가 얼마나 민감하게 변하는지 확인할 필요가 있다.

따라서 식 (1) 중에서

$$
\begin{aligned}
&(\text{기업의 본질가치}) \times r \\
&= E_{2008} + \frac{\Delta RI_{2009}}{(1+r)^1} + \frac{\Delta RI_{2010}}{(1+r)^2} + \cdots \\
&= \text{2008년 예상주당순이익} + \text{2009년 예상초과이익 증가분의 현재가치} \\
&\quad + \text{2010년 예상초과이익 증가분의 현재가치} + \cdots \\
&= \text{18,790원} + \text{2,602원의 현재가치} + \text{3,169원의 현재가치} + \cdots \\
&= \text{23,822원}
\end{aligned}
$$

마지막으로 위의 값을 9.32%로 나누면, 본질가치추정치는 주당 255,712원이 된다. 그리고 이 날 현재 이 회사 주가는 209,500원이며, 재무분석가들이 제시한 목표주가의 평균값은 280,000원이다.

본질가치추정치는 주가보다는 높고 재무분석가들이 제시한 목표주가보다는 낮은 수준이다. 이 같은 정보를 바탕으로 이 회사 주식은 적정하게 평가되었다고 볼 수 있을까? 이 같은 질문에 답을 하기 위해서는 본질가치추정 과정에 사용되었던 다음과 같은 가정들이 적절한가를 살펴보아야 한다.

- 주주 요구수익률(r) 수준은 적정한가?
- 2010년 이후의 초과이익성장에 대한 가정은 적정한가?
- 재무분석가의 이익예측치전망은 낙관적이지는 않는가?
- 향후 배당정책에는 변화가 없을 것인가?

이 같은 사례는 주가가 적절한 수준에 도달했는가를 평가하는데 유용할 뿐 아니라 경영진이 초과이익을 지속적으로 성장시키기 위해 필요한 핵심성과지표(KPI: key performance indicators)를 발굴하고 실행하는 과정에서 전략적인 수단으로 활용될 수 있다.

따라서 초과이익성장모형은 초과이익을 창출하기 위한 세 가지 전략(즉 고부가가치 상품과 용역을 제공하기 위해 투자재원을 효율적으로 배분하고 동시에 자본제공자의 요구수익률 또는 자본비용을 낮추기 위한 전략)을 지속적으로 실행하지 않으면 기업의 본질가치를 향상시킬 수 없다는 통찰력에 중요한 논리를 제공하는 것이다.

SECTION

# 19 PBR과 PER

초과이익성장모형과 초과이익모형을 자세히 살펴보았으므로 PBR과 PER의 관계에 대하여 보다 정확히 비교해 보기로 하자.

## 01 PBR과 PER 간의 관계

우선 초과이익모형에서 다음 관계를 살펴보았다.

$$PBR = \frac{P}{B} = 1 + \text{PV of (ROE} - r)$$

이에 의해 다음과 같은 세 가지 유형의 PBR 수준을 도출하였다.

- 만일 ROE − r = 0 (즉 미래 초과이익 = 0) ➡ PBR = 1
- 만일 ROE − r > 0 (즉 미래 초과이익 > 0) ➡ PBR > 1
- 만일 ROE − r < 0 (즉 미래 초과이익 < 0) ➡ PBR < 1

또한 초과이익성장모형에서 세 가지 유형의 PER 수준을 도출하였다.

$$P_0 = \frac{E_1}{r} + \frac{AEG_2}{(r - g) \times r} \tag{1}$$

- 만일 $AEG_2 = 0$ ($RI_2 = RI_1$, 즉 초과이익이 매년 일정한 경우) ➡ $PER = \frac{1}{r}$
- 만일 $AEG_2 > 0$ ($RI_2 > RI_1$, 즉 초과이익이 매년 증가하는 경우) ➡ $PER > \frac{1}{r}$
- 만일 $AEG_2 < 0$ ($RI_2 < RI_1$, 즉 초과이익이 매년 감소하는 경우) ➡ $PER < \frac{1}{r}$

따라서 모두 PBR 3가지 × PER 3가지 = 9가지의 유형이 나타나게 된다. 이를 어떻게 이해하여야 할까? 다음 표를 만들어 보자.

예를 들어 PBR = 1 (정상수준)이고 PER = $\frac{1}{r}$ (정상수준)이라면 이는 초과이익이 0

| PER \ PBR | 높음 ($RI_1 > 0$) | 정상 ($RI_1 = 0$) | 낮음 ($RI_1 < 0$) |
|---|---|---|---|
| 높음 | $RI_2 > RI_1$ | $RI_2 > RI_1$ | $RI_2 > RI_1$ |
| 정상 ($=\frac{1}{r}$) | $RI_2 = RI_1$ | $RI_2 = RI_1$ | $RI_2 = RI_1$ |
| 낮음 | $RI_2 < RI_1$ | $RI_2 < RI_1$ | $RI_2 < RI_1$ |

[그림 19-1] PBR과 PER의 관계

이며 (즉 ROE가 주주의 기대수익률과 동일할 것으로 시장에서 예상) 앞으로도 초과이익이 0에 머물 것이라고 시장이 평가한다는 의미이다.

또한 PBR = 1이고 PER > $\frac{1}{r}$ 이라면 이는 현재의 초과이익은 0이나 향후 초과이익이 0보다 클 것이라고 시장이 예상한다는 의미이다.

반면 PBR > 1이고 PER < $\frac{1}{r}$ 이라면 이는 현재의 초과이익은 0보다 높으나 향후 초과이익이 감소할 것으로 예상한다는 의미이다.

결국 PER 수준은 기업경영성과가 좋아지는 방향으로 가는가 아닌가에 따라 결정된다. 흔히 PER이 기업의 경영성과의 '성장성'을 반영하는 지표라고 부르는 이유가 이 때문일 것이다. 그러나 여기서의 성장성은 매출액 성장이나 자산 성장 또는 영업이익 성장을 뜻하는 것이 아니라 초과이익의 성장을 의미한다는 것을 기억하자. 초과이익은 자본제공자인 주주의 요구수익률을 초과하는 수익률을 창출하는 경우에만 나타난다. 따라서 매출이나 자산 또는 영업이익의 증가뿐 아니라 고부가가치 상품과 서비스의 제공을 위해 한정된 기업재원을 효율적으로 배분하고 동시에 주주의 요구수익률을 낮추기 위한 활동을 지속적으로 실행하여야 한다. 여기서 중요한 점은 초과이익을 '지속적으로' 창출할 수 있어야 한다는 점이다.

일시적인 초과이익 달성이 아닌 지속적인 초과이익의 성장이 있는 경우에만 PER 수준이 높아진다는 점은 최근 활발하게 논의되고 있는 지속가능경영 개념에도 적용된다. 단기적이고 일시적인 관점이 아닌 장기적이고 지속적인 관점에서 자원배분에 대한 전략을 수립하고 이를 효율적으로 실행하기 위해 임직원의 역량을 향상시켜야 한다. 동시에 자본제공자의 자본회수에 대한 불안감을 해소할 수 있도록 크게는 기업문화를, 작게는 기업지배구조를 지속적으로 향상시키고자 하는 최고경영층의 의지와 노력이 필요하다. 이것이 바로 지속가능경영개념이 설득력을 갖는 이유이다.

## 02 경영관리에 주는 시사점

이제 앞의 [그림 19-1]을 활용하여 구체적으로 경영관리에 주는 시사점을 찾아보자. 그림의 우측하단에 위치한 기업의 경영성과가 다음과 같다고 하자.

$$\text{PBR} < 1 \text{ 및 } \text{PER} < \frac{1}{r}$$

이 기업은 시장의 평가가 매우 비판적임을 알 수 있다. 즉 기업이 창출할 것으로 기대되는 ROE가 시장에서 평균적으로 기대하는 수준보다 낮을 것이고(PBR < 1) 그 수익성도 향후 하락할 것이라는 (PER < $\frac{1}{r}$) 매우 부정적인 평가를 받고 있는 것이다.

이 같은 기업들은 적대적 인수합병의 대상이 될 개연성이 높다. 경영진이 현재에도 초과이익을 내지 못하고 있을 뿐 아니라 앞으로도 초과이익을 창출할 역량이 없어 보이기 때문이다. 이들 기업을 인수하여 기업가치를 높일 수 있다는 자신감을 갖는 기업들에게 좋은 공격 목표가 된다.

따라서 우측하단에 위치한 기업의 경영진은 아래와 같은 좌측상단의 경영성과를 얻기 위한 전략들을 심각하게 고려하여야 한다.

$$\text{PBR} > 1 \text{ 및 } \text{PER} > \frac{1}{r}$$

그러면 어떻게 우측하단에서 좌측상단으로 이행할 수 있는가? 우선 PBR를 1보다 높게 하려면 초과이익을 창출해야 한다. 물론 앞에서 살펴본대로 초과이익을 내기 위해서는 고부가가치 상품이나 서비스를 창출하는 사업부와 조직에 자원을 집중시키고 동시에 자본제공자의 요구수익률인 자본비용을 낮추어야 한다. 또한 PER를 정상수준($\frac{1}{r}$)보다 높이려면 이 초과이익이 지속적으로 양(+)의 성장을 이루어야 한다. 그리고 이 같은 노력이 성과를 낼 수 있도록 기업의 경영관리체제와 문화를 지속적으로 수정하고 변화시켜야 한다.

PBR이 1보다 낮은 기업을 흔히 '자산주' 라고도 부른다. 장부상의 순자산에 비해 시가총액(=주가×유통주식수)이 낮으므로, 이 기업의 가치가 저평가되었다는 의미이다. 이 같은 시각을 펀드매니저나 주식투자자가 갖는 것은 이해할 수 있다. 저평가된 기업의 주식을 발굴하는 것이 이들의 주관심사이기 때문이다.

그러나 경영관리의 입장에서는 '자산주' 라는 시각은 크게 도움이 되지 않는다. 경영자는 주식이 저평가되었으니 자기 주식을 취득할 때라고 권고하는 것이 주 임무가 아니기 때문이다. 그보다는 시장의 평가가 매우 비판적이므로 이를 해결할 수 있는 방안들은 무엇인지 고민하는 것이 건설적이다. 기업의 예상 수익성이 시장의 기대수익률보다 낮을 것이라는 것에 대해서는 혹시 불필요한 자산을 보유하고 있지는 않은지, 생산성을 향상시킬 수 있는 과제들은 무엇인지, 그리고 주주의 기대수익률이 회사의 투명성이나 소유구조의 건전성을 고려할 때 너무 높은 것은 아닌지 등에 대해 고심하는 것이 바람직한 대응방안이다.

## 03 한국 상장기업의 PER과 주가상승 여력

최근 한국 상장기업들의 주가가 어느 정도까지 상승할 것인가에 대한 논의가 많다. 2008년 4월 현재 한국 상장기업들의 평균 PER은 12배 안팎이다. 이에 반해 미국, 일본, 홍콩 주식시장의 평균 PER은 이보다 30% 이상 높은 수준이다. 또한 한국의 개별 회사들의 PER을 살펴 보아도 미국이나 유럽의 경쟁사에 비해 순자산수익률(ROE: return on equity)은 비슷한 수준임에도 불구하고 PER이 여전히 낮은 경우도 있다.

이에 대해 경제지에서는 한국 상장기업의 PER이 아직은 다른 국가들의 PER보다 낮은 수준이기 때문에 향후 한국 상장기업의 주가가 상승할 것이라는 의견을 제시하기도 한다. 이 같은 견해를 어떻게 해석해야 할까? 답은 PER의 구성요소들을 살펴보면 된다.

첫째, 우선 PER의 정의를 살펴보자. 정상수준의 PER은 주주의 요구수익률(또는 할인율)의 역수라는 점을 기억하자. 따라서 다른 국가들에 비해 한국 상장기업의 PER이 아직은 낮은 수준에 머물고 있기 때문에 추가 주가상승여력이 있다고 믿기 위해서는 주주들의 요구수익률이 현재 보다 낮아질 것이라는 믿음이 있어야 한다. 아직도 해외 기관투자자들 중에는 한국 기업들의 재무회계정보투명성이나 소유구조투명성이 더욱 개선될 필요가 있다고 주장하고 있다. 따라서 한국 기업들이 기업지배구조와 재무정보 그리고 보다 포괄적으로는 기업문화를 실질적으로 변화시키고자 하는 의지가 있고, 또한 궁극적으로 주주의 요구수익률을 낮출 수 있는 역량을 갖추었다는 확신을 갖는다면 PER이 낮기 때문에 주가가 더 올라갈 수 있을 것이라는 주장에 동의해도 좋을 것이다.

둘째, PER을 정상적인 수준 이상으로 높이기 위해서는 지속적인 양(+)의 초과이익 성장을 담보해야 한다. 따라서 한국 상장기업들이 초과이익을 창출하기 위한 경영관리체계를 효율적으로 설계, 운영하고 있으며 이를 바탕으로 향후에도 초과이익을 지속적으로 성장시킬 수 있는 역량을 보유하고 있다고 믿는다면 현재 PER 수준이 낮기 때문에 앞으로 주가가 더 올라갈 것이라는 견해를 받아들여도 좋다.

초과이익을 지속적으로 창출한다는 개념은 최근 논의되고 있는 지속가능경영과도 밀접한 관계가 있다. 일시적으로 이익을 극대화하는 것이 아니라 지속적으로 자본제공자의 요구수익률을 초과하는 이익을 창출하기 위해서는 모든 조직구성원의 창의력과 통찰력 그리고 주인의식을 효율적으로 응집시키고 육성할 수 있는 기업문화를 만드는 것이 필요하다. 임직원들이 독립적인 사고를 할 수 있도록 역량을 강화하고, 동료 임직원간의 원활한 의사소통에 필요한 정서적인 안정감을 도모하며, 개인 및 조직의 행동양식에 대한 이해력을 높이는 기업문화를 만들어 가는 것이 중요하다.

SECTION

# 20 PER과 국공채수익률

실무에서는 상장기업 주식투자의 수익성을 분석하기 위해 PER(price to earnings ratio: 주가순이익비율)의 역수인 EP ratio(earnings to price ratio: 이익주가비율)와 국공채수익률을 비교하곤 한다. 주식의 EP ratio가 국공채수익률보다 높으면 투자하기에 매력적이라고 분석하는 것이다. 예를 들어보자. 2012년 12월 현재 증권거래소에 상장되어 있는 기업의 평균 PER은 약 10배이며, 3년 만기 국고채 수익률은 3%정도이다. 이때 EP ratio가 10%이고 국공채수익률은 3%가 되니, 둘을 비교하여 상장기업의 주식이 투자하기에 더 매력적이라고 판단하는 것이다.

실무에서는 'EP ratio − 국공채수익률'을 일드갭(yield gap)이라고도 부른다. yield는 수익률을 뜻하므로, 일드갭은 주식시장에서의 평균 기대수익률이 국공채 투자수익률에 비해 얼마나 높은가를 나타낸다.

아래 그림에서와 같이, 주식시장에서는 투자원금회수가 불확실하므로 주식기대수익률은 '위험한' 투자대상에 대한 기대수익률을 나타낸다. 반면 채권투자의 기대수익

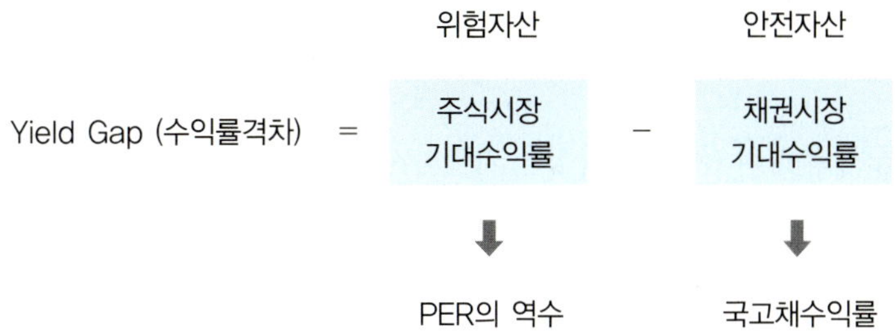


**[그림 20-1]** Yield Gap (수익률격차)

률은 3년만기 또는 5년만기 국고채 수익률로 측정하며, 이는 투자원금이 보장되는 안전한 투자대상에 대한 기대수익률을 의미한다.

이 같은 개념적 특성을 바탕으로, 경제지에는 일드갭의 추세를 분석하여 수익률 격차가 과거 여러 해 동안의 평균값보다 높은 경우 주식시장이 상대적으로 저평가된 상태라고 해석한다. 주가가 하락하면 PER은 낮아지고 따라서 이의 역수인 EP ratio는 높아진다. 따라서 국공채수익률의 변화가 크지 않다고 가정하면 일드갭은 커지게 된다. 그리고 지나치게 높은 일드갭은 과거 평균 수익률 격차 수준으로 하락할 개연성이 커지고 이는 주가 및 PER의 상승을 의미한다.

그러나 이러한 단순 비교로 주식의 투자가치를 분석할 수 있을까? 이를 판단하기 전에, '정상적인 수준의 PER' 이 무엇인지 다시 살펴보자. Section 16에서 설명했듯이 정상적인 수준의 PER은 '$\frac{1}{\text{주주의 기대수익률}}$' 로 나타낼 수 있다. 예를 들어 주주 기대수익률이 10%라면 정상수준의 PER은 10배가 된다.

$$\text{정상적인 수준의 PER} = \frac{1}{\text{주주의 기대수익률}} = \frac{1}{10\%} = 10\text{배}$$

이때 '정상적인 수준' 이란 무슨 뜻인가? 이것은 장래 기간에 예상되는 초과이익(residual income)이 증가하거나 감소하지 않고 일정한 수준으로 유지되는 경우를 의미한다. 물론 초과이익이란 주주가 요구하는 수익률을 초과하는 순이익 규모를 뜻한다.

## 01 국공채의 투자수익률과 PER

국공채 투자의 두 가지 특징을 기억하자. 첫째 특징은 국공채에 투자하는 것은 위험이 없다는 것이다. 무위험자산에 투자하는 것이므로 투자수익률이 5%대로 낮은 것은 당연해 보인다. 둘째 특징은 국공채 투자는 무위험자산에 투자하는 것이므로 투자기간 동안 초과이익을 얻을 수 없다는 것이다.

여기에서 흥미로운 생각을 하나 해보자. 국공채에 대한 정상수준의 PER을 구해보는 것이다. 주식투자에서 PER을 논의하는 일은 많으나, 국공채투자에서 PER을 구하는 것은 생소할 수도 있다. 하지만 국공채는 초과이익을 얻을 수 없다는 점에 착안하면, 국공채의 정상적인 수준의 PER도 수익률의 역수를 구함으로써 쉽게 얻을 수 있다.

$$\text{국공채의 정상적인 수준의 PER} = \frac{1}{5\%} = 20\text{배}$$

국공채투자의 PER은 20배, 주식투자의 PER은 13배. 그렇다면 어느 투자안이 매력적일까? 초반에 얘기했던 것처럼, 주식의 PER이 낮으므로 투자가치가 더 높다고 생각하기 쉽다.

## 02 주식의 투자수익률과 PER

국공채투자와는 달리 주식투자는 두 종류의 위험에 노출되어 있다. 첫째 위험은 국공채시장 대신 주식시장에 투자하는 그 자체의 위험인 주식시장위험(market risk)이다. 국공채투자는 이자와 원금회수가 보장되지만 주식투자는 원금 회수가 불확실하다. 따라서 주식투자자는 이같은 시장위험에 대한 보상을 요구하게 되며 이를 시장위험 프리미엄이라고 한다. 참고로, Section 22에서 살펴보겠지만 한국 증권시장에서 적정한 시장위험프리미엄 수준이 얼마인지를 판단하기는 쉽지 않다. 다만 한국의 경제규모가 다른 주요선진국보다 작은 반면 많은 상장기업들이 여전히 해외 전략 원자재시장과 상품시장의 변동성에 크게 영향을 받기 때문에, 한국의 시장위험프리미엄이 선진국과 비교하여 높을 것이라는 점만은 쉽게 추정할 수 있다.

둘째 위험은 상장기업의 개별적인 위험이다. 기업의 개별위험 정도는 기업의 자산구성, 경영전략, 상품특징, 고객성향 등에 의해 영향을 받는데, 체계적위험 또는 베타(β)로 측정한다. 이 역시 자세한 것은 Section 22에서 볼 것이다. 이때 체계적위험이 높다는 의미는 시장전체의 변동성에 비해 기업의 주식변동성이 더 크다는 것이다. 예를 들어 베타가 1.3인 가상의 기업을 생각해보자. 종합주가지수가 10% 상승하면 이 기업의 주가는 13%가 상승한다는 것이므로, 베타가 높은 것이 괜찮아 보인다. 하지만 종합주가지수가 10% 하락하면 이 기업의 주가는 13%나 하락한다는 것으로, 시장전체보다 더 빠른 속도로 하락하므로 좋은 소식은 아니다. 종합하면 이 회사의 주가는 시장 전체에 비해 30% 높은 변동성을 갖는다는 것을 의미한다.

이제 주식의 투자수익률과 PER을 생각해보자. 우선 주식의 투자수익률은 국공채수익률보다 높을 것이다. 주식투자는 두 종류의 위험이 있으니, 주식투자자는 국공채투자에서와는 달리 '베타 × 시장위험프리미엄' 만큼 더 높은 수익률을 요구할 것이기 때문이다. 또한 주식의 정상적인 수준의 PER은 국공채의 그것과 비교하여 작을 것이다. 주식투자의 요구수익률이 높으니 그 역수인 PER은 작아지는 것이다.

## 03 투자수익률 및 PER 비교

이제 주식과 국공채의 투자수익률 및 PER을 비교해보자. 주식의 EP ratio (7.7%)가 국공채의 투자수익률(5.2%)에 비해 높다고 하여, 또는 주식의 PER(13배)이 국공채의 PER(20배)에 비해 낮다고 하여, 주식투자가 더 매력적이라고 판단하는 것은 성급한 결론이다.

주식과 국공채의 특징의 차이를 이해하면, 이러한 단순한 비교가 위험하다는 것을 알 수 있다. 우선 주식투자는 무위험자산에 하는 투자가 아니므로 주식투자자는 높은 기대수익률을 요구하는 것이 당연하다는 것을 기억하자. 또한 주식시장의 PER

이 낮다고 하여 그것이 곧 저평가된 시장임을 의미하는 것은 아니다. PER이 정상적인 수준보다 높아지기 위해서는 향후 초과이익이 증가해야 한다. 다시 말해 주주의 기대수익률을 초과하는 이익을 지속적으로 창출해야만 하는 것이다. 그러므로 PER이 낮다고 하여 저평가된 시장이라면, 기업이 주주의 요구수익률을 초과하는 이익을 지속적으로 창출할 수 있는 전략을 실행하고 있으나 아직 시장이 이를 반영하지 못한 경우에만 적용할 수 있는 얘기이다. 그렇지 않다면 주식시장이 상대적으로 저평가 되어있고 따라서 매력적인 투자대안이라고 생각하는 것은 지나치게 단순한 분석이다.

# SECTION 21 PEG 비율

경제지를 보면 주요 상장기업들의 영업성과와 목표주가 등에 관한 재무분석가들의 의견을 자주 접하게 된다. 그 가운데 PEG(price to earnings growth: 주가수익 성장성 비율)라는 용어가 종종 등장한다. PBR(price to book ratio: 주가순자산비율)이나 PER(price to earning ratio: 주가순이익비율)이란 용어는 자주 접하기 때문에 친숙하지만, PEG란 지표는 상대적으로 생소하여 어떤 개념일지 호기심을 불러일으킨다.

## 01 PEG의 정의

PEG는 PER(주가순이익비율)을 예상 순이익증가율(earnings growth)로 나눈 값이다.

$$\text{PEG} = \frac{\text{PER}}{\text{예상순이익증가율(\%)}}$$

또한 PEG를 아래와 같이 나타낼 수 있는데, 이때 $P_t$는 현재 시점(t)에서의 주가, 그리고 $E_{t+1}$는 다음 기 (t+1)에 예상되는 주당순이익을 뜻한다.

$$PER = \frac{P_t}{E_{t+1}}$$

그리고 백분율로 표시된 예상순이익증가율을 다음처럼 나타낼 수 있다.

$$G = 100\% \times \frac{E_{t+2} - E_{t+1}}{E_{t+1}}$$

따라서 PEG를 아래와 같이 표현한다.

$$PEG = \frac{\frac{P_t}{E_{t+1}}}{\frac{100\% \times (E_{t+2} - E_{t+1})}{E_{t+1}}}$$

위 식이 뜻하는 것은 무엇일까? 예를 들어 설명해 보자. 우선 PER이 10인 기업이 있다. 이 기업에 대한 재무분석가들의 평균 예상 주당순이익증가율은 20%라고 하자. 이 기업은 다음 연도의 예상주당순이익($E_{t+1}$)이 100이라면 그 다음 연도의 예상주당순이익($E_{t+2}$)은 120이라는 의미이다. 따라서

$$PEG = \frac{10}{20} = 0.5$$

PEG 비율이 0.5라는 것은 무슨 의미인가? 일반적으로 재무분석가들은 PEG 비율을 다음과 같이 해석한다.

- PEG비율 = 1 ➡ 주가가 적정하게 평가되고 있다.
- PEG비율 > 1 ➡ 주가가 너무 높게 평가되고 있다.
- PEG비율 < 1 ➡ 주가가 너무 낮게 평가되고 있다.

이 해석에 따르면 위 예에서 PEG 비율이 1보다 낮으므로, 이 회사의 주식에 투자하

는 것이 적절한 선택이 될 것이다.

## 02 PEG 비율 사용 시 주의점

PEG 비율이 1이면 주가가 적정하게 평가되었다는 해석은 일견 설득력이 있다. 주식 투자로부터 기대하는 수익률이 10%라고 가정한다면, PER은 10이 된다.

$$\text{PER} = \frac{1}{10\%} = 10$$

따라서 만일 예상 주당순이익이 매년 10%씩 성장한다면, PEG 비율은 1이 된다.

$$\text{PEG} = \frac{10}{10} = 1$$

그러나 PEG 비율을 투자의사결정에 사용하기 위해서는 몇 가지 주의하여야 할 점이 있다. 첫째, PEG 비율은 향후 2년 동안의 예상 주당순이익의 성장률만 사용하므로, 보다 장기에 관한 성장률 정보는 고려하지 않는다. 따라서 향후 1~2년 동안의 경영성과가 좋을 것이라고 예상되더라도 장기의 경영성과가 부정적일 것으로 예상되는 경우에는 PEG 비율 해석에 주의를 기울여야 한다. 실무적으로는 향후 3~5년 동안 예상되는 주당순이익 성장률을 사용할 수 있다.

둘째, PEG 비율 계산에 사용하는 미래 예상 주당순이익은 모두 현재의 배당정책에 의해 직접적인 영향을 받게 되므로, 예상 주당배당금액 영향을 적절히 반영하여야 한다. 예를 들어 당기의 주당 현금배당금이 100원이고 예상수익률이 10%라고 가정한다면, 무배당기업과 비교하였을 때 배당을 한 기업의 차기 주당순이익은 '100원 × 10% = 10원' 만큼 적어지게 될 것이다. 그 이유는 현금배당에 사용된 금액만큼은 예상 수익률 창출에 공헌하지 못하기 때문이다.

셋째, PEG 비율 계산시 사용되는 주가 역시 현금배당액의 영향을 받는다. 주주 입장에서는 현금배당으로 인한 부의 증가든 주가 상승으로 인한 부의 증가(즉 자본이득)

이든 주주의 부를 증가시키는 점에서는 차이가 없을 것이다. 따라서 현금배당이 있는 경우 주가는 그만큼 내려가게 된다. 만일 기업간 현금배당금액이 다른 경우에는 주가의 수준도 변동되므로 PEG 비율 해석에는 이와 같은 점을 고려하여야 한다.

## 03 PEG와 초과이익성장모형

PEG 비율은 앞에서 살펴본 초과이익성장모형과 어떠한 관계를 갖는지 알아보자. 이익성장모형은 다음과 같음을 Section 17에서 살펴보았다.

$$P_0 = \frac{E_1}{r} + \frac{AEG_2}{(r - g) \times r}$$

여기서 $AEG_2 = E_2 + r \times D_1 - (1 + r) \times E_1$로서 초과이익의 증가분(abnormal earnings growth)을 의미하며, g는 이 초과이익의 성장률을 나타낸다. 물론 r은 할인율(또는 주주기대수익률)이다.

$$g = \frac{AEG_3}{AEG_2} - 1$$

만일 초과이익성장률(g) = 0, 배당금($D_1$) = 0이라고 가정하면, 위의 표현은 다음과 같이 변한다.

$$P_0 = \frac{E_1}{r} + \frac{AEG_2}{(r - g)r} = \frac{E_1}{r} + \frac{E_2 + rD_1 - (1 + r)E_1}{(r - g)r}$$

$$= \frac{E_1}{r} + \frac{E_2 - (1 + r)E_1}{r \times r} = \frac{rE_1 + E_2 - (1 + r)E_1}{r^2}$$

$$= \frac{E_2 - E_1}{r^2}$$

따라서 이 표현을 정리하면,

$$\frac{1}{r^2} = \frac{P_0}{E_2 - E_1} = \frac{\frac{P_0}{E_1}}{\frac{E_2 - E_1}{E_1}} = \text{PEG 비율}$$

따라서 PEG 비율이란 다름 아닌 초과이익성장모형을 단순화한 형태를 갖는다. 단순화한 것은 물론 초과이익성장률(g)과 배당금($D_1$)이 모두 0이라고 가정한 것임을 기억하자.

위에서 PEG 비율 계산에 사용되는 미래 예상 주당순이익은 현재의 배당정책에 의해 직접적인 영향을 받게 되므로, 예상 주당배당금액의 영향을 적절히 반영하여야 한다는 것을 지적하였다. 그 이유는 초과이익성장모형을 적용할 때 배당금이 0이라는 가정을 했기 때문이다. 따라서 배당정책이 서로 다른 기업들을 PEG 비율을 사용하여 비교하는 경우 배당금이 미래 순이익에 미치는 영향을 고려할 필요가 있다. 배당성향이 서로 매우 다른 경우 PEG 비율의 매력도가 떨어지는 이유이다.

특히 PEG비율이 경제지에서 자주 나타나는 경우는 흥미롭게도 주가가 이미 많이 올라 PER(주가순이익비율)이 과거 평균치를 훨씬 뛰어 넘는 경우이다. 즉, PER수준이 이미 높음에도 불구하고 주가가 추가로 상승할 수 있을 것이라는 기대를 합리화하기 위해서 단기 이익성장률에 비해 PER이 상대적으로 낮다는 것을 제시하는 경향이 있다. 따라서 아마도 합리적인 투자자라면, 경제지나 재무분석가들이 PEG비율의 유용성을 강조하는 것이 바로 주가가 너무 올랐다는 신호라고 해석할지도 모른다.

[그림 21-1]은 경기상황에 따라 서로 다른 가치평가지표들이 사용되는 경향을 보여준다. 경기가 나쁠 때는 기업 이익창출역량에 대해서는 비관적인 견해(즉, 미래 예상 현금흐름인 CF가 악화)가 늘어나는 반면 투자자의 위험회피성향은 높아지므로(즉, 주주 기대수익률인 할인율 r이 상승), 궁극적으로 주가는 하방압력을 받는다.* 이로

* 불경기시 주주기대수익률이 상승하는 이유에 대해서는 Section 24(주주의 요구수익률과 경영성과)를 참고하자.

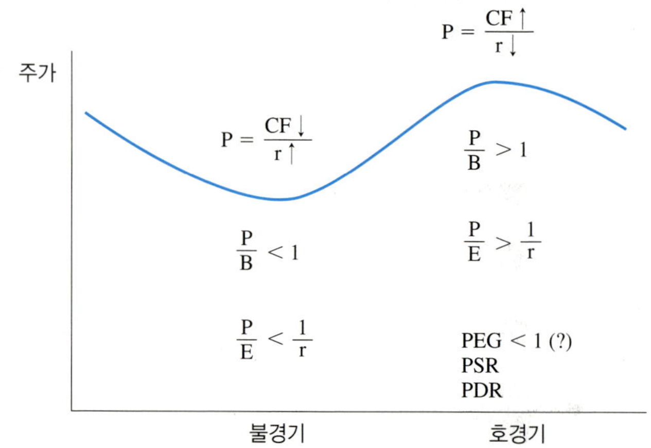


**[그림 21-1]** 경기변동과 가치평가지표

인해 PER(주가순이익비율)은 정상수준인 $\frac{1}{r}$ 보다 낮아지고, PBR(주가순자산비율)도 정상수준인 1 아래로 낮아질 개연성이 높다. 경제지에서는 PER과 PBR이 상대적으로 낮다는 점을 주가가 저평가된 것으로 해석하고 주식을 매입할 것을 추천하기도 한다.

반대로 경기가 좋을 때는 어떨까? 호경기에는 기업 이익창출역량에 대해 낙관적인(즉, CF가 상승) 예측이 많아질 뿐 아니라 투자자의 위험회피성향도 낮아지므로(즉, r이 하락), 이로 인해 주가는 빠른 속도로 상승한다. 이 경우 PER은 정상수준 $\frac{1}{r}$ 보다 높아지고, PBR도 정상수준 1 보다 높아진다.

특히 PER이 과거 평균수준에 비해 월등히 높음에도 불구하고 주가가 더 상승할 것이라는 견해를 합리화하기 위해서는 이익성장률에 비해서 PER수준이 여전히 낮다는(즉, PEG < 1) 주장이 필요하다. 이 경우 PER을 이익성장률로 나눈 PEG개념이 매력적인 대안으로 사용되는 것으로 보인다.

그러나 앞에서 살펴 본대로 PEG개념은 초과이익이 성장하지 않을(g = 0) 뿐 아니라 현금배당도 없다는(D = 0) 가정을 기반으로 도출되었음을 기억하자. 비록 실무에서는 PEG개념의 유용성에 대해 신뢰를 갖고 있으나, 이를 실제 의사결정에 활용하기 위해서는 비판적 관점을 가져야 할 것으로 보인다.

주식시장이 활황일 때 경제지에서는 PSR과 PDR 지표도 종종 활용한다. PSR (price-to-sales ratio)은 매출액 대비 시가총액이 얼마인지를 나타낸다. 성장성은 높으나 아직 영업이익이나 당기순이익이 음(−)인 기업을 평가할 때는 PER나 PEG개념을 활용하기 어렵다. 대신 매출액이 빠른 속도로 성장한다면 이를 시가총액과 비교하고, 이를 경쟁사 PSR을 참고해 가치평가의 적절성을 고려하기도 한다.

PDR(price-to-dream ratio) 역시 아직 순이익을 창출하지는 못하나, 미래 성장 잠재력이 높은 기업을 평가할 때 사용한다. 예를 들어, 내연기관 자동차 시대가 끝나고 전기차 시대가 온다고 하자. 미래 전기차 시장 규모에서 특정 기업이 차지할 것으로 예상하는(또는 꿈을 꾸는) 시장 점유율을 고려하고, 이를 현재 시가총액과 비교해 기업 가치를 평가할 수 있다($PDR = \frac{\text{시가총액}}{\text{예상 시장규모} \times \text{예상 시장점유율}}$).

그러나 PEG개념을 사용할 때와 같이, 고평가된 주가를 합리화하기 위해 PSR 또는 PDR 개념이 남용되지 않는지 비판적 시각을 가질 필요가 있다. 경기가 좋고 주가 수준이 높을 때는 기업 성장성이나 이익창출역량이 지나치게 낙관적으로 평가될 개연성이 있다. 주가 수준이 높음에도 불구하고 주가가 추가 상승할 것이라는 논리로 이와 같은 지표들이 의도적으로 활용되고 있지는 않는지 항상 경계심을 놓지 않도록 하자.

SECTION

# 22 주주 기대수익률(r)의 추정

주주의 기대수익률(r) 또는 자기자본비용은 기업가치를 평가하고 향상시키는 과정에서 중요한 역할을 한다. 주주는 자본을 제공하는 대가를 요구한다. 주주가 제공한 자본은 영업 및 투자활동에 사용되고 그로 인해 창출된 기업의 부는 주주에게 현금배당이나 자사주 취득의 형태로 주주에게 배분된다. 또한 주주는 보유주식을 다른 투자자에게 구입가격보다 높은 가격에 매각함으로써 시세차익을 기대하기도 한다. 여기에서 중요한 것은 주주의 입장에서는 배당과 자사주 취득 그리고 시세차익을 통한 투하자본 회수가 불확실하다는 점이다. 따라서 이같은 불확실성을 반영하는 주주 기대수익률을 어떻게 추정하는가는 중요한 과제이다.

## 01 자기자본비용의 추정

자기자본비용을 추정하는 가장 일반적인 방법은 무위험자산수익률에 자기자본 투자의 회수에 대한 불확실성을 고려하여 위험프리미엄을 가산하는 방법이다. 즉 주주 입장에서는 미상환위험이 없는 정부가 발행한 채권에 투자하는 대신 미상환위험성이 높은 주식에 투자하게 되므로, 무위험채권이 제공하는 수익률에 위험프리미엄이 가산된 높은 수준의 수익률을 기대하는 경우에만 자기자본을 제공할 것이다. 구체적으로는 다음과 같은 자본자산가격결정모형(CAPM: capital asset pricing model)을 사용하여 자기자본비용(r)을 추정한다.

$$\begin{aligned} \text{자기자본비용 (r)} &= \text{무위험자산수익률} + \text{위험프리미엄} \\ &= \text{무위험자산수익률} + \text{체계적위험} \times \text{주식시장위험프리미엄} \\ &= r_f + \beta \times (r_m - r_f) \qquad (1) \end{aligned}$$

체계적위험은 흔히 베타(β)라고 부르고, $r_m$은 시장수익률(또는 종합주가지수 수익률)을 의미한다. 베타는 주가 수익률이 주식시장전체의 수익률 변동에 얼마나 민감하게 반응하는지를 나타낸다. 기업의 수익률이 시장전체 수익률 변동에 민감할수록 시장상황에 노출되는 정도가 높다는 의미이므로, 체계적위험인 베타는 높아지게 된다. 다른 표현으로는, 주가가 상승할 때는 베타가 높은 기업의 주가가 더 빠른 속도로 올라갈 것이나, 반대로 주가하락 시에는 주가가 더 빨리 하락한다는 것을 뜻한다.

베타가 1.5인 기업을 예로 들어보자. 시장전체의 수익률(예, 종합주가지수 수익률)이 10% 상승하게 되면 이 기업의 주식은 15%나 올라갈 것이다. 그러나 종합주가지수가 10% 하락하게 되면 이 기업의 주식은 오히려 15%나 하락할 것이다.

과거 5년간 월별 수익률 자료를 사용하여 추정해 보니, KT 주식의 베타는 2008년 5월 8일 현재 0.245로 나타났다. 시장 전체의 베타가 약 1.0이라고 한다면, KT의 체계적위험 추정치는 상당히 낮은 것으로 보인다. 그 이유는 무엇일까? 베타가 분자와 분모, 두 항목으로 구성되어 있음을 고려하면 KT의 낮은 베타가 이해될 듯도 하다.*

* 이 내용을 수식으로 표현하면 다음과 같다.

$$\text{체계적위험}(\beta) = \frac{\text{개별회사 주식수익률과 시장수익률간의 공분산}}{\text{시장수익률의 분산}} = \frac{Cov(r, r_m)}{Var(r_m)}$$

여기서 $Cov(r, r_m)$은 개별회사 주식률(r)과 시장수익률($r_m$)간의 관련성 정도인 공분산(covariance)을 의미하며, $Var(r_m)$은 시장수익률의 변동폭인 분산(variance)을 나타낸다.

- **첫째,** 베타의 분자는 회사 주식수익률과 시장전체 수익률과의 상관관계 정도를 나타낸다. 따라서 두 수익률 간 변동하는 방향이 일치하는 정도가 높지 않다면 베타 역시 높지 않게 될 것이다. 그렇다면 이 같은 현상은 언제 나타날까? 만일 유가상승이나 금리상승 등 경제상황이 악화되는 상황에서도 회사 이익창출역량이 유지된다면 이 같은 현상이 가능하다. 즉, 베타가 낮다는 것은 외부의 충격을 흡수할 수 있는 역량이 그만큼 뛰어나다는 의미로 해석할 수 있다.
- **둘째,** 베타의 분모는 시장 주식수익률의 변동폭을 나타낸다. 따라서 시장 수익률의 변동폭이 큰 경우, 비록 베타의 분자에 있는 회사와 시장 수익률간의 상관관계가 높다고 하더라도 베타는 낮아질 수밖에 없다.

[그림 22-1]은 KT의 체계적위험과 자기자본비용(r)과의 관계를 보여준다. 무위험정부채권의 수익률로는 2008년 5월 8일 현재 만기가 5년인 국공채의 수익률(5.59%)을 사용하기로 하자. 또한 주식투자시에 예상되는 추가적인 불확실성의 대가로 시장위험프리미엄($r_m - r_f$)을 6%로 가정한다. 여기서 시장위험프리미엄(MRP: market risk premium)이란 정부가 발행한 안전한 채권을 포기하고 주식시장에 참여함으로써 부담하는 위험(즉, 원금상실의 위험)에 대한 보상을 의미한다. 즉 시장위험프리미엄이 6%라는 것은 정부발행 채권으로부터 얻을 수 있는 수익률에 비해 주식시장이 연평균 6%정도의 수익률을 추가로 제공해야만 주식시장에 참여할 경제적 유인이 있다는 의미이다. 이에 대해서는 아래에서 보다 상세히 살펴본다.

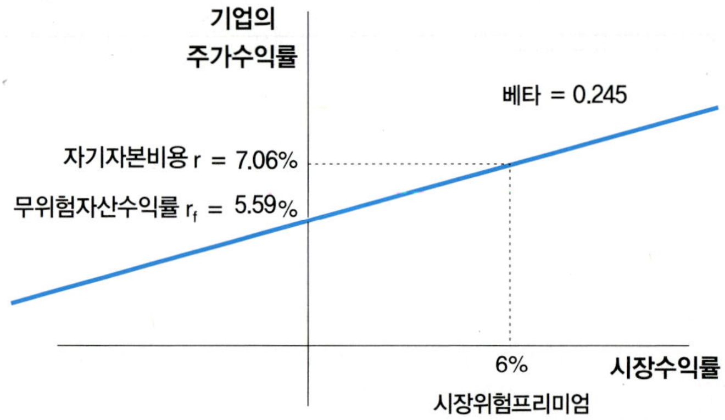


[그림 22-1] 시장수익률과 주가수익률의 관계

다시 KT의 자기자본비용(r)을 계산해보면 아래처럼 7.06%가 된다.

$$
\begin{aligned}
r &= r_f + \beta \times (r_m - r_f) \\
&= 5.59\% + 0.245 \times 6\% \\
&= 7.06\% \qquad (2)
\end{aligned}
$$

이와 같이 계산된 자기자본비용을 지금까지의 가치평가모형(배당할인모형, 초과이익모형, 초과이익성장모형)들의 할인율로 사용하였다. KT의 경우 자기자본비용이 그다지 높아 보이지 않는다. 시장 전체의 위험프리미엄(6%)에 비해 자기자본비용이 1.06% 정도만 높기 때문이다. 이와 같은 현상은 체계적위험인 베타의 값(0.245)이 낮게 추정되었기 때문이다.

## 02 베타의 한계

식 (1)에 의하면, 체계적위험이 높아질수록 주주는 높은 기대수익률을 요구한다. 주주입장에서 기대수익률이 높다는 것은 현재 주가가 낮아져야 한다는 의미이다. 주가가 낮아야만 향후 주가의 상승폭이 클 것이기 때문이다. 따라서 베타 값이 큰 기업일수록 향후 주식수익률도 '평균적으로' 높을 것으로 예상된다.

그러나 실제로는 베타가 높은 기업의 주식이 항상 높은 수익률을 실현하지는 못하고 있다. 즉 체계적위험이 높다고 해도 실제 주식투자 수익률이 오히려 더 낮은 경우도 많이 관찰되고 있는 것이다. 이와 같은 현상을 어떻게 설명해야 하는가? 다음과 같은 요인들을 생각해 볼 수 있다.

첫째, 비록 베타값이 높으면 향후 높은 수익률을 기대할 수는 있으나 이는 어디까지나 '기대' 일 뿐이다. 즉 이 모든 것은 사전적인 의미만을 가질 뿐이다. 실제 주가는 사전적으로 예상되는 체계적위험뿐 아니라 그 밖의 모든 사후적 정보들을 반영하기 때문이다. 체계적위험이 높은 기업일수록 영업환경의 불확실성에 노출이 많이 되어 경영성과가 갑자기 나빠질 수도 있다. 그렇게 되면 주가는 높은 '기대' 수익률에도 불구하고 오히려 하락할 수도 있다. 또한 베타값이 높은 기업은 부채를 많이 사용하는 기업일 수도 있다(이에 대해서는 Section 32에서 다시 살펴본다). 예측하지 못한 경기상황으로 인해 수익성이 악화되어 이자비용도 부담하기가 어렵게 되면 부채사용이 오히려 주가에 악영향을 미칠 수도 있다.

둘째, 베타값만으로는 주주의 기대수익률을 적절히 설명하지 못할 수 있다. 주주의 기대수익률에 영향을 미칠 수 있는 여러 요인들이 있으나, 체계적위험만으로는 그 요소들의 영향을 충분히 반영하지 못하는 경우이다. 대표적인 예가 기업의 규모이다. 규모가 큰 기업은 인적, 물적 자원이 상대적으로 풍부하므로 경기상황이 악화되어도 파산가능성이 낮다. 파산가능성이 낮은 만큼 주주의 기대수익률도 낮을 것이다. 따라서 기업규모와 관련된 위험을 베타가 충분히 반영하지 못한다면, 기업규모도 기대수익률의 결정에 고려되어야 한다.

또한 기업의 성장가능성이 주주의 기대수익률에 미치는 영향 역시 베타가 충분히 반영하지 못할 수 있다. 성장가능성이 높은 기업은 과거 기업의 행적이 어떠했든지 간에 앞으로 높은 기대수익률을 창출할 것으로 기대된다. 대개는 성장가능성을 PBR(price to book ratio: 주가순자산비율)이나 매출액성장률 또는 자산성장률로 측정한다. 이들 요소들이 미치는 영향을 베타가 모두 반영한다고 믿기는 어렵다.

실제로 한국 주식시장뿐 아니라 미국 등 다른 국가의 주식시장에서도 베타와 실제 수익률 간의 관계가 식 (1)에서 의미하는 것처럼 나타나고 있지는 않다. 따라서 베타값의 정교성에 지나치게 의존함으로써 비현실적인 기대수익률을 갖게 되는 부작용을 경계하여야 한다.

## 03 시장위험프리미엄의 추정

위의 예에서 시장위험프리미엄 수준을 6%로 가정하였다. 그러나 시장수익률 수준에 대해서는 다양한 의견이 있다. 가장 흔히 사용되는 방안은 과거 일정 기간(예를 들면 과거 20년간) 동안의 실제 시장전체의 수익률($r_m$)에서 무위험수익률($r_f$)을 차감한 수익률($r_m - r_f$)을 현재 시점의 시장위험프리미엄으로 사용하는 방안이다. 물론 이 방법을 사용하는 경우에도 다음과 같은 고려사항이 있다.

첫째, 시장전체의 수익률을 계산할 경우 개별 주식 수익률의 단순평균 수익률(EWR: equal weight return)을 사용할 것인지, 아니면 개별 주식의 규모(즉 시가총액=유통주식수×주가)를 고려하여 가중평균수익률(VWR: value weight return)을 사용할 것인지에 따라 그 수익률이 달라진다. 단순평균 수익률은 규모의 대소에 관계없이 모든 기업의 수익률이 동일한 가중치 $\frac{1}{N}$ (이때 N은 기업의 수)을 적용 받게 된다. 따라서 시가총액이 낮은 주식의 수익률이 시장전체 수익률에 상대적으로 큰 영향을 미치게 되고 시가총액이 높은 주식의 수익률은 상대적으로 작은 영향을 미치게 된다. 반면 가중평균수익률을 사용하게 되면 규모가 큰 기업의 수익률이 상대적으로 큰 영향을 미친다.

어느 형태의 시장수익률을 선택할 것인가는 최종적으로 투자자의 투자행태와도 관련이 있다. 만일 투자자가 투자대상 기업들(N)의 규모에 관계없이 단순히 $\frac{1}{N}$로 투자자금을 분산 투자하고자 한다면 단순평균 시장수익률을 사용하고, 그렇지 않고 투자대상 기업의 규모에 따라 투자자금을 나누게 된다면 가중평균 시장수익률을 사용하는 것이 합리적이다.

이와 관련하여 고려할 점은, 한국 주식시장은 소수의 대형주 영향이 매우 크다는 사실이다. 시가총액 상위 15개 회사가 시장 전체 시가총액의 60%를 차지할 정도로 큰 영향을 주고 있다. 따라서 소수의 대형주가 미치는 영향과 투자자의 투자행태 모두를 고려하여 시장수익률을 선정, 사용할 필요가 있다.

둘째, 주식수익률을 계산할 때 월별 수익률을 사용하느냐 아니면 주별 혹은 일별 수익률을 사용하느냐도 고려해야 한다. 앞의 예에서는 월별 주식수익률을 사용하였다. 월별 수익률 대신, 주별 또는 일별 수익률을 사용할 수 있다. 주별 또는 일별 수익률 사용의 장점은 사용되는 자료의 양이 풍부해지므로, 추정된 베타값이 보다 안정적일 수 있다는 점이다. 그러나 월별 수익률 자료는 통계적으로 정규분포에 근접하는 특별한 장점이 있다. 식 (1)의 추정에 필요한 가정 중 하나는 사용되는 수익률이 정규분포(즉 종 모양의 분포)이어야 한다는 점이다. 그래야만 추정된 베타값이 특정 범위 내에서 안정적으로 위치한다는 확신을 갖게 된다. 월별 수익률이 정규분포에 꼭 들어맞지는 않으나 그에 가까운 반면, 주별 혹은 일별 수익률은 전혀 그렇지 않다.

[표 22-1] 연간 시장수익률 평균(단위 %)

| 연도 | $R_m$(EWR) | $R_m$(VWR) |
|---|---|---|
| 1980 | 5.82% | 6.87% |
| 1981 | 42.34% | 22.86% |
| 1982 | 29.05% | −1.76% |
| 1983 | 21.51% | −6.03% |
| 1984 | 33.12% | 17.53% |
| 1985 | 15.73% | 14.68% |
| 1986 | 66.92% | 66.87% |
| 1987 | 23.94% | 92.62% |
| 1988 | 62.84% | 72.76% |
| 1989 | 10.61% | 0.28% |
| 1990 | −23.12% | −23.48% |
| 1991 | −17.56% | −12.24% |
| 1992 | 37.45% | 11.05% |
| 1993 | 38.52% | 27.79% |
| 1994 | 37.45% | 18.61% |
| 1995 | −26.14% | −14.06% |
| 1996 | −2.87% | −26.24% |
| 1997 | −54.63% | −42.21% |
| 1998 | 53.98% | 49.47% |
| 1999 | 15.67% | 82.78% |
| 2000 | −30.23% | −50.92% |
| 2001 | 48.39% | 37.47% |
| 2002 | 0.62% | 9.54% |
| 2003 | 24.38% | 25.65% |
| 2004 | 30.33% | 9.09% |
| 2005 | 131.06% | 50.58% |
| 2006 | 12.56% | 6.37% |
| 2007 | 45.64% | 54.93% |
| 2008 | −40.17% | −39.63% |
| 2009 | 66.41% | 51.72% |
| 평균 | 21.99% | 17.10% |
| 음(−)인 연도의 개수 | 7 | 9 |
| 최근 3년 평균 (2007~2009) | 23.96% | 22.34% |
| 최근 5년 평균 (2005~2009) | 43.10% | 24.79% |
| 최근 7년 평균 (2003~2007) | 38.60% | 22.67% |

[표 22-2] 무위험자산수익률(단위 %)

| 연도 | 국민주택채권 | 국공채 | | | |
|---|---|---|---|---|---|
| | 5년 만기 | 1년 만기 | 3년 만기 | 5년 만기 | 10년 만기 |
| 1987 | 11.91% | | | | |
| 1988 | 12.37% | | | | |
| 1989 | 14.38% | | | | |
| 1990 | 15.03% | | | | |
| 1991 | 16.46% | | | | |
| 1992 | 15.08% | | | | |
| 1993 | 12.07% | | | | |
| 1994 | 12.29% | | | | |
| 1995 | 12.40% | | 13.39% | 12.54% | |
| 1996 | 10.89% | | 11.84% | 11.59% | |
| 1997 | 11.70% | | 12.26% | 12.17% | |
| 1998 | 12.80% | | 12.94% | 13.18% | |
| 1999 | 8.72% | | 7.69% | 8.59% | |
| 2000 | 8.50% | 7.69% | 8.30% | 8.67% | 7.76% |
| 2001 | 6.66% | 5.45% | 5.68% | 6.21% | 6.86% |
| 2002 | 6.47% | 5.19% | 5.78% | 6.26% | 6.59% |
| 2003 | 4.93% | 4.42% | 4.55% | 4.76% | 5.05% |
| 2004 | 4.45% | 3.92% | 4.11% | 4.35% | 4.73% |
| 2005 | 4.66% | 3.97% | 4.27% | 4.52% | 4.95% |
| 2006 | 5.07% | 4.68% | 4.83% | 4.96% | 5.15% |
| 2007 | 5.42% | 5.19% | 5.23% | 5.28% | 5.35% |
| 2008 | 4.60% | 3.26% | 3.41% | 3.77% | 4.22% |
| 2009 | 5.40% | 3.48% | 4.41% | 4.92% | 5.39% |
| 최근 3년 평균 (2007~2009) | 5.14% | 3.98% | 4.35% | 4.66% | 4.99% |
| 최근 5년 평균 (2005~2009) | 5.03% | 4.12% | 4.43% | 4.69% | 5.01% |
| 최근 7년 평균 (2003~2009) | 4.93% | 4.13% | 4.40% | 4.65% | 4.98% |

시장위험프리미엄을 추정하기 위해 한국 상장기업들의 수익률 자료를 사용해보자. 우선 상장기업 전체의 수익률인 시장수익률을 살펴보기로 하자. [표 22-1]은 1980년부터 2009년까지의 기간 동안 개별 기업 연간수익률의 단순평균 값과 가중평균 값을 보여준다.

[표 22-1]은 단순평균으로 연간 시장수익률을 계산하는 경우 1980년부터 2009년까지 30년 동안 7년간은 음의 수익률을 보이고 있고, 가중평균수익률의 경우에는 같은 기간 동안 9번 음의 수익률을 경험하였음을 나타내고 있다. 이는 한국 주식시장의 주식 수익률 변동성이 매우 높았다는 것을 의미한다. 즉 주가가 급격히 올라가는 해도 있으나, 주가가 과다하게 하락하는 경우도 있었다는 의미이다.

[표 22-2]는 무위험자산수익률이라고 할 수 있는 여러 가지 형태의 수익률을 보여주고 있다. 무위험자산수익률은 1990년대 중반까지는 10%를 상회하다가, 2003년에는 5% 미만으로 하락한 후 2009년 말에는 5.40%에 도달해 있다. 무위험자산수익률이 하락한 것만큼 주식의 기대수익률도 낮아졌을 것이라고 추론할 수 있다.

그렇다면 이제 시장위험프리미엄을 계산해 보자. 시장위험프리미엄은 단순평균시장수익률 또는 가중평균시장수익률에서 5년 만기 국민주택채권수익률을 차감해서 구하기로 하자. 물론 다른 국공채수익률을 사용할 수도 있다.

[표 22-3]을 살펴보면 매우 흥미로운 결과를 알 수 있다. 우선 시장수익률의 심한 변동으로 인하여 최근 3년, 5년, 7년 기간 동안의 평균 시장위험프리미엄의 값도 큰 변화폭을 보이고 있다. 더욱 특이한 것은 시장위험프리미엄이 양의 값을 갖는 것이 정상임에도 이 값이 음수를 보고하는 연도도 적지 않다는 점이다. 단순평균시장수익률을 사용하는 경우 30년 기간 중 10년은 음의 시장위험프리미엄을 보이고 있고, 가중평균시장수익률을 사용하는 경우에는 13번이나 음의 시장위험프리미엄을 경험하였다.

위의 결과들은 중요한 시사점을 제공한다. 식 (1)과 같은 CAPM모형이 비록 이론적으로 매우 정교하다는 장점은 있으나, 그렇다고 하여 기업 경영자들이 이 방법에만 매달릴 필요는 없다. 실제 미국 기업의 최고재무책임자들에 대한 설문조사에 의하면, 시장위험프리미엄 수준을 대체로 6~7%대로 생각하고 있다고 한다. 한국의 최고경영자들에 대한 설문조사에서도 대체로 8% 안팎의 시장위험프리미엄이 제시되고 있다. 오히려 기업 경영전략에 부합하는 최적의 자원배분을 염두에 두고, 전략적으로 어느 정도 수준의 시장위험프리미엄을 감수할 것인지를 고려하는 방안도 사용할 수

[표 22-3] **시장위험 프리미엄(단위 %)**

| 연도 | $R_m$(EWR) | $R_m$(VWR) | $R_f$ | $R_m$(EWR) − $R_f$ | $R_m$(VWR) − $R_f$ |
|---|---|---|---|---|---|
| 1980 | 5.82% | 6.87% | 30.17% | −24.35% | −23.30% |
| 1981 | 42.34% | 22.86% | 23.58% | 18.76% | −0.72% |
| 1982 | 29.05% | −1.76% | 17.30% | 11.75% | −19.06% |
| 1983 | 21.51% | −6.03% | 13.09% | 8.42% | −19.12% |
| 1984 | 33.12% | 17.53% | 14.30% | 18.82% | 3.23% |
| 1985 | 15.73% | 14.68% | 13.57% | 2.16% | 1.11% |
| 1986 | 66.92% | 66.87% | 11.88% | 55.04% | 54.99% |
| 1987 | 23.94% | 92.62% | 11.91% | 12.03% | 80.71% |
| 1988 | 62.84% | 72.76% | 12.37% | 50.47% | 60.39% |
| 1989 | 10.61% | 0.28% | 14.38% | -3.77% | −14.10% |
| 1990 | −23.12% | −23.48% | 15.03% | −38.15% | −38.51% |
| 1991 | −17.56% | −12.24% | 16.46% | −34.02% | −28.70% |
| 1992 | 37.45% | 11.05% | 15.08% | 22.37% | −4.03% |
| 1993 | 38.52% | 27.79% | 12.07% | 26.45% | 15.72% |
| 1994 | 37.45% | 18.61% | 12.29% | 25.16% | 6.32% |
| 1995 | −26.14% | −14.06% | 12.40% | −38.54% | −26.46% |
| 1996 | −2.87% | −26.24% | 10.89% | −13.76% | −37.13% |
| 1997 | −54.63% | −42.21% | 11.70% | −66.33% | −53.91% |
| 1998 | 53.98% | 49.47% | 12.80% | 41.18% | 36.67% |
| 1999 | 15.67% | 82.78% | 8.72% | 6.95% | 74.06% |
| 2000 | −30.23% | −50.92% | 8.50% | −38.73% | −59.42% |
| 2001 | 48.39% | 37.47% | 6.66% | 41.73% | 30.81% |
| 2002 | 0.62% | 9.54% | 6.47% | −5.85% | 3.07% |
| 2003 | 24.38% | 25.65% | 4.93% | 19.45% | 20.72% |
| 2004 | 30.33% | 9.09% | 4.45% | 25.88% | 4.64% |
| 2005 | 131.06% | 50.58% | 4.66% | 126.40% | 45.92% |
| 2006 | 12.56% | 6.37% | 5.07% | 7.49% | 1.30% |
| 2007 | 45.64% | 54.93% | 5.42% | 40.22% | 49.51% |
| 2008 | −40.17% | −39.63% | 4.60% | −44.77% | −44.23% |
| 2009 | 66.41% | 51.72% | 5.40% | 61.01% | 46.32% |
| 평균 | 21.99% | 17.10% | 11.54% | 10.45% | 5.56% |
| 음(−)인 연도의 개수 | 7 | 9 | 0 | 10 | 13 |
| 최근 3년 평균 (2007~2009) | 23.96% | 22.34% | 5.14% | 18.82% | 17.20% |
| 최근 5년 평균 (2005~2009) | 43.10% | 24.79% | 5.03% | 38.07% | 19.76% |
| 최근 7년 평균 (2003~2009) | 38.60% | 22.67% | 4.93% | 33.67% | 17.74% |

있을 것이다. 예를 들면 기업이 전사적으로 10%의 내부수익률 목표를 설정하였다면, 이 수준 이상의 수익성을 창출하지 못할 것으로 예상되는 투자안에 대해서는 자원배분을 허용하지 않는 정책을 사용할 수 있다. 실제로 많은 기업에서 이같은 투자의사 결정방법을 사용하고 있다.

최근까지 한국 상장 기업뿐 아니라 세계의 주식시장은 초과유동성이라는 흔치 않은 현상을 겪었다. 매출증가와 수익성향상으로 인해 영업현금흐름은 매우 높아진 반면, 투자활동은 활발하지 않았던 탓이다. 즉, 투자부족현상은 한국 기업만이 아닌 유럽 국가들과 일본, 그리고 중동 석유산유국 기업들에게도 일반적인 현상이었다.

이와 같은 세계적인 초과유동성 하에서는 당연히 이자율이 낮은 수준에 머물 수밖에 없다. 이자율이 낮게 되면 무위험자산수익률도 낮아지고 주식시장의 위험프리미엄도 낮아진다. 결국 주주의 기대수익률이 낮아지게 된다. 기대수익률이 낮아지면 수익성이 좋지 않은 투자안에도 투자가 이루어질 가능성이 높아진다. 과잉투자의 위험이 커진다는 의미이다.

최근 한국뿐 아니라 전세계적으로 인수 및 합병(M&A: mergers and acquisitions)에 대한 관심이 높아졌다. 기업 스스로 내부성장에 의해 기업을 키우기보다는 성장성이 높은 기업을 인수합병함으로써 빠른 성장을 도모하는 것이다. 이 같은 인수합병에 대한 높은 열기는 낮은 이자율로 인해 인수합병에 필요한 재원을 조달하는 것이 쉬워졌기 때문이다. 그러나 이자율이 상승하는 경우에는 투자 부실가능성이 현실적인 문제가 될 수 있다. 따라서 자기자본비용의 결정을 지나치게 정교한 방법에 의존하기보다는 환경변화를 감안하여 전략적으로 목표 기대수익률을 설정하고 그 목표에 부합하는 투자대안만을 선택할 필요가 있다.

SECTION

# 23 '실제' 주주 요구수익률

초과이익모형에 의하면 기업의 본질가치를 향상시키기 위해서는 다음과 같은 세 가지 전략이 실행되어야 한다(Section 12 참조).

- 상품과 제품의 수익성을 높여야 한다.
- 수익성이 높은 상품이나 서비스에 재원을 효율적으로 재배분한다.
- 주주의 요구수익률은 낮춘다.

첫 번째와 두 번째 전략은 직관적으로 전혀 어려움 없이 이해할 수 있다. 그러나 주주의 요구수익률을 낮추어야 한다는 세 번째 전략은 무슨 의미인가? 주주의 요구수익률이 얼마이기에 이를 낮추어야 한다는 것인가?

## 01 CAPM(the capital asset pricing model)

상장 기업의 재무담당 임원을 대상으로 실시한 설문조사에 의하면 주주의 요구수익률(또는 자기자본비용)을 구하기 위해 CAPM을 가장 흔히 사용한다고 한다. 자본자산가격결정모형이라고 알려진 이 방법을 쉽게 이해하기 위해, 투자자는 안전한 투자대상이라고 할 수 있는 정부발행채권에 투자하는 대신 어느 상장 기업의 주식에 투자한다고 가정해 보자. 이 투자자는 정부채권으로부터 기대되는 확실한 원금회수와 이자수익을 선택하는 대신, 주식에 투자함으로써 현금배당과 주가상승을 통한 부의 증가를 기대할 것이다. 문제는 현금배당금액이 주가에 비해 높지 않거나(즉, 배당수익률이 낮거나), 주가하락으로 투자원금을 상실할 위험도 있다는 점이다. 따라서 주주는 정부채권수익률 보다는 당연히 높은 수익률을 기대하게 된다. 채권수익률보다 높은 주주의 요구수익률을 위험프리미엄(risk premium)이라고 부른다.

위험프리미엄은 다음과 같은 두 가지의 요소의 곱으로 구성되어 있다.

- **주식시장에 참여하는 위험.** 안전자산인 정부가 발행한 채권에 투자하는 대신 원금손실을 볼 수 있는 주식시장에 참여하는 위험으로 이를 (주식)시장위험프리미엄(market risk premium)이라고 한다.
- **개별 주식의 체계적위험(또는 베타).** 개별 기업의 주가수익률이 주식시장 전체의 변동성에 노출되어 있는 정도가 기업마다 다르므로 이를 계량화한 지표를 체계적위험 또는 베타(β)라고 부른다. 만일 어느 회사의 주가수익률 움직임이 종합주가수익률 변동성에 비해 20% 높다면 이 회사 주식에 투자한 주주는 '시장위험프리미엄 × 1.20' 만큼의 위험프리미엄을 요구할 것이다.

따라서 CAPM을 이용하여 주주의 요구수익률을 표현하면 다음과 같다.

주주 요구수익률 = 무위험자산수익률 + 위험프리미엄
= 무위험자산수익률 + 베타 × 시장위험프리미엄

무위험자산수익률은 정부채권수익률을 대용치로 사용한다. 베타의 측정을 위해서는 과거 5년 정도의 기간 동안 개별 주식수익률과 종합주가지수 수익률을 월별로 구해 이들 수익률간의 관계를 산출하는 방법을 사용한다. 주별 또는 일별 수익률 대신 월별 수익률 자료를 사용하는 이유는 월별 수익률 자료가 통계적 표현을 빌리면 종 모양을 한 정규분표에 보다 근접해 있어 추정 베타값이 안정적이라고 생각하기 때문이다. 물론 주별 또는 일별 수익률을 사용하게 되면 보다 많은 자료를 사용할 수 있는 장점이 있어, 실무에서는 이 같은 수익률 자료도 흔히 사용한다. 또한 5년이라는 기간을 사용하는 것에 대해서도 다른 의견이 있을 수 있다. 따라서 투자의사결정기간의 장단 또는 경기변동으로 인해 개별 주가수익률이 영향을 받을 뿐 아니라 개별수익률이 시장전체 수익률에 연동되는 정도가 달라질 수 있으므로 다양한 기간의 주가수익률을 사용하여 베타 값을 추정하는 것이 필요하다. 베타의 추정에 대해서는 이미 Section 22에서 살펴보았으므로 여기서는 더 자세한 설명은 생략한다. 따라서 여기서는 시장위험프리미엄에 대해서만 논의하기로 한다.

## 02 시장위험프리미엄

주주요구수익률 추정에서 가장 중요하면서도 어려운 일이 시장위험프리미엄 수준을 결정하는 것이다. 개념적으로 시장위험프리미엄이란 무위험자산수익률($r_f$: risk-free rate of return)을 초과하여 얻을 것이라고 기대하는 주식시장수익률($r_m$: market rate of return)로 간단히 ($r_m - r_f$)라고 표현한다. 만일 종합주가지수 수익률을 시장수익률의 대용치로 사용한다면, '시장위험프리미엄 = 종합주가지수수익률 − 정부채권수익률' 로 나타낼 수 있다. 그러나 투자의사결정과 성과평가 실무에 사용하기 위한 시장수익률 수준을 결정하는 것은 쉽지 않은 작업이다.

우선 종합주가지수 수익률을 시장수익률의 대용치로 사용하는 경우에도 과거 몇 년치 자료를 사용할 것인가가 논란의 대상이다. 주요 선진국 주식시장에 비해 한국 주식시장의 변동성이 높았기 때문에 측정기간의 길이에 따라 평균 시장수익률의 값이 매우 다르기 때문이다(Section 22 참조).

또한 연도별 종합주가지수 수익률 자료를 사용하더라도 이를 평균수익률로 계산할 것인가 또는 복리수익률으로 계산할 것인가에 따라서도 시장수익률의 값이 달라진다. 예를 들어, 시장수익률이 과거 3년간 30%, −30%, 30%라고 가정하자. 평균수익률은 매 연도별 수익률을 더한 후 측정기간 동안의 햇수로 나눈 값으로 아래처럼 10%이다.

$$\text{평균수익률} = \frac{30\% - 30\% + 30\%}{3} = 10\%$$

반면, 복리수익률은 '복리개념'을 사용하므로, 연평균 복리수익률은 아래와 같이 5.8%가 된다.

$$\text{복리수익률} = \sqrt[3]{(1+30\%)\times(1-30\%)\times(1+30\%)} - 1 = 5.8\%$$

복리수익률을 사용하는 것은 주주들이 주식에 투자한 후 3년 동안 중도에 주식을 매각하지 않고 계속하여 보유하고 있다는 가정(buy-and-hold)이 합리적인 경우이다. 그 대신 매년 새로운 주주들이 시장에 진입하고 기존 주주들은 시장을 떠난다는 가정을 하게 되면 평균수익률을 사용할 수 있다. 주주의 투자전략에 대해 어떤 가정을 사용하는가에 따라 시장수익률의 값이 달라질 수 있음을 보여주는 흥미로운 예이다.

또 다른 어려움은 시장수익률을 계산할 때 상장기업의 규모를 고려하는가의 여부에 따라 단순평균지수(equal-weight index) 또는 가중평균지수(value-weight index) 수익률을 사용할 수 있다. 만일 주주가 투자자금을 배분할 때 회사의 규모를 고려한다고 가정하면 가중평균지수 수익률을 사용하는 것이 합리적이나, 이 역시 주주의 투자전략에 대한 가정이 필요하다.

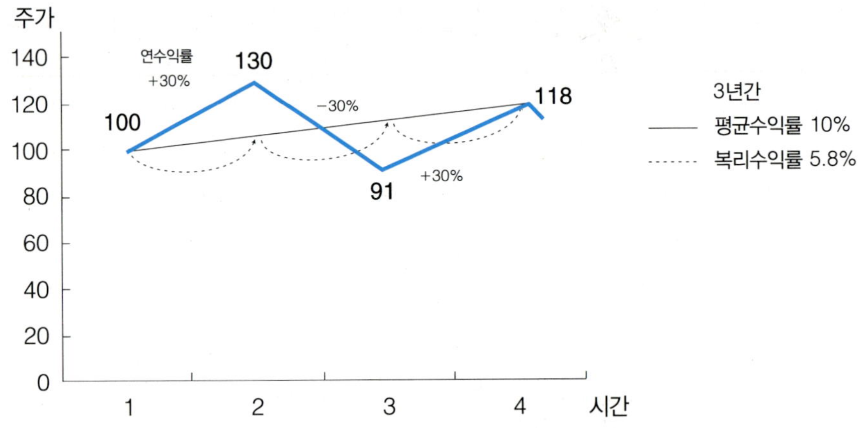


[그림 23-1] 평균수익률과 복리수익률

그렇다면 실무적으로 유용한 시장위험프리미엄 수준을 어떻게 결정하는 것이 좋을까? 이에 대해 기업 임원진에게 질문을 해 보는 것은 어떨까? 물론 경영자들에게 직접적인 답변을 요청할 수도 있다. 대신 주요 기업 임원진이 실제 투자의사결정이나 성과평가과정에서 사용하고 있는 가중평균자본비용(WACC)를 알 수 있다면 기업에서 암묵적으로 사용하고 있는 시장위험프리미엄에 대해 추정할 수 있다.

한국의 어느 주요 기업집단의 재무담당임원은 회사 임직원의 성과평가시 EVA 산출을 위해 투입재원에 대한 가중평균자본비용(WACC) 수준을 10%로 설정하였다고 한다. 이 회사의 자본구성은 부채와 자기자본이 각각 50% 정도이고, 세금효과 조정 후 부채조달비용은 5%, 그리고 베타(체계적위험)는 1.0에 가까웠다. 최근 5년 만기 국공채수익률이 5% 안팎이었다. 이제 이 회사가 암묵적으로 사용하고 있는 주주의 요구수익률(또는 자기자본비용)을 추산해 보기로 하자. 우선 가중평균자본비용(WACC)은 다음과 같다.

가중평균자본비용(WACC)
= 세후타인자본비용($r_D$) × 50% + 자기자본비용($r_E$) × 50%

여기에 가중평균자본비용 = 10%, 세후타인자본비용 = 5%를 대체하면, 자기자본비용 = 15%로 추정된다.

10% = 5% × 50% + 자기자본비용 × 50%

그렇다면 회사가 가정한 시장위험프리미엄수준을 추정할 수 있다. 아래 식에 위에서 추산된 자기자본비용($r_E$) = 15%를 대입하면 시장프리미엄은 10%가된다.

자기자본비용($r_E$) = 무위험자산수익률 + 베타 × 시장위험프리미엄
= $r_f + \beta \times (r_m - r_f)$

$15\% = 5\% + 1.0 \times (r_m - r_f)$

시장위험프리미엄 10%와 주주의 요구수익률 15%는 한국 기업의 투자 및 성과평가과정을 고려할 때 크게 벗어나 보이지 않는다. 오히려 이 보다 높은 수준일 개연성도

있다. 위의 사례에서 사용된 WACC는 10%였다. 그러나 신규사업을 해외시장에 추진하는 경우 추가적인 위험요인을 고려하여 이 보다 높은 내부목표수익률(IRR: internal rate of return)을 적용하기도 한다. 만일 내부목표수익률이 12%이고 이 값을 가중평균자본비용(WACC)으로 간주하여 위 과정을 반복하면, 자본구성비율이 변동하지 않는다고 가정할 때 자기자본비용은 무려 19%에 달하게 된다. 이 값을 설명하기 위한 시장위험프리미엄은 14%로 높아진다.

## 03 시장위험프리미엄의 적정 수준

위에서 추정된 시장위험프리미엄(10% 또는 그 이상)이 적절한 수준인가를 평가할 수 있는 방법은 없을까? 최근 연구에 의하면 미국의 재무전문가들 가운데 가장 적절한 시장위험프리미엄으로 7%를 제시하는 경우가 가장 많았다. 자본시장의 규모가 한국에 비해 20배가 넘는 세계에서 가장 큰 미국 주식시장에서 재무전문가들이 가장 적절하다고 생각하는 시장위험프리미엄이 7%라면 한국 주식시장에서는 어느 정도 수준의 시장위험프리미엄이 적절할까?

미국 S&P500지수 수익률의 연간 평균변동폭은 20% 정도이다. 이 같은 변동성(volatility)은 연초 100달러인 주가가 일년 동안 80달러에서 120달러 사이에서 움직일 확률이 열 번에 일곱 번 정도 된다.* 반면 한국 상장기업 주식수익률 변동성은 1990년대 말까지 2배 수준인 40%였으며, 2000년대에 들어서도 30% 수준을 보이고 있다.

한국 주식시장이 미국시장에 비해 높은 변동성을 갖는다면, 시장위험프리미엄도 함께 높아질 것이다. 얼마나 높아져야 하는가만 고려하면 된다. 이를 위해 샤프지수(Sharpe ratio)라는 개념을 사용해 보자. 이 지수는 1990년도 노벨경제학상 수상자이며, 스탠포드 경영대학원 명예교수인 William Sharpe교수의 논문에서 제시된 것으로

* 이를 통계적으로 생각해보면, 표준편차(평균변동폭)가 20%이므로 표준편차 1단위 내의 변동폭(80달러에서 120달러 사이)에서 움직일 확률이 68.2%이다.

$$\text{Sharpe Ratio} = \frac{\text{위험프리미엄}}{\text{위험프리미엄의 변동폭}}$$

$$= \frac{\text{초과수익률}}{\text{초과수익률의 표준편차}}$$

로 나타내고, 이는 감수하는 위험수준과 비교해서 어느 정도의 위험프리미엄(또는 초과수익률)을 보상으로 얻을 수 있는가를 의미한다. 따라서 위에서 미국의 재무전문가들이 미국주식시장의 위험프리미엄이 7%가 적절하다고 생각한다면 이 들이 생각하는 미국주식시장의 샤프지수는 0.35$\left(=\frac{7\%}{20\%}\right)$가 된다. 즉 연간 20%의 주가변동을 감수하는 대가로 7%의 위험프리미엄을 보상으로 요구한다고 해석할 수 있다.

그렇다면 한국 주식시장에서 위험프리미엄은 어느 정도가 적절할까? 이를 위해 한국주식시장에서의 샤프지수도 0.35라고 가정하자. 그 이유는 한국주식시장에서의 샤프지수가 이 보다 현저하게 낮다면 한국주식시장은 생존하지 못할 것이기 때문이다. 즉 높은 변동성에도 불구하고 한국주식시장이 미국과 같이 7%의 위험프리미엄만을 제공한다면 어느 주주라도 이론상으로는 한국주식시장에 관심을 갖지 않을 것이기 때문이다. 따라서 한국 주식시장의 샤프지수도 0.35가 적절하다면 한국주식시장의 위험프리미엄은 [그림 23-2]에서 나타난 대로 10.5%(=변동성 × 샤프지수=30% × 0.35)까지

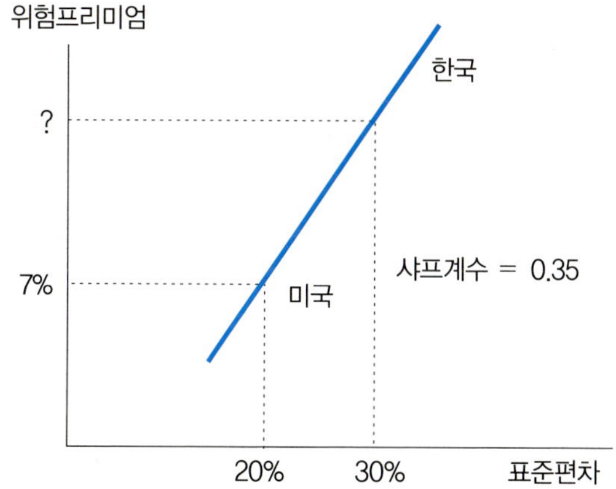


[그림 23-2] 한국주식시장의 위험프리미엄

올라간다. 즉 한국 시장의 위험프리미엄이 미국시장의 1.5배 수준까지 올라가도 놀라운 일이 아닐 수 있다.

그럼에도 불구하고 한국의 시장위험프리미엄이 이 정도로 높을 것인가에 대해 확신이 서지 않는다. 또 다른 방법을 시도해 보자. Section 12에서 초과이익모형에 대해 살펴보았다. 이 모형은 기업의 본질가치가 (1) 투자와 (2) 투자로부터 창출되는 미래 초과이익의 현재가치로 구성되어 있음을 보여준다. 주가가 기업의 본질가치를 잘 반영하고 있다는 효율적 시장가설(efficient market hypothesis)을 가정하면, '주가 = 투자금액 + 미래초과이익의 현재가치'가 되도록 '할인율'을 역산해 낼 수 있다.

여기서 투자금액은 회사 순자산(=자산−부채) 금액으로 대체하고, 초과이익은 재무분석가의 이익예측치에서 투자기회비용(=할인율×순자산가치)을 차감한 것이므로 이 값들을 사용하여 할인율을 구할 수 있다. 이 같은 방법을 사용하여 한국 상장기업의 할인율(또는 자기자본비용)을 추정해 보면 가정에 따라 조금씩 다르기는 하나 할인률이 16~20%로 나타나고 있다. 이 값에서 무위험자산수익률인 국공채수익률을 뺀 값이 10~12%이다. 이 값이 한국 주식시장에서 암묵적으로 사용하고 있는 시장위험프리미엄이라고 할 수 있다.

[그림 23-2]는 한국 상장기업들에게 적용할 시장위험프리미엄 수준이 일반적으로 인식하고 있는 것보다 높을 수 있다는 것을 나타내고 있다. 전통적인 CAPM모형을 사용하여 한국 기업의 주주요구수익률을 추정할 때 시장위험프리미엄 7%를 사용한다면 실제 경영의사결정과정에서 사용하고 있는 높은 수준의 주주요구수익률을 설명하기 어렵다.

일반적인 인식과는 달리 한국의 시장위험프리미엄이 높을 수 있다는 점을 기억하자. 한국경제는 세계 15위의 경제규모를 갖고 있으나 그 절대 규모는 일본의 5분의 1 그리고 미국의 15분의 1 수준으로 선진국에 비해 아직은 작으며 주요 기업의 경영성과는 여전히 해외시장에서의 경영환경에 많은 영향을 받고 있다. 그리고 앞으로도 세계시장에서 더욱 치열한 경쟁을 하게 될 것이다. 게다가 한국 상장기업들의 적극적인 글로벌 성장전략을 고려하면 경영실적의 변동성과 주식수익률 변동성이 크게 낮아질 가능성은 없어 보인다. 만일 경영성과와 주식수익률의 변동성이 선진국 시장 보나 높게 유지된다면 일반적으로 인식하고 있는 것보다도 높은 수준의 시장위험프리미엄과 자기자본비용을 고려하여 투자 및 성과평가 의사결정을 하는 것이 합리적일 것이다. 따라서 주요 기업에서 신규사업 추진시 이미 높은 수준의 자기자본비용을 사용하는 것은 주목할 만한 가치가 있다.

## 04 분산가능한 위험과 주주 요구수익률

주요 기업에 사용되는 자기자본비용이 일반적으로 인식했던 자기자본비용보다 높을 수 있다는 것을 위에서 알아보았다. 그리고 그 이유 중의 하나로 CAPM 방법을 적용해 자기자본비용을 산출할 때 적용하는 시장위험프리미엄이 생각했던 것보다 높을 수 있기 때문이라는 점도 상세히 살펴보았다. 그런데 여기에 중요한 가정이 또 하나 숨어 있다. 즉 주주의 요구수익률을 추정할 때 체계적 위험을 뜻하는 베타(β)와 시장위험프리미엄($r_m - r_f$) 만이 고려된다는 점이다. 이는 주주의 입장에서 분산시킬 수 없는 체계적 위험만이 주주의 요구수익률에 반영될 뿐이며, 그 밖의 모든 위험들은 분산가능하며 따라서 주주의 요구수익률에는 영향을 미칠 수 없다는 것을 가정한다.

그러나 베타만으로는 주주의 요구수익률에 영향을 미치는 모든 위험을 담아낼 수 없다. 최근 연구에 의하면 (1) 기업의 규모와 (2) 성장기회를 포착하고 실행하는 역량도 주주의 요구수익률에 영향을 미친다고 한다. 우선 기업규모의 효과에 대해 살펴보자. 예를 들어, 중소기업은 대기업에 비해 높은 경영위험을 안고 있다. 중소기업은 자금조달에도 어려움을 겪을 수 있고, 경영진의 위기대응능력이나 내부관리제도도 충분히 갖추어 있지 않을 수 있다. 기업의 규모가 중요한 또 다른 이유는 '규모의 경제(economies of scale)' 효과 때문이다. 회사 규모가 일정 수준 이상이 되지 않으면, 기업은 핵심인재를 확보, 유지하기가 어려울 뿐 아니라, 기업성장에 필수적인 연구개발(R&D)투자와 같은 무형자산 창출역량을 갖추기 어려울 것이다.

이와 관련하여, 최근 다시 주목을 받은 것은 그 동안 많은 기업들이 실행해 왔던 '아웃소싱(outsourcing)' 개념이 기업성장에 오히려 부정적인 영향을 줄 수 있다는 인식이다. 즉, 종전에는 회사 내에 핵심 기획 및 관리역량을 잘 갖추고 있다면, 연구개발기능이나, 제품개발 또는 디자인개발 기능 등을 외부전문가에게 맡겨도 회사의 경쟁력을 유지할 수 있다는 개념이 강했다. 그러나 2000년대 후반 세계적인 경제위기를 겪으면서 핵심 무형자산개발역량을 내재화하지 않고 외부 전문가들에게 과도하게 의존하는 경우 회사의 생존기반이 급속히 약해지는 것을 경험하게 된다. 따라서 단기적으로는 비효율적으로 보일 수 있으나 장기적으로 기업경쟁력의 핵심인 연구개발기능 등을 내재화하고자 하는 유인이 더 커졌다고 본다. 이 때 중요한 것이 규모의 경제를 확보함으로써 이 같은 내재화전략을 조직이 흡수할 수 있는 기반을 갖추는 것이다. 몇 년 전과는 달리 최근에는 이 같은 인식변화를 'Big is beautiful' 이라고도 부른다.

이와 같은 규모의 경제와 관련된 위험요인들을 베타만으로는 충분히 고려할 수는 없을 것이다. 따라서 베타 이외에도 기업규모 또는 규모의 경제를 달성하는 역량이 또 하나의 중요한 위험요인임을 기억하자. 또한 기업규모가 클수록 경영위험이 낮아지고, 이로 인해 주주의 요구수익률이 낮아진다는 것도 기억하자.

그리고 회사가 성장기회를 지속적으로 추구하는 역량도 주주 요구수익률에 영향을 준다. 그러나 성장성이 요구수익률에 미치는 영향은 단순하지 않다. 우선 성장성이 높은 기업은 안정기에 접어든 기업들에 비해 높은 수준의 경영위험을 갖고 있을 것으로 생각할 수 있다. 새로운 사업을 추진하다 보면 그만큼 새로운 시장이나 경쟁자에 대한 대응전략이 기존 사업을 강화하는 경우보다 더 어렵고 불확실하다는 것을 고려하면 이 같은 시각을 쉽게 이해할 수도 있다. 즉 새로운 사업은 그만큼 '위험' 하기 때문에 주주의 요구수익률이 높아질 것이라는 인식이다.

그러나 보다 중요한 관점은 기존 사업의 핵심경쟁력을 바탕으로 새로운 사업기회를 지속적으로 포착하고 실행하는 기업이 오히려 경영위험을 줄일 수 있다는 인식이다. 고객의 요구변화를 신속히 파악하고 이에 대응하기 위해 새로운 상품과 용역을 지속적으로 시장에 내놓을 수 있는 역량을 갖추는 것이 궁극적으로 경영위험을 낮추는 가장 효과적인 전략이라는 의미이다. 사업담당 경영진의 입장에서는 직관적이면서도 합리적인 관점일 것이다. 따라서 새로운 성장기회를 지속적으로 추구하는 기업은 경영위험을 낮출 수 있고, 이로 인해 궁극적으로 주주의 요구수익률도 낮아진다는 점을 강조하고자 한다. 물론 이 같은 성장성과 관련된 경영위험 역시 기존의 베타만으로는 고려할 수 없을 것이라는 점도 기억하자.

이 같이 전통적인 베타 이외에도 규모의 경제 확보역량과 성장성 확보역량이 추가적으로 경영위험과 주주요구수익률에 영향을 준다는 인식을 '다요인 CAPM (the multi-factor CAPM)' 방법론이라고 부른다. 즉 베타뿐 아니라 기업규모와 성장성이라는 추가 위험요인을 반영했다는 의미이다.*

[그림 23-3]에서는 실제 경영의사결정에 사용되는 높은 실질 요구수익률을 설명하기 위해서는 베타와 시장위험프리미엄뿐 아니라 규모의 경제나 성장성 등과 관련된 위험프리미엄을 추가로 고려해야함을 보여주고 있다.

기업규모와 성장성과 관련된 위험 이외에도 최근 연구에 의하면 경영진과 주주간 정보공유의 비대칭이 존재하는 경우에도 주주의 요구수익률이 높아진다고 한다. 경영진에 비해 주주는 투자활동과 경영성과에 대한 정보를 충분히 갖고 있지 못하다. 정보의 열위에 처해있는 주주는 그 만큼 위험부담을 지게 되고, 그로 인해 주주의 요구수익률은 높아지게 된다. 예를 들어, 기업에서 제공하는 재무회계 및 기타 경영정보의 투명성이 낮은 경우, 주주들은 자연스럽게 이에 상응하는 위험프리미엄을 요구한다. 그러나 전통적인 CAPM 방법에서는 이와 같은 정보의 비대칭적 분포로 인한 위험프리미엄을 고려하지 않고 있다.

정보공유의 비대칭성과 같은 기업 특유의 위험요인들을 분산시키는 것은 쉽지 않다. 전통적인 CAPM에서는 주주들이 보유주식 수를 늘림으로써 기업 특유의 위험요인들을 분산, 제거할 수 있다고 가정하고 있다. 그러나 개인투자자는 물론 기관투자자들도 경영진이 보유한 정보를 충분히 갖지 못할 수 있다. 그렇다면 주주들은 정보공

* 이 같은 인식은 Eugene F. Fama교수(시카고대 경영대학원)와 Kenneth R. French교수(Dartmouth대학 경영대학)가 1992년에 발표한 다음의 논문에서 체계화되었다. "The cross-section of expected stock returns," *Journal of Finance*, vol 47 (p. 427-465).

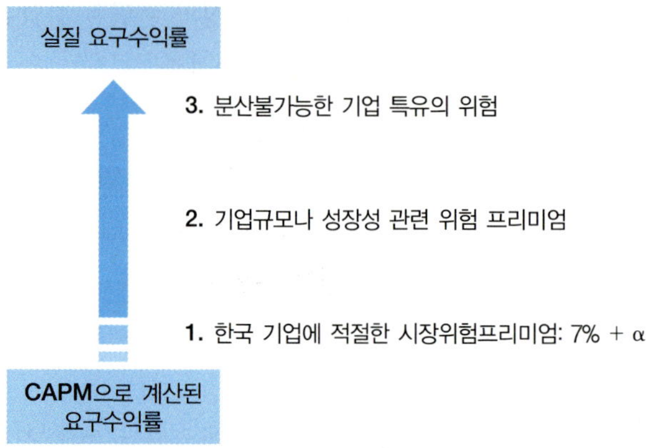


**[그림 23-3]** 주주의 실질 요구수익률

유의 비대칭으로 인한 위험을 여전히 안게 되고 그 만큼 위험보상을 요구하게 된다. 이 같은 내용이 [그림 23-3]에 나타나 있다.

기업규모, 성장성 그리고 기업의 투명성 정도 등과 같은 추가적인 위험요인들을 고려하면 시장위험프리미엄과 베타만을 사용하는 CAPM에 기반한 자기자본비용 보다는 다른 수준의 주주 요구수익률이 실제 투자 및 성과평가과정에 사용될 것이다. 따라서 위에서 기업의 본질가치를 향상시키기 위해 주주의 요구수익률을 낮추어야 한다는 것은 CAPM 방법으로 산출된 자기자본비용을 낮춘다는 의미가 아니다. 대신 체계적 위험뿐 아니라 기업규모, 성장성, 그리고 경영투명성 등과 관련된 추가 위험요인이 반영된 주주의 실질 요구수익률을 낮추어야 한다는 뜻이다. 그러기 위한 하나의 방법은 기업의 투명성을 높여 경영자와 시장참여자간의 비대칭적인 정보공유현상을 줄이도록 노력하여야 한다. 기업의 투명성 향상이 주주의 요구수익률을 하락시키고, 궁극적으로 기업의 본질가치를 높이는 전략이 될 수 있다는 점을 잊지 않아야 한다.

## 05 투자회수기간과 실제요구수익률

위 논의에서 주목할 것은 실제 주주의 요구수익률이 일반적으로 인식했던 수준보다 높을 수 있다는 점이다. 전통적인 CAPM으로는 쉽게 설명할 수 없는 이처럼 높은 주주 요구수익률에 대해 기업 경영자는 어떻게 생각할까? 위의 주장에는 공감은 하지만 설마 그 정도로 높은 주주 요구수익률이 현실적으로 가능하다고 생각할까?

이 질문에 답을 하기 위해 투자회수기간(pay-back period)이란 개념을 살펴보자. 투자회수기간이란 신규투자를 실행하는 경우 몇 년 안에 투자원금을 회수할 수 있는가를 나타낸다. 경영진이 회사자금을 투입하여 자회사의 지분을 인수하는 M&A전략을 고려하고 있다고 하자. 이 때 경영진은 몇 년의 투자회수기간을 염두에 두고 인수전략을 수립할까?

우선 10년은 너무 길어 보인다. 물론 석유화학산업이나 기타 장치산업의 경우 투자실행 후 장기간에 걸쳐 수익을 창출하는 경우에는 10년 또는 그 이상의 투자회수기간을 고려하기도 한다. 그러나 일반적으로 사업자회사 인수 의사결정에서는 3년 또는 4년의 투자회수기간을 염두에 두고 전략을 수립한다.

투자회수기간이 4년이라면 복리로 환산한 연평균 수익률이 18%가 되어야 한다. 만일 투자회수기간이 3년이라면 연평균 수익률은 복리로 24%나 된다. 경영진이 이 같이 짧은 투자자회수기간 또는 높은 수익률을 요구하는 이유는 간단하다. 투자로부터의 불확실성을 최소화하기 위해서는 투자원금을 신속히 회수해야 하기 때문이다. 또한 3~4년 내에 '만족할' 만한 투자성과를 내지 못하는 경우 임원진의 승진이나 성과평가에 부정적인 영향을 미치는 것도 결코 무시할 수 없다. 여기서의 투자는 지분투자를 의미한다. 즉 인수를 시도하는 경영진은 사업자회사의 주주로서 회사자원을 투입하는 것이지, 대출을 해주는 것이 아니라는 것이다. 따라서 투자원금을 돌려받을 수 있는 장치가 없는 상태에서 인수를 결정하는 경우, 불확실성을 줄이는 유일한 방법은 투자원금을 신속하게 회수하는 전략 밖에는 없다.

그렇다면 어떻게 투자원금을 신속하게 회수할 것인가? 인수된 자회사가 영업성적을 잘 낼 수 있도록 독려도 하고, 경영지원도 아끼지 않을 것이다. 그러나 이 같은 '정상적인' 방안만으로는 연 18~24%나 되는 투자수익률을 얻기가 어렵다. 그 대신 보다 강력한 방법을 사용할 것이다. 그 방법 중 하나가 인수된 자회사가 그 동안 효율적으로 사용하지 않았던 자원들을 신속히 정리하는 것이다. 만일 비업무용 토지나 건물을 소유하고 있다면 이들을 매각하거나, 수익성이 낮은 사업부나 계열사들을 처분함으로써 투자원금을 회수할 수 있다. 따라서 경영진 입장에서는 주주의 요구수익률이 20%까지 올라갈 수 있을 것이라는 것에 대해서는 쉽게 동의할 수 없다가도 정작 회사재원을 사용하여 기업을 인수하는 주주의 입장이 되면 당연히 위와 같은 높은 수익률을 요구하게 된다.

경영진이 회사재원을 투자할 때 갖는 '불확실성'을 전통적인 CAPM 방법으로는 쉽게 측정할 수 없다. 전통적인 CAPM에서 강조한 (1) 무위험자산수익률, (2) 체계적위험인 베타, 그리고 (3) 주식시장위험프리미엄 만으로는 경영자가 당면한 위험과 불확실을 모두 고려할 수 없기 때문이다. 오히려 경영자는 투자대안이 갖는 특유한 위험(즉, 비체계적 위험)들에 더 많은 관심을 갖게 될 것이다. 경영환경이 불안정할수록, 그리고 신규사업에 대한 업무 장악력이 떨어질수록 경영진은 신속히 투자자금을 회수하고자 할 것이며 이 같은 전략 선택이 짧은 투자회수기간과 높은 요구수익률로 구체화될 것이다.

기업의 임원진은 투자 및 영업의사결정에 있어 언제나 자본제공자의 시각을 고려해야 한다는 점은 매우 균형된 시각이라 할 수 있다. 이는 경영자가 자본제공자가 제공한 재원을 수탁받아 이를 효율적으로 운영하는 책임을 갖기 때문만은 아니다. 경영진 역시 회사재원을 사용하여 투자를 하는 '주주'의 역할도 종종 수행하기 때문이다.

SECTION

# 24 주주 요구수익률과 경영성과

앞에서 주주의 요구수익률은 기업경영에서 다양한 역할을 하는 중요한 지표임을 여러 번 살펴보았다. 경영자는 주주의 요구수익률을 낮추기 위해 전사적인 노력을 기울여야 한다는 점도 누차 강조하였다. 그런데 경영성과와 주주 요구수익률은 어떤 관계가 있을까? 관계가 있다면 경영성과가 주주 요구수익률에 어떻게 영향을 미치는 것이며, 이 관계를 명쾌하게 알아볼 수는 없을까? 주식시장 참여자에게 다음과 같은 질문을 해보자.

- 경영성과에 대한 불확실성이 높은 기업과 그렇지 않은 기업 중 어느 기업의 주주 요구수익률이 더 높을 것이라고 생각하는가?

이 질문에 대한 답은 쉬워 보인다. 경영성과에 대한 불확실성이 높을수록 주주들은 회사에 투자하는 것이 위험하다고 생각할 것이므로 주주의 요구수익률은 당연히 높아질 것이라고 생각하기 때문이다.

그렇다면 위 질문을 약간 바꾸어서 다시 해보자.

- 경영성과가 좋을 것으로 예상되는 기업과 그렇지 않은 기업 중 어느 기업의 주주 요구수익률이 낮을 것이라고 생각하는가?

이 질문에 대한 답은 쉽지 않아 보인다. 답이야 쉽게 할 수 있을 것 같지만, 막상 답에 대한 근거를 제시하기가 쉽지 않다. 기업의 경영성과가 주주의 요구수익률에 어떤 영향을 미치는지 아직은 명확하지 않기 때문이다.

우선 질문에 대한 답을 직관적으로 생각해보자. 경영성과가 좋아질 것이라는 것을 경영성과에 대한 불확실성이 낮아지는 것으로 해석하면, 경영성과가 좋아질 것으로 예상되는 기업의 주주 요구수익률이 낮을 것이다. 그런데 이러한 직관적인 답도 좋지만, 답을 논리적으로 도출해볼 수는 없을까? 그 실마리는 자본자산가격결정모형에서 찾을 수 있다.

## 01 자본자산가격결정모형과 베타(β)

자본자산가격결정모형(CAPM: capital asset pricing model)은 주주의 요구수익률을 측정하는데 매우 중요한 수단이다. CAPM방법을 활용해 기업의 주주 요구수익률(r)을 측정하기 위해서는 앞 장에서 상세히 살펴본 대로 다음과 같은 세 가지 정보가 필요하다.

- 무위험자산수익률($r_f$)
- 시장위험프리미엄($r_m - r_f$)
- 베타(β)

$$\text{주주 요구수익률}(r) = \text{무위험수익률} + \text{시장위험프리미엄} \times \text{베타}$$
$$= r_f + (r_m - r_f) \times \beta \qquad (1)$$

여기서 중요한 점은 무위험자산수익률과 시장위험프리미엄은 주식시장에 상장된 모든 기업에게 동일하게 적용되는 정보이며, 베타(β)만이 특정 기업의 위험에 대한 정보를 담고 있다는 것이다.

그렇다면 CAPM방법에서 유일하게 개별기업 정보를 반영하고 있는 베타란 구체적으로 무엇을 의미하는가? 우선 베타(이를 '체계적위험' 이라고 함)를 통계적인 표현으로 나타내 보자.

$$\text{베타}(\beta) = \frac{\text{개별기업의 주식수익률(r)과 시장수익률}(r_m)\text{ 간의 연관성정도}}{\text{시장수익률의 변동폭}}$$

$$= \frac{Cov(r, r_m)}{Var(r_m)} \qquad (2)$$

여기에서 $Cov(r, r_m)$이란 개별기업의 주가수익률과 주식시장 전체 주가수익률간의 관련성 정도를 의미하는 공분산(covariance)을 뜻하며, $Var(r_m)$은 시장수익률의 변동성을 나타내는 분산(variance)을 뜻한다. 따라서 개별 회사의 주가수익률 움직임이 주식시장 수익률의 움직임에 연동되어 있는 정도가 높을수록 기업의 체계적위험을 나타내는 베타도 높아진다.

식 (2)의 분모인 $Var(r_m)$에는 개별 기업정보는 거의 반영되어 있지 않다고 할 수 있다. $Var(r_m)$은 시장수익률의 변동폭인데, 개별 기업의 주식수익률이 시장전체 수익률 변동에 미치는 영향은 매우 작다고 볼 수 있기 때문이다. 그러나 분자에 있는 $Cov(r, r_m)$은 개별 기업의 주식수익률(r)과 시장수익률($r_m$) 간의 연관관계를 나타내므로, 결국 CAPM방법 적용시 유일한 개별 기업정보는 바로 $Cov(r, r_m)$을 통해 반영됨을 알 수 있다.

그런데 여기까지는 주주의 요구수익률을 파악하기 위해 회사의 주가수익률 정보만을 사용하였을 뿐 기업의 경영성과에 대한 정보를 직접 사용하지는 않고 있다. 어떻게 하면 경영성과 정보를 CAPM방법에 직접 활용할 수 있을까? 주가수익률이 회사의 경영성과를 반영한다는 점을 활용해보자.

## 02 주가수익률과 경영성과

주가란 미래 경영성과를 주주의 요구수익률로 할인한 값이라는 점을 기억하자. 여기서 경영성과는 영업이익일 수도 있고 영업현금흐름일 수도 있다. 따라서 논의를 단순하게 하기 위해 영업현금흐름 정보를 사용한다고 가정하자. 실무에서 영업현금흐름 창출능력을 참고하여 기업 가치를 평가한다는 점을 고려한다면 이 가정은 무리가 없어 보인다.

또한 회사는 금융부채를 사용하지 않는다는 가정도 하자. 즉 주주의 납입자본과 이익잉여금으로만 투자재원을 조달했다고 하자. 물론 대부분의 기업들이 금융부채로도 투자재원을 조달하므로 이 가정은 비현실적이나, 여기서는 경영성과가 주주의 요구수익률에 미치는 영향에 초점을 두었으므로 다소 비현실적이지만 이 가정을 유지하기로 한다. 금융부채를 사용하는 기업의 베타(beta)와 그렇지 않은 기업간 베타는 서로 어떤 관계를 갖는지는 별도로 논의하기로 하자(Section 32 참고).

현재 시점의 주가(P)는 미래영업현금흐름(CF)을 주식수익률(r)로 할인한 값으로 이해할 수 있고 이를 다음과 같이 표현할 수 있다.

$$\text{주가(P)} = \text{미래영업현금흐름(CF)을 주식수익률(r)로 할인한 금액} = \frac{CF}{1 + r} \tag{3}$$

따라서 주주의 요구수익률(r)을 현재 주가와 미래영업현금흐름으로 나타내 보면 다음과 같다.

$$\text{주주 요구수익률(r)} = \frac{CF}{P} - 1 \tag{4}$$

이와 동일한 방법으로 시장전체의 수익률($r_m$)을 주식시장 전체 가격($P_m$)과 전체 미래영업현금흐름($CF_m$)으로 표현해보자.

$$시장수익률(r_m) = \frac{CF_m}{P_m} - 1 \tag{5}$$

여기서 주식시장 전체가격 또는 시가총액($P_m$)은 상장기업 모두의 개별 주가(P)를 더한 것이며, 전체 미래영업현금흐름($CF_m$)도 개별 기업의 영업현금흐름(CF)을 모두 합한 것이다. 이때 전체 미래영업현금흐름($CF_m$)을 직관적으로 이해하기 위해서는 경제상황(경기)이 좋으면 모든 기업의 경영성과가 좋아지고 결국 영업현금흐름 창출능력이 좋아진다고 생각하자.

식 (2) 분자에 있는 개별 기업 주식수익률(r)과 시장수익률($r_m$)간의 연관성 정도인 $Cov(r, r_m)$에 식 (4)와 식 (5)의 표현을 대입해보자.

$$\begin{aligned} Cov(r, r_m) &= Cov\left(\frac{CF}{P} - 1, \frac{CF_m}{P_m} - 1\right) \\ &= Cov\left(\frac{CF}{P}, \frac{CF_m}{P_m}\right) \\ &= \frac{Cov(CF, CF_m)}{P \cdot P_m} \end{aligned} \tag{6}$$

즉 개별기업 주식수익률과 시장수익률간의 연관성을 개별기업의 미래영업현금흐름과 시장 전체의 미래영업현금흐름간의 연관성으로 바꾸어 이해할 수 있게 된다. 이때 $Cov(r, r_m)$이 높다는 것은 회사의 경영성과가 전체 경제상황(경기)에 밀접하게 연관있는 것이고, 반대로 $Cov(r, r_m)$이 낮다는 것은 회사의 경쟁력이 뛰어나 경기변동에 큰 영향을 받지 않고 경영성과를 낼 수 있음을 의미한다. 또한 시장수익률의 변동성인 $Var(r_m)$도 다음과 같이 시장전체의 현금흐름과 시가총액으로 나타낼 수 있다.

$$Var(r_m) = \frac{Var(CF_m)}{P_m \cdot P_m} \tag{7}$$

이제 이 표현을 사용하여 미래영업현금흐름이 주주 요구수익률에 미치는 영향을 살펴보자. 우선 CAPM에서 제시하는 주주의 요구수익률은 다음과 같다.

$$\text{주주 요구수익률}(r) = \text{무위험수익률} + \text{시장위험프리미엄} \times \text{베타}$$
$$= r_f + (r_m - r_f) \times \beta$$

그런데 위에서 살펴본 대로

$$r = \frac{CF}{P} - 1$$

$$r_m = \frac{CF_m}{P_m} - 1$$

$$Cov(r, r_m) = \frac{Cov(CF, CF_m)}{P \cdot P_m}$$

$$Var(r_m) = \frac{Var(CF_m)}{P_m \cdot P_m}$$

이므로 이들을 식 (1)에 대입하여 정리하면,

$$P = \frac{1}{(1 + r_f)} \cdot \left[ CF - \frac{\{CF_m - (1 + r_f)P_m\}}{Var(CF_m)} \cdot Cov(CF, CF_m) \right] \tag{8}$$

이 된다. 즉 개별 기업의 주가(P)는

- 회사가 창출할 것으로 예상되는 미래영업현금흐름(CF)에서
- 영업현금흐름의 불확실성에 해당하는 위험프리미엄 $\left( \frac{\{CF_m - (1 + r_f)P_m\}}{Var(CF_m)} \cdot Cov(CF, CF_m) \right)$을 뺀 값*을
- 무위험수익률($r_f$)로 할인한 값

* 미래영업현금흐름에서 위험프리미엄을 뺀 값 $\left[ CF - \frac{\{CF_m - (1 + r_f)P_m\}}{Var(CF_m)} \cdot Cov(CF, CF_m) \right]$을 확실성등가액 (certainty equivalent)이라고 한다(Section 40 참고).

이라는 것을 알 수 있다. 특히 위험프리미엄은 두 부분으로 나눌 수 있는데, 하나는 주식시장 전체의 위험프리미엄$\left[\frac{CF_m - (1 + r_f)P_m}{Var(CF_m)}\right]$이고, 다른 하나는 개별 회사의 위험 정도로서 이는 회사의 영업현금흐름이 시장전체의 영업현금흐름에 미치는 영향 ($Cov(CF, CF_m)$)으로 나타난다.

따라서 개별 회사의 위험도가 높을수록(즉 회사의 영업현금흐름이 시장전체의 영업현금흐름에 연동되어 있는 정도가 높을수록) 예상 영업현금흐름으로부터 차감되는 위험프리미엄이 커지게 되고, 결국 주가는 낮은 수준으로 결정된다. 이 같은 결과는 회사의 경영성과가 불확실하게 예상될수록 주가가 덜 오른다는 일반적인 인식과도 일치한다.

## 03 영업현금흐름 할인모형

식 (8)의 내용을 자세히 살펴보면 다음과 같은 흥미로운 발견을 할 수 있다. 주가란 미래 영업현금흐름을 할인한 값이라는 것은 모두가 잘 인식하고 있다. 그러나 미래 예상 영업현금흐름을 단순히 주주의 요구수익률로 할인하는 것이 아님을 알 수 있다. 즉 예상 영업현금흐름을 할인할 때 위험프리미엄을 빼 준 값을 할인하여야 한다는 점이다. 그 이유는 미래영업현금흐름을 확실하게 예측할 수 없으므로 그 불확실성에 해당하는 위험프리미엄을 차감함으로써 '위험이 조정된 예상 영업현금흐름' 을 할인해야 하기 때문이다.

또한 할인율이 주주의 요구수익률(r)이 아니라 무위험수익률($r_f$)인 점도 기억하자. 그 이유는 분자에 있는 영업현금흐름에 이미 위험의 효과를 반영하였으므로 분모에 있는 할인율에 위험효과를 반영할 필요가 없기 때문이다. 즉 '위험이 조정된 영업현금흐름' 을 '무위험수익률' 로 할인하는 것이 논리적이다.

그런데 이 같은 논리적인 설명에도 불구하고, 쉽게 이해할 수 없는 점이 있다. 실무에서는 '위험이 조정된 영업현금흐름' 을 '무위험수익률' 로 할인하는 것이 아니라, 위험이 조정되지 않은 단순 '미래 예상영업현금흐름' 을 '주주의 요구수익률' 로 할인하는 것이 일반적이기 때문이다. 정교하게 도출된 식 (8)의 개념과 실무상의 차이점은 어떻게 나타난 것일까?

그 이유는 미래 예상영업현금흐름에 대한 위험프리미엄을 조정하기가 매우 어렵기 때문이다. 개별 기업의 미래영업현금흐름(CF) 금액이 언제(timing), 얼마나(amount) 될지 예측하기 어렵고, 결국 시장전체의 영업현금흐름($CF_m$)의 금액과 변동성 ($Var(CF_m)$)을 추정하는 것도 어렵다.

그러므로 주식시장 전체의 위험프리미엄$\left[\frac{CF_m - (1 + r_f)P_m}{Var(CF_m)}\right]$이 얼마나 될지도 알기 어렵고 따라서 '위험이 조정된' 영업현금흐름을 산출하는 것도 어렵다. 따라서 실무에서는 예상 영업현금흐름에 수반되는 위험을 분모에 있는 할인율에 반영하여 무위험수익률($r_f$) 대신 위험이 반영된 주주의 요구수익률(r)로 할인하는 것이다(Section 38 참조).

## 04 주주 요구수익률의 결정요인

식 (8)에서 주식시장 전체의 위험프리미엄을 $\frac{CF_m - (1+ r_f)P_m}{Var(CF_m)}$으로 표현하였다. 이를 간단히 '시장위험프리미엄(MRP: market risk premium)' 이라고 부르자. 이제 주주의 요구수익률을 결정하는 요인들을 알아 볼 수 있게 되었다. 식 (4)에서

$$\text{주주 요구수익률}(r) = \frac{CF}{P} - 1$$

에 식 (8)의 주가(P)를 대입하여 정리하면, 비록 중간 과정은 생략되었으나 주주의 요구수익률은

$$r = \frac{r_f \cdot CF + MRP \cdot Cov(CF, CF_m)}{CF - MRP \cdot Cov(CF, CF_m)}$$

$$= \frac{r_f \cdot H + 1}{H - 1} \quad (9)$$

로 표현된다. 여기서 $H = \frac{CF}{MRP \cdot Cov(CF, CF_m)}$를 나타내며, 이는 회사의 예상 영업현금흐름(CF)을 $Cov(CF, CF_m)$(즉 개별회사 영업현금흐름이 시장 전체 영업현금흐름과 연동되어 있는 정도)로 나누고 이 값을 시장위험프리미엄(MRP)으로 나눈 값이다.

앞의 도출과정이 다소 복잡해 보이지만 이제 결론에 도달했다. 즉 주주의 요구수익률(r)은

- 무위험수익률($r_f$)이 높아질수록,
- 시장위험프리미엄(MRP)이 높아질수록,
- 개별회사 영업현금흐름이 주식시장 전체의 영업현금흐름과 연관성($Cov(CF, CF_m)$)이 높을수록, 그리고
- 미래 예상 영업현금흐름이 낮을수록

높아지게 된다. 이 중 처음 세 가지 내용은 쉽게 이해할 수 있다. 무위험수익률이 높아질수록 그 만큼 투자에 대한 기회비용이 높아지므로 주주의 요구수익률도 함께 높아지기 때문이다. 또한 시장위험프리미엄이 높아지거나 개별기업의 위험도가 높아질수록 주주의 요구수익률도 상승할 것이기 때문이다.

네 번째 내용이 이 장의 도입부분에서 제시한 질문에 대한 답을 제시하고 있다. 즉 회사의 미래영업현금흐름이 양호할 것이라고 판단된다면 주주의 요구수익률이 낮아진다는 뜻이다. 이 같은 결론은 직관적으로 이해하기 쉬워 보이나 막상 설득력 있는 논리를 제공하기 위해서는 위에서 살펴본 대로 여러 단계를 거쳐야 했다. 어쨌든 이제는 경영성과가 좋을수록 주주의 요구수익률이 낮아지고, 반대로 경영성과가 악화될수록 주주의 요구수익률이 높아진다는 주장에 대해 체계적인 논리를 갖게 되었다.

따라서 경기가 나쁠 때는 기업의 미래 예상 영업현금흐름이 낮을 것이라는 견해가 커지는 동시에 할인율인 주주 기대수익률은 높아지고, 이로 인해 주가는 강한 하락 압력을 받게 된다. 반대로 경기가 좋을 때는 미래 현금흐름창출역량은 강해지고 할인율은 오히려 낮아지므로, 주가는 더욱 상승세를 띄게 될 것이다. 경기상황이 불경

기와 호경기를 거치는 과정에서 주가의 변동폭이 커지는 이유에 대해 이제 명확하게 이해할 수 있게 되었다(Section 21의 [그림 21-1] 참조).

여기서 경기변동이 주가, 이자율, 불확실성 및 경영성과 변동성에 미치는 영향을 정리해 보자. 앞에서 살펴 본 대로, 호경기에는 기업의 수익창출역량에 대해 낙관적 견해가 많고 주주 기대수익률은 낮아 진다. 따라서 주가는 높은 수준을 유지한다. 또한 호경기에는 평균적으로 수익성이 향상될 뿐 아니라 기업간 격차도 상대적으로 적어진다. 대부분의 기업이 호경기 혜택을 보기 때문이다. 따라서 경영환경의 불확실성이 낮아지고 경영성과의 변동성도 적다. 이 같은 경영환경을 반영하여 신용위험 스프레드(= 비우량기업 이자율 − 국공채 이자율)도 상대적으로 낮다. 신용위험 스프레드는 부도위험을 의미하며, 원금손실 위험이 없는 국공채에 비해 신용상태가 좋지 않은 기업이 이자율을 얼마나 더 부담해야 하는가를 나타낸다. 따라서 이를 '가산금리'라고도 한다.

그러나 호경기에 나타날 수 있는 부작용은 이자율이 높아질 수 있다는 점이다. 자금수요가 많아지면 자연스럽게 금리가 높아지기 때문이다. 또한 경기가 지나치게 과열되면 기업의 과잉투자가 나타나고 물가가 빠르게 올라 갈 수 있다. 따라서 경기가 과열되지 않도록 이자율을 높일 정책적 유인이 발생하기 때문이다.

**[표 24-1] 경기변동과 주가, 이자율, 불확실성 및 경영성과**

| | 호경기 | 불경기 |
|---|---|---|
| 수익창출 역량에 대한 기대 | ↑ | ↓ |
| 주주 기대수익률 | ↓ | ↑ |
| 주가 (⬅ $\frac{\text{미래수익창출역량}}{\text{주주기대수익률}}$) | ↑ | ↓ |
| 불확실성 | ↓ | ↑ |
| 경영성과 변동성 | ↓ | ↑ |
| 신용위험 스프레드(spread)<br>(= 비우량기업 이자율 − 국공채 이자율) | ↓ | ↑ |
| 평균 이자율 | ↑ | ↓ |

반면 불경기에는 경영환경이 불확실하고 기업간 경영성과의 편차도 커진다. 불경기에는 경쟁력이 강한 기업과 그렇지 못한 기업간의 격차가 더욱 커지기 때문이다. 강력한 경쟁력을 갖는 소수의 기업에 투자자 관심이 쏠리게 되는 현상(a flight to quality, '우량기업으로의 탈출현상' 이라고 함)이 불경기에 나타나는 것도 같은 이유이다.

경영성과가 좋지 않은 기업은 더욱 높은 이자율을 지급하지 않으면 금융부채(debt)를 조달하기 어렵고, 이로 인해 신용위험 스프레드(가산금리)가 높아진다. 또한 불경기에는 기업투자가 평균적으로는 줄어들고 이로 인해 자금수요가 적어지므로 이자율은 낮아진다. 떨어진 소비 여력을 회복하고 경제 활력을 높이기 위해 이자율을 낮게 유지하려는 정책도 채택될 것이다. 경제학에서는 경제가 잠재성장률에 비해 낮게 성장(즉, 잠재성장률 > 실제성장율)한다고 표현하고, 이 경우 이자율은 낮게 설정된다.

## 05 재무회계정보와 기업지배구조가 주주 요구수익률에 미치는 영향

흔히 기업지배구조가 비효율적이고 재무회계정보가 투명하지 못하여 기업지배구조가 투명하지 못하면 주주의 요구수익률이 높아진다는 이야기를 듣는다. 이 같은 견해도 직관적으로는 쉽게 이해할 수 있을 것 같다. 그러나 이 같은 주장을 뒷받침할 수 있는 논리를 찾을 수 있을까? 식 (9)의 H를 사용하면 그 답을 구할 수 있다.

식 (9)에서 H는 회사의 예상 영업현금흐름(CF)을 Cov(CF, $CF_m$), 즉 개별회사 영업현금흐름과 시장전체 영업현금흐름과의 연관성으로 나누고 이 값을 시장위험프리미엄(MRP)으로 나눈 것이다. 증명은 생략하겠으나, 여기서 중요한 점은 H값이 상승하면, 주주의 요구수익률이 낮아진다는 점이다. 따라서 H값이 커지고 궁극적으로 주주 요구수익률이 떨어지기 위해서는

- 회사의 영업현금흐름(CF)이 높아지거나, 또는
- 개별회사 영업현금흐름이 시장 영업현금흐름과 연동되어 있는 정도 (Cov(CF, $CF_m$))가 낮아져야 한다.

즉 효율적인 기업지배구조를 수립해 운영하고 재무회계정보의 투명성을 확보한다는 것은 다름 아니라 회사의 미래영업현금흐름(CF)을 향상시키고 영업현금흐름의 불확실성(Cov(CF, $CF_m$))을 낮출 수 있는 역량을 확보하고, 이 같은 자신감을 시장에 제공한다는 의미이다. 효율적인 지배구조란 투자효율성이 높은 상품이나 용역의 생산과 판매에 한정된 기업 재원을 효율적으로 재배분하는 기능이 잘 작동한다는 의미이므로 미래 경영성과(CF)가 좋아질 것이라는 믿음을 시장에 제공한다. 또한 재무회계정보의 투명성은 투자자로 하여금 회사의 미래영업현금흐름 창출능력과 이에 수반하는 불확실성을 편견없이 평가할 수 있는 기반을 제공한다.

미래영업현금흐름이 좋아지는 반면 영업현금흐름의 불확실성이 감소한다면 식 (9)의 H값은 올라가고 궁극적으로 주주의 요구수익률은 낮아지게 된다. 이제 효율적인 기업지배구조의 운용과 회계투명성의 확보가 주주 요구수익률에 미치는 영향에 대해 더욱 잘 이해하게 되었다.

# SECTION 25 가치주와 성장주의 미래 투자수익률

경제지에서는 주가순자산비율(PBR: price-to-book ratio)이 1.0배에 현저하게 미치지 못하는 기업 주식을 가치주(value stock) 또는 자산주라고 부른다. 순자산(= 자산 − 부채)이 100인 경우 주가가 60이라면 PBR = 0.6이고, 이를 주가가 순자산에 비해 '저평가' 되었다고 해석한다. 반대로 PBR이 1.0배 보다 현저히 높은 주식을 성장주(growth stock 또는 glamour stock)라고 종종 부른다. 순자산에 비해 주가가 지나치게 높다는 의미가 묻어있는 표현이다. 가치주와 성장주는 어떤 특성을 갖는 것일까?

## 01 가치주와 성장주의 미래 투자수익률과 경영성과

가치주와 성장주에 투자하는 경우 향후 어떤 수익률을 얻게 되는지 살펴보자. 주식시장에 상장되어 있는 모든 기업들을 현재 시점의 PBR을 기준으로 G1(PBR이 가장 낮은 하위 10% 기업)부터 G10(PBR이 가장 높은 상위 10% 기업)까지 10등급으로

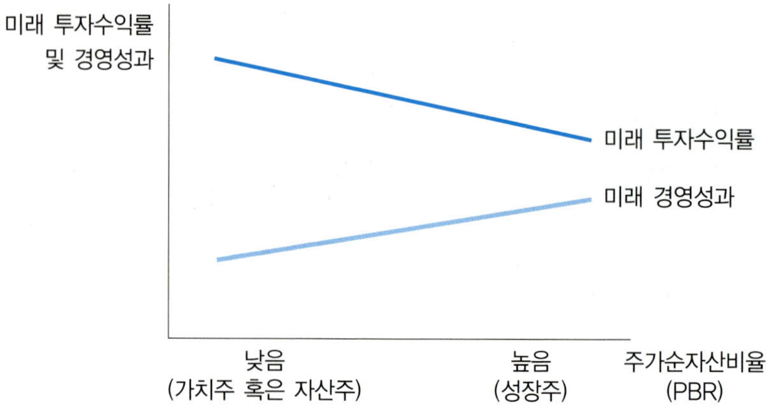


**[그림 25-1]** 주가순자산비율과 미래 투자수익률

구분해 보자. G1에 속한 기업들은 가치주 성격을 갖고, G10에 속한 기업들은 성장주 성격을 갖는다고 볼 수 있다.

연구에 의하면 가치주(G1 기업)와 성장주(G10 기업)는 다음과 같은 특성이 나타난다([그림 25-1] 참조). 가치주에 투자해서 얻는 미래 투자수익률이 성장주에 비해 높게 나타난다. 가치주에 두자하면 성장주에 비해 주가가 더 많이 상승한다는 뜻이다. 이 같은 현상 때문에 경제지에서는 가치주는 저평가된 주식으로, 반대로 성장주는 고평가된 주식으로 인식하기도 한다.

그러나 흥미로운 것은 가치주로 분류된 기업들의 미래 경영성과는 성장주 기업들에 비해 오히려 낮다는 점이다. 예를 들어, 순자산수익률(ROE, $\frac{\text{당기순이익}}{\text{순자산}}$)은 성장주 기업들에서 더 높게 나타난다. 따라서 가치주 기업들에 투자하면 더 많은 투자수익률을 달성하기는 하지만 이들 기업의 경영성과는 상대적으로 낮은 '이해하기 어려운' 현상을 경험하게 된다. 이를 어떻게 해석해야 할까?

가치주가 성장주에 비해 더 높은 투자수익률을 보이는 것은 아래 두 가지 이유 중 하나일 것이다.

첫째, 본질적 자산가치나 수익가치에 비해 가치주가 지나치게 저평가 되어 있었고, 저평가 현상이 해소되는 과정에서 주가가 더 많이 상승했을 가능성이 있다. 반대로 성장주는 본질가치에 비해 고평가 되어 있어 이로 인해 주가가 덜 올랐거나 오히려 주가가 하락했을 수도 있다.

둘째, 가치주가 더 높은 투자수익률을 나타낸 것은 그 만큼 가치주가 더 '위험한' 기업들로 구성되어 있었을 가능성이다. 위험수준이 높을수록 더 높은 투자수익률을 달성했다는 의미(고위험 → 고수익, high risk → high return)이다. 반대로 성장주는 위험수준이 낮기 때문에 상대적으로 낮은 투자수익률을 얻는 것이 자연스러운 현상일 수 있다.

이 가운데 어떤 것이 보다 적절한 설명일까? 물론 실무에서는 가치주가 성장주 보다 더 높은 투자수익률을 보인다는 점이 중요할 뿐 그 원인이 무엇인지에 대해서는 관심이 적을 수도 있다. 그러나 가치주가 성장주에 비해 미래 경영성과가 낮음에도 불구하고 더 높은 투자수익률을 내는 이유가 무엇인가에 대한 궁금증은 여전히 남는다.

## 02 가치주의 체계적 위험도

앞에서 설명한 연구에서는 가치주 기업과 성장주 기업의 체계적 위험(베타, β)도 계산하였다. 체계적 위험이란 외부환경변화(예, 경기변동, 금리변화, 신기술출현, 경쟁구조의 변화 등)에 회사 경영성과가 얼마나 노출되어 있는가를 나타내는 개념이다(Section 22 참조).

이 연구에 의하면 가치주 기업들의 체계적 위험도는 [그림 25-2]처럼 성장주 기업들에 비해 낮게 나타난다. 이 같은 결과는 가치주 투자수익률이 높은 이유 중의 하나가 가치주 기업이 성장주 기업에 비해 위험도가 높기 때문일 것(즉, 고위험 → 고수익)이라는 해석과는 정반대의 발견이다. 반대로 성장주 기업의 베타는 가치주 보다 높

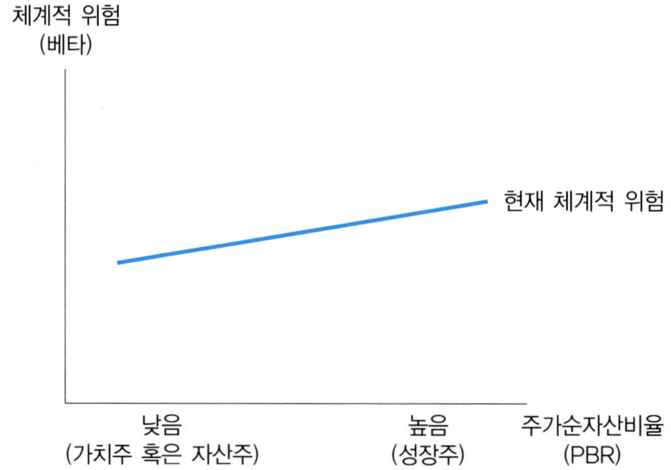


**[그림 25-2]** 주가순자산비율과 체계적 위험(베타)

게 나타난다. 베타가 높을수록 체계적 위험수준이 높다는 뜻이므로, 성장주 기업의 투자수익률이 가치주보다 오히려 낮은 것 역시 '고위험 → 고수익' 원리에 부합하지 않는다.

그런데 흥미로운 것은 가치주 기업과 성장주 기업의 베타가 시간의 흐름에 따라 점진적으로 변한다는 점이다. 체계적 위험도인 베타는 주로 과거 60개월치 특정기업 주식수익률과 종합주가지수 수익률을 활용하여 추정한다.* 이 베타를 과거 수익률 자료 대신 미래 기간의 실제 수익률 자료를 이용해 추정해 보면 전혀 다른 결과가 발견된다. [그림 25-3]은 향후 5년, 10년, 15년 동안 가치주 베타는 지속적으로 높아지는 반면, 성장주 베타는 점진적으로 낮아지고 있음을 보여 준다.

이 같은 결과는 가치주 기업들의 경영성과가 평균적으로 경제환경 변화(예, 경기변

* 60개월치 자료를 이용하는 이유는 호경기와 불경기를 모두 포함시킬 정도의 충분한 기간을 포함시켜야 기업의 체계적 위험도가 적절히 반영된다는 인식 때문이다. 또한 주별 또는 일별 수익률 자료 대신 월별 자료를 이용하는 이유는 그래야만 수익률 자료가 정규분포에 가깝고 베타추정치가 보다 안정적으로 얻어지기 때문이다.

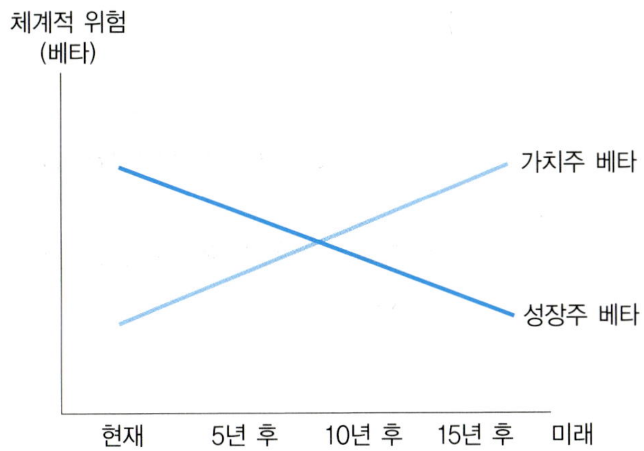


[그림 25-3] 시간에 따른 체계적 위험의 변화

동, 신기술의 출현, 인구구조의 변화, 경쟁구도 변화 등)에 민감하게 연동되어 간다는 의미이다. 반대로 성장주 기업들은 외부 환경변화에 노출되는 정도가 점차 낮아지고 있다. 이는 원가경쟁력이나 브랜드가치 또는 인적자원의 우수성 등으로 인해 성장주 기업의 경영성과가 시장환경변화에 덜 민감해졌다고 해석할 수 있다.

## 03 가치주 기업의 경쟁력 변화

앞서 언급한 연구에서 가치주 기업에 투자한 후 이들 기업의 투자수익률을 추적해 보면 다음과 같은 특성도 발견된다. 우선 가치주에 투자하면 성장주에 비해 '평균적으로' 투자수익률이 높은 것은 사실이나, 모든 가치주 기업의 주가가 상승하는 것은 아니라는 점이다. 가치주의 절반 정도는 주가가 올라가나, 나머지 반은 주가가 오히려 하락한다.

순자산에 비해 주가가 현저히 낮다는 것은 회사 경영진이 주주 기대수익률을 초과하는 이익을 창출하지 못할 것이라는 주식시장의 비판적인 인식 때문이다. 이들 기업 중 절반 정도만이 성공적으로 구조조정을 실천함으로써 경쟁력을 강화하는 것으로 보인다. 그리고 이들 기업의 높은 주가상승률로 인해 가치주 기업들의 평균 투자수익률이 성장주에 비해 높게 나타났을 것이다. 나머지 기업들은 여전히 경쟁력을 회복하지 못하고 이로 인해 주가가 오히려 하락세를 면치 못한다.

그러나 주가하락의 최대치는 −100%(투자원금의 완전상실)인 반면 주가상승은 투자원금의 몇 배 또는 그 이상일 수 있으므로, 가치주의 투자수익률은 평균적으로 '0'보다 클 뿐 아니라 성장주 투자수익률에 비해 높게 나타난다. 이 같은 결과를 바탕으로 가치주 기업에 투자하면 투자수익률이 높다는 믿음을 갖게 된 것으로 보인다.

이 같은 현상을 '거북이 알 가설(turtle egg hypothesis)' 이라고 부른다. 마치 거북이가 상당히 많은 알을 낳지만 이 중 몇 개 만이 생존, 성장해서 장수를 누리는 것과 같이, 가치주 기업도 일부 만이 성공적인 구조조정과 경쟁력 강화를 통해 주가상승을 경험한다는 것이다.

이제 가치주 기업들은 왜 체계적 위험도가 점차 높아졌는지 알 수 있게 되었다. 그 이유는 가치주 기업들의 상당수가 경쟁력 강화에 실패함으로써 이들 기업의 경영성과가 외부 충격에 더욱 취약하게 노출되었기 때문인 것으로 보인다. 그리고 '고위험 → 고수익' 원리에 따라서 가치주 기업들의 높아진 위험수준에 상응해서 이들 기업의 투자수익률이 높아졌을 수도 있다.

향후에도 가치주와 성장주 기업들의 특성에 대한 관심은 계속될 것이다. 가치주 기업들에 투자하면 성장주에 비해 더 높은 투자수익률을 얻을 수 있다는 경험에 대해 이제 보다 정교하게 이해하고 해석할 수 있게 되었다.

마지막으로, 가치주가 성장주에 비해 더 높은 미래수익률을 얻는 이유 중 하나로 현재 시장에서 주가가 기업의 본질가치에 비해 저평가되었기 때문이라는 설명에 대해서는 다음 Section 26에서 좀 더 생각해 보자.

SECTION

# 26 베타(β): 현금흐름베타($\beta_{CF}$)와 할인율베타($\beta_{DR}$)

베타(β)는 주주 요구수익률을 추정하는데 중요한 역할을 한다. 베타는 기업이 어느 수준의 체계적위험(systematic risk)에 노출되어 있는지를 나타내는 개념이다. 실무적으로 베타는 특정 기업의 주식 수익률과 전체 주식시장 수익률간 연관성을 바탕으로 추정한다. 이를 통계적으로 표현하면 다음과 같다(Section 24 참고).

$$\text{베타}(\beta) = \frac{Cov(r, r_m)}{Var(r_m)}$$

위 표현에서 r = 특정 기업의 주식 수익률, $r_m$ = 전체 주식시장 수익률(예, 종합주가지수 수익률), $Cov(r, r_m)$ = r과 $r_m$의 공분산, $Var(r_m)$ = $r_m$의 분산을 나타낸다. 여기서 기억할 점은 개별 기업 수익률과 주식시장 수익률 모두 과거 일정 기간 동안의 '실제' 수익률이라는 점이다.

베타를 추정하기 위해서는 특정 기업과 주식 시장의 미래 '예상' 주식수익률을 사용하는 것이 개념적으로는 타당하다. 주주 기대수익률 개념은 미래 기간에 주주가 예상하는 투자수익률을 의미하기 때문이다.

그러나 미래 기간의 '예상' 주식수익률을 사용하는 것은 불가능하다. 아직 도래하지 않은 정보이기 때문이다. 따라서 실무에서는 미래 예상수익률의 대용치로 '과거' 실제 주식 수익률을 사용한다. 과거 일정 기간 동안의 실제 수익률이 '평균적으로' 미래에도 지속할 것이라는 가정을 하기 때문이다. 그렇다면 '실제' 주식수익률에는 구체적으로 어떤 정보가 담겨있는 것일까? 그리고 그 정보가 베타에는 어떤 영향을 줄까?

## 01 실제 주식수익률의 구성 요소

실제 주식수익률은 일정 기간 주가가 얼마나 상승 또는 하락했는가를 나타낸다. 예를 들어 과거 1년간 주식수익률이 +15%라면, 주가는 그 기간 동안 15% 올랐다는 뜻이다. 반대로 주식 수익률이 −20%라면 주가는 20%나 떨어졌다는 의미이다.

그런데 '실제' 수익률은 다음과 같이 세 가지 정보로 구성되어 있다는 점에 주목하자.

- 기대수익률(expected rate of return): 기업의 수익창출 및 위험관리 역량에 상응하는 수준의 기대수익률이 첫 번째 정보이다. 산업적 특성이나 정부 정책 변화도 기대수익률에 영향을 줄 것이다.*
- 미래 현금창출역량에 대한 새로운 정보(현금흐름 뉴스, cash flow news): 기업이 예상보다 더 강력한 수익창출역량을 확보했다는 새로운 정보로 인해 주가가 더 오를 수 있다. 예를 들어, 신기술 상용화가 성공하여 경쟁자에 비해 더 높은 매출과 영업이익을 달성할 수 있다면 주가는 추가로 상승할 것이다.
- 미래 할인율에 대한 새로운 정보(할인율 뉴스, discount rate news): 할인율에 대한 시장 참여자의 기대치가 변동하는 경우에도 주가는 움직인다. 금리가 낮아지거나 또는 기업 투명성 개선 등으로 인해 자금조달비용이 낮아질 것으로 예상되

* 한국 경제의 '평균적' 특성을 갖는 기업에 대해, 주주는 연 10% 수익률을 기대한다고 보아도 큰 무리가 없을 것이다. 한국 기업들에 대한 주주 기대수익률의 평균값이 10%라고 보아도 좋다는 의미이다.

| 15% | = | 10% | + | 3% | + | 2% |
|---|---|---|---|---|---|---|
| 실제 주식수익률(r)<br>Realized<br>Return | = | 기대수익률<br>Expected<br>Return | + | 현금흐름 뉴스<br>Cash Flow<br>'Surprise' | + | 할인율 뉴스<br>Discount Rate<br>'Surprise' |
| | | 예상된 정보 | | 새로운 정보 | | |

**[그림 26-1]** 실제 주식수익률 구성 요소

면 주가는 긍정적인 영향을 받는다. 주가는 미래 수익을 현재가치로 할인한 개념이므로, 할인율이 하락하면 주가는 올라가기 때문이다.

[그림 26-1]은 실제 수익률이 이와 같이 세 가지 요소로 구성되어 있음을 보여준다. 한 해 동안 주가가 15% 올랐다면, 10%는 기업 특성 및 위험에 상응하는 수준의 수익률이며, 나머지 주가 상승분 5%는 당해 년도 중 획득한 현금창출역량(3%) 및 할인율(2%)에 대한 새로운 정보 때문이다.

마찬가지로 전체 주식시장의 실제수익률($r_m$)도 '기대수익률 + 현금흐름뉴스($r_m^{CF}$) + 할인율뉴스($r_m^{DR}$)' 로 구성되어 있다고 볼 수 있다. 새로운 정부 정책, 경쟁국 환율 정책 또는 기술 발전으로 인해 국가 경쟁력이 강화될 것으로 예상된다면 주식 시장도 긍정적인 영향을 받을 것이다[현금흐름뉴스($r_m^{CF}$) 개선]. 그리고 향후 금리 하락이나 불합리한 규제로 인한 정책 불활실성이 감소할 것으로 예상된다면 주식 시장도 영향을 받을 것이다[할인율뉴스($r_m^{DR}$) 개선].

실무에서는 특정 기업과 주식 시장 전체의 '실제' 주가상승률에 큰 관심을 보이나, 실제 주식수익률이 위에서 살펴본 세 가지 정보로 구성되어 있다는 인식은 흥미로운 관점이다.

## 02 현금흐름베타($\beta_{CF}$)와 할인율베타($\beta_{DR}$)

전통적인 CAPM베타(β)는 실제 수익률을 기반으로 추정한다. 그리고 수익률을 움직이는 동력은 기업의 미래 수익창출역량과 할인율에 대한 시장 기대치의 변화('뉴스')이다.

따라서 기존 체계적위험을 나타내는 CAPM베타(β)도 다음 [그림 26-2]와 같이 두 종류의 베타로 구성되어 있다고 볼 수 있다.

현금흐름베타($\beta_{CF}$)는 특정 기업 주식수익률이 시장 전체 수익창출역량과 얼마나 연동되어 있는가를 나타내고, 할인율베타($\beta_{DR}$)는 특정 기업 주식수익률과 시장 전체 할인율간 연계성을 의미한다.

베타(β)가 높을수록 주주 기대수익률이 높아진다. 주주 기대수익률이 높아지면 경영진은 그 만큼 더 높은 수익성(ROE, 순자산수익률)을 달성해야 하는 부담을 갖는다. 그렇다면 현금흐름베타($\beta_{CF}$)와 할인율베타($\beta_{DR}$) 중 어느 것에 주주 기대수익률은 더 영향을 받을까?

연구에 의하면 할인율베타($\beta_{DR}$)가 미치는 영향이 더 적다고 한다. 할인율은 기업가치 계산시 분모의 할인율과 분자의 현금흐름에 동시에 영향을 주어 그 효과가 어느 정도 상쇄되기 때문이다.

$$\underset{(\beta)}{\text{CAPM 베타}} = \underset{(\beta_{CF})}{\text{현금흐름베타}} + \underset{(\beta_{DR})}{\text{할인율베타}}$$

$$\frac{Cov(r, r_m)}{Var(r_m)} = \frac{Cov(r, r_m^{CF}) + Cov(r, r_m^{DR})}{Var(r_m)}$$

**[그림 26-2]** 현금흐름베타와 할인율베타

우선 할인율이 높아지면 주가 및 기업가치에 부정적인 영향을 줄 것이라는 점은 쉽게 이해된다. 미래 수익성이 동일하다고 가정할 때, 할인율이 높아지면 기업가치는 하락하기 때문이다. 그러나 할인율(또는 이자율)이 높아지면 보유하고 있는 자산의 경제적 가치가 높아지는 긍정적인 효과도 있다. 금리가 오르면 은행 예금으로부터 얻는 이자 수익이 늘어나는 것과 같은 이유이다. 이를 '재산효과(wealth effect)' 라고도 한다.

이렇게 할인율베타($\beta_{DR}$)가 주주 기대수익률에 미치는 효과는 상쇄되는 특성을 갖는다. 따라서 경영진 입장에서는 그 만큼 덜 부담스러운 위험요인이라고 볼 수 있다. 그래서 할인율베타($\beta_{DR}$)를 '좋은' 베타(good beta)라고도 부른다. 물론 여기서 '좋다' 는 표현은 아래 현금흐름베타($\beta_{CF}$)와 비교할 때 상대적으로 덜 위협적라는 의미로 해석하자.

반면 현금흐름베타($\beta_{CF}$)에는 이 같은 상쇄효과가 없다. 현금흐름베타($\beta_{CF}$)가 높다는 것은 회사의 미래 수익성이 시장 전체 경영환경(예, 경기변동, 정부정책, 원자재가격, 환율 등)에 더 많이 노출되어 있다는 의미이다. 이에 대해 불안감을 느낀 주주는 더 높은 보상을 요구하고 이로 인해 주주 기대수익률이 높아진다. 할인율베타($\beta_{DR}$)에서 나타나는 재산효과도 없다. 현금흐름베타($\beta_{CF}$)를 '나쁜' 베타(bad beta)라고 부르는 이유도 이 때문이다.

실무에서는 체계적위험 베타(β)를 현금흐름베타($\beta_{CF}$)와 할인율베타($\beta_{DR}$)로 구분할 필요는 많지 않아 보인다. 그러나 주주 기대수익률 추정시 핵심적인 정보인 베타가 독특한 특성을 갖는 두 개의 베타로 구성되어 있다는 점은 흥미로운 관점이다. 이 새로운 관점을 성장주와 가치주 분석에 활용해 보자.

# 03 가치주와 성장주

실무에서는 주가순자산비율(PBR, price-to-book ratio)이 1.0배에 현저히 낮은 주식을 가치주(또는 자산주, value stock)라고 부르고, 그 반대는 성장주(growth stock)라고 부른다(Section 25참고). 가치주는 성장주에 비해 미래 수익성은 낮으나, 주가 상승률은 더 높은 특징을 갖고 있다.

가치주가 더 높은 투자수익률을 갖는 이유 중 하나는 가치주가 더 '위험한' 주식이기 때문일 것이다(또 다른 이유는 가치주가 지나치게 저평가되었을 가능성이다). 높은 위험 수준에 대한 보상으로 미래 투자수익률이 높을 것이라는 점이다. 그런데 흥미로운 점은 가치주의 CAPM베타(β, 체계적 위험) 수준이 성장주에 비해 높지 않다는 점이다. 따라서 전통적 위험 개념으로는 가치주 투자수익률이 높다는 것을 설명하기 어려웠다(Section 25, '02 가치주의 체계적 위험도' 참고).

그렇다면 체계적위험 베타(β)가 현금흐름베타($\beta_{CF}$)와 할인율베타($\beta_{DR}$)로 구성되어 있다는 지식을 활용해 가치주와 성장주의 특성을 다시 검토해 보면 어떨까?

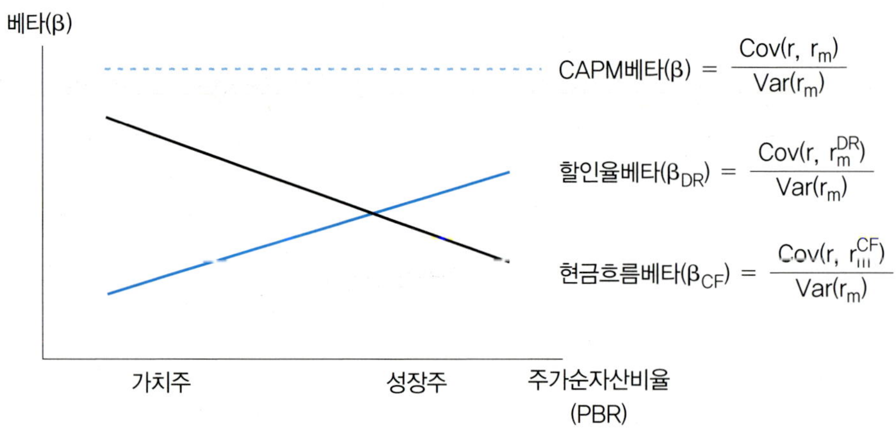


[그림 26-3] 현금흐름베타와 가치주/성장주

[그림 26-3]는 현금흐름베타($\beta_{CF}$)가 성장주에 비해 가치주에서 더 높다는 것을 보여준다. 가치주 특성을 갖는 기업들의 경영성과가 경기, 정부정책, 경쟁구도, 원자재가격, 환율 등 전체 경제 환경에 더욱 민감하게 영향을 받는다는 의미이다. 따라서 전통적 CAPM베타(β)로는 설명이 어려웠으나, 성장주에 비해 가치주의 위험수준이 더 높고 그 보상으로 인해 미래 투자수익률이 높아진다는 것을 현금흐름베타($\beta_{CF}$)로 보여줄 수 있게 되었다.

반대로 할인율베타($\beta_{DR}$)는 성장주에서 더 높게 나타난다. 가치주에 비해 성장주 주가가 시장 할인율 변동에 더욱 민감하게 움직인다는 의미이다. 이유가 무엇일까?

첫째, 성장주는 가까운 장래보다는 먼 미래 기간에 수익을 창출할 가능성이 높다. 따라서 성장주의 가치는 할인율 변화에 더 큰 영향을 받는다. 둘째, 성장주는 주식이나 채권발행을 통해 투자재원을 조달할 가능성이 높다. 이에 따라 금리변동과 같은 시장환경 변화나 투자자 선호 변화에 더 민감하게 반응할 것이다.

이러한 내용을 정리해보면, 현금흐름베타($\beta_{CF}$)는 할인율베타($\beta_{DR}$)와 달리 기업의 수익창출역량에 대한 위험수준을 보다 명확하게 포착하는 장점을 갖고 있다. 할인율베타($\beta_{DR}$)는 재산효과로 인해 경영진과 주주에게는 덜 위협적이기 때문이다.

가치주 기업들이 높은 수준의 현금흐름베타($\beta_{CF}$)에 노출되어 있고, 그에 대한 보상 때문에 미래 투자수익률이 높게 나타난다는 점은 실무적으로도 중요한 발견이다. 낮은 미래 수익성에도 불구하고 가치주의 미래 투자수익률이 평균적으로 높게 나타나는 특이한 현상에 대해 새로운 통찰력을 제공하기 때문이다.

# SECTION 27 PBR(주가순자산비율)과 고평가주식

경제지에서는 주가순자산비율(PBR, price-to-book ratio)이 현저하게 높은 경우 주가가 고평가되었다는 해석을 종종 하기도 한다. 순자산(B, book value)(= 자산 − 부채)에 비해 주가가 너무 높으므로 결국은 주가가 떨어질 것이라는 관점이다. PBR 수준을 보고 주가가 고평가 되었는지를 판단하는 것이 얼마나 적절할까? 이에 대한 답을 찾아 보기로 하자.

## 01 PBR과 초과이익모형

PBR개념을 보다 정교하게 이해하기 위해서 우선 배당할인모형(DDM, dividend discount model)을 상기하자. 배당할인모형은 회사가 미래에 지급하는 배당금(D)을 주주 기대수익률(r)로 할인하여 기업가치를 파악하는 개념이다. 이 개념은 기업가치 평가에서 가장 중요한 것이 기업의 미래 배당금 지급역량이라는 점을 잘 나타낸다. 이를 공식으로 표현하면 다음과 같다.

$$P_0 = \frac{D_1}{(1+r)^1} + \frac{D_2}{(1+r)^2} + \cdots \quad (1)$$

여기서 배당금($D_1$)은 부의 분배(wealth distribution)를 나타내는 개념이라는 점을 기억하자. 그런데 부의 분배를 위해서는 부의 창출(wealth creation)이 선행되어야 한다. 부의 창출은 (1) 투자와, (2) 투자를 통한 수익 창출, 그리고 (3) 미래를 위한 재투자의 과정으로 달성된다. 이 개념을 회계용어로 다시 표현하면,

$$\underset{\text{부의 분배}}{\text{당기 배당금}(D_1)} = \underset{\text{기초투자}}{\text{기초순자산}(B_0)} + \underset{\text{부의 창출}}{\text{당기순이익}(NI_1)} - \underset{\text{미래를 위한 재투자}}{\text{기말순자산}(B_1)} \quad (2)$$

로 나타낼 수 있다.

식(2)를 식(1)에 대입하여 정리하면, 배당할인모형은 아래와 같은 초과이익모형(RIM, residual income model)으로 진화한다(보다 정교한 내용은 Section 12 참조).

$$P_0 = \underset{\text{기초투자}}{B_0} + \underbrace{\frac{NI_1 - r \times B_0}{(1+r)^1} + \frac{NI_2 - r \times B_1}{(1+r)^2} + \cdots}_{\text{초과이익 창출역량}} \quad (3)$$

초과이익모형은 기업 본질가치를 향상시키기 위해서는 배당금 지급역량도 중요하지만, (1) 투자와, 이를 통해 (2) 초과이익 창출역량을 지속적으로 강화하는 것이 더 중요하다는 관점을 잘 나타낸다.

이제 식(3)의 분자에 있는 초과이익($NI_1 - r \times B_0$)이 매년 같은 비율($g_{RI}$)로 지속적으로 성장할 것이라고 가정하자. 초과이익이 지속적으로 성장하는 경우, 성장률이 기업가치에 미치는 영향은 분모에 있는 할인율을 줄이는 것과 동일한 효과를 갖기 때문에 식(3)은 다음처럼 표현할 수 있다.*

* 예를 들어, 당해 연도 초과이익이 100이고($NI_1 - r \times B_0 = 100$), 해마다 3%씩($g = 3\%$) 성장할 것이라고 해보자. 이 경우 매년 3%씩 성장하는 미래 기간의 초과이익의 현재가치는 $\frac{100}{r - 3\%}$으로 간결하게 나타낼 수 있다.

$$P_0 = B_0 + \underbrace{\frac{NI_1 - r \times B_0}{r - g_{RI}}}_{\text{미래 초과이익의 현재가치}} \tag{4}$$

↑ 기초투자 ↑ 미래 초과이익의 현재가치

이제 식(4)를 정리하면 아래 결과를 얻게 된다.

$$P_0 = \frac{B_0 \times (r - g) + NI_1 - r \times B_0}{r - g_{RI}}$$

$$= \frac{NI_1 - B_0 \times g_{RI}}{r - g_{RI}}$$

$$= B_0 \times \frac{\frac{NI_1}{B_0} - g}{r - g}$$

$$= B_0 \times \frac{ROE_1 - g_{RI}}{r - g_{RI}} \tag{5}$$

식(5)는 기업의 본질가치를 (1) 기초투자를 의미하는 기초순자산($B_0$), (2) 기업의 미래 순자산수익률($ROE_1$) 창출역량, (3) 초과이익의 지속적 성장률($g_{RI}$), 그리고 (4) 주주기대수익률(또는 할인율, r)로 나타낸다.

이제 식(5)의 양변을 기초순자산으로 나누어 보자.

$$\frac{P_0}{B_0} = \frac{ROE_1 - g_{RI}}{r - g_{RI}} \tag{6}$$

따라서, 주주기대수익률(또는 할인율)이 일정한 경우, 주가순자산비율(PBR)은 (1) 미래 순자산수익률($ROE_1$) 창출역량과 (2) 초과이익의 지속적 성장률($g_{RI}$)에 의해 영향을 받는다고 해석할 수 있다. 즉 회사의 미래 수익창출역량이 높을수록, 그리고 초과이익을 지속적으로 성장시킬 수 있는 역량이 강할수록 PBR 수준이 높아진다. 이 같은 결론을 도출하는 과정이 조금 복잡해 보이기는 하나, 이를 통해 PBR이 어떤 요소에 의해 결정되는 지를 명확히 이해하게 되었다.

## 02 초과이익모형을 활용한 PBR 분석

PBR을 초과이익모형을 이용해 분석하면 몇 가지 중요한 통찰력을 얻을 수 있다.

우선 회사의 이익창출역량이 주주의 기대수익률과 동일하고 향후에도 이와 같은 수준으로 유지된다면, PBR은 얼마가 될까? 예를 들어, 주주 기대수익률(r)이 10%인데, ROE로 측정한 회사의 이익창출역량도 10%라고 하면, 식(6)에서 $\frac{P_0}{B_0} = 1$이 된다. 즉, 순자산이 100일 때 시가총액 추정치도 100이 된다는 의미이다.

또한 기업의 초과이익 창출역량이 미래에 강화되거나 약화되지 않고 현재와 동일한 수준으로 유지된다면, PBR은 얼마가 될까? 즉, 초과이익 성장률이 영($g_{RI} = 0$)이면 $\frac{P_0}{B_0} = \frac{ROE_1}{r}$이 된다. 따라서 PBR은 주주 기대수익률에 비해 ROE 수준이 얼마나 높은가에 의해 결정된다. r = 10%인 경우, ROE = 6%이면 PBR = 0.6이 되고, ROE = 12%이면 PBR = 1.2가 된다는 의미이다.

마지막으로 기업의 이익창출역량이 주주 기대수익률 보다 크고 이러한 이익창출역량은 미래에 더욱 강화되는 경우를 살펴보자. 다시 말해, ROE > r이고 동시에 $g_{RI} > 0$이면, $\frac{P_0}{B_0} > \frac{ROE_1}{r}$이 된다. 즉 PBR은 ROE를 주주 기대수익률로 나눈 것보다 더 높아진다. 가령, 주주 기대수익률(r)은 10%인데, ROE는 15%이고 초과이익창출역량이 매년 5%씩 성장한다($g_{RI}$ = 5%)고 하자. 이 경우 $\frac{P_0}{B_0} = \frac{ROE_1 - g}{r - g} = \frac{15\% - 5\%}{10\% - 5\%} = 2.0$이 되고, 이는 $\frac{ROE_1}{r} = \frac{15\%}{10\%} = 1.5$ 보다 높은 값이다.

이 같은 내용을 다시 정리하면 다음과 같다.

■ ROE = r ➡ $\frac{P_0}{B_0} = 1$

■ $g_{RI} = 0$ ➡ $\frac{P_0}{B_0} = \frac{ROE_1}{r}$

■ ROE > r, $g_{RI} > 0$ ➡ $\frac{P_0}{B_0} > \frac{ROE_1}{r}$

## 03 PBR과 고평가 주식

앞에서 익힌 지식을 활용해 PBR수준이 현저히 높은 주식이 고평가 되었는가를 분석해 보기로 하자. 예를 들어, 어느 회사의 PBR = 5.0배라고 가정하자. 이 회사의 내년도 ROE에 대한 재무분석가들의 추정치를 살펴보니 평균 20%라고 하고, 경영진의 초과이익 창출역량은 향후에도 매년 5%씩 성장할 것으로 보인다고 하자. 또한 이 회사의 주주 기대수익률은 10%라고 하자. 이 기업의 수익창출역량은 주주 기대수익률의 두 배에 달하므로 이 회사는 경쟁력이 높은 기업임에 틀림없다.

이 같은 수익창출역량을 갖는 회사의 PBR 수준은 5.0배가 적정하다고 할 수 있을까? 아니면 수익창출역량에 비해 주가가 너무 높다고 평가해야 할까?

식(6)에 의하면, ROE = 20%, $g_{RI}$(초과이익의 성장률) = 5%, r(주주기대수익률) = 10%인 경우, 이론적으로 PBR이 다음처럼 3.0배로 되는 것이 적정해 보인다.

$$\text{이론상의 PBR} = \frac{P_0}{B_0} = \frac{ROE_1 - g}{r - g} = \frac{20\% - 5\%}{10\% - 5\%} = 3.0\text{배}$$

따라서 실제 PBR 5.0배는 이론적인 수준 3.0배보다 높아 보인다. 이 같은 차이가 나타나는 이유는 아래 세 가지 중 하나일 것이다.

■ 수익창출역량이 20% 보다 높거나 초과이익의 성장률이 5% 보다 클 가능성: 회사의 초과이익 창출역량이 재무분석가들의 예상보다 더욱 빠른 속도로 강화된다면 실제 PBR수준은 5.0배가 될 수도 있다.

- 주주 기대수익률이 10%보다 낮을 가능성: 위 예에서는 주주 기대수익률은 10%라고 가정했으나, 실제 r < 10%일 수도 있다. 수익창출역량이 강건할수록 주주는 회사에 대한 위험도를 낮게 인식하고 이로 인해 할인율이 떨어지기 때문이다.
- 주가가 고평가 되었을 가능성: 수익창출역량에 비해 주가가 너무 높다고 해석할 수도 있다. 경영진의 수익창출역량이 높은 것은 분명하나 그렇다고 하더라도 주가가 고평가 되었을 수도 있다.

그렇다면 주가가 고평가 되었을 가능성을 어떻게 판단할까? 실무에서는 현재 PBR 수준이 과거 PBR수준에 비해 현저히 높거나, 또는 국내외 경쟁기업들의 PBR수준보다 현저히 높은 경우 주가가 고평가 되었다고 보기도 한다. PBR이 궁극적으로는 '평균으로 회귀' 할 것이라는 가정을 하기 때문이다.

그러나 PBR수준이 지나치게 높은가를 보다 본질적으로 평가하기 위해서는 회사 수익창출 역량이 미래에 어떻게 나타날지를 예측하고 판단하는 것이 더욱 중요하다. 이를 위해서는 경영진의 연구개발투자에 대한 의지, 브랜드가치 향상을 위한 광고전략, 신시장을 개척하기 위한 성장전략, 그리고 인적자원의 역량 강화를 위한 노력 등을 종합적으로 고려해야 한다. 이 같은 분석은 물론 쉽지 않은 작업이다.

그럼에도 불구하고 PBR에 영향을 미치는 요인들에 대한 체계적 지식이 준비되었으므로 이를 바탕으로 보다 자신감있는 분석을 시도를 할 수 있게 되었다.

# SECTION 28 PER(주가순이익비율)과 고평가주식

주가 수준이 적정한지를 판단하는 주요 지표 중 하나가 주가순이익비율(PER, price-to-earnings ratio)이다. PER은 현재의 주가($P_0$)를 예상 주당 당기순이익($E_1$)으로 나눈 것이다. 현재 주가를 예상 순이익으로 나누는 이유는 주가가 미래 경영실적을 반영하기 때문이다.

$$\text{PER} = \frac{P_0}{E_1} = \frac{\text{현재 주가}}{\text{예상 주당순이익}}$$

재무분석가들은 PER이 '현저하게' 높거나 낮은 경우 주가가 기업의 본질가치를 벗어나 있다고 평가하고, 이 경우 주식을 팔거나 또는 살 것을 추천한다. 그렇다면 PER이 본질가치에 비해 현저히 벗어나 있다는 것을 어떻게 알 수 있을까?

실무에서는 현재 PER 수준이 과거 PER의 일정 범위에서 이탈하였거나, 국내외 경쟁기업들의 PER 수준에 비해 현저히 다른 경우 주가가 회사의 본질가치를 적정하게 나타내지 못하고 있다고 설명하기도 한다.

이와 같은 실무적인 평가방법 대신 보다 논리적으로 PER개념을 활용할 수는 없을까? 이에 대한 답을 시도해 본다.

## 01 배당할인모형과 PER

PER개념을 보다 명확히 이해하기 위해서 우선 경영학의 기본개념인 배당할인모형(DDM, dividend discount model)이 필요하다. 경영학의 핵심주체는 기업이고 회사의 주인은 주주이기 때문이다. 배당할인모형은 미래 배당금(D: dividend)을 주주 기대수익률(r)로 할인하여 기업가치를 파악하는 개념이다.

$$P_0 = \frac{D_1}{(1+r)^1} + \frac{D_2}{(1+r)^2} + \cdots \qquad (1)$$

이제 아래와 같은 새로운 식을 도입해 보자.

$$B_0 + \frac{B_1 - (1+r)B_0}{(1+r)^1} + \frac{B_2 - (1+r)B_1}{(1+r)^2} + \cdots = 0 \qquad (2)$$

여기서 B(Book value)는 순자산(= 자산 − 부채)으로 해석하자. 이 식을 계속해서 풀면 궁극적으로 $\frac{B_\infty}{(1+r)^\infty}$만 남게 된다. 그 앞의 값은 모두 상계되어 '0'이 되기 때문이다. 여기서 $\frac{B_\infty}{(1+r)^\infty} = 0$라고 가정하면(즉 무한대로 먼 미래시점의 순자산을 현재가치로 환산한 값은 실질적으로 '0'에 근접함), 식(2)는 그 전체의 값이 '0'이 될 것이다.

전체 값이 '0'인 식(2)가 필요한 이유는 무엇일까? 이 표현의 유용성이 곧 나타난다. 이제 식(1)과 식(2)를 결합하면 아래와 같은 새로운 표현을 도출할 수 있다.

$$P_0 = B_0 + \frac{B_1 + D_1 - (1+r)B_0}{(1+r)^1} + \frac{B_2 + D_2 - (1+r)B_1}{(1+r)^2} + \cdots \qquad (3)$$

분자에 있는 '$B_1 + D_1 - (1+r)B_0$'는 친숙한 표현이다. 이를 '기말순자산 + 당기 배당금지급액 − (1 + 주주의 요구수익률) × 기초순자산'으로 해석하기로 하자. 당기순이익과 기초순자산의 합은 배당금으로 지급되거나 아니면 기말순자산으로 남을 것이므로, '당기순이익($E_1$) + 기초순자산($B_0$) = 당기 배당금지급액($D_1$) + 기말순자산($B_1$)' 임을 알 수 있다. 이를 바꾸어, $B_1 + D_1 = E_1 + B_0$임을 식(3)의 분자에 반영하면,

$$\begin{aligned} B_1 + D_1 - (1 + r)B_0 &= E_1 + B_0 - (1 + r)B_0 \\ &= E_1 - rB_0 \qquad \rightarrow \text{초과이익} \end{aligned}$$

따라서 분자의 표현은 다름 아닌 초과이익(= 당기순이익 − 주주 기대수익률 × 기초순자산) 창출역량을 나타냄을 확인할 수 있다.

이제 $B_1 + D_1 - (1 + r)B_0$가 앞으로 매년 일정한 비율로 지속적으로 성장(영구성장률 = $g_{LT}$%, LT: long-term)할 것이라고 가정하자. 그렇다면 식(3)은 다음과 같이 단순화된다.

$$P_0 = B_0 + \frac{B_1 + D_1 - (1 + r)B_0}{r - g_{LT}} \tag{4}$$

여기서 $B_0 = \frac{E_1}{r}$, $B_1 = \frac{E_2}{r}$를 도입하자. 미래 당기순이익($E_1$)은 기초순자산($B_0$) 금액에 대해 평균적으로는 주주 기대수익률(r) 만큼 창출되는 것으로 인식한다면(즉 $E_1 = B_0 \times r$), 이 표현도 어렵지 않게 수용할 수 있다. 이를 식(4)에 대입하고 정리하면,

$$= \frac{E_1}{r} + \frac{\frac{E_2}{r} + D_1 - (1 + r)\frac{E_1}{r}}{r - g_{LT}}$$

$$= \frac{E_1}{r} + \frac{1}{r} \cdot \frac{E_2 + r \times D_1 - (1 + r)E_1}{r - g_{LT}}$$

$$= \frac{E_1}{r} + \frac{1}{r} \cdot \frac{E_2 - E_1 + r \times D_1 - r \times E_1}{r - g_{LT}}$$

$$= \frac{E_1}{r} + \frac{E_1}{r} \cdot \frac{\frac{E_2 - E_1 + r \times D_1}{E_1} - r}{r - g_{LT}}$$

이 된다. 마지막 표현에서 두 번째 항 분자에 있는 표현을 $\frac{E_2 - E_1 + r \times D_1}{E_1} = \frac{\Delta E_2 + r \times D_1}{E_1}$ $= g_{ST}$로 나타내자. $g_{ST}$는 단기간 동안(ST: short-term)의 당기순이익 성장성을 나타낸다.

이 표현에서 눈에 띄는 것은 주주 기대수익률(r)에 당기 배당금지급액($D_1$)을 곱한 값을 당기순이익 증가분($\Delta E_2$)에 가산한 점이다. 이는 당기에 배당을 지급하는 경우 $r \times D_1$만큼 내년도 당기순이익이 덜 늘어난다는 점을 반영한 것이다. 이는 만일 현금배당을 하지 않았다고 가정하면 평균적으로 $r \times D_1$만큼 미래 순이익이 증가할 것이라는 점을 보여주는 것이다.*

이 같은 이해를 바탕으로 마지막으로 위 식의 양변을 내년도 당기순이익($E_1$)으로 나누어 보자.

$$\frac{P_0}{E_1} = \frac{1}{r}\left\{1 + \frac{g_{ST} - r}{r - g_{LT}}\right\} = \frac{1}{r}\left\{\frac{r - g_{LT} + g_{ST} - r}{r - g_{LT}}\right\} = \frac{1}{r}\left\{\frac{g_{ST} - g_{LT}}{r - g_{LT}}\right\}$$

그 결과 아래 식(5)의 왼쪽에는 PER(주가순이익비율)이, 오른쪽에는 궁극적으로 $\frac{1}{r}\left\{\frac{g_{ST} - g_{LT}}{r - g_{LT}}\right\}$이 나타난다.

$$\frac{P_0}{E_1} = \frac{1}{r} \times \frac{g_{ST} - g_{LT}}{r - g_{LT}} \tag{5}$$

* 이 같은 조정을 하는 이유는 회사의 실제 배당정책과는 무관하게 순이익 성장성을 고려하는 것이 중요하기 때문이다. 경영진에게는 배당금 지급도 중요하나 투자를 통한 부의 창출이 더욱 중요하고 어려운 역할이므로, 배당정책과는 무관하게 미래의 순이익 창출역량을 포착하는 시도하라고 이해하면 좋겠다.
이를 직관적으로 이해하기 위해, 우선 순이익 모두를 배당금으로 지급한다고 가정하자($D_1 = E_1$). 즉 배당성향($= \frac{\text{배당금}}{\text{당기순이익}}$) = 100%인 경우이다. 이 경우 단기 순이익성장률은 $g_{ST} = \frac{\Delta E_2 + r \times D_1}{E_1} = \frac{\Delta E_2 + r \times E_1}{E_1}$ $= \frac{\Delta E_2}{E_1} + r$이 된다. 만일 이 성장률이 주주 기대수익률(r)과 동일하다면, 경영진은 단기적으로는 순이익을 전혀 성장시키지 못한 것으로 해석할 수 있다($\frac{\Delta E_2}{E_1} = 0$).
반대로 배당금을 지급하지 않는다고 가정하자($D_1 = 0$). 이 경우 단기 순이익성장률은 $g_{ST} = \frac{\Delta E_2 + r \times D_1}{E_1}$ $= \frac{\Delta E_2 + r \times 0}{E_1} = \frac{\Delta E_2}{E_1}$이 된다. 만일 이 성장률이 주주 기대수익률(r)과 동일하다면, 경영진은 배당재원을 재투자해서 얻은 이익만큼만 순이익을 성장시켰을 뿐, 그 이 외의 순이익 창출역량은 갖추지는 못했다는 것을 의미한다.

따라서 주가순이익비율(PER)은 다음과 같은 세 가지 요인에 의해 결정됨을 확인할 수 있다.

- 주주 기대수익률(r)
- 단기간의 순이익증가율($g_{ST}$)
- 장기적 순이익증가율($g_{LT}$)

우선 주주 기대수익률이 높을수록 PER 수준은 낮아진다. 회사 경영성과가 경기변동에 노출되어 있는 정도가 높을수록(체계적위험(β)이 높을수록) 주주의 불안감은 커지고 이로 인해 주주 기대수익률이 높아진다면 PER수준은 낮을 것이다. 그리고 뛰어난 연구개발역량이나 강력한 브랜드전략을 보유한 기업은 단기적으로뿐만 아니라 장기적으로도 순이익을 지속적으로 성장시킬 수 있을 것이므로 PER수준은 높아질 것이다.

이와 같은 개념을 도출하는 과정이 쉽지는 않았으나, 직관적으로만 이해하고 있었던 PER에 영향을 미치는 요인들을 이제는 명확히 파악할 수 있게 되었다. 그렇다면 PER의 구성요인에 대한 지식을 활용하여 주가수준이 적정한지를 분석해 보기로 하자.

주주 기대수익률(r)이 일정하다고 가정하면, 아래와 같은 결론을 도출할 수 있다.

- 단기 순이익증가율($g_{ST}$) = 주주 기대수익률(r) ➡ $\frac{P_0}{E_1} = \frac{1}{r}$
- 단기 순이익증가율($g_{ST}$) > 주주 기대수익률(r) ➡ $\frac{P_0}{E_1} > \frac{1}{r}$

예를 들어, 주주 기대수익률(r)이 10%라고 가정하자. 만일 단기 순이익성장률($g_{ST}$) = 10%인 경우(경영진의 순이익 성장역량이 주주 기대수익률과 동일),

$$\frac{P_0}{E_1} = \frac{1}{r} = \frac{1}{10\%} = 10\text{배}$$

가 된다.

그리고 단기 순이익증가율($g_{ST}$)이 10%를 넘는다면 PER은 10배를 초과할 것이다. 물론 PER수준이 10배를 넘어 얼마까지 높아질 것인가는 장기 순이익증가율($g_{LT}$) 수준에 달려 있다. 만일 단기 순이익증가율($g_{ST}$) = 15%, 장기 순이익증가율($g_{LT}$) = 5%인 경우,

$$\frac{P_0}{E_1} = \frac{1}{r} \times \frac{g_{ST} - g_{LT}}{r - g_{LT}} = \frac{1}{10\%} \times \frac{15\% - 5\%}{10\% - 5\%} = \frac{1}{10\%} \times \frac{10\%}{5\%} = 20\text{배}$$

가 될 것이다.

## 02 PER과 고평가주식

이 같은 통찰력을 활용해 PER수준이 현저히 높은 주식이 고평가 되었는가를 평가해 보자. 예를 들어, 어느 회사의 PER = 40배라고 해보자. 재무분석가들의 장단기 추정치를 살펴보니 이 회사의 순이익이 단기적으로는 20% 성장이 가능하고, 장기적으로는 국가경제 성장률을 웃도는 5% 정도로 성장할 것이라고 한다.

이 같은 성장잠재력을 갖는 회사의 PER은 40배가 적정하다고 할 수 있을까? 아니면 수익창출역량에 비해 주가가 너무 높다고 평가해야 할까?

단기 순이익증가율($g_{ST}$) = 20%, 장기 순이익증가율($g_{LT}$) = 5%, 주주기대수익률(r) = 10%인 경우,

$$\frac{P_0}{E_1} = \frac{1}{r} \times \frac{g_{ST} - g_{LT}}{r - g_{LT}} = \frac{1}{10\%} \times \frac{20\% - 5\%}{10\% - 5\%} = \frac{1}{10\%} \times \frac{15\%}{5\%} = 30\text{배}$$

가 적정해 보인다. 이 값은 실제 PER = 40배에 비해 낮은 수준이다.

이 같은 차이가 나타나는 이유는 아래 세 가지 중 하나일 것이다.

- 단기 순이익증가율($g_{ST}$)이나 장기 순이익증가율($g_{LT}$)이 재무분석가 예상보다 더 높은 경우: 회사가 재무분석가의 예상을 뛰어넘는 순이익 창출역량을 갖추었다면 실제 PER수준 40배가 적정할 수도 있다.
- 주주 기대수익률(r)이 10%보다 낮을 가능성: 주주 기대수익률이 10%라고 가정했으나, 실제로는 $r < 10\%$ 일 수도 있다. 그렇다면 그만큼 PER수준도 높아질 것이다.
- 주가가 고평가 되었을 가능성: 순이익의 성장잠재력에 비해 주가가 너무 높다고 볼 수도 있다. 경영진의 순이익 창출역량이 높은 것은 분명하나 그렇다고 하더라도 주가가 지나치게 고평가 되었을 수도 있다. 예를 들어, 순이익성장률이 단기적으로는 $g_{ST} = 20\%$로 매우 높으나 장기적으로는 $g_{LT} = 5\%$ 수준으로 낮아질 것임에도 불구하고, 투자자들은 향후에도 지속적으로 순이익이 20%씩 성장할 것이라는 낙관적인 기대를 할 수도 있다. 그렇다면 적정 PER = 30배 보다 높은 수준의 주가순이익비율이 나타날 수도 있다.

이제 PER수준에 영향을 미치는 핵심요인들에 대한 체계적인 지식을 갖추었으므로 이를 활용하여 보다 자신감 있는 분석을 시도해 보면 어떨까?

SECTION

# 29 PER개념을 활용한 주주 기대수익률(r)의 추정

주주 기대수익률(r: required rate of return)은 가치평가에서 핵심적인 역할을 한다. 배당할인모형(DDM: dividend discount model)이나 초과이익모형(RIM: residual income model)을 활용하여 기업가치를 추정하는 경우 미래 배당금이나 초과이익을 주주 기대수익률로 할인하기 때문이다. 주주 기대수익률은 전통적으로 CAPM개념을 바탕으로 산정해 왔다(Section 22, 주주 기대수익률(r)의 추정 참고).

## 01 주주 기대수익률(r)과 PER

여기서는 주주 기대수익률 추정을 위해 새로운 시도를 해 보기로 하자. 바로 앞 장에서 살펴 본 주가순이익비율(PER: price-to-earnings ratio) 개념을 이용하는 것이다.

$$\frac{P_0}{E_1} = \frac{1}{r} \times \frac{g_{ST} - g_{LT}}{r - g_{LT}} \quad (1)$$

여기서

- $P_0$ = 현재 주가수준
- $E_1$ = 내년도 예상 순이익
- $r$ = 주주 기대수익률
- $g_{ST}$ = 단기 순이익증가율 (= $\frac{\Delta E_2 + r \times D_1}{E_1}$, $E_2$ = 2년 후 예상순이익, $D_1$ = 내년도 배당금)
- $g_{LT}$ = 장기 순이익증가율

을 나타낸다. 식(1)은 주주 기대수익률(r), 단기 순이익성장률 및 장기 순이익성장률이 PER에 영향을 미친다는 것을 잘 나타낸다.

이제 주가가 회사의 장단기 순이익 창출역량을 적정하게 반영하고 있다고 가정하자. 이를 효율적 시장가설(EMH: efficient market hypothesis)이라고 한다. 주가가 기업의 경쟁력을 평균적으로 적정하게 포착하고 있다는 개념이다. 미래 기간에 창출될 것으로 예상되는 순이익을 주주 기대수익률(r)로 할인한 금액이 현재 주가($P_0$)에 반영되었다면, 주가($P_0$)와 미래 이익예상치 정보를 활용하여 주가에 반영된 주주 기대수익률(r)을 추정할 수 있다.

이를 위해 식(1)을 분해하고 재정렬하면 아래와 같이 주주 기대수익률(r)을 나타낼 수 있다(구체적인 도출과정을 생략함).

$$\text{주주 기대수익률 추정치 } r = A + \sqrt{A^2 + \frac{E_1}{P_0} \times \left(\frac{\Delta E_2}{E_1} - g_{LT}\right)} \qquad (2)$$

여기서 $A = \frac{1}{2} \times (g_{LT} + \frac{D_1}{P_0})$이다.

복잡해 보이기는 하나, 식(2)는 주주 기대수익률(r)이 아래 요인들에 의해 결정됨을 보여준다.

- $\frac{E_1}{P_0}$ : PER의 역수로 내년도 순이익 예상치($E_1$)를 현재 주가($P_0$)로 나눈 것이다. 이를 'EP비율'이라고도 한다. 이 비율이 높을수록 주주 기대수익률(r)은 높아진다. 미래 경영성과가 나쁠 것으로 예상되면 주가($P_0$)는 낮아질 것이고, 이로 인해 $\frac{E_1}{P_0}$는 높아진다. 이 경우 주주 불안감은 커지고 궁극적으로 위험에 대한 보상인 주주 기대수익률(r)도 높아질 것이다(Section 24. 주주 요구수익률과 경영성과 참고).
- $\frac{\Delta E_2}{E_1}$ : 단기간 동안의 순이익성장률이 높을수록 주주 기대수익률(r)이 높아진다. 이 같은 결론은 언뜻 이해가 어렵게 느껴진다. 순이익 성장률이 높은 기업에 대해서는 주주의 불안감이 낮고 이로 인해 주주 기대수익률이 낮을 것으로 예상되기 때문이다. 이는 정확한 인식이다. 다만 경영성과가 좋아질 것이라는 정보는 이미 위의 $\frac{E_1}{P_0}$에 반영되었다는 점을 잊지 말자. 순이익성장성이 높은 기업은 주가($P_0$)는 높고 $\frac{E_1}{P_0}$는 낮아지므로 주주 기대수익률(r)은 낮을 것이다. 따라서 이러한 효과를 고려한 후 단기 순이익성장률($\frac{\Delta E_2}{E_1}$)이 주주 기대수익률(r)에 미치는 영향을 고려하는 것으로 이해하자.
- $g_{LT}$ : 장기 순이익성장률이 높아질수록 주주 기대수익률(r)이 높아진다. 단기 순이익증가율($\frac{\Delta E_2}{E_1}$)의 경우와 동일한 논리를 이용하면 이 같은 결론도 이해할 수 있다.
- $\frac{D_1}{P_0}$ : 배당수익률(= $\frac{\text{배당금}}{\text{주가}}$)이 높을수록 주주 기대수익률(r)이 높아진다. 위의 EP비율에서의 논리와 유사하게, 많은 배당금을 지급할 수 있는 기업의 주가($P_0$)가 높고 배당수익률($\frac{D_1}{P_0}$)이 낮아지면, 주주 기대수익률(r)도 낮아지기 때문이다.

## 02 사례

위 같은 개념을 활용하여 주주 기대수익률(r)을 추정해 보자. 예를 들어, 회사의 $\frac{E_1}{P_0}$(EP비율) = 0.1, $\frac{\Delta E_2}{E_1}$(단기 순이익증가율) = 10%, $g_{LT}$ (장기 순이익성장률) = 3%, $\frac{D_1}{P_0}$(배당수익률) = 2%라고 가정하자. 이 정보는 한국 상장기업들의 평균적인 모습을 반영한다. 한국 상장기업들의 평균 배당수익률($\frac{D_1}{P_0}$)이 2% 미만인 점과 기업의 장기 이익성장률이 궁극적으로는 경제성장률을 따라갈 것이라는 점 등을 고려했기 때문이다.

이를 바탕으로 식(2)의 구성요인들을 산출하면,

$$A = \frac{1}{2} \times \left( g_{LT} + \frac{D_1}{P_0} \right) = \frac{1}{2} \times (3\% + 2\%) = 2.5\%$$

가 되고, 주가에 반영된 주주 기대수익률(r) 추정치는

$$\begin{aligned} r &= A + \sqrt{A^2 + \frac{E_1}{P_0} \times \left( \frac{\Delta E_2}{E_1} - g_{LT} \right)} \\ &= 2.5\% + \sqrt{2.5\%^2 + 0.1 \times (10\% - 3\%)} \\ &= 11.23\% \end{aligned}$$

가 된다.

만일 다른 정보는 동일하고 $\frac{E_1}{P_0}$(EP비율) = 0.05인 회사의 경우는 어떨까? EP비율 = 0.05는 PER = 20배를 의미하므로, 위의 예 보다는 미래 이익성장 잠재력이 높은 기업을 나타낸다. 이 회사 주주의 기대수익률(r) 추정치는 8.9%가 된다. 따라서 경쟁력이 강한 기업일수록 주주의 불안감은 낮아지고 이로 인해 주주의 요구수익률(r)도 낮아진다는 점을 확인할 수 있다.

반대로 $\frac{E_1}{P_0}$(EP비율) = 0.20인 회사의 경우는, PER = 5배를 의미하므로 미래 경영성과가 높지 않을 것으로 기대되는 기업일 것이다. 이 경우 주주 기대수익률(r) 추정치는 14.6%이다. 미래 이익창출역량이 낮은 기업에 대해서는 주주의 불안감은 커지고 궁극적으로 주주 요구수익률(r)도 상승함을 알 수 있다.

이 같은 방법을 사용하여 한국 상장기업들의 주주 기대수익률(r)을 추정하고, 이를 전통적인 CAPM개념을 사용하여 산출한 추정치와 비교해 보는 것도 흥미로운 작업일 것이다.

# 03 Gordon성장모형과 주주 기대수익률(r)

실무에서는 Gordon성장모형(Gordon growth model)을 사용하여 기업가치를 평가하거나 주주 기대수익률(r)을 추정하기도 한다. 미래 배당금지급금액이 매년 g%만큼 성장한다고 가정하면, 배당할인모형(DDM: dividend discount model)에 의한 기업가치는

$$P_0 = \frac{D_1}{(1+r)^1} + \frac{D_2}{(1+r)^2} + \cdots = \frac{D_1}{r-g} \tag{3}$$

이 된다. 식(3)의 마지막 표현은 내년도 배당금이 향후 매년 일정하게 g%만큼 성장한다면 이는 분모의 할인율을 줄이는 것과 동일한 효과를 갖는다는 점을 반영한다. 이제 왼쪽의 주가($P_0$)를 오른쪽 분모(r − g)와 교환하면

$$r - g = \frac{D_1}{P_0} \tag{4}$$

이 되고, 이를 주주 기대수익률(r)을 중심으로 정리하면,

$$r = g + \frac{D_1}{P_0} \tag{5}$$

이 된다. 따라서 주주 기대수익률(r)은 배당성장률(g)과 배당수익률($\frac{D_1}{P_0}$)의 합으로 추정할 수 있다. 예를 들어, 배당성장률(g) = 5%, 배당수익률($\frac{D_1}{P_0}$) = 4%인 회사의 주주 기대수익률(r) 추정치는 9%가 된다.

흥미로운 점은 앞의 식(2)를 활용해도 같은 결론을 도출할 수 있다는 점이다. 만일 기업의 단기 순이익증가율이 장기 순이익성장률과 동일하다고 하면, 즉 $\frac{\Delta E_2}{E_1}$(단기 순이익성장률) = $g_{LT}$(장기 순이익성장률)인 경우, $\frac{\Delta E_2}{E_1} - g_{LT} = 0$이 되어

$$r = A + \sqrt{A^2 + \frac{E_1}{P_0} \times \left(\frac{\Delta E_2}{E_1} - g_{LT}\right)}$$
$$= A + \sqrt{A^2 + \frac{E_1}{P_0} \times 0}$$
$$= A + \sqrt{A^2}$$
$$= 2A$$

가 된다. 그런데 $A = \frac{1}{2} \times \left(g_{LT} + \frac{D_1}{P_0}\right)$ 이므로, 주주 기대수익률(r)은

$$r = 2 \times \frac{1}{2} \times \left(g_{LT} + \frac{D_1}{P_0}\right)$$
$$= g_{LT} + \frac{D_1}{P_0} \qquad (6)$$

이 되어, 식(5)와 동일하게 된다.

따라서 순이익의 단기성장률과 장기성장률이 동일한 상황이라면(순이익이 안정적이면서도 지속적으로 창출되는 산업이나 기업의 경우), Gordon성장모형을 사용하는 것도 좋아보인다. Gordon모형은 직관적으로도 매력적이다. 주주가 원하는 것(주주기대수익률, r)이 (1) 기업가치가 올라가서 시세차익을 얻거나($g_{LT}$) 또는 (2) 배당을 통해 투자자금을 회수($\frac{D_1}{P_0}$)하는 것이기 때문이다.

그러나 실무적으로는 단기간의 순이익성장률은 높다고 하더라도 궁극적으로 순이익성장성이 하향 안정화된다고 보는 것이 보다 설득력이 있어 보인다. 그렇다면 Gordon성장모형 대신 식(1)이나 식(2)와 같이 실제 기업경영환경을 적절히 반영하는 보다 정교한 모형을 사용하는 것도 추천할 만 하다.

그래야만 Gordon성장모형에서 핵심적인 역할을 하는 배당정책의 중요성에서 벗어나 경영진의 이익창출역량에 초점을 맞출 수 있다. 그 이유는 배당은 부의 분배(wealth distribution)를 의미하며, 순이익의 장단기 성장률은 경영진의 부의 창출(wealth creation) 역량을 나타내기 때문이다. 경영진은 부의 분배 개념에서 벗어나 부의 창출 개념으로 기업가치 평가에 대한 발상의 전환을 인식할 필요가 있음을 다시 기억하자.

## 04 PBR개념을 활용한 주주 기대수익률 추정

앞에서는 주주 기대수익률(r)을 10%라고 가정하고 주가순자산비율 개념을 살펴 보았다. 그렇다면 반대로 PBR과 회계정보를 활용하여 주가에 '암묵적으로' 반영되어 있는 주주 기대수익률 수준을 추정해 볼 수 있을까?

우선 주가는 기업의 미래 수익창출 역량을 적절하게 평가하고 있다고 가정하자. 주가가 기업 본질가치와 크게 동떨어져 저평가되어 있거나 반대로 고평가되어 있다면 PBR을 활용하여 주주 기대수익률을 추정하는 것이 적절하지 않기 때문이다. 이 같은 효율적 시장가설(EMH, efficient market hypothesis)에서 초과이익모형에 의하면 현재 주가($P_t$)는,

주가 = 현재 순자산 + '미래' 초과이익의 현재가치

$P_t$ = $B_t$ + PV of future residual incomes (RI)

로 나타난다. 이 표현에서 당해 년도 초과이익($RI_t$) 대신 '미래' 초과이익($RI_t$+1)을 사용한 것은 주가는 (현재나 과거가 아닌) 미래 기간의 초과이익 창출 역량을 반영하기 때문이다.

여기서 당해 연도 초과이익(RIt)이 미래에도 매년 일정하게 성장한다고 가정해 보자. 이를 영구성장률(perpetual growth rate, g)이라고 부른다. 그렇다면 내년도 초과이익($RI_{t+1}$) = 금년도 초과이익 × (1 + 성장률) = $RI_t \times (1 + g)$, 후년도 초과이익($RI_{t+2}$) = 내년도 초과이익 × (1 + 성장률) = $RI_t \times (1 + g) \times (1 + g) = RI_t \times (1 + g)^2$가 된다. 이를 위 표현에 대입하면,

주가($P_t$)

= 현재 순자산 + 미래 초과이익 창출 역량의 현재가치

= 현재 순자산 + 내년도 초과이익의 현재가치 + 내후년도 초과이익의 현재가치 + ⋯

$$= B_t + \frac{RI_{t+1}}{1+r} + \frac{RI_{t+2}}{(1+r)^2} + \frac{RI_{t+3}}{(1+r)^3} + \cdots$$

$$= B_t + \frac{RI_{t+1}}{1+r} + \frac{RI_{t+2}}{(1+r)^2} + \frac{RI_{t+3}}{(1+r)^3} + \cdots$$

$$= B_t + \frac{RI_t \times (1+g)}{1+r} + \frac{RI_t \times (1+g)^2}{(1+r)^2} + \frac{RI_t \times (1+g)^3}{(1+r)^3} + \cdots$$

$$= B_t + \frac{RI_t \times (1+g)}{r-g}$$

마지막 표현의 둘째 항 분모 '$r - g$'는 초과이익이 미래 기간에 일정하게 성장(g)하는 경우 그 값의 현재가치를 계산하기 위한 과정이다. 당해 년도 초과이익($RI_t$)은 기초순자산($B_{t-1}$)을 활용하여 주주 기대수익률(r)을 초과하는 순자산수익률($ROE_t$)을 창출했는가를 나타내므로 $RI_t = B_{t-1} \times (ROE_t - r)$이라 할 수 있고, 주가는

$$P_t = B_t + \frac{RI_t \times (1+g)}{r-g} = B_t + \frac{B_{t-1} \times (ROE_t - r) \times (1+g)}{r-g}$$

로 표현하자. 이 표현은 주가를 '미래'의 초과이익 창출역량 대신 '현재' 초과이익 창출역량이 향후 얼마나 성장할 것인가에 초점을 두는 것이 특징이다. 이제 이 같은 지식을 활용하여 주주 기대수익률(r)을 추출해 보자.

주주 기대수익률(r)을 추출하기 위해 우선 현재 순자산($B_t$)을 왼편으로 옮기면,

$$P_t - B_t = \frac{B_{t-1} \times (ROE_t - r) \times (1+g)}{r-g}$$

이 된다. 왼편 '$P_t - B_t$'은 주가와 순자산의 격차를 의미하므로 주가를 순자산으로 나눈 주가순자산비율(PBR)과 유사한 개념이다. 양변에 $(r - g)$를 곱하고,

$$(r-g) \times (P_t - B_t) = B_{t-1} \times (ROE_t - r) \times (1+g)$$

다시 $B_{t-1} \times (1 + g)$로 나누면

$$\frac{(r-g) \times (P_t - B_t)}{(1+g) \times B_{t-1}} = ROE_t - r$$

가 된다. 마지막으로 주주 기대수익률(r)을 추출하면,

$$ROE_t = r + \frac{(r - g) \times (P_t - B_t)}{(1 + g) \times B_{t-1}} = r + \frac{(r - g)}{(1 + g)} \times \frac{(P_t - B_t)}{B_{t-1}}$$

가 된다. 약간 복잡해 보이기는 하나 어려운 과정은 아니었다.

이제 위 식을 다음 회귀분석 모형으로 나타내보자.

$$ROE_t = a + b \times \frac{(P_t - B_t)}{B_{t-1}} + e_t$$

여기서 a와 b는 회귀계수로 a = r (주주 기대수익률의 평균), $b = \frac{r - g}{1 + g}$를 의미하고, $e_t$는 잔차항이다. 따라서 실제 주가 및 재무회계자료를 이용해 회귀분석하면 a와 b값을 추정할 수 있고, 초과이익 영구성장률도 $g = \frac{r - b}{1 + b}$로 쉽게 도출할 수 있다.

예를 들어, 특정 연도 전체 상장 기업 자료를 바탕으로 회귀 분석을 하니, a = 0.103, b = 0.037로 추정되었다고 하자. 그렇다면 주주의 평균 기대수익률 추정치는 r = a = 10.3%가 된다. 그리고 초과이익 영구성장률은 $g = \frac{r - b}{1 + b} = \frac{0.103 - 0.037}{1 + 0.037} = \frac{0.066}{1.037} = 0.064 = 6.4\%$이다.

한국 상장기업에 대한 주주 기대수익률의 평균치가 10.3%라는 추정결과는 경기변동에 따라 차이는 있겠으나 크게 왜곡된 수치는 아닌 것으로 보인다. 그런데 금년도 초과이익이 매년 6.4%씩 미래 기간에도 영구적으로 성장할 것이라는 추정결과는 경제환경, 경쟁구도, 경영진 역량 등을 고려할 때 적절한 수준인가에 대한 객관적이고 냉정한 판단이 필요하다.

이렇게 PBR 개념과 회귀분석을 통해 주주 기대수익률(r)을 추정하려면 다음과 같은 네 가지 정보를 확보하면 된다.

- $ROE_t$ = 당해 연도 순자산수익률

- $P_t$ = 현재 시점 주가
- $B_t$ = 현재 시점 순자산
- $B_{t-1}$ = 기초(또는 작년도 말) 순자산

흥미로운 것은 위 자료를 현재 시점에서 실제로 구할 수 있다는 점이다. 미래 경영성과에 대한 재무분석가 예측정보가 필요치 않은 것이다. 또한 이 방법은 주주 기대수익률(r)과 초과이익 영구성장률(g)을 동시에 추정한다는 특징이 있다. 따라서 미래 초과이익 창출역량이 얼마나 빠른 속도로 성장할 것인가를 별도로 가정할 필요가 없다. 현재 주가($P_t$)에 반영된 주식 시장의 기대치로부터 그 값을 직접 추출해 낼 수 있기 때문이다. 이 방법을 이용하여 경영진도 특정 산업이나 기업에 대한 주주 기대수익률과 초과이익 영구성장률을 쉽게 추정해 볼 수도 있다.

경영진은 주주 기대수익률(r) 보다 높은 경영성과(ROE)를 지속적으로 달성해야 하는 책임을 맡고 있다. 따라서 투자, 영업 및 재무의사결정에서 주주 기대수익률 정보는 핵심적인 역할을 한다. 주가 정보와 간단한 실제 재무회계정보만을 활용해 주주 기대수익률과 초과이익의 영구성장률을 동시에 추정할 수 있다는 것은 경영진에게도 매력적인 발견으로 보인다.

SECTION

# 30 부채의 증가와 가중평균자본비용의 하락

본장에서는 타인자본비용을 추정해 보기로 하자. 자기자본비용도 추정(또는 정책적으로 결정)되어 있다고 하면(Section 22), 주주의 자기자본비용과 채권자의 타인자본비용을 이용하여 이 둘의 가중평균자본비용을 추정할 수 있다.

## 01 타인자본비용 < 자기자본비용

주주의 자기자본과는 달리 채권자가 제공한 타인자본은 원금과 이자지급을 통한 투하자본의 회수가 상대적으로 안전하다. 기업이 파산 또는 청산을 하더라도 채권자는 우선적으로 자본을 회수할 수 있기 때문이다. 물론 파산이나 청산시 기업자산이 채권자의 투하자본에 미치는 못하는 경우에는 어쩔 수 없이 손실을 입을 가능성은 있지만, 일반적으로 타인자본비용이 자기자본비용에 비해 낮을 것이라는 것이 쉽게 설명이 된다.

또한 부채사용에 대한 비용인 이자비용은 손익계산서에서 비용으로 처리되어 순이익을 줄이게 된다. 그리고 주주에게 지급하는 배당금과는 달리(세금차감 전의) 이익이 줄게 되면 그만큼 세금도 적어진다. 따라서 이자비용 가운데 세금이 줄어드는 금액만큼 이자비용의 부담이 적어지는 효과가 발생하게 되고, 이를 타인자본비용의 법인세 절감효과라고 한다.

예를 들면 부채의 원금(즉 발행금액)이 10,000원, 이자율이 10%라면, 1년 동안의 이자비용은 10,000원 × 10% = 1,000원이다. 1,000원만큼 법인세 차감 전 이익이 감소하게 되면 법인세도 법인세율에 해당하는 만큼 감소한다. 법인세율이 30%라면 세후 순이익은 1,000원이 감소하는 것이 아니라, 1,000원 × (1 − 30%) = 700원만 감소한다.

| | | |
|---|---|---|
| 부채원금 | | 10,000 |
| 이자율 | | 10% |
| 이자비용 | 10,000원 × 10% = | 1,000 |
| 법인세율 | | 30% |
| 법인세 절감액 | 1,000원 × 30% = | 300 |
| 세후이자비용 | 1,000원 × (1 − 30%) = | 700 |

요약하면 다음과 같은 두 가지 요인으로 인하여 타인자본비용은 일반적으로 자기자본비용보다 낮다.

- **첫째,** 자기자본은 배당금이나 자사주 취득을 통한 투하자본의 회수가 불확실한 반면, 타인자본은 이자와 원금지급을 통하여 투하자본의 회수에 대한 불확실성이 상대적으로 낮다.
- **둘째,** 배당금은 순이익이 결정되고 난 후의 적립된 이익잉여금을 주주에게 환원하는 것이므로 기업 입장에서는 세금절약 효과가 없으나, 이자지급은 비용으로 처리되므로 법인세를 낮추는 효과가 있다. 그만큼 타인자본비용이 낮아진다.

## 02 가중평균자본비용

자기자본비용($r_E$)과 타인자본비용($r_D$)이 결정되었다면, 이제는 이 두 비용의 가중평균자본비용($r_{WACC}$: weighted average cost of capital 또는 WACC)을 구해보자. 이를 위해서는 자기자본의 규모(E)와 타인자본의 규모(D)를 알아야 한다. 자기자본과 타인자본은 시가로 측정하는 것이 논리적으로 타당하나, 시가가 없거나 그 밖의 이유로 재무상태표에 기록된 장부금액을 이용하기도 한다. 특히 타인자본은 장부금액이 시가와 매우 유사할 것이므로, 어느 금액을 사용하든 큰 차이는 없다. 그러나 자기자본은 이 두 금액이 일반적으로 매우 다르므로 어느 금액을 사용하는가에 따라 가중평균자본비용이 달라질 것이다.

가중평균자본비용($r_{WACC}$)

$$= \text{자기자본비용}(r_E) \times \frac{E}{E+D} + \text{타인자본비용}(r_D) \times (1 - \text{법인세율}) \times \frac{D}{E+D} \qquad (1)$$

식 (1)의 두 번째 항에서 타인자본비용에 (1 − 법인세율)을 곱한 것은 앞에서 설명한대로 이자비용의 법인세 절감효과를 나타내기 위해서다.

## 03 가중평균자본비용의 의미와 중요성

가중평균자본비용은 주주 요구수익률과 채권자가 요구하는 (세후)이자율을 이 두 자본제공자가 제공한 투자재원의 비중으로 가중평균한 것이다. 그렇다면 가중평균자본비용이 중요한 이유는 무엇인가? 이 개념이 중요한 이유는 핵심사업에서 창출한 수익성을 평가하는 기준이 바로 가중평균자본비용이기 때문이다. 경영진은 핵심사업에 투자하기 위한 재원을 주주와 채권자로부터 조달한 것으로 보아야 하고, 당연히 투자재원의 평균조달비용에 대해 관심을 갖는다. 따라서 본업에서 창출된 수익성이 투자재원의 평균자본조달비용보다 낮다면 경영진은 기업가치를 향상시키지 못한다는 의미이다. 반대로 핵심사업의 수익성이 $r_{WACC}$보다 지속적으로 높다면 경영진은 기업가치를 향상시킨다는 의미이다. 이를 간결하게 표현하면 다음과 같다.

핵심사업의 수익성 > 가중평균자본비용 ➔ 기업가치향상

그렇다면 핵심사업의 수익성은 어떻게 측정할까? 실무에서는 핵심사업의 수익성을 ROIC(return on invested capital)라고 종종 부른다. ROIC는 영업이익을 투하자본(IC: invested capital)으로 나눈 것으로 이를 '투하자본수익률' 이라고도 부른다. 이를 더욱 직관적으로 나타내는 용어는 '본업에서의 수익성' 이다.

$$ROIC = \frac{\text{영업이익}}{\text{투하자본}}$$

투하자본(IC)은 핵심사업에 투자된 재원으로 생산설비를 위한 투자(예를 들면, 토지, 건물, 설비 등), 재고자산, 매출채권, 무형자산 등이 포함된다. 그리고 여기에서 매입채무, 선수금 등 다양한 영업부채를 차감하면 투하자본이 구해진다. 기업마다 투하자본의 정의가 조금씩은 다르므로 이에 대해 주의를 기울여야 한다.

그런데 ROIC와 투하자본의 정의를 살펴보면 Section 09에서 이미 그 내용에 대해 살펴본 것을 알 수 있다. 즉 투하자본은 순영업자산(NOA: net operating assets)과 동일한 개념이고, ROIC는 순영업자산수익률(RNOA: return on NOA)을 나타내고 있음을 기억하자.

핵심사업으로부터 창출된 ROIC가 가중평균자본비용을 초과하는 경우 경영진이 기업가치를 향상시킨다고 해석할 수 있으므로, 경영진 성과급도 이 같은 경우에만 지급되어야 할 것이다. 실무적으로는 여러 다른 방법을 사용하여 성과급을 책정하고 지급하나, 성과급은 '$(ROIC - r_{WACC}) > 0$' 인 경우에 지급되는 것이 개념적으로는 가장 적절해 보인다. 한국의 주요 기업들이 '$(ROIC - r_{WACC}) > 0$' 인 경우, 그 차이를 투하자본에 곱한 금액($=(ROIC - r_{WACC}) \times IC$)을 성과급 재원의 기초로 사용하는 이유가 바로 그 때문일 것이다. 바로 이 개념이 아래에서 언급할 EVA (economic value added, 경제적 부가가치)로 불린다는 것도 기억하기로 하자.

## 04 부채의 사용과 가중평균자본비용

최근 여러 기업에서 경제적 부가가치(EVA: economic value added)에 근거한 경영자 보상제도를 실행하고 있다(Section 12, 32 참조). EVA는 투하자본의 기회비용을 초과하는 영업이익을 의미하는 것으로, 식 (1)에서 도출된 가중평균자본비용을 기회비용의 대용치로 사용한다. 따라서 EVA를 향상시키기 위해서 경영진은 ROIC를 높이는 노력과 함께 가중평균자본비용을 낮추고자 하는 경제적 유인을 갖게 된다. 이 과정에서 경영진은 금융부채사용을 늘림으로써 $r_{WACC}$을 낮추고자 할 지도 모른다.

그렇다면 부채를 많이 사용하면 가중평균자본비용($r_{WACC}$)에는 어떤 변화가 일어날까? 우선 금융부채 사용이 증가하면 $r_{WACC}$가 하락하는 듯이 보인다. 그 이유는 자기자본비용에 비해 상대적으로 저렴한 타인자본비용이 더 많은 비중을 차지하기 때문이다. 따라서 가중평균자본비용을 낮추려면 부채를 더 많이 사용할 유인이 커진다. [그림 30-1]은 상대적으로 저렴한 금융부채를 사용할수록 회사의 가중평균자본비용이 어느 정도까지는 낮아질 수 있다는 것을 보여준다.

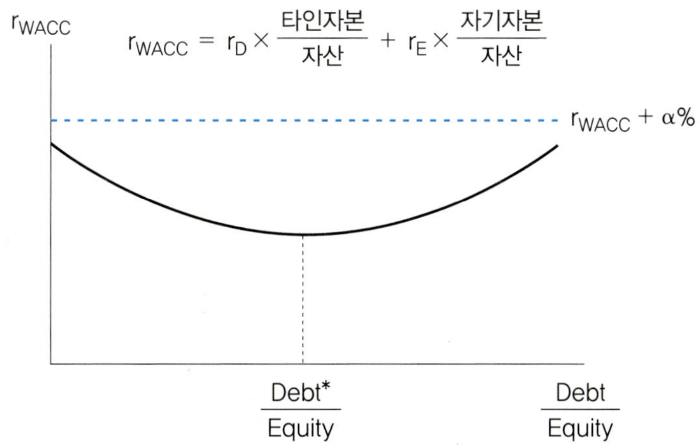


[그림 30-1] 금융부채사용과 가중평균자본비용

그런데 이와 같은 결론에는 무엇인가 허전한 느낌이 든다. 금융부채를 많이 사용하면 당연히 기업의 파산 위험도 증가하며, 따라서 타인자본비용도 증가할 것으로 예상되기 때문이다. 결국 앞의 논의는 부채사용이 증가할수록 타인자본비용이 일정한 수준에 머물러 있는 것이 아니고 빠른 속도로 증가할 것이라는 점을 간과하였다. [그림 30-1]에서 금융부채 사용이 적정수준을 넘어가는 경우 타인자본비용이 더 빠른 속도로 올라 간다면 가중평균자본비용은 하락하는 것이 아니라 오히려 올라갈 수 있다는 점도 잘 나타내고 있다.

또한 금융부채 사용을 늘리게 되면 타인자본비용뿐 아니라, 자기자본비용도 함께 높아질 수 있다는 점을 기억할 필요가 있다. 그 이유는 두 가지로 요약된다. 첫째, 금융부채 사용이 증가하면 그만큼 원금 및 이자상환의 부담이 커지게 되고, 이로 인해 부채의 지렛대 효과가 커지게 된다. 따라서 경기상황이 악화되면 높아진 재정적 부담으로 인해 기업의 경영성과가 더욱 빠른 속도로 나빠질 수 있다.

둘째, 경영진이 금융부채 사용을 늘려 실물투자를 확대했다면, 이는 고정영업비용(즉, 감가상각비)의 증가로 이어지고 그로 인해 영업레버리지 효과가 더욱 커지게 된다. 즉 경영성과가 나빠지는 경우, 높아진 고정영업비로 인해 회사의 순이익이 더욱 악화될 수 있다는 것이다. 이는 주주의 불안감을 높여 궁극적으로 주주의 요구수익률이 높아지게 된다. 식 (1)을 약간 변형해 자기자본비용($r_E$)을 가중평균자본비용과 부채비율을 사용하여 나타내 보면 이 같은 내용을 쉽게 알 수 있다.

$$r_E = \underbrace{r_{WACC}}_{\text{회사 본래의 영업위험}} + \underbrace{\{r_{WACC} - r_D \times (1 - \text{법인세율})\} \times \underbrace{\frac{D}{E}}_{\text{부채비율}}}_{\text{부채 사용으로 인한 추가 위험부담}} \tag{2}$$

따라서 자기자본에 비해 타인자본사용이 증가하게 되면 재무레버리지(및 영업레버리지)효과로 인해 이익 변동성이 커지게 되어 궁극적으로 주주가 요구하는 자기자본비용도 올라가게 된다.

결국 부채사용의 증가로 가중평균자본비용을 떨어뜨릴 수 있다는 생각은 옳지 않은 것으로 판명되었다. 그러한 오해를 한 이유는 무엇일까? 우선 타인자본비용과 자기자본비용이 부채의 규모와는 관계없이 일정한 수준으로 유지될 수 있다는 가정에서 비롯된다. 부채사용이 늘면 타인자본비용 뿐아니라 자기자본비용까지도 상승하게 되어 결국 가중평균자본비용도 상승하게 됨을 위에서 확인할 수 있다.

그리고 시장가격이 아닌 장부금액을 기준으로 자기자본과 타인자본의 비중을 계산하는 경우 부채의 증가로 인한 위험상승효과를 장부금액이 적절히 반영하지 못하는 것도 또 하나의 이유이다. 부채비율을 계산할 때 장부금액을 기준으로 한 것인지 시가기준을 사용한 것인지가 중요한 이유가 바로 이 때문이다. 시가로 측정된 자기자본과 타인자본을 사용한다면, 부채사용으로 인해 가중평균자본비용이 감소한다는 오해는 발생하지 않을 것이다.

그렇다면 경영진은 이 같은 문제점을 어떻게 슬기롭게 해결하고 있을까? 한국의 많은 경영진은 신사업추진이나 경영성과 평가시 회사의 실제 $r_{WACC}$을 사용하는 대신 '$r_{WACC} + \alpha$' 를 가중평균자본비용의 대용치로 활용하는 것으로 보인다. 예를 들어 회사의 (세후)타인자본비용 = 5%, 자기자본비용 = 11%, 그리고 자본구성이 타인자본과 자기자본이 반반이라고 가정하면, 회사의 실제 $r_{WACC}$ = 8%가 된다.

그러나 경영진은 여기에 6%를 추가로 반영하여 $r_{WACC}$ = 8% + 6% = 14%를 '정책적' 으로 결정한 후 이 가중평균자본비용을 회사의 신규투자추진과 성과관리에 사용한다는 것이다. 경영진은 새로운 사업을 추진할 때 14%정도의 ROIC를 창출할 수 있는 사업이 아니라면 투자재원을 배정하지 않겠다는 방침을 수립한 것이다. 또한 사업추진 후 실제 성과가 이 수준의 수익성을 달성하지 못하는 경우 경영진은 성과급을 받을 수 없도록 보상제도를 실시하는 것이다. 이 같은 경영진의 '전략적' 판단이 [그림 30-1]에서는 $r_{WACC} + \alpha$%로 나타난다.

이 같은 경영진의 전략적 판단을 자의적인 의사결정이라고 비판할 수도 있다. 그러나 가중평균자본지용을 낮추기 위해 적정수준 이상으로 금융부채를 사용하는 것을 효과적으로 억제하는 동시에, 한정된 투자재원을 수익성이 높은 투자대안에 배분하고 성과를 평가해야 하는 경영진의 고민을 고려한다면 이 같은 경영진의 전략적 판단을 폄하하는 것은 성급해 보인다.

SECTION

# 31 타인자본을 기준으로 한 가중평균자본비용의 결정

가중평균자본비용은 기업의 투자의사결정 및 성과평가에서 매우 중요한 역할을 한다. 기업의 핵심영업활동에 필요한 재원은 주주가 제공하는 자기자본과 채권자가 제공하는 타인자본으로부터 조달된다. 그리고 가중평균자본비용은 자기자본과 타인자본의 구성비율에 따라 주주가 요구하는 자기자본비용과 채권자가 요구하는 타인자본비용을 가중평균함으로써 결정된다. 앞 장에서 살펴본 대로 타인자본의 법인세 절감효과와 회수 안정성으로 인해 타인자본비용은 자기자본비용보다 낮다. 그렇다면 경영자는 가중평균자본비용을 줄이기 위해 자기자본보다는 타인자본을 더 사용하려는 유인을 갖게 된다.

부채사용을 옹호하는 또 하나의 근거로 '적정 부채수준'의 개념도 자주 등장한다. 적정 부채수준이란 (1) 부채를 사용함으로써 얻을 수 있는 세금절약효과와 (2) 과잉투자 억제 및 낭비요인 제거 효과로 인해 부채를 적정수준까지 늘리게 되면 기업의 가치가 향상될 수 있는 부채수준을 뜻한다. 따라서 부채사용이 낮은 기업은 적절한 수준까지 부채사용을 늘리고자 하는 유인을 갖게 된다. 이와 더불어 부채사용을 늘리게 되면 가중평균자본비용도 낮출 수 있으므로 부채사용은 매우 합리적인 재무의사결정인 것처럼 보인다.

이와 같이 매우 합리적으로 보이는 재무의사결정에 대하여 기업 경영자는 어떻게 대응할 것인가? 부채를 과도하게 사용하면 기업의 파산위험이 높아지게 되므로, 비록 명목상으로는 가중평균자본비용이 하락하는 것 같아 보여도 이를 계속 허용할 수는 없을 것이다. 그렇다고 부채를 너무 적게 사용하게 되면 자기자본비중이 상대적으로 높아져 가중평균자본비용은 높아질 것 같은 불안감도 있을 것이다.

## 01 타인자본비용만을 사용한 '가중평균' 자본비용

이와 같은 어려움을 해결하기 위해 다음과 같은 매우 독창적인 전략을 사용할 수 있다. 우선 가중평균자본비용을 전통적인 방법인 자기자본비용과 타인자본비용의 가중평균으로 산출하지 않고, 단순히 타인자본비용을 기준으로 하여 이에 일정 수준의 프리미엄을 가산하는 방식으로 산출하는 것이다. 즉 아래와 같은 식으로 나타낼 수 있다.

$$\text{가중평균자본비용}(r_{WACC}) = \text{타인자본비용} \times (1 + \alpha)$$

예를 들어 타인자본비용이 6%, $\alpha$가 50%라면 가중평균자본비용은 9%가 된다.

$$\begin{aligned}\text{가중평균자본비용}(r_{WACC}) &= 6\% \times (1 + 50\%) \\ &= 9\%\end{aligned}$$

물론 $\alpha$의 수준은 기업의 경영전략을 고려하여 결정할 수 있으며, 기업상황변화에 따라 그 수준을 탄력적으로 운영할 수 있다. 또한 여러 사업부를 갖는 기업의 경우 사업부의 경영관리 및 환경특성을 반영하여 $\alpha$의 수준을 결정할 수도 있다.

## 02 새로운 방안의 장점

이와 같은 가중평균자본비용 산정방안은 전통적인 관점에서는 매우 특이하다고 할 수 있으나, 다음과 같이 다양한 장점을 갖고 있다.

우선 기업의 평균자본비용이 타인자본비용을 기준으로 하고 이에 프리미엄을 가산하는 방식으로 결정되므로, 기업경영자는 타인자본비용을 줄이기 위한 구체적이고도 실효성 있는 정책을 실행하게 된다. 타인자본비용을 낮추기 위해서는 신용평가기관의 평가를 잘 받아야 하므로, 경영자는 경영성과를 향상시키는 것은 물론이고, 비핵심자산이나 부실자산을 조속히 정리하려는 유인을 갖게 된다. 또한 신용평가기관이 기업의 투명성이나 회계정보의 신뢰성을 중시하므로, 경영자는 자연스럽게 기업지배구조나 회계정보공시의 투명성도 개선하려는 노력을 하게 된다.

그리고 전통적인 가중평균자본비용 산정에서는 대체로 장부금액으로 표시된 부채비율과 자기자본비율이 사용되었으므로 부채의 과도한 사용을 유도하는 부작용이 있었다. 그러나 새로운 방안에서는 과도한 부채사용은 기업의 부채지급능력을 떨어뜨리게 되고 신용평가기관으로부터 평가가 나빠져 결국 타인자본비용이 올라가게 된다. 따라서 경영자는 과도한 부채사용이 평균자본비용을 상승시킨다는 것을 쉽게 이해하게 되어, 자연스럽게 과도한 부채의 사용을 억제하는 유인을 갖게 된다.

마지막으로 새로운 자본비용 산정방안에서는 경영층의 전략적 의지를 보다 쉽게 반영할 수 있다. 일반적으로 기업들은 투자재원배분과 투자성과평가를 담당하는 전략부서를 두고 있다. 이들은 투자대안의 수익성에 대한 경영층의 전략적 판단을 고려하여 자원을 배분한다. 예를 들어 투자대안의 예상수익률이 15%를 넘지 못한다면 투자재원을 지원하지 않을 수 있다. 전통적인 자본비용 산정방안으로는 이와 같은 전략적 판단을 기업구성원들에게 이해시키기가 쉽지 않다. 전통적으로 산정된 가중평균 자본비용이 10%인 경우 15%의 목표투자수익률을 요구하는 것은 쉽게 이해가 되지 않기 때문이다. 그러나 자본비용을 타인자본비용에 일정한 수준의 프리미엄을 가산하여 정책적으로 결정한다면, 조직구성원들이 최고경영층의 전략적 판단을 보다 명쾌하게 이해할 수 있을 것이다.

이와 같은 새로운 자본비용 산정방안을 사용하는 한국 기업의 수는 많지 않다. 아직도 대부분의 기업들은 전통적인 방법으로 가중평균자본비용을 산정하여 투자의사결정 및 경영성과평가에 사용하고 있다. 또한 공기업이나 정부투자기관에서도 자본비용이나 투자보수율(즉 투자재원에 대한 적정수익률)을 결정하기 위해 전통적인 가중평균자본비용을 사용하고 있다.

전통적인 방법이 갖는 부작용에 대해서도 경영자들은 충분히 인식하고 있었다고 판단된다. 다만 해결방안에 대해서 명료한 해답이 없었을 것이다. 이제 해결방안 중 하나가 제시된 셈이다.

SECTION

# 32 EVA와 ΔEVA

한국의 여러 주요 기업에서는 경제적 부가가치(EVA: economic value added) 개념을 활용하여 임직원의 경영성과를 평가하고 성과급을 지급하고 있다. 우선 EVA 개념은 다음과 같이 표현할 수 있다.

경제적 부가가치(EVA) = 영업이익 − 가중평균자본비용 × 투하자본

경영자는 자기자본과 타인자본을 모두 사용하여 최적의 투자의사결정을 하고 이로부터 투입재원의 가중평균자본비용을 초과하는 영업이익을 창출해야 하는 책임을 갖고 있으므로, EVA는 경영자의 시각을 반영하고 있다.

그런데 EVA의 표현을 자세히 살펴보면 Section 12에서 논의한 초과이익(RI: residual income) 개념과 유사함을 알 수 있다.

초과이익(RI) = 당기순이익 − 주주의 요구수익률 × 자기자본

즉 초과이익은 주주의 요구수익률을 초과하는 순이익을 창출하는 경우에만 기업의 본질가치가 증가한 것으로 본다. 채권자에게 지불하는 이자비용은 이미 당기순이익을 계산하는 과정에서 차감되었으므로, 초과이익은 자연스럽게 주주의 경제적 부를 강조하는 개념이라고 할 수 있다(Section 03의 표 03-4 참조).

EVA나 초과이익 모두 자본제공자의 요구수익률(또는 기대수익률)을 초과하는 이익을 창출한 경우에만 기업의 본질가치가 높아진다는 점에서 공통점을 갖고 있다. 또한 이 두 개념 모두 기업 외부의 채권자와 주주를 자본제공자로 고려하고 있다는 점도 공통점이다. 그러나 자본제공자의 정의를 기업 내부로 전환하면 최고경영층이 제시하는 목표수익률이 가중평균자본비용이나 주주의 요구수익률 역할을 하게 된다.

## 01 EVA의 활용

EVA는 성과평가제도와 투자의사결정과정을 연결시키는 역할을 한다. 임직원의 경영성과를 평가할 때 사업의 영업이익규모만을 고려하는 것이 아니라, 투입된 재원에 대한 기회비용을 함께 고려하기 때문이다. 따라서 영업이익이 높다고 하더라도 투입된 자원이 과도하다면 EVA는 오히려 음(−)수가 될 수 있다. EVA개념을 사용하면 사업부문을 책임지는 경영자는 투입자원의 효율성에 관심을 갖지 않을 수 없게 되는 이유가 이 때문이다. 최근 여러 주요 기업에서 사업부문장과 임원진의 성과급을 결정할 때 EVA를 명시적으로 사용하고 있다. 즉 EVA가 양(+)이면 이 금액 중 일부를 임직원 성과급 재원으로 활용하는 것이다.

그런데 EVA를 임직원 성과평가에 사용하는 경우 어려운 점도 나타난다. 만일 기업집단 내 모든 회사에서 동일한 가중평균자본비용을 적용하여 EVA를 산정하는 경우 사업의 특성이나 자산구조 등에 따라 EVA가 양(+)이 되는 기업이 있을 수도 있고, 음(−)이 되는 기업도 있을 것이다. 또한 한 회사 내의 모든 사업부문에 동일한 가중평균자본비용을 사용하는 경우에도 유사한 경우가 발생한다. 어떤 사업부문은 초기 투자가 많아 EVA가 음(−)이 되는 반면, 어떤 사업부문은 과거 투자덕분에 신규투자 없이도 양(+)의 EVA가 산출되기도 한다. 이 경우 EVA가 음(−)이 되는 사업부나 회사를 운영하는 임원의 경우 성과평가를 좋게 받기는 어려울 것이다. 이 같은 불합리한 현상이 해소되지 않으면 성과평가의 적절성과 형평성에 대해 기업간 또는 사업부간 마찰이 나타나게 되고, 결국 투자의사결정이 왜곡되어 경영성과가 악화될 수 있다.

물론 EVA를 사용하는 기업에서는 이 같은 문제점을 해소하는 방안으로 EVA 수준에 기초한 평가보상뿐 아니라 최고경영층에 의한 '전략적 평가' 에 의존하기도 한다. 즉 비록 EVA 수준이 낮거나 음(−)이 되더라도 최고경영층이나 이사회가 대체적인 정보를 활용해 임직원이 성장동력을 발굴, 추진하기 위한 노력을 충실히 수행했는지를 평가하는 것이다. 투자건수, 신규공장의 공사진척도 등의 지표들이 그 예이다.

그러나 최고경영층의 '전략적 판단' 에 의존하는 대신 EVA 제도를 보다 체계화하여 이 같은 평가의 어려움을 해소하는 방안은 없을까? 그 대안의 하나는 EVA 수준뿐 아니라 ΔEVA(델타 EVA)를 사용하는 것이다.

## 02 EVA와 ΔEVA

ΔEVA에서 Δ(델타)는 '증가분(또는 증분)' 을 뜻하는 수학 표현이다. 따라서 ΔEVA란 금년도 EVA에서 전년도 EVA를 차감한 것으로, 간단히 'EVA 증분' 으로 이해하면 된다. ΔEVA가 어떻게 위에서 제시한 문제점을 해결할 수 있을까? 만일 투하자본이 많이 소요되는 사업부문이나 회사의 경우 EVA가 음(−)으로 계산되었다고 가정하자. 이 경우 EVA 수준만을 사용하여 성과평가를 한다면 임직원은 좋은 평가를 받지 못할 것이다.

그렇지만 영업이익을 늘리기 위해 다양한 활동(생산원가나 광고선전비 등 영업비용의 절감노력 등)을 수행하고 꼭 필요하지 않은 자산을 줄이려고 노력한다면 다음 해의 EVA는 여전히 음(−)이 되더라도 전년도의 EVA보다는 향상될 수 있다. 이 경우

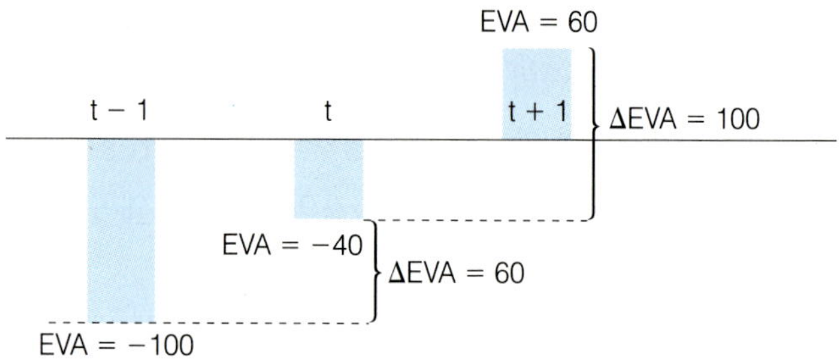


[그림 32-1] EVA와 ΔEVA

ΔEVA는 양(+)이 되고 이와 같이 증분의 개념을 보상제도에 적용한다면 임직원의 경영성과는 긍정적으로 평가될 것이다. 위의 그림은 EVA와 ΔEVA의 관계를 잘 보여주고 있다. 비록 금년도(t기)에 EVA = −40이나 전년도(t − 1기)의 EVA = −100에 비해서는 60만큼 증가하였고, 따라서 ΔEVA = 60이 되어 경영성과가 호전되었음을 알 수 있다.

[그림 32-2]는 이 같은 탄력적인 경영성과 평가방법의 유형들을 보여 준다. 유형 1의 경우에는 당해 연도의 EVA수준만을 활용하여 성과를 평가한다. 경영진은 당해 연도 'EVA > 0'인 경우에만 좋은 평가를 받고 이에 상응하는 경제적 보상을 받게 된다. 이 경우의 장점은 명확성이다. 경영진은 가중평균자본비용($r_{WACC}$) 이상으로 핵심사업에서의 수익성(ROIC, 투하자본수익률 = $\frac{\text{영업이익}}{\text{투하자본}}$)을 달성하지 못하면 성과급을 받지 못한다는 것을 쉽게 이해하기 때문이다.

그러나 이 유형의 단점은 경영진이 장기적 경쟁력 강화를 위한 투자를 실행하는데 망설일지도 모른다는 점이다. 투자를 늘리면 ROIC의 분모인 투하자본이 늘어나는 반면, 분자인 영업이익은 단기적으로 줄어들 가능성이 높다. 추가로 창출되는 매출이 안정화되기 전에 감가상각비와 같은 비용이 더 부담이 되기 때문이다. 따라서 경영진에게 당해 연도의 경영성과를 높이는 동시에 장기적 경쟁력 강화를 위한 투자를 독려하기 위해서는 EVA수준뿐 아니라 ΔEVA도 성과평가에 사용할 필요가 있다.

유형 2는 당해 연도 EVA수준과 전년대비 ΔEVA에 반반씩의 비중을 두는 방안이다. 이 경우 경영진은 단기적으로 'EVA > 0'을 달성하기 위한 노력뿐 아니라 EVA를 지속적으로 향상시키기 위한 방안에도 관심을 갖게 된다. 극단적으로는 유형 3과 같이 EVA의 증가분만을 임원진의 성과평가에 반영할 수도 있다.

| | 성과평가 가중치 | |
|---|---|---|
| | EVA | ΔEVA |
| 유형 1 | 100% | 0% |
| 유형 2 | 50% | 50% |
| 유형 3 | 0% | 100% |

[그림 32-2] EVA와 ΔEVA를 사용한 성과평가

따라서 임직원에 대한 성과평가제도가 EVA수준뿐 아니라 ΔEVA에 대해서도 일정한 비중을 두게 되면 비록 단기적으로는 EVA수준이 낮거나 음(−)이 될 수 밖에 없는 사업이더라도 사업책임자는 지속적으로 영업성과를 향상시키고 동시에 자본투자는 줄이려는 적극적인 유인을 갖게 될 것이다.

## 03 목표영업이익과 EVA

실무에서는 ΔEVA를 명시적으로 사용하기 보다는 다른 방법으로 사업책임자의 노력을 유도하고 있다. 그 대표적인 것이 목표영업이익 수준이나 원가절감금액을 설정하고 이 목표를 달성하는 경우에 임직원에게 성과급을 지급하는 방안이다. 즉, EVA가 음(−)이 되는 사업영역이 있더라도 최고경영층의 경영개선의지를 반영한 목표영업이익계획을 수립하고 이 목표를 달성하는 경우 성과급을 지급함으로써 사업부문장의 지속적인 노력을 유도할 수 있다.

그런데 목표이익을 설정하고 목표대비 달성도를 측정하여 성과평가를 하는 이와 같은 방안은 실무적으로는 흔히 사용되고 있기는 하지만 최선책은 아니라고 본다. 임직원이 투하자본의 기회비용을 낮추기 위해 창의적인 전략을 지속적으로 발굴하고 실행할 수 있도록 보다 명시적이고 체계적인 관리방안을 찾는 것이 더 중요하다. 자본제공자는 언제나 기회비용을 고려하여 투자의사결정을 한다. 기회비용보다 높은 수익률을 기대하는 경우에만 투자재원을 제공할 것이기 때문이다. 기업 경영자도 외부의 자본제공자와 마찬가지로 투하자본의 기회비용에 대해 명시적인 고려를 하는 것이 필요하다. 일류 기업일수록 투하자본의 기회비용에 대해 보다 명시적이고 체계적으로 고민하고 있다고 보면 틀림이 없다.

# SECTION 33 금융부채사용과 베타(β)

베타(β)란 개별회사 경영성과가 시장 전체의 경제상황에 얼마만큼 연동되어 있는가를 나타내는 개념으로 체계적위험(systematic risk)을 일컫는다 (Section 22 참조). 개별기업의 베타를 알면 주주의 요구수익률을 추정할 수 있으며, 이는 다시 기업경영과 기업가치평가에서 기준점으로 활용할 수 있어 매우 유용하다. 베타를 측정하기 위해서는 과거 일정기간 동안의 개별기업 주가수익률과 종합주가지수 수익률을 사용한다.* 그런데 주식수익률이 없는 비상장기업들은 어떤 방법으로 베타를 추정해서 사용할까? 또한 이와 관련하여 금융부채를 사용하는 기업의 베타와 그렇지 않은 기업의 베타는 서로 어떤 관계를 갖고 있을까?

* 주가수익률 대신 실제 경영성과지표를 사용하여 베타를 구할 수도 있다. 예를 들어, 과거 몇 년 기간 동안의 개별기업 순자산수익률(ROE)과 상장기업 전체의 평균 순자산수익률을 활용하여 베타를 구할 수 있으며, 이를 펀더멘탈 베타(fundamental beta)라고 부른다. 이 개념은 주식수익률 자료를 필요로 하지 않으므로 상장기업뿐 아니라 비상장기업에도 적용할 수 있다.

## 01 자산베타, 부채베타 및 순자산베타

베타는 암묵적으로 주주의 관점에서 개발된 개념이다. 따라서 주식수익률 정보를 활용하여 베타를 측정하는 것이 자연스럽다. 주주 관점을 강조하는 의미에서 이 같은 베타를 학술적으로는 '순자산베타(equity beta)'라고 부르고 $\beta_{Equity}$로 나타낸다. 실무에서 '순자산베타'라는 용어를 흔히 사용하지 않는 이유는 주주 중심의 투자 및 영업의사결정에서 당연히 이 개념이 사용되기 때문이다.

물론 주주 관점이 아닌 경영진과 채권자 관점에서도 베타개념을 도출할 수 있다. 경영진은 투자재원 조달원천이 채권자인가 주주인가에 관계없이 전사 차원에서의 베타(즉, 사업위험)에도 관심을 가질 수 있다. 이를 '자산베타(asset beta)'라고 하고 $\beta_{Asset}$로 표현하자. $\beta_{Asset}$란 회사 전체 자산가치가 시장 전체의 환경변화와 어느 정도 연동되어 있는가(즉, 본래 사업의 위험이 얼마인가)를 나타낸다. 반면 $\beta_{Equity}$는 주식수익률로 측정한 주주 가치(즉, 순자산가치)가 시장 전체의 경제여건과 얼마만큼 연계되었는가를 나타낸다는 점을 기억하자.

그리고 현실적으로는 흔히 사용하지 않으나 '부채베타(debt beta)' 개념도 가능하고 이를 $\beta_{Debt}$로 표현하자. $\beta_{Debt}$란 채권자가 제공한 타인자본가치가 전체 경제여건과 연동되어 있는 정도를 의미한다. 채권자가 원금 및 이자를 통해 회사로부터 투자자금을 안전하게 회수한다고 가정하면, $\beta_{Debt} = 0$이 된다. 그 이유는 시장 전체 경제상황의 변화에도 불구하고 타인자본가치는 변화하지 않을 것이기 때문이다.

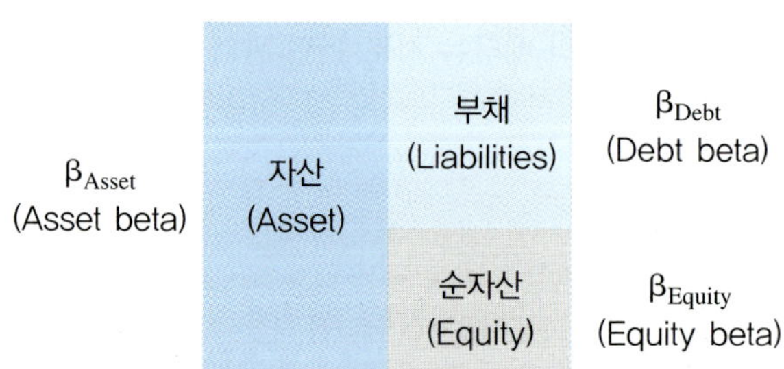


[그림 33-1] 자산, 부채, 순자산과 베타(β)

다음 식은 이 같은 세 가지 베타간의 관계를 나타낸다. 즉, 자산베타($\beta_{Asset}$)는 순자산베타($\beta_{Equity}$)와 부채베타($\beta_{Debt}$)를 각 투자재원(순자산 및 부채) 조달 비중에 따라 가중 평균한 개념으로 이해할 수 있다.

$$\beta_{Asset} = \beta_{Debt}\frac{Debt}{Asset} + \beta_{Equity}\frac{Equity}{Asset}$$

여기에서 부채베타($\beta_{Debt}$) = 0으로 가정하자. 전체 시장환경이 변하더라도 회사가 지급해야 하는 원금과 이자부담이 변하지 않는다면 이 같은 가정에도 무리가 없다. 따라서 $\beta_{Asset}$는 다음과 같이 다시 나타낼 수 있다.

$$\beta_{Asset} = 0\frac{Debt}{Asset} + \beta_{Equity}\frac{Equity}{Debt + Equity}$$

이를 정리하면 다음과 같이 서로 연관된 두 개념을 도출할 수 있다.

$$\beta_{Asset} = \beta_{Equity}\frac{Equity}{Debt + Equity}$$

$$\beta_{Equity} = (1 + \frac{Debt}{Equity})\beta_{Asset} \qquad (1)$$

이 개념에 의하면, 회사의 금융부채사용이 증가할수록($\frac{Debt}{Equity}$가 늘면) 순자산베타($\beta_{Equity}$)가 높아진다. 금융부채 사용을 늘이면, 회사의 원금지급 및 이자상환부담이 커지고 이로 인해 재무레버리지 효과가 높아진다는 뜻이다. 따라서 핵심사업으로부터 창출된 영업이익이 약간만 변화하더라도 당기순이익에는 더욱 큰 영향이 나타난다(재무레버리지가 경영성과의 변동성에 미치는 영향에 대해서는 Section 10 참고).

이 같은 개념을 활용하면 머리말에서 제시한 두 번째 질문(즉, 금융부채의 사용과 순자산베타간의 관계)에 대해 답을 찾을 수 있다. 동일한 산업에서 유사한 자산이나 사업구조를 갖추고 있더라도 더욱 적극적으로 금융부채를 사용하는 기업은 그 만큼 경영성과(구체적으로는, 당기순이익을 순자산으로 나눈 ROE)의 변동성이 커지는 것을 경험하게 된다. 이로 인해 상장기업의 경우는 주가변동성이 높아지고, 주식수익률 자료를 활용해 산출한 $\beta_{Equity}$도 높아질 것이다.

그리고 CAPM개념을 상기하면, $\beta_{Equity}$가 높아지는 만큼 주주 기대수익률도 올라 간다. 그 이유는 주주 기대수익률은

$$주주\ 기대수익률 = 무위험자산수익률 + \beta_{Equity} \times 시장위험프리미엄$$

으로 결정되기 때문이다. 경영진이 금융부채사용을 늘려 투자를 실행하는 이유는 궁극적으로 주주의 관심 수익성지표인 순자산수익률(ROE)을 높이고자 하기 때문이다. 그러나 금융부채 사용이 늘수록 ROE의 평가기준인 주주 기대수익률도 함께 높아지고, 그로 인해 주주로부터 긍정적인 평가를 받는 것이 더욱 어려워진다. 따라서 금융부채 사용을 늘려 투자하고자 하는 경영진은 이 같은 양면성에 대해 균형적인 관점을 가질 필요가 있다.

## 02 경기변동이 자산베타와 순자산베타에 미치는 영향

이 같은 통찰력을 활용하여 자산베타와 순자산베타가 경기변동에 따라 어떤 영향을 받는지 살펴보자. 앞의 식(1)에 의하면, 순자산베타($\beta_{Equity}$)는 본래의 사업위험(자산베타, $\beta_{Asset}$)과 금융부채 사용규모($\frac{Debt}{Equity}$)에 의해 영향을 받는다. 따라서 경기변동이 순자산베타(및 주주 기대수익률)에 미치는 영향은 두 가지로 나타난다. 첫째, 경기변동이 본질적인 사업위험에 미치는 영향이고, 둘째, 경기가 금융부채비율에 미치는 영향이다.

우선 경기변동이 사업위험에 미치는 영향부터 살펴보자. 연구에 의하면 경기가 좋은 경우에는 산업 간 사업위험에 큰 차이가 없다고 한다. 호경기에는 자산베타가 높은 기업이나 낮은 기업 모두 이익을 창출하는데 어려움이 없기 때문이다. 그러나 경기가 나빠지면 자산베타가 높은 기업은 낮은 기업에 비해 사업위험이 두 배 이상으로 높아진다고 한다. 자산베타가 높은 산업(철강, 조선, 건설, 석유화학, 자동차, 반도체 등)은 불경기로 인해 더욱 어려움을 겪는다는 의미이다. 물론 자산베타가 낮은 산업

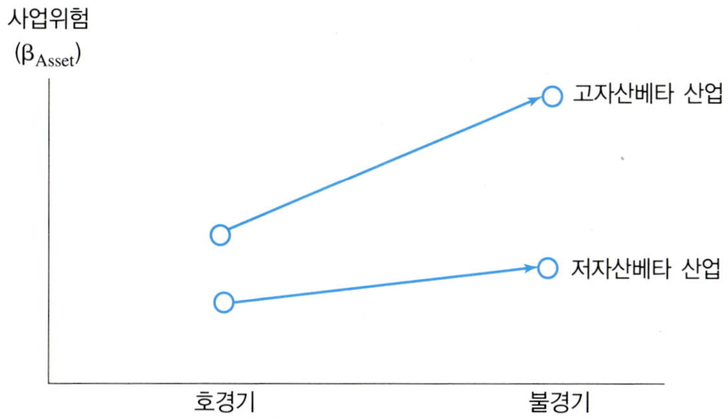


[그림 33-2] 경기변동과 사업위험(자산베타)

(통신, 전력, 도시가스 등)도 불경기가 되면 어려움을 겪기는 하나 상대적으로 사업위험이 덜 높아진다. 따라서 불경기에는 자산베타가 높은 기업들은 사업위험이 급격하게 높아지는 것을 경험한다.

이제 경기변동이 금융부채비율에 미치는 영향을 살펴보자. 불경기에는 사업위험이 높은 기업의 수익창출 역량이 급속히 나빠진다. 경기가 나빠지면 소비가 줄고 이로 인해 자산베타가 높은 기업들의 경영성과가 더욱 타격을 받기 때문이다. 수익성이 떨어져 적자가 발생하면 금융부채비율($\frac{\text{Debt}}{\text{Equity}}$)의 분모인 순자산이 줄어들거나 추가 자금차입으로 인해 금융부채 부담이 더욱 커지게 된다.

정리해보면, 불경기에는 사업위험이 높은 기업의 자산베타($\beta_{Asset}$)와 금융부채비율($\frac{\text{Debt}}{\text{Equity}}$)이 모두 높아지고 이로 인해 순자산베타($\beta_{quity}$)는 더욱 올라가게 된다. 사업위험이 동일하더라도 금융부채를 많이 사용하는 기업은 경기변동의 영향을 더 받게 된다.

이렇게 순자산베타가 올라가면 CAPM개념에 의하면 주주 기대수익률도 더욱 높아질 것이다. 그리고 경영진이 창출해야 하는 순자산수익률(ROE)도 더욱 높아지지 않으면 주주는 실망을 하게 될 것이다. 사업위험이 높은 기업의 경영진이 주주 기대수

$$\underbrace{\beta_{Equity}}_{\text{순자산베타}\uparrow} = \underbrace{(1 + \frac{Debt}{Equity})}_{\text{금융부채비율}\uparrow} \underbrace{\beta_{Asset}}_{\text{사업위험}\uparrow}$$

**[그림 33-3]** 경기변동이 순자산베타에 미치는 영향

익률을 초과하는 수익성을 달성하는 것이 어려운 이유가 바로 이 점이다.

불경기에는 이익을 창출하기가 더욱 어려움에도 불구하고 주주의 기대수익률은 오히려 높아지는 이 같은 현상에 대해 경영진은 어떤 관점을 가져야 할까? 경영진은 불경기가 오더라도 지속적으로 높은 수익성을 달성하기 위한 근본적인 전략에 대해 고민하게 된다. 연구개발, 브랜드 및 인적자원에 대한 지속적인 투자와 고도화를 통해 환경변화에 대해 대응할 수 있는 역량을 갖추지 않으면 불경기가 오거나 또는 보다 강력한 경쟁자가 출현하는 경우 회사의 위험은 더욱 커지게 될 것이다.

## 03 비상장기업의 베타

이제부터 비상장기업의 순자산베타(이하 단순히 베타)를 추정하는 방법에 대해서 알아보자. 비상장기업은 주식가격 정보가 없으므로 주식 수익률정보를 사용하는 전통적 방법을 사용할 수는 없다. 그러나 위에서 도출한 개념을 응용하면 비상장기업도 어렵지 않게 베타를 구할 수 있다. 그 과정을 다음과 같이 정리해 보자.

- 비상장사가 속한 산업 내의 상장기업을 대상으로 순자산베타($\beta^{상장}_{Equity}$)를 산출한다.
- 금융부채비율을 고려하여 동일산업 내 상장기업들의 자산베타($\beta^{상장}_{Asset}$)를 구한다.

$$\beta^{상장}_{Asset} = \beta^{상장}_{Equity} \times \frac{Equity}{Debt + Equity} = \frac{\beta^{상장}_{Equity}}{1 + \frac{Debt}{Equity}}$$

- 상장기업 베타($\beta^{상장}_{Equity}$)를 그 회사의 금융부채비율(구체적으로는 '1 + 금융부채비율')로 나누어 주는 이유는 금융부채비율이 베타에 미치는 영향을 조정(또는 제거)한 후의 사업위험을 추정하기 위해서이다. 앞에서 살펴본 대로 금융부채비율이 높은 기업은 ROE의 변동성도 높고 따라서 순자산베타($\beta^{상장}_{Equity}$)도 높아진다. 따라서 금융부채사용이 $\beta^{상장}_{Equity}$에 미치는 영향을 조정함으로써 본래 사업위험($\beta^{상장}_{Asset}$)을 구할 수 있다.
- 동일산업 내 상장기업들의 자산베타 값을 대상으로 평균값(Avg[$\beta^{상장}_{Asset}$])을 산출한다.
- 비상장사의 금융부채비율을 사용하여 다음과 같이 순자산베타($\beta^{비상장}_{Equity}$)를 구한다.

$$\beta^{비상장}_{Equity} = (1 + \frac{Debt}{Equity}) \times Avg(\beta^{상장}_{Asset})$$

물론 비상장기업의 특성이 상장기업들과는 여러 면에서 다를 것이다. 비상장사는 대주주 지분도 더욱 집중화되었을 것이며, 사업구조나 인적자원 구성도 상장기업과는 다를 것이다. 그럼에도 불구하고 위와 같은 방법을 사용하여 (순자산)베타를 산출하고 이를 바탕으로 주주 기대수익률을 추정한다면, 비상장기업의 경영진도 투자의사결정 및 경영성과 평가과정에서 보다 명확한 정보를 사용할 수 있다.

# SECTION 34 경기, 주주 기대수익률 및 주가

경기가 나빠지면 수익성이 떨어져 사업위험이 높아질 뿐 아니라 빚이 많은 기업은 금융부채 부담도 더욱 높아진다. 수익창출역량이 약해지면 같은 금액의 금융부채라도 경영진은 중압감을 더욱 크게 인식하기 때문이다. 또한 사업위험($\beta_{Asset}$, 자산베타)과 금융부채부담이 높아지면 아래에서 보듯 순자산베타($\beta_{Equity}$)가 높아진다(Section 33 참고).

$$\beta_{Equity} = (1 + \frac{Debt}{Equity})\beta_{Asset}$$

그리고 아래 CAPM개념을 활용하면 높은 순자산베타로 인해 주주 기대수익률도 높아진다.

주주 기대수익률(r) = 무위험자산수익률 + 순자산베타($\beta_{Equity}$) × 시장위험프리미엄

반대로 경기가 좋아지거나 기업 경쟁력이 강화되면 사업위험($\beta_{Asset}$, 자산베타)과 금융부채부담이 낮아지고, 결국 순자산베타($\beta_{Equity}$)와 주주 기대수익률도 낮아진다.

이 같이 경기가 경영성과와 주주 기대수익률에 미치는 영향을 이해하면 경기변동에 따라 주가가 매우 큰 폭으로 과도하게 급락하거나 급등하는 듯한 현상을 이해할 수 있다. 이제 경로를 구체적으로 따라가 보자.

## 01 주주 기대수익률과 주가

경기가 좋지도 않고 나쁘지도 않은 '평균적인' 상황을 가정하자. 또한 경영진은 매년 당기순이익(E, earnings)을 100만큼 창출하고, 주주 기대수익률(r)은 10%라고 가정하자. 이 때 주식가치(P)는 얼마일까? 매년 동일한 금액(E)을 창출하는 경우, 미래 현금흐름의 현재가치 합은 당기순이익을 할인율로 나눈 값($\frac{E}{r}$)으로 평가되기 때문에 아래처럼 주식가치는 당기순이익 창출 역량의 10배인 1,000이 된다.

$$P = \frac{E}{r} = \frac{100}{10\%} = 1{,}000$$

이제 경기가 좋아져 경영진의 수익창출역량이 100에서 120로 20% 증가하고(E = 120), 당기순이익이 매년 2%씩 성장한다고 가정하자. 이 때 주가는 얼마일까? 분자의 수익창출역량이 지속적으로 강화되면 이는 마치 분모의 할인률(주주 기대수익률)을 낮추는 것과 동일한 효과를 갖는다. 따라서 회사 수익성이 매년 2%씩 계속 성장한다면, 주가는 아래와 같이 1,500이 된다. 당기순이익이 20% 상승하지만 주가는 50%나 상승하게 된다.

$$P = \frac{E}{r - g} = \frac{120}{10\% - 2\%} = 1{,}500$$

그런데 이 분석에서는 기업 수익창출역량이 강해지면 주주 기대수익률이 낮아지는 효과를 아직 고려하지 않았다. 위에서 살펴본 대로, 경기가 좋아지거나 기업 경쟁력이 강화하면 주주 기대수익률이 떨어진다. 이는 마치 경영성과가 좋아지면 금융부채 이자율이 낮아지는 것과 같은 논리이다. 만일 주주 기대수익률이 10%에서 8%로 낮아지면, 주가는 1,500이 아니라 2,000까지 상승할 수 있다.

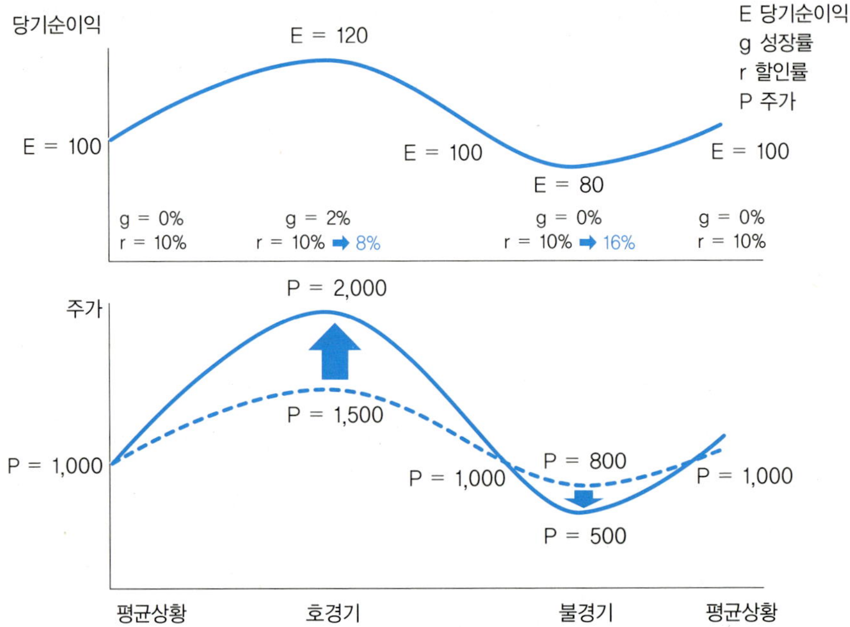


**[그림 34-1]** 경기변동과 주식가치

$$P = \frac{E}{r - g} = \frac{120}{8\% - 2\%} = 2{,}000$$

그런데 종종 경영진과 투자자는 당기순이익은 100에서 120으로 20% 증가했음에도 주가는 1,000에서 2,000으로 100%나 상승한 것을 두고 기업 경쟁력에 비해 주가가 과도하게 올라간다고 생각할 수 있다. 이 같은 인식은 비효율적시장가설을 바탕으로 한다.

그러나 기업 경쟁력이 높아지면 주주 기대수익률이 낮아질 수 있다는 CAPM개념을 기억하면, 이 같은 주가 상승은 적정한 것으로도 해석할 수 있다. 이는 주식시장이 효율적이라는 인식(즉, 효율적시장가설, efficient market hypothesis, EMH)을 기반으로 한다.

이제 경기가 평균수준으로 회귀하는 상황을 가정하자. 당기순이익은 120에서 다시 100으로 낮아지고(E = 100, 17% 감소), 그 상태를 유지하는 것이다(즉, 성장율 = 0). 물론 이 때 주주 기대수익률이 8%가 아니라 원래 수준인 10%로 회복함을 기억하자. 이 때 주가는 2,000에서 최초 금액인 1,000으로 낮아진다(50% 하락).

이 같이 당기순이익이 17% 감소할 때, 주가는 호경기 대비 50% 수준으로 떨어지는 현상을 경험하는 경영진이나 투자자는 주식시장의 속성에 대해 어떻게 생각할까? 비효율적시장가설에서는 주가가 과도하게 떨어진다고 해석할 수 있으나, 반대로 이 같은 주가 움직임이 주식가격 본래의 속성이라고 볼 수도 있다(Section 21의 [그림 21-1] 참조).

## 02 불경기와 주주 기대수익률 그리고 주가

불경기에는 어떤 일이 나타날까? 당기순이익은 100에서 80으로 더욱 낮아지고(E=80, 20% 감소), 그 상태에 머무른다고 가정하자(즉, 성장율 = 0). 이 때 주가는 아래와 같이 800으로 떨어질 것으로 예상된다.

$$P = \frac{E}{r} = \frac{80}{10\%} = 800$$

그런데 이 분석에서도 기업 수익성이 떨어지면 반대로 주주 기대수익률이 상승한다는 CAPM개념을 아직 고려하지 않았다. 앞에서 살펴본 대로 수익창출역량이 떨어지는 환경에서는 사업위험($\beta_{Asset}$)과 금융부채 부담이 높아지고, 이로 인해 순자산베타($\beta_{Equity}$)과 주주 기대수익률이 높아진다. 기업 경영성과가 악화하면 금융부채 조달 비용이 상승하는 것을 고려하면 쉽게 이해할 수 있다. 만일 주주 기대수익률이 10%에서 16%로 높아지면, 주가는 800이 아니라 500까지 떨어질 수 있다. 주가가 1,000에서 다시 절반 수준으로 하락하는 것이 이상하지 않다.

$$P = \frac{E}{r} = \frac{80}{16\%} = 500$$

당기순이익이 100에서 80으로 20% 감소할 때 주가가 1,000에서 500으로 반 토막 수준으로 떨어지고, 고점 주가 2,000대비 75% 하락한 것에 대해 경영진과 투자자는 과도하다고 인식하고 동시에 공포감을 느낄 수도 있다. 그러나 이 역시 '정상적' 주식시장의 속성일 수 있다는 관점을 갖는 것도 필요하다.

마지막으로 불경기에서 벗어나 평균상황으로 회귀한다고 가정하자. 당기순이익은 다시 100으로 회복하고(E = 100, 25% 증가), 그 상태를 유지하는 것으로 가정하자(즉, 성장율 = 0). 또한 주주 기대수익률도 16%에서 머물지 않고 원래 수준인 10%로 하락하는 것도 기억하자. 주가는 500원에서 다시 1,000이 된다(100% 상승). 당기순이익은 25% 증가하나, 주가는 불경기 저점 대비 두 배나 올라갈 수 있다.

## 03 자본집약적 투자, 경기변동, 그리고 주가 변동성

이와 같이 주가는 경기변동에 따라 격렬하게 상승하거나 하락하는 속성을 갖는다. 높은 주가 변동성을 주식시장 참여자 간 과잉 반응의 결과라고 해석하는 것이 적절할까, 아니면 반대로 주가와 주주 기대수익률의 본질적 속성이라고 인식하는 것이 적절할까?

어떤 해석과 인식이 정답인지는 경영진과 투자자 각자의 판단에 달려 있다. 그러나 최소한 주식가격의 격렬한 움직임이 주식시장의 비효율성을 반영한다고만 해석하지 않고, 오히려 정상적이면서도 '효율적 자본시장'의 산물일 수 있다는 균형적인 시각을 갖추는 지혜가 필요하다.

특히 자본집약적 투자로 경쟁력을 추구해 온 한국 경영진은 이 같은 균형적 관점을 갖는 것이 더욱 중요해 보인다. 자본집약적 투자는 투자 금액이 클 뿐 아니라, 투자 회수 기간도 긴 것이 특징이다. 따라서 경기 변동 영향에서 자유롭지 않다. 불경기와 호경기를 거치면서 수익창출역량이 변화하고, 이 때 주가는 일반적인 예상보다 더욱 격렬한 움직임을 보인다. 높은 주식시장 변동성에 대해 이제 경영진은 냉정하고 균형적인 시각으로 경쟁력강화와 위험관리를 할 수 있게 되었다.

# SECTION 35 주가 급등락의 원인: 위험회피성향과 준거수준

경기가 나빠지고 불확실성이 높아지면 주가는 급락하고는 한다. 반대로 경기가 좋아지고 기업 성장성이 높아질 것으로 예상할 때 주가는 급등하기도 한다. 경영자와 투자자는 이 같은 주가 급락과 급등을 당혹스럽게 여긴다. 기업 경영성과나 성장 잠재력에 비해 주가가 '과도하게' 올라가거나 떨어진다고 인식하기 때문이다.

경영자와 투자자는 이 같은 주식시장 현상을 종종 '비효율적'이라고 보기도 한다. 특히 주가 변동성이 높은 한국에서 경영자와 투자자는 주가가 경영 성과를 적절히 반영하지 못할 때가 있다고 인식한다.

반대로 '효율적 주식시장 가설(efficient market hypothesis)'에서는 주가의 높은 변동성을 투자자의 합리적 의사결정이 반영된 것이라고 본다. 얼핏 경영성과나 성장성에 비해 주가가 너무 빨리 오르거나 떨어지는 것으로 보이나, 실제로는 합당한 근거가 있다는 해석이다. 이를 설득력 있게 설명할 수 있을까?

## 01 주주 기대수익률과 투자자 위험회피성향

주주 기대수익률 개념은 기업가치평가에서 핵심적인 역할을 한다. 주주 기대수익률을 초과하는 수익성을 창출하지 못하면 기업가치는 올라가지 않기 때문이다. 주주 기대수익률은 자본자산가격결정모형(CAPM, capital asset pricing model)에 따르면 식 (1)과 같이 추정한다(Section 22참고).

주주 기대수익률 = 무위험자산수익률 + 베타 × 시장위험프리미엄 (1)

주주는 투자위험이 없는(risk-free) 국채에서 얻는 수익률(무위험자산수익률)을 포기하는 대신, 원금상실 위험에 대한 보상인 시장위험프리미엄(market risk premium)을 요구한다. 또한 특정 기업의 경영성과가 경기에 얼마나 민감한지(베타, β)에 따라 주주 기대수익률이 달라진다.

실무에서 시장위험프리미엄은 식 (2)와 같이 과거 종합주가지수의 '실제' 수익률에서 무위험자산수익률을 차감해서 산출한다. 무위험자산수익률에 비해 주식시장이 실제로 얼마나 더 높은 수익률을 얻었는지를 알면 주주는 원금상실 위험을 무릅쓰고 주식시장에 참여할 만한 유인이 있는지 파악할 수 있다.

시장위험프리미엄 = '실제' 종합주가지수 수익률 − 무위험자산 수익률 (2)

그러나 식 (1)의 CAPM에서 시장위험프리미엄은 사전적(ex-ante) 개념이다. 따라서 실무에서 식 (2)처럼 실현된(ex-post) 종합주가지수 수익률을 사용하면 이해하기 어려운 현상이 종종 나타난다. 불경기에 경영성과가 나빠지면 종합주가지수가 떨어질 가능성이 높다. 그럴 때 시장위험프리미엄이 음(−)이 될 수도 있다. 그런데 이상하지 않은가? 불경기에는 원금상실 위험이 더 높기 때문에 투자자가 더 높은 시장위험프리미엄을 요구하지 않을까?

반대로 호경기에는 종합주가지수가 올라갈 가능성이 높다. 따라서 실현된 시장위험프리미엄은 매우 높게 산출된다. 이 역시 직관적으로 설명하기 어렵다. 호경기에는 원금상실 위험이 낮고 따라서 투자자가 요구하는 시장위험프리미엄도 낮을 것이기 때문이다.

시장위험프리미엄 = 투자자 위험회피성향 × 경기변동성 (3)

'개념상' 적절한 시장위험프리미엄은 식 (3)에서와 같이 투자자 위험회피성향과 경기변동성의 곱으로 결정된다. 식 (3)을 도출하기 위한 이론적 증명은 생략하는 대신 두 요소의 직관적으로 의미를 살펴보자.

- **투자자 위험회피성향:** 투자원금 상실 가능성에 대해 투자자가 더 많은 고통을 느끼고 그로 인해 위험회피성향이 높을수록, 투자자는 더 높은 시장위험프리미엄과 기대수익률을 요구한다.
- **경기변동성:** 경제가 외부충격을 흡수할 수 있는 역량이 낮고 그로 인해 경기변동성이 크면, 투자자는 원금상실 위험이 커진 만큼 더 높은 시장위험프리미엄과 기대수익률을 요구한다.

이 개념을 활용해 앞서 실무에서 발생하는 어려움, 즉 시장위험프리미엄이 불경기에는 음(−)수이고 호경기에는 과도한 양(+)수인 현상을 설명해 보자.

## 02 경영성과 변동성과 위험회피성향

경영성과와 효용(만족감 또는 행복감) 간 관계는 경영진이나 투자자의 위험에 대한 태도에 따라 다른 모습을 갖는다. [그림 35-1]은 경영자나 투자자가 변동성(위험)을 싫어하는 성향(위험회피성향, risk aversion)을 가질 때와 위험에 중립적인 성향을 가질 때(위험중립성향, risk neutrality)로 나누어 경영성과(또는 소득)와 효용의 관계를 나타낸 것이다.

먼저 변동성이 거의 없는 매우 안정적인 소득(μ)인 경우 효용(C)이 얼마인지 확인한다. 다음으로 변동성이 매우 높은 경우로, 소득이 μ 보다 σ(표준편차) 만큼 높은 (μ + σ)일 확률이 50%이고, 반대로 소득이 μ 보다 σ만큼 낮은 (μ − σ)일 확률이 50%인 경우의 효용(D)을 따져본다.

그림 왼쪽의 위험회피성향에서 소득-효용의 관계는 오목하게(concave) 나타난다. 이는 소득(또는 경영성과)이 높아질 때 경영진이나 투자자의 효용이 증가하는 것에 비해 같은 금액만큼 소득이 떨어질 때 효용이 감소하는 정도가 더 큰 현상을 표현한 것이다(Section 52 참고).

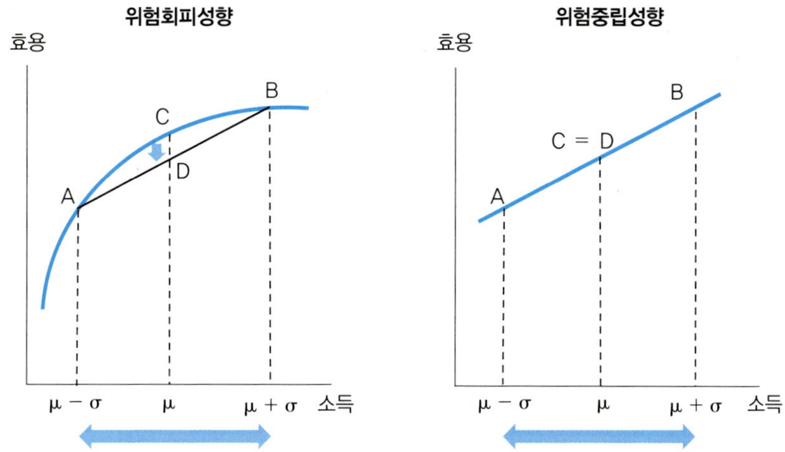


[그림 35-1] 소득변동과 위험회피성향

이때 변동성이 거의 없는 안정적인 소득 μ(평균)에서 경영자 효용은 C가 된다. 그러나 변동성이 높으면 소득이 (μ + σ)일 때는 효용이 B로 증가하겠지만, 소득이 (μ − σ)로 하락하면 효용이 더 급격하게 떨어져 A 수준이 된다. 즉, 변동성이 높은 경우 효용은 A와 B의 평균인 D에서 결정된다.

이렇게 변동성이 높은 소득의 효용(D)은 안정적인 소득의 효용(C)보다 적다. 이는 경영자나 투자자는 변동성을 싫어하는 위험회피성향이 있기 때문이다. 그리고 소득의 변동성이 클수록 효용은 더욱 크게 떨어진다. 또한 투자자의 위험회피성향이 강할수록 효용은 급락한다.

참고로 그림 오른쪽의 위험중립성향에서는 소득-효용의 관계가 직선적이다. 안정적인 소득(μ)에서 얻는 효용 C와, 변동성이 높아 소득이 (μ + σ)로 상승하거나 (μ − σ)로 하락할 때 효용을 평균한 값 D가 같다. 즉 소득 변동성이 높더라도 안정적인 소득에 비해 효용이 낮아지지 않고, 경영자나 투자자는 변동성에 대해 '중립적'인 성향을 갖는다.

투자자의 위험회피성향이 높으면 주주가 요구하는 시장위험프리미엄이 높아지고(식 (3) 참고), 이로 인해 주주 기대수익률도 높아진다(식 (1) 참고). 그리고 높아진 주주 기대수익률 만큼 기업이 경영성과를 달성하지 못하면 기업가치에는 부정적 영향을 끼친다.

그렇다면 경영자나 투자자의 위험회피성향은 일정한 수준에서 유지될까? 아니면 경기변동이나 불확실성 수준에 따라 위험회피성향이 변할까? 위험회피성향이 변한다면 그때는 어떤 상황일까?

## 03 준거수준(habit)과 위험회피성향

투자자의 위험회피성향은 경기에 따라 상당히 큰 폭으로 움직일 수 있다. 경영자나 투자자는 소득이나 소비활동에서 일정 수준을 유지하고자 한다. 이를 소득이나 소비의 준거수준(habit)이라 한다. 소득이나 소비가 준거수준 밑으로 떨어지는 것에 대해 매우 불안함을 느끼기 때문이다.

[그림 35-2]는 소득(또는 경영성과)이 준거수준 가까이 낮아지면 효용이 급격히 떨어지는 것을 보여준다. 효용이 급락한다는 것은 투자자 불안감이 급증한다는 의미이다. 이로 인해 투자자 위험회피성향도 높아지고, 투자자가 요구하는 시장위험프리미엄도 높아진다. 경영성과가 악화할 때 주주 기대수익률이 높아지면 주가는 하락한다.

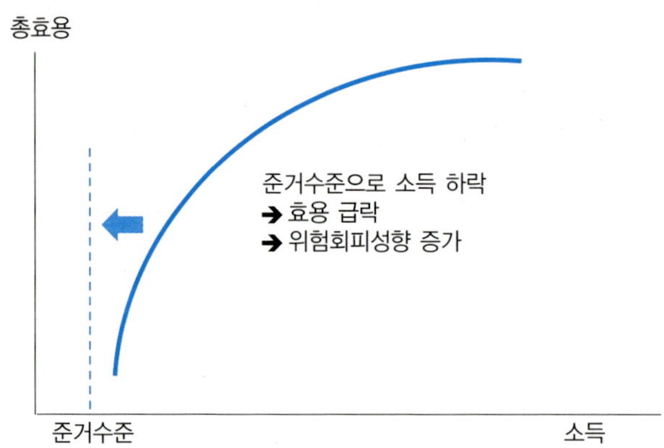


[그림 35-2] 준거수준과 위험회피성향

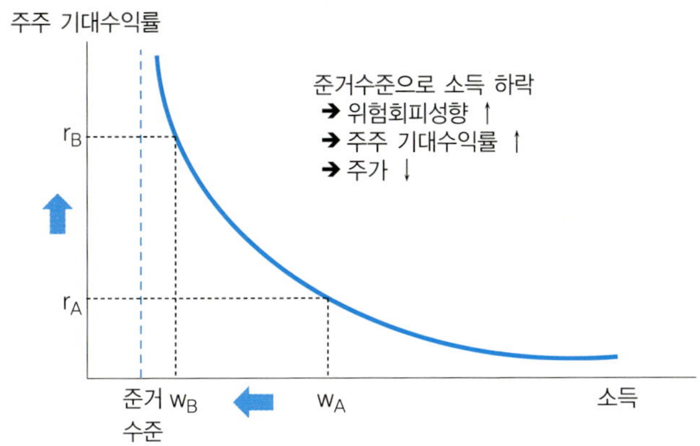


**[그림 35-3]** 소득수준과 주주 기대수익률

이에 대해서는 Section 24에서도 살펴 보았다. [그림 35-3]은 소득(경영성과)이 낮아지면 주주 기대수익률이 상승하고, 반대로 소득이 올라가면 주주 기대수익률이 하락하는 것을 보여준다.*

투자자는 [그림 35-4]처럼 시간이 지남에 따라 소득이나 경영성과의 준거기준이 점진적으로 상승할 것으로 기대한다. 주주는 경영자가 핵심 경쟁력을 지속적으로 강화해 좋은 성과를 낼 것으로 기대하기 때문이다. 따라서 불경기에 준거기준을 충족하지 못할 정도로 경영성과가 나빠지면 (그림에서 A 지점과 같은 경우) 주주 불안감은 급증하고 위험회피성향도 커진다. 이로 인해 경영성과는 나쁜 상황에서 주주가 요구하는 기대수익률은 높아지고 궁극적으로 주가도 급락한다.

반대로 기업이 경쟁력을 회복해 높은 성과를 달성하면 (그림에서 B 지점과 같은 경우) 주주 불안감은 낮아지고 위험회피성향과 위험프리미엄이 낮아진다. 이로 인해

* 예를 들면, 평상시 소득 수준($w_A$)에서 주주 기대수익률($r_A$)은 10%라고 해도 큰 무리는 없다. 무위험자산수익률 약 3%, 시장위험프리미엄 약 7%에 기업 평균 베타를 1.0이라고 하면, 주주 기대수익률 10%(=3%+1.0×7%)는 자연스럽다. 그러나 소득($w_B$)이 낮아져 준거수준이 위협받을 정도가 되면 주주 기대수익률($r_B$)은 30% 수준까지도 치솟을 수 있을 것이다. 경기불황에 무위험자산수익률이 약 5%로 오르고, 베타가 약 1.2가 된다고 해보자. 또한 연구에서 2008년 금융위기에 미국의 시장위험프리미엄이 21%까지 오른 것으로 나타난다. 이러면 주주 기대수익률은 30%(=5%+1.2×21%)가 될 수도 있다.

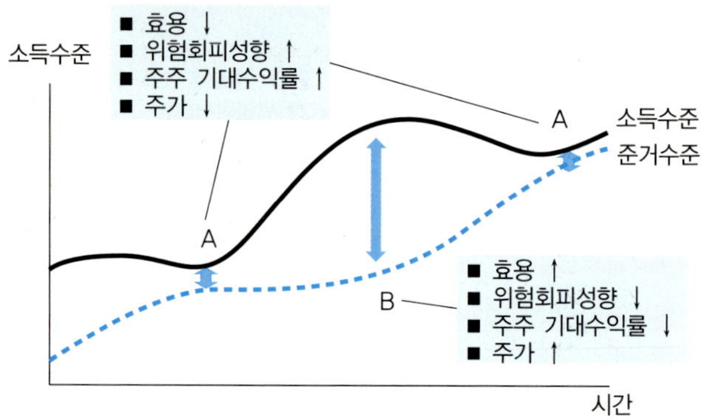


**[그림 35-4]** 위험회피성향, 주주기대수익률 및 주가

경영성과 향상과 함께 주주 요구수익률이 낮아져 주가는 많이 오른다.

여기서는 다루지 않았지만 경영성과 나빠지면 금융부채가 많은 기업은 더 큰 타격을 받는다. 불경기에는 금융부채 상환 역량이 떨어지고, 이로 인해 경영성과가 외부 충격에 더 크게 노출된다. 이는 식 (1)의 베타(체계적위험)를 높이고, 결국 주주 기대수익률도 높아진다. 경기가 좋아지면 반대로 금융부채가 덜 부담스럽고 외부 충격을 흡수할 수 있는 역량도 높아진다.

경기변동이나 기술변화 또는 시장환경변화에 따라 기업 경영성과가 좋아지기도 하고 나빠지기도 한다. 동시에 투자자 위험회피성향과 요구수익률은 경영성과와는 반대방향으로 오르내린다(Section 34 참고). 따라서 호경기에는 경영성과도 좋지만 주주기대수익률도 낮아져 주가는 많이 오른다. 반대로 불경기에는 경영성과가 나빠지는 동시에 주주 기대수익률도 높아져 주가는 급락한다.

경영성과 변동폭에 비해 주가 변동폭이 너무 크다고 인식하는 것을 주식시장이 비효율적이라고만 인식하지 않아도 된다. 주가 변동성이 높다는 이유만으로 한국 주식시장이 비효율성을 해소하지 못하고 있다는 견해에 대해 경영자와 투자자는 균형적 시각을 가질 필요가 있다. 경영성과와 주식 가격의 변동성이 높은 근본 원인과 해소 방안에 대해 깊이 있는 고민을 하는 것이 더 중요해 보인다.

# SECTION 36 현금흐름할인모형(DCF)의 특징

실무에서 많이 사용하고 있는 가치평가모형으로 현금흐름할인(DCF: discounted cash flow)모형이 있다. 여기서 현금흐름이란 구체적으로는 잉여현금흐름(FCF: free cash flow)이며 이는 '영업현금흐름 − 투자금액'을 의미한다. 따라서 잉여현금흐름이란 영업활동에서 창출되는 현금흐름이 기존 사업의 경쟁력을 유지하고 새로운 성장동력을 확보하는데 필요한 투자금액을 얼마나 초과하는지를 나타낸다.

그리고 이 같은 미래 예상 잉여현금흐름을 현재가치로 할인할 때 사용하는 할인율로는 가중평균자본비용(WACC: weighted average cost of capital)을 사용한다. 미래 잉여현금흐름을 창출하기 위해서는 경영진은 주주의 몫인 자기자본(= 납입자본과 이익잉여금)과 채권자로부터 조달한 타인자본(또는 금융부채) 모두를 투입해야 하기 때문이다.

## 01 DCF평가방법

실무에서 DCF방법을 선호하는 이유는 우선 이 방법론이 오랫동안 널리 활용되어 친숙한 개념이기 때문이다. 특히 순현재가치(NPV: net present value)방법을 사용하여 투자의사결정을 하는 경우, 사업으로부터 창출될 것으로 예상되는 미래 잉여현금흐름을 가중평균자본비용을 할인율로 해서 현재가치를 산출한 후 이로부터 투자금액을 차감하면 순현재가치가 된다. 이를 바탕으로 경영진은 미래 현금흐름을 높이기 위한 전략과 영업위험 및 재무위험을 줄이기 위한 다양한 방법들을 구상하게 된다.

DCF평가방법의 또 다른 장점은 회사마다 서로 다른 회계처리 방법을 사용함으로써 나타나는 비교가능성의 문제를 피할 수 있다는 점이다. 예들 들어, 회사간 감가상각방법, 재고자산평가방법 또는 매출채권에 대한 대손상각평가방법이 서로 달라 영업이익이나 당기순이익을 직접 비교하기 어려운 경우에도 잉여현금흐름을 사용하는데 어려움이 없다. 그 이유는 영업현금흐름과 투자금액 모두 현금의 유입과 지출로 파악할 수 있기 때문이다.

그러나 무엇보다도 잉여현금흐름모형이 강조되는 이유는 궁극적으로 자본제공자에 '분배' 될 잉여현금흐름을 현재가치로 환산하는 것이야말로 기업가치를 가장 적절히 반영한다는 믿음이 담겨 있기 때문이다. 그럼 이제부터 DCF방법에 대해 보다 구체적으로 알아 보자.

영업현금흐름(OCF: operating cash flows)을 간단히 "C"로 표시하고, 투자금액(investments)을 "I"로 표시하면, 잉여현금흐름(FCF)은 다음과 같이 나타낼 수 있다.

$$\begin{aligned}\text{잉여현금흐름(FCF)} &= \text{영업현금흐름} - \text{투자금액} \\ &= C - I \end{aligned} \tag{1}$$

따라서 전체 기업가치(EV: enterprise value)는 다음과 같은 모습으로 나타난다.

$$
\begin{aligned}
&\text{기업가치(EV)} \\
&= \frac{FCF_1}{(1 + r_{WACC})^1} + \frac{FCF_2}{(1 + r_{WACC})^2} + \frac{FCF_3}{(1 + r_{WACC})^3} + \cdots
\end{aligned}
\tag{2}
$$

식 (2)의 분모에 있는 할인율에 대해서는 두 가지 가정을 하자. 첫째, 가중평균자본비용은 향후에도 일정한 수준으로 유지된다는 가정이다. 즉 미래의 경영환경이 더욱 불확실하더라도 할인율이 더 높아지지 않는다는 것이다. 둘째, 분모에 있는 가중평균자본비용은 분자에 있는 잉여현금흐름과는 서로 연관이 없다는 가정이다. 즉, 회사의 잉여현금창출 역량과는 무관하게 할인율이 일정하다는 것이다. 물론 이 같은 가정들이 현실적이지 않으나 논의를 단순하게 하기 위해 이 가정을 유지하자(경영성과가 좋을수록 할인율은 하락한다는 개념에 대해서는 Section 24 참고).

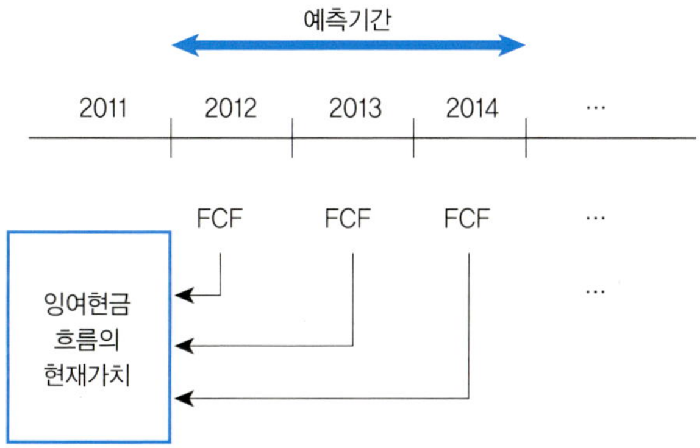


[그림 36-1] 현금흐름할인방법(DCF)

만일 전체 기업가치 대신 주주의 몫인 순자산의 본질가치에 관심이 있다면 이는 전체 기업가치에서 순차입금(또는 순금융부채 = 금융부채 − 금융자산)을 차감함으로써 구한다.

$$
\text{순자산의 본질가치} = \text{전체 기업가치} - \text{순차입금} \tag{3}
$$

따라서 주당 적정주가를 예측하기 위해서는 순자산의 본질가치 추정치를 유통주식수(=발행주식수－자기주식)로 나누면 된다.

$$\text{예상주가} = \frac{\text{순자산의 본질가치 추정금액}}{\text{유통주식수}} \tag{4}$$

투자자나 경영자는 식(4)에서 구한 추정주가를 실제 주가와 비교함으로써 현재의 주가수준이 적절한지에 대해 분석할 수 있다.

## 02 DCF평가방법의 예

잉여현금흐름방법을 사례를 통해 자세히 살펴 보자. 다음의 예는 실제 사례를 바탕으로 재구성한 것이다. 이 회사는 2010년말 현재 향후의 경영성과를 다음과 같이 예측하고 있다.

[표 36-1] DCF평가방법의 예 (단위: 원)

| | 2010 | 2011 | 2012 | 2013 | 2014 | 2015 |
|---|---|---|---|---|---|---|
| 손익계산서 정보: | | | | | | |
| 매출액(A) | | 223,752 | 227,402 | 239,048 | 247,787 | 260,023 |
| 영업비용(B) | | 183,942 | 188,162 | 197,524 | 205,380 | 215,685 |
| 감가상각비(C) | | 18,310 | 18,310 | 18,310 | 18,310 | 18,310 |
| 판매비 및 일반관리비 | | 4,843 | 5,181 | 6,259 | 7,068 | 8,200 |
| 영업이익(D = A − B) | | 39,810 | 39,240 | 41,524 | 42,407 | 44,338 |
| 법인세율(t) | | 27.50% | 27.50% | 27.50% | 27.50% | 27.50% |
| 세후영업이익(E = D × (1 − t)) | | 28,862 | 28,449 | 30,105 | 30,745 | 32,145 |
| 영업현금흐름(F = C + E) | | 47,172 | 46,759 | 48,415 | 49,055 | 50,455 |
| 재무상태표 정보: | | | | | | |
| 운전자본 | 10,128 | 14,438 | 14,790 | 15,965 | 16,835 | 18,062 |
| Δ운전자본(G) | | 4,310 | 352 | 1,175 | 870 | 1,227 |
| 총투자(H = C + G) | | 22,620 | 18,662 | 19,485 | 19,180 | 19,537 |
| 잉여현금흐름(F − H = E − G) | | 24,552 | 28,097 | 28,930 | 29,875 | 30,918 |

우선 손익계산서 정보에 대해 알아보자. 2010년 말 현재 이 회사는 향후 5년간 매출액이 완만하게 상승하고, 이에 상응하여 매출원가와 판매비 및 일반관리비도 점진적으로 올라갈 것으로 예상하고 있다. 비록 여기서는 매출액, 매출원가 그리고 판매비 및 일반관리비의 미래 추정치가 예로서 제시되었으나, 실무적으로는 이들 추정치를 적절히 구하는 것이 가장 어려우면서도 중요한 일이라는 것을 기억하자.

- **매출액 (A).** 매출액을 추정하기 위해서는 경기변동, 전체시장의 규모, 신기술 동향, 대체상품이나 용역의 출현가능성, 원자재가격 동향, 정부 정책 및 규제 환경의 변화, 현재 및 잠재 경쟁자들의 전략, 자사의 시장점유율 등 많은 요인들을 고려해야 한다. 즉 추정된 매출액 금액이 신뢰성을 갖기 위해서는 재무회계 영역에서 벗어나 경영환경에 대한 이해와 대응역량 및 회사의 전략이 중요하다는 의미이다.
- **영업비용 추정 (B).** 매출액이 추정되었다면 매출원가와 판매비 및 일반관리비는 매출액의 일정비율로 유지된다고 가정함으로써 추정할 수 있다.
- **감가상각비 추정 (C).** 감가상각비는 현재 수준에서 일정하게 유지될 것으로 예상하고 있다. 그 이유는 향후 몇 년간은 기존 생산설비에 대한 대체투자만을 실시하기로 하고 새로운 성장동력에 대한 투자는 예상하고 있지 않는다는 가정을 한 것이다.
- **영업이익과 세후영업이익 (D, E).** 영업이익은 매출액에서 영업비용을 차감해서 추정한다. 그리고 영업이익에서 법인세를 차감하면 세후영업이익이 산출된다. 실무에서는 이 같은 세후영업이익을 NOPAT(net operating profits after taxes)이라고도 부른다.

이제 잉여현금흐름을 추정해 보자. 이를 위해서는 두 가지 추정치가 필요하다. 첫째는 영업현금흐름에 대한 추정치이며, 둘째는 투자금액 추정치이다. 우선 영업현금흐름을 추정해 보자. 실무에서는 감가상각비(그리고 무형자산상각비가 있는 경우 이를 포함)를 세후영업이익에 가산해서 영업현금흐름을 추정한다.

영업현금흐름 추정치
= 세후영업이익(NOPAT) + 감가상각비와 무형자산상각비 (5)

이 같이 추정하는 이유는 쉽게 이해할 수 있다. 감가상각비와 무형자산상각비는 당해 연도에 현금으로 지출되지는 않았으나 비용으로 인식되었으므로, 이를 세후영업이익에 더해 주면 영업현금흐름정보를 추정할 수 있기 때문이다. 이 같은 영업현금흐름 추정치를 EBITDA(earnings before interest, taxes, depreciation and amortization)라고 부른다는 것을 기억하자(EBITDA의 특성에 대해서는 Section 54 참조).

이제 투자금액에 대해 알아보자. 투자는 (1) 생산설비에 대한 투자뿐 아니라 (2) 매출채권이나 재고자산과 같은 영업자산의 증가 및 매입채무와 같은 영업부채의 변제에 필요한 현금투입(이를 운전자본 투자라고 함)을 모두 포함한다. 따라서

$$\text{투자금액} = \text{설비투자} + \text{운전자본투자} \tag{6}$$

위 사례에서는 향후 몇 년간 기존 생산설비에 대한 대체투자만을 실시할 뿐 새로운 성장동력에 대한 투자는 계획하지 않고 있다는 가정을 했다. 따라서 설비투자금액과 감가상각비금액은 동일한 것으로 보자. 즉 감가상각되는 부분만큼만 대체투자를 함으로써 현재의 생산성을 유지하는 전략을 채택했다는 뜻이다. 물론 실무에서는 이 같은 단순한 가정 대신 보다 적극적인 투자전략을 얼마든지 고려할 수 있다.

다음으로 운전자본에 대한 투자금액을 추정하기 위해서 매출채권, 재고자산, 그리고 매입채무의 증감에 필요한 투자소요액에 대해 살펴 보자. 이들 항목이 매년 어느 정도의 규모가 될 것인가를 추정하기 위해서는 자산 및 부채의 회전율 개념이 필요하다. 예를 들어, 회사가 현재의 경영전략을 대폭 수정하지 않는다면, 매년 말 보유하는 매출채권은 매출액의 일정 수준이 될 개연성이 높다. 따라서 회사의 평균 매출채권 회전율($=\frac{\text{매출액}}{\text{기초와 기말의 평균매출채권}}$)을 알 수 있다면, 예상 매출액 정보를 활용하여 매출채권 수준을 추정할 수 있다.

이 같은 개념을 재고자산과 매입채무에도 적용시킬 수 있다. 다만 재고자산회전율 ($=\frac{\text{매출원가}}{\text{기초와 기말의 평균재고자산}}$)과 매입채무회전율($=\frac{\text{매출원가}}{\text{기초와 기말의 평균매입채무}}$)에는 매출액 대신 매출원가를 분자에 사용한다. 그 이유는 이 두 항목은 매출액보다는 매출

원가와 더 밀접하게 연관되어 있기 때문이다.* 그럼에도 실무적으로는 매출액을 사용하여 회전율을 산정하는 경우도 있음을 기억하자.

이제 2011년도 말 현재 매출채권, 재고자산, 그리고 매입채무 추정치는 다음과 같이 구할 수 있다.

- 매출채권 추정치 $= \frac{\text{2011년도 예상 매출액}}{\text{매출채권회전율}}$
- 재고자산 추정치 $= \frac{\text{2011년도 예상 매출원가}}{\text{재고자산회전율}}$
- 매입채무 추정치 $= \frac{\text{2011년도 예상 매출원가}}{\text{매입채무회전율}}$

따라서 2011년 운전자본의 증가에 필요한 투자재원의 추정치는 (1) 매출채권의 증가, (2) 재고자산의 증가, 그리고 (3) 매입채무의 감소의 합으로 구할 수 있다. 물론 운전자본에는 영업용 현금이나 기타유동자산 및 기타유동부채가 포함되나, 여기서는 이들 금액이 매년 일정하게 유지된다는 단순한 가정을 하자.

위 과정이 다소 복잡해 보이기는 하나, 개념적으로는 큰 어려움 없이 이해할 수 있을 것이다. 이제 2011년도 잉여현금흐름 금액을 추정해 보자.

$$\text{잉여현금흐름 추정치} = \text{영업현금흐름 추정치} - \text{예상투자금액} \tag{7}$$

이제 위 절차를 따라 2011년도 예상 잉여현금흐름을 추정해 보자.

영업현금흐름 추정치
= 세후영업이익(NOPAT) + 감가상각비와 무형자산상각비

* 매출원가는 회사가 주 사업으로 생산 및 판매를 하는지 또는 도소매업을 하는지에 따라 다름을 기억하자.
- 생산 및 판매 기업의 경우: 매출원가 = 기초재고 + 당기제조원가 − 기말재고
- 도소매 기업의 경우: 매출원가 = 기초재고 + 당기매입액 − 기말재고

따라서 재고자산과 매입채무의 추정에는 매출원가 정보가 매출액에 비해 보다 직접적으로 연관되어 있음을 알 수 있다.

= 28,862 + 18,310

= 47,172

투자금액 추정치

= 설비투자 + 운전자본투자

= 18,310 + 4,310

= 22,620

잉여현금흐름 추정치

= 영업현금흐름 추정치 − 예상투자금액

= 47,271 − 22,620

= 24,552

앞의 표는 이 같은 방법으로 산출된 2011~2015년 기간 동안의 잉여현금흐름 추정치를 보여준다.

기업가치를 추정하기 위해서는 (1) 할인율(즉 가중평균자본비용)을 어떻게 정해야 하는가, (2) 잉여현금흐름이 2015년 이후에는 어떻게 성장할 것인가, 그리고 (3) 보유하고 있는 금융자산과 금융부채의 규모는 얼마인가를 파악해야 한다. 실무적으로는 할인율과 잉여현금흐름의 성장률을 구하는 것이 매우 정교한 작업이나, 사례에서는 다음 표에 주어진 정보를 사용하기로 하자.

| | |
|---|---|
| 자기자본비용 | 11.75% |
| 세후타인자본비용 | 4.33% |
| 가중평균자본비용 | 8.27% |
| 2012년 이후 잉여현금흐름의 성장율 | 0% |
| 기업가치 (I) | 363, 244 |
| 금융자산(J) | 136,675 |
| 금융부채(K) | 152,834 |
| 주주가치(I + J − K) | 347,085 |
| 유통주식수 | 11,904 |
| 1주당주식가격 | 29,157 |

할인율로는 자기자본비용(11.75%)과 세후타인자본비용(4.33%)을 자기자본과 타인자본의 구성비대로 계산한 가중평균자본비용 8.27%를 사용하자. 가중평균자본비용을 할인율로 사용하는 이유는 잉여현금흐름을 창출하기 위해 주주와 채권자 모두로부터 조달한 투자재원을 사용하였기 때문이다. 그리고 2015년 이후의 기간에는 잉여현금흐름이 더 늘거나 줄지 않을 것이라고 가정한다.

이 같은 정보를 사용하여 전체 기업가치를 추정하면 363,244가 된다. 이 기업가치는 금융자산과 금융부채를 고려하기 이전의 가치이다. 이 값에 회사가 보유한 금융자산을 더하고 금융부채를 차감하면 주주가치를 추정할 수 있다. 또한 유통주식수(=발행주식수－자사주)를 알 수 있다면 1주당 주식가치($=\frac{\text{주주가치}}{\text{유통주식수}}$)도 추정할 수 있다. 실무에서는 실제 주가와 이 같은 1주당 추정주가와 차이가 있는가를 비교함으로써 주가가 과대 또는 과소평가되었는지를 판단하기도 한다.

## 03 DCF평가방법의 한계

위와 같이 DCF평가방법은 실무적으로 여러 가지 유용성을 갖고 있다. 그러나 이 같은 유용성에도 불구하고 DCF방법은 실무적으로나 개념적으로 중요한 한계를 갖고 있다. 우선 실무적인 어려움에 대해 살펴 보자. DCF방법을 적용하는 경우, 기업이 적극적인 투자를 하는 기간 동안에는 잉여현금흐름이 음(－)수가 될 수 있다. 특히 사업초기 영업에서 창출되는 현금흐름은 크지 않은 반면, 투자는 지속적으로 발생하기 때문에, 사업추진 후 몇 년 동안은 잉여현금흐름이 매우 낮거나 심지어는 이 금액이 음(－)수가 될 수도 있다. 이 경우 DCF방법을 적용하는 것은 쉽지 않다.

물론 이 같은 경우에도 잉여현금흐름이 양(+)수가 되고 이 금액이 안정화될 때까지 미래 예측기간을 확장해 볼 수는 있다. 실무적으로도 이 같은 방법을 종종 사용한다. 그러나 이 경우의 문제점은 현금흐름 예측기간을 길게 하면 할수록 잉여현금흐름 예측치에 대한 정확성과 신뢰성이 낮아진다는 점이다. 재무분석가들도 3년 이후의 기간에 대해서는 예측치를 제공하는 경우가 거의 없으므로, 장기 예측치에 대한 유용성이 떨어질 수 밖에 없다.

DCF평가방법은 개념적인 한계도 갖고 있다. 그 한계는 DCF방법이 잉여현금흐름을 가치창출의 동인(value driver)으로 파악하는 것에서 나타난다. 여기에는 두 가지 의미가 있다. 첫째, DCF방법에서는 영업현금흐름에서 순투자금액을 차감한 나머지 금액을 사용하므로, 투자금액이 커질수록 잉여현금흐름이 낮아지는 문제점을 갖는다. 즉, 기업의 생존과 성장에 필수적인 투자활동을 왕성하게 하면 할수록 오히려 기업가치가 낮아지는 개념적인 혼란이 있다. 물론 투자확대로 인해 궁극적으로 미래 영업현금흐름이 높아질 것이라고 기대할 수는 있으나, DCF방법 적용시 적극적으로 투자를 할수록 기업가치가 부정적인 영향을 받는다는 점은 쉽게 받아들이기가 어렵다. 이 같은 개념적인 한계가 앞에서 논의한 것과 같이 잉여현금흐름이 음(−)수가 되는 상황과 연관되어 있음을 알 수 있다.

둘째, DCF평가방법에서는 영업현금흐름을 기업가치의 핵심동인으로 인식하고 있다는 점이다. 물론 이 같은 인식에 큰 문제는 없어 보인다. 그 이유는 영업활동으로부터 창출하는 현금흐름이야 말로 기업의 생존과 성장에 필수적인 요소이기 때문이다. 그러나 가치동인의 시각에서 보면, 영업현금흐름이란 기업이 투자 및 영업활동을 통해 경제적 부가가치를 창출한 후 이를 현금으로 회수한 것으로도 생각할 수 있다. 즉, 영업현금흐름은 부가가치의 창출과정을 직접적으로 측정한다기 보다는, 이미 창출된 부를 회수한 것이라는 개념이다. 따라서 영업현금흐름을 '회수한 부' 라고 인식한다면 이 역시 기업의 가치창출동인을 직접 나타낸다고 보기는 어렵다. 이 같은 시각은 경영진에게는 매우 중요한 개념이므로, 기억해 놓기로 하자.

DCF평가방법의 또 다른 한계는 이 방법으로 추정한 기업가치가 합리적이고 적정한가를 판단하기 어렵다는 점이다. 기업의 미래 현금흐름 창출역량에서 예상 투자 금액을 차감한 후 이를 할인하여 기업가치를 추정하나, 그 값이 기업 본질가치를 적정하게 반영하는가를 파악하고 검증할 수 있는 관점이 부족하다. 추정한 기업가치가 회사의 미래 수익성과 성장성을 합리적으로 반영하고 있다는 확신을 갖기 위해서는 새로운 가치평가 개념이 필요하다.

따라서 DCF모형을 사용할 때는 그 유용성뿐만 아니라 한계에 대해서도 관심을 가질 필요가 있다. 다음 장에서는 이 같은 DCF평가방법의 개념적인 한계를 보완하는 새로운 평가방법에 대해 살펴본다.

SECTION

# 37 초과영업이익모형과 본질가치창출

앞장에서 잉여현금흐름할인(DCF: discounted cash flow) 평가방법의 유용성과 한계에 대해 알아 보았다. 특히 잉여현금흐름(=영업현금흐름−투자금액)이 기업의 가치창출과정을 적절히 나타내지 못할 수도 있다는 점을 지적하였다. 영업현금흐름이란 기업가치 창출과정을 직접적으로 측정하는 지표라기 보다는, 이미 창출된 부가가치를 회수한 것이라는 개념에 대해 논의를 시작했다. 그리고 투자를 늘릴수록 단기적으로 잉여현금흐름은 감소하므로, 적극적인 투자가 기업의 생존과 성장에 필수적이라는 것을 잉여현금흐름이 적절히 반영하지 못함을 지적했다.

그렇다면 기업의 본질가치 창출과정을 가장 적절히 나타낼 수 있는 지표는 무엇일까? 과연 영업현금흐름에 비해 기업의 가치창출과정을 더 적절히 반영하는 성과지표가 있을까? 그 대답은 의외의 곳에서 발견된다. 그것은 바로 손익계산서에 나타난 '영업이익' 이다. 이제부터 그 이유를 살펴 보자.

## 01 본질가치창출과정과 영업이익

우선 기업의 가치창출과정이란 무엇을 의미하는가부터 살펴 보자. 기업이 부가가치를 창출하기 위해서는 고객이 원하는 제품이나 용역을 제공할 수 있는 역량을 갖추어야 한다. 그리고 이 같은 역량을 '효율적'으로 실행할 수 있어야 한다. 여기서 효율적이라는 것은 제품이나 용역을 제공할 때 이로부터 '손해'를 보지 않아야 함을 의미한다.

손익계산서는 이 같은 가치창출과정을 잘 반영하고 있다. 회사가 고객에게 상품이나 용역을 제공하면 회사는 이를 '매출'로 인식한다. 중요한 점은 이 같은 매출이 현금으로 회수되었을 수도 있고, 아니면 아직 현금으로 회수되지 않았을 수도 있다. 현금으로 회수되었다면 이는 영업현금흐름(OCF 또는 C)으로 나타났을 것이며, 아직 회수되지 않았다면 이는 매출채권이라는 영업자산(operating assets)으로 재무상태표에 인식(또는 기록)되었을 것이다. 따라서 상품과 용역의 매출활동이 가치창출과정의 핵심이며, 이를 현금으로 회수하였는지는 부차적인 것으로도 볼 수 있다.

물론 이 때의 가정은 아직 회수하지 않은 매출채권이 멀지 않은 장래에 현금으로 회수될 것이라는 자신감을 경영진이 가져야 한다는 점이다. 즉, 매출채권이라는 발생액 정보의 건전성과 투명성이 높다는 가정이 필수적이다. 만일 이 같은 전제가 성립하지 않는다면 Section 49에서 살펴 본대로 영업현금흐름 정보가 매우 중요한 역할을 하게 된다.

다음으로는 '영업비용'에 대해 알아 보자. 여기서의 영업비용은 매출원가와 판매비 및 일반관리비를 모두 포함한다. 따라서 영업비용은 고객이 원하는 상품이나 용역을 제공하기 위해 회사가 감수해야 하는 노력이나 부담을 나타낸다. 여기서 기억할 것은 이 같은 부담이 모두 현금으로 지출되지 않았을 수도 있다는 점이다. 물론 영업비용의 대부분이 현금으로 지출되었을 것이나, 그렇다고 해서 모두 현금으로 지급되어야만 영업비용으로 인식되는 것은 아니라는 점이다. 현금으로 지급되지 않은 영업비용의 예로는 미지급비용이나 미지급이자 그리고 퇴직급여충당금 등이 있다. 따라서 가치창출과정에서 중요한 것은 매출을 일으키기 위한 기업의 노력과 희생을 영업비용으로 인식하는 것이며, 이를 현금으로 지급하였는지는 부차적인 것으로 볼 수 있다. 물론 이 때에도 현금으로 지급하지 않은 영업비용도 가까운 기간 내에 모두 지급할 것이라는 가정이 있음을 기억하자.

이제 손익계산서상의 영업이익(=매출-영업비용)이 가치창출의 핵심과정(즉, 매출의 인식, 매출원가와 판매비 및 일반관리비 등 영업비용의 인식)을 적절히 반영하는 지표라는 것에 대해 확신을 가질 수 있다. 여기서 어려운 점은 잉여현금흐름이나 영업현금흐름 정보 대신 영업이익 정보를 활용하여 기업가치를 추정할 수 있느냐 하는 것이다. 즉, 전통적인 현금흐름할인(DCF)모형 대신 영업이익을 바탕으로 한 기업가치평가모형이 개념적으로 가능한 것인가가 질문이다. 흥미롭게도 이에 대한 답은 '그렇다' 이다. 그 논리에 대해 알아 보자.

## 02 영업이익과 순영업자산의 증가

기업가치평가모형에 영업이익(OI: operating income) 정보를 사용하기 위해서는 합당한 논리가 있어야 한다. 즉 영업이익은 기업의 가치창출과정을 적절히 반영하는 성과지표이어야 한다. 이를 확인하기 위하여 현금배당과 당기순이익 그리고 순자산의 증감에 대한 관계를 다시 살펴 보자. Section 12에서 보았듯이, 기말순자산은 기초순자산에 당기순이익을 더하고 이로부터 현금배당을 차감한 것이다.

$$\text{기말순자산} = \text{기초순자산} + \text{당기순이익} - \text{배당액} \quad (1)$$

즉, 기말시점에서 주주의 몫(=순자산)은 기초순자산에 당해 연도에 창출된 부(=당기순이익)를 가산한 후 주주에게 분배한 부(=배당)를 차감한 것이라는 의미이다. 위 표현을 활용하여 배당을 다시 나타내면

$$\begin{aligned}\text{배당} &= \text{기초순자산} + \text{당기순이익} - \text{기말순자산} \\ &= \text{당기순이익} - \Delta\text{순자산} \quad (2)\end{aligned}$$

가 된다. 여기서 'Δ순자산 = 순자산의 증가'를 나타낸다. 즉, 주주에게 지급된 배당금이란 창출된 부(=당기순이익)에서 재투자금액(=Δ순자산)을 차감한 금액임을 알 수 있다. 이 같은 개념을 활용하여 Section 12에서 부의 분배를 강조하는 배당할인모형으로부터 부의 창출과정에 초점을 둔 초과이익모형을 도출하였다.

이제 이와 유사하게 잉여현금흐름모형 대신 경제적 부의 창출과정을 강조하는 초과영업이익(residual operating income)모형을 도출해보자. 앞 장에서와 같이 영업현금흐름(OCF: operating cash flows)을 간단히 "C"로 표시하고, 투자금액(investments)을 "I"로 표시하면, 잉여현금흐름(FCF)은 다음과 같이 나타낼 수 있다.

$$\text{잉여현금흐름 (FCF)} = \text{영업현금흐름} - \text{투자금액} = C - I \tag{3}$$

여기서 잉여현금흐름이란 창출된 부를 '회수한 것'임을 기억하자. 따라서 잉여현금흐름이란 (1) 기업이 창출한 경제적 부를 나타내는 영업이익으로부터 (2) 미래 영업이익을 창출하기 위한 재투자금액(=순영업자산의 증가=Δ순영업자산)을 차감한 나머지로 표현할 수 있다. 이는 배당금을 당기순이익에서 순자산에의 재투자를 차감한 것으로 나타낸 것과 같이, 잉여현금흐름도 영업이익에서 순영업자산에의 재투자를 차감한 개념으로 인식한 것이다.

$$\begin{aligned} \text{잉여현금흐름}(C - I) &= \text{영업이익} - \text{순영업자산에의 재투자} \\ &= OI - \Delta NOA \end{aligned} \tag{4}$$

여기서 순영업자산(NOA: net operating assets)은 영업자산에서 영업부채를 차감한 것이다. 실무에서는 이를 투하자본(IC: invested capital)이라고 부른다는 점도 기억하자. 물론 영업자산은 총자산에서 금융자산을 차감한 것이며, 영업부채는 총부채 중 금융부채를 제외한 부채를 뜻한다(Section 09 참고).

식(4)의 특징은 현금주의 개념인 잉여현금흐름을 발생주의 개념으로 측정된 영업이익과 순영업자산으로 재해석한다는 점이다. 따라서 기업의 가치창출과정을 현금주의 개념뿐 아니라 발생주의 개념으로도 이해할 수 있게 된 것이다.

## 03 초과영업이익

기업가치(EV: enterprise value)를 도출하기 전에 우선 초과영업이익(residual operating income)개념을 정의하자. 초과영업이익이란 영업이익에서 순영업자산(또는 투하자본)에 투자한 금액에 대한 기회비용(즉 가중평균자본비용)을 차감한 금액을 의미한다.

$$\begin{aligned}&\text{초과영업이익}\\&= \text{영업이익} - \text{가중평균자본비용} \times \text{기초 순영업자산 투자금액}\\&= OI_t - r_{WACC} \times NOA_{t-1}\\&= \left(\frac{OI_t}{NOA_{t-1}} - r_{WACC}\right) \times NOA_{t-1}\\&= (\text{순영업자산수익률} - \text{가중평균자본비용}) \times \text{기초 순영업자산} \qquad (5)\end{aligned}$$

따라서 영업이익이 순영업자산투자에 수반되는 가중평균자본비용을 초과한다면 기업의 본질가치가 향상된다고 볼 수 있다. 반대로 영업이익이 비록 양(+)이라고 하더라도 순영업자산수익률($=\frac{\text{영업이익}}{\text{순영업자산}}$)이 가중평균자본비용보다 낮다면 기업가치는 훼손되고 있다고 할 수 있다. 실무에서는 순영업자산수익률을 투하자본수익률(ROIC: return on invested capital)이라 부르고, 초과영업이익을 경제적 부가가치(EVA: economic value added)라고도 부른다. 초과영업이익(또는 경제적 부가가치)과 초과이익의 개념에 대해서는 Section 12에서도 살펴 보았다.

식(5)를 살펴 보면 기업의 본질가치를 향상시키는 세 가지 전략이 잘 나타나 있음을 알 수 있다.

- 순영업자산수익률의 향상 노력
- 한정된 기업자원의 효율적 배분과 투자효율성을 향상시키는 전략
- 가중평균자본비용을 낮추려는 노력

이 세가지 전략에 대해서는 이미 Section 12에서 살펴 보았으므로 여기서는 생략한다.

## 04 초과영업이익모형

이제 기업가치(EV: enterprise value)를 도출해 보자. 출발점은 전통적인 잉여현금흐름모형이며, 이로부터 다음과 같이 초과영업이익모형을 도출할 수 있다.

기업가치(EV)

= 미래 잉여현금흐름의 현재가치

$$= \frac{FCF_1}{(1 + r_{WACC})^1} + \frac{FCF_2}{(1 + r_{WACC})^2} + \cdots$$ (⬅ 창출된 부의 회수)

위 식(4)에서 살펴 본대로 'FCF = OI − ΔNOA' 이므로 이를 위 표현에 대입하면,

$$= \frac{(OI_1 - \Delta NOA_1)}{(1 + r_{WACC})^1} + \frac{(OI_2 - \Delta NOA_2)}{(1 + r_{WACC})^2} + \cdots$$ (⬅ 부의 창출과 재투자)

여기에 식(5)에서 기대영업이익(= $r_{WACC} \times NOA_{t-1}$)을 차감하고 또 같은 금액을 가산하면

$$= \frac{(OI_1 - r_{WACC} \times NOA_0 + r_{WACC} \times NOA_0 - NOA_1 + NOA_0)}{(1 + r_{WACC})^1} + \cdots$$

그리고 이를 정리하여 나타내면

$$= \frac{(OI_1 - r_{WACC} \times NOA_0 + (1 + r_{WACC}) \times NOA_0 - NOA_1)}{(1 + r_{WACC})^1} + \cdots$$

이 표현의 분자에 있는 $(1 + r_{WACC}) \times NOA_0$를 분모의 $(1 + r_{WACC})^1$로 나누면 $NOA_0$만 남게 되므로, 이 같은 과정을 반복하면

$$= NOA_0 + \frac{(OI_1 - r_{WACC} \times NOA_0)}{(1 + r_{WACC})^1} + \cdots$$

= 기초순영업자산 + 초과영업이익의 현재가치

가 된다.

따라서 기업가치가 '잉여현금흐름의 현재가치' 라는 개념으로부터 출발하였으나, 궁극적으로는 '기초순영업자산에의 투자 + 초과영업이익의 현재가치' 라는 개념으로 전환되었음을 알 수 있다. 즉 기업가치를 향상시킨다는 것은 영업자산에 투자를 하고 그로부터 가중평균자본비용을 초과하는 영업이익창출 역량을 확보하는 것을 의미한다. 따라서 기업가치란 창출된 부의 회수를 나타내는 잉여현금흐름의 현재가치가 아니라, 투자와 그로부터 창출되는 초과영업이익의 지속적 향상이라는 부의 창출 과정을 강조하는 개념으로 전환되었음을 기억하자.

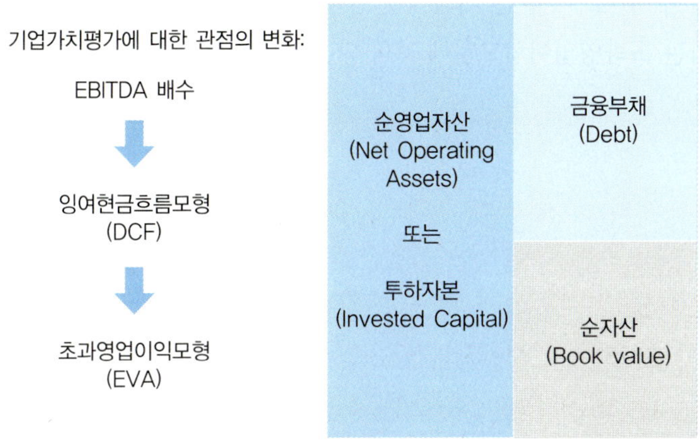


[그림 37-1] 기업가치평가에 대한 관점의 변화

또한 초과영업이익모형의 특징은 적극적인 투자를 긍정적으로 보는 것뿐 아니라 과잉투자를 억제해야 하는 필요성도 잘 나타낸다는 점이다. 만일 경영진이 수익성이 높지 않은 사업에 한정된 기업자원을 투입한다면, 이는 투자재원의 '기회비용'(=가중평균자본비용×영업자산투자)을 높이게 되고 이는 궁극적으로 초과영업이익 창출에 부정적인 영향을 줄 것이기 때문이다. 따라서 초과영업이익모형은 효율적 투자는 기업가치에 긍정적인 영향을 미치는 반면, '과잉투자'는 기업가치를 떨어뜨린다는 점을 직관적으로 잘 표현하고 있다.

초과영업이익 창출역량에 초점을 둔 이 같은 새로운 가치평가개념은 경영자의 실제

전략적 의사결정과정을 잘 반영하는 장점이 있다. 기업의 생존 및 성장을 위해서는 적극적이면서도 효율적인 투자활동을 통해 고부가가치 상품과 용역을 제공하는 역량을 갖추고, 동시에 자본조달비용을 낮추기 위한 전사적인 노력을 기울이는 것이 필요하다. 초과영업이익모형에는 이 같은 전략들이 잘 반영되어 있다.*

이 같은 특성은 잉여현금흐름모형이 갖는 개념적인 한계를 보완하는데 도움이 된다. 잉여현금흐름개념에서는 경제적 부를 창출하는 과정보다는 현금회수에 초점을 두고, 또한 적극적인 투자확대가 오히려 기업가치에 부정적인 영향을 주는 것으로 인식될 수 있다. 이 같은 개념적인 한계를 극복하고 경영진의 실제 의사결정과정을 반영하는 초과영업이익모형에 보다 많은 관심이 주어질 것으로 기대한다.

* 만일 주주가치를 계산하려면 위 기업가치에 금융자산을 더하고 금융부채를 빼면 된다.

SECTION

# 38 초과영업이익모형과 현금흐름할인모형: 사례

앞 장에서는 잉여현금흐름모형과 초과영업이익모형의 개념적인 특성에 대해 알아 보았다. 이 장에서는 구체적인 예를 들어 이들 모형의 실무 적용성을 높여 보기로 하자. 아래는 어느 실제 상장 기업의 2010년도 손익계산서와 재무상태표 자료를 바탕으로 재구성된 자료이다.

(단위: 억 원)

| | | |
|---|---|---|
| 매출액 | 68,222 | |
| 매출액 성장률 예측치 | 4.4% | |
| 세전영업이익 | 13,249 | |
| 법인세율 | 30% | |
| 세후영업이익 | 9,221 | (= 세전영업이익 × (1 − 법인세율) = 13,249 × (1 − 30%)) |
| 순영업자산 | 99,879 | |
| 영업이익률 | 13.52% | $\left(\frac{\text{세후영업이익}}{\text{매출액}} = \frac{9{,}221}{68{,}222}\right)$ |
| 순영업자산회전율 | 0.683 | $\left(\frac{\text{매출액}}{\text{순영업자산}} = \frac{68{,}222}{99{,}879}\right)$ |
| 가중평균자본비용 | 7% | |

# 01 잉여현금흐름의 추정

위 정보를 이용하여 2011년부터 2015년까지 매출액, 세후영업이익, 순영업자산 및 잉여현금흐름을 예측할 수 있다.

[표 38-1] 잉여현금흐름 추정의 예 (단위: 억 원)

| | 2010 | 2011 | 2012 | 2013 | 2014 | 2015 |
|---|---|---|---|---|---|---|
| 매출액 | 68,222 | 71,224 | 74,358 | 77,629 | 81,045 | 84,611 |
| 세후영업이익(OI) | 9,221 | 9,627 | 10,050 | 10,493 | 10,954 | 11,436 |
| 순영업자산(NOA) | 99,879 | 104,274 | 108,862 | 113,652 | 118,652 | 123,873 |
| Δ순영업자산(ΔNOA) | | 4,395 | 4,588 | 4,790 | 5,001 | 5,221 |
| 잉여현금흐름(FCF = OI − ΔNOA) | | 5,232 | 5,462 | 5,703 | 5,954 | 6,215 |

■ **매출액 예측.** 매출액은 2010년 이후 매년 4.4% 증가할 것이라고 예상하였으므로 2011년부터 2015년까지의 동안의 매출액 추정은 어렵지 않다. 물론 매출액 증가율 예상치 4.4%를 도출하기까지의 과정이 가장 중요하면서도 어려운 일이다. 매출액 증가율을 예측하기 위해서는 회사의 경영전략뿐 아니라 경쟁자와 산업의 변화 그리고 국내외 경제환경 모두를 고려해야 하기 때문이다.

■ **세후영업이익(OI: operating income) 예측.** 매출액 예측치에 예상 영업이익률을 곱해서 산출한다. 이 예에서는 2010년도 영업이익률 13.52%가 향후에도 계속될 것이라고 가정하자. 세후영업이익을 실무에서는 NOPAT(net operating profit after taxes)이라고도 부른다.

■ **순영업자산(NOA: net operating assets) 예측.** 매출액을 창출하기 위해서는 순영업자산(=영업자산−영업부채)의 투입이 필수적이다. 따라서 2011년도 순영업자산 예측치는 2011년도 예상매출액을 순영업자산회전율로 나누어 산출한다. 물론 이 경우에도 2010년도 순영업자산회전율이 향후에도 변화가 없을 것이라는 가정이 필요하다.

■ **잉여현금흐름(FCF: free cash flow) 예측.** 잉여현금흐름을 추정하기 위해 앞 장에서 살펴본 대로 'FCF = OI − ΔNOA' 의 개념을 사용한다. 즉 잉여현금흐름이란 창출된 부가가치(OI)에서 순영업자산에의 재투자(ΔNOA)금액을 차감한 나머지를 의미한다. 이미 영업이익과 순영업자산의 증가분에 대한 추정치가 구해졌으므로, 잉여현금흐름을 추정하는 것은 어렵지 않다.

흥미로운 것은 실무에서는 잉여현금흐름을 종종 다음과 같이 산출하기도 한다.

$$\text{잉여현금흐름(FCF)} = \text{세후영업이익(OI)} + \text{감가상각비(Dep)} - \Delta\text{순운전자본}(\Delta WC) - \text{자본적지출(CapEx)} \quad (1)$$

여기서

Dep = 유형자산 감가상각비(depreciation)과 무형자산상각비(amortization)
ΔWC = 순운전자본(net working capital)의 투자
CapEx = 인수합병을 포함한 실물자산에의 투자(capital expenditure)

이 같은 FCF에 대한 표현은 위에서 사용한 'FCF = OI − ΔNOA' 과 서로 다른 것인가? 이에 대한 답을 구하기 위해 식(1)을 다음과 같이 나타내 보자.

$$\begin{aligned} &FCF \\ &= OI + Dep - \Delta WC - CapEx \\ &= OI + Dep - (\Delta WC + CapEx) \end{aligned}$$

여기서 대체투자금액은 유무형자산의 상각비만큼 이루어 진다고 가정하면,

$$= OI - \{\underbrace{(\Delta WC + CapEx)}_{\text{총투자}} - \underbrace{Dep}_{\text{대체투자}}\}$$

그리고 ΔNOA가 순투자(=총투자－대체투자)를 나타내므로

$= OI - (총투자 - 대체투자)$

$= OI - 순투자$

$= OI - \Delta NOA$

로 볼 수 있다. 따라서 실무에서 종종 사용하는 식(1)의 표현과 'FCF = OI − ΔNOA' 라는 표현은 동일한 것임을 알 수 있다.

## 02 잉여현금흐름모형에 의한 가치평가

위 표에 나타난 미래 잉여현금흐름 추정치를 사용하여 2010년도 말 시점의 기업가치를 추정해 보자

2010년도 말 기업가치 추정치

= 미래 잉여현금흐름의 현재가치

$$= \frac{FCF_1}{(1 + r_{WACC})^1} + \frac{FCF_2}{(1 + r_{WACC})^2} + \cdots$$

$$= \frac{5{,}232}{(1 + 7\%)^1} + \frac{5{,}462}{(1 + 7\%)^2} + \frac{5{,}703}{(1 + 7\%)^3} + \frac{5{,}954}{(1 + 7\%)^4} + \frac{\frac{6{,}215}{(7\% - 4.4\%)}}{(1 + 7\%)^4}$$

= 201,245

위 식의 마지막 항 $\frac{\frac{6{,}215}{(7\% - 4.4\%)}}{(1 + 7\%)^4}$에서 $\frac{6{,}215}{(7\% - 4.4\%)}$부분은 2015년도 예상 잉여현금흐름이 그 이후의 기간에도 매년 4.4%씩 성장한다는 것을 고려하기 위한 것이다.

## 03 초과영업이익모형에 의한 기업가치평가

이제 초과영업이익모형을 사용하여 기업가치를 추정해 보자.

2010년도 말 기업가치 추정치

= 기초순영업자산 + 초과영업이익의 현재가치

$$= NOA_{2010} + \frac{OI_{2011} - r_{WACC} \times NOA_{2010}}{(1 + r_{WACC})^1} + \frac{OI_{2012} - r_{WACC} \times NOA_{2011}}{(1 + r_{WACC})^2} + \cdots$$

$$= 99{,}879 + \frac{9{,}627 - 7\% \times 99{,}879}{(1 + 7\%)^1} + \frac{10{,}050 - 7\% \times 104{,}274}{(1 + 7\%)^2}$$

$$+ \frac{10{,}493 - 7\% \times 108{,}862}{(1 + 7\%)^3} + \frac{10{,}954 - 7\% \times 113{,}652}{(1 + 7\%)^4}$$

$$+ \frac{\frac{11{,}436 - 7\% \times 118{,}653}{7\% - 4.4\%}}{(1 + 7\%)^4}$$

$$= 201{,}245 \qquad (2)$$

위 표현의 마지막 항 분자인 $\frac{11{,}436 - 7\% \times 118{,}653}{7\% - 4.4\%}$ 역시 2015년도 예상 초과영업이익이 그 이후의 기간에도 매년 4.4%씩 성장한다는 것을 고려하기 위한 표현이다.

따라서 잉여현금흐름모형과 초과영업이익모형 모두에서 동일한 기업가치 추정치를 얻게 되었다. 물론 위 사례는 단순한 가정을 기초로 작성되었기 때문에 큰 어려움 없이 어떤 평가방법을 사용하더라도 동일한 기업가치 추정치를 구할 수 있었다.

그런데 실무에서는 이 두 모형에 근거한 기업가치 추정치 간에 차이가 발생하는 경우가 대부분이다. 그 이유는 가치동인 역할을 하는 잉여현금흐름과 초과영업이익이 서로 다른 지속성(persistence)을 갖기 때문이다. 따라서 두 모형 간 기업가치 추정치가 큰 차이를 보인다면 두 가치동인 중의 하나는 그 만큼 현실성이 떨어진다고 볼 수 있다.

그러나 초과영업이익모형이 갖는 개념적인 장점, 즉 기업의 가치창출과정을 직접적으로 포착한다는 특성을 기억하기로 하자.

## 04 투하자본수익률(ROIC)과 기업가치

기업가치(EV: enterprise)를 나타내는 식(2)를 다시 살펴보자.

$$EV_0 = NOA_0 + \frac{OI_1 - r_{WACC} \times NOA_0}{(1 + r_{WACC})^1} + \frac{OI_2 - r_{WACC} \times NOA_1}{(1 + r_{WACC})^2} + \cdots \quad (3)$$

$EV_0$는 현재 시점의 기업가치를, $NOA_0$는 현재시점의 순영업자산(또는 투하자본)을 나타낸다. $OI_1$은 내년도 예상 (세후)영업이익을 나타내며, 분자의 $OI_1 - r_{WACC} \times NOA_0$는 내년도에 창출할 것으로 기대되는 초과영업이익(경제적 부가가치, EVA, 혹은 economic value added로도 불림)이다. 따라서 기업가치는 '초기 영업자산 투자와 미래 초과영업이익 창출역량의 합' 으로 나타낼 수 있다. 즉 기업가치를 높인다는 것은 투자를 통해 미래 초과영업이익 창출역량을 지속적으로 강화시켜야 한다는 것을 의미한다.

만일 이 초과영업이익이 향후 매년 $g_{EVA}$%만큼 성장한다고 가정하면, 기업가치는

$$EV_0 = NOA_0 + \frac{OI_1 - r_{WACC} \times NOA_0}{r_{WACC} - g_{EVA}} \quad (4)$$

이 된다. 식(3)에서 둘째 항의 분모($r_{WACC} - g_{EVA}$)는 초과영업이익이 매년 일정하게 g%만큼 성장하는 경우 가중평균자본비용($r_{WACC}$)을 줄이는 것과 동일한 효과를 갖는다는 점을 반영한 것이다. 이를 다시 표현하면,

$$EV_0 = NOA_0 \times \left(1 + \frac{\frac{OI_1}{NOA_0} - r_{WACC}}{r_{WACC} - g_{EVA}}\right)$$

$$= NOA_0 \times \left(1 + \frac{ROIC_1 - r_{WACC}}{r_{WACC} - g_{EVA}}\right)$$

이 된다. 마지막 줄에서 $ROIC_1$(return on invested capital)은 투하자본수익률(또는 순영업자산수익률 = $\frac{OI_1}{NOA_0}$)을 의미한다.

이제 기업가치는 궁극적으로 아래와 같이 나타낼 수 있다.

$$EV_0 = NOA_0 \times \frac{r_{WACC} - g + ROIC_1 - r_{WACC}}{r_{WACC} - g_{EVA}}$$

$$= NOA_0 \times \frac{ROIC_1 - g_{EVA}}{r_{WACC} - g_{EVA}} \quad (5)$$

따라서 기업의 본질가치($EV_0$)는 다음 네 가지 요인에 의해 결정됨을 알 수 있다.

- 초기 투하자본($NOA_0$)
- 단기 투하자본수익률($ROIC_1$)
- 장기 초과영업이익(또는 EVA)의 성장성($g_{EVA}$)
- 가중평균자본비용($r_{WACC}$)

앞의 세 요인이 향상될수록 기업가치가 높아진다는 점은 직관적으로도 쉽게 이해가 된다. 투자를 적극적으로 하되 평균 자본비용을 초과하는 투자수익성을 달성할 수 있는 경우에만 투자를 하는 것이 필요하다는 의미가 담겨 있기 때문이다. 그리고 자본조달비용이 낮을수록 기업가치 향상에 도움이 될 것이다.

식(5)를 이용하여 위 사례에서 도출한 기업가치를 다시 산정해 보자. $NOA_0$(초기 투하자본) = 99,879, $ROIC_1$(단기 투하자본수익률) = $\frac{OI_1}{NOA_0} = \frac{9,627}{99,879}$ = 9.6%, 그리고 $g_{EVA}$(초과영업이익 또는 EVA의 장기 성장률) = 4.4%로 가정하였음을 기억하자. 이를 반영하면,

$$EV_0 = NOA_0 \times \frac{ROIC_1 - g_{EVA}}{r_{WACC} - g_{EVA}}$$

$$= 99,879 \times \frac{9.6\% - 4.4\%}{7\% - 4.4\%}$$

$$= 99,879 \times \frac{5.2\%}{2.6\%}$$

$$= 201,245$$

로, 앞에서 도출한 기업가치의 값과 동일함을 확인할 수 있다.

이렇게 추정된 기업가치는 현재 매출액의 약 3배, 세전 영업이익의 약 15배, 그리고 기초 투하자본(또는 순영업자산)의 약 2배에 달하는 높은 값이다. 기업가치가 이렇게 높게 추정될 것이라고 예상할 수 있었을까?

기업가치가 높게 산정된 이유는 가중평균자본비용($r_{WACC}$ = 7%)이 비교적 낮은 상태에서, 회사의 높은 수익창출역량(ROIC = 9.6%)이 향후에도 지속적으로 강화될 ($g_{EVA}$ = 4.4%) 것이라는 전망이 반영되었기 때문이다.

이제 경영진과 재무분석가들은 이 같은 지식을 활용하여 직관적이면서도 간결하게 기업가치를 추정할 수 있는 자신감을 갖게 되었다.

SECTION

# 39 현금흐름할인모형과 배당할인모형

경영진은 현금흐름할인(DCF: discounted cash flow)모형이 제공하는 매력적인 개념에 많은 관심을 보인다. 여기서 현금흐름이란 구체적으로는 잉여현금흐름(free cash flow) (= 영업현금흐름 − 투자금액)을 의미한다. 사업으로부터 창출되는 영업현금흐름이 회사의 성장기반을 유지하기 위해 필요한 투자금액을 초과한다면(즉, 잉여현금흐름 > 0), 이는 궁극적으로 기업의 본질가치가 향상된다는 것을 뜻하기 때문이다. 따라서 경영진은 이 모형을 통해 잉여현금흐름을 지속적으로 창출할 수 있는 역량을 갖추는 것이 중요하다는 것을 직관적으로 이해하고, 이를 조직구성원과 효과적으로 소통할 수 있다.

## 01 잉여현금흐름과 배당할인모형의 일관성

그렇다면 현금흐름할인모형의 근원은 어디에 있는 것일까? 물론 경영진의 관점에서는 잉여현금흐름을 지속적으로 창출하는 역량을 갖추는 것이 무엇보다도 중요할 것이다. 그러나 이 같은 경영진의 관점은 가치평가의 기본인 배당할인모형과 개념적으로 일관성 또는 정합성을 갖추어야 한다. 그 이유는 배당할인모형이 주주의 관점을 직접 반영한 개념체계이기 때문이다. 배당할인모형이 주주의 관점을 직접 반영하고 있다는 점은 이 모형이 주주에게 분배되는 기업의 부인 배당금을 기반으로 한다는 의미이다.

실무에서 사용되는 가치평가모형들은 궁극적으로 배당할인모형과 개념적으로 일관성을 갖추어야 한다. 배당할인모형과 개념적인 일관성을 갖추지 못한 기업가치평가모형은 자의적이고 논리가 결여될 수 있기 때문이다. 따라서 현금흐름할인모형도 배당할인모형과 개념적으로 일관성을 가져야 한다. 이를 어떻게 나타낼 수 있을까? 출발점은 잉여현금흐름의 사용처를 살펴보는 것에서부터 시작한다.

## 02 잉여현금흐름의 사용

잉여현금흐름이란 영업현금흐름(C: cash flows)에서 투자(I: Investments) 금액을 차감한 것(즉, C − I)을 의미한다. 그러나 잉여현금흐름의 본질적인 개념은 (1) 기업이 창출한 경제적 부에서 (2) 미래의 경제적 부를 지속적으로 창출하기 위한 재투자금액을 차감한 것이다. 그리고 기업이 창출한 경제적 부를 실무에서는 '영업이익(OI: operating income)'이라고 하고, 재투자금액은 순영업자산의 증가($\Delta$NOA: $\Delta$Net operating assets)로 구현되었을 뿐이다(Section 37). 초과영업이익모형과 본질가치 창출 참고).

그렇다면 이렇게 창출된 잉여현금흐름의 사용처는 어디일까? 여기서 회사의 금융자산 또는 현금성자산(FA: financial assets) 금액에 비해 금융부채(FO: Financial obligation 또는 Debt) 금액이 더 크다고 가정하자. 즉 이 회사는 순금융부채(NFO: net financial obligation = FO − FA)가 영(0)보다 큰 기업이다. 물론 금융자산이 금융부채보다 많아 순금융자산(NFA: net financial assets = FA − FO)이 영(0)보다 큰 기업들도 있으므로 이에 대해서는 아래에서 다시 살펴 본다.

경영진은 잉여현금흐름(C − I)을 다음과 같은 용도로 사용할 것이다.

- **금융부채의 상환.** 잉여현금흐름으로 금융부채를 갚으면 순금융부채의 잔액이 줄어들 것이므로 이를 $-\Delta$NFO로 나타내자.
- **순금융비용의 지급.** 이자비용에서 이자수익을 차감한 것을 순금융비용(NFE: net financial expense)이라고 부른다. 잉여현금흐름의 일부를 순금융비용을 지급하는데 사용할 수 있다.
- **배당금의 지급.** 주주에게 지급하는 현금배당금(D: Dividend) 역시 잉여현금흐름의 중요한 사용처가 된다.

이 같은 잉여현금흐름의 사용처를 간결하게 표시하면 다음과 같다. 아래 첨자 t는 당해 년도를 나타낸다.

$$(C - I)_t = -\Delta NFO_t + NFE_t + D_t \tag{1}$$

이제 식(1)을 주주에게 지급하는 배당금을 중심으로 다시 표현하면 다음과 같다.

$$D_t = (C - I)_t + \Delta NFO_t - NFE_t \tag{2}$$

이를 다시 해석하면 (1) 잉여현금흐름과 (2) 순금융부채의 증가분의 합계에서 (3) 순금융비용을 지급한 후 나머지 금액을 주주에게 지급하는 것이 배당금이라고 볼 수 있다.

식(2)의 순금융비용($NFE_t$)을 좀 더 살펴보자. 당해 년도의 순금융비용은 '이자율 × 연초 순금융부채' 로 나타낼 수 있다.

$$NFE_t = r \times NFO_{t-1} \tag{3}$$

따라서 식(2)는 다음과 같이 변한다.

$$\begin{aligned} D_t &= (C-I)_t - NFE_t + \Delta NFO_t \\ &= (C-I)_t - r \times NFO_{t-1} + (NFO_t - NFO_{t-1}) \\ &= (C-I)_t - (1+r) \times NFO_{t-1} + NFO_t \end{aligned} \tag{4}$$

이제 마무리를 할 단계가 되었다. 식(4)를 가치평가의 기본모형인 배당할인모형에 대입하고 정리하면 다음과 같다.

$$\begin{aligned} V_0 &= \sum_{t=1}^{\infty} \frac{D_t}{(1+r)^t} \\ &= \sum_{t=1}^{\infty} \frac{(C-I)_t - (1+r) \times NFO_{t-1} + NFO_t}{(1+r)^t} \\ &= \frac{(C-I)_1}{(1+r)^1} - NFO_0 + \frac{NFO_1}{(1+r)^1} + \frac{(C-I)_2}{(1+r)^2} - \frac{NFO_1}{(1+r)^1} + \frac{NFO_2}{(1+r)^2} + \cdots \\ &= \sum_{t=1}^{\infty} \frac{(C-I)_t}{(1+r)^t} - NFO_0 \end{aligned} \tag{5}$$

식(5)의 마지막 표현은 $\frac{NFO_{\infty}}{(1+r)^{\infty}} \approx 0$을 가정한 것이다. 먼 미래의 순금융부채를 현재가치로 할인하면 그 값은 영(0)에 수렴할 것이기 때문이다.

이렇듯 잉여현금흐름을 할인한 값(이를 영어로는 'enterprise value' 또는 사업가치나 기업가치라고도 함)에서 현재의 순금융부채 금액을 차감하면 기업가치 중 채권자의 몫을 뺀 주주의 몫을 산출할 수 있다.

물론 회사의 금융자산이 금융부채보다 많은 경우(즉, 순금융자산 > 0)에는 식(5)의 마지막 항이 $-NFO_0$(즉, 현재의 순금융부채 금액을 잉여현금흐름의 현재가치에서 차감) 대신 $+NFA_0$(즉, 현재의 순금융자산 금액을 잉여현금흐름의 현재가치에 가산)이 된다.

따라서 실무에서 사용하는 잉여현금흐름모형은 가치평가의 기본인 배당할인모형으로부터 도출될 수 있음을 알게 되었다. 잉여현금흐름모형이 이론적으로 가치평가의 기본인 배당할인모형과 일관성을 유지한다는 점은 중요한 관점으로 기억할 만한 가치가 있다. 그 이유는 경영진이 사용하는 모든 가치평가방법은 궁극적으로 배당할인모형과 개념적인 정합성을 가져야만 그 정당성이 부여되기 때문이다.

그러나 또 기억할 점은 기업가치의 기본이 배당할인모형이라고 해서 이 모형이 제공하는 관점만을 강조해서는 경영진의 시각이 협소해 질 수 있다는 점이다. 배당할인모형은 부의 분배를 의미하는 배당에 초점을 둔 관점이다. 따라서 경영진은 부의 분배에 초점을 둔 배당할인모형에서 벗어나 투자를 통한 초과이익창출역량을 강화하는 것이 기업의 본질가치를 높일 수 있다는 적극적인 시각을 가져야 한다. 이 새로운 시각이 '초과이익모형'과 '초과영업이익모형'이 제공하고자 하는 핵심 개념이라는 점을 기억하자(Section 12. 기업의 본질가치와 초과이익모형, Section 36. 초과영업이익모형과 본질가치창출 참고).

이제까지 다룬 가치평가모형들을 정리하면 [그림 39-1]과 같다. 즉 배당할인모형으로부터 초과이익모형이 도출되었고, 잉여현금흐름모형으로부터 초과영업이익모형이 도출되었다. 이제 마지막 연결고리는 잉여현금흐름이 배당할인모형과 이론적인 일관성을 갖는지를 확인하면 된다. 이 연결고리는 식(5)에서 확인되었다. 따라서 실무에서 사용하는 모든 기업가치평가 모형들이 서로 개념적으로 완전하게 연결되었다. 이제 경영진은 보다 자신감을 갖고 이들 모형을 사용해도 좋을 것이다.

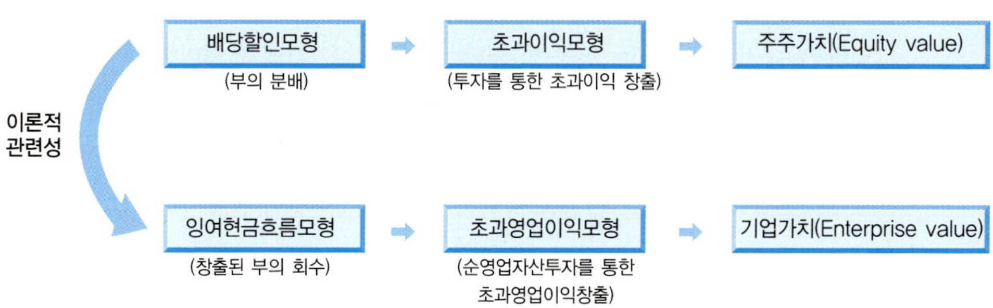


[그림 39-1] 잉여현금흐름모형의 이론적 근거 = 배당할인모형

SECTION

# 40 위험, 변동성, 불확실성 그리고 주주의 요구수익률

'위험', '변동성', 또는 '불확실성' 이라는 단어는 투자의사결정 과정에서 흔히 사용되는 개념들이다. 경영진은 새로운 성장동력을 찾고자 할 때 그리고 이를 인수합병(M&A)을 통해 할지 또는 유기적 성장(organic growth) 전략을 고수할지를 결정하기 어려울 때 이 같은 단어들을 사용한다. 또한 새로운 사업을 국내뿐 아니라 해외시장에서 실행해야 하는 지를 고민할 때도 이들 개념이 중요한 역할을 한다. 경영환경이 개선되지 않은 상황에서 대규모 설비투자를 실행해야 하는 지를 고민할 때도 경영진은 위 단어들을 사용한다.

그렇다면 위 세 단어(위험, 변동성, 불확실성)는 같은 개념을 의미하는 것인가? 이 세 단어는 투자의사결정에 수반되는 본질적인 어려움(즉, 현재 투자의사결정이 미래 경영성과에 미치는 영향을 예측하기 어렵다는 점)을 나타낸다는 점에서는 유사한 개념으로 보인다. 그러나 이들 개념을 명확하게 정리하는 것이 필요하다.

## 01 위험, 변동성, 그리고 불확실성

우선 '위험'의 개념에 대해 알아보자. '위험'의 영어표현은 'risk'이다. 그렇다면 위험을 어떻게 정의할까? 재무회계에서는 위험을 체계적위험(systematic risk) 또는 베타($\beta$)라고 부르고 이를 다음과 같이 측정한다.

$$\beta_i = \frac{Cov(r_i, r_m)}{Var(r_m)} \tag{1}$$

여기서

$r_i$ = 특정 기업 i의 주가수익률(예를 들어, 과거 5년간 월별 주가수익률)

$r_m$ = 주식시장 전체의 수익률(예를 들어, 과거 5년간 월별 종합주가지수 수익률)

$Cov(r_i, r_m)$ = 특정 기업 i의 주가수익률과 주식시장 전체 수익률간의 공분산

$Var(r_m)$ = 주식시장 전체 수익률의 분산(또는 변동성)

즉 베타 또는 체계적위험이란 시장 전체 경영성과(종합주가지수 수익률로 나타난)와 특정 기업의 경영성과가 얼마나 밀접하게 연관되어 있는가를 나타낸다. 따라서 경기상황과는 큰 관계없이 안정적인 경영성과를 달성할 수 있는 기업의 베타는 낮고, 반대로 경기가 나쁠 때 해당 기업의 경영실적도 함께 나빠지는 기업의 체계적 위험은 높게 나타날 것이다.

여기서 기억할 점은 전통적인 시각에서의 위험은 '상대평가' 개념이라는 점이다. 즉 경제전체의 성과와 해당 기업의 경영성과가 서로 연관되는 정도에 의해 위험수준이 결정된다는 의미이다. 그리고 시장 전체의 베타는 1의 값을 갖게 된다. 따라서 베타 값이 1보다 크면 체계적 위험수준이 높다고 하고, 반대로 베타 값이 1보다 낮으면 체계적 위험수준이 낮다고 한다.

그렇다면 '변동성'은 위험과는 다른 개념일까? 변동성은 영어로는 'volatility'라고 하고, 통계적인 표현으로는 '표준편차(standard deviation)'로 나타낸다. 또는 표준

편차의 제곱인 '분산(variance)'으로도 나타낸다. 변동성이란 내부요인 및 외부충격으로 인해 회사의 경영성과가 얼마나 영향을 받는가를 나타낸다. 예를 들면, 이자율 상승이나 원자재 가격인상, 또는 정부정책의 변화 등에 의해 회사의 경영성과는 긍정적인 영향도 받을 수 있고 부정적인 영향을 받을 수도 있다.

따라서 경영성과의 변동성이 높다는 것은 이 같은 요인들이 미치는 영향을 흡수할 수 있는 역량이 낮다는 의미이다. 반대로 높은 '진입장벽'을 갖춘 기업의 경영성과는 변동성이 상대적으로 낮을 것이다.

어느 회사의 과거 10년간 영업이익률($= \frac{\text{영업이익}}{\text{매출액}}$)의 평균(μ, '뮤')이 6%라고 하자. 그런데 영업이익률이 매년 6%일 가능성은 없다. 경기가 좋은 때는 영업이익률이 10%를 넘기도 하고, 경기가 어렵거나 전략 실행이 부진하면 영업적자가 나기도 한다. 따라서 경영진은 영업이익률 평균뿐 아니라 변동성(표준편차)에도 관심을 갖는다.

아래 그림은 영업이익률 분포를 정규분포(normal distribution) 개념을 활용하여 보여 준다. 정규분포에서는 영업이익률이 평균 6% 정도를 얻을 확률이 높은 반면, 매우 높거나 또는 낮은 영업이익률을 얻을 개연성은 상대적으로 적다. 또한 평균값을

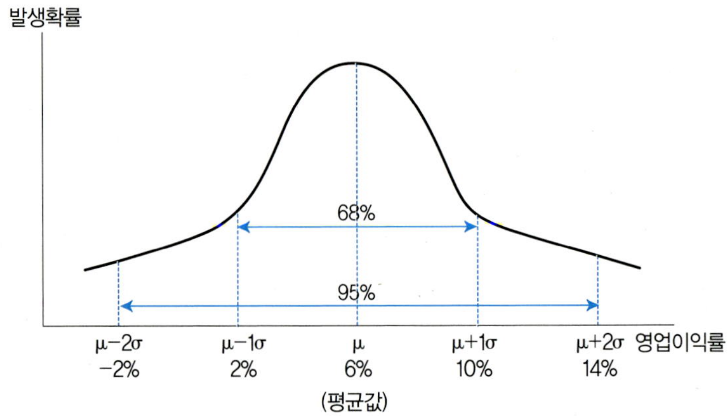


[그림 40-1] 평균값과 표준편차

중심으로 영업이익률이 대칭적인 모습을 갖는다.

물론 실제 영업이익률 분포는 이 같은 정규분포와는 달리 왼쪽은 두터운 모습(즉, 영업이익율이 낮거나 영업적자가 자주 발생)이고 오른쪽은 얇고 긴 꼬리 모습(즉, 영업이익율이 높게 달성되는 경우는 드묾)을 보인다. 그러나 여기서는 우선 정규분포개념을 활용해 변동성의 의미를 살펴 보기로 하자.

과거 10년간 영업이익률의 표준편차(σ, '시그마')가 4%라고 하자. 이를 어떻게 해석해야 할까? 경영진은 평균 영업이익률 보다 표준편차 한 단위(1σ)만큼 낮은 영업이익률인 2%(= μ − 1σ = 6% − 4%)와, 반대로 표준편차 한 단위만큼 높은 영업이익률인 10%(= μ + 1σ = 6% + 4%) 사이를 경험할 가능성이 약 68%라는 의미이다. 다시 말해 과거 10년 동안 약 일곱 해는 영업이익률이 2~10%이고, 나머지 세 해는 영업이익률이 2% 미만이거나 또는 10%보다 높다는 것이다.

또한 평균값 대비 표준편차 두 단위(2σ)만큼 차이 나는 영업이익률은 −2%(= μ − 2σ = 6% − 4% × 2)와 14%(= μ + 2σ = 6% + 4% × 2)이다. 이는 과거 10년 동안 영업이익률이 −2%~14% 안에 들 것이 거의 확실하고(약 95% 확률), 영업이익률이 −2% 보다 더 악화되거나 또는 14%를 초과할 가능성은 거의 없다는 뜻이다(5% 미만 확률).

경영진은 경영의 불확실성에 대해 논의할 때 '위험'과 '변동성'이라는 단어를 종종 섞어서 사용하고는 한다. 위험과 변동성은 서로 어떤 관련이 있을까?

이를 알아보기 위해 베타의 정의를 다시 살펴보자. 식(1)의 분자에는 $\mathrm{Cov}(r_i, r_m)$, 즉 특정 기업 i의 주가수익률과 주식시장 전체 수익률간의 상관관계가 있다. 이제 상관관계를 좀 더 분해하면 다음과 같이 나타낼 수 있다.

$$\mathrm{Cov}(r_i, r_m) = \mathrm{Cov}(r_i, r_i) + \mathrm{Cov}(r_i, r_{m-1}) = \underbrace{\mathrm{Var}(r_i)}_{A} + \underbrace{\mathrm{Cov}(r_i, r_{m-1})}_{B} \qquad (2)$$

즉 식(1)의 분자인 $Cov(r_i, r_m)$는

(A) 특정 기업 i 경영성과(주식수익률로 나타난)의 변동성과

(B) 특정 기업 i 경영성과와 이 회사를 제외한 다른 모든 기업들의 경영성과 간의 연관성의 합

으로 되어 있다.

따라서 특정 기업 경영성과의 변동성이 높아진다면 B가 일정하더라도(즉, 특정 기업 i의 경영성과와 이 회사를 제외한 다른 모든 기업들의 경영성과간의 연계성이 변동하지 않더라도), 식(1)의 분자가 커지고 궁극적으로 베타가 높아진다.

경영진이 '위험' 이라는 단어를 사용하는 경우는 아마도 위에서 '변동성', 즉 식(2)의 A를 의미한 것으로 보인다. 경영진의 주된 관심사는 당해 기업 경영성과의 출렁거림이 더욱 중요한 것이지, 다른 기업들 경영성과와의 연관성, 즉 B부분이 아닐 것이기 때문이다.

위험(β)과 변동성(σ) 간 관계를 통계 용어를 활용하여 다시 살펴 보자. 위 식(1)에 기업(i)의 체계적위험(β)에서 분자인 $Cov(r_i, r_m)$는 특정 기업(i) 주가수익률($r_i$)과 주식시장 전체(m) 주가수익률($r_m$) 간 공분산(covariance)을 뜻한다. 이 공분산을 특정 기업의 주가수익률 변동성($\sigma_i$)과 주식시장 전체의 주가수익률 변동성($\sigma_m$)으로 나누면, 특정기업의 주가주익률($r_i$)과 주식시장 전체 주가수익률($r_m$)의 상관관계(correlation) 지수라고 부른다.

$$Corr(r_i, r_m) = \frac{Cov(r_i, r_m)}{\sigma_i \cdot \sigma_m} \tag{3}$$

상관관계지수는 −1(완벽히 반대 방향으로 움직임)에서 +1(완벽히 같은 방향으로 움직임)까지 값을 갖는다. 상관관계지수가 0이면 둘 사이에는 어떤 관계도 없다는 뜻이다.

식(3)에 따르면 $Cov(r_i, r_m) = Corr(r_i, r_m) \cdot \sigma_i \cdot \sigma_m$이 된다. 그리고 식(1)의 분모인

$Var(r_m)$는 표준편차의 제곱이므로,

$$Var(r_m) = \sigma_m \cdot \sigma_m$$

이다. 이제 식(1) 분자와 분모에 위 표현을 대입하면

$$\beta_i = \frac{Cov(r_i, r_m)}{Var(r_m)} = \frac{Corr(r_i, r_m) \cdot \sigma_i \cdot \sigma_m}{Var(r_m)} = \frac{Corr(r_i, r_m) \cdot \sigma_i \cdot \sigma_m}{\sigma_m \cdot \sigma_m} = \frac{\sigma_i}{\sigma_m} \cdot Corr(r_i, r_m) \quad (4)$$

이 된다. 따라서 '체계적위험' 베타 내에 특정 기업(i)의 주식수익률 변동성($\sigma_i$)이 들어 있음을 확인할 수 있다. 이제 경영성과와 주가 변동성이 높아지면 기업 경영진이 왜 위험이 높아진다고 인식하는지 이해할 수 있다.

그렇다면 마지막으로 '불확실성(uncertainty)'은 무슨 뜻일까? 불확실성은 변동성이나 위험과는 어떻게 다를까? 불확실성의 또 다른 표현은 '모호성(ambiguity)'이다.

불확실성(모호성) 개념은 변동성(표준편차) 개념과 관계가 있다. 앞에서 영업이익률 평균 6%, 표준편차 4%를 가정한 정규분포 예를 기억하면, 과거 경영성과 자료를 바탕으로 향후 10년 동안 영업이익률 8%를 달성할 수 있는 확률이 어느 정도인지 예

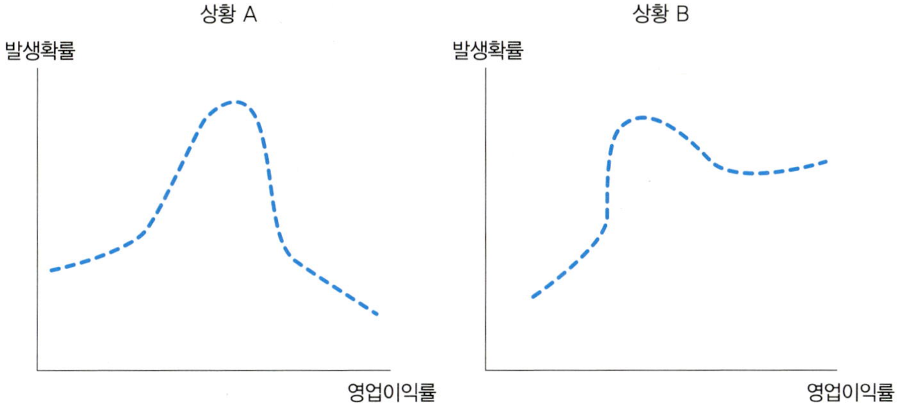


[그림 40-2] 불확실성 모호성

측할 수 있다. 물론 정확한 예측은 불가능하나, 과거와 '유사한' 경영환경이 지속되고 '비슷한' 경영전략을 실행한다고 가정하면 영업이익률 추정이 터무니없는 작업은 아니다.

그런데 만일 미래 경영환경이 과거와는 전혀 다르다면 어떨까? 신기술 출현, 경쟁구도 변화, 새로운 사업방식의 등장, 각국 정부의 정책 변화, 원자재 가격 변동 등은 과거 경험과는 전혀 다른 형태로 나타날 수 있다. 또한 기업 내부에서도 과거와 확연히 달라진 경영혁신과 독보적인 경쟁력을 갖추거나, 아니면 그 반대의 경우가 있을 수도 있다. 그렇다면 향후 영업이익률 추이가 어떤 모습을 가질 지 예측하는 것이 매우 어렵다.

영업이익률이 위 그림에서 상황A와 같은 모습일지, 아니면 상황B에 가까울지를 예측하기가 매우 어렵다면 이를 불확실성(모호성)이 높다고 표현한다. 미래에 어떤 상황이 어떤 모습으로 일어날지를 예견하기가 지극히 어렵기 때문이다.

경영진은 '확실성', '위험', '변동성' 개념을 사용하여 성장전략을 수립하고 위험관리방안을 마련한다. 이제 경영진은 이들 단어가 구체적으로 어떤 의미를 갖는지를 더욱 명확하게 파악할 수 있게 되었다.

## 02 변동성과 주주 기대수익률

이 같은 이해를 바탕으로 좀 더 어려운 질문을 해 보자. 신규투자로부터 창출되는 미래 현금흐름이 높은 불확실성(또는 변동성)을 가질 것으로 예상되면 경영진은 높은 할인율을 사용하여 투자안의 수익성을 분석한다. 그런데 미래 현금흐름의 불확실성이 커지면 왜 수익성 분석과정에서 사용하는 할인율이 높아지는 것일까? 실무에서는 당연히 그렇게 해 왔으므로 오히려 이 같은 질문이 어색해 보일 수도 있다. 그런데 이 질문에 대한 대답을 직관적으로 하기는 쉽지 않다. 이제 그 답을 찾아 보자.

주주의 요구수익률을 도출하는 중요한 개념이 CAPM이라는 점을 기억하자. 이를 다시 표현하면 다음과 같다(Section 24 참조).

$$r_i = r_f + (r_m - r_f) \times \beta_i \tag{5}$$

여기서

$r_i$ = 기업 i의 주주 요구수익률
$r_f$ = 무위험자산수익률(예, 정부 발행 채권수익률)
$r_m$ = 종합주가지수 수익률
$r_m - r_f$ = 시장위험프리미엄
$\beta_i$ = 기업 i의 체계적위험

여기에 식(1)의 $\beta_i = \dfrac{Cov(r_i, r_m)}{Var(r_m)}$ 라는 표현을 대입하면,

$$\begin{aligned} r_i &= r_f + (r_m - r_f) \times \beta_i \\ &= r_f + (r_m - r_f)\frac{Var(r_i) + Cov(r_i, r_{m-1})}{Var(r_m)} \end{aligned} \tag{6}$$

가 된다. 여기서 무위험자산수익률($r_f$)과 시장위험프리미엄($r_m - r_f$)이 일정하다고 가정하자. 따라서 새로운 투자로부터 창출되는 미래 현금흐름의 변동성이 높아질수록, 즉 식(6)의 $Var(r_i)$ 부분이 커질 수록, 궁극적으로 주주의 요구수익률도 높아짐을 알 수 있다. 그리고 주주의 요구수익률이 높아지면 미래 현금흐름을 할인할 때 사용하는 가중평균자본비용(WACC: weighted average cost of capital)도 자연스럽게 높아질 것이다. 이제 투자수익성의 불확실성이 높을수록 높은 할인율을 사용하는 이유에 대해 명료한 이해를 하게 되었다.

그런데 여기서 새로운 투자로 인해 회사 경영성과의 변동성이 낮아질 것이라는 기대가 있는 경우에는 주주 요구수익률이 낮아지고 따라서 미래 현금흐름을 할인하는 할인율이 낮아질 수 있다는 점도 기억하자. 경영진은 경영성과의 변동성은 줄이고 생존기반을 확보하기 위해 수직적 계열화나 사업다각화를 시도하기도 한다. 이 같은

투자로 인해 미래 회사의 경쟁력이 강화되고 또한 경영성과의 변동성이 낮아질 것이라는 합리적인 근거가 있는 경우 새로운 투자라는 이유만으로 높은 할인율을 사용하여 미래 현금흐름을 할인할 필요는 없다는 뜻이다.

물론 실무적으로 새로운 투자대안을 평가할 때 할인율을 낮추기는 어려울 것이다. 그러나 식(6)가 명확하게 나타내는 대로, 미래 경영성과의 변동성이 낮아진다면 주주 요구수익률도 낮아진다는 점을 기억한다면 새로운 투자라는 이유로 언제나 할인율을 높여야 한다는 실무적 관성에서 조금은 자유로울 수도 있을 것이다. 이에 대한 보다 구체적인 내용은 Section 45 (IRR과 투자의사결정: 다요인 CAPM의 역할)에서 다시 살펴 본다.

SECTION

# 41 미래이익 추정방법

기업가치를 평가하고 경영전략을 수립하는 과정에서 가장 중요하면서도 어려운 작업이 미래에 창출되는 이익의 규모와 성장성을 추정하는 일이다. 기업가치평가와 전략수립에서 이같이 중요한 미래 경영성과를 예측하는 데 효과적인 방법은 무엇일까?

상장기업의 기업가치를 추정하는 경우에는 재무분석가가 제공하는 매출액, 영업이익, 또는 당기순이익 예측치를 사용할 수 있어 그나마 다행이다. 그러나 한국 상장기업 중 재무분석가가 경영성과의 예측치를 제공하는 경우는 아직도 채 절반이 되지 않는다. 기업규모가 작거나, 경영성과의 변동성이 높은 경우는 오히려 재무분석가의 예측정보가 더욱 필요함에도 불구하고, 이 같은 기업일수록 재무분석가들의 관심에서 멀어진다. 더구나 재무분석가의 예측치를 사용하더라도 이 같은 정보가 실제 경영성과를 얼마나 정확하게 예측하는가를 판단하는 것이 필요하다.

## 01 변동성과 경영성과 예측

미래 경영성과를 예측하는 것이 어려운 이유 중의 하나는 경영성과의 변동성을 적절히 고려하기가 어렵기 때문일 것이다. 경영성과의 변동성이 높다는 것은 경영환경변화(예를 들면, 경쟁자의 시장점유율 확대전략, 원자재가격 변동, 환율 및 이자율 변화, 기술발전의 영향 등)가 미치는 재무적 영향을 사전적으로 예측하기가 어렵다는 의미이다.

만일 경영환경이 안정적이고 따라서 경영성과의 변동성이 낮은 경우에는 미래 이익을 예측하는 것이 그다지 어렵지 않을 것이다. 예를 들면, 규제산업의 경우 그렇지 않은 경우보다 이익변동성이 낮다. 이 경우 미래 이익은 아마도 현재의 이익과 비교하여 큰 차이를 보이지 않을지도 모른다. 이를 다음과 같이 간결히 나타내 보자

$$NI_{t+1} = NI_t + \text{추정오차} \quad (1)$$

즉, 내년도 순이익($NI_{t+1}$)은 금년도 순이익($NI_t$)과 큰 차이가 없을 것이라는 가정을 해도 큰 무리가 없다. 실제 내년도 순이익이 금년도 순이익과 차이가 나더라도 그 추정오차는 평균적으로 영(0)에 가깝다고 볼 수 있다.

그러나 이 같은 가정이 적절치 않은 경우도 많다. 만일 경영성과의 변동성이 높다면 식(1)에서의 추정오차는 평균적으로 영(0)이 아니라 기업의 특성(예를 들면, 원가의 구성, 영업 및 재무전략 등)에 체계적으로 연동될 가능성이 높다. 즉, 경영성과의 변동성이 높은 경우에도 위 가정을 적용하여 미래 이익을 추정하면 추정이익이 체계적으로 과대평가되거나 또는 과소평가될 개연성이 매우 높아진다.

우선 추정이익이 실제이익보다 과대평가되는 경우를 살펴보자. 그리고 현재의 경영성과가 매우 양호하다고 하자. 경영성과가 좋은 이유는 세 가지 때문일 것이다.

- **경영진의 경영전략이 성공했기 때문.** 경영진이 선택한 기술개발, 상품구성, 광고

전략, 인사전략 등이 경쟁자보다 우월했기 때문에 좋은 경영성과를 달성했을 수 있다.

- **경제환경이 좋았기 때문.** 경쟁자보다 더 효과적인 전략을 실행해서가 아니라 경제환경이 양호한 덕분에 양호한 경영성과를 달성했을 수도 있다. 정부의 산업정책 및 통화정책, 원자재 가격의 하락, 수출시장 경기의 호전 등으로 인해 경영성과가 좋아지는 경우이다. 이 경우 경쟁자들의 경영성과도 함께 좋아졌을 것이다.
- **이익목표 달성을 위한 '이익조정' 결과.** 경영진은 연초에 설정한 이익목표를 달성하기 위해 '이익조정(이를 income management라고 함)'을 할 수도 있다. 일반기업의 경우 매출채권이나 재고자산에 추정 대손상각금액을 줄이거나, 은행의 경우 대출채권에 대한 대손충당금 금액을 조금 줄이는 방법이 그 예이다.

이 같은 세 가지 이유로 인해 금년도 경영성과가 매우 높다면, 다음 연도의 경영성과는 어떤 모습을 가질까? 경영성과가 계속해서 좋아질까? 아니면 내년도 경영성과는 금년도 보다 못할까?

연구에 의하면 금년도에 매우 좋은 경영성과를 냈다면 다음해 경영성과는 금년도 보다는 못하다고 한다. 이를 경영성과의 '평균으로의 회귀(reversion to mean)' 라고 부르자. 즉 금년도의 좋은 경영성과는 위 세가지 요인이 결합되어 나타났으므로, 이들 중 하나 또는 그 이상이 작동하지 않는다면 내년도 경영성과는 금년도 보다는 낮아진다는 것이다.

반대로 금년도의 경영성과가 매우 나쁘다면 식 (1)에 의한 미래 추정이익은 실제이익에 비해 낮게 평가될 개연성이 높다. 금년도 경영성과가 나쁜 이유는 경영전략이 효과적으로 실행되지 못했기 때문일 수도 있고, 경제환경이 좋지 않았을 수도 있다. 또한 특수한 이유로 인해 이익을 더욱 낮추어야 할 필요도 있었을지도 모른다. 예를 들면, 새로운 최고경영자가 취임한 후 그 동안 미루어 왔던 부실자산(예, 부실재고나 매출채권 또는 부실 해외사업장 등)에 대한 평가손실을 한꺼번에 인식함으로써 적자가 날 수도 있다(미루어 놓은 손실인식을 한꺼번에 목욕을 하듯 인식한다고 해서 이 같은 현상을 'a big bath' 라고 한다).

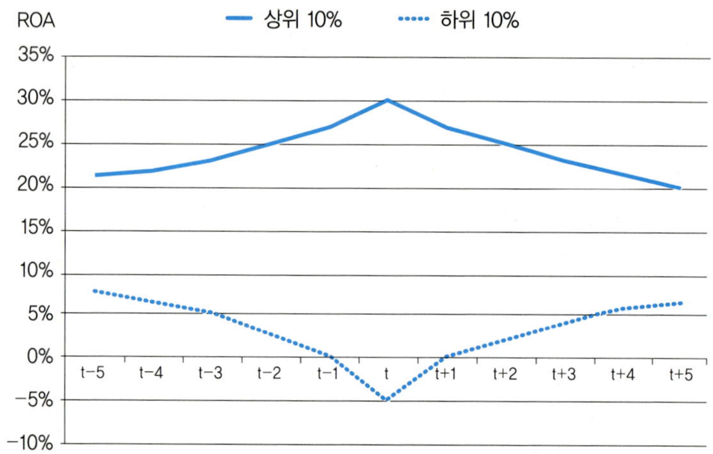


**[그림 41-1]** 경영성과의 평균으로의 회귀

이 같은 '평균으로의 회귀 현상' 을 그림으로 나타내보자.

[그림 41-1]은 상장기업들을 자산수익률(ROA: return on assets) 기준으로 매년 10등분을 한 후, 이 중 금년도(즉, t 년도)의 ROA가 가장 높은 상위 10% 기업 및 하위 10% 기업들의 과거 5년부터 미래 5년간 ROA의 평균값을 보여 주고 있다. ROA 상위 10% 기업들은 과거에도 상당히 높은 ROA를 보여 오다가 금년도에 가장 높은 ROA를 달성한 것으로 보인다. 흥미로운 것은 이 기업들의 미래 ROA의 평균값이 금년도를 정점으로 점차 낮아지는 모습을 나타낸다는 점이다. 즉 '평균으로의 회귀' 현상이 나타난 것이다.

그런데 이 같은 기업들의 미래 이익을 추정하는 경우, 식(1)의 개념을 사용하면 추정이익이 실제이익을 과대평가하게 된다. 즉, 식(1)에 의하면 내년도 이익은 금년도 이익과 비슷할 것으로 예상되나, 실제 이익은 '평균으로의 회귀' 현상으로 인해 추정이익보다 낮아지게 된다. 따라서 추정이익이 실제이익보다 과대평가되는 경향이 나타날 것이다.

위 그림에서 ROA 하위 10% 기업들은 과거에는 어느 정도 수준의 ROA를 보여 오다가 금년도에 이르러 가장 낮은 ROA를 나타낸다. 역시 흥미로운 것은 이 기업들의 미래 ROA의 평균값은 금년도 저점을 통과한 후 미래에는 점차 향상된다는 점이다. 이들 기업 또한 '평균으로의 회귀' 현상을 경험하는 것이다. 따라서 식(1)에 따라 미래이익을 추정하는 경우 추정이익이 실제이익보다 낮게 평가될 개연성이 있다.

그렇다면 경영성과의 변동성이 높고 그로 인해 '평균으로의 회귀현상'이 나타나는 경우, 미래 이익을 추정하기 위한 보다 효율적인 방법은 없을까?

## 02 새로운 미래이익 추정방법

앞에서 살펴 보았듯이, 미래이익을 추정하는 경우 경영성과의 변동성을 어떻게 고려하는가가 핵심이다. 이를 위해 '평균으로의 회귀' 현상을 부담스럽게 생각하는 대신 이를 미래이익 추정과정에 적극적으로 활용할 수는 없을까? 이제 그 방법에 대해 구체적으로 살펴 보자.

회사의 내년도 당기순이익($NI_{t+1}$)을 추정하는 것이 목적이라고 가정하자. 이는 다음과 같이 '내년도 자산수익률 추정치($ROA_{t+1}$)'를 '내년도 자산 추정치($TA_{t+1}$)'와 곱한 것으로 나타낼 수 있다. 이때 자산추정치는 당해 년도와 직전 년도의 평균값, 즉 $TA_{t+1} = \frac{TA_{t+1} + TA_t}{2}$을 사용한다는 점에 주의하자.

$$NI_{t+1} = ROA_{t+1} \times TA_{t+1} \tag{2}$$

그렇다면 (1) 내년도 자산수익률 추정치($ROA_{t+1}$)와 (2) 내년도 자산 추정치($TA_{t+1}$)를 어떻게 구하면 좋을까? 이 추정치들은 흥미롭게도 과거 실제 경영실적 자료를 활용함으로써 예측가능하다. 이제 다음과 같이 5단계를 거쳐 당해 회사의 내년도 당기순이익을 추정해 보자.

■ **제 1 단계.** 수익성 및 기업규모를 바탕으로 25개 그룹형성

모든 기업들(예를 들면, 정보를 얻을 수 있는 모든 기업)의 (1) 2년 전 자산수익률

(즉, $ROA_{t-2}$)과 (2) 2년 전 자산($TA_{t-2}$) 자료를 바탕으로 다음과 같이 25개 그룹을 형성하자.

- $ROA_{t-2}$를 기준으로 5개 그룹을 형성
- 각 $ROA_{t-2}$ 그룹 내에서 $TA_{t-2}$를 기준으로 또 5개 그룹을 형성

이렇게 하면 모두 25개의 그룹이 형성된다. 이는 각 그룹이 수익성과 기업규모가 유사한 기업들로 구성된다는 의미이다.

■ **제 2 단계.** 당해 기업의 25개 그룹 소속 판별

경영진은 당해 연도 회사의 자산수익률($ROA_t$)과 자산규모($TA_t$) 정보를 갖고 있으므로, 이를 활용하여 위에서 구성한 25개 그룹 중 어느 그룹에 회사가 소속하는가를 결정한다.

■ **제 3 단계.** 소속 그룹에서 무작위로 기업을 추출하여 수익성과 기업규모 파악

이제 당해 기업이 어느 그룹에 소속되는가를 파악하였으므로, 소속 기업들 가운데 무작위로 하나의 회사를 추출한다(이를 통계적으로는 a random sampling이라고 함). 이렇게 무작위로 추출된 회사의 수익성과 기업규모가 2년 전(t−2)부터

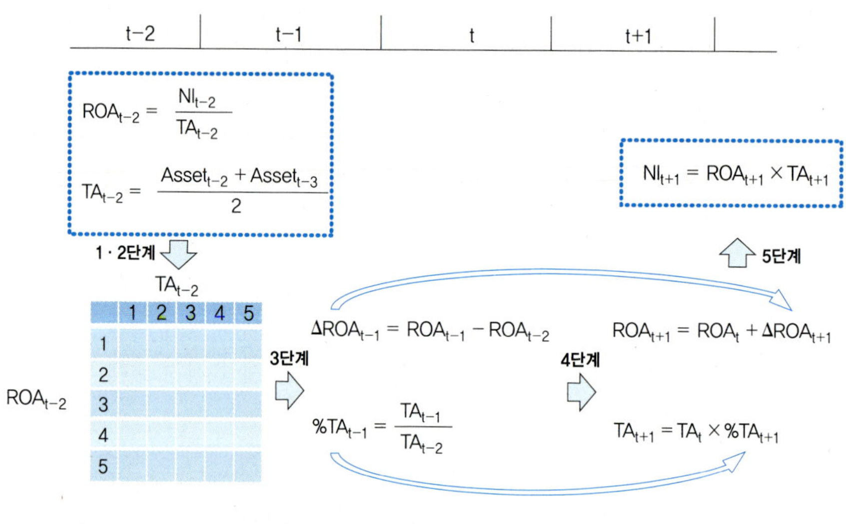


**[그림 41-2]** 미래이익 추정 방법

1년 전(t−1) 사이의 기간 동안 어떻게 실제로 변화되었는지를 파악한다. 이를 간결히 표시하면 다음과 같다.

$$\Delta ROA_{t-1} = \text{직전년도 자산수익률 증가분} = ROA_{t-1} - ROA_{t-2} \quad (3)$$

$$\%TA_{t-1} = \text{직전년도 자산증가율} = \frac{TA_{t-1}}{TA_{t-2}} \quad (4)$$

■ **제 4 단계.** 내년도 자산수익률($ROA_{t+1}$)과 자산규모($TA_{t+1}$) 추정

여기서 중요한 가정을 하자. 당해 회사의 금년도 자산수익률($ROA_t$) 및 기업규모($TA_t$)는 내년도에 식 (3)과 (4)에 나타난 자산수익률 증가분($\Delta ROA_{t-1}$)과 자산증가율($\%TA_{t-1}$)과 같은 정도로 성장할 것이라는 가정을 하자. 즉 당해 회사와 같은 그룹에 소속되어 있는 기업(무작위로 추출된 기업)의 실제 수익률 성장과 기업규모 성장률만큼 당해 회사 수익성과 규모가 성장할 것이라는 가정이다. 따라서 당해 기업이 위 25개 그룹 중 어느 그룹에 소속되는가를 알면, 당해 기업의 내년도 자산수익률($ROA_{t+1}$)과 자산규모($TA_{t+1}$)를 추정할 수 있는 기초자료가 확보된다.

비교대상기업의 $\Delta ROA_{t-1}$ ➜ 당해 기업의 $\Delta ROA_{t+1}$ (5)

비교대상기업의 $\%TA_{t-1}$ ➜ 당해 기업의 $\%TA_{t+1}$ (6)

이 과정이 앞에서 살펴 본 '평균으로의 회귀' 현상을 고려하는 가장 중요한 단계이다. 현재의 경영성과가 매우 높거나 또는 낮은 경우 미래 경영성과는 현재와는 매우 다른 모습을 가지므로, 이를 고려하기 위한 것이 비교대상기업(즉, 무작위로 추출된 기업)의 실제 수익률 성장성과 기업규모 성장률 정보를 활용하는 것이다.

이제 내년도 자산수익률($ROA_{t+1}$)과 자산규모($TA_{t+1}$)를 다음과 같이 추정할 수 있다.

$$ROA_{t+1} = ROA_t + \Delta ROA_{t+1} \quad (7)$$

$$TA_{t+1} = TA_t \times \%TA_{t+1} \quad (8)$$

■ **제 5 단계.** 내년도 당기순익($NI_{t+1}$) 추정

내년도 자산수익률($ROA_{t+1}$)과 자산규모($TA_{t+1}$)가 추정되었으므로, 이제 마지막

으로 내년도 당기순이익($NI_{t+1}$)을 다음과 같이 '내년도 자산수익률 추정치 × 내년도 자산 추정치' 로 추정할 수 있다.

$$NI_{t+1} = ROA_{t+1} \times TA_{t+1} \tag{9}$$

이제 내년도 당기순이익이 추정되었다. 과정이 조금은 복잡해 보이기는 하나, 논리적으로는 큰 무리가 없이 미래 경영성과 추정치를 구할 수 있게 되었다.

## 03 새로운 추정방법의 장점

이 같은 새로운 추정방법은 몇 가지 장점이 있다. 우선 위에서는 같은 그룹에 소속된 기업 중 하나의 회사를 무작위로 추출하여 내년도 당기순이익을 추정하였다. 따라서 이 같은 과정을 50번 또는 100번으로 실행하면 내년도 추정 당기순이익의 평균값뿐 아니라 분포(즉, 표준편차 또는 변동성)도 추정할 수 있다. 경영성과 추정치의 분포를 알면, 보다 효율적인 위험관리전략을 수립하는데 도움이 된다. 예를 들면, 미래 당기순이익(또는 다른 경영성과지표) 추정치가 일정 수준 이하로 떨어질 확률을 미리 추정하여, 투자재원관리나 원가구조개선 작업 등을 사전적으로 준비할 수 있다.

또한 이 같은 작업을 내년도뿐 아니라 그 이후의 기간에도 얼마든지 적용할 수 있다. 따라서 당기순이익 추정치를 향후 2~3년 동안만 추정하는 것이 아니라 10년 또는 20년 후의 기간까지도 확대, 적용할 수 있는 장점이 있다. 특히 재무분석가가 추정치를 제공하는 경우에도 2~3년 이후의 기간에 대해서는 경영성과 추정치가 없는 경우 더욱 유용할 것이다.

새로운 추정방법은 경영성과의 변동성이 높은 경영환경에서 그 유용성이 더욱 높을 것으로 보인다. 한국 기업들과 같이 외부환경 변화에 많은 영향을 받는 경우 경영성과의 변동성이 갖는 경제적 중요성이 더욱 높다. 이제 높은 경영성과의 변동성에도 불구하고 한국 기업의 경영진은 미래 경영성과를 예측하고 이를 바탕으로 기업가치를 평가하고 경영전략을 수립하는데 활용할 수 있는 중요한 경영기법을 갖게 되었다.

SECTION

# 42 NPV와 IRR: 투자의사결정방법

기업에서 사용하고 있는 대표적인 투자의사결정방법으로 NPV(net present value: 순현재가치) 방법과 IRR(internal rate of return: 내부목표수익률) 방법이 있다. 여기에서는 NPV 방법을 이용할 때의 어려움과 IRR 방법을 적용할 때의 주의점에 대해 얘기하고자 한다.

## 01 NPV와 투자의사결정

NPV는 투자에서 창출되는 미래의 현금흐름을 적절한 할인율을 사용하여 현재가치로 계산한 후, 최초 투자비를 차감한 금액을 의미한다. NPV가 양(+)이면 투자가치가 있는 것으로 판단하며, 반대로 이 금액이 음(−)이면 투자안을 기각한다. 이때 NPV 방법을 올바르게 사용하기 위한 관건은 분자에 있는 미래현금흐름과 분모에 있는 할인율을 어떻게 평가하고 설정하느냐이다. 우선 미래현금흐름의 불확실성에 대해 살펴보자.

최고경영층과 이사회에 투자안을 제안하고 투자재원을 배정받기 위해서는 미래 현금흐름(또는 영업이익)에 대한 추정치를 제시하는 것이 필수적이다. 그러나 프로젝트에서 창출될 것으로 예상되는 미래 현금흐름을 추정하는 것은 매우 어려운 일이다. 경영환경변화에 따라 현금흐름 예상금액이 크게 변할 수 있기 때문이다.

중국에서 화학사업을 추진하는 경우를 예로 들어보자. 이 사업이 중국 중앙정부와 지방정부의 허가가 필요한 것이라면 허가를 취득하는 과정에서 많은 불확실성이 나타난다. 사업허가를 직접 받을 수는 있는지 아니면 중국측 파트너와 합작(JV: joint venture)을 해야만 받을 수 있는지에 따라 사업준비기간과 투자규모가 달라진다. 그리고 현지에서의 고용, 이사회와 경영층 구성 등의 지배구조, 세제, 원재료구매의 안정성 확보 등 사업추진과정에서 다양한 문제를 해결하는데 예상보다 많은 시간이 소요될 개연성이 있다. 또한 공장설립과 생산과정에서의 품질관리 및 판매망구축에 당초 예상보다 더 많은 투자가 필요할 수도 있다. 그리고 제품에 대한 수요와 판매가격도 투자안을 기획하는 시점에서는 예상하기가 쉽지 않다.

## 02 NPV와 현금흐름의 불확실성

그렇다면 사업으로부터 창출되는 현금흐름과 투자금액 모두 불확실한 경우 이 정보를 어떻게 NPV 방법에 반영해야 할까? 미래현금흐름의 불확실성은 유입시점(timing)에 대한 불확실성과 유입금액(amount)에 대한 불확실성으로 압축된다. 이 두 불확실성을 적절히 고려하기 위해서는 매 시점별로 유입될 것으로 예상되는 현금흐름의 분포를 예측해야 한다.

예를 들면, 유입되는 현금흐름의 금액을 낙관적 경영상황, 중립적 상황, 그리고 비관적 상황으로 나누어 예측하고 각 경영상황이 발생하리라 예상되는 확률을 고려해야 한다. 만일 낙관적 상황일 확률이 20%이고 이 경우 유입되는 현금흐름이 200, 중립적 상황일 확률이 70%이고 현금흐름은 100, 마지막으로 비관적 상황일 확률이 10%이며 현금흐름은 50이라고 하자.

이 때 NPV방법에서 분자로 사용되는 현금흐름은 어떤 금액이어야 할까? 이에는 다음과 같은 세 가지 방안이 있을 수 있다.

첫째, 미래 예상현금흐름의 기대값에서 불확실성에 수반되는 위험프리미엄을 조정한 값을 사용하는 방안이다. 위 표현에는 두 가지의 개념이 포함되어 있다. 우선 미래 예상현금흐름의 기대값(또는 평균값)에 대해 알아 보자. 이 기대값은 [그림 42-1]에서 보듯이 각 상황이 발생할 확률과 예상 현금흐름을 곱한 후 이를 더한 값인 115이다.

미래 예상현금흐름의 기대값
$= 200 \times 20\% + 100 \times 70\% + 50 \times 10\%$
$= 115$

그런데 NPV방법에서 이 기대값을 그대로 분자로 사용할 수는 없다. 그 이유는 현금흐름의 기대값(115)이 비록 각 상황이 발생할 확률과 금액을 고려하기는 했지만, 미래 현금흐름의 불확실성에 대한 경영진의 위험 회피 성향까지는 고려하지 못하고 있기 때문이다. 만일 경영진이 불확실한 미래 현금흐름에 대해 위험회피경향을 갖고 있지 않다

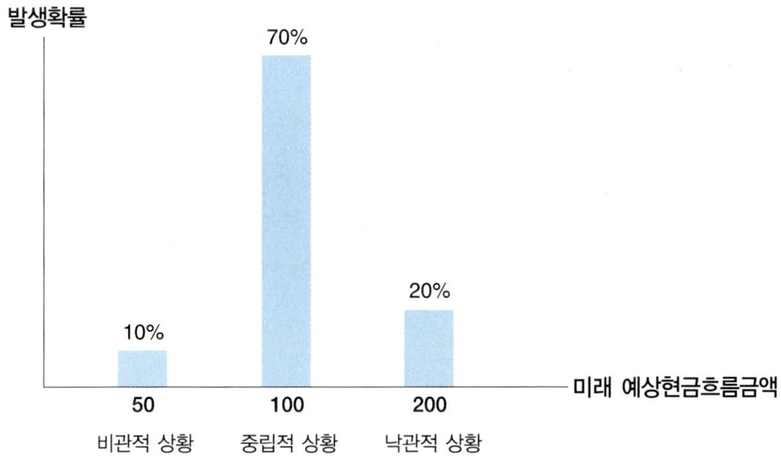


[그림 42-1] 미래 예상현금흐름의 불확실성

면(이를 위험중립적이라고 함) 불확실성에 해당하는 위험프리미엄을 조정해 줄 필요가 없다. 그러나 일반적으로 경영진은 불확실성을 회피하고자 하는 경향이 있기 때문에, 미래 현금흐름추정치에서 불확실성에 해당하는 위험프리미엄을 조정해 주어야 한다.*

따라서 경영진의 성향이 위험중립적이라면 위험프리미엄은 영(0)이 되므로 이를 별도로 고려할 필요가 없다. 그러나 경영진이 위험회피성향을 나타낸다면 위와 같이 불확실성에 해당하는 위험프리미엄을 미래 예상현금흐름의 기대값에서 차감해 주어야 한다. 문제는 경영진의 위험회피성향 정도를 파악하기가 어렵다는 것이다.

실무적으로는 이 위험프리미엄으로 얼마를 조정해 주어야 하는지 알기가 매우 어렵다. 그런데 논의를 위해 이 같은 위험프리미엄을 알고 있고, 이를 10이라고 가정하면 미래 현금흐름의 기대값은 115 − 10 = 105가 된다. 위험프리미엄이 조정된 이 같은 현금흐름의 기대값 105를 '확실성등가액(certainty equivalent)' 이라고 부른다(Section 24에서 식(8) 참조). 즉 미래 현금흐름의 발생시점과 금액에 수반되는 불확실성을 모두 제거했다는 의미이다. 그리고 이 값을 NPV방법에서 분자로 사용하는 것이다.

그렇다면, 이 경우 NPV방법의 분모에는 어떤 할인율을 사용해야 할까? 이 때는 무위험자산수익률을 사용해야 한다. 그 이유는 현금흐름의 불확실성을 모두 분자에 반영하였기 때문에, 분모의 할인율에는 불확실성을 반영할 필요가 없다. 단지 화폐의 시간가치만을 반영해야 하기 때문에 무위험자산수익률을 사용한 것이다.

그런데 위에서 지적했듯이, 실무적으로는 불확실성에 해당하는 위험프리미엄이 얼마인가를 알기가 어렵다. 따라서 이론상으로는 위의 방안이 가장 타당한 방법이기는 하지만, 실제 투자의사결정에서 활용하기는 어렵다.

---

* 이론적으로 불확실한 미래 현금흐름에 해당하는 위험프리미엄은 다음과 같이 나타낸다.

$$\text{위험프리미엄} = \frac{1}{2} \times \text{경영진의 위험회피성향} \times \text{영업현금흐름변동성}$$

그렇지만 위험프리미엄과 확실성등가액 개념을 보다 직관적으로 설명해 보자. [그림 42-2]에서 횡축은 사업으로부터 창출되는 미래 현금흐름의 크기를 나타내고, 종축에서는 현금흐름으로부터 경영진이 향유하는 효용(utilities)의 크기를 나타낸다. 사업으로부터 창출되는 현금흐름이 많을수록 경영진이 느끼는 경제적, 비경제적 만족감은 당연히 높아질 것이므로 그림은 우상향의 모습을 갖는다.

그런데 흥미로운 것은 위험회피성향을 갖는 경영진의 효용함수는 오목한(concave) 모습을 갖는다는 점이다. 즉, 사업에서 얻을 것으로 기대하는 현금흐름이 높아질수록 경영진의 만족감도 높아지나, 그 상승속도는 둔화된다는 점이다. 그 이유는 이미 충분히 높은 현금흐름을 창출하고 있다면, 추가로 현금흐름이 들어온다고 하더라고 그로부터의 효용은 그다지 높지 않을 것이기 때문이다.

반대로 예상 현금흐름이 낮아지면 경영진의 효용도 낮아지나, 그 하락속도는 점차 빨라진다. 그 이유는 위험회피성향을 갖는 경영진에게 투자실패로 인한 현금흐름(또는 수익성) 악화가 더욱 고통스럽게 느껴질 것이기 때문이다.

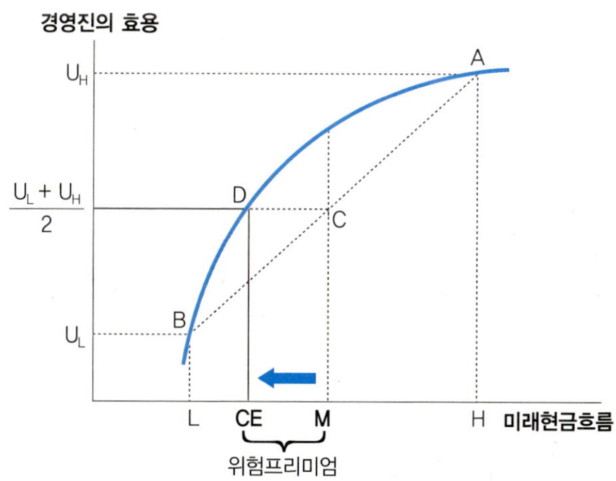


[그림 42-2] 위험프리미엄과 확실성등가액

이와 같이 투자로부터의 현금흐름 또는 수익성 악화에 대한 경영진의 효용은 빠른 속도로 하락하는 반면, 그 반대로 매우 양호한 투자성과에 대한 경영진의 효용이 느리게 상승하는 특성을 경영진의 위험회피성향(risk aversion)이 높다고 부른다.

이제 경영진은 변동성이 높은 투자대안에 대해 고민한다고 하자. 변동성이 높은 투자대안이란 수익을 많이 낼 수도 있고, 반대로 수익이 매우 적을 개연성이 높다는 의미이다. 만일 그 발생확률이 반반씩이라고 가정하면, 경영진은 위 그림에서 투자수익성이 높은 경우의 효용($A=U_H$)과 수익성이 낮은 경우의 효용($B=U_L$)의 평균값($C=\frac{U_H+U_L}{2}$)만큼 효용을 느끼게 될 것이다. 또한 이 같은 수준의 효용 값에 대응되는 투자로부터의 현금흐름 금액(M)을 파악할 수 있다. 그리고 경영진이 느끼는 C만큼의 효용을 제공할 수 있는 확실한 투자현금흐름 금액(CE)도 찾을 수 있다. 바로 이 금액을 확실성등가액(CE: certainty equivalent)이라고 부른다. 그 이유는 위험회피성향을 갖는 경영진에게는 (1) 이 수준의 현금흐름이 제공하는 효용과 (2) 변동성이 높은 투자안을 선택하는 경우에 얻을 수 있는 효용이 같기 때문이다.

위 그림에서 위험회피성향을 갖는 경영진이 부담하는 위험프리미엄은 (M−CE)금액 만큼의 현금흐름 값이다. 즉 경영진은 변동성이 높은 투자안을 선택하는 대신, 확실한 현금흐름(CE)을 얻을 수 있다면, 그 대가로 (M−CE)금액 만큼의 프리미엄을 지급할 용의가 있다는 의미이다.

그렇다면 경영진이 얼마나 위험회피성향을 갖는지도 측정할 수 있을까? 위험회피성향이 높을수록 경영진은 위험을 제거하기 위해 지급할 용의가 있는 금액(즉, 프리미엄)이 커질 것이다. 이를 바탕으로 개념적으로는 개별 경영진의 위험성향 정도를 측정할 수 있다.

이를 절대위험성향(ARA, absolute risk aversion)이라고도 표현한다. 이 지수는 위 그림의 경영진 효용함수가 얼마나 오목한지를 알면 구할 수 있다. 효용함수가 오목할수록[위험프리미엄(M−CE)이 클수록] 더 위험회피성향을 갖기 때문이다. 수학적 표현으로는 아래와 같이 나타낸다.

$$ARA = -\frac{U''}{U'}$$

여기서 U′ = 경영진 효용함수의 1차 편미분값(즉, 경영성과가 좋아지면 경영진 효용이 얼마나 증가하는가의 정도), U″ = 경영진 효용함수의 2차 편미분값(즉, 경영성과가 좋아지면 경영진 효용이 얼마나 빠르게 증가하는지의 속도)을 나타낸다. 경영성과가 향상되면 경영진 효용은 당연히 증가한다(U′ > 0). 그러나 그 증가 속도는 떨어질 것이다. 경영진의 만족감은 더디게 증가하기 때문이다. 반대로 경영성과가 나빠지면 경영진 효용은 더욱 빠르게 악화할 것이다(U″ < 0). 따라서 위 식 앞에 부(−)의 부호를 붙여 경영진의 절대위험성향을 양(+)수로 측정하고자 한 것이다.

물론 위 측정방법을 실무에서 사용하기는 쉽지 않다. 경영진의 효용함수가 어떤 모습인지를 파악하는 것이 쉽지 않고, 더구나 얼마나 오목한 형태를 갖는지 알기도 어렵기 때문이다. 그러나 투자의사결정시 경영진의 위험성향정도를 구체적으로 고려할 수 있는 개념이 있다는 것은 매력적인 발견이다.

## 03 NPV와 할인율

둘째, 불확실성에 해당하는 위험프리미엄을 추정하기 어렵기 때문에, NPV방법의 분자에는 위에서 살펴 본 미래현금흐름의 기대값(115)을 사용하는 방안이다. 이 경우 분모의 할인율은 어떤 것일까? 분자에서 현금흐름유입의 시점(timing)과 금액(amount)에 대한 불확실성을 고려하지 않았으므로, NPV방법의 분모에 있는 할인율을 상향 조정함으로써 간접적인 방법으로 위험을 고려할 수 밖에 없다. 할인율을 조정하는 방법은 아래에서 살펴본다.

그러나 실무에서는 이 같은 방법으로 미래현금흐름을 추정하는 경우도 드물다. 우선 각 경영상황의 발생확률을 예측하기가 어려울 뿐 아니라 경영상황별 예상 현금흐름 유입액금액도 예측하기가 어렵기 때문이다. 전문기관의 예측정보를 활용할 수는 있으나, 이 예측정보 역시 신뢰성과 정확성이 결여될 수 있다. 예측정보의 정확성을 높일 수는 있을 지라도, 비용이 많이 들뿐 아니라 궁극적으로 미래의 불확실성을 원천적으로 해소하기는 어렵다는 한계가 있다.

셋째, 따라서 기업에서는 발생확률이 가장 높은(즉, most likely) 경영상황을 가정하고, 그 상황에서 창출되는 미래현금흐름을 NPV방법의 분자로 사용하는 방법이다. 즉 위의 예에서 발생가능성이 가장 높은 상황의 현금흐름은 100이다. 이 경우, 위의 두 번째 방법에서 보았듯이 미래 현금흐름의 불확실성을 NPV방법의 분모에 있는 할인율을 높게 설정함으로써 위험을 간접적으로 고려할 수 밖에 없다. 물론 이 때는 발생확률이 가장 높을 것으로 예상하는 현금흐름정보만을 고려했기 때문에, 실무적으로는 이 값 이외에도 다양한 다른 값들을 고려하여 '민감도분석' 을 하게 된다.

이제 Section 22에서 살펴본 대로, 이 할인율(또는 기대수익률)에 대해 구체적으로 살펴보자.

$$\text{할인율} = \text{무위험자산수익률} + \text{체계적위험}(\beta) \times \text{시장위험프리미엄}$$

위험을 고려한 할인율은 무위험자산수익률에 위험프리미엄을 더하여 구한다. 여기서 무위험자산수익률은 대개 정부발행채권의 수익률로 대체한다. 사업에 투자한다는 것은 그 재원을 정부채권에 투자했더라면 얻을 수 있는 수익률을 포기하는 셈이므로 이 수익률을 보상받아야 한다는 것은 쉽게 이해가 된다.

체계적위험(또는 베타)은 시장수익률의 변동에 비해 개별 투자사업 수익률의 변동성이 얼마나 높은가를 나타내는 지표이다. 그러나 개별사업의 수익률을 추정하기는 어려우므로, 이를 대신하여 회사 전체의 주식수익률을 사용하여 베타를 추정하는 것이 일반적이다. 이 단계에서 이미 많은 비현실적인 가정을 하고 있음을 알 수 있다. 개별 사업을 추진할 것인가 말 것인가를 결정하기 위해 NPV 방법을 사용하고 있으나, 정작 회사 전체의 체계적 위험을 사용하기 때문이다.

시장위험프리미엄에 대해서도 여러 가지 어려움이 있다. 우선 개별 투자사업에 대한 할인율을 결정함에 있어 시장위험을 어느 시장에 대한 위험으로 할 것인가 분명하지 않다. 종합주가지수와 같은 시장지수를 사용하는 것이 가장 편하기는 하지만 최선의 선택인지는 명확하지 않다. 또한 시장위험프리미엄의 수준을 결정하는 것도 매우 어렵다. 그나마 주식시장의 경우에는 경험적으로 실제 주식수익률이 정부채권 수익률에 비해 얼마나 높았는지 파악할 수 있으나, 특정 사업영역에서 위험프리미엄 수준을 결정하는 것은 전혀 다른 어려움을 안고 있다.

결국 실무에서는 NPV 방법에 사용하는 할인율에 대해 일정한 가정을 하게 된다. 무위험자산수익률로는 국공채수익률을 사용하고, 사업의 체계적 위험으로는 회사 전체의 주식수익률을 사용해 산출된 베타를, 그리고 시장위험프리미엄은 주식시장에서 과거 경험으로 얻어진 위험프리미엄을 사용하게 된다. 이 방법을 자본자산가격결정모형(CAPM: capital asset pricing model)이라고 부른다(Section 22 참조).

그러나 CAPM 방법을 사용할 때 기억해야 할 점이 있다. 이 방법에서 고려하는 위험은 체계적 위험뿐이다. 개별 사업에서 나타날 수 있는 다양한 형태의 비체계적 위험은 고려대상이 아닌 것이다. 앞에 석유화학사업의 예에서 보듯이, 개별기업 및 개별사업과 관련된 위험이야말로 경영자가 관심을 갖는 위험요소임에도 불구하고 CAPM방법에서는 이와 같은 다양한 위험의 영향을 직접 고려하지 않고 있다. 그 이유는 주주 입장에서는 개별기업이나 사업으로부터의 위험은 대체적인 투자수단에 분산 투자함으로써 그 위험을 분산시킬 수 있다는 가정을 하기 때문이다.

따라서 경영자 입장에서는 주주의 시각에서 개발된 CAPM 방법을, 사용하지 않을 수도 없고 그렇다고 사용하자니 위험에 대한 서로 다른 시각을 어떻게 조정할 것인가에 대한 어려운 숙제를 갖게 된다. 이와 같이 실무에서 자주 쓰이는 NPV 방법을 상세히 살펴보면 그 유용성뿐만 아니라 한계도 적지 않음을 알 수 있다. 그렇다면 기업 임직원은 이같은 문제점들을 어떻게 슬기롭게 해소하면서 투자의사결정을 하는 것일까? 그 대안으로 IRR 방법을 사용하는 기업들이 많다.

## 04 IRR과 투자의사결정

IRR은 내부목표수익률로 해석할 수 있다. 원래 IRR은 투자로부터 예상되는 미래 현금흐름이 투자소요금액과 일치되는 할인율을 의미한다. 즉 NPV가 0인 경우의 할인율이다. 그런데 실무에서는 IRR 개념을 보다 적극적으로 활용한다. 경영진은 IRR을 새로운 사업을 추진하는 경우 달성해야 할 목표수익률 개념으로 활용하는 것이다. 따라서 IRR 방법에서는 투자로부터 기대되는 수익률이 이 내부목표수익률(또는 이를 hurdle rate이라고도 부름)을 초과하는 경우에만 투자가 가능하다. 예를 들면, 최고경영층이 제시한 내부목표수익률이 15%인 경우, 사업추진을 기획하는 경영자는 투자의 예상수익률이 15%를 초과하지 않으면 투자재원을 요청할 수 없게 된다.

사업기획을 책임지고 있는 임원진은 투자재원을 조달받기 위해 최고경영층과 이사회를 설득해야 한다. 많은 기업에서는 한정된 투자재원을 최적으로 배분하기 위해 다양한 명칭의 '투자재원배분위원회'를 운영한다. 이 위원회에서 각 사업책임자는 예상투자수익률에 대한 근거, 영업위험과 재무위험에 대한 관리방안, 인적자원 육성방안 등에 대해 상세한 정보를 제시함으로써 투자재원을 할당받게 된다. 이 단계를 거치면 이사회의 승인을 또 거쳐야 한다. 이 과정에서 가장 중요한 정보는 예상수익률에 대한 것이다. 예상수익률이 내부목표수익률에 미달하는 경우 사업책임자는 동료 임원진에게조차도 협조를 얻지 못할 수 있다.

그렇다면 내부목표수익률은 어떻게 결정될까? 개념적으로는 NPV 방법에서 논의한 '할인율'에 대한 모든 것이 그대로 적용된다. 무위험자산수익률, 체계적위험 그리고 시장위험프리미엄에 대한 고려가 모두 수반되는 것이다. 그리고 투자재원 중 일부를 부채로 조달하고자 한다면 부채조달비용인 이자율과 자기자본비용을 자본구성비율로 가중평균한 가중평균자본비용(WACC: weighted average cost of capital)을 고려하기도 한다.

그러나 부채조달비용을 제외하고는 실무적으로 이들 요인들을 측정하는 것이 매우 어려움을 이미 살펴보았다. 따라서 이들 요인들을 개별적으로 측정하기보다는 회사 전체의 자본구성, 영업의 특성, 사업환경, 자산구조, 최고경영층의 위험에 대한 인식, 소유구조 등을 고려하여 '전략적' 으로 내부목표수익률을 정하게 된다. 여기서 중요한 단어가 '전략적' 이라는 단어이다. 즉 명시적으로 위험수준에 대해 근거를 제시할 수는 없어도 최고경영층과 이사회는 내부목표수익률을 설정하고 이 목표수익률에 미달하는 수익을 내는 사업에는 투자재원을 지원하지 않겠다는 전략을 실행하게 된다.

내부목표수익률을 전략적으로 설정하는 과정을 구체적으로 살펴보자. 기업에서는 흔히 신규사업의 특성을 (1) 기존사업과의 연관성이 높은가 아니면 새로운 사업형태인가, (2) 국내사업인가 또는 해외사업인가, (3) 투자재원을 회사가 전적으로 부담하는가 아니면 합작(joint venture)의 형태로 분담할 것인가, (4) 투자재원 중 부채는 얼마인가 등의 차원으로 분류한다. 이 같은 특성에 따라 최고경영층은 위험에 대한 프리미엄수준을 달리 정하게 된다. 예를 들면, 국내에서 연관사업을 하는 경우의 내부목표수익률이 10%라고 가정하자. 따라서 기존사업과는 다른 사업을 국내에서 하는 경우에는 2%의 위험프리미엄을 가산한 12%의 내부목표수익률을 제시하고, 만일 이 사업을 중국에서 하는 경우에는 다시 4%의 위험프리미엄을 가산한 16%의 내부목표수익률을 사용할 수 있다. 이 같은 예가 [그림 42-3]에 나타나 있다. 물론 가산되는 위험프리미엄수준에 대해 객관적인 자료를 이용해 근거를 제시하기는 어렵다. 따라서 최고경영층의 '전략적' 판단이 중요하다는 의미이다.

| 사업위험 \ 국가위험 | 국내사업 | 해외사업 |
|---|---|---|
| 관련사업 | IRR = 10% | IRR = 14% |
| 비관련사업 | IRR = 12% | IRR = 16% |

[그림 42-3] IRR과 위험

그러나 IRR 방법을 사용하는 경우에도 잠재적인 한계도 있음을 기억하자. 사업추진을 기획하는 임원진이 예상수익률을 임의로 내부목표수익률보다 높게 제시함으로써 투자재원을 배정받고자 하는 유인이 있을 수 있다. 사업추진에 대한 고급 정보는 해당 책임 임원진이 갖고 있기 때문에, 이 임원진이 낙관적인 수치만 제시한다고 하여도 재무부서나 투자위원회의 경영진이 이를 견제하기가 어렵다. 그렇다면 이 한계를 어떻게 극복할 것인가가 중요하다.

하나의 대안은 '투자실명제'와 같은 장치를 도입하는 것이다. 신규투자로 인한 경영성과를 기존 사업부에 편입하는 대신 별도로 관리하는 체제를 갖춤으로써 사업을 추진한 경영진에게 그 공과가 명확히 귀속될 수 있도록 하는 것이다. 물론 이 같은 명시적인 관리방안이 아니더라도 투자성과에 대한 임원진간의 평판이 오히려 더욱 강력한 견제역할을 할 수도 있다. 그렇지만 기업성장과 발전에 투자의사결정이 가장 중요한 활동이므로 보다 공식적인 체계를 활용하여 투자의사결정의 전과정을 설계하고 차후의 투자활동에 도움이 될 수 있는 '학습체계(learning system)'를 갖추는 것이 필요하다.

위 그림과 같이 '위험한' 사업을 실행하는 경우 내부목표수익률이 높아지는 것은, 아마도 한정된 기업자원을 효율적을 배분하기 위해 재무적인 엄격성(financial discipline)을 강화하기 위해서일 것이다. 그러나 이와 같이 IRR을 높게 설정하는 경우 나타날 수 있는 부작용도 있다. 첫째, 목표수익률이 지나치게 높은 경우 경영진은 과도한 위험을 부담하더라도 사업을 추진할 경제적 유인을 갖게 된다. '고위험→고수익'의 개념에 의하면 수익성을 높이기 위해서는 위험이 높은 사업을 추진해야 한다는 의미이다. 따라서 경영진의 위험관리 역량에 비해 위험수준이 지나치게 높은 사업을 추진함으로써 기업가치를 훼손할 수도 있다.

이와 관련된 추가적인 염려는 고위험 사업을 추진하는 경우 내재되어 있는 잠재적 부실을 손익계산서와 재무상태표에 조기에 인식하지 않을 수도 있다는 점이다. 예를 들어, 은행이나 기타 대출기관이 수익성을 높이기 위해서는 신용등급이 떨어지는 개인이나 기업에게 대출을 늘리는 것이 유리하다. 그래야만 대출이자율을 높일 수 있기 때문이다. 그러나 이 경우 잠재부실가능성도 동시에 높아지므로 이를 적절한 시점에 회계장부에 인식하는 것이 필요하다. 그러나 단기적인 수익성 향상에 관심을 갖는 경영진은 이 같은 잠재부실 위험을 조기에 인식하지 않으려고 할 것이다. 대출채권에 대해 손상차손을 인식하면 수익성이 떨어지기 때문이다. 이 같은 현상으로 인해 단기적으로는 수익성이 좋아져 보이나, 궁극적으로 대출채권이 대규모로 부실화되면 회사의 수익성은 급격히 악화되고 결국 기업의 경쟁력이 떨어질 수 있다.

둘째, IRR수준을 너무 높게 설정하면 투자가 적게 이루어질 가능성(즉, 과소투자의 위험성)도 있다. 내부목표수익률을 높게 설정하면 수익성이 높지 않은 사업에 투자하는 것을 방지하는 긍정적인 효과가 있는 반면, 전략적으로 투자할 가치가 있는 사업에도 투자가 이루어지지 않게 된다는 것이다. 높은 내부목표수익률을 설정하고 이를 단기적인 시각으로 투자의사결정에 적용하는 경우 기업성장을 위한 장기적, 전략적 투자에 소홀할 수 있기 때문이다. 따라서 임직원의 성과평가지표(KPI: key performance indicators)에는 단기성과지표뿐 아니라 기업성장동력을 발굴할 수 있도록 전략적 투자를 장려하는 성과지표도 포함시켜야 한다. 많은 기업에서 사업부문의 임원들에게 전략적 투자를 독려하기 위해 KPI에 단기적인 수익성지표뿐 아니라 투자집행건수 등 장기투자지표를 사용함으로써 IRR 방법이 갖는 한계를 극복하고자 하는 것은 매우 바람직한 전략이다.

그렇다면 어느 경우에 내부목표수익률을 높이는 것이 바람직할까? IRR을 높이는 경우는 장기성장을 위한 전략적 투자를 실행할 때가 아니라, 오히려 현재는 기존 사업이 많은 현금흐름을 창출하더라도 향후 새로운 기술의 출현으로 사업경쟁력이 현저히 떨어질 것으로 예상되거나, 사업의 변동성이 높아 경쟁력을 유지하는데 많은 비용이 들 것으로 예상되는 경우 기존사업에의 재투자를 억제하고자 할 때 IRR을 높이는 것을 고려해야 한다. 즉, 회사의 장기 성장잠재력을 향상시키기 위해 기존 사업으로부터 창출되는 현금흐름을 전략적 사업영역에 효율적으로 재배분하고자 할 때 IRR을 높이는 것이 필요하다.

그러나 내부목표수익률을 이 같이 회사의 전략적 요구에 따라 탄력적으로 운영하는 것이 쉽지는 않다. 그 이유는 기존사업의 경영진 입장에서는 창출된 현금흐름을 기존사업의 경쟁력 향상을 위해 재투자하고자 하는 유인이 강하기 때문이다. 이 같은 경제적 유인을 효과적으로 조정하고 궁극적으로 회사의 생존과 지속가능한 성장을 도모하기 위해서는 역량있고 책임감있는 경영진이 필수적일 것이다.

# SECTION 43 투자의사결정방법의 특성: NPV, DCF, IRR, ROIC, 샤프지수

신규투자안의 사업성을 평가할 때 경영진이 당면하는 어려움은 투자로 인해 창출되는 수익성이 단기적으로는 악화될 가능성이 높다는 점이다. 매출액이 안정적인 수준까지 도달하기도 전에 생산설비의 감가상가비나 인적자원투자로 인한 비용으로 인해 수익성이 악화될 수 있기 때문이다. 단기적인 수익성 악화를 극복하고 목표수익성을 달성하기까지는 상당한 시간이 소요되기도 한다. 특히 기존사업과의 연관성이 낮은 사업영역으로 진출하거나 또는 경영환경과 규제환경이 다른 해외시장에 진출하는 경우 이 같은 현상이 흔히 나타난다. 경영진은 시행착오를 겪은 후 비로소 계획했던 수준까지 매출액과 영업이익을 끌어 올리게 된다.

경영진은 이 같은 특성을 투자의사결정과정에서 어떻게 고려할까? 투자타당성 평가과정에서 경영진이 주로 사용하는 개념은 순현재가치(NPV, net present value)와 내부 '목표' 수익률(IRR, internal rate of return)이다. 투하자본수익률(ROIC, return on invested capital)이나 샤프지수(Sharpe Ratio) 개념도 종종 활용된다. 이 같은 개념들은 위에서 언급한 투자의 전형적인 특성(단기적 수익성 악화 및 중장기적 수익성 확보 기대)을 어떻게 반영할까?

[표 43-1] **투자대안의 경제성 분석방법**

| 개념 | 영문표기 | 기준 |
| --- | --- | --- |
| 순현재가치 | NPV (net present value) | NPV > 0 |
| 현금흐름할인 | DCF (discounted 'free' cash flows) | DCF > 0 |
| 내부'목표' 수익률 | IRR (internal rate of return) | IRR > $r_{WACC} + \alpha$ |
| 투하자본수익률 | ROIC (return on invested capital) | ROIC > $r_{WACC} + \alpha$ |
| 샤프지수 | Sharpe Ratio | Sharpe Ratio > 1.0 (예) |
| 투자회수기간 | Payback Period | Payback < 3년 (예) |

## 01 NPV(net present value): 순현재가치법

NPV개념에서는 투자 후 창출되는 미래 영업현금흐름을 적절한 할인율(= 가중평균자본비용($r_{WACC}$) + α)로 할인한 현재가치가 투자비를 초과한다면(즉, NPV > 0) 그 투자대안은 투자심의위원회나 이사회에서 긍정적인 평가를 받는다. 여기서 할인율로 $r_{WACC}$ 대신 '$r_{WACC}$ + α'을 사용한 것은 새로운 투자안의 위험을 고려하여 경영진이 전략적으로 할인율을 높게 설정하고 그럼에도 불구하고 '보수적으로 추정된 NPV > 0'이 되는가를 확인하고자 하기 때문이다.

순현재가치(NPV) = 미래영업현금흐름의 현재가치 − 사업초기 투자액

NPV개념은 두 가지 장점이 있다. 첫째, 투자로 인한 경제적 효과를 금액(amount)으로 나타내므로 새로운 투자로 인해 기업가치가 얼마만큼 향상되는가를 파악할 수 있다. 둘째, 위에서 언급한 투자의사결정의 특징(단기적 수익성 악화 및 중장기적 수익성 확보)을 효과적으로 고려할 수 있다. 즉, NPV개념은 투자로 인해 창출되는 미래 영업현금흐름의 현재 값이 사업초기의 투자비를 초과하는 것이 중요하다는 점을 잘 나타낸다. 이 같은 장점들로 인해 경영진이 NPV개념을 투자의사결정과정에서 적극적으로 활용하는 것으로 보인다.

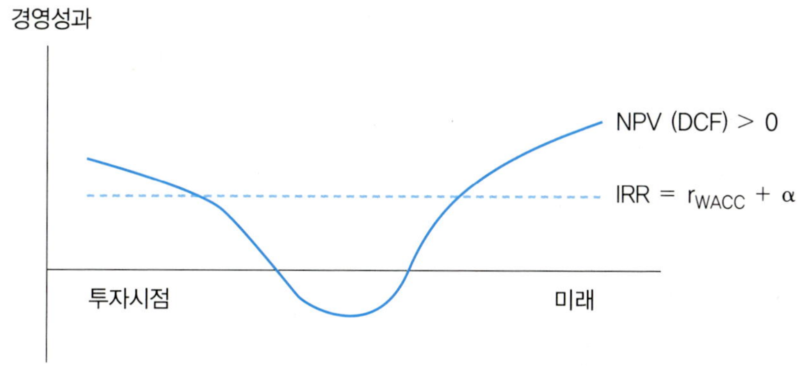


**[그림 43-1]** 투자의사결정방법: NPV와 IRR

그런데 실무에서는 NPV개념 이외에도 DCF(discounted cash flow, 현금흐름할인) 개념도 종종 사용한다. NPV와 DCF개념은 어떻게 다를까?

DCF개념에서 현금흐름(cash flow)은 구체적으로는 '잉여현금흐름(FCF, free cash flow)'을 나타낸다. 잉여현금흐름이란 투자 후 창출할 것으로 기대하는 영업현금흐름에서 재투자금액을 차감한 나머지를 의미한다.

잉여현금흐름 (FCF) = 영업현금흐름 − 재투자금액

이 잉여현금흐름을 적정 할인율로 할인한 현재가치가 양(+)이면 투자안을 긍정적으로 평가할 수 있다. 이 개념은 재투자금액을 초과하는 영업현금흐름을 창출하는 것이 기업가치 향상에 공헌한다는 점을 잘 보여준다.

NPV와 DCF는 미래현금흐름을 할인하고 이를 투자액 규모와 비교하여 투자안을 평가한다는 점에서 본질적으로 다르지 않은 개념이다. 다만 투자금액이 투입되는 시점에 대한 가정이 다를 뿐이다. NPV개념에서는 사업초기에만 투자가 발생하고 이후에는 재투자 금액이 없거나 크지 않은 투자대안을 가정한다고 볼 수 있다. 반면 DCF개념은 미래에도 재투자가 지속적으로 필요한 경우를 가정한다.

따라서 NPV와 DCF개념을 구별하는 것은 실무에서는 큰 실익은 없어 보인다. 경영진에게는 투자비를 초과하는 영업현금흐름을 창출하는 것이 궁극적으로 중요한 과제이기 때문이다. 투자금액이 어느 시점에 투입되는가를 염두에 두고 NPV와 DCF 개념을 실무의사결정 상황에 적절하게 활용하면 그것으로 충분하지 않을까?

## 02 IRR(internal rate of return): 내부 '목표' 수익률

한국의 경영진은 투자안을 평가할 때 NPV(또는 DCF)개념 이외에도 IRR개념도 자주 사용한다. 그 이유는 무엇일까?

사전적 의미로는 IRR을 '내부수익률'이라고 한다. 내부수익률이란 투자 후 창출되는 미래 현금흐름을 투자비와 일치시키는 할인율을 의미한다. 'NPV = 0'이 되는 할인율을 의미한다.

그런데 실무에서는 많은 경우, IRR을 '목표' 수익률(또는 '기대' 수익률) 개념으로 활용한다. 새로운 사업의 수익률이 경영진이 목표로 하는 수준 이상을 달성하는가를 나타낸다는 의미이다. 목표수익률은 실제 투하자본 조달비용인 가중평균자본비용($r_{WACC}$)에 추가적인 투자위험에 대한 보상분(α)의 합으로 구성된다. 그리고 투자로부터의 위험(예, 사업위험이나 국가위험)이 커질수록 'α' 수준도 함께 높아진다. 위험한 사업을 할수록 더 높은 수익성을 창출하라는 의미가 담겨 있다. 따라서 아래와 같은 경우 투자대안이 긍정적으로 평가를 받게 된다.

$$IRR > r_{WACC} + \alpha \quad (1)$$

그렇다면 투자 후 단기적인 수익성 악화를 극복하고 궁극적으로 목표수준의 수익성에 도달하는 투자의 전형적인 특성을 IRR개념에서는 어떻게 반영할까?

투자로부터 창출되는 미래 영업현금흐름 금액(amount)을 매년 추정하는 것 보다는, 전체 사업기간 동안 달성하고자 하는 '평균적'인 수익률(profitability) 목표를 파악하는 것이 더욱 중요한 경우 경영진이 IRR개념을 사용하는 것으로 보인다. 비록 단기간의 경영성과는 나빠지더라도 전체 사업기간의 관점에서 일정 수준 이상의 수익률을 달성할 수 있을 것인가를 파악하는 것이 중요하다는 것이다.

따라서 IRR개념을 활용하기 위해서는, 우선 NPV(또는 DCF)개념을 이용하여 투자대안의 수익성을 추정하고 이 정보를 바탕으로 전체 사업기간 동안의 평균 기대수익률을 결정한다. 그리고 이 평균 기대수익률이 '$r_{WACC} + \alpha$'를 초과할 것으로 예상되면 투자를 실행한다.

따라서 NPV(또는 DCF)와 IRR개념을 다음과 같이 요약해 보면 어떨까? NPV(또는 DCF)개념은 투자대안의 경제적 타당성을

- 금액(amount)으로 나타내는 것이 필요하고, 또한
- 영업현금흐름 창출역량을 해마다 파악하는 것이 중요한 경우에

종종 사용된다. 반면 IRR개념은 투자대안의 경제성을

- 목표(또는 기대) 수익률(profitability)로 나타내고, 또한
- 이를 전체 사업기간의 관점에서 파악하는 것이 필요한 경우에

사용되는 것으로 이해하자.

## 03 ROIC(return on invested capital): 투하자본수익률

경영진은 NPV(또는 DCF)와 IRR개념에 대서는 상대적으로 편안해 하나, ROIC개념에 대해서는 여전히 부담스러워 하는 듯하다. 우선 용어가 친숙하지 않게 느껴진다. 그러나 ROIC개념은 그다지 어려운 개념이 아니다. 오히려 직관적이면서도 투자대안의 경제성 분석에 필요한 정보이다. ROIC개념은 경영진이 흔히 사용하는 두 가지 정보의 결합이기 때문이다.

$$\text{투하자본수익률(ROIC)} = \frac{\text{영업이익}}{\text{투하자본}}$$

$$= \frac{\text{영업이익}}{\text{매출액}} \times \frac{\text{매출액}}{\text{투하자본}}$$

$$= \text{영업이익률} \times \text{투하자본회전율} \qquad (2)$$

따라서 ROIC개념은 매출액 대비 영업이익(즉, 영업이익률)이 얼마나 되는가를 평가하는 것뿐만 아니라, 매출액을 달성하기 위해서 투하자본이 얼마나 투입되었는가(즉, 투하자본회전율)를 동시에 고려하는 통합적인 개념이다.

그리고 궁극적으로는 ROIC가 '투하자본의 평균조달비용 + 추가보상분(α)' 보다 크지 않으면 기업가치가 훼손된다고 평가한다.

$$\text{ROIC} > r_{WACC} + \alpha \qquad (3)$$

그렇다면 이 같은 표현은 식(1)의 표현(IRR $> r_{WACC} + \alpha$)과는 어떤 차이가 있는 것일까? 한국 경영진은 IRR개념을 투자대안의 경제성을 분석하는 과정에서 사용하는 '사전적(ex-ante)' 개념인 반면, ROIC는 투자실행 후 실제 경영성과를 평가하는 단계에서 사용하는 '사후적(ex-post)' 개념으로 활용하는 것으로 보인다. 한국의 여러 기업들이 경제적 부가가치(EVA, economic value added = (ROIC $- r_{WACC}$) × 투하자본) 개념을 이용하여 경영성과를 평가하고 이를 바탕으로 성과급 지급규모를 정하는 것은 ROIC를 사후적 개념으로 활용하는 예라고 할 수 있다.

## 04 샤프지수

앞에서 살펴 본대로 경영진은 IRR개념을 종종 투자대안의 '목표' 수익률 또는 '기대' 수익률로 사용한다. 그렇다면 IRR개념에서는 투자대안의 위험성을 어떻게 고려할까? 식(1)의 표현에 의하면, 위험한 사업일수록 목표수익률인 IRR이 높아진다. 가중평균자본비용에 더해지는 추가보상분(α)이 높아지기 때문이다. 그런데 이 경우 나타날 수 있는 문제점은 없을까?

아래 그림에서, 사업 A의 목표수익률(즉, IRR)은 15%이다. 사업위험이 높기 때문에 그 만큼 높은 수익률을 기대한다는 뜻이다. 반면 사업 B의 IRR은 10%이다. 사업위험이 낮기 때문에 기대하는 수익률도 낮다. 경영진은 이 중 어느 투자대안을 선택할까? 실무에서는 여러 다른 요인들(예, 투자규모나 최고경영진의 전략적 방향 등)도 고려할 것이나, 사업 A의 수익률이 사업 B에 비해 50%나 높기 때문에 경영진은 사업 A를 선택할 것이다.

| | 사업부 A | 사업부 B |
|---|---|---|
| 수익률 (IRR) | 15% | 10% |
| 위험 (σ, 표준편차) | 20% | 10% |
| 샤프지수 | 0.75 | 1.0 |

질문 1. 기타 고려사항은?

질문 2. 동일한 결론을 도출하는 투자의사결정방법은 ?

[그림 43-2] 샤프지수: 수익성과 위험

그런데 사업의 위험도는 사업 A는 20%, 사업 B가 10%라고 가정하자. 여기서 위험도는 투자로부터 창출되는 영업현금흐름의 변동성(volatility)으로 측정한다. 통계학 용어로 변동성은 표준편차(standard deviation)라고 부르고 간략히 '시그마(σ)'로 표기한다.

사업 A의 영업현금흐름 변동성이 사업 B에 비해 두 배가 높은 경우, 경영진은 이제 어느 투자대안을 선택할까? 안정적인 영업현금흐름 창출역량에 관심을 갖는 경영진이라면 변동성이 낮은 사업 B를 선택할 것이다.

따라서 수익률을 고려하면 사업 A가 매력적이나, 안정적인 영업현금흐름을 고려하면 사업 B가 선호된다. 그렇다면 투자대안의 수익률과 위험을 동시에 고려하는 통합적 개념이 있을까? 이 경우 샤프지수개념을 사용하면 어떨까?

샤프지수는 투자대안의 수익률과 위험을 동시에 고려하는 개념이다.

$$\text{샤프지수(Sharpe ratio)} = \frac{\text{수익률}}{\text{위험}}$$

따라서 사업 A와 B의 샤프지수는 각각 0.75와 1.0이 된다. 한 단위 위험에 대해 사업 A에서는 0.75만큼의 수익률을 기대할 수 있으나, 사업 B에서는 1.0만큼의 수익률을 기대할 수 있다. 경영진은 같은 단위의 위험에 대해 더 높은 수익률이 기대되는 사업 B를 선택할 것이다.

아래 그림은 샤프지수 1.0을 연결하여 선을 그리고, 이를 기준으로 위와 아래를 각각 채택(acceptance)영역과 기각(rejection)영역으로 나눈 것이다. 샤프지수선 위에 있는 채택영역은 위험 대비 사업수익성이 상대적으로 높음을 나타내고, 샤프지수선 아래에 있는 기각영역은 위험 대비 투자대안의 수익성이 상대적으로 낮음을 의미한다. 이 그림에서 사업 A는 기각영역에 위치하고 있어, 위험부담에 비해 수익성이 상대적으로 낮음을 알 수 있다.

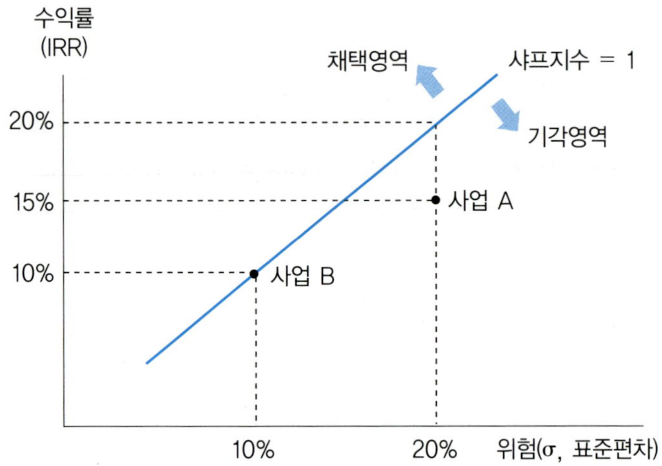


[그림 43-3] 수익성과 위험: 채택영역과 기각영역

그렇다면 투자대안의 수익성과 위험을 동시에 고려하는 투자타당성 분석개념이 또 있을까? 흥미롭게도 앞에서 살펴본 NPV(또는 DCF)가 바로 수익성과 위험을 동시에 고려한 개념이다. 투자대안의 순현재가치를 평가하기 위해서는 (1) 분자에서 미래 영업현금창출역량(즉, 수익성)을 예측해야 하고, (2) 분모에서 투자대안의 위험을 고려한 자본비용(즉, 할인율)도 동시에 고려하기 때문이다. NPV(또는 DCF)의 이 같은 개념적 특징 때문에 경영진이 이 방법을 투자경제성 분석시 자주 활용하는 것으로 보인다.

앞에서 살펴본 여러 투자의사결정방법은 각기 독특한 개념적 특징을 갖고 있다. 경영진은 이 방법들을 실제 투자타당성 분석과정에서 보다 자신감을 갖고 사용할 수 있게 되었다.

# SECTION 44 NPV와 실물옵션투자전략

NPV와 IRR방법은 재무 및 기획담당 임원진이 투자의사결정과정에서 가장 많이 사용하는 평가방법들이다(Section 40 참고). 그런데 최근에는 실물옵션(real options)개념을 적용하여 투자대안을 평가하는 방안에 대해 관심이 늘고 있다. 그러나 연구에 의하면 미국의 재무 및 기획담당 경영진 가운데 실물옵션을 투자의사결정과정에서 이용하는 비율은 30%에도 미치지 않는다고 한다. 그렇다면 실물옵션을 이용한 투자의사결정이란 무엇일까? 연구결과에서 지적한 대로 미국 경영자들은 실물옵션방법을 잘 활용하지 않는 것일까? 아니면, 실제로는 실물옵션개념을 적극적으로 활용하고 있음에도 불구하고, 이 같은 용어를 사용하지 않은 것일까?

## 01 NPV와 실물옵션

실물옵션개념을 활용한 투자의사결정을 설명하기 위해 다음과 같은 가상의 투자대안을 이용하자.

- 투자금액 100,000
- 예상현금흐름
  - 낙관적인 경우(60%확률) 60,000
  - 비관적인 경우(40%확률) 10,000
- 예상현금의 기대값 40,000(= 60% × 60,000 + 40% × 10,000)
- 할인율 16%
- 사업기간 5년
- 사업철수시 회수 예상금액 55,000(= 투자원금의 55%)

투자로부터 창출되는 미래 현금흐름은 낙관적인 상황과 비관적인 상황에 따라 달라진다. 낙관적인 경우의 예상 현금흐름은 60,000이며, 이 같은 상황이 발생할 예상확률은 60%로 가정한다. 비관적인 상황이 발생할 확률은 40%로 가정하고, 이 때 얻을 수 있는 현금흐름 추정치는 10,000이다. 따라서 예상현금흐름과 발생확률을 고려하여 현금흐름의 기대값을 계산하면 아래와 같이 40,000이 된다.

미래 예상 현금흐름의 기대값: 40,000 = 60% × 60,000 + 40% × 10,000

그런데 (Section 43)에서 살펴 보았듯이, 이 같은 미래 예상현금흐름의 기대값 40,000에는 경영진의 위험회피성향에 수반되는 위험프리미엄이 제거되지 않고 여전히 포함되어 있다. 따라서 미래 예상현금흐름 기대값 40,000을 현재가치로 환산할 때, 경영진은 할인율을 높게 설정함으로써 순현재가치(NPV)를 가능하면 보수적으로 계산하고자 할 것이다. 보수적인 관점에서 산출된 NPV가 충분히 높은 수준이라고 판단하면 이 같은 투자대안은 선택될 개연성이 높다. 이 같은 이유로 인해 할인율이 16%로 높게 설정된 것으로 이해하자.

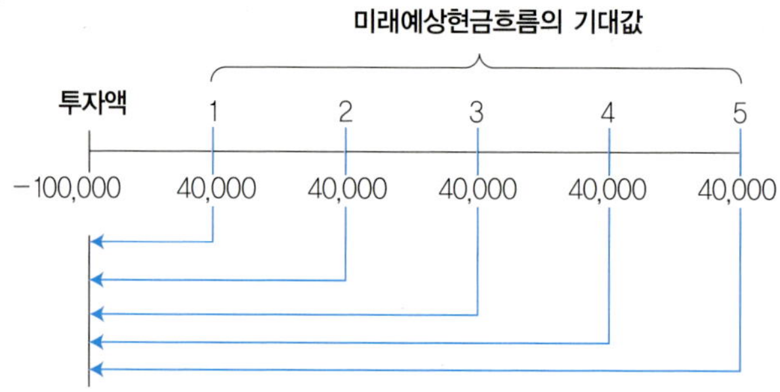


NPV

= 미래 예상현금흐름의 기대값 − 투자액

$$= 40{,}000 \times \left(\frac{1}{(1+16\%)^1} + \frac{1}{(1+16\%)^2} + \frac{1}{(1+16\%)^3} + \frac{1}{(1+16\%)^4} + \frac{1}{(1+16\%)^5}\right) - 100{,}000$$

= 30,960

**[그림 44-1]** 전통적인 NPV 방법

이 투자대안의 사업기간은 5년이므로, 전통적인 NPV방법을 사용하여 투자대안을 평가하면, 다음과 같이 순현재가치(= 30,960)를 구할 수 있다.

조금 높은 할인율(16%)을 사용했음에도 순현재가치(NPV)가 30,960이 되었으므로, 이 사업을 추진하고자 하는 임원진은 최고경영자와 이사회에게 투자집행을 위한 재원을 요청할 것이다.

그렇다면 재무 담당 임원진은 이 투자대안에 대해 어떻게 생각할까? 높은 할인율을 적용하였음에도 불구하고 여전히 NPV가 충분히 높게 산출되었으므로 사업담당 임원진에게 투자자금을 기꺼이 제공하고자 할까? 아니면 비록 NPV는 양(+)으로 추정되었더라도 여전히 투자재원 제공을 꺼려할까?

만일 재무담당 임원진이 투자재원 지원을 꺼려한다면 그 이유 중 하나는 미래 예상현금흐름 추정액 40,000이 여전히 낙관적이라는 인식 때문일 것이다. 비록 할인율이 16%나 되지만, 순현재가치가 높게 추정된 이유는 낙관적인 상황에서 얻을 수 있는 현금흐름이 60,000이나 되고 이 발생확률 60%가 지나치게 높게 설정되었기 때문이라고 인식할 수 있다.

이 경우 사업담당 임원진은 어떻게 대응해야 할까? NPV는 내외부 전문가의 분석과 경험을 바탕으로 한 현금흐름 예측치와 회사정책에 근거한 할인율을 적용해서 적절하게 산출되었으므로 투자재원을 지원하는 것이 타당하다고 주장해야 할까? 이 경우 사용할 수 있는 개념이 실물옵션개념이다. 이제 그 내용을 살펴보자.

## 02 실물옵션개념을 이용한 투자의사결정

위 사례에서 주목할 점은 미래 현금흐름이 좋지 않을 경우에는 사업 담당 경영진이 이 사업을 지속적으로 하지 않아도 된다는 것이다. 사업수익성이 나쁜 경우에는 당초 예상했던 5년 동안 사업을 지속할 필요가 없다는 뜻이다. 그 대신 사업에서 철수할 수 있는 전략적 유연성을 갖고 있다. 만일 사업에서 철수를 한다면 투자원금 100,000의 55%인 55,000을 회수할 수 있다고 가정하자. 이를 '철수옵션' 또는 '포기옵션(abandonment option)' 이라고 부른다.

경영진은 당연히 이 같은 전략적 유연성을 언제나 갖고 있다고 볼 수 있다. 수익성이 좋지 않은 사업을 지속하기는 어렵기 때문이다. 이 같은 전략적 유연성을 실물옵션이라고 부른다. 금융상품이 아닌 실물 투자의사결정과 관련되어 있기 때문이다. 실물옵션은 위와 같이 사업에서 철수하는 것뿐 아니라, 수익성이 좋을 때 투자를 확대하는 것( '확장옵션' 이라고 함)도 당연히 포함된다. 따라서 실물옵션개념이란 경영진의 탄력적인 투자의사결정과정을 반영하는 것으로 이해하자.

전통적인 NPV방법에 이 같은 실물옵션개념을 도입할 수 있을까? 다음 그림에서와 같이 사업으로부터의 철수를 고려하여 새롭게 NPV를 추정해 보자.

사업으로부터의 예상현금흐름이 낙관적인 예측대로 매년 60,000이 된다면 경영진

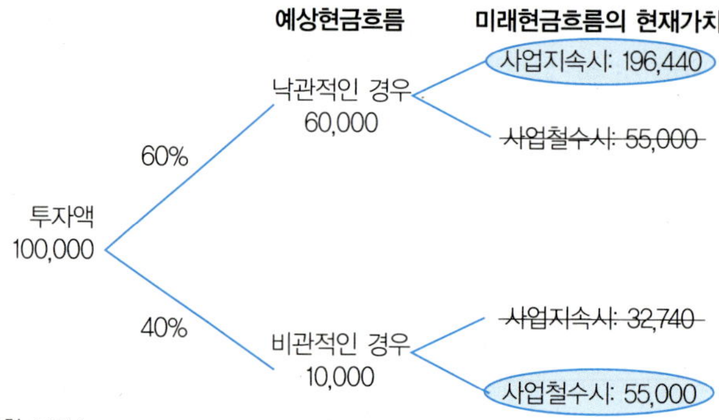


사업철수를 반영한 NPV
= 196,440 × 60% + 55,000 × 40% − 100,000
= 39,864 > 30,960(사업철수 미반영시 NPV)

**[그림 44-2]** 사업철수를 고려한 NPV 방법

은 당연히 이 사업을 당초 계획대로 5년간 지속할 것이다. 이때 미래 현금흐름의 현재가치는 다음과 같이 196,440이 된다.

낙관적인 경우의 미래현금흐름의 현재가치:

$$196{,}440 = 60{,}000 \times \left[\frac{1}{(1+16\%)^1} + \frac{1}{(1+16\%)^2} + \frac{1}{(1+16\%)^3} + \frac{1}{(1+16\%)^4} + \frac{1}{(1+16\%)^5}\right]$$

그러나 비관적인 경우가 나타난다면 경영진은 이 사업을 지속하지 않고 철수를 결정할 지도 모른다. 사업으로부터 창출하는 미래현금흐름의 현재가치(32,740)가 사업철수시 회수예상금액(55,000)보다 작기 때문이다.

비관적인 경우의 미래현금흐름의 현재가치:

$$32{,}740 = 10{,}000 \times \left[\frac{1}{(1+16\%)^1} + \frac{1}{(1+16\%)^2} + \frac{1}{(1+16\%)^3} + \frac{1}{(1+16\%)^4} + \frac{1}{(1+16\%)^5}\right]$$

따라서 경영진은 사업이 부진할 경우 사업에서 철수함으로써 손실을 최소화하고자 할 것이다. 이 같은 의사결정을 반영하여 현재가치를 다시 추정하면,

사업철수를 반영한 NPV
$= 196{,}440 \times 60\% + 55{,}000 \times 40\% - 100{,}000$
$= 39{,}864$

이 된다. 그리고 이 추정치는 사업철수를 고려하지 않은 경우의 순현재가치 30,960 보다 큼을 알 수 있다. 즉, 부진한 사업을 계속하지 않고 사업철수를 실행함으로써 이 투자대안의 순현재가치를 8,904(= 39,864 − 30,960)만큼 높일 수 있게 된다.

| | |
|---|---|
| 사업철수를 반영한 NPV | 39,864 |
| 사업철수 미반영시의 NPV | 30,960 |
| 철수옵션의 현재가치 | 8,904 |

따라서 사업을 추진하고자 하는 경영진은 이 같은 개념을 적극적으로 활용하고자 할 것이다. 전통적인 NPV방법에서보다 30%나 높은 순현재가치를 제시한다면, 투자대안이 채택될 가능성이 높아지고 따라서 투자재원을 마련하기도 수월할 수 있기 때문이다.

또한 재무담당 임원진의 염려에도 잘 대응할 수 있다. 사업담당 임원진은 사업이 부진할 경우 사업을 지속하는 대신 사업철수를 실행함으로써 회사전체에 부담을 주지 않겠다는 의지를 실물옵션개념을 활용하여 설명할 수 있게 된 것이다.

그런데 흥미로운 점은 앞에서 지적한 대로 미국 기업의 재무 및 기획담당 임원진 가운데 30% 정도만이 이 같은 개념을 사용한다는 것이다. 그러나 실제로는 경영진은 사업을 기획하고 추진함에 있어 언제나 확장 및 철수옵션을 고려하고 있다고 할 수 있다. 따라서 이 같은 연구결과를 언뜻 이해하기 어렵다. 아마도 그 원인은 실무에서는 '실물옵션개념' 이라는 단어 대신 다른 표현( '시나리오경영' 또는 '구조조정' 등)을 사용하기 때문인지도 모른다. 사용하는 용어가 어떤 것이든 사업담당 임원진은

실물옵션개념의 유용성에 매력을 느낄 것으로 보인다.

그런데 사업담당 임원진이 이 같은 실물옵션개념을 활용하여 투자재원을 요청한다면, 재무담당 임원진은 어떤 반응을 보일까? 사업담당 임원이 사업수익성이 나쁜 경우 사업을 계속 추진하는 대신 사업에서 철수함으로써 회사에 경제적 손실을 더 이상 주지 않겠다는 의지를 (실물옵션개념을 이용하여) 충분히 설득했기 때문에 투자재원을 기꺼이 제공하려 할까?

아마도 재무담당 임원진은 또 다른 염려를 할 개연성이 있다. 사업담당 임원진이 사업수익성과 경영위험관리방안에 대해 심각하게 고민하기 보다는, 사업을 우선 추진하고 추후 사업수익성이 나쁘면 그 때 가서야 사업철수를 고려하고자 한다고 재무담당 임원진이 주장하지는 않을까? 즉 사업담당 임원진의 사업추진에 대한 의욕이 여전히 지나치게 높다고 인식할 수 있다는 점이다.

이 같은 염려에 대해 사업담당 임원은 사업추진으로 인해 과잉투자의 위험이 발생하지 않도록 '자정능력' 을 갖추고 있다는 것을 설득해야 한다. 즉, 사업을 추진한 후 일정한 기간 내에 목표로 했던 수익성을 달성하지 못하면, 더 이상 추가투자를 요청하지 않겠으며, 나쁜 경영성과에 대해 책임을 지겠다는 의지를 보여야 한다. 사업담당 임원진이 투자의사결정과정에서 실물옵션개념을 유용하게 사용하기 위해서는 무엇보다도 충분한 자정능력을 확보해야 한다는 점은 기억할 만하다.

## 03 실물옵션개념과 규모의 경제

위에서는 부진한 사업에서 철수하는 '포기옵션' 을 전통적인 NPV방법에 반영하였다. 마찬가지로 사업 수익성이 좋은 경우 투자 규모를 확대하는 '확장옵션(expansion option)' 도 NPV방법에 고려할 수 있다. 경영진은 사업초기에 투자규모를 가능하면 작게 함으로써 영업위험과 재무부담을 최소화하고자 한다. 그리고 사업을 진행하면서 시장상황과 경쟁사 전략에 대한 정보가 더욱 풍부해지고 또한 사업으로부터의 현금흐름을 사업에 재투자할 수 있는 여력이 커지게 되면 경영진은 비로소 추가 투자를 검토하게 된다. 이 같은 투자의사결정 방법 역시 실물옵션개념의 또 다른 예로 설명할 수 있다.

그러나 사업초기 위험을 최소화하기 위해 투자규모를 적게 하는 전략에도 단점이 있음을 기억하자. 사업에는 적정 '규모의 경제'가 있기 때문이다(규모의 경제와 손익분기 개념에 대해서는 Section 08 참고). 그 이유는 기업의 규모가 일정한 수준에 도달하지 않으면 핵심 인적, 물적 자원을 확보하기 어렵기 때문이다. 고부가가치 창출에 필수적인 연구개발인력의 확보 및 유지, 생산원가를 최소화하기 위한 생산규모의 확보, 임직원의 생산성을 높이기 위한 교육훈련 투자 등이 그 예이다. 따라서 실물옵션개념의 장점뿐 아니라 그 한계(예: 규모의 경제 확보 실패)에 대해서도 관심을 가지기로 하자.

SECTION

# 45 IRR과 투자의사결정: 다요인 CAPM의 역할

경영진은 기존 사업의 수익성 극대화 뿐 아니라 새로운 성장기회 발굴에 대해 끊임없이 고민한다. 새로운 성장동력을 찾는 방법은 크게 유기적 성장(organic growth)과 인수합병(M&A: mergers and acquisitions) 전략으로 요약할 수 있다. 어떤 전략을 선택하든 경영진은 새로운 사업으로부터 창출되는 미래 현금흐름의 불확실성(즉, 현금흐름의 금액과 유입시점에 대한 불확실성)을 고려하여 목표수익률을 설정하고 이에 따라 기업의 한정된 투자재원을 효율적으로 배분하고자 한다.

## 01 위험과 할인율

투자의사결정과정에서 사용하는 중요한 정보 중 하나는 미래 예상 현금흐름을 할인하기 위한 할인율(또는 기대수익률)이다. 경영진은 현금흐름의 불확실성이 높아지는 원인을 추적하여 투자재원 조달비용에 위험프리미엄을 가산함으로써 할인율을 높인다. 예를 들어, 철강사업이 핵심사업인 회사가 장기적으로 원재료 확보율을 높이기 위해 해외에 있는 철광석 광산에 투자할 것을 고민하고 있다고 가정하자. 철강사업은 원가경쟁력이 중요하다. 철강가격에서 원료가 차지하는 비중이 70%나 되고, 좋은 원료를 구하는 것은 더욱 어려워지기 때문이다.

경영진은 기존 철강사업에서의 경험만으로는 해외 광산투자에 수반되는 위험요인에 대해 충분한 지식을 갖고 있지 않다고 생각할 수 있다. 이 경우 경영진은 광산으로부터 창출될 것으로 예상되는 미래 현금흐름의 현재가치를 산출하기 위해 다음과 같이 할인율을 결정할 것이다.

할인율 = (1) 투자재원 조달비용(WACC)
+ (2) 해외 투자시 국가위험에 대한 위험프리미엄
+ (3) 비관련사업 위험에 대한 위험프리미엄 (1)

첫 번째 항목인 투자재원 조달비용은 가중평균자본비용(WACC: weighted average cost of capital)이다. 해외 광산투자에는 주주의 돈(자기자본)뿐만 아니라 채권자 돈(타인자본)을 모두 사용할 것이기 때문이다.

둘째, 이 투자는 국내에서가 아닌 해외에서 하는 사업이므로 경영진이 통제하기 어려운 규제위험, 시장위험, 법률위험 등과 같은 '국가위험(country risks)' 이 있을 수 있다. 경영진은 이 같은 위험요인에 대해 추가적인 프리미엄을 고려할 것이다. 그리고 국가위험이 높을수록 가산하는 프리미엄 수준도 높아질 것이다. 물론 추가 위험프리미엄 수준이 얼마나 되어야할 지를 계량화하는 것은 쉽지 않은 작업이다.

셋째, 새로운 사업이 기존 사업과의 관련성이 높지 않은 경우 그에 수반되는 추가적인 '사업위험(business risks)' 도 있을 것이다. 이에 대해서도 경영진은 위험프리미엄을 가산한다. 새로운 사업과 기존 핵심사업의 연관성이 낮을수록 추가되는 위험프리미엄 수준이 높아질 것이다.

이와 같이 할인율을 높이는 이유는 해외 광산투자로부터 창출되는 미래 현금흐름을 높은 할인율로 할인하여 보수적으로 평가하더라도 경영진이 수용할 수 있을 정도의 사업수익성을 확보할 수 있는가를 판단하고자 함이다. 이를 통해 회사의 한정된 투자재원이 보다 수익성이 높은 사업에 배분될 수 있도록 재무적인 엄격성(financial discipline)을 실행할 수 있다.

그러나 과도한 재무적인 엄격성으로 인해 부작용이 나타날 수도 있다. 할인율을 지나치게 높이면 해외 사업의 수익성이 낮아짐으로써 결국 투자안이 회사의 투자심의위원회 또는 이사회에서 기각될 개연성이 높아지고, 이 같은 투자안을 고려했던 경영진은 당혹스런 상황에 빠질 수 있다.

경영진은 미래 성장동력을 선제적으로 확보하고 경쟁자의 추격을 따돌리기 위해 기존 사업과의 직접적인 연관성이 낮더라도 적극적인 시도를 해야 할 때도 있다. 그러나 이러한 투자안일수록 미래현금흐름을 할인하는데 사용되는 할인율이 높아져 사업수익성에 대한 매력도가 낮아지고 결국 투자재원이 배부되지 않을 개연성이 높아진다. 이 같은 상황에서 경영진은 어떻게 해야 할까?

## 02 최고경영자에 대한 과도한 의존

이 같은 어려움을 해결하기 위해 실무적으로는 투자의 '전략적 가치'를 강조한다. 즉 새로운 투자로부터의 수익성이 단기적으로는 기존 사업에 비해 높지 않더라도 장기적으로 회사의 경쟁력을 갖추는데 꼭 필요한 투자라면 전통적인 수익성분석 틀을 사용하는 대신 투자의 '전략적 가치(strategic value)'를 고려하여 투자를 실행하는 것이다. 실무에는 이를 투자의 '정성적 가치(qualitative value)'라고도 부른다.

그리고 이 같은 전략적 가치에 대한 판단은 궁극적으로 최고경영자나 대주주에게 의존할 수밖에 없다고 한다. 전문경영자가 책임감과 자신감을 갖고 '전략적 투자'를 독자적으로 추진하기에는 어려움이 많이 따르기 때문일 것이다. 그 이유는 이 같은 의사결정과정은 기존의 투자수익성 평가기준을 자의적으로 적용했다는 비판에 취약하기 때문이다. 따라서 이 같은 투자는 대주주 또는 최고경영자의 각별한 배려와 지원에 상당부분 의존하게 된다.

그러나 이와 같은 해결방안은 차선책이다. 전략적 투자를 대주주나 최고경영자에게 과도하게 의존하는 대신 전문경영진도 이 같은 투자의사결정을 독립적으로 결정하고 실행하기 위해 위험에 대한 새로운 개념체계를 확보해야 한다. 이 같은 새로운 개념을 제공하는 것이 '다요인 CAPM' 이다. 이에 대해 살펴보자.

## 03 다요인 CAPM

전통적으로 '위험' 을 나타내는 중요한 요인으로 '체계적 위험(systematic risk)' 을 들 수 있고 이를 간단히 베타(β)라고 부른다(Section 22 참고). 베타(β)는 시장 전체 경영성과의 변동성에 당해 기업의 경영성과가 얼마나 연동되어 있는가를 측정하는 지표이다. 만일 경기가 나빠져 경제가 어려울 때 해당 기업의 경영실적도 함께 어렵다면 체계적 위험이 높게 나타날 것이다. 반면 경기상황과는 큰 관계없이 안정적인 경영성과를 달성할 수 있는 기업의 베타는 낮을 것이다.

이 같이 체계적 위험이 유일한 위험요인이라는 관점이 1990년도 노벨경제학상을 수상한 '단일요인 CAPM(one-factor CAPM)' 이다. 이 개념은 지난 반세기 동안 재무회계에서 매우 중요한 역할을 해 왔다. 그러나 이 개념이 핵심적인 개념이기는 하지만 새로운 성장기회에 대해 고민하는 경영진에게는 어딘가 부족한 개념이다. 앞의 철강회사의 예와 같이 회사의 생존과 성장에 필요한 전략적 투자안을 효과적으로 검토하기 위해서는 보다 포괄적이고 동태적인 관점에서 위험에 대한 개념을 수립할 필요가 있다. 이 같은 관점을 제시하는 것이 다요인 CAPM이다.

다요인 CAPM은 베타(β) 이외에도 경영진이 고려해야 할 추가적인 위험요인이 있다는 개념이다(Section 23 참고). 그 중 두 가지 추가적인 위험요인은 다음과 같다.

### ■ 규모의 경제 확보 역량

규모의 경제(economies of scale)를 확보하는 것은 '간접비'를 부담할 수 있는 조직 역량을 갖춘다는 의미이다. 흔히 수익을 직접 창출하지 않는 회사 내 기능을 '비용부서(cost center)'라고 부른다. 예를 들어, 연구개발기능, 위험관리부서, 법무 및 회계부서 등에 투입되는 자원은 회계상 '비용'으로 처리된다. 그러나 이 같은 기능을 적절히 갖추지 못한 기업은 경쟁에서 뒤처질 위험이 크다. 새로운 기술개발이나 위험관리 역량이 떨어지기 때문이다. 이같은 기능들을 확보, 유지하기 위해서는 기업이 일정 규모를 달성해야 한다. 이것이 '규모의 경제'가 갖는 의미라고 이해하자.

따라서 규모의 경제를 확보하는 데 도움이 되는 투자는 궁극적으로 회사의 위험을 낮출 수 있다는 시각을 가질 필요가 있다. 새로운 투자를 통해 회사의 사업구조가 다변화되고 이로 인해 규모의 경제가 갖는 긍정적인 효과를 얻을 수 있다면 이같은 투자는 회사의 위험수준을 높이는 것이 아니라 오히려 장기적이고 동태적인(dynamic) 시각에서는 회사의 위험을 낮출 수 있다는 통찰력을 가져도 된다는 의미이다.

### ■ 성장가능성 포착 역량

새로운 사업 특히 해외 비관련 사업을 추진하는 경우 당연히 경영진은 이 같은 투자로 인해 회사의 위험이 높아진다고 생각한다. 그러나 이는 정태적(static)인 시각일지도 모른다. 흔히 새로운 사업을 추진하면 70~80%는 실패하고 20~30% 정도만이 성공한다고 한다. 따라서 새로운 사업은 '위험'하고 따라서 신규사업으로부터의 현금흐름을 할인할 때 높은 할인율을 적용함으로써 재무적인 엄격성을 강조하는 것은 자연스러운 점이다.

그러나 동태적이고 장기적인 관점에서는 이 같이 새로운 사업기회를 끊임없이 탐색, 포착하고자 하는 경영진의 진취적인 노력이 회사의 생존과 성장에 더욱 도움이 된다는 점도 기억해야 한다. 즉 새로운 사업을 지속적으로 찾기 위한 탄력적인 조직문화를 갖는 기업은 실패를 통해 생존력과 성장가능성을 높일 수 있다는 뜻이다. 반면, 기존 사업의 경쟁력이 지속될 것으로 가정함으로써 새로운 사업을 적극적으로 시도하지 않는 기업은 오히려 경영환경변화에 대한 대응력을 약화시켜 궁극적으로 경쟁에서 탈락할 위험이 높아진다.

'다요인 CAPM' 모형은 이같이 새로운 성장기회를 포착하기 위해 지속적으로 노력하는 기업이 위험을 오히려 낮출 수 있다는 새로운 개념을 제공한다. 정태적 시각에서 벗어나 동태적인 시각에서 회사의 생존과 성장에 관심을 갖는 경영진에게 유용하면서도 매력적인 관점을 제시한다는 뜻이다. [그림 45-1]은 전통적인 관점에서 할인율 또는 목표수익률(IRR: internal rate of return)을 결정하는 방안과 다요인 CAPM 개념을 활용하여 새로운 투자대안에 적용할 할인율을 결정하는 방법을 나타낸다. 규

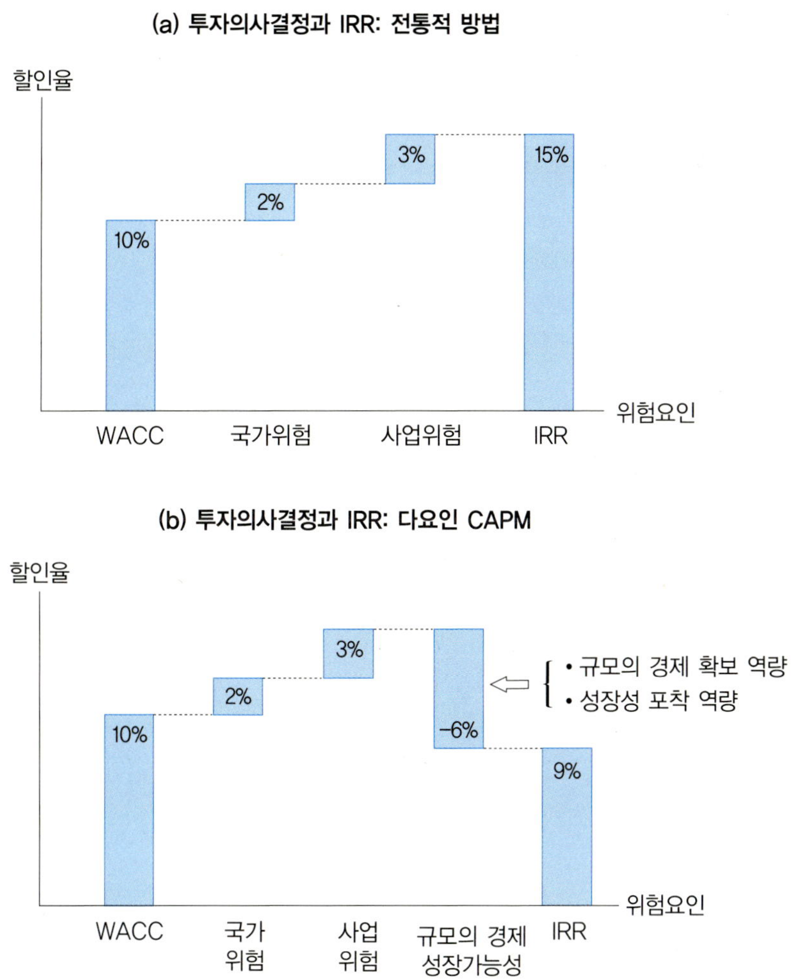


[그림 45-1] 투자의사결정과 IRR: 전통적 방법과 다요인 CAPM

모의 경제를 확보하고 새로운 성장기회를 포착하고자 하는 경영진의 진취성과 유연성이 궁극적으로 회사의 위험을 낮추고 따라서 미래 현금흐름 할인 시 사용하는 할인율을 낮출 수 있다는 시각이 잘 나타나 있다.

새로운 성장동력 발굴을 위해 고민하는 경영진은 이제 다요인 CAPM모형을 보다 친숙하게 활용해도 좋을 듯하다. '위험한' 투자일수록 미래 현금흐름 할인에 사용되는 할인율을 높이는 것은 전통적인 관점에서는 자연스러운 개념이기는 하지만 경영진의 전략적 투자에 대한 고민을 해결하지 못한다. 기업의 생존력을 높이고 성장을 이루기 위해서는 위험에 대한 전통적인 개념뿐 아니라 보다 동태적인 개념에 대해서도 경영진이 마음을 열 필요가 있다.

# SECTION 46 투자확대와 기업가치

기업은 지속가능한 성장을 위해 새로운 투자기회를 끊임없이 모색한다. 투자기회는 기업 내부에서 신규사업발굴을 통해 나타나기도 하고 (이를 내부성장이라는 뜻의 organic growth라고 함) 인수합병(M&A: mergers and acquisitions)을 통해 기업 외부에서 발생하기도 한다. 투자기회의 포착과 실행은 기업가치 향상에 핵심적인 역할을 한다.

이 같은 논의에는 투자를 확대하는 것이 기업가치를 향상시키고 궁극적으로 주가를 높이는데 공헌할 것이라는 기대와 가정이 들어있다. 그렇다면 회사가 투자를 확대하면 실제로 주가가 올라가고 영업이익과 당기순이익 같은 경영성과지표도 향상될까? 아니면 기업의 생존 및 성장에 투자확대가 필요하다고 일반적으로 인식하고 있으니 당연히 그럴 것이라고 기대하는 것일까?

## 01 투자확대와 주식시장반응

투자확대가 기업가치를 향상시키는지를 확인하는 방법 중의 하나는 주식시장의 반응을 살펴보는 일이다. 대부분의 기업들은 투자규모가 순자산(=자산−부채)이나 자본금의 일정 비율을 초과하는 경우 이사회의 심의와 승인을 받도록 정관에 명시해 놓고 있다. 중요한 투자의사결정에 대하여 이사회의 승인을 얻게 되면, 회사는 이 소식을 주식시장에 공시하게 된다.

한국 상장기업들은 공정공시(fair disclosure)제도에 의해 투자에 관한 중요사항을 주식시장에 신속히 공시해야 한다. 따라서 이 같은 소식을 재무분석가나 주요 기관투자자에게 우선 알려 주고 주식 시장에는 나중에 공시하게 되면 공정공시제도를 위반하게 된다.

투자확대 소식에 대해 주식시장에서는 어떤 반응을 보일까? 이제까지의 연구결과에 의하면 투자확대 소식으로 인해 주가가 올라가는 경우도 있고 주가가 하락하는 경우도 있다. 연구개발비 투자를 확대한다는 소식에는 주가가 올라가는 경향이 있다. 그러나 대규모 신규투자를 결정하거나 인수합병을 추진한다는 소식에는 주가가 하락하는 경향이 있다. 따라서 투자확대가 어떤 형태로 일어나는가에 따라 주식시장의 반응이 다르다는 것을 알 수 있다.

주식시장은 기업의 투자의사결정이 기업가치 향상에 도움이 되는 투자인지, 아니면 경영진이 회사의 잉여현금을 배당금 지급이나 자사주취득에 사용하는 대신 '자의적으로' 투자를 집행하는지를 냉정하게 평가한다.

그런데 여기서 흥미로운 점은 투자확대 소식에 대한 주식시장의 단기적인 반응이 반드시 투자의사결정의 장기적인 효과와 일치하지는 않을 수도 있다는 점이다. 예를 들어 회사가 고도화 설비에 대한 투자를 확대함으로써 생산성과 수익성을 높이고자 할 때 주식시장은 이 같은 결정에 대해 부정적으로 반응할 수도 있다. 투자 대신 그 재원으로 현금배당을 확대하거나 자사주 취득을 늘리기를 희망할 수 있다. 따라서 경영진은 단기적으로는 주식시장의 반응이 부정적이라도 장기적으로 기업생존과 성장을 위해 투자를 확대해야 할지를 고민하게 된다.

## 02 투자확대와 경영성과

이 같은 고민 거리를 풀기 위해 우선 살펴 보아야 할 것이 있다. 만일 투자확대로 인해 향후 경영성과가 좋아진다면 경영진은 투자확대에 대한 자신감을 가질 수 있을 것이다. 따라서 다음과 같은 가설을 설정하고 이를 실증적으로 살펴보자.

**가설 1.** 투자확대는 향후 영업이익이나 당기순이익을 증가시킨다.

이 같은 주장에 대해 설득력 있는 근거를 제시하기 위해 다음과 같은 실증모형을 설계하면 어떨까?

**실증모형 1.** $NI_{t+1} = a_0 + a_1 \Delta Invest_t + a_2 NI_t +$ 기타 수익성 및 안정성지표 $+ error$

즉 당해 연도에 투자를 확대($\Delta Invest_t$)하면 이로 인해 다음 해의 당기순이익($NI_{t+1}$) 또는 영업이익이 증가하는지를 위와 같은 모형을 통해 살펴보는 것이다. 물론 투자확대와 미래 경영성과간의 관계를 제대로 판단하기 위해서는 여러 가지 추가로 고려해야 할 것들이 있다. 특히 당해 연도 순이익($NI_t$)은 다음 해의 순이익 예측을 위해 반드시 고려해야 한다. 회사의 경영역량이 순이익을 결정한다고 생각하면 금년도 순이익 수준을 고려한 후에도 투자확대로 인해 다음 해 순이익이 영향을 받는지 판단해야 하기 때문이다. 또한 당해 연도 순이익 이외에도 다른 수익성지표나 안정성지표들의 영향도 고려해야 한다.*

* 물론 여기에서 다음 해의 순이익($NI_{t+1}$)만을 염두에 둘 필요는 없다. 다만 투자확대로 인한 긍정적인 효과가 단기간에 달성되지 못할 수 있다는 것을 강조하기 위해서 다음 해의 순이익을 고려한 것 뿐이다.

앞의 모형에서 $a_1$이 금년도 투자확대가 다음 해 순이익에 미치는 영향을 반영하는 계수이다. 연구에 따르면 놀랍게도 이 계수가 음(−)으로 나타난다. 즉 당해 연도 순이익과 기타 수익성 및 안정성 지표들을 고려한 이후, 금년도의 투자확대로 인해 내년도의 순이익이 부정적인 영향을 받는다는 매우 충격적인 결과를 얻게 되었다.

투자확대가 향후 순이익에 부정적인 영향을 준다는 발견은 경영진에게는 당혹스러운 결과일 것이다. 회사 생존과 발전에 필수적인 투자를 늘리는 것이 오히려 경영성과에 부정적인 영향을 준다는 결과를 경영진이 쉽게 받아들이기는 어려워 보인다.

그렇다면 이 같은 결과는 왜 나타난 것일까? 몇 가지 답이 있어 보인다.

**첫째,** 경제학 용어를 빌리면 투자에 대한 수확체감(diminishing marginal returns to investments)의 법칙이 작용한 것으로 보인다. 기업이 투자의사결정을 할 때는 투자재원의 한계로 인해 투자수익성이 가장 높은 투자 대안부터 선택한다. 따라서 투자규모가 확대될수록 투자수익성이 낮은 투자대안도 선택할 가능성이 높아지고 이로 인해 투자확대가 미래 순이익에는 상대적으로 부정적인 영향을 주게 된다.

**둘째,** 투자수익성에 대한 경영진의 낙관론으로 인해 과잉투자가 일어나는 경우이다. 대규모 투자는 기존 사업으로부터 많은 잉여현금흐름을 창출하는 경우에 주로 나타난다. 풍부한 현금흐름을 보유한 경영진은 향후 투자수익성과 경영성과에 대해 낙관적인 견해를 갖게 된다. 그리고 이 같은 낙관론이 투자확대를 독려하는 기업문화로 확대되어 궁극적으로 과잉투자가 일어날 수 있다. 인수합병을 좋은 예로 들 수 있다. 경제호황으로 인해 경영성과가 좋아지면 기업은 재투자에 필요한 자금을 초과하는 영업현금흐름을 창출하게 된다. 이 같은 잉여현금흐름(free cash flow)을 보유한 경영진은 새로운 성장동력을 발굴하기 위한 유리한 여건이 마련되었다고 판단하고 새로운 시장이나 규모의 경제를 극대화하기 위해 인수합병을 통한 성장전략에 관심을 갖게 된다. 그 결과 인수합병의 대가로 너무 많은 대가를 지불하게 되고, 당초 기대했던 시너지 효과나 규모의 경제를 사후적으로 실현하지 못하는 경우가 많다.

**셋째,** 재무회계관점에서 고도화설비나 물류시설 등과 같은 고정실물자산(fixed tangible assets)에 투자를 확대하면 자연스럽게 감가상각비가 증가하게 되므로 영업이익이나 당기순이익에 부정적인 영향을 준다. 반면 투자확대로부터 기대되는 매출증대나 비용절감효과는 단기적으로 나타나지 않을 수 있다. 따라서 투자증가는 단기적으로 순이익 감소를 유발하게 된다.

앞의 설명에도 불구하고 여전히 풀리지 않은 숙제가 있다. 물론 투자확대로 인해 향후 영업이익이나 순이익이 부정적인 영향을 받는다고 하더라도 보다 더 장기적인 관점에서 보면 투자증대로 인해 기업가치가 올라갈 수도 있지 않을까? 그렇다면 비록 영업이익이나 순이익은 감소하더라도 주가는 올라가지 않을까? 이 같은 물음에 대한 답을 하기 위해 또 다른 가설을 설정해 보자.

**가설 2.** 투자확대는 향후 주가수익률에 긍정적인 영향을 준다.

역시 이 같은 주장에 대해 근거를 제시하기 위해 다음과 같은 실증모형을 설계해 보자.

**실증모형 2.** $Ret_{t+1} = b_0 + b_1 \Delta Invest_t + b_2 NI_t$ + 기타 수익성 및 안정성지표 + error

즉 당해 연도의 투자확대($\Delta Invest_t$)가 다음 연도의 주가수익률($Ret_{t+1}$)에 긍정적인 영향을 준다면 위 모형에서 $b_1$이 양(+)으로 나타날 것이다. 그런데 연구에 의하면, 당해 연도 순이익과 기타 수익성 및 안정성 지표들의 영향을 고려한 이후, 금년도의 투자확대로 인해 내년도의 주가수익률이 부정적인 영향을 받는다는 결과를 얻게 되었다. 즉 위 모형에서 $b_1$이 음(−)으로 나타난 것이다.

투자확대가 향후 순이익뿐만 아니라 주가수익률에도 부정적인 영향을 준다는 결과는 회사의 지속가능성장에 필요한 투자의사결정을 책임진 경영진에게는 매우 어려운 숙제를 남긴다. 투자를 지속적으로 하지 않으면 회사의 생존과 성장을 기대할 수 없고, 그렇다고 투자를 확대하자니 향후 단기적으로는 순이익과 주가수익률이 하락할 것이 염려가 된다. 이 같은 진퇴양난의 입장에서 경영진은 어떤 통찰력을 가져야 하는가?

## 03 투자와 성과평가제도

투자의사결정으로 인해 단기적 효과와 장기적 효과가 서로 상충되는 경우 경영진은 투자확대에 소극적일 개연성이 있다. 이 같은 과소 투자현상을 방지하기 위해 많은 기업에서는 새로운 투자에 대해서는 별도의 성과평가제도를 운영한다. 예를 들면 신규설비도입으로 인해 감가상각비가 증가하고 따라서 영업이익과 당기순이익이 줄어들더라도 신규투자를 성공적으로 실행한 업적을 임원진의 성과평가지표에 포함시킴으로써 최고경영층의 투자확대 의지를 구현할 수 있다.

물론 이 같은 제도의 운영에 있어서 나타날 수 있는 단점은 과잉투자의 개연성이다. 그러므로 최고경영층이 투자확대를 독려하는 경우, 엄격한 경제성 및 타당성 분석과정이 생략되거나 또는 형식적으로 운영되어 결과적으로 투자수익률이 낮은 투자대안에 회사재원을 투입하는 형태를 적절히 견제할 수 있어야 한다.

이 같은 논의에서 중요한 관점은 투자의사결정과정에서 회사재원을 운용하는 경영진의 시각에서가 아니라 자본의 제공자인 주주의 시각을 보다 명시적으로 의사결정과정에 적용해야 한다는 점이다. 즉 회사 경영자의 시각이 아니라, 자본제공자의 시각에서 주주 요구수익률을 초과하는 수익성을 창출할 수 있다고 판단되는 투자대안에만 투자를 실행하는 기업문화를 갖추는 것이 중요하다.

이 같은 결론은 당연해 보이지만, 실무적으로는 이 원칙이 잘 지켜지지 않은 경우가 종종 있다. 예를 들면, 지주회사의 사업 자회사들 중에는 지주회사 주주의 관점에서는 효율적인 투자의사결정을 하지 못하는 자회사들이 있을 수 있다. 이 경우 지주회사 주주들은 경영성과가 좋지 않은 사업자회사들을 처분하는 것을 선호할 것이다. 그러나 지주회사 경영진의 입장에서는 경영성과가 나쁘다고 해서 사업자회사를 처분하는 극단적인 의사결정을 하는 것을 매우 꺼려한다.

우량 기업들은 목표수익률을 합리적으로 설정하고 이에 미달하는 수익성을 낼 것으로 판단되는 투자대안에는 회사재원을 배정하지 않는 정책을 실행하고 있다. 따라서 투자대안의 발굴 및 경제성평가, 그리고 실행 및 사후 관리에 이르는 투자의사결정의 전 과정에서 가능하면 주주의 요구수익률이 명시적으로 반영될 수 있도록 성과평가제도와 기업지배구조를 설계하고 운영하여야 할 것이다. 이 같은 주주관점 중심의 투자의사결정체계를 재무회계의 엄격성(financial discipline)이라고 부르면 어떨까?

SECTION

# 47 조정비용과 투자의사결정

경영자는 기존 사업의 경쟁력 강화 뿐 아니라 신성장동력을 지속적으로 발굴해야 하는 어려운 역할을 수행한다. 이를 위해 새로운 성장 기회를 포착하고 투자재원을 마련해서 적절한 시점에 투자를 실행한다. 그러나 투자의사결정 과정은 길고 복잡한 과정이다.

새로운 투자로부터 충분한 수익을 창출할 수 있는지 평가하는 것은 매우 어렵다. 한국에 투자하는 것이 좋을지 아니면 해외에 투자하는 것이 적절할지 결정하는 것도 많은 변수를 고려해야 한다. 투자를 실행하기 위해서는 국내외 정부, 지방자치단체 및 규제기관과의 협의도 필수적이다. 환경규제나 인권에 관한 고려도 빼놓을 수 없다.

투자를 실행하더라도 경영자는 여전히 불확실성에 노출되어 있다. 규제 환경이 바뀌기도 하고, 경영 환경이 예상한 것과는 다를 가능성이 크다. 경영 실적이 기대 보다 나쁘다고 해서 사업을 접는 것도 어렵다. 설비나 장비를 다른 용도로 전환하는 것이 어려울 뿐 아니라, 임직원을 다른 업무로 배치하거나 해고하는 것도 쉽지 않다. 이와 같은 요소들이 경영자의 투자의사결정에 어떤 영향을 미치는지 살펴보자.

## 01 조정비용의 볼록성(convexity)

투자의사결정과정에서 나타나는 이와 같은 요인들을 '조정비용(adjustment costs)'이라고 부른다. 조정비용은 기업에 따라 다르다. 기업의 성장 전략에 따라 고려해야 하는 변수가 서로 다르기 때문이다. 또한 조정비용은 산업과 국가에 따라 다르다. 법제도와 규제환경이 다르고 각 국가의 산업정책이 다르기 때문이다.

그럼에도 불구하고 다양한 조정비용 사례들은 한 가지 공통점을 갖는다. 그동안 축적된 연구결과에 의하면, 조정비용은 투자 금액이 클수록 가속적으로 증가할 개연성이 크다는 점이다. 투자 규모가 클수록 앞서 살펴본 '조정' 또는 고려해야 할 변수들이 가속적으로 늘고, 이로 인해 경영자가 부담하는 재무적 비용과 비재무적 부담도 급격하게 증가하기 때문이다. 이 같은 특성을 '조정비용의 볼록성(convexity)'이라 부르고, 이를 표현하면 다음과 같다.

$$C = \frac{c}{2}I^2$$

여기서 C는 조정비용(재무 비용과 비재무적 부담 포함), c는 조정비용에 영향을 주는 계수, I는 투자금액을 나타낸다. 조정비용(C)을 투자금액의 제곱($I^2$)으로 표현한 것은 투자규모가 증가할수록 경영자가 고려하는 조정비용이 빠르게 늘어나는 것을 뜻한다.

조정비용의 볼록성을 나타내기 위해서는 투자금액 제곱($I^2$) 대신 세제곱($I^3$)으로 표현하는 것도 가능하다. 다만 아래에서 설명하듯 투자금액 제곱을 이용한 모형이 투자의사결정에 관한 시사점을 도출하기에 간편하다.

조정비용계수(c)는 투자규모가 조정비용에 미치는 영향이 기업, 산업 또는 국가에

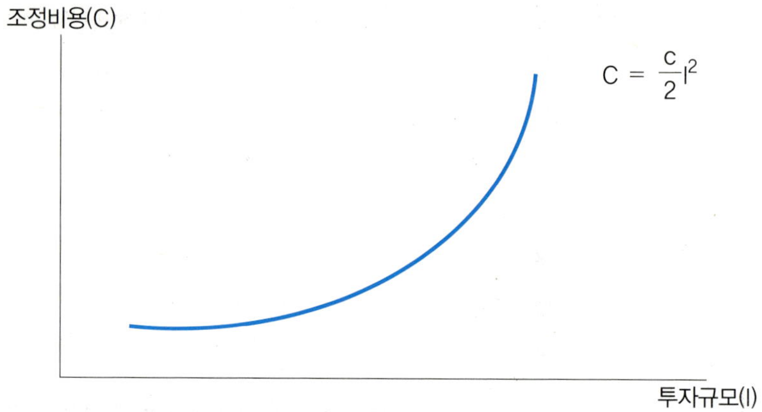


**[그림 47-1]** 투자규모와 조정비용

따라 다를 가능성을 반영한다. 이 계수가 클 때는 투자규모가 동일하더라도 조정비용이 더 빠르게 증가한다. 또한 조정비용계수(c)를 '2'로 나눈 것도 아래에서 보듯 시사점 도출에 더 편리하기 때문이다. 이러한 관계를 그림으로 나타내면 [그림 47-1]과 같다.

## 02 조정비용과 최적 투자규모

경영자는 투자의사결정 과정에서 조정비용을 어떻게 고려할까? 조정비용이 클수록 경영자는 투자에 소극적일 가능성이 높다. 그만큼 부담이 크기 때문이다. 이 같은 주장을 간단한 수학모형으로 설명해본다.

투자로 인한 사업 가치(value)를 다음과 같이 표현하자.

$$V = QI - I - \frac{c}{2}I^2$$

여기서 V는 투자로 인한 예상 사업 가치, Q는 투자기회 또는 투자수익률을 나타낸다. 사업 가치(V)는 투자로 인한 예상 수익(Q · I)에서 투자금액(I)과 조정비용($\frac{c}{2}I^2$)

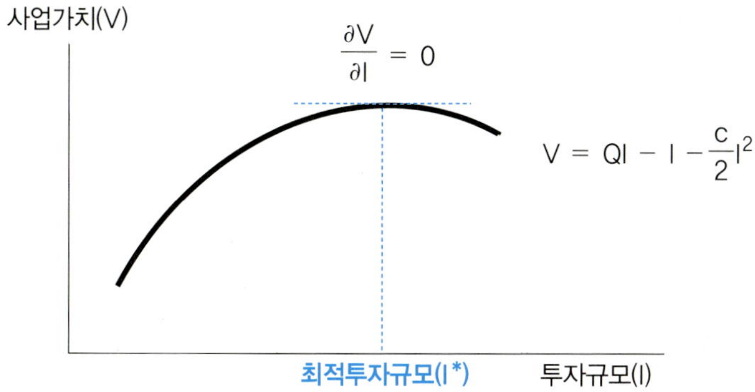


[그림 47-2] 투자규모와 사업가치

을 차감한 값이다. 투자기회가 좋을수록 사업 가치가 높아지지만, 조정비용이 증가할수록 사업 가치는 감소한다. 투자규모에 따른 사업수익은 조정비용의 볼록성을 감안하면 [그림 47-2]와 같이 투자규모가 커질수록 사업가치가 줄어드는 관계를 보일 것이다.

그렇다면 경영자는 사업 가치 극대화를 위해 투자 규모를 얼마로 정해야 할까? 경영자는 조정비용을 감안하더라도 투자 수익성이 충분히 높다고 판단할 때 투자를 실행할 것이다. 최적 투자 규모를 구하기 위해, 경제학 개념을 사용해 사업가치(V)를 투자금액(I)으로 편미분(∂로 표시함)하고 이를 '0'과 같게 한다.

$$\frac{\partial V}{\partial I} = Q - 1 - cI = 0$$

이 식은 투자가 한 단위(∂I) 증가할 때 사업 가치가 증가하지도 않고 감소하지도 않는(∂V = 0) 지점에서 최적 투자금액($I^*$)이 결정된다는 것을 의미한다. 그리고 위 식을 $I^*$를 중심으로 정리하여 최적 투자규모를 도출하면 다음과 같다.

$$\mathbf{I^* = \frac{Q - 1}{c}}$$

여기에서 최적투자규모의 속성에 관하여 다음과 같은 결과를 얻을 수 있다.

■ Q가 높을수록 $I^*$는 증가한다

투자기회가 좋을수록 그리고 예상 투자수익률이 높을수록 경영자는 투자규모를 늘린다. 경영자는 기업 가치를 높여야 하는 책임을 갖고 있으므로, 이 같은 결과는 직관적으로 당연하다.

■ c가 증가할수록 $I^*$는 줄어든다

조정비용에 대한 부담이 클수록 경영자는 투자규모를 줄인다. 투자에는 많은 인적자원과 물적자원 그리고 경영자 노력이 투하되므로, 조정비용이 크고 불확실성이 높을 때 경영자는 투자를 늘리는 것에 대해 소극적이다.

조정비용이 크고 불확실성이 해소되지 않으면, 경영자는 투자를 줄이고 궁극적으로 기업 가치도 낮아진다. 따라서 경영자는 조정비용의 부작용을 완화할 수 있는 방안을 찾아야 한다. 설비투자가 많은 기업에서는 설비 가동율이 떨어지지 않도록 고객 요구 변화를 신속히 포착, 반영하고 제품 성능과 품질을 고도화해야 한다. 신기술 등장으로 기존 제품 경쟁력이 소멸하는 위험을 줄이기 위해 연구개발도 강화하고, 원가경쟁력을 갖추기 위해 핵심 원재료 확보에 지속적으로 투자해야 한다.

사업가치를 키우기 위해서는 경영자 노력만으로는 충분하지 않다. 경영자 뿐만 아니라, 경영환경과 제도에 큰 영향을 미치는 규제기관, 입법 및 사법기관, 그리고 소비자와 공급자 등 다양한 이해관계자들도 조정비용과 불확실성이 기업경영과 투자를 위축시킬 수 있다는 것을 깊이 있게 인식할 필요가 있다. 기업 경쟁력과 경영성과는 법률 제도와 규제 환경에 큰 영향을 받기 때문이다. 조정비용의 부작용을 슬기롭게 줄이지 못하면 기업은 투자를 줄이고, 그로 인해 일자리도 늘지 않고 결국 산업 및 국가경쟁력도 떨어진다.

## 03 외부재원조달과 정보비대칭 그리고 조정비용

이제까지는 경영자가 투자금액(I) 전액을 내부창출현금흐름으로 충당하는 것으로 가정했다. 그러나 대규모 투자를 실행할 때 경영자는 외부에서 투자재원을 조달해야 한다. 채권자로부터 금융부채로 조달하든지 아니면 주주에게 주식을 추가로 발행해 증자를 해야 한다. 이 때 경영자는 사업 자체의 조정비용뿐 아니라 외부재원 조달시 발생하는 추가 부담도 고려해야 한다.

외부 투자자는 경영진의 투자의사결정에 대해 불안감을 갖고 있다. 투자 수익이 언제(시점) 실현될지, 그리고 수익이 얼마나(금액) 될지 경영진보다 상세한 정보가 부족한 상황에서 투자재원을 제공하기 때문이다. 외부조달자금을 경영진이 사적으로 편취하거나 방만하고 비효율적인 투자를 할 개연성이 높으면 외부자금조달에 추가적인 비용이 발생할 것이다. 또는 외부투자자가 경영진에 대한 신뢰가 크지 않아도 재원조달에 추가비용이 발생한다. 이러한 정보비대칭(information asymmetry)으로 인한 추가 부담은 경영진에게도 부담이 된다.

이제 조정비용과 외부재원조달 부담을 고려해 사업 가치를 표현해 보자. 회사가 보유하고 있는 내부투자재원(ω)을 초과하는 투자금액(I − ω)은 외부로부터 조달한다고 가정하자. 그리고 정보비대칭(θ)으로 인해 외부조달금액이 커질수록 경영진 부담도 가속해서 증가한다고 가정한다. 앞서 조정비용과 같이, 외부투자재원 규모가 증가할수록 경영자 부담이 빠르게 늘어나는 것을 외부조달금액의 제곱 '$(I - \omega)^2$'으로 나타낸다.

$$V^e = QI - I - \frac{c}{2}I^2 - \frac{\theta}{2}(I - \omega)^2$$

다음으로 조정비용과 외부재원조달 부담이 동시에 존재할 때의 최적투자규모($I^e$)를 구하기 위해서 위 식의 사업가치(V)를 투자금액(I)으로 편미분(∂)하고 이를 '0'과 같게 한다.

$$\frac{\partial V^e}{\partial I} = Q - 1 - cI - \theta(I - \omega) = 0$$

그리고 위 식을 풀어 조정비용과 외부재원조달 부담을 고려한 최적투자규모($I^e$)를 도출하면 다음과 같다.

$$I^e = \frac{Q - 1 + \theta\omega}{c + \theta}$$

이제 외부재원조달이 있을 때 최적투자규모($I^e$)와 그렇지 않을 때 최적투자규모($I^*$)를 비교해보기 위해, 위 식을 $I^*$를 이용하여 나타내보면 다음과 같은 흥미로운 결과를 얻는다.*

$$\mathbf{I^e = I^* - \frac{\theta}{c + \theta}(I^* - \omega) \quad \ll I^*}$$

■ $I^e$는 $I^*$보다 항상 적다

조정비용과 외부재원조달이 동시에 존재할 때의 최적 투자규모($I^e$)는 조정비용만을 고려했을 때의 최적 투자규모($I^e$)에 비해 언제나 적다. 위 식에서 두 번째 항 '$\frac{\theta}{c + \theta}(I^* - \omega)$' 은 항상 양(+)의 값이기 때문이다. 즉, 회사 내부재원 이상으로 외부재원까지 조달하여 투자를 실행할 때는 정보비대칭으로 인한 부담으로 인해 최적투자규모가 줄어든다.

■ θ가 높을수록 $I^e$가 낮아진다

조정비용(c)으로 인한 불확실성과 부담이 존재하는 상태에서, 투자자가 인식하는

---

* $I^e$를 $I^*$로 표현한 과정은 다음과 같다.

$$I^e = \frac{Q - 1 + \theta\omega}{c + \theta} = \frac{Q - 1}{c + \theta} + \frac{\theta\omega}{c + \theta} = \frac{c}{c + \theta} \cdot \frac{Q - 1}{c} + \frac{\theta}{c + \theta} \cdot \omega$$

$$= \frac{c + \theta - \theta}{c + \theta} \cdot I^* + \frac{\theta}{c + \theta} \cdot \omega = I^* - \frac{\theta}{c + \theta} \cdot I^* + \frac{\theta}{c + \theta} \cdot \omega = I^* - \frac{\theta}{c + \theta}(I^* - \omega)$$

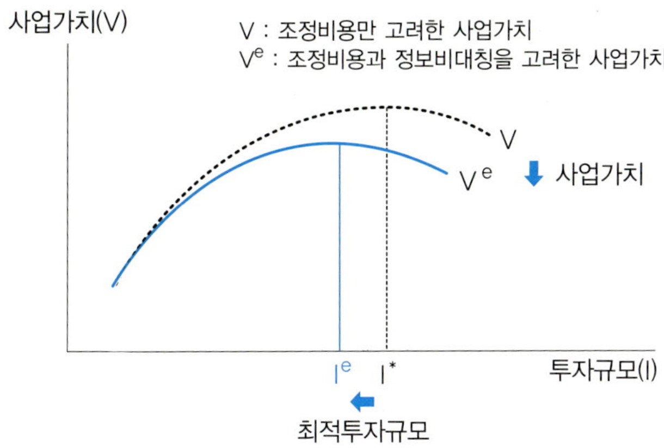


**[그림 47-3]** 정보비대칭과 최적투자규모

정보비대칭(θ)이 클수록 경영자는 그로 인한 부담으로 투자 규모($I^e$)를 더 줄이게 된다.

이 같은 결과를 그림으로 나타내면 [그림 47-3]과 같다. 투자의사결정에서 조정비용이 크고 정보비대칭으로 인한 비용이 과도하면 최적투자규모($I^e$)는 그렇지 않을 때에 비해 줄어든다. 그리고 투자규모가 줄어 들면, 궁극적으로 기업가치도 줄어들게 되어 부정적인 영향을 미친다. 이 같은 현상이 여러 산업에서 지속적으로 발생하면 국가 경쟁력도 떨어진다.

특히 재무건전성이 낮거나 생산활동 주기가 긴 기업과 산업에서 조정비용과 정보비대칭의 부정적 효과가 증폭되어 나타난다. 악화하는 경영성과에 효과적으로 대응하기 위한 재무 역량이 떨어지기 때문이다. 설비투자 뿐 아니라 운전자본(예, 매출채권, 재고자산)에도 많은 재원을 투입하는 한국 기업 경영자에는 더욱 중요한 점이다.

또한 조정비용과 정보비대칭으로 인한 불확실성과 부담은 언제나 동일한 수준으로 유지되는 것은 아니다. 정부 정책의 일관성이 떨어질 때, 신기술 출현으로 기존 산업의 경쟁력을 상실할 때, 경기가 나쁠 때, 또는 다른 나라의 산업 혁신역량이 앞서갈 때 불확실성이 높아지고 투자자 불안감도 높아진다. 조정비용도 커지고 투자자 정보 비대칭도 높아진다.

그렇게 경영자가 적극적으로 투자하기를 꺼려하게 되면, 산업 활력과 국가 경쟁력도 떨어진다. 이 같은 과정을 반복적으로 거치면서 일부 국가들은 경제적 풍요를 누리지 못하고 세계 무대에서 주도권을 잃기도 한다. 경영자뿐 아니라, 투자자, 소비자, 규제기관, 정책입안자, 유권자 등 모든 이해관계자는 투자의사결정과정에서 나타나는 조정비용과 정보비대칭 부작용을 줄이기 위해 더욱 현명해져야 한다.

# SECTION 48 배당성향과 배당의 역할

한국의 대표적인 유선통신사인 KT는 몇 해 전에 당기순이익의 50%를 현금배당으로 지급하겠다는 정책을 발표하였다. 즉 향후 배당성향$(=\frac{\text{현금배당액}}{\text{당기순이익}})$을 50%로 유지하겠다는 최고경영층의 의지를 밝힌 것이다. 과연 기업들은 어떤 요인을 고려하여 배당정책을 결정할까?

## 01 이자 vs. 배당

배당에는 현금배당 이외에도 현물배당이나 주식배당이 있으나, 여기서는 현금배당만을 다루고자 한다. 배당이란 기업의 부를 주주에게 환원하는 것을 의미한다. 기업은 영업 및 투자활동에 필요한 재원을 채권자로부터 부채의 형태로 조달하거나 주주로부터 자본의 형태로 조달하게 된다. 부채든 자본이든 기업 입장에서는 재원을 사용한 대가를 지불하여야 한다. 부채에 대한 대가는 이자비용으로 나타나고 이는 당기순이익을 줄이게 된다. 자본에 대한 대가는 현금배당(그리고 자사주 취득)으로 나타나게 된다. 그런데 현금배당은 비용이 아니어서 배당을 지급한다해도 당기순이익에는 전혀 영향을 주지 않는다. 대신 현금배당은 기업의 이익잉여금(기업설립시부터 현재까지 배당을 지급한 후 남아 있는 순이익의 적립총액)을 감소시킨다. 그러나 앞에서 살펴보았듯이 현금배당을 하게 되면 재투자 재원이 줄어들어 투자로 인한 수익을 얻지 못하게 되므로 미래의 순이익은 그만큼 늘지 않게 된다. 우선 이 차이점을 잘 기억할 필요가 있다.

## 02 배당 결정요인

이자비용과 배당의 또 다른 차이점은 이자지급은 강제적이나 현금배당은 기업의 재량에 따라 결정된다는 점이다. 부채는 조달 시에 이미 이자율이 결정되는 반면, 배당은 지급할 수도 있고 지급하지 않을 수도 있다. 앞에서 언급한 KT처럼 지속적으로 배당을 지급하는 기업이 있는가 하면, 배당을 전혀 하지 않는 기업들도 많다. 미국의 마이크로소프트는 2003년이 되어서야 현금배당을 시작하였는데, 그 전에는 전혀 현금배당을 하지 않았다. 미국의 최대 부자인 워렌 버펫이 최대주주로 있는 Berkshire Hathaway는 아직까지 현금 배당을 실시하지 않고 있다.

그렇다면 어떠한 요인들이 배당정책에 영향을 주는 것인가? 기업 배당정책에 영향을 주는 주된 요인으로는 다음과 같은 점들이 있다.

- **당기순이익의 규모.** 일반적으로는 당기순이익이 커지면 배당수준도 커지는 경향이 있다. 당기순이익이 증가하면 미래에도 기업의 경영성과가 좋을 것이라는 기대를 갖게 되므로, 배당금이 늘어나는 것도 어렵지 않게 이해할 수 있다. 배당을 당기순이익으로 나눈 것을 배당성향(dividend payout)이라 한다. 실무에서는 주당 배당금이나 배당성향을 일정하게 유지하거나 또는 완만하게 상승하도록 현금배당을 결정하는 경향이 있다. 참고로 주당 배당금이나 배당성향 이외에도 주주는 배당수익률($=\frac{배당금}{주가}$)에도 관심을 갖는다. 배당수익률이 주주가 투자한 금액에 대해 얼마의 배당수익을 얻을 수 있는가를 나타내기 때문이다.
- **당기순이익의 변동성.** 순이익의 규모뿐 아니라 순이익의 변동성도 중요하다. 순이익

의 변동성이 크다는 것은 경영불확실성이 크다는 의미이다. 불확실성이 커지면 현금배당을 줄일 수밖에 없다. 기업 내에 현금을 비축해 놓아야 하기 때문이다.

- **영업현금흐름의 규모와 변동성.** 핵심영업활동에서 나오는 현금흐름 규모와 변동성도 현금배당의 수준을 결정하는 데 중요할 것임은 두말할 필요가 없다. 그러나 순이익의 규모와 변동성에 비하여 영업현금흐름의 규모와 변동성은 상대적으로 관심을 끌지 못하였다. 이는 아마도 배당성향을 순이익 대비 현금배당액으로 측정하였기 때문일 것이다. 다음 기회에 순이익과 영업현금흐름과의 관계에 대해 자세히 살펴보겠지만, 배당정책의 결정에 있어 영업현금흐름의 특성을 신중히 고려하여야 한다는 점을 기억하자.
- **비교대상 기업의 배당정책.** 국내외 경쟁사의 배당정책은 참고할 필요가 있다. 이때 경쟁사의 수익구조와 변동성, 투자정책 및 소유구조 등도 함께 고려하여야 한다. 동종업종이라 하더라도, 기업마다 다른 영업 및 투자의사결정을 하기 때문이다.

위에서 얘기한 전통적으로 중요하다고 인식된 요인들 이외에 다음과 같은 중요한 요인들도 있다.

- **투자기회.** 향후 수익성이 높은 투자기회가 많다면 당연히 현금배당은 낮아진다. 현금배당에서 나오는 수익보다 기업이 사업에 투자하여 거둔 수익으로 주주에게 돌아올 미래수익이 더 높을 것이라고 주주가 믿는다면, 기업은 현금배당에 사용할 재원을 투자활동에 투입할 것이다. 반대로 투자기회가 많아 보이지 않는데도 과다하게 현금을 보유하고 있다고 판단되면, 주주는 배당압력을 높일 것이다. 특히 외국인 주식소유비율이 높은 기업인 경우 외국인 주주가 향후 투자기회와 재원소요액에 대한 충분한 이해가 없다면 이와 같은 현금배당압력이 더욱 높아질 수도 있다.
- **기업의 성숙도.** 기업이 왕성하게 성장하는 시기에는 배당이 전혀 없거나 있다 하더라도 그 금액이 중요하지 않다. 그러나 기업이 성숙기에 접어들면 주력 제품에서 안정적인 현금흐름이 확보되고 추가 투자소요액도 줄어들게 된다. 투자소요액에 비해 창출되는 현금흐름이 큰 경우(즉 양(+)의 잉여현금흐름이 발생하는 경우), 주주는 기업내에 현금을 과다하게 보유하는 대신 분배를 요구하게 된다. 과

또한 현금보유가 문제가 되는 이유는 잉여현금흐름이 수익성이 좋지 않은 투자로 흘러들어갈 위험이 있기 때문이다. 수익성의 좋고 나쁨은 주주의 기대수익률을 잣대로 평가하게 된다. 즉 주주의 예상기대수익률이 10%라고 하면, 기업의 투자대안이 매년 그 이상의 수익성을 창출하지 못할 경우, 이 투자대안은 기업 가치를 손상시킨다고 보아야 한다.

- **납입자본금 대비 이익잉여금비율.** 기업의 성숙도를 측정하는 하나의 중요한 지표로 납입자본금 대비 이익잉여금 비율($=\frac{\text{이익잉여금}}{\text{납입자본금}}$)을 들 수 있다. 기업성장 초기단계에는 투자기회가 많아 자금 수요는 높은 반면, 영업활동에서 창출된 내부유보금은 상대적으로 적을 수밖에 없다. 따라서 투자기회를 적시에 포착하기 위해 주주에게서 조달한 납입자본을 투자하는 경우, $\frac{\text{이익잉여금}}{\text{납입자본금}}$ 비율은 자연스럽게 낮은 수준에 머무르게 된다. 그러나 기업성장이 안정적인 단계에 이르면, 투자수요는 줄어드는 반면 내부유보금은 늘어나게 되어 이 비율이 높아진다. 따라서 $\frac{\text{이익잉여금}}{\text{납입자본금}}$ 비율이 높은 기업은 잉여현금보유는 높은 반면 투자기회는 적을 것이라는 것을 반영하므로 주주의 배당압력에 직면하게 될 것이다.
- **과다현금보유와 배당.** 기업이 과도한 수준의 잉여현금을 보유하고 있는 경우, 경영자는 수익성이 높지 않은 투자안에 잉여현금을 과잉투자할 유인을 갖게 된다. 주주의 기대수익률에 미치지 못하는 기업인수나 합병 등이 이러한 과잉투자의 예이다. 따라서 과잉투자는 기업가치를 훼손하게 되고, 이 같은 과잉투자를 억제하기 위해서는 잉여현금을 줄여야 한다. 이를 위해서는 현금배당이나 자사주 취득을 늘리면 된다. 잉여현금의 과잉투자가 억제되는 만큼 기업가치는 상승하게 되는 긍정적인 효과가 나타날 것이다.
- **부채의 사용과 배당.** 현금배당이나 자사주의 취득 이외에도 수익성이 좋지 않은 투자대안에 잉여현금이 사용되는 것을 억제하는 장치가 부채의 사용이다. 원금상환과 이자지급을 계약에 명시된 대로 준수하지 않게 되면 더 큰 경제적 손실(예를 들면 채권자에게 경영권을 양도하는 것)을 초래하는 특성을 갖는 것이 부채이다. 따라서 부채를 사용하게 되면 기업은 예상수익성이 주주의 기대수익률에 미달할 것으로 예상되는 투자대안에 대한 투자를 스스로 억제하려는 유인을 갖게 된다. 그러므로 부채의 사용과 배당금의 지급은 서로 다른 측면에서 잉여현금을 자본제공자에게 환원시키는 동시에 불필요한 투자를 억제하는 순기능이 있다.

## 03 현금배당의 순기능과 역기능

위에서 논의한 배당정책에 영향을 주는 요인들을 고려하여 적정 현금배당수준을 결정할 수 있다. 아래 그림에서 횡축은 배당수준을, 종축은 배당금지급으로 인한 투자효과를 나타내고 있다. 현금배당은 긍정적인 효과와 부정적인 효과가 함께 존재한다.

배당을 하게 되면 잉여현금흐름이 감소되어 궁극적으로 잉여현금이 과잉투자에 투입되는 경향을 억제하게 된다. 이 같은 배당의 긍정적인 효과를 A로 나타내 보자. A가 우하향하는 이유는 배당이 늘수록 과잉투자가 억제되는 강도가 커진다는 의미이며, 결국 그 만큼 기업가치는 증가할 것이다.

반대로 배당을 하게 되면 투자재원이 부족할 개연성이 높아진다. 내부유보금이 부족한 경우 외부에서 자금을 조달하여 투자를 하게 되나, 만일 차입금이나 주식발행을 통한 자금조달이 어려운 경제상황에 처한 경우 회사는 좋은 투자대안이라 하더라도 부득이 포기해야 할 경우도 있다. 이를 과소투자현상이라 한다. 이 같은 배당의 부정적인 효과를 B로 나타내자. B가 우상향하는 이유는 배당금지급이 늘어날수록 과소투자의 위험이 커지기 때문이다. 그리고 그 만큼 기업가치는 훼손된다.

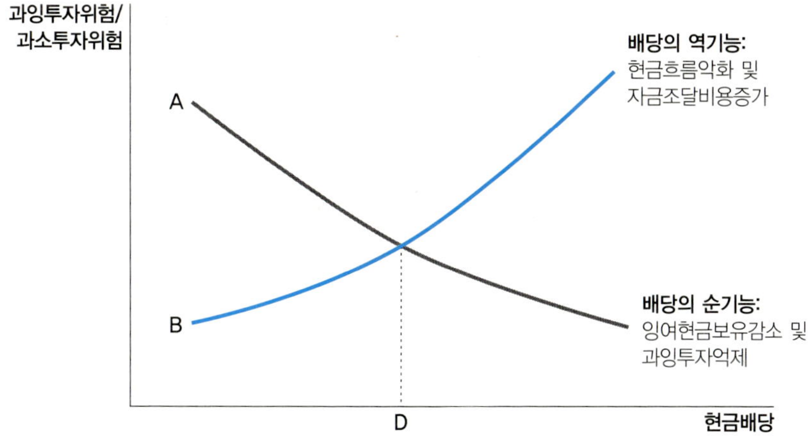


[그림 48-1] 적정현금배당수준

배당이 기업가치에 미치는 긍정적인 효과(A)와 부정적인 효과(B)가 서로 만나는 지점인 D가 개념적으로는 적정배당금 지급수준이 된다. 그런데 기업별로 이 적정 배당금 지급수준이 다를 것이다. 기업마다 투자기회가 다르고, 투자재원조달에 있어서 서로 다른 경쟁력과 전략을 갖고 있기 때문이다. 이 중에서 투자기회가 적정 현금배당수준에 미치는 영향에 대해 살펴보자.

## 04 투자기회와 적정 현금배당수준의 결정

기업이 투자기회가 많다는 것은 한편으로는 과잉투자의 위험이 상대적으로 낮다는 의미이다. 따라서 배당의 순기능인 과잉투자의 억제를 나타내는 A가 A′로 떨어질 것이다. 성장기회가 많아 적극적으로 투자를 실행해야 하는 기업은 잉여현금흐름이 과잉투자될 위험이 낮기 때문이다. 성장기회가 많은 기업은 반대로 내부유보금 부족으로 인한 과소투자의 위험이 커지게 된다. 따라서 배당의 역기능인 과소투자의 증가를 나타내는 B가 B′로 올라갈 것이다. 성장기회가 많은 기업은 수익성이 높은 투자대안을 적기에 실행하지 못함으로써 나타나는 기업가치의 하락을 더 고민한다는 의미이다.

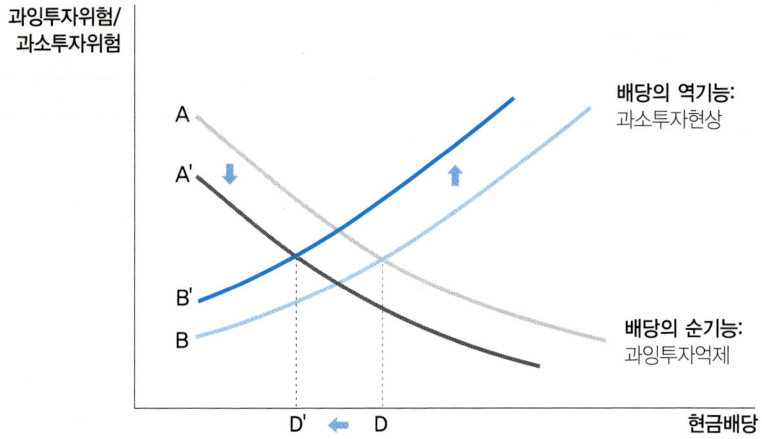


[그림 48-2] 투자기회와 적정현금배당수준

따라서 투자기회가 많은 기업의 경우 새로운 적정배당수준은 D에서 D′로 낮아진다. 성장성이 높고 외부로부터 투자재원을 조달하는 것이 어려운 경우 경영진은 현금배당을 늘리지 않고 내부유보금을 확보함으로써 수익성이 높은 투자대안을 적기에 집행하려는 전략을 갖게 된다. 이제 이 같은 경영진의 배당정책이 직관적으로 쉽게 정리되었다.

## 05 한국 상장기업의 배당정책

한국 상장기업들은 다른 국가들에 비해 현금배당을 적게 한다. 2011년말 현재 한국 상장기업들의 평균 배당수익률(dividend yield, $\frac{\text{배당금}}{\text{주가}}$)은 2%를 넘지 않는다. 즉 주가가 100원인 경우 현금배당금액은 2원을 넘지 않는다는 의미이다. 또한 상장기업들의 평균 배당성향(dividend payout, $\frac{\text{배당금총액}}{\text{당기순이익}}$)은 20%정도이다. 당기순이익이 100원이라면 현금배당이 20원 정도라는 것이다. 배당성향 역시 다른 나라들에 비해 낮다.

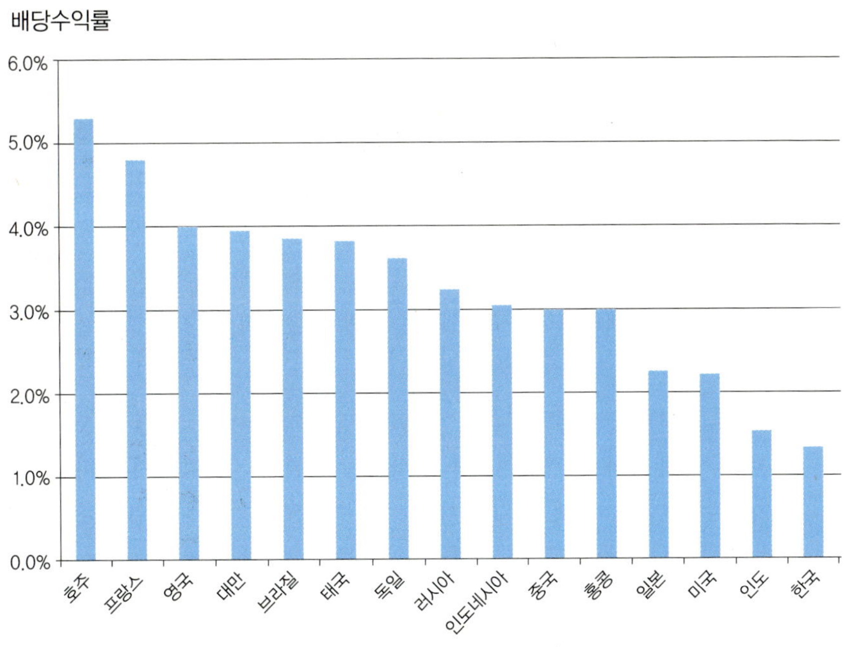


[그림 48-3] 국가별 상장기업의 배당수익률

한국 상장기업들이 현금 배당을 적게 하는 이유는 무엇일까? 앞에서 논의한 개념들을 활용하여 그 이유들을 살펴보자.

첫째, 한국 상장기업들이 현금배당을 적게 지급하는 이유는 투자재원을 확보하기 위해서이다. 기존 사업에서 창출한 현금흐름을 회사 내부에 유보함으로써 투자기회를 적기에 포착하고 이를 통해 경쟁기업들을 효과적으로 추격하고 견제하기 위한 전략적 판단을 했다는 의미이다. 한국 기업들이 대규모 투자가 수반되는 다양한 사업영역에서 세계적인 경쟁력을 갖추게 된 것도 이 같은 배당정책이 주주들에 의해 수용되었기 때문이라고 볼 수 있다.

둘째, 대주주가 보유하고 있는 지분율이 낮기 때문이다. 한국 상장기업들에 대한 대주주의 직접 지분보유 수준은 평균 2%를 밑돈다. 따라서 만일 회사가 100원을 현금배당으로 지급하는 경우 대주주가 받는 금액은 2원뿐이고 나머지 98원은 소액주주와 기타 외부주주들에게 돌아간다. 따라서 대주주는 내부창출현금을 배당으로 지급하기 보다는 내부유보 및 투자를 통해 회사를 지속적으로 성장시키고자 하는 경제적 유인을 갖는다.

그러나 이 같은 대주주의 경제적 유인으로 인해 소액주주들이 경제적 손실을 입었다고 주장하는 것은 성급한 판단이라는 점도 기억하자. 그 이유는 현금배당을 선호하는 소액주주는 배당수익률이 낮은 회사의 주식을 팔고 그 재원으로 현금배당을 많이 주는 회사를 선택할 수 있기 때문이다. 따라서 배당수익률이 낮다고 해서 소액주주의 권익이 침해되었다고 보는 것은 적절한 결론이 아니다.

셋째, 한국에는 상장기업들이 '적정수준'의 내부유보수준을 넘는 '과잉유보'를 하더라도 이에 대해 추가법인세를 부과하는 징벌적 과세제도가 없다. 일부 다른 국가들에서는 생산설비, 재고자산 그리고 기타 운전자본 투자에 필요한 적정수준의 내부유보를 초과하는 과잉유보 금액으로 정의하고 이에 대해 10~20%의 법인세를 추가로 부과한다. 과잉유보에 대한 징벌적 과세제도가 없는 한국에서는 배당을 줄이고 그 대신 투자를 위해 내부유보금액을 높이더라도 기업은 직접적인 경제적 타격을 입지 않는다.

넷째, 한국에서는 소액주주들이 상장기업 주식을 싼 가격에서 매입한 후 이를 높은 가격에 매각함으로써 얻은 시세차익(capital gains)에 대해서 세금을 내지 않는다(그러나 대주주의 경우에는 시세차익에 대해 세금을 내야 하고, 소액주주도 비상장주식에 대한 시세차익에 대해서는 세금을 낸다). 반면 현금배당으로 받은 소득에 대해서는 소득세를 내야 한다. 따라서 경영권 행사에는 관심이 없는 소액주주에게는 현금배당보다는 시세차익이 더 매력적이다. 소액주주는 현금배당을 받는 대신 대주주와 경영진이 내부유보를 통해 기업가치를 높여 시세차익 가능성을 높이라는 요구를 할 수도 있다.

그렇다면 과잉유보에 대해 추가법인세를 부과하는 징벌적 과세제도가 한국 상장기업들에게도 도입될 필요가 있을까? 도입이 필요하다면 언제쯤 가능할까? 한국 상장기업들의 배당수익률은 위에서 언급한 대로 전세계에서 가장 낮은 수준이다. 이 같은 낮은 배당수익률이 지속되었던 것은 적극적 투자를 통한 성장전략에 대한 소액주주들의 기대와 지원이 있었기 때문이다. 한국 경제는 앞으로 저성장 및 저투자 시대를 맞을 것이라고 한다. 저성장이 지속되면 시세차익을 얻기가 어려워질 것이고 그렇다면 소액주주들은 현금배당을 더 선호할지도 모른다. 한국 상장기업들의 배당정책이 앞으로 어떤 모습을 나타낼지 관심을 갖고 지켜보자.

SECTION

# 49 자사주 취득

자사주 또는 자기주식이란 회사가 발행한 주식을 회사가 시장에서 다시 사들인 것을 말한다. 최근 한국의 상장기업들이 자사주를 취득하는 빈도가 높아지고 취득금액도 커지고 있다. 삼성전자는 2004년도에만 5조 원의 자사주를 사들였다. 자사주를 사들이는 이유 가운데 가장 중요한 것은 주가관리 때문일 것이다. 즉 여러 이유로 주가가 하락하는 경우 회사가 자기주식을 시장에서 사들임으로써 주가의 추가하락을 방지하려는 것이다.

## 01 자사주 취득의 효과

자사주 취득으로 인해 재무상태표에는 다음과 같은 영향이 나타난다.

- **총자산 감소.** 자사주취득을 위해서는 회사 현금이 사용되어야 하므로 현금성자산이 감소한다. 물론 그로 인해 총자산도 그만큼 줄어 든다.

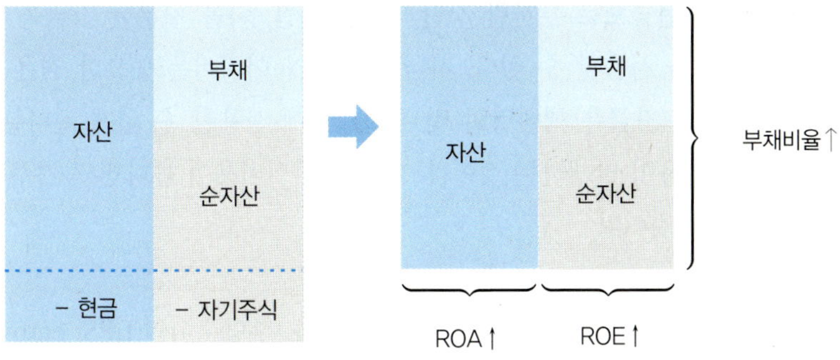


**[그림 49-1]** 자기주식취득의 효과

■ **순자산 감소.** 자사주취득은 회사의 순자산을 감소시킨다. 자사주취득은 증자의 반대말인 감자와 같은 효과를 갖는다. 그 이유는 취득한 자기회사 주식은 자산으로 인식할 수 없고 순자산을 줄이는 것으로 보기 때문이다.

[그림 49-1]에서와 같이 자사주 취득으로 인해 총자산수익률(ROA)과 순자산수익률(ROE)은 높아지는 반면, 부채비율($=\frac{\text{부채}}{\text{순자산}}$)은 악화된다. 경영진이 자사주를 취득하는 이유는 아마도 이 같이 수익성지표가 높아지는 것을 염두에 두었기 때문일 것이다.

## 02 자사주 취득은 주당순이익을 높이는가

주가관리와 관련하여 경영진이 자사주를 사들이는 이유는 자사주를 취득하게 되면 보고되는 주당순이익이 높아질 것이라는 기대 때문이다. 주당순이익은 당기순이익을 발행주식수에서 자기주식을 뺀 주식수(즉, 유통주식수)로 나눈 것이므로, 자사주 취득을 많이 하면 할수록 주당순이익이 높아질 것처럼 보인다. 과연 그런지 자세히 들여다 보자.

기업입장에서는 자사주 취득을 위해 보유하고 있던 현금을 사용하거나, 보유한 금융자산(유휴현금으로 투자한 장단기 유가증권 등)을 처분한 자금을 사용하거나, 또는 차입자금을 사용할 수 있다. 자금의 출처가 어디이든 중요한 점은 자사주를 취득하게 되면 그 자금은 핵심영업 및 투자활동에 사용할 수 없게 된다는 점이다. 즉 자금의 기회비용이 발생하는 것이다. 따라서 기회비용이 높다면 자기주식취득은 잘 일어나지 않을 것이다.

이 내용을 수식으로 간단하게 설명해 보자. 주당순이익(EPS: earnings per share)은 당기순이익(E: earnings)을 발행주식수(N)로 나눈 것이므로 식 (1)과 같다.

$$\text{자기주식취득 전 주당순이익} = \text{EPS} = \frac{\text{E}}{\text{N}} \tag{1}$$

만일 자기주식을 취득한다면 기업은 '취득시점의 주가(P: price) × 취득하고자 하는 자사주의 수(R: repurchase)' 만큼의 자금을 사용하게 된다. 이 자금의 기회비용(즉 다른 경영활동에 사용하였더라면 창출되었을 이익률)이 r이라고 한다면, 자기주식취득 후 주당순이익인 EPS′는 식 (2)와 같다.

$$\text{자기주식취득 후 주당순이익} = \text{EPS}' = \frac{\text{E} - \text{r} \times \text{P} \times \text{R}}{\text{N} - \text{R}} \tag{2}$$

따라서 자기주식취득 후 주당순이익(EPS′)이 그 전의 주당순이익(EPS)에 비하여 클 것이라는 기대를 갖는 경우에만 자기주식을 취득한다고 하면 아래 관계가 성립해야 자기주식을 취득할 것이다.

$$\text{자사주취득 후 EPS} > \text{자사주취득 전 EPS}$$

$$\text{EPS}' > \text{EPS}$$

$$\frac{\text{E} - \text{r} \times \text{P} \times \text{R}}{\text{N} - \text{R}} > \frac{\text{E}}{\text{N}} \tag{3}$$

식 (3)을 정리하고* PER(주당순이익비율)로 표현하면 다음과 같다.

$$\frac{P}{EPS} < \frac{1}{r} \tag{4}$$

따라서 식 (4)의 의미는 다음과 같다.

- PER이 낮을수록 즉 현재 주가가 낮을수록 자기주식을 사려는 유인이 커지게 된다. 자기주식 취득 후 주당순이익(EPS′)이 높아지기 때문이다. 주가가 하락하면 회사가 자기주식을 적극적으로 취득하는 것은 이 같은 효과를 염두에 두고 주식시장과 교감하는 것으로 볼 수 있다.
- 기회비용이 낮을수록 자기주식을 취득하려는 유인이 커진다. 예를 들면 기회비용이 10%인 경우에 비해 5%인 경우 자기주식취득에 소요되는 자금의 기회손실이 작아지므로, 보다 적극적으로 자사주를 매입하고자 할 것이다.

이와 같이 기업이 주가의 추가하락을 방지하고 주가를 관리하려는 의도에서 자기주식을 매입한다는 일반적인 견해와 더불어, 자사주의 취득에 사용되는 자원의 기회비용을 정확히 이해하는 것도 매우 중요하다. 따라서 자사주취득 대신 그 재원을 수익성이 높은 투자대안에 투입하는 것이 바람직하다면 자사주를 취득하는 것이 오히려 기업가치에 부정적인 영향을 미칠 수 있다는 점을 기억할 필요가 있다.

그런데 자기주식 취득에 필요한 재원의 기회비용은 어느 상황에서 높을까? 기회비용은 경기가 좋고 회사의 경영성과가 좋을 때 높을까, 아니면 불황기이거나 회사의 이익창출역량이 떨어졌을 때 높을까? 주가가 올라갈 때 보다는 주가가 약세일 때 자기주식 취득이 활발하다는 점을 고려하면 경영환경이 좋지 않을 때 자기주식 취득대금의 기회비용이 낮을 것으로 볼 수도 있다.

* $(E - r \times P \times R) \times N > E \times (N - R)$을 정리하면, $EN - rPRN > EN - ER$이 되고, $rPRN < ER$이 되므로 $rP < \frac{E}{N} = EPS$가 된다. 따라서 $PER = \frac{P}{EPS} < \frac{1}{r}$.

그러나 자기주식을 취득해서라도 주가를 올리고자 하는 상황이라면, 경영진은 오히려 보다 본질적인 경영의사결정을 할 필요가 있다. 자기주식을 취득하는 것과 회사가 더 좋은 제품과 용역을 제공함으로써 고객과 시장으로부터 더 많은 신뢰를 받는 것과는 무관하기 때문이다.

따라서 회사의 한정된 재원을 자기주식 취득에 투입하기 보다는 브랜드가치를 높이기 위한 투자, 수익성중심의 경영을 위한 선택과 집중, 임직원의 역량을 개발하기 위한 교육투자방안을 실행하는 것이 더욱 중요하다. 그 이유는 회사의 경영역량이 떨어질수록 회사 재원의 기회비용이 높아지기 때문이다(Section 24 '주주 요구수익률과 경영성과' 참고).

## 03 주당순이익 목표 달성과 자사주 취득

최근 연구에 의하면, 미국 경영진은 주당순이익 목표를 달성하기 위해 자사주를 취득하는 경향이 있다고 한다. 미국에서는 당기순이익(또는 영업이익) 금액보다 주당순이익(EPS, earnings per share)을 강조하고는 한다. 주식발행을 통한 자금조달과 자사주 취득이 종종 발생하는 경우, 당기순이익 전체 금액 보다는 주당순이익이 주주의 경제적 이해를 보다 적절히 나타낸다는 인식 때문이다.

따라서 주당순이익 목표를 달성하기 어려운 경우 경영진은 두 가지 대안을 고려할 것이다. 첫째, 자사주를 취득하여 주당순이익의 분모인 유통주식수(발행주식수 − 자사주)를 줄이는 것이고, 둘째, 당기순이익 금액을 높이는 것이다.

[그림 49-2]는 미국 경영진이 자사주를 취득해서라도 주당순이익 목표를 달성하려는 경향을 보인다는 것을 나타낸다. 여기서 주당순이익 목표는 재무분석가들이 제시한 주당순이익 평균값 대비 경영진이 예상하는 주당순이익 값과의 괴리도이다. 주당순이익 목표가 음(−)에서 영(0)에 약간 못 미치는 경우, 즉 경영진이 예측한 주당순이익 값이 재무분석가들의 목표치에 약간 미달하는 것으로 예상되는 경우 자사주취

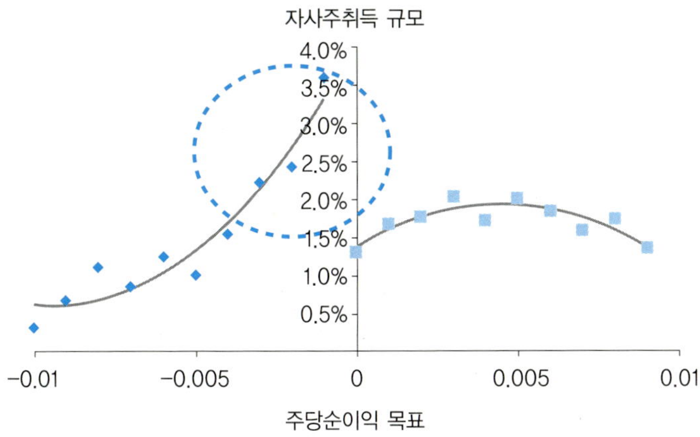


[그림 49-2] 주당순이익 목표와 자사주취득 경향

득 규모가 크게 상승하는 것을 볼 수 있다. 따라서 경영진은 주식 시장 기대치를 상회하는 주당순이익을 달성하는데 높은 관심이 있다는 점을 보여준다.

그런데 자사주 취득에 필요한 재원은 어떻게 마련할까? 경영진은 여유 현금을 활용할 수도 있다. 그 경우 자사주 취득으로 인한 부정적인 영향은 크지 않을 것이다. 오히려 여유 현금을 주주에게 환원하는 긍정적인 효과가 클 수도 있다.

그러나 주당순이익 목표 달성을 위해 자사주를 취득하는 경우, 경영진은 투자를 줄이는 경향을 보이기도 한다. 주당순이익 목표달성을 위해 미래를 위한 투자를 단기적으로 희생시키는 부정적 효과도 있을 수 있는 것이다. [그림 49-3]는 주당순이익 목표 달성이 어려운 경우, 경영진은 고용도 줄이고, 설비투자와 연구개발투자도 줄이는 경향이 있음을 보여 준다.

기업 경쟁력 강화에 핵심적인 인적, 물적 투자를 줄여서라도 주당순이익 목표를 달성하려는 경향을 보이는 것은 어떻게 평가해야 하는 것이 좋을까? 경영진은 단기적 경영성과를 달성해야 할 뿐 아니라 장기적으로 기업 경쟁력을 향상시켜야 하는 역할도 갖고 있다. 그러나 이 두 역할은 종종 상충(dilemma)되기도 한다. 예를 들어 장기

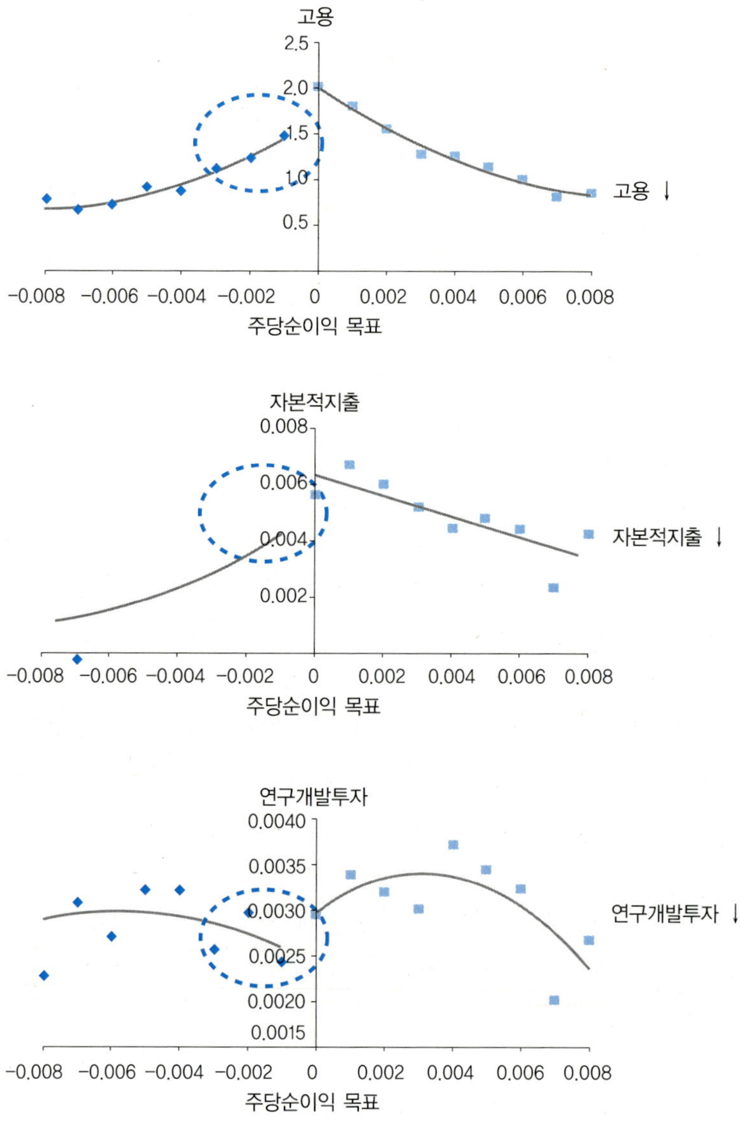


**[그림 49-3]** 자사주취득의 경제적 효과

경쟁력 강화를 위한 투자는 단기적으로는 수익성에 악영향을 미치기도 한다. 이 같은 상충을 어떻게 현명하게 조정할 것인가가 경영진에게는 큰 숙제일 것이다. 앞서 언급하였듯 경영진은 기업의 경쟁력 향상을 위한 본질적 의사결정에 더 깊이 고민하는 것이 중요하다는 것을 기억하자.

## 04 주식매수선택권과 자사주의 취득

한국 상장기업 가운데 경영자 보상으로 주식매수선택권(stock options)을 부여하는 기업이 늘고 있다. 주식매수선택권이란 정해진 가격(행사가격)으로 회사의 주식을 살 수 있는 권리를 뜻한다. 예를 들면 주식매수선택권 1주당 행사가격이 5,000원이라고 하자. 만일 주가가 8,000원이라면 주식매수선택권을 가진 임직원은 5,000원의 값(행사가격)을 회사에 지급하고 주식을 사려할 것이다. 그 이유는 8,000원 − 5,000원 = 3,000원 만큼의 차익을 얻을 수 있기 때문이다. 따라서 임직원의 입장에서는 주가가 행사가격보다 높은 경우에는 비록 주식을 구입하지는 않았더라도 이미 보상을 받은 것이나 다름없다.

그러나 기존 주주의 입장은 매우 다르다. 임직원이 주식매수선택권을 행사하여 현재 주가에 비하여 낮은 가격으로 회사 주식을 구입하게 되면 기존 주주는 그만큼 경제적 손실을 입는다. 그 이유는 기존 주주의 소유주식수는 변하지 않는 데 반해 임직원들은 새로운 주식(또는 자사주)을 낮은 가격으로 구입하기 때문이다. 이 현상을 '기존 주주의 주식소유비율(또는 지분율)이 희석된다'고 표현한다. 따라서 임직원이 주식매수선택권을 단기간 동안에 행사하여 주식을 구입하게 되면 주식의 공급이 그만큼 커지게 되고, 주가가 하락할 수도 있다.

기업이 자사주를 취득하는 이유 중 하나가 임직원의 주식매수선택권 행사에 의한 주식 발행으로 인해 주가가 하락하는 것을 방지하기 위해서이다. 이와 같은 자사주 취득은 일견 기존 주주의 경제적 이해를 보호하는 것으로 보인다. 과연 그럴까?

주식매수선택권의 행사는 언제나 현재 주가에 비하여 낮은 가격에 이루어진다. 그 이유는 현재 주가가 행사가격보다 현저하게 높지 않으면 임직원은 주식매수선택권의 행사로 인한 이득이 그다지 높지 않으므로 행사를 하지 않으려 하기 때문이다. 그러나 자사주를 취득하기 위해서는 현재의 주가만큼 가격을 지불해야 한다. 위의 예에서 행사가격 5,000원으로는 8,000원에 달하는 주식을 취득할 수 없기 때문에 그 차액인 3,000원만큼은 금융자산을 사용하여야 한다. 따라서 기존 주주의 입장에서는 주식 소유비율이 하락하여 발생하는 경제적 손실뿐 아니라, 기업이 자사주를 취득하는 경우 금융자산을 추가적으로 사용함으로써 기업 가치를 훼손시킬 위험까지도 함께 염려하게 된다.

만일 부가가치가 높은 다른 투자활동이 많지 않은 경우라면 자사주 취득에 사용되는 자원의 기회비용은 높지 않을 것이다. 앞 절에서 본대로 이 경우는 자사주 취득이 주당순이익을 높이고 따라서 주가의 제고에도 공헌하게 된다. 반대로 투자기회가 많은 기업은 주식매입선택권 행사로 인한 자사주의 취득이 오히려 기존 주주의 경제적 이해를 침해할 수도 있다는 점은 흥미로운 분석이 아닐 수 없다.

SECTION

# 50 주식수익률 변동성과 주식시장의 활성화

미국 S&P500 지수에 포함되어 있는 기업들의 연평균 주식수익률 변동성(volatility)은 20% 정도인 반면 한국 상장기업들의 변동성은 그에 비해 1.5~2.0배 정도 높다. 한국 경제가 미국이나 일본에 비해 인구규모와 내수시장이 상대적으로 작고 여전히 수입 및 수출 중심의 경제구조를 갖고 있다는 것을 고려하면 한국 상장기업들의 주식수익률 변동성이 높을 수밖에 없음을 이해할 수 있다. 그 이유는 전략적 원자재 시장의 수입가격 변동성과 해외수출시장의 가격 및 수요 변동성에 계속 노출되는 한, 내수시장이 작아 해외수출시장의 영향을 국내시장에서 충분히 흡수하지 못하기 때문이다. 이러한 점을 고려하면 한국 상장기업들의 영업현금흐름이나 영업이익은 앞으로도 높은 변동성을 나타낼 것으로 예상할 수 있다. 그렇다면 한국 상장기업들의 주식수익률 변동성이 높다는 것을 기업가치평가모형의 개념을 사용하여 보다 정교하면서도 직관적으로 설명할 수는 없을까?

## 01 주식수익률 변동성과 본질가치

우선 기업의 본질가치란 사업으로부터 예상되는 미래 '현금흐름'을 현재가치로 변환한 값이라는 것을 기억하자. 여기서 '현금흐름'을 영업이익이라고 해석해도 좋고 아니면 영업현금흐름에서 투자금액을 차감한 잉여현금흐름(free cash flow)이라고 해석해도 좋다. 이 현금흐름이 미래에도 동일한 금액만큼 무한히 계속하여 창출되고 또한 현금흐름을 현재가치로 할인하기 위한 할인율도 일정하게 유지될 것으로 가정하자. 그리고 주식시장이 이 같은 정보들을 효율적으로 주가에 반영하고 있다고 가정(즉 효율적 시장가설)하면 기업의 주가(=본질가치)는 다음과 같이 간단히 표현된다.

$$\text{주가} = \frac{\text{미래 예상현금흐름}}{\text{할인율}} \tag{1}$$

따라서 다음과 같은 관계가 있음을 알 수 있다.

- 주가와 현금흐름은 양(+)의 관계를 갖고 있고,
- 주가와 할인율은 음(−)의 관계를 갖고 있다.

즉 미래 예상현금흐름이나 경영성과가 좋을 것으로 예상하면 주가는 상승할 것이며, 미래 경영성과가 불확실하다고 판단되어 할인율이 높아진다면 주가는 하락할 것이다. 여기까지는 큰 어려움이 없이 이해할 수 있다.

그런데 미래 예상현금흐름과 할인율의 관계는 양(+)의 관계일까 아니면 음(−)의 관계일까? 미래 예상현금흐름이 좋아질 것이라고 기대되는 경우 주주의 요구수익률인 할인율은 함께 높아질 것인지 아니면 하락할 것인지를 판단하기는 쉽지 않나. 이들 간의 관계를 직관적으로 설명하기 위해 경기불황기를 예로 들어 생각해 보자.

경기가 나쁘다는 것은 미래 예상 경영성과가 나빠질 개연성이 높다는 뜻이다. 즉 식 (1)에서 분자인 미래 예상현금흐름이 낮아진다는 의미이다. 한편, 불경기에 주식에 투자하고자 하는 투자자는 경영성과가 악화될 수 있는 위험을 감수하고서라도 투자를 하게 되므로 그에 상응하는 위험프리미엄을 보상받기를 기대할 것이다. 이는 식 (1)에서 분모인 할인율을 높이는 효과가 있다. 그러므로 미래 예상현금흐름과 할인율은 음(−)의 관계를 나타내게 됨을 알 수 있다(이에 대한 보다 정교한 논리는 Section 24에서 살펴보았다).

불경기가 예상될 때 주가가 빠르게 하락하는 이유는 미래 예상현금흐름(분자)은 낮아지고 할인율(분모)은 높아지게 되므로 현재가치인 주가는 빠르게 하락하기 때문이라고 이해할 수 있다. 반대로 경기호황기가 예상되는 경우 미래 예상현금흐름은 높아지고 주주의 요구수익률은 낮아질 것이므로 주가는 빠르게 상승하게 될 것이다.

이제 한국 상장기업들의 주가수익률 변동성이 높은 이유를 직관적으로 설명할 준비가 되었다. 많은 상장 기업들이 해외 수출시장과 전략적 원자재 시장의 가격 변동에 노출되어 있을 뿐 아니라 해외시장에서 자금을 조달하여 투자활동을 하고 있다. 따라서 해외시장의 가격변동에 따라 제품생산원가가 큰 폭으로 변동하므로 영업이익의 변동성이 커지게 된다. 또한 환율이 변동함에 따라 원화로 계산되는 매출액이나 차입금액도 큰 폭으로 변동하게 되어 결국 당기순이익의 변동성도 높아지게 되는 것이다.

이와 같은 영업이익과 당기순이익의 높은 변동성으로 인해 미래 예상현금흐름에 대한 투자자의 견해도 낙관과 비관 사이를 오가게 되며, 위험에 대한 보상심리(즉 할인율)는 그 반대 방향으로 움직이게 되어 결국 주가는 급락하기도 하고 급등하기도 한다. 결국 주식수익률 또한 높은 변동성을 나타내게 된다.

따라서 주식수익률의 변동성은 경제 전체의 불확실성이 높을 때 더 심하게 나타날 것이라는 것을 쉽게 이해할 수 있다. 경기순환주기가 짧아져 경기상승기인지 또는 하강기인지를 판단하기 어렵거나 금융시장이 불안한 경우 주식수익률의 변동성이 높은 이유이다. 그런데 주식수익률 변동성이 높아지는 것은 두 가지 상반된 의미를 갖고 있다. 다음 장에서 그 의미를 살펴보자.

## 02 개별기업 주식수익률 변동성과 전략적 장기투자자의 확보

우선 주식수익률 변동성이 큰 기업에는 장기적인 관점에서 전략적 투자를 하는 기관투자자 대신 단기 시세차익(또는 자본이득)을 노리는 기관투자자들이 더 큰 관심을 갖게 된다. 이 같은 기관투자자(transient investors라고 함)들은 기업의 장기적이고 전략적 관점에서 투자활동이나 영업의사결정에 관심을 갖기보다는 현금배당이나 자사주취득을 통한 투자자금의 회수에 더 강한 애착을 갖는다. 기업은 이 같은 투자자들의 영향으로 인해 회사의 성장동력발굴에 필요한 재원확보와 운영에 제한을 받을 수도 있다.

따라서 기업 경영층은 주식수익률의 변동성이 과도하게 높이지는 것을 억제하는 방안을 찾을 필요가 있다. 앞에서 살펴본 대로 미래 예상현금흐름과 요구수익률에 대한 투자자의 견해가 지나치게 낙관적이거나 비관적으로 치우치게 되는 경우 주식수익률 변동성이 높아진다. 그러므로 기업 경영성과에 영향을 주는 정보들에 대해 시장참여자들이 극단적인 견해를 갖지 않도록 기업 정보를 성실하게 시장에 제공할 필요가 있다. 예를 들어 부정적인 경영정보(부실채권의 상각이나 재고자산의 손상 등에 관한 정보)를 늦게 공시하게 되면 시장참여자들은 경영정보에 대해 신뢰성을 갖지 못하게 되고 이로 인해 과도하게 낙관적이거나 비관적으로 경영성과 예측을 하게 되어 결국 주식수익률 변동성을 높이는 결과를 초래할 수 있다.

특히 금융위기 등으로 인해 경제 전체에 불확실성이 높은 경우 부정적인 경영정보를 적시에 시장에 제공하지 않게 되면 자본시장 전체의 불확실성을 높이게 되어 상장기업 전체의 주식수익률 변동성이 동시에 높아질 수도 있다.

## 03 '좋은' 변동성과 '나쁜' 변동성'

위에서 살펴본 대로 개별 기업의 주식수익률 변동성이 높아지는 것은 바람직해 보이지 않는다. 그러나 경제 전체로 볼 때 주식수익률 변동성이 높은 것을 나쁘게만 볼 수는 없다. 그 이유는 주식시장 전체로 볼 때 주식수익률 변동성이 높아지는 이유를 살펴보면 이해가 된다. 최근 연구에 의하면 미국 상장기업들의 주식수익률이 과거에 비해 높아졌다고 한다. 그에 대한 이유로는 여러가지가 있다.

우선 경영성과의 변동성이 높아졌다. 국내외 시장에서 경쟁이 치열해짐에 따라 안정적인 경영성과를 내기가 어려워졌고 이로 인해 영업이익, 영업현금흐름 그리고 당기순이익의 변동성이 높아졌다.

그리고 과거에 비해 유형자산보다는 무형자산의 중요성이 커졌다. 적극적인 연구개발투자(R&D: research and development)와 지적자산에 의존하는 경제 환경에서는 유형자산보다는 무형자산이 더욱 중요해진다. 그러나 무형자산에의 투자는 투자금액도 크지만 실패가능성도 높은 특성을 갖고 있다. 따라서 미래 효익이 불확실한 무형자산 투자가 증가할수록 기업의 경영성과 변동성이 커질 것이다.

그런데 주목할 점은 상장 기업들의 경영성과가 최근에 들어 변동성이 더욱 높아진 것이 아니라, 새롭게 주식시장에 상장되는 기업들이 과거와는 달리 경영 변동성이 높은 기업들이라는 것이다. 즉 기존에 상장되어 있는 기업들의 본질적인 경영전략에 변화가 있어 이들 기업의 경영성과 변동성이 높아진 것이 아니라, 과거와는 다른 형태의 수익창출모형을 갖는 새로운 기업군이 주식시장에 대거 진출했기 때문이라는 것이다. 그리고 이들 기업들은 과거와는 달리 회사 설립 이후 몇 년 되지 않아 주식시장에 진출한다는 점이다.

그렇다면 경영성과 변동성이 높은 '젊은' 기업들이 주식시장에 진출하는 것이 어떻게 가능할까? 그 이유는 자본시장 참여자들이 이들 기업들에게 투자재원을 제공하려는 의지가 과거에 비해 높기 때문이다. 새로운 수익창출모형을 활용하여 신사업을 추진하려는 창업자는 위험한 사업임에도 불구하고 이 사업에 기꺼이 투자재원을 제공하고자 하는 주주들을 자본시장에서 만날 수 있다는 뜻이다. 과거에 비해 창업자와 주주 간의 '거리'가 가까울수록, 위험자본의 조달이 수월할수록 경영성과의 변동성이 높은 기업들이 주식시장에 많이 진출할 것이다.

이 결과 과거에 비해 주식시장 전체의 주가수익률 변동성은 높아진다. 그러나 높아진 변동성은 자본시장이 역동적으로 그 본연의 역할을 충실히 수행했기 때문에 나타난 현상이라는 점이 흥미롭다. 새로운 사업모형의 추진에 필요한 위험자본의 조달이 원활할수록 그리고 사업수익성이 시장에서 인정받지 못할 경우 시장에서 퇴출되는 제도가 잘 작동할수록 경제 전체의 관점에서는 한정된 자원이 효율적으로 사용된다고 볼 수 있다. 따라서 상장 기업 전체의 주식수익률의 변동성이 높아지는 것을 언제나 나쁘게만 볼 필요는 없을 것이다.

SECTION

# 51 투자, 수익성 그리고 주식수익률

경영성과가 좋아질 것으로 예상되면 주가는 오른다. 그렇다면 투자를 많이 하는 기업 주가는 어떨까? 투자 규모가 큰 기업은 그렇지 않은 기업에 비해 주가가 더 오를까? 한국 기업은 생산, 제조 설비에 많은 투자를 한다. 설비투자를 많이 하는 한국 기업 주가는 그렇지 않은 국가 기업들보다 더 오를까?

투자를 늘리면 주가가 오를 것이라고 생각하는 것은 자연스러워 보일 수도 있다. 경영진이 투자를 확대하는 것은 미래 수익을 높일 수 있을 것이라는 기대가 반영되어 있다고 보기 때문이다. 그런데 실제로도 그럴까? 그렇다면 설비투자가 많은 한국 기업 주가가 투자자 기대만큼 많이 상승하지 않는 이유는 무엇일까? 이를 논리적으로 설명할 수 있을까?

## 01 투자의사결정과 기업가치

투자와 주가의 관계를 이해하기 위해서는 경영진의 투자의사결정과정을 살펴보아야 한다. 경영진은 기업가치를 높이기 위해 투자규모(I: investment)를 '적정한(optimal)' 수준에서 결정해야 한다. 투자를 적정 수준보다 너무 많이 하거나 반대로 너무 적게 하면 기업가치를 극대화할 수 없다. 그렇다면 경영진은 어떻게 '최적' 투자규모를 결정할까?

개념적으로 최적 수준의 투자규모는 한 단위 투자 증가로 인한 이익(한계이익)과 그로 인한 투자비용(한계비용)이 같아지는 때이다. 투자로부터 얻을 수 있는 예상이익이 투자비용보다 클 때 경영진은 당연히 투자를 실행한다. 그 반대라면 투자를 하지 않을 것이다. 따라서 경영진은 투자 한계이익이 한계비용과 같아질 때까지는 투자를 계속할 경제적 유인을 갖고, 그때의 투자규모가 기업가치를 극대화하는 '적정' 수준이 된다.

| | t = 0 | | t = 1 |
|---|---|---|---|
| ■ 자산 | $A_0$ | $A_1(=I_0)$ | $0$ |
| ■ 영업이익 | | $A_0ROA_0$ | $A_1ROA_1$ |
| ■ 투자 | | $I_0$ | $0$ |
| ■ 조정비용 | | $\frac{c}{2}A_0\left(\frac{I_0}{A_0}\right)^2$ | $0$ |
| ■ 배당 | | $A_0ROA_0 - I_0 - \frac{c}{2}A_0\left(\frac{I_0}{A_0}\right)^2$ | $A_1ROA_1 - 0 - 0$ |
| ■ 주가 | | $E_0\left(\frac{A_1ROA_1}{1+r}\right)$ ← 할인 | $0$ |
| ■ 기업가치 | $A_0ROA_0 - I_0 - \frac{c}{2}A_0\left(\frac{I_0}{A_0}\right)^2 + E_0\left(\frac{A_1ROA_1}{1+r}\right)$ | | $A_1ROA_1$ |

**[그림 51-1]** 투자의사결정 모형

이 개념을 그림 [51-1]과 같은 모형을 활용해 상세히 살펴 보자. 당해 연도(t = 0) 초에 경영진은 $A_0$만큼의 영업자산을 보유하고 있다고 가정하자. 영업자산은 토지, 설비, 재고자산, 매출채권 등 영업이익을 창출하기 위한 생산기반을 포함한다.

경영진은 영업자산을 활용해 영업이익을 창출한다. 영업자산(A)에 영업자산수익률(ROA: return on asset)을 곱한 값만큼 영업이익을 창출한다고 가정하면, 당해 연도 영업이익은 $A_0ROA_0$이다.

배당금($D_0$)은 영업이익에서 당해 연도 투자금액($I_0$)과 투자 조정비용(adjustment cost)을 차감하고 남은 금액이 된다. 투자 조정비용이란 투자의사결정 시 나타나는 불가피한 추가 비용을 의미한다(Section 47 참고). 조정비용은 [그림 51-2]처럼 영업자산 대비 투자금액이 많을수록 가파르게 상승한다고 가정하여 $\frac{c}{2}A_0\left(\frac{I_0}{A_0}\right)^2$라고 하자. 그러면 배당금은 $D_0 = A_0ROA_0 - I_0 - \frac{c}{2}A_0\left(\frac{I_0}{A_0}\right)^2$이 된다.

다음 연도(t = 1) 영업자산($A_1$)은 어떻게 형성될까? 영업자산은 투자한 해에 100% 감가상각된다고 가정하자. 영업자산이 당해에 모두 소진된다는 가정은 현실성이 낮으나, 시간이 지날수록 영업자산의 생산성이 떨어지는 현상을 나타내는 것으로 이해하자. 그러면 다음 해 영업자산은 전년도에 경영진이 결정한 투자금액($I_0$)이 된다($A_1 = I_0$). 그리고 다음 해 영업이익은 $A_1ROA_1$이 된다.

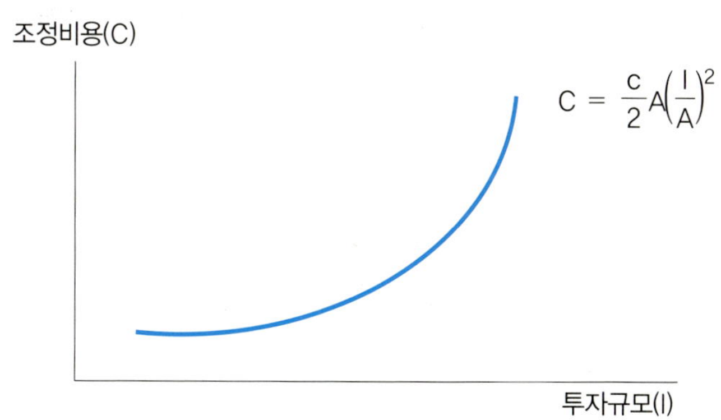


[그림 51-2] 투자규모와 조정비용

본 기업은 다음 해 말에 청산하는 것으로 가정하자. 기업의 지속성을 고려할 때 이 같은 가정은 비현실적이나 주요 개념을 강조하기 위해 단순화한 것이다. 이에 따라 다음 해에는 추가 투자가 없고($I_1 = 0$), 투자와 관련된 조정비용도 없다. 따라서 다음 해 배당금($D_1$)은 영업이익 전부가 된다($D_1 = A_1ROA_1$).

이제 기업가치(V)를 도출해보자. 기업가치는 배당금과 지분가치(equity value)의 합으로 결정된다. 여기에서 지분가치는 간단하게 주가(P)라고도 하자.

우선 다음 해 말 (배당 지급 전 전체) 기업가치($V_1$)는 그때의 배당금과 주가의 합이다($V_1 = D_1 + P_1$). 위에서 배당금은 $D_1 = A_1ROA_1$임을 보았다. 또한 다음 해 말에는 기업이 청산하므로 주가는 '0'의 값을 갖을 것이다($P_1 = 0$). 따라서 기업가치는 $A_1ROA_1$이 된다($V_1 = D_1 + P_1 = A_1ROA_1 + 0 = A_1ROA_1$).

■ **다음 연도 말 기업가치:** $V_1 = A_1ROA_1$ (1)

그렇다면 당해 연도 말 (배당금 지급 전 전체) 기업가치($V_0$)는 어떻게 나타날까? 앞에서 당해 연도 배당금은 $D_0 = A_0ROA_0 - I_0 - \frac{c}{2}A_0\left(\frac{I_0}{A_0}\right)^2$임을 보았다. 당해 연도 말 (배당금 지급 후) 주가($P_0$)는 다음 해 말 기업가치($V_1$)를 적절한 할인율(r)을 활용해 현재가치로 구하여 추정할 수 있다. 즉, 식 (1)을 현재가치로 할인하면, $P_0 = E_0\left(\frac{V_1}{1+r}\right) = E_0\left(\frac{A_1ROA_1}{1+r}\right)$이 된다. $E_0$는 당해 연도 말(t = 0) 시점에서 다음 해(t =1) 영업이익이 불확실하므로 이에 대한 투자자의 기대값을 도출하기 위한 표현이다.

■ **당해 연도 말 주가:** $P_0 = E_0\left(\frac{A_1ROA_1}{1+r}\right)$ (2)

종합하면 당해 연도 말 기업가치($V_0$)는 배당금과 지분가치의 합($V_0 = D_0 + P_0$)이므로 다음과 같이 도출된다.

■ **당해 연도 말 기업가치:**

$$V_0 = \underbrace{\left\{A_0ROA_0 - I_0 - \frac{c}{2}A_0\left(\frac{I_0}{A_0}\right)^2\right\}}_{\text{배당금}(D_0)} + \underbrace{E_0\left(\frac{A_1ROA_1}{1+r}\right)}_{\text{지분가치}(P_0)} \qquad (3)$$

위 식 (3)을 활용해 기업가치를 극대화하기 위해 경영진이 어떻게 최적 투자수준을 결정하는지 살펴보자.

## 02 '적정' 투자규모

경영진은 투자로부터 얻을 수 있는 예상이익이 투자비용보다 클 때 투자를 실행한다. 그렇지 않을 때도 투자를 한다면 오히려 기업가치가 떨어진다. 기업가치를 극대화하기 위한 투자규모를 결정하기 위해 경영진은 '적정' 투자규모를 찾아야 한다. 그 수준을 어떻게 찾아야 할까?

[그림 51-3]은 한 단위 투자 증가($\partial I$)로 인해 기업가치가 더 늘지도 않고 줄지도 않는 수준($\partial V = 0$)에서 '최적' 투자규모($I^*$)가 결정된다는 것을 보여준다. 이러한 과정을 편미분(partial derivative)한다고 하며 아래 식을 적용한다.

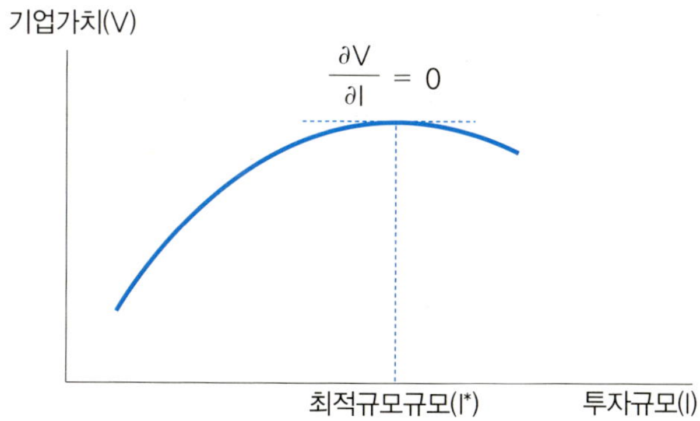


**[그림 51-3]** 최적투자규모와 기업가치

$$\frac{\partial V}{\partial I} = 0$$

이제 식 (3)의 당해 연도 기업가치($V_0$)를 투자($I_0$)로 편미분하고 그 값을 '0'과 같게 하자. 이때 앞에서 가정한 $A_1 = I_0$을 반영하여 $A_1ROA_1 = I_0ROA_1$으로 변환하여 편미분하면 아래와 같다.

$$\frac{\partial V_0}{\partial I_0} = -1 - c\left(\frac{I_0}{A_0}\right) + E_0\left(\frac{ROA_1}{1+r}\right) = 0$$

위 식을 정리하면 기업가치를 극대화하는 최적 투자규모는 아래 식을 만족시킨다.

$$\underbrace{\mathbf{1 + c\left(\frac{I_0^*}{A_0}\right)}}_{(A)} = \underbrace{\mathbf{E_0\left(\frac{ROA_1}{1+r}\right)}}_{(B)} \tag{4}$$

이 식 (4)를 자세히 해석하면 아래와 같다.

■ **(A) 투자 한계비용**

당해 연도에 투자를 한 단위 (편의상 '1'로 가정함) 늘렸을 때, 증가한 투자비용 '1'과 이에 수반되는 조정비용 $c\left(\frac{I_0^*}{A_0}\right)$의 합

■ **(B) 투자 한계이익**

당해 연도에 투자를 한 단위 늘렸을 때 다음 연도에 얻을 것으로 기대하는 한계이익($ROA_1$)을 적절한 할인율(r)을 활용해 당해 연도 말 현재가치로 환산한 값

■ **(A = B) 투자 한계비용 = 투자 한계이익**

기업가치를 극대화하는 최적 투자규모는 투자 증가로 인한 한계이익과 한계비용이 같아지는 때의 투자규모

위 해석을 바탕으로 다음과 같은 결론 세 가지를 도출해 보자.

- 투자에 대한 기대수익률($ROA_1$)이 높을수록, 적정투자규모($I^*$) 증가
- 할인율(r)이 낮을수록, 적정투자규모($I^*$) 증가
- 투자에 수반되는 조정비용(c)이 클수록, 적정투자규모($I^*$) 감소

경영진은 위와 같은 통찰력을 이미 갖고 있을 것이다. 여기서는 그 통찰력을 명확한 논리로 뒷받침한 것으로 생각하자.

## 03 투자와 주식수익률

이제 투자와 주식수익률 사이의 관계를 살펴보자. 투자를 많이 하면 주가도 더 오를까? 그렇다면 설비투자를 많이 하는 한국기업 주가가 생각보다 덜 오르는 이유는 무엇일까? 주식시장이 비효율적이라서 그럴까?

주식수익률은 편의상 원금과 순수익률(r: net return)을 합한 총수익률(R: gross return)로 정의하고, 식 (5)처럼 다음 연도 말 기업가치 $V_1 = D_1 + P_1$을 당해 연도 말 주가($P_0$)로 나누어 계산하자.

$$R = 1 + r = \frac{D_1 + P_1}{P_0} \tag{5}$$

위 식 (5)에서 분자는 앞에서 정리한 $D_1 + P_1 = A_1ROA_1$을 대입하고 분모에는 식 (2)의 $P_0 = E_0\left(\frac{A_1ROA_1}{1+r}\right)$을 대입한다. 그리고 분자와 분모에 동시에 있는 영업자산 $A_1$을 상계하면 주식수익률은 아래와 같다.

$$R = \frac{D_1 + P_1}{P_0} = \frac{A_1ROA_1}{P_0} = \frac{\cancel{A_1}ROA_1}{E_0\left(\frac{\cancel{A_1}ROA_1}{1+r}\right)} = \frac{ROA_1}{E_0\left(\frac{ROA_1}{1+r}\right)}$$

마지막으로 분모에 식 (4)의 '투자 한계비용 = 투자 한계이익' 개념을 대입하면 아래와 같다.

$$\mathbf{R = 1 + r = \frac{ROA_1}{1 + c\left(\frac{I_0^*}{A_0}\right)}} \tag{6}$$

지금까지 길고 복잡한 과정을 거쳤으나 위 식 (6)을 잘 기억하자. 다음과 같은 흥미로운 결론 세 가지를 도출할 수 있다.

- 투자에 대한 예상수익성($ROA_1$)이 높을수록, 주식수익률(r) 상승
- 투자규모$\left(\frac{I_0^*}{A_0}\right)$를 늘릴수록, 주식수익률(r) 하락
- 투자 조정비용(c)이 클수록, 투자수익성($ROA_1$)과 주식수익률(r)의 양(+)의 관계 약화 및 투자규모$\left(\frac{I_0^*}{A_0}\right)$와 주식수익률(r)의 음(−)의 관계 증폭

첫째, 투자수익성($ROA_1$)과 주식수익률(r)의 관계는 양(+)이다. 이 결론은 직관적으로 수용하기 쉽다. 예상수익성이 좋을수록 주가가 더 오르는 것은 자연스럽기 때문이다. 경영진이 재무분석가나 언론에 좋은 경영실적을 발표할 때 주가가 더 많이 오른 것도 잘 설명할 수 있다. 평소에는 주가 움직임이 없다가 좋은 실적이 확정되어 발표될 때서야 비로소 주가가 많이 오르는 것을 두고 자본시장이 비효율적으로 늦게 반응하다고 볼 필요는 없다. 오히려 자본시장이 효율적으로 작동한다고 볼 수 있다.

둘째, 투자규모$\left(\frac{I_0^*}{A_0}\right)$와 주식수익률(r)의 관계는 음(−)이다. 이 결론은 수용하기 어려울 수도 있다. 경영진이 투자를 늘리는 것은 미래 수익창출역량을 강화하기 위한 것인데, 주식수익률이 오히려 낮아진다는 것은 합리적이지 않아 보인다. 그러나 예상투자수익성이 향상되면 주가가 오르는 관계는 이미 첫째 결론에 반영되어 있다. 여기에서는 투자를 늘리면 단위당 투자효율성이 떨어지는 현상(한계 투자생산성 하락)이 주식수익률 하락으로 연결되는 것으로 보아야 한다.

참고로 투자와 주식수익률의 음(−)의 관계는 식 (4)의 $1 + c\left(\frac{I_0^*}{A_0}\right) = E_0\left(\frac{ROA_1}{1 + r}\right)$에

서도 확인할 수 있다. 할인율(r)이 낮으면 투자규모$\left(\frac{I_0^*}{A_0}\right)$가 늘고, 반대로 할인율이 높으면 투자가 감소한다. 식 (4)의 할인율과 식 (6)의 기대 주식수익률이 같은 역할을 한다고 생각하면, 투자와 주식수익률이 음(−)의 관계임을 이해할 수 있다.

마지막으로, 식 (6)에서 투자 조정비용(c)이 주식수익률(r)에 미치는 영향도 흥미롭다. 투자의사결정에 수반되는 조정비용(c)이 높을수록 투자수익성($ROA_1$)과 주식수익률(r)의 양(+)의 관계는 약해지고, 투자규모$\left(\frac{I_0^*}{A_0}\right)$와 주식수익률(r)의 음(−)의 관계는 증폭된다. 다시 설명하자면, 비효율적인 투자 환경을 개선하지 못하면, 투자로 인한 과실의 효과도 떨어지고 투자를 확대할수록 주식수익률은 더욱 떨어지는 부담을 갖는다는 의미이다.

## 04 행동재무학적 해석에 대한 경계

앞에서 투자규모가 크면 주식수익률이 하락하는 관계를 논리적으로 설명하였다. 이러한 설명은 효율적 시장 가설(EMH: efficient market hypothesis)에 기반하여 경영진의 합리적 판단에 의한 결과라고 보는 것이다. 그러나 행동재무학(behavioral finance)이나 행동경제학(behavioral economics)에서는 투자규모와 주식수익률의 음(−)의 관계에 대해 투자자와 자본시장의 비효율성을 강조하며 다른 해석을 하기도 한다.

행동재무학에서는 투자규모가 늘 때 주식수익률이 낮은 이유를, 투자자가 경영진의 투자확대 효과를 지나치게 낙관적으로 해석하여 주가가 비이성적으로 올랐다가 추후 실망하여 주가가 떨어지기 때문이라고 본다. 반대로 경영진이 투자를 줄이면 투자자는 지나친 비관론을 가져 주가가 떨어졌다가, 추후 비관론이 해소되면 주가가 다시 오른다고 해석한다.

효율적 시장가설과 행동재무학은 각각 정반대로 해석하는 것이다. 어떤 것이 더 설득력이 있을까? 실무에서는 투자자의 비효율성에 기반한 행동재무학 해석에 더 매력을 느끼는 듯 하다. 전문성을 갖춘 기관투자자(연기금, 자산운용사, 증권사, 헤지펀드, 사모펀드 등)와는 달리 소액, 개인투자자는 기업 경영성과나 투자효율성을 적절히 파악하지 못할 수도 있기 때문이다. 소액투자자는 심도 있고 냉정한 분석 대신 즉흥적이고 감성(emotion)에 기반한 결정을 하기도 한다. 특히 소액투자자 비중이 높은 국가에서는 자본시장이 덜 효율적일 것이라는 인식이 널리 퍼져 있기도 한다.

이같은 실무에서의 인식과 주장에도 불구하고, 투자와 주식수익률간의 관계가 경영진의 합리적 판단에 의한 결과(할인율이 낮을 때 투자 증가, 할인율이 높을 때 투자 감소)라는 해석은 매우 흥미로운 관점이다. 이러한 효율적 시장가설에 따르면, 설비투자가 많은 한국 기업의 주가가 기대한 것 보다 덜 오르는 것에 대해서 새로운 시각으로 해석할 수 있다. 즉, 한국 경영진은 투자의사결정시 투자수익성(ROA)을 높일 수 있는 전략을 더욱 정교하게 수립해야 할 것이다. 그렇지 않으면 투자를 늘려도 주식시장에서 매력을 느끼지 못할 수 있기 때문이다.

뿐만 아니라, 경영진이 투자를 적기에 실행하고 수익창출역량을 강화할 수 있도록, 국가적으로 법률과 제도 등 경영환경을 지속적으로 개선하여 투자 조정비용을 낮추는 것도 꼭 필요하다는 시사점도 찾을 수 있다. 이것이 일자리를 만들고 기업가치를 높이는 동시에 궁극적으로 국가경쟁력을 높이는 일이다.

앞에서 복잡한 과정을 거쳐 투자와 기업가치간 관계를 도출한 것은 자본시장이 비효율적이라는 최근 행동재무학과 행동경제학의 견해를 균형적으로 볼 필요가 있다는 점을 강조하기 위해서이다. 일시적으로는 자본시장이 경영진의 투자의사결정과 기업의 본질가치를 명확하게 파악하지 못할 수도 있다. 그러나 경영자, 투자자, 그리고 소비자는 각자 효용(utility)을 최대화하기 위해 최선의 노력을 한다고 보는 것이 합리적이다. 그 같은 이해관계자의 노력과 합리성을 바탕으로 투자, 수익성 그리고 주식수익률 간의 관계를 깊이 있게 이해하는 것이 매우 중요하다.

SECTION

# 52 확률적 할인계수와 가치평가

기업가치평가의 핵심은 경영진의 미래 이익창출역량을 예상하고 이를 적절한 할인율(discount rate)로 할인하는 과정에 대한 통찰력을 갖추는 것이다. 미래 t 시점의 이익창출역량을 $CF_t$(cash flows)로 그리고 할인율을 $r_t$라고 표현하면, 실무에서의 기업 본질 가치 추정 과정을 다음과 같이 나타낼 수 있다.

$$\begin{aligned}\text{기업본질가치} &= \text{미래 이익창출역량의 할인값} \\ &= \frac{CF_1}{(1+r_1)^1} + \frac{CF_2}{(1+r_2)^2} + \frac{CF_3}{(1+r_3)^3} + \cdots \\ &= \sum \frac{CF_t}{(1+r_t)^t} \qquad (1)\end{aligned}$$

그런데 경영진의 미래 이익창출역량($CF_t$)은 아직 실현되지 않은 추정값이다. 경영진이 언제(시점), 그리고 얼마나(금액) 이익을 창출할 것인지 불확실하다. 이 같은 미래 이익창출의 시점(timing) 및 금액(amount)에 대한 불확실성을 위험(risk)이라고 표현한다. 위험을 고려하여 예상이익을 추정하려면 미래 경영상황을 낙관적인 경우와 비관적인 경우 등으로 나누어 값을 추정한다.

그렇다면 불확실한 미래 이익창출역량을 할인하기 위한 할인율($r_t$)는 어떻게 결정해야 할까? 실무에서는 미래 전망이 낙관이냐 비관이냐에 상관없이 동일한 할인율을 적용하는 것이 대부분이다. 여기에서는 미래 상황에 따라 할인율도 조정하여 기업가치평가를 보다 정교하게 하는 방법을 알아보자.

## 01 할인계수를 이용한 가치평가 — 일반적인 방법

미래의 이익 불확실성과 이에 대응하는 할인율을 설명하기 위해 아래와 같은 예를 사용하자. 예를 간단하게 하기 위해 미래 기간 1의 예상이익($CF_1$)과 할인율($r_1$)만 추정하는 것으로 한다.

[표 52-1] 할인계수와 가치평가

| | 발생확률 (a) | 미래이익($CF_1$) (b) | 할인계수($m_1$) (c) | 기대값 (a×b×c) |
|---|---|---|---|---|
| 낙관 상황 | 30% | 150 | – | 40.91 |
| 기본 상황 | 60% | 100 | – | 54.54 |
| 비관 상황 | 10% | 50 | – | 4.55 |
| 단순평균값 | – | 100 | 0.909 | 90.90 |
| 가중평균값 | – | 110 | 0.909 | 100.00 |

우선 외부 경영 환경 및 경영 전략의 성공 여부에 따라 미래 이익 금액이 변동하는 것을 나타내기 위해, 세 가지 상황(낙관, 기본, 비관)을 가정하자. 더욱 정교한 가치평가를 위해서는 상황을 더 세분할 수도 있으나, 여기서는 간단한 예를 사용하기로 한다.

낙관, 기본, 비관적 상황이 나타날 확률을 각각 30%, 60%, 10%로 가정하자. 물론 각 상황에 부합하는 확률을 결정하는 작업도 실무에서는 매우 중요하고 어렵다는 점을 기억하자. 그리고 각 상황에서 예상되는 이익은 150, 100, 50이라고 하자.

가치평가를 위해 어떤 미래 이익 금액을 사용하여야 할까? 실무에서는 미래 이익 추정치로 아래처럼 단순평균값이나 가중평균값을 사용한다.

- 단순평균값 = (150 + 100 + 50) ÷ 3 = 100
- 가중평균값 = 150 × 30% + 100 × 60% + 50 × 10% = 110

단순평균값은 미래 이익 추정치를 모두 더한 후 경우의 수인 셋으로 나눈 값으로, 간편하지만 각 상황의 발생확률은 고려하지 않는 한계가 있다. 가중평균값은 미래 이익 추정치에 각 상황의 발생확률을 고려한 값으로, 단순평균값에 비해 정교한 분석방법이며 보다 바람직하다. 이 밖에 다양한 미래 이익 추정치를 사용해 민감도분석(sensitivity analysis)도 실행한다.

이제 본론으로 돌아가서 할인율을 추정해보자. 각 상황에 따라 할인율이 달라져야 할까, 아니면 상황에 관계없이 동일한 할인율을 적용해도 무방한 것일까?

미래 예상 이익을 현재 가치로 환산하기 위한 할인율로는 배당할인모형이나 초과이익모형 실행시에는 CAPM을 활용한 주주 기대수익률을 사용한다. 그리고 DCF(잉여현금흐름)모형이나 초과영업이익(EVA)모형 사용시에는 가중평균자본비용을 할인율로 이용한다(Section 17, 36, 37 참고).

또한 계산 편의를 위해 할인율($r_t$) 대신 할인계수(discount factor)를 사용하기도 한다. 할인계수는 할인율에 '1'을 더하고 역수를 취한 값으로, 할인계수를 $m_t$라고 하면 $m_t = \frac{1}{(1 + r_t)}$이다. 예를 들어, 할인율을 10%라고 하면, 할인계수는 $m_1 = \frac{1}{(1 + 10\%)} = 0.909$가 된다. 할인율은 현재가치 환산을 위해 미래 이익을 나누어 주지만, 할인계수는 미래 이익에 곱하는 개념이며 이 둘은 본질적으로 동일한 기능을 한다.

실무에서는 이렇게 산정한 할인계수를 각 상황에 따라 조정하지 않고 동일하게 적용하는 경우가 대부분이다. 즉 낙관, 기본, 비관 상황마다 모두 할인계수 0.909를 적용한다.* 그리고 미래이익의 가중평균값에 할인계수를 곱하여 기업의 본질가치를 110 × 0.909 = 100으로 산출한다.

그러나, 이 같은 할인계수는 각 상황에서 경영진과 투자자가 경험하는 '만족감' 이나 '상실감' 의 크기가 다르다는 것을 고려하지 않는다는 한계가 있다. 특히 비관적 상황이 나타날 때 경영진과 투자자가 경험하는 '경제적 타격' 과 '심리적 상실감' 을 적절히 반영하지 못한다. 대체로 경영진과 투자자에게는 경영성과가 좋을 때 얻는 효용 증가에 비해, 경영성과가 나쁠 때 경험하는 효용 감소가 더욱 크기 때문이다. 이 같은 현상을 위험회피성향(risk aversion)이라고 한다(Section 42 참조).

## 02 확률적 할인계수를 이용한 가치평가

경영진과 투자자의 위험회피성향을 고려하면 미래 경영상황이 낙관적이냐 비관적이냐에 따라 할인계수가 달라지는 것이 합리적이다. 이러한 차이를 명시적으로 고려하기 위해 확률적 할인계수(stochastic discount factor, SDF) 개념을 사용한다. 확률적 할인계수란 확정된 하나의 값을 갖는 것이 아니라, 수취금액(pay-offs)의 불확실성에 따라 값이 여러 개로 달라지는 할인계수이다. '확률적(stochastic)' 이라는 용어는 통계학에서 불확실한 미래 현상을 나타낼 때 사용하는 단어인데, 비록 생소한 표현이기는 하나 이론상 중요하므로 기억하기로 하자.

그렇다면 확률적 할인계수는 미래 상황에 따라 어떻게 달라져야 할까? 여기에서 중요한 점은 할인계수를 결정하는 것은 총효용(total utility)이 아니라 한계효용(marginal utility)이라는 점이다.** 경영성과가 커져 총효용이 올라가도, 한계효용이

* 또한 실무에서는 할인율을 미래 각 기간마다 변경하지 않고 동일한 할인율을 적용하기도 한다. 즉, 위 식 (1)에서 분모의 할인율이 매 기간 동일한 경우가 대부분이다($r_1 = r_2 = r_3 = \cdots$). 그러나 미래 기간의 할인율도 그 위험이 다르다면 달라질 수 있다. 가령 $r_1$ = 10%, $r_2$ = 12%이라면 두 기간 전체의 할인계수는 $\frac{1}{(1 + r_1)(1 + r_2)} = \frac{1}{(1 + 10\%)(1 + 12\%)}$ = 0.812가 된다.

** 한계효용이란 경영성과가 한 단위 늘어날 때 총효용이 얼마나 증가하는지를 의미한다.

낮아지면 그 위험을 고려하여 할인계수도 낮추는 것이 적절하다. 따라서 경영성과가 좋으면 총효용은 늘지만, 한계효용은 낮아지므로 할인계수도 낮출 필요가 있다. 반대로 경영성과가 나쁘면 총효용은 낮아지나 한계효용은 높아져 할인계수를 올리는 것을 고려해야 한다. 이처럼 미래 이익규모와 할인계수는 반대 방향으로 움직이는 음(−)의 관계로 볼 수 있다. 정교한 설명은 아래에서 하기로 하고, 여기에서는 직관적으로 이해하고 넘어가자.

다음 표는 앞의 예에 확률적 할인계수를 적용하여 본질가치를 평가한 것이다. 보다 정교한 분석을 위해서는 투자자 효용함수의 형태 및 시간가치 할인에 대한 가정을 해야 하나 여기서는 생략했다.

**[표 52-2] 확률적 할인계수와 가치평가**

| | 발생확률 (a) | 미래이익($CF_1$) (b) | 확률적 할인계수($m_1$) (c) | 기대값 (a×b×c) |
|---|---|---|---|---|
| 낙관 상황 | 30% | 150 | 0.850 | 38.25 |
| 기본 상황 | 60% | 100 | 0.909 | 54.54 |
| 비관 상황 | 10% | 50 | 0.980 | 4.90 |
| 가중평균값 | – | 110 | – | 97.69 |

우선 미래 경영성과가 '기본 상황'에서 할인율($r_1$)은 10%라고 가정하자. 그러면 할인계수($m_1$)는 0.909이고, 미래 예상이익의 현재가치는 발생확률을 고려해 54.54(= 60% × 100 × 0.909)이다.

한편 낙관적 상황에서는 경영성과가 높아지므로, 기본 상황에 비해 총효용은 증가하나 한계효용은 낮아지고, 따라서 할인계수도 낮아진다. 이 때 할인계수는 기본 상황보다는 낮은 0.850이라고 하자. 이렇게 되면 미래 예상이익의 현재가치는 38.25(= 30% × 150 × 0.850)이다.

반대로 비관적 상황에서는 경영성과가 나빠지므로, 총효용은 감소하나 한계효용은 높아지고, 궁극적으로 할인계수도 높아진다. 이 때 할인계수를 0.980으로 가정하면, 미래 예상이익의 현재가치는 4.90(= 10% × 50 × 0.980)이 된다.

위 세 가지 상황에 대해 기대값의 합을 산출하면 미래 예상 이익의 현재가치는 97.69(= 38.25 + 54.54 + 4.90)로 산출된다. 앞에 [표 52-1]에서 일반적인 방법으로 산출한 본질가치가 100이었던 것과 비교하면, 여기에서 확률적 할인계수를 이용한 가치평가 결과는 더 낮게 도출된 것을 알 수 있다. 그 이유는 각 상황에서 투자자가 경험하는 효용('만족감' 또는 '상실감')의 크기가 다르다는 것을 할인계수에 명시적으로 고려하였기 때문이다. 특히 경영성과가 좋을 때에 비해 상황이 좋지 않을 때 투자자가 겪는 상실감이 더욱 크다는 것을 반영하고 있다. 낙관적 상황에서는 할인계수가 내려가 가중치가 줄어들고, 비관적 상황에서는 할인계수가 올라가 가중치가 커지게 되어 가치평가가 더욱 보수적으로 산출되는 것이다.

이러한 미래 이익규모와 할인계수의 관계를 이해하면 불확실성이 커질 때 주식시장에서 주가가 급락하는 현상도 합리적으로 설명할 수 있다. 주식시장은 미래 전망이 밝을 때 상승폭도 크지만 부정적인 전망이 있을 때 하락하는 폭이 더 크다. 또한 개별기업이나 산업에서도 경영성과가 부실하면 주가가 급락하는 현상이 종종 나타난다(이를 주가의 볼록성이라고 한다. Section 79 참조). 이를 두고 주식투자자들이 과잉반응하기 때문이며 시장이 비효율적이라고 말하기도 한다. 그러나 효율적인 시장에서도 합리적인 투자자들은 비관적 상황에 대해 할인계수를 높이고 가중치를 키우므로 기대이익은 더 큰 폭으로 떨어질 수 있다.

흥미로운 발견은 경영진이 경영성과 변동성을 낮추고자 R&D, 브랜드 및 인적자원 투자를 강화해 진입 장벽을 높이려는 노력도 이러한 가치평가 관점에서 설명할 수 있다는 점이다. 경영성과 변동성이 높으면 주가가 일반적인 예상보다 더 크게 하락하며 출렁거릴 수 있으므로 경영진은 이를 예방하고자 사업의 기본체력과 경쟁력을 계속 다지는 것으로 이해할 수 있다. 확률적 할인계수라는 생소한 개념과 표현으로 인해 위 내용이 쉽게 느껴지는 것은 아니나, 경영진과 투자자 모두 관심을 가질 만큼 중요한 개념임을 기억하자.

## 03 투자자 효용과 최적 투자수준

지금부터는 미래 수취금액과 할인계수($m_1$)의 관계를 정교하게 살펴본다. 이를 위해서는 우선 경영진과 투자자가 투자에서 얻는 효용(만족감 또는 행복감)을 이해해보자. 경영진과 투자자 효용은 소비(consumption) 수준에 영향을 받는다고 가정하자. 소비 수준이 증가하면 효용이 늘어난다는 가정도 한다. 그리고 미래 소비 보다는 현재 소비가 더 매력적이라고 하자. 미래 소비를 늘리기 위해 현재 소비를 줄이고 대신 저축이나 투자를 한다면, 그에 따른 보상을 기대할 것이다. 이러한 개념은 투자자 관점에서 다음과 같이 표현해볼 수 있다.

$$U = U(c_0, c_1) = u(c_0) + \beta \cdot E_0\,[u(c_1)]$$

위 식은 투자자의 현재(시점 0)와 미래(시점 1) 소비에서 얻는 효용을 나타낸 것이다. 여기에서 U는 투자자 효용, $c_0$와 $c_1$은 각각 현재와 미래 소비 수준을 의미한다. $E_0$는 현재 시점에서의 기대값(expectation)을 뜻하는데, 미래 소비 수준은 현재 시점에서는 불확실하므로 '기대' 효용으로 나타낸 것이다. β는 시간가치 할인을 반영하기 위한 장치로써, 1.0보다 작은 숫자로 가정한다(학계에서는 $\beta = 0.98$ 정도를 종종 사용한다). β는 투자자의 전체 효용에서 미래 기대 효용의 비중을 그 만큼 낮추는 역할도 한다.

투자자는 현재 소비에서 얻는 효용($u(c_0)$)과 미래 소비에서 얻는 기대 효용($E_0[u(c_1)]$)의 합을 최대화하려 할 것이다. 또한 투자자는 미래 소비를 늘리기 위해 현재 소비를 줄이고 대신 주식투자를 고려한다고 가정하자. 이를 반영해 현재와 미래 소비 수준을 구체적으로 표현하면 다음과 같다.

$$c_0 = w_0 - \delta \cdot P_0$$
$$c_1 = w_1 + \delta \cdot (P_1 + D_1) = w_1 + \delta \cdot x_1$$

여기에서 $w_0$와 $w_1$은 현재와 미래의 부(wealth)를 나타내는데, 주식투자로 인한 수취금액을 제외하고 근로 소득을 포함한 모든 소득을 의미한다. δ는 주식투자 수량이고 $P_0$와 $P_1$은 현재와 미래의 주가이며, $D_1$은 미래에 받을 배당금이다. 그리고 $x_1$은 주당 수취금액인 ($P_1 + D_1$)을 간단하게 표현한 것이다.

위의 첫번째 식 '$c_0 = w_0 - \delta \cdot P_0$' 은 현재 시점에서 투자자는 현재 부($w_0$)에서 주식 투자금액($\delta \cdot P_0$)을 차감한 만큼 소비한다는 의미이다. 두번째 식 '$c_1 = w_1 + \delta \cdot (P_1 + D_1)$' 은 미래에 투자자는 미래 부($w_1$)에 투자로 인한 수취금액인 $\delta \cdot (P_1 + D_1)$을 더한 만큼 소비한다는 뜻이다. 미래 수취금액 ($P_1 + D_1$)을 $x_1$라고 하면 미래 소비는 간단하게 '$c_1 = w_1 + \delta \cdot x_1$' 으로도 표현할 수 있다. 이렇게 정의한 현재와 미래 소비를 반영해 투자자 효용을 다시 표기하면 다음과 같다.

$$U = U(c_0, c_1) = u(w_0 - \delta \cdot P_0) + \beta \cdot E_0 [u(w_1 + \delta \cdot x_1)]$$

그러면 투자자가 효용을 최대화할 수 있는 '최적' 투자금액은 얼마일까? 현재 소비를 얼마나 줄이고 대신 그 자금으로 주식에 투자해야 할까? 미래 효용을 높이려 투자를 늘리면 현재 효용이 낮아질 것이고, 현재 효용을 늘리려 투자를 줄이면 미래 효용이 감소할 것이다. 따라서 최적투자는 한 단위의 주식투자(δ)가 늘 때 총효용이 더 이상 늘지도 않고 줄지도 않는 지점으로, 한계효용이 영( '0' )이 되는 위치가 될 것이다. 이를 그림으로 이해해보자.

[그림 52-1]은 경영성과와 총효용의 관계를 나타낸 것이다. 경영성과가 좋아질 때 경영진이나 투자자의 효용이 증가하는 것에 비해, 같은 금액 만큼 경영성과가 나빠지면 효용이 급락하는 현상을 보여준다. 이를 경영성과–총효용 간 오목성(concavity) 관계라고 표현한다.

이 같은 오목성의 원인은 한계효용 체감 때문이다. [그림 52-2]에서와 같이 경영성과가 좋아지면 총효용은 증가하나 효용의 증가 속도인 한계효용은 점진적으로 둔화한다. 반대로 경영성과가 일정 수준 이하로 나빠지면 총효용은 감소하는 동시에 경제적, 심리적 타격이 급격하게 커져서 한계효용이 급증하는 현상이 나타난다.

이러한 한계효용 체감 개념을 응용하면 투자자 효용을 최대화하는 최적 투자수준을

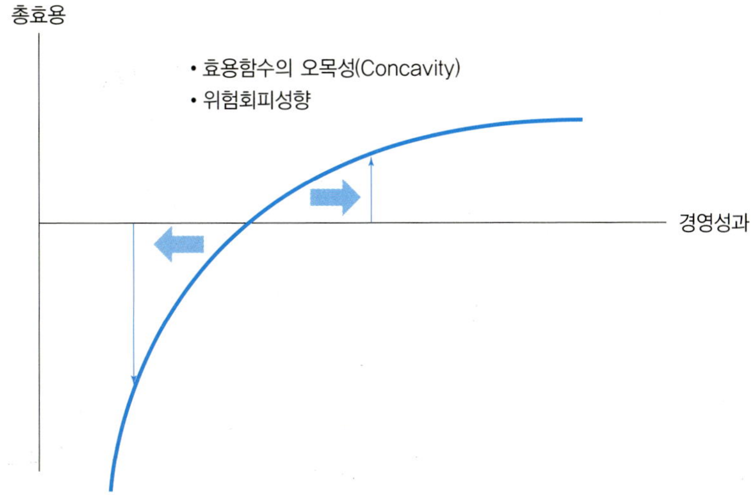


[그림 52-1] 경영성과와 총효용

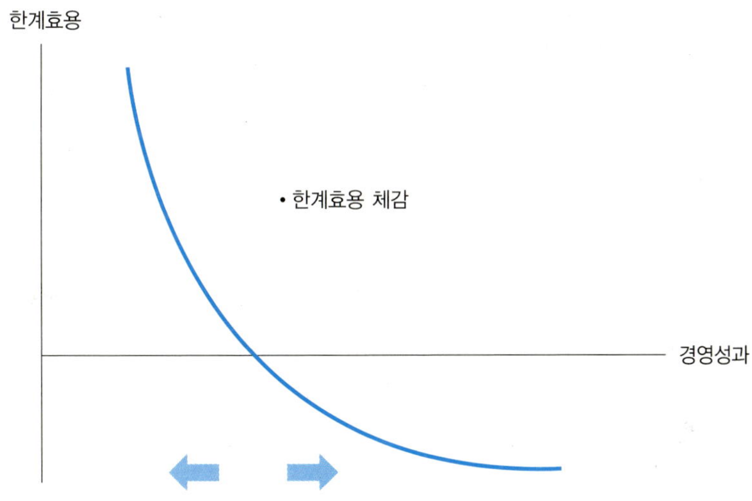


[그림 52-2] 경영성과와 한계효용

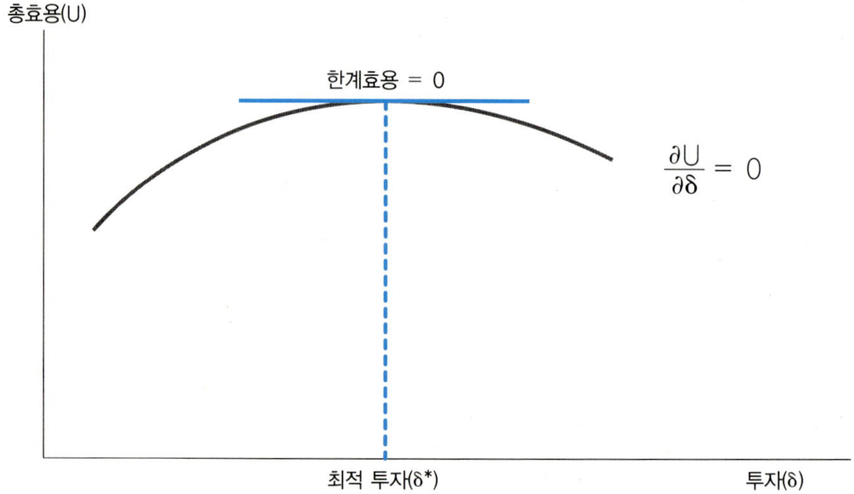


**[그림 52-3]** 한계효용 체감과 최적투자

찾을 수 있다. [그림 52-3]에서 총효용이 최대인 지점의 투자수준을 δ*로 표시하였다. δ*에서는 주식투자(δ)가 한 단위 늘 때 투자자 총효용에 변동이 없으며, 한계효용이 영('0')이 된다는 것을 확인할 수 있다.

이제는 최적투자수준(δ*)을 수학적으로도 계산해보자. 복잡한 계산과정은 생략하고 여기에서는 도출된 결과의 의미에 집중하기로 한다. 앞에서 설명하였듯 최적투자는 한계효용이 영(0)인 수준이다. 수학적으로 한계효용은 총효용(U)을 투자(δ)로 편미분(∂)하면 도출할 수 있는데, 편미분이란 투자 한 단위가 늘 때 효용이 얼마나 증가하는지를 계산하는 것이다. 아래는 총효용을 편미분한 결과($\frac{\partial U}{\partial \delta}$)이며, $u'(c_0)$는 효용함수 $u(c_0)$를 편미분하였다는 의미로 위 쪽에 '′'(prime, 프라임)을 찍어 표시한 것이다.

$$
\begin{aligned}
\frac{\partial U}{\partial \delta} &= -P_0 \cdot u'(w_0 - \delta \cdot P_0) + \beta \cdot E_0 \, [x_1 \cdot u'(w_1 + \delta \cdot x_1)] \\
&= -P_0 \cdot u'(c_0) + \beta \cdot E_0 \, [x_1 \cdot u'(c_1)]
\end{aligned}
$$

그리고 위의 편미분 결과를 '영'으로 놓고($\frac{\partial U}{\partial \delta} = 0$) 식을 정리하면 다음과 같은 흥미로운개념이 도출된다.

$$\underbrace{P_0 \cdot u'(c_0)}_{\text{현재효용 감소}} = \underbrace{\beta \cdot E_0\,[x_1 \cdot u'(c_1)]}_{\text{미래효용 증가}}$$

위 식에서 왼쪽은 현재 시점의 주식 투자로 인한 투자자 효용 감소를 나타낸다. 현재 소비를 줄이고 대신 그 자금으로 주식 투자를 했으므로 그 만큼 현재 효용이 감소한다. 오른쪽은 미래 시점의 효용 증가를 나타낸다. 주식 투자로 인해 수취금액이 늘면 그 만큼 투자자의 미래 기대 효용이 증가한다. 이 양 쪽을 동일하게 하는 수준($\delta^*$)에서 투자자 효용이 극대화되는 것이다.

## 04 미래 수취금액과 할인계수의 관계

최적 주식 투자 수준($\delta^*$)에서 주가는 어떻게 형성될까?

위에서 도출한 식 '$P_0 \cdot u'(c_0) = \beta \cdot E_0\,[x_1 \cdot u'(c_1)]$'을 자세히 살펴보면 기업가치평가에서 미래 수취금액과 할인계수($m_1$) 관계를 유추할 수 있다. 주가를 기업의 본질가치라고 보고, 이 식의 양변을 $u'(c_0)$로 나누어 주가로 정리하면 다음과 같은 관계가 유도된다.

$$P_0 = E_0\left[x_1 \cdot \beta\ \frac{u'(c_1)}{u'(c_0)}\right] = E_0\,[x_1 \cdot m_1]$$

위 식에서 주가($P_0$)는 $x_1$과 $\beta\frac{u'(c_1)}{u'(c_0)}$의 곱에 대한 기대값($E_0$)으로 표현되어 있다. 여기에서 $x_1$은 미래 수취금액을 의미하고, $E_0$는 미래 상황별 발생확률을 고려한 가중평균값을 뜻한다. 따라서 위 식은 기업의 본질가치는 미래 이익창출역량을 현재가치로 할인하고 발생확률로 가중평균한 값이라는 가치평가 기본구조와 유사하다. 따라서 $\beta\frac{u'(c_1)}{u'(c_0)}$는 구조상 미래 수취금액을 현재가치로 환산해주는 할인계수($m_1$)가 된다.

$$\beta \frac{u'(c_1)}{u'(c_0)} = m_1$$

주목할 점은 할인계수를 결정하는 것은 총효용이 아니라 한계효용이라는 것이다. 위 식에서 β는 시간가치 할인요인이고, $\frac{u'(c_1)}{u'(c_0)}$는 현재소비의 한계효용 대비 미래소비의 한계효용 $\left(= \frac{\text{미래소비의 한계효용}}{\text{현재소비의 한계효용}}\right)$이다. 또한 $\beta\frac{u'(c_1)}{u'(c_0)}$을 $m_1$으로 표시하여 간단하게 표현하면 아래와 같은 식이 된다.

$$P_0 = E_0 [x_1 \cdot m_1] \tag{2}$$

따라서 미래 수취금액이 늘면 총효용은 늘지만 한계효용은 낮아진다. 반대로 미래 수취금액이 떨어지면 총효용은 낮아지나 한계효용은 높아진다. 이 같은 관계로 인해 미래 수취금액($x_1$)과 할인계수($m_1$)는 음(−)의 상관관계(correlation)를 갖는다는 것을 알 수 있다. 이 관계는 중요하니 상관관계(correlation)를 뜻하는 Corr 기호를 이용하여 아래처럼 정리하고 넘어가자.*

$$Corr(x_1, m_1) < 0$$

## 05 가치평가와 확률적 할인계수

실무 가치평가 과정에서는 확률적 할인계수 개념을 명시적으로 사용하지는 않는다. 따라서 이제까지 기술 내용이 가치평가와 어떤 연관성을 갖는지 의구심을 가질 수 있다. 그러나 위 식(1)을 살펴 보면 이 개념이 이미 '간접적'으로 사용되고 있다. 생소해 보이는 확률적 할인계수 개념이 실무 가치평가 과정에서 이미 사용되고 있다고 주장하는 이유는 무엇일까?

* 물론 미래 수취금액($x_1$)과 할인계수($m_1$)가 양(+)의 상관관계를 가질 수도 있다. 보험 계약이 대표적인 사례이다. 화재나 상해를 당해 경제적 손실이 발생하면 $x_1$은 감소하고 한계효용과 $m_1$은 높아진다. 그러나 보험금으로 손실을 만회하면 그 만큼 $x_1$은 증가하고 한계효용과 $m_1$은 낮아진다. 이로 인해 $Corr(x_1, m_1) > 0$이 된다.

위 식(1)을 다시 살펴보면,

$$\text{기업본질가치} = \text{미래 이익창출역량의 할인값} = \frac{CF_1}{(1+r_1)^1} + \frac{CF_2}{(1+r_2)^2} + \frac{CF_3}{(1+r_3)^3} + \cdots$$

인데, 중요한 점은 미래 이익창출역량과 할인율이 현재 시점에서는 모두 불확실하다는 인식이다. 따라서 불확실성을 고려한 '기대값($E_0$)' 을 반영한 보다 명확한 표현은,

$$\text{기업본질가치} = \text{미래 이익창출역량의 할인값} = E_0\left[\frac{CF_1}{(1+r_1)^1}\right] + E_0\left[\frac{CF_2}{(1+r_2)^2}\right] + \cdots \tag{3}$$

이다. 위 [표 1]에서와 같이 낙관, 기본, 비관적 경영 환경에 따라 이익 창출 금액이 달라지고 그에 상응하는 할인율도 달라져야 하므로, 본질 가치는 각 상황의 발생 확률을 고려한 기대값(expectation)으로 보아야 한다.

식(3)에서 분자(이익창출금액)와 분모(할인율)를 나누어 표기하고, 할인계수를 식(2)에서와 같이 확률적 할인계수($m_1$)로 대체하면,

$$\begin{aligned}\text{기업본질가치} &= \text{미래 이익창출역량의 할인값} \\ &= E_0\left[CF_1 \cdot \frac{1}{(1+r_1)^1}\right] + E_0\left[CF_2 \cdot \frac{1}{(1+r_2)^2}\right] + \cdots \\ &= E_0[CF_1 \cdot m_1] + E_0[CF_2 \cdot m_2] + \cdots\end{aligned} \tag{4}$$

로 나타낼 수 있다. 식(4)를 살펴 보면 식(2)와 동일한 구조를 갖고 있음을 알 수 있다. 따라서 식(2) 또는 식(4)는 실무에서의 가치평가 과정에서는 직접 사용하지는 않는 것으로 보이나, 실제로는 그 개념을 단순화해서 이미 사용하고 있다고 보아야 한다.

경영진은 불확실한 경영 환경에서 수익창출역량을 강화할 뿐 아니라 위험 관리에도 통찰력을 갖추어야 한다. 그리고 이 두 요소가 기업 가치에 미치는 영향에 대해서도 깊은 이해를 가져야 한다. 경영환경의 불확실성을 보다 정교하게 고려하고 그에 상

응하는 위험을 평가, 관리하기 위해 노력하는 경영진은 관행에서 벗어나 가치평가의 새로운 개념에 대해서도 관심을 가질 것으로 본다.

# SECTION 53 동반자적 투자자와 단기 투자자

상장기업의 임원진은 가장 중요한 이해관계자인 주주에 대해 어떤 생각을 하고 있을까? 개인투자자든 기관투자자든 관계없이 주주는 언제나 더 많은 현금 배당을 요구할 것이기 때문에 주주들 간에는 차이가 없다고 여길까? 아니면 기관투자자는 개인투자자에 비해 장기적인 안목에서 기업성장의 과실을 기대할 것이기 때문에 전략적 파트너로는 기관투자자가 더 적합하다고 생각하는 것일까?

## 01 단기 투자자(transient investors)

전세계 30여 개국 상장 기업의 최고경영자를 대상으로 실시한 어느 설문조사에 의하면, 이들은 기관투자자들이 기업가치에 대해 상대적으로 잘 이해하고 있는 반면 개인투자자들은 기업가치에 대해 잘 모르고 있다고 생각한다고 한다. 그도 그럴 것이 자금동원능력이 충분하지 않은 개인투자자들은 상대적으로 주가가 낮은 기업의 주식에만 큰 관심을 보일 뿐 아니라, 그 주가가 조금만 오르면 곧바로 처분하여 매각차익을 실현하려는 경향을 보이기 때문이다. 그리고 개인투자자들은 주가가 높으면 기업의 이익창출능력이나 성장성이 높음에도 불구하고 투자하기를 꺼려하기도 한다.

소액투자자들은 주식가격의 변동성이 높은 주식에 강하게 이끌리기도 한다. 그 이유는 투자원금의 최대손실은 −100%이나(원금을 모두 잃는 경우), 주가가 상승하는 경우 수익률은 매우 높을 수 있기 때문이다(Section 77 참조). 따라서 개인투자자들은 주가변동성이 높은 기업의 주식에 많은 관심을 보이게 되고, 주가가 하락하기 전에 주식을 매각할 수 있을 것이라는 믿음을 가지고 있다. 또한 이들은 기업의 성장성이나 수익성 등 본질가치를 장기적인 관점에서 파악하려고 노력하는 대신 단기적인 주식수익률이나 거래량의 행태 등 기술적인 분석에 보다 많은 관심을 보인다고도 한다.

## 02 동반자적 투자자(dedicated investors)

반면 장기 투자자들은 현재의 주가수준과 관계없이 강력한 제품경쟁력과 장기성장동력을 보유한 기업의 주식에 관심을 갖고 있다고 많은 사람들이 생각한다. 이들은 기업이 현금배당이나 자사주를 취득하는 대신 그 재원을 미개척 시장에서 새로운 성장동력을 발굴하는데 사용할 것을 요구할 것으로 기대한다.

미국 Berkshire Hathaway의 최고경영자 겸 이사회 의장인 워렌 버펫(Warren Buffett)은 이같이 장기적인 안목으로 투자하는 투자자를 dedicated investors라고 부른다. 우리나라에서는 이를 '동반자적 투자자'로 번역하곤 한다. 그러나 '동반자적 투자자'보다는 '공헌적 투자자'로 번역하는 것이 실질적 의미에 더 가까워 보인다. 워렌 버펫은 공헌적인 투자자란 주가가 높더라도 매우 장기적인 안목으로 기업에 투자하고 그 성과를 주가상승을 통해 향유하고자 하는 투자자를 의미한다고 한다. 여기서 흥미로운 점은 '주가가 높더라도'라는 부분이다.

워렌 버펫은 투자할 때 주가 수준에는 연연해하지 말라고 하는데, 그렇다면 워렌 버펫이 33.5%의 지분을 보유하고 있는 Berkshire Hathaway의 주가는 얼마나 될까?

2014년 10월 현재 이 회사의 주가는 주당 $200,000이 넘는다. 원화로 환산하면 2억 원이 넘는 금액이다. 물론 이 회사의 주가도 1990년대 중반만 해도 $5,000, 약 5백만 원에 불과하던 시절도 있었다. 한 주당 주가가 1억 원이 넘는다면 일반적으로는 주식분할(stock split) 또는 액면분할을 하는 경우가 많다. 예를 들어, 100:1로 액면분할을 하게 되면 주식수는 100배로 늘어나고 주가는 100만 원 대로 낮아지게 되어, 주식의 유동성이 높아지고 따라서 더욱 많은 투자자들이 회사에 관심을 갖게 될 것이다. 이러한 이유로 미국의 상장 기업들은 주가가 일정 수준을 넘어 너무 높아지면 주식분할을 하는 경우가 종종 있다. 참고로 미국 상장기업들의 주가수준은 평균적으로 $40, 약 4만 원 정도임을 기억하자.

그렇다면 워렌 버펫은 주식분할의 장점을 이해하지 못해 그와 같이 높은 주가수준을 고수하는 것일까? 아니면 다른 깊은 뜻이 있는 것일까? 이에 대한 그의 대답은 다음과 같다. "주가가 낮은 회사에만 관심을 갖는 'transient investors(단기투자자)' 대신, 주가가 높은 회사라도 이 회사 경영층의 기업가치 향상전략을 이해하고 이를 장기적인 안목으로 지원하려는 'dedicated investors(동반자적투자자)'를 주주로 초대하기 위해서이다." 여기서 매우 특별한 시각을 읽을 수 있는데, 그것은 바로 특정 주주집단을 회사의 주주로 선별하여 초청하겠다는 발상이다.

회사가 주주를 선별하여 초청한다는 발상은 쉽게 이해가 되지 않는다. 주주를 감히 회사가 어떻게 선별적으로 받아들인다는 말인가? 위에서 논의한 대로 주주가 모두 유사한 성격을 갖는다면 주주를 선별한다는 생각은 더욱 특이하게 보인다. 워렌 버펫은 여기에 일반적인 사고의 함정이 있다고 주장한다. 그는 주주는 동일하지 않다고 가정하고 있는 것이다. 주가가 낮아야만 관심을 보이는 주주가 아니라 주가가 주당 1억 원이 넘더라도 회사에 대한 지속적인 신뢰를 보일 수 있는 주주를 주주로 모시겠다는 사고는 그래서 신선해 보인다.

참고로 워렌 버펫이 운영하고 있는 Berkshire Hathaway는 지난 49년간 현금배당을 한 번도 실시하지 않았다. 그 이유는 매우 단순해 보인다. [표 53-1]은 1965년부터 2013년 말까지 회사의 경영성과를 간결하게 보여주고 있다. 이 기간 동안 이 회사의

[표 53-1] Berkshire Hathaway의 경영성과

# Berkshire's Corporate Performance vs. the S&P 500

| Year | Annual Percentage Change in Per-Share Market Value of Berkshire | Annual Percentage Change in S&P 500 with Dividends Included |
|---|---|---|
| 1965 | 49.5 | 10.0 |
| 1966 | (3.4) | (11.7) |
| 1967 | 13.3 | 30.9 |
| 1968 | 77.8 | 11.0 |
| 1969 | 19.4 | (8.4) |
| 1970 | (4.6) | 3.9 |
| 1971 | 80.5 | 14.6 |
| 1972 | 8.1 | 18.9 |
| 1973 | (2.5) | (14.8) |
| 1974 | (48.7) | (26.4) |
| 1975 | 2.5 | 37.2 |
| 1976 | 129.3 | 23.6 |
| 1977 | 46.8 | (7.4) |
| 1978 | 14.5 | 6.4 |
| 1979 | 102.5 | 18.2 |
| 1980 | 32.8 | 32.3 |
| 1981 | 31.8 | (5.0) |
| 1982 | 38.4 | 21.4 |
| 1983 | 69.0 | 22.4 |
| 1984 | (2.7) | 6.1 |
| 1985 | 93.7 | 31.6 |
| 1986 | 14.2 | 18.6 |
| 1987 | 4.6 | 5.1 |
| 1988 | 59.3 | 16.6 |
| 1989 | 84.6 | 31.7 |
| 1990 | (23.1) | (3.1) |
| 1991 | 35.6 | 30.5 |
| 1992 | 29.8 | 7.6 |
| 1993 | 38.9 | 10.1 |
| 1994 | 25.0 | 1.3 |
| 1995 | 57.4 | 37.6 |
| 1996 | 6.2 | 23.0 |
| 1997 | 34.9 | 33.4 |
| 1998 | 52.2 | 28.6 |
| 1999 | (19.9) | 21.0 |
| 2000 | 26.6 | (9.1) |
| 2001 | 6.5 | (11.9) |
| 2002 | (3.8) | (22.1) |
| 2003 | 15.8 | 28.7 |
| 2004 | 4.3 | 10.9 |
| 2005 | 0.8 | 4.9 |
| 2006 | 24.1 | 15.8 |
| 2007 | 28.7 | 5.5 |
| 2008 | (31.8) | (37.0) |
| 2009 | 2.7 | 26.5 |
| 2010 | 21.4 | 15.1 |
| 2011 | (4.7) | 2.1 |
| 2012 | 16.8 | 16.0 |
| 2013 | 32.7 | 32.4 |
| 2014 | 27.0 | 13.7 |
| 2015 | (12.5) | 1.4 |
| 2016 | 23.4 | 12.0 |
| 2017 | 21.9 | 21.8 |
| 2018 | 2.8 | (4.4) |
| 2019 | 11.0 | 31.5 |
| 2020 | 2.4 | 18.4 |
| 2021 | 29.6 | 28.7 |
| 2022 | 4.0 | (18.1) |
| 2023 | 15.8 | 26.3 |
| Compounded Annual Gain – 1965-2023 | 19.8% | 10.2% |
| Overall Gain – 1964-2023 | 4,384,748% | 31,223% |

■ Stock prices ↑, 20x ➡ why ?

Q: Implication on dividends (配當배당)?

연간 주당순자산 증가율(annual percentage change in per-share book value) 평균치는 19.7%에 달한다. 주당순자산 증가율이란 증자나 감자가 없는 경우의 순자산수익률(ROE: return-on-equity, $\frac{\text{당기순이익}}{\text{순자산}}$)을 의미한다. 미국 상장기업들의 평균 ROE가 10% 내외인 것을 고려하면 이 회사는 그 두 배의 수익성을 달성한 셈이다. 같은 기간 중에 배당수익률을 포함한 S&P500 지수의 평균상승률은 9.8%였다. 따라서 지난 49년 간 이 회사는 S&P500 지수 대비 연평균 9.9% 포인트만큼 초과성과를 달성하였다.

물론 이 기간 중 S&P500 지수보다 낮은 수익성을 보인 연도도 9번은 된다. 그러나 49년 동안 40번이나 시장수익률을 초과하는 수익률을 실현한 것은 우연이라고 보기 어려운 탁월한 실적이다. 이 표에서 나타난 대로 이 기간 동안 S&P500 지수는 약 155배가 상승한 데 비해 이 회사의 주당순자산은 무려 10,000배나 상승하였음을 알 수 있다.

[표 53-1]은 두 가지 시사점을 갖는다. 첫째, 주주를 위해 상장기업이 할 수 있는 매우 효과적인 공시전략을 발견할 수 있다. 상장 이후부터 가장 최근 연도까지 회사의 경영성과를 공시하는 것은 자본제공자인 주주와 채권자에게 제공할 수 있는 기본적이면서도 최고의 성의표시이다. 둘째, 비교대상의 성과를 함께 공시함으로써 현재와 미래의 투자자들로 하여금 회사의 경영역량을 쉽게 평가할 수 있도록 배려한 점이 특이하다.

이 회사는 비교대상인 S&P500 지수 상승률보다도 두 배 이상의 성과를 달성했음을 자랑하고 있다. 그렇다면 이 같은 자랑을 하는 이유는 무엇일까? 그 이유는 배당정책에 관한 회사의 입장을 암묵적으로 그러나 강력하게 전달하고 있는 것이다. 이와 관련된 두 가지 질문을 던져보기로 하자.

- **질문 1.** 이 회사의 주주들은 현금배당을 요구할 것으로 생각하는가?
- **질문 2.** 이 회사는 현금배당을 할 의사가 있어 보이는가?

정답은 모두 '아니오' 일 것이다. 우선 이 회사의 주주들은 현금배당을 받아서 그 자금으로 시장에서 판매되는 펀드에 투자한다고 하더라도 평균적으로는 S&P500 지수의 평균수익률인 9.8%를 월등히 초과하는 수익률을 실현할 수 없을 것이다. 따라서 주주들은 현금배당을 요구하는 대신 회사로 하여금 그 재원으로 기업가치를 지속적으로 높이는 전략을 실행할 것으로 기대할 것이다. 또한 회사 역시 현금배당을 실시하는 대신 그 재원을 사용하여 본질가치가 뛰어난 기업들을 인수, 합병함으로써 기업의 가치를 높이고자 할 것이다. 그러기 위해서는 주주가 현금배당을 적극적으로 요구하지 않도록 설득할 필요가 있다. 가장 설득력 있는 방법은 과거 기업의 경영성과가 비교 대상 수익률에 비해 우수하다는 것을 주주에게 전달하는 것이다. 따라서 이 회사는 지난 49년 동안의 탁월한 경영성적을 모두 공개함으로써 주주들은 스스

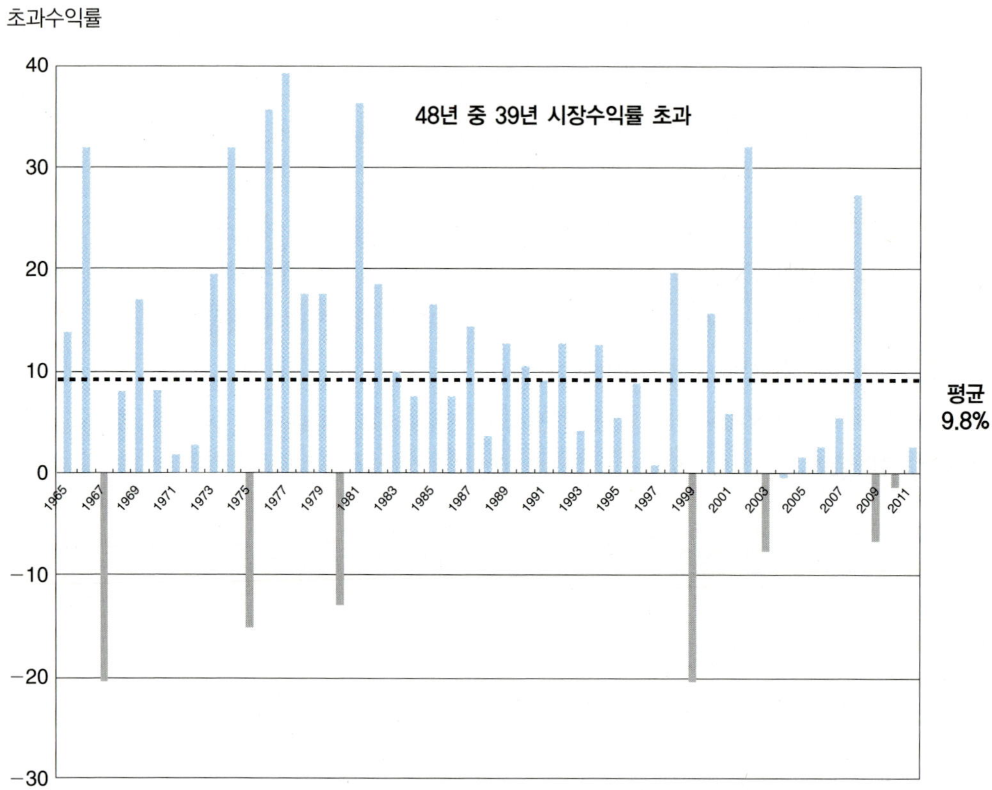


**[그림 53-1]** S&P500 지수 대비 Berkshire Hathaway의 초과수익률*

* 초과수익률은 앞의 표에서 'Relative results (1) – (2)' 이다.

로 현금배당의 요구를 자제하고 회사는 그 배당재원을 기업가치향상을 위해 사용할 수 있는 토대를 마련하게 되었던 것이다.

## 03 현금배당과 투자

2006년 9월에 한국의 대표적인 투자펀드인 미래에셋의 박현주 회장은 투자하지 않고 배당에만 열중하는 기업을 압박할 것이라는 견해를 밝혔다. 그는 투자하지 않는 기업에 대해서는 주주총회에서 이의를 제기할 것이며, 이 압박이 받아들여지지 않으면 주식을 매각하겠다고도 했다. 그는 앞에서 논의한 동반자적 투자자로서의 역할을 적극적으로 수행하겠다는 의지를 나타낸 것은 아닐까?

외국인 지분이 전체 상장기업 시가총액의 30% 이상을 차지하는 시장상황에서 상장기업의 경영층은 매우 당혹스런 입장에 처해 있다. 주주는 현금배당이나 자사주취득을 통해 투자자금을 회수하려 하기 때문에 지속적으로 배당압력을 행사할 것이다. 주주중시 경영방침을 천명한 경영층으로서는 이같은 배당압력을 방어할 명분을 찾기 어려워졌다. 배당을 하지 않을 수 없게 된 것이다.

그러나 또 한편으로는 경영층 스스로가 배당을 늘림으로써, 주주중시 경영을 실천하고 있다는 대의에도 부합할 수 있을 뿐 아니라 새로운 성장동력을 찾아야 하는 어려운 과제를 우선 피하려고 할 가능성에 대해서도 생각해 보아야 한다. 특히 소유지분이 적절히 분산되어 있고, 사외이사제도가 잘 구비되어 있어 일반적인 시각으로 기업지배구조가 우수하다고 평가받는 기업의 경영층에서는 새로운 성장동력을 찾는 노력 대신 주주중시 경영이라는 대의에 과도한 비중을 두고 있지는 않은지 다시 검토할 필요가 있다.

지배주주가 없이 주식소유분산이 잘 되어 있어 흔히 선진적 기업지배구조를 갖추고 있다고 평가 받는 한국 상장기업들에 있어 전문경영인으로 구성된 최고경영층의 임기는 대체로 3년 정도이다. 이 기간은 기업이 성장동력을 발굴, 실행하고 그 성과를 충분히 달성하기에는 짧아 보인다. 물론 경영성과가 탁월한 경우에는 최고경영층의 연임도 가능하나 '문화적인' 요인으로 그렇지 않은 경우도 발생한다. 이 경우 경영층은 장기적인 성장동력을 발굴하는 어려운 선택을 하는 대신 시장의 배당요구에 순응함으로써 주주중시경영을 실천하고 있다는 평가를 받고자 하는 유혹이 있을 수 있다.

또한 주요 기관투자자가 회사의 신성장동력 확보를 위한 투자의사결정에 찬성하지 않는다면 그 기관투자자를 과감히 교체할 수도 있다는 발상의 전환이 필요하다. 기업 경영층은 실물투자 의사결정에 있어서는 기관투자자보다 더 전문성을 갖추고 있다. 그러므로 기업의 신성장동력 개발을 위해서는 경영층이 기관투자자보다 더 뛰어날 수 있다는 자신감을 가져야 한다. 실물투자가 뒷받침되어야만 금융 및 자본시장이 보다 균형적으로 발전할 수 있다는 것을 기억하자.

SECTION

# 54 당기순이익의 비밀: 영업현금흐름과 발생액

삼성전자는 2004년도에 사상최대의 영업실적을 올렸다고 한다. 매출액 57조 6천억 원, 영업이익 12조 원, 그리고 당기순이익은 10조 7천억 원이며, 현금 배당액만도 1.6조 원에 달했다고 한다.

그렇다면 순이익이 금년도에 최고수준에 달하였으므로 내년에도 삼성전자 순이익이 계속 증가할 것으로 기대하는 것이 합리적일까? 아니면 내년에는 금년보다는 순이익 규모가 적을 것으로 예상하는 것이 합리적일까? 이러한 예측은 투자의사결정에 있어 매우 중요하다. 내년도 순이익이 금년도와 비교하여 작아질 것이라면 지금이야말로 주식을 처분할 시점일 것이기 때문이다. 이에 대한 답을 찾기 위해 당기순이익을 구성하는 항목에 대하여 살펴보자.

## 01 당기순이익의 정의 I (당기순이익 = 수익 - 비용)

Section 03에서 살펴본 대로 당기순이익이란 모든 수익항목에서 비용항목을 차감한 나머지라고 이해할 수 있다. 현금매출뿐 아니라 외상매출을 포함하여, 물건이나 서비스를 제공한 대가로 얻은 매출이 수익의 가장 중요한 원천이다. 그 밖에도 이자수익, 자회사나 관계회사를 통해 벌어들인 이익(이를 지분법이익이라고 하는데 이에 대하여는 앞에서 알아보았다), 또는 고정자산을 처분하고 생긴 고정자산처분이익 등이 있다.

비용항목 중 가장 중요한 것은 매출을 창출하기 위해 제공된 물건이나 서비스의 원가를 의미하는 매출원가(COGS: costs of goods sold)이다. 그 밖에 임직원 급여나 보너스, 판매와 관리에 필요한 판매비 및 일반관리비용, 유형자산의 감가상각비와 무형자산의 감모상각비, 매출채권에 대한 예상손실인 대손상각비, 그리고 이자비용 등이 중요한 비용항목이다.

당기순이익을 이와 같이 '수익 - 비용'으로 정의하는 배경에는 수익과 비용 항목을 발생원천에 따라 구분하려는 시도가 있는 것이다. 즉 핵심영업활동에서 발생하는 수익항목(대표적인 것이 매출수익)과 비용항목(매출원가와 판매비 및 일반관리비 등)을 그렇지 않은 항목들과 분리하고 전자에 대하여 경영자의 관리역량을 집중시키려는 전략이 바탕에 깔린 것이다.

그러나 이와는 전혀 다른 시각에서 당기순이익을 볼 수 있다. 수익과 비용 항목 가운데 현금의 유출입이 수반되었는가에 따라 손익 항목을 분류하는 방법이 바로 그것이다. 이에 대해 자세히 알아보자.

## 02 당기순이익의 정의 II (당기순이익 = 영업현금흐름 + 발생액)

이 시각에 따르면 당기순이익은 영업활동에서 창출된 현금흐름(OCF: operating cash flows)과 현금의 유출입이 당기에는 수반되지 않는 항목들의 합으로 이루어진다. 현금의 유출입이 없는 수익과 비용항목을 발생액(accruals)이라고 한다. 그 이유는 현금의 유입과 지출을 초래하는 원인은 당기에 발생하였으나 현금의 입출은 당기에 이루어지지 않았기 때문이다. 즉 현금의 유출입은 이미 전기에 이루어졌거나 아니면 차기에 이루어진다는 의미이다.

발생액이라는 용어는 일반 경제지에서는 자주 사용되지는 않으나 매우 유용한 용어이므로 기억해 두는 것이 좋다. 일반적으로 accruals를 복수로 사용하는 이유는 발생액을 구성하는 항목들이 다양하기 때문이다.

발생액의 구체적인 예를 살펴보자. 첫째, 상품이나 서비스를 제공하였으나 아직 현금을 받지 못한 경우에는 매출채권(AR: accounts receivable)이라는 권리가 발생하는데 바로 이 매출채권이 발생액이다. 매출채권은 일반적으로 빠른 기간 내에 현금으로 전환될 것으로 예상하는 즉 현금으로 회수될 것이라고 기대되는 발생액이다. 그렇지 않다면 외상으로 물건이나 서비스를 판매하지 않을 것이다. 여기서 중요한 것은 매출채권이 발생하고 현금은 아직 유입되지 않은 상태에서 매출을 인식하면, 결과적으로 (영업이익 및) 당기순이익이 증가하는 효과가 있다는 것이다. 즉 매출로 인한 영업현금흐름은 변화가 없음에도 불구하고 당기순이익은 증가하고 그 차이가 바로 발생액이 된다. 물론 매출채권은 다음 연도에 현금으로 회수될 것으로 기대하기 때문에, 매출채권 발생액은 다음 연도의 영업현금흐름을 예측하는 데 도움을 준다.

둘째, 재고자산 또한 중요한 발생액 항목이다. 재고자산이 증가하는 경우를 보자. 재고자산이 증가하면 재고자산에 잠겨 있는 투자금액만큼(이를 운전자본이라고 한다) 영업현금흐름이 악화되는 효과를 가져온다. 뿐만 아니라 재고자산의 증가는 (매출원가를 낮추게 되어 결국) 당기순이익을 증가시킨다. 따라서 재고자산 증가는 영업현금은 증가시키지 않으면서도 영업이익과 당기순이익을 증가시키는 발생액이라고 할 수 있다.

셋째, 감가상각비란 건물이나 장치설비를 구입한 후 일정 기간마다 그 금액의 일부를 비용으로 배분하는 것을 뜻하며, 이 역시 중요한 발생액이다. 구입 당시에는 현금 지출이 있었으나, 감가상각비를 인식하는 기간 동안에는 현금이 실제로 지출되지는 않는 것이다. 따라서 이는 현금 지출이 수반되지 않는 비용으로 당기순이익을 줄이게 된다. 감가상각비와 유사한 발생액으로 감모상각(무형자산의 상각비), 감액손실(장래 수익창출에 기여하지 못할 것이라고 예상하는 경우 일시에 자산에 대한 감액손실을 인식하는 경우), 그리고 대손상각비(매출채권 가운데 받지 못할 것으로 예상되는 부분) 등이 있다. 이들 모두 현금의 유출이 없음에도 불구하고 당기순이익을 감소시킨다.

넷째, 현금의 유입이 없는 수익항목도 중요한 발생액 항목이다. 지분법이익을 예로 들어보자. 지분법이익이란 피투자회사의 당기순이익 가운데 투자회사 몫으로 인식한 금액을 의미한다. 투자회사인 갑이 을의 의결권 있는 보통주 발행주식수 가운데 30%를 보유하고 있고, 피투자회사인 을의 당기순이익은 100(배당금은 없음)이라고 하자. 이 경우 투자회사인 갑은 을의 당기순이익 중 100 × 30% = 30을 갑의 당기순이익에 반영하게 된다. 중요한 점은 이 30 가운데 현금유입은 전혀 없었다는 것이다. 즉 이 금액은 당기순이익에는 공헌하였으나 현금유입은 수반되지 않은 발생액인 것이다. 물론 을이 현금배당을 지급하였다면, 갑은 갑의 몫만큼 현금을 받았을 것이다. 그러나 현금배당액은 당기순이익에는 전혀 영향이 없다. 이 내용에 관해서는 이미 Section 03에서 상세히 살펴보았다.

이와 같이 발생액이란 당기순이익에는 영향을 미치나 당기 영업현금흐름에는 영향을 미치지 않고, 과거에 발생한 현금흐름(예, 감가상각비) 또는 미래에 발생하리라 예상되는 현금흐름(예, 매출채권이나 재고자산)의 정보를 당기에 반영하는 항목을 의미한다.

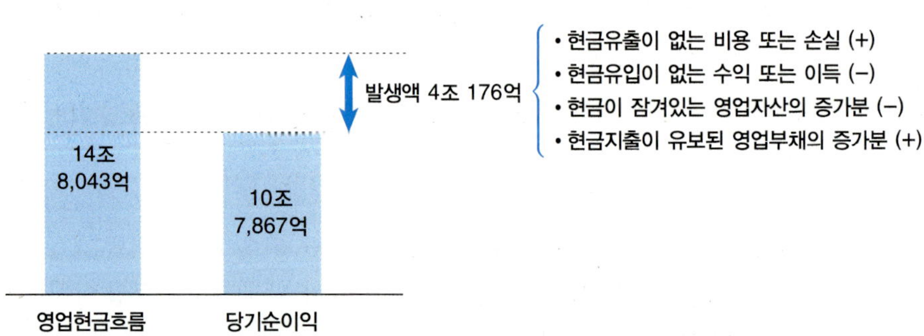


**[그림 54-1]** 당기순이익과 영업현금흐름

발생액은 기업 성과를 측정하고 해석하는 데 있어서 매우 중요한 위치를 차지하고 있다. 현금의 입출을 중심으로 하는 현금주의 개념체계 대신, 권리와 의무의 발생을 중심으로 하는 발생주의 개념체계를 중심으로 기업 성과를 측정하기 때문이다.

## 03 삼성전자 현금흐름표의 예

삼성전자 현금흐름표 [표 54-1]을 예로 들어 당기순이익과 영업현금흐름의 차이점을 살펴보자. 2004년도 삼성전자 당기순이익은 10조 7,867억 원이었다. 이 금액은 삼성전자 역사상 가장 높은 수준이다. 한편 현금흐름은 크게 영업활동, 투자활동 그리고 재무활동으로 인한 현금흐름으로 분류한다. 삼성전자의 영업활동으로 인한 현금흐름은 당기순이익보다 약 4조 원이 많은 14조 8,043억 원으로 나타나 있다. 이때 당기순이익과 영업현금흐름의 차이 약 4조 원을 발생액이라고 부른다.

4조 원에 달하는 발생액은 어떤 항목들로 구성되어 있을까?

첫째, 현금유출이 없는 비용 등으로 가산된 금액이 5조 7,804억 원이다. 이 가운데 주목할 항목들은 다음과 같다.

- **유형자산감가상각비와 무형자산상각비.** 현금유출은 이미 과거 자산취득 당시에 이루어졌으나, 순이익에 미치는 영향은 당기에 발생하는 항목들이다. 당기의 영업현금흐름에는 영향을 주지 못하면서도 당기순이익을 감소시켰으므로 이 금액을 당기순이익에 가산해야만 영업현금흐름을 산정할 수 있다.
- **대손상각비.** 매출채권 가운데 현금을 받지 못할 것이라고 당기에 예상한 손실이나, 실제로 현금 회수가 불가능할 것인가는 미래에 확정될 항목이다. 따라서 당기순이익이 감소하였으나 당기 영업현금흐름은 감소되지 않으므로 가산해 주어야 한다.
- **퇴직급여충당금 및 부채성충당금 전입액.** 당기에 비용으로 인식한 퇴직급여와 기타 부채성 충당금(예를 들면 하자보수에 필요한 충당금) 역시 당기에는 영업현금유출을 수반하지 않으므로 가산한다.

[표 54-1] **현금흐름표(삼성전자)**

| 계정명 (단위: 백만 원) | 2004.12 | 2003.12 | 2002.12 |
|---|---|---|---|
| 영업활동으로 인한 현금흐름 | 14,804,345 | 10,271,707 | 11,193,197 |
| 당기순이익(순손실) | 10,786,742 | 5,958,998 | 7,051,761 |
| 현금의 유출이 없는 비용 등 가산 | 5,780,437 | 5,051,073 | 4,623,823 |
| 유형자산감가상각비 | 4,438,990 | 3,691,217 | 3,097,614 |
| 무형자산상각비 | 87,125 | 69,902 | 58,049 |
| 대손상각비 | 4,374 | 4,354 | 13,236 |
| 퇴직급여 및 부채성충당금 전입액 | 365,041 | 257,011 | 277,515 |
| 이자비용 | 14,933 | 30,408 | 36,008 |
| 외화환산손실 | 41,903 | 34,182 | 17,547 |
| 지분법평가손실 | 0 | 228,916 | 0 |
| 장기투자증권감액손실 | 10,166 | 339,646 | 120,210 |
| 유형자산처분손실 | 64,425 | 30,620 | 21,387 |
| 기타 현금의 유출이 없는 비용 등 가산 | 738,235 | 333,085 | 978,593 |
| (현금의 유입이 없는 수익 등의 차감) | 849,575 | 514,926 | 1,167,002 |
| 외화환산이익 | 138,528 | 13,415 | 56,957 |
| 지분법평가이익 | 576,923 | 0 | 1,067,772 |
| 장기투자증권처분이익 | 65,398 | 53,247 | 578 |
| 유형자산처분이익 | 64,024 | 28,242 | 12,807 |
| 기타 현금유입이 없는 수익 등의 차감 | 2,831 | 415,473 | 14,511 |
| 영업활동으로 인한 자산 및 부채의 변동 | –913,259 | –223,438 | 684,615 |
| 영업활동으로 인한 자산의 감소(증가) | –1,372,190 | –1,019,320 | –906,176 |
| 매출채권의 감소(증가) | –81,614 | –349,444 | –170,540 |
| 미실현유동자산의 감소(증가) | –237,965 | –197,691 | –194,587 |
| 재고자산의 감소(증가) | –854,560 | –366,962 | –416,368 |
| 영업활동으로 인한 부채의 증가(감소) | 458,931 | 795,882 | 1,590,791 |
| 매입채무의 증가(감소) | –33,669 | 199,654 | 129,143 |
| 미실현유동부채의 증가(감소) | 677,655 | 696,452 | 1,544,771 |
| 투자활동으로 인한 현금흐름 | –8,791,658 | –7,342,589 | –8,462,077 |
| 투자활동으로 인한 현금유입액 | 3,599,690 | 3,811,520 | 700,592 |
| 단기금융상품의 감소 | 60,130 | 26,166 | 0 |
| 유가증권의 감소 | 2,518,498 | 0 | 271,912 |
| 투자유가증권의 감소 | 403,507 | 430,192 | 223,525 |
| 기타유형자산의 감소 | 520,865 | 92,057 | 61,481 |
| (투자활동으로 인한 현금유출액) | 12,391,348 | 11,154,109 | 9,162,669 |
| 유가증권의 증가 | 2,292,871 | 3,896,389 | 1,983,002 |
| 투자유가증권의 증가 | 2,003,522 | 299,355 | 142,813 |
| 기타유형자산의 증가 | 7,869,985 | 6,789,358 | 0 |
| 무형자산의 증가 | 94,666 | 37,414 | 41,680 |
| 재무활동으로 인한 현금흐름 | –6,323,077 | –3,070,289 | –2,312,111 |
| 재무활동으로 인한 현금유입액 | 115,924 | 1,909 | 409,331 |
| (재무활동으로 인한 현금유출액) | 6,439,001 | 3,072,198 | 2,721,442 |
| 유동성장기부채의 감소 | 1,001,207 | 183,340 | 835,611 |
| 배당금의 지급 | 1,596,281 | 910,192 | 337,899 |
| 현금의 증가(감소) | –310,390 | –141,171 | 419,009 |
| 기초현금 | 1,268,209 | 1,409,380 | 990,371 |
| 기말현금 | 957,819 | 1,268,209 | 1,409,380 |

- **지분법평가손실.** 삼성전자가 20% 이상의 의결권 주식을 보유하고 있는 자회사나 관계회사가 당기에 인식한 순손실 가운데 삼성전자 몫으로 인식된 손실금액이다. 이 손실로 인해 삼성전자가 현금을 지출하지는 않으므로 당기순이익에 가산해 주어야만 영업현금흐름을 계산할 수 있다. 그렇다면 이들 관계회사나 자회사로부터 현금배당을 받았다면 어떻게 할까? 현금배당을 받는 경우 삼성전자가 이들 회사에 투자한 금액을 나타내는 '지분법적용 투자자산'을 줄여주면 된다.
- **유형자산처분손실.** 장부금액보다 낮은 금액으로 유형자산을 처분한 경우 발생하는 유형자산처분손실은 당연히 당기순이익을 감소시킨다. 그런데 유형자산 처분 시에 유입되는 현금은 영업활동으로 인한 것이 아니라 투자활동으로 인한 현금흐름으로 분류된다. 따라서 영업현금흐름에는 영향을 미치지 않으므로, 당기순이익에 가산하여야 영업현금흐름이 계산된다.

둘째, 현금의 유입이 없는 수익 등을 차감한 금액이 8,496억 원이다. 중요한 항목은 다음과 같다.

- **외화환산이익.** 외화로 표시된 자산과 부채는 환율이 변동함에 따라 그 금액이 변동한다. 예를 들어 미국 달러 표시 외화부채가 있다고 하자. 2004년에 한국의 원화가치가 달러에 비하여 상승하였으므로 원화로 표시되는 부채금액은 감소하게 된다. 이와 같은 외화환산이익은 당연히 당기순이익을 증가시키나 당해연도의 영업현금흐름에는 영향을 주지 않는다. 따라서 당기순이익에서 차감하게 된다.
- 그 밖에 지분법평가이익, 장기투자증권처분이익, 유형자산처분이익 등은 앞에서 설명한 것과 유사하다.

마지막으로, 영업활동으로 인한 영업 자산과 부채의 변동으로 인해 차감한 금액이 9,133억 원이다. 주요 항목은 다음과 같다.

- **매출채권의 증가.** 매출채권이 증가하였다는 것은 그만큼 현금이 회수되지 않았다는 의미이다. 즉 그만큼 현금이 매출채권에 잠겨있는 운전자본이 증가하였다는 것이므로 영업현금흐름에 미치는 영향은 부정적이다. 반면 매출채권증가만큼 당기순이익이 증가하였음을 기억하자.

- **재고자산의 증가.** 재고자산의 증가 역시 현금 회수가 아직 실현되지 않았다는 의미이므로 영업현금흐름에는 부정적인 영향을 미친다.
- **매입채무의 감소.** 매입채무가 감소하였다는 것은 그 금액만큼 현금을 사용하였다는 의미이므로 당연히 영업현금흐름에는 부정적인 영향을 미친다.

이제까지 살펴본 대로 영업현금흐름을 구하기 위해서 독특한 방법이 사용되었음을 알 수 있다. 우선 당기순이익을 기본으로 하고 이에 현금유출이 없는 비용은 가산하고 현금유입이 없는 수익은 차감하는 방법을 사용한다. 그 후 영업활동으로 인한 자산과 부채의 변동(즉 운전자본의 변동) 효과를 조정하고 있다. 이와 같이 당기순이익에서 다양한 발생액 금액들을 조정함으로써 영업현금흐름을 산정하는 방식을 간접법이라고 한다.

또 다른 방법은 영업현금의 유입 및 유출 경로를 직접 보여주는 직접법을 들 수 있다. 예를 들면 현금매출금액은 얼마이며, 임직원에게 지급한 급여와 복리후생비는 얼마이고, 공급자로부터 매입한 상품대금 중 현금으로 지급한 금액이 얼마인가를 그 원천별로 나타낼 수 있다.

그러나 한국 상장기업뿐 아니라 다른 나라 상장기업 중 직접법으로 영업현금흐름을 제시하는 기업은 찾아보기 어렵다. 첫째 이유는 직접법을 사용하는 경우에도 간접법으로 영업현금흐름정보를 제시해야만 하기 때문에 기업 입장에서는 두 번 일을 하는 셈이 되기 때문이다. 둘째 이유는 인수합병이나 구조조정 등 기업 경영에 급격한 변화가 발생하는 경우 영업현금의 유출입 원천을 명확히 파악하기가 어려울 수도 있기 때문이다. 셋째 이유는 영업현금흐름의 원천을 보고하는 경우 기업의 영업비밀을 노출시킬 수도 있기 때문이다. 매출액 중 현금매출액이 얼마인지 또는 상품구입에 지급한 금액이 얼마인지를 명시적으로 제시하는 것에 대해 경영자들이 불편하게 생각할 수 있다. 물론 간접법을 사용하더라도 이 같은 영업현금의 유출입 원천을 어렵지 않게 파악할 수는 있다.

현금흐름표에서 영업현금흐름 다음으로 나타나는 항목이 투자활동과 재무활동으로 인한 현금흐름이다. 우선 투자활동으로 인해 8조 7,917억 원의 현금이 지출되었다. 영업현금흐름과는 달리 투자활동으로 인한 현금흐름은 현금의 유입과 유출 원천을 파악하기가 쉽다. 주요 항목은 다음과 같다.

- **유가증권의 감소.** 회사가 보유한 타기업의 유가증권을 처분하면 그만큼 현금이 유입된다. 만일 장부금액과 다른 금액으로 처분하는 경우에는 유가증권처분손실이나 이익이 발생한다. 이 경우 처분손익은 당기순이익에 직접 영향을 주게 되어 영업현금흐름을 산정할 때 이 금액을 당기순이익에서 조정해 주어야 한다. 즉 처분손실은 당기순이익을 감소시켰으나 영업현금흐름과는 관계가 없으므로(투자활동으로 인한 현금일 뿐임), 당기순이익에 가산해야 영업현금흐름이 적절하게 산정된다.
- **투자유가증권의 증가.** 현금유출이 있으므로 투자활동으로 인한 현금유출 금액을 증가시킨다.
- **기타 유형자산의 증가.** 공정설비를 확충하거나 물류설비를 신설하는 것과 같은 실물투자활동이 일어나게 되면 투자활동으로 인한 현금유출액이 늘어난다.

투자활동으로 인한 현금흐름을 자세히 살펴 보면 금융자산에의 투자와 실물자산에의 투자가 혼재되어 있는 점을 발견하게 된다. 예를 들면 생산설비나 물류시설 또는 토지매입이나 사무용건물을 신축하기 위해 현금을 지출하였다면 이는 당연히 투자활동으로 인한 현금유출로 기록된다. 또한 단기금융상품에 투자를 늘리거나 타회사가 발행한 주식이나 채권을 취득하는데 현금이 지출되었더라도 이를 투자활동으로 인한 현금유출로 기록한다는 것을 기억하자.

마지막으로 재무활동으로 인한 현금흐름이 있다. 주요 항목은 아래와 같다.

- **유동성장기부채의 감소.** 회사가 조달한 장기 부채 가운데 1년 이내에 만기가 도래하는 부채를 현금으로 상환한 금액이다.
- **배당금의 지급.** 1조 5,963억 원의 현금 배당이 2004년 중에 이루어졌다. 배당금의 지급은 이자지급과는 달리 기업의 부를 주주에게 환원하는 수단이므로 영업활동

현금흐름에 영향을 미치는 대신 재무활동으로 인한 현금흐름으로 분류된다. 이와는 반대로 타사의 주식(지분유가증권이라 함)에 투자하고 현금배당을 받은 경우에는 영업현금흐름으로 분류한다는 점을 주의하자. 비록 타사주식 취득은 투자활동으로 분류하지만, 그 투자에서 얻은 배당수익은 영업활동의 연장에서 발생한 것이라고 간주하기 때문이다.

현금흐름의 원천을 영업활동, 투자활동, 그리고 재무활동으로 나누어 살펴보았다. 이 세 활동에서 창출된 현금 유출입을 모두 합산해본 결과 2004년도에 현금이 3,104억 원 감소하였음을 알 수 있다. 이 현금흐름의 감소액은 2003년도 말 삼성전자가 보유한 현금 잔액 1조 2,682억 원이 2004년도 말에는 9,578억 원으로 감소한 것과 동일한 금액이다. 이렇듯 현금흐름표에 나타난 현금의 증감액은 재무상태표에 표시된 기초와 기말 현금잔액의 증감액과 정확히 일치하기 때문에, 이 두 재무제표가 서로 보완적으로 활용되고 있음을 알 수 있다.

# SECTION 55 영업현금흐름: EBITDA 또는 OCF

포스코에 대한 아래 기사가 경제지에 실린 적이 있다.

"포스코의 올해 EBITDA(기업이 영업활동을 통해 벌어 들인 현금창출능력을 나타내는 수치)가 6조 2,960억 원에 달하는 것으로 전망됐다. 이에 따라 기업 이익 대비 총가치 수준을 가늠하는 포스코의 올해 $\frac{EV}{EBITDA}$는 2.77배로 추산된다. 대만 차이나스틸의 올해 예상 $\frac{EV}{EBITDA}$(4.88배)보다 크게 저평가되어 있으며, 일본 JFE홀딩스(5.55배)의 절반 수준에 불과한 셈이다. $\frac{EV}{EBITDA}$만 놓고 보면, 비교 대상 9개 글로벌 철강주 중에서 주가 수준은 꼴찌를 기록한 셈이다."

– 매일경제, 2004년 12월 1일 –

다음 그림은 포스코와 글로벌 철강주의 $\frac{EV}{EBITDA}$를 비교한 것이다. 여기서 EV란 기업가치(enterprise value)를 의미하며 자기자본과 부채의 공정가치를 합한 금액이다. 주식시장이 기업가치를 잘 반영하고 있다고 가정(이를 '효율적 시장가설' 이라고 함)하면 자기자본의 공정가치는 '유통주식수(=발행주식수－자기주식) × 주가' 로 계산된다. 그리고 회사의 경영실적이 급격히 악화된 경우를 제외하고는 부채의 공정가치는 장부금액과 큰 차이가 없으므로 부채의 장부금액을 EV 계산에 사용하는 것이 일반적이다.

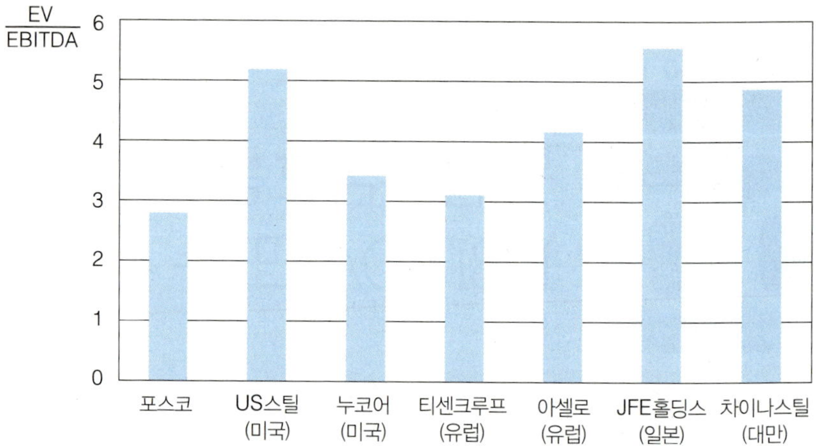


**[그림 55-1]** 포스코와 글로벌 철강주의 EV/EBITDA 비교

## 01 EBITDA의 정의

위와 같이 경제지에 자주 언급되는 EBITDA(earnings before interest, taxes, depreciation and amortization)는 이자비용, 법인세, 유무형자산의 감가상각비(depreciation)와 감모상각비(amortization)를 차감하기 전의 영업이익을 나타내는 지표로 흔히 기업의 영업활동에서 창출된 현금흐름을 측정하는 데 사용된다. 우선 EBIT(earnings before interest and taxes)는 지급이자와 세금공제 전의 이익으로, 이는 자금의 조달원천과 정부에 납부할 세금과 관계없이 핵심영업활동에서 나오는 이익창출능력(즉, 영업이익)에 초점을 두고 있다. 따라서 이 EBIT에 현금유출이 없는 비용인 감가상각비와 감모상각비를 다시 더해준 것은 영업활동으로 인한 현금창출능력을 측정하고자 하기 때문이다. 그렇다면 EBITDA는 과연 기업의 영업현금흐름을 측정하는 좋은 지표인가? 우선 이 지표를 산출하기 위해 손익계산서를 자세히 살펴보자.

손익계산서는 기업의 경영성과를 나타내는 재무제표로써 다음과 같은 여러 형태의 정보들이 혼재되어 있다.

- 영업이익(매출액, 매출원가, 판매 및 일반관리비, 감가상각비, 대손상각 등 핵심영업활동으로 인한 이익)과 비영업이익(투자자산 처분이익, 지분법이익 등 핵심영업활동 이외의 활동으로 인한 이익)
- 경상이익(영업이익 등 매년 발생하는 이익)과 비경상이익(재고자산 감액손실 등 매년 발생하지 않는 손실)
- 현금 유출입이 수반되는 이익(현금 매출, 인건비 등)과 현금 유출입이 수반되지 않은 이익(감가상각비, 유가증권 교환이익 등)

손익계산서에 표시되어 있는 당기순이익은 위의 항목들이 모두 망라되어 있어, 핵심영업활동으로 인한 현금흐름에 관한 정보에 관심이 있는 경우에는 당기순이익을 적절하게 조정해야 한다.

기본적으로 EBITDA는 이와 같은 여러 형태의 손익 항목 가운데 핵심영업활동에서 창출된 현금흐름을 측정하는 대용치(a proxy)이다. 문제는 이자비용, 법인세, 유무형자산의 감가상각과 감모상각을 차감하기 전의 영업이익이 과연 핵심영업활동으로 인한 현금흐름을 잘 나타내고 있는가에 있다. 이를 평가하기 위해서는 기업의 경영성과를 나타내는 재무제표 가운데 현금흐름표를 상세히 분석해 보아야 한다.

## 02 OCF(operating cash flows)

손익계산서나 재무상태표와는 달리 현금흐름표는 기업의 경영활동을 영업활동, 투자활동, 그리고 재무활동으로 구분하여 각 활동에 관련된 현금의 창출과 사용에 관한 상세한 정보를 제공한다. 특히 이 가운데 영업활동으로 인한 현금흐름(OCF: operating cash flows)은 EBITDA와 밀접한 관계가 있다. 구체적으로 OCF와 EBITDA를 비교하기 위하여 OCF가 어떻게 구성되는지를 살펴보자.

OCF는 당기순이익에 다음과 같은 항목들을 가산, 차감하여 계산한다.

당기순이익

\+ 현금유출이 없는 비용 또는 손실의 가산 (1)
(감가상각비, 대손상각비, 재고자산폐기손실 등)

− 현금유입이 없는 수익 또는 이득의 차감 (2)
(지분법이익, 투자자산교환이익 등)

− 현금이 잠겨있는 영업자산의 증가 (3)
(매출채권, 미청구공사 또는 재고자산의 증가 등)

\+ 현금의 지출이 유보된 영업부채의 증가 (4)
(매입채무 또는 미지급금의 증가 등)

= 영업활동으로 인한 현금흐름(OCF)

따라서 EBITDA는 위의 영업현금흐름 정의 가운데 (1)과 (2) 항의 일부를 고려하고 있으나, (3)과 (4) 항은 전혀 고려하지 않고 있다. 그렇다면 (3)과 (4) 항을 고려하지 않는 것은 얼마나 심각한 문제를 야기하는 것일까?

(3) 항의 매출채권, 미청구공사 및 재고자산은 가장 '위험한' 자산이다. 매출채권, 미청구공사 및 재고자산이 증가하면 다음의 두 가지 효과가 동시에 나타난다.

- 매출채권, 미청구공사 및 재고자산의 증가는 당기에 영업현금 증가를 수반되지 않으면서도 당기순이익의 증가로 이어진다.
- 이들의 증가는 재무상태표상의 자산을 증가시킨다.

즉 매출채권, 미청구공사 또는 재고자산이 증가하면 당기순이익과 자산이 동시에 증가하므로, 이들 자산이 과대평가되어 재무상태표에 남아 있을 위험이 커진다. 예를 들어 현금매출 대신 외상으로 제품을 선적하면 매출과 당기순이익이 모두 증가하는 반면, 현금흐름은 아직 실현되지 않았고 일부 회수불가능한 매출채권도 재무상태표에 자산으로 남아 있게 된다.

건설회사나 조선회사의 경우에는 미청구공사 대금도 중요한 위험자산 중의 하나이

| | A | B |
|---|---|---|
| **생산수량** | 200 | 100 |
| **판매수량** | 100 | 100 |
| **재고자산** | 100 | 0 |

**[그림 55-2]** 재고자산과 영업이익

다. 미청구공사 대금이란 설계변경이나 공사기간 지연 등으로 인해 원가 투입은 추가로 이루어졌으나 발주처로부터 받을 것이 아직 확정되지 않은 금액을 의미한다. 그만큼 미청구공사 대금을 제대로 받아내지 못할 위험성이 있다. 이 같은 불확실성에도 불구하고 건설사나 조선사는 추가 원가 투입에 상응하는 만큼 매출과 영업이익을 인식했을 것이다. 이는 '공사진행기준'에 따라 매출과 영업이익을 인식하기 때문이다(즉, 전체 공사원가 중 실제 투입원가의 비중에 따라 매출과 영업이익을 인식한다). 따라서 미청구공사 대금 증가 만큼 영업현금흐름은 악화되나 손익계산서상의 이익은 증가하게 되는 착시현상이 나타난다.

재고자산이 증가하는 경우 영업이익과 당기순이익이 늘어나는 이유에 대해서 좀 더 알아보자. 두 회사가 있다고 하자. A사는 200개 제품을 생산하였으나 100개 만을 판매하고 나머지 100개는 재고로 갖고 있다. 반면 B사는 100개를 만들어서 모두 판매할 수 있어 재고자산이 없다. 만일 두 회사가 생산, 판매하는 제품이 유사하고 판매가격도 같다고 하면 어느 회사의 영업이익이 더 많을까?

두 회사가 모두 100개의 제품을 판매했기 때문에 어느 회사의 이익이 많을 것인가를 묻는 것이 오히려 이상하게 들릴 지도 모른다. 그러나 판매수량은 같더라도 두 회사간 영업이익에는 차이가 있다.

정답은 200개를 만들었으나 100개 밖에 팔지 못한 A사의 영업이익이 더 크다. 그 이유는 A사가 제품생산을 위해 투입한 생산원가 중 고정제조간접비(예, 생산설비의

| | 매출채권 | 재고자산 |
|---|---|---|
| 영업이익 및 당기순이익 | ↑ | ↑ |
| 영업현금흐름 | ↓ | ↓ |
| 순효과 | ? | ? |

[그림 55-3] 매출채권 및 재고자산이 영업이익과 영업현금흐름에 미치는 영향

감가상각비, 공장장 급여 등)가 200개 생산제품에 나누어지기 때문이다. 즉 생산제품 단위당 고정제조비가 그 만큼 낮게 부과되는 것이다. 이로 인해 단위당 생산원가가 낮아지고, 판매된 100개 제품의 매출원가도 낮아지게 된다. 따라서 판매가격이 일정한 경우 매출원가가 낮게 책정되었으므로 영업이익과 당기순이익이 늘어나게 된다.

변동비와 고정비를 합한 총생산원가를 제품의 실제생산수량으로 나누어서 단위당 생산원가를 계산하는 방법을 전부원가(absorption costing)(또는 실제원가) 제도라고 한다. 이 제도 하에서는 생산수량이 늘수록 단위당 생산원가는 낮아지는 '규모의 경제' 효과가 나타난다. 전부원가제도와 대비되는 개념은 표준원가(standard costing)제도이다. 표준원가제도에서는 실제 제품생산수량과는 관계없이 단위당 생산원가를 사전적으로 결정한다. 생산수량이 늘거나 줄어도 단위당 생산원가는 일정하게 유지된다는 의미이다.

매출채권, 미청구공사 및 재고자산이 증가하면 한편으로는 영업이익과 당기순이익은 높아지나 반대로 영업현금흐름은 묶이게 되는데, 이 같은 현상이 궁극적으로는 바람직한 것일까? 경영진은 영업현금흐름과 영업이익(또는 당기순이익) 중 어느 지표를 더 중시할까? 두 지표 모두 중요하겠지만, 경영진 시각에서 보다 더 중요한 지표는 무엇일까?

경영진은 개인적으로는 영업현금흐름을 더 중시하는 것으로 보인다. 영업현금흐름이 충분해야 이를 활용해서 빚도 갚고 현금배당도 줄 수 있을 뿐 아니라, 투자도 할 수 있기 때문이다. 그러나 회사의 공식적인 성과평가제도는 대부분 영업이익이나 당기순이익 중심으로 운영되는 것으로 보인다. 이 같은 괴리가 나타나는 이유는 무엇일까? 이에 대해서는 추후 보다 상세히 살펴보자 (Section 56과 57 참조).

이처럼 자산 가운데 매출채권, 미청구공사 및 재고자산이 과대평가될 위험이 가장 높기 때문에 이정보를 잘 반영하는 현금흐름 정보가 더욱 유용한 정보인 것이다. 따라서 현금흐름표의 OCF는 이러한 잠재 위험성을 정확하게 나타내고 있다. 그러나 EBITDA는 이러한 위험자산에 묶여 있는 현금흐름을 적절하게 표시하지 못하고 다만 비현금비용 항목인 감가상각비나 감모상각비를 조정할 뿐이다.

(4) 항의 매입채무 또는 미지급금의 감소 등과 같이 현금 지출이 수반되는 영업부채의 변동도 영업활동으로 인한 현금흐름 창출능력을 적절히 평가하기 위해서는 반드시 고려하여야 한다. 그렇지 않으면 영업현금이 심각하게 줄어들어 기업의 운전자금 상황이 악화되어 있다는 점을 간과하게 된다.

그러므로 기업전체의 현금흐름창출 능력을 적절하게 평가하게 위해서는 EBITDA 뿐 아니라 현금흐름표에서 손쉽게 구할 수 있는 영업현금흐름인 OCF를 자주 활용하는 것이 좋다.

물론 영업현금흐름 보다 EBITDA가 더 유용하게 사용될 경우도 있다. 회사 전체가 아닌 특정 사업부문의 책임을 맡고 있는 경영자는 재고자산이나 매출채권 또는 매입채무의 변동으로 인한 운전자본에 대해서는 관리책임을 갖고 있지 않을 수 있다. 운전자본에 대해서는 자금부서 등 다른 부문의 경영자에 의해 관리되기도 하기 때문이다. 또한 사업부문 별로 영업현금흐름을 측정하기가 어려울 수도 있다. 이와 같은 경우에는 EBITDA가 사업부문의 경영성과를 나타내는데 큰 어려움이 없을 지도 모른다. 그러나 전사적인 시각에서 영업현금흐름을 관리하는 책임자를 명확히 해두는 것은 여전히 중요한 일이다.

## 03 EBITDA와 기업인수 가격결정

기업인수를 고려하는 경영진에게 인수대상기업의 가치를 평가하는 일은 매우 중요하다. 최근 연구에 의하면 인수합병 후 과반수 이상이 투자원금을 회수하는데 실패한다고 한다. 그 이유로는 기업인수 후 통합작업이 예상대로 진행되지 않음으로써 기대했던 시너지 효과를 창출하지 못한 경우도 있으나, 무엇보다도 기업인수가격을 너무 높게 지불함으로써 투자수익률이 악화된 것이 가장 중요한 요인이라고 한다. 즉, 인수대상기업에 관심을 보이는 경쟁기업들이 인수 후 시너지 효과를 과대평가함으로써 인수금액을 과도하게 지불하게 되고, 이로 인해 재무적인 후유증을 겪는다는 것이다. 이를 '승자의 저주(winner's curse)' 라고 표현한다. 경쟁자를 물리치고 인수대상기업을 차지하는 데는 성공하였으나, 막상 투자성과는 좋지 않을 수 있기 때문이다.

[그림 55-4]는 EBITDA배수(multiple)를 활용하여 기업가치를 추정하는 방법을 보여준다. EBITDA가 영업현금흐름 창출능력을 나타내므로 기업가치(EV, enterprise value)가 EBITDA의 몇 배수로 평가되는가를 파악하는 것은 중요한 질문이다. 그렇다면 배수는 몇 배가 적정할까?

EBITDA가 진정으로 영업현금흐름 창출역량을 나타내고 또한 미래에도 매년 동일한 금액만큼의 현금흐름이 창출된다면 EBITDA배수는 가중평균자본비용의 역수($=\frac{1}{r_{WACC}}$)로 결정된다(Section 17에서 적정수준의 PER는 주주 기대수익률의 역수임을 참조). 자본비용으로 가중평균자본비용을 사용하는 이유는 영업현금흐름을 창출하기 위해서 주주와 채권자로부터 조달한 투자재원을 투입해야 하며, 이 투자재원의 평균조달비용이 가중평균자본비용($r_{WACC}$)이기 때문이다. 예를 들어, 매년 EBITDA가 100, $r_{WACC} = 10\%$라고 하면, EBITDA multiple $= \frac{1}{10}\% = 10$배가 된다. 물론 EBITDA 창출역량이 미래에 강화될 것으로 예상한다면 EBITDA multiple은 10배를 넘을 수 있다.

경영진이 주주가치 추정치에 관심을 갖는다면 기업가치(EV, enterprise value)에 금

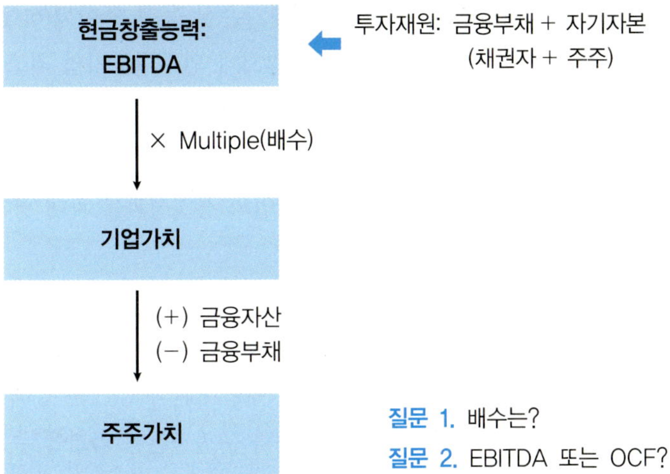


**[그림 55-4]** EBIDTA와 가치평가

융자산을 더하고 채권자 몫인 금융부채를 차감하면 된다.

주주가치 = 기업가치 + 금융자산 − 금융부채
= 기업가치 − 순금융부채 (⬅ 금융부채 > 금융자산의 경우)
= 기업가치 + 순금융자산 (⬅ 금융부채 < 금융자산의 경우)

인수대상기업을 평가하는 경우 실무에서 자주 사용하는 개념이 'EBITDA multiple'이다. 인수대상기업이 창출하는 영업현금흐름을 EBITDA로 측정하고 이 값의 몇 배(multiple)를 인수 가격으로 산출하는 방법이다. 예를 들면 최근 국내 한 기업이 미국 인수기업에게 EBITDA의 6배를 인수가격으로 제시한 일도 있다고 한다.

그렇다면 인수가격의 산출과정에서 EBITDA를 영업현금흐름 창출능력을 측정하는 대용치로 사용하는 것에 위험성은 없을까? 첫째, EBITDA는 영업이익에 현금지출이 수반되지 않은 유무형자산의 감가상각비를 더한 것이므로, 이 개념은 자연스럽게 영업이익을 강조하고 있다. 영업이익은 임직원의 핵심영업 및 투자의사결정의 결과이므로 이를 강조하는 것은 당연하다. 그렇다면 인수대상기업을 평가하는 경우 영업외손익은 중요하지 않다는 뜻인가? 영업외손익에는 지분법평가손익, 외화환산평가

손익, 재고자산평가손실, 매출채권평가손실 등이 포함되어 있다. 이들 항목은 당해 연도의 영업현금에는 영향을 주지 않으나 인수대상기업 최고경영진의 투자 및 재무 의사결정의 성과를 측정하는 것은 분명하다. 또한 지분법평가손실, 외화환산손실, 재고자산평가손실, 매출채권평가손실 등은 모두 손실이므로 이들이 반영되지 않은 영업이익을 강조하는 경우 인수대상기업의 경영성과를 과대 평가할 위험이 있다.

둘째, EBITDA 산정에서 영업이익은 '위험성'이 높은 발생액들의 영향을 고려하지 못하고 있다. 위에서 발생액들의 예 중 재고자산과 매출채권의 증가에 대해 주의해야 함을 강조하였다. 즉 재고자산과 매출채권의 증가는 당해 연도 영업이익을 증가시키나 오히려 회사의 영업현금흐름과 운전자본은 악화될 수 있다. 따라서 인수대상기업이 재고자산이나 매출채권을 일시적으로 증가시킴으로써 영업이익을 과도하게 보고한 경우 이를 바탕으로 EBITDA를 산정한다면 기업인수대가를 너무 높게 책정할 위험이 있다.

따라서 인수대상기업의 가치를 결정하는 경우 실무에서 많이 사용하고 있는 EBITDA이외에도 현금흐름표에서 쉽게 구할 수 있는 영업현금흐름 정보도 함께 사용할 필요가 있다.

## 04 EBITDA을 이용한 성과평가와 투자의사결정의 왜곡

한국 뿐 아니라 세계적으로 통신업계와 방송업계에서는 경영진의 성과평가와 성과급지급제도를 운영할 때 EBITDA를 주요 성과지표 중 하나로 사용한다. 그 이유는 통신업과 방송업의 특성상 새로운 기술이나 영업모형의 변화가 빠르고 따라서 대규모의 투자가 단속적으로 수반되기 때문이다. 대규모 투자가 일어난다는 의미는 감가상각비라는 발생액이 높아진다는 것을 뜻한다. 감가상각비가 늘어나면 당연히 영업이익과 당기순이익은 줄어들고 경영성과는 불리하게 평가를 받게 된다. 또한 기업마다 감가상각방법이나 내용연수의 추정, 그리고 잔존금액에 대한 추정이 모두 다르기 때문에 기업간 영업이익이나 당기순이익을 비교하는 것도 쉽지 않다.

즉 영업이익이나 당기순이익을 사용하여 경영성과를 평가하는 경우 성과가 나빠 보일 뿐 아니라 기업간 비교가능성도 낮기 대문에 통신업과 방송업계에서는 EBITDA를 사용할 유인이 커지게 된다. EBITDA는 이 같은 실무상의 어려움을 잘 해소해 주기 때문이다. 그러나 EBITDA를 경영성과 평가지표로 강조하는 경우 예상치 못한 부작용도 있음을 기억해야 한다. 아래에서 그 부작용들을 정리해 보자.

EBITDA는 영업이익에 현금유출이 없는 유형자산 감가상각비와 무형자산상각비를 더한 지표이므로, 여전히 영업이익에 초점을 두고 있다. 그런데 앞에서 살펴 본대로 영업현금흐름이 유입되지 않음에도 불구하고 영업이익을 늘리는 항목들이 있다. 예를 들면, 신용매출 증가로 인한 매출채권 증가나 생산확대로 인한 재고자산 증가와 같은 발생액들이 대표적이다. 이들에는 현금 또는 운전자본(working capital)이 투입되어 있는 상태이며, 아직 영업현금흐름으로 회수되지 않고 있다. 통신회사나 방송사의 경우 상품의 생산 및 판매를 주로 하지 않기 때문에 재고자산 증가로 인한 운전자본의 잠김 현상이 크지 않으나, 매출채권 증가로 인한 영업현금흐름 악화가능성이 존재한다. 따라서 EBITDA를 강조하게 되면 매출채권 증가로 인한 영업현금흐름 악화에 대해서는 관심이 낮아질 수 있다.

EBITDA를 성과평가지표로 사용하는 경우 보다 중요한 한계점은 투자의사결정이 엄격하지 못할 가능성이다. 그 이유는 EBITDA가 현금지출이 수반되지 않는 유무형자산의 감가상각비를 영업이익에 더하기 때문이다. 즉 투자확대로 인해 감가상각비가 늘어나더라도 이를 다시 영업이익에 더해 주게 되므로 EBITDA는 줄어들지 않는다. 따라서 투자확대로 인해 대규모의 감가상각비가 발생하고 그 결과 영업이익과 당기순이익이 감소하더라도 EBITDA를 경영성과지표로 사용하게 되면 감가상각비가 영업이익과 순이익에 미치는 부정적인 영향을 제거할 수 있다.

통신업과 방송업은 정부의 보호와 규제를 받는 대표적인 산업이다. 따라서 이들 산업에 종사하는 기업들은 대체로 안정적인 영업현금흐름을 확보하고 있다. 즉 안정적인 영업현금흐름을 바탕으로 적극적인 투자를 실행할 수 있는 재원을 확보한다는 의미이다. 따라서 이들 회사는 자체적으로 창출한 재원을 활용함으로써 외부 주식시장의 견제로부터 상대적으로 자유롭게 대규모의 투자를 실행할 수 있다. 그리고 투자 확대로 인해 감가상각비가 늘어나더라도 이를 영업이익에 다시 가산해서 EBITDA를 산정하게 되므로 투자의 효율성이 높지 않거나 실패하더라도 경영성과평가가 나빠지지 않는 독특한 현상이 나타날 수 있다. 이 같은 현상은 경영진의 투자의사결정 과정에서 투자의 효율성을 엄격하게 검증하는 견제 기능을 기업문화로 정착시키는 데 방해가 될 수도 있다. 예를 들면, 주주의 관점에서는 수익성이 낮은 투자라고 여겨지는 투자대안이라고 할지라도 경영진은 내부유보금을 재원으로 투자를 추진함으로써, 궁극적으로는 과잉투자의 경향이 나타날 수 있다.

EBITDA의 또다른 부작용은 회사의 재무레버리지와 영업레버리지를 악화시킬 가능성에 있다. 재무레버지리란 부채비율이 악화되어 당기순이익의 변동성이 커지는 것을 의미하며, 영업레버리지란 고정비 성격을 갖는 영업비용이 늘어나 회사 영업이익의 변동성이 높아지는 것을 의미한다.

운용리스와 금융리스를 예를 들어 설명해 보자(Section 05 참조). 기계설비를 운용리스로 임차하여 사업을 하는 경우, 회사는 운영리스료만을 손익계산서에서 영업비용으로 인식하면 되고, 그 결과 영업이익이 줄어든다. 그 대신 임차한 기계설비를 재무상태표에 자산으로 인식하지도 않고 따라서 부채도 인식하지 않는다.

그러나 만일 이 기계설비를 금융리스 형태로 임차한다면 전혀 다른 회계상의 효과를 가져온다. 우선 금융리스에서는 리스자산과 리스부채가 재무상태표에 인식되므로, 그만큼 부채비율이 높아져 재무레버리지가 높아질 것이다. 또한 매년 지불하는 리스료는 리스부채의 원금과 이자를 상환하는 것으로 인식되므로 손익계산서에서 영업이익에는 영향을 주지 않고 영업외비용인 이자비용이 늘어나게 된다. 따라서 운용리스의 경우와 비교하면 영업이익이 높게 나타나는 효과가 있다.

물론 리스자산을 인식함에 따라 감가상각비가 발생하여 영업이익이 줄어들겠지만, EBITDA를 사용하면 줄어든 영업이익도 문제가 되지 않는다. 영업이익에 리스자산으로부터 발생한 감가상각비를 다시 더해주기 때문이다. 따라서 고정비인 감가상각비의 증가로 인해 영업이익이 줄고, 궁극적으로 영업레버리지의 증가로 인해 영업이익의 변동성이 올라가더라도 EBITDA를 주요 경영성과 지표로 사용한다면 운용리스 대신 금융리스를 사용하고자 하는 경제적 유인은 없어지지 않는다.

위의 논의는 주요 경영성과지표로서 EBITDA를 사용하는 경우 이 지표가 투자의사결정과 기타 경영관리에 미치는 영향을 균형 있게 고려해야 함을 잘 보여주고 있다. 특히 전략 및 경영관리 담당 임원진은 성과평가지표가 투자 및 영업의사결정에 미치는 잠재적인 영향에 대해 더욱 세심한 관심을 가져야 한다.

특히 EBITDA를 경영성과지표로 강조하는 경우 나타날 수 있는 과잉투자의 위험을 적절히 견제할 수 있는 관리체계를 갖추어야 한다. 그 대안 중의 하나가 앞에서 살펴본 NPV와 IRR을 활용한 투자의사결정방법을 효율적으로 운영하는 것이다. 보다 엄격한 재무정책을 기업문화로 정착해야 하는 이유이다.

SECTION

# 56 발생액과 영업현금흐름에 대한 평가오류

발생액에 관해서는 앞에서 자세히 살펴보았다. 그렇다면 발생액에 대하여 투자자들은 어떻게 이해하고 있을까? 우선 발생액은 (당기의) 현금이 아니라는 사실부터 주지하여야 한다. 예를 들어 매출채권은 다음 연도에 현금으로 회수될 수 있다는 기대는 있으나, 당기 말에는 아직 회수된 것이 아니라는 점은 분명하다. 그만큼 현금의 회수가능성에는 불확실성이 있다는 뜻이다. 일반적으로는 매출채권에 대해서는 과거 기업의 경험이나 산업의 경험을 바탕으로 회수가 불확실한 매출채권금액(대손상각비라 함)을 예상하여 당기의 순이익을 감소시킬 수 있다.

## 01 발생액과 영업현금흐름의 예측력

발생액의 성질을 악용하여 좋지 못한 의도로 회계정보를 오도하는 경우가 있다. 극단적인 예가 매출채권 발생액을 이용하여 가공의 매출을 인식하는 것이다. 실제 제품의 수요가 없음에도 불구하고 연말에 매출을 인식하여 당기순이익을 높이려는 유인이 있다고 가정하자. 제품을 실제로 판매하지 않았기 때문에 당연히 현금유입은 없을 것이다. 그 대신 매출채권 발생액이 증가함으로써 당기순이익은 증가한다. 이런 경우 대개 당기순이익을 높이려는 유인이 있기 때문에 매출채권에 대한 예상 대손상각비도 적절히 반영하지 않았을 가능성도 높다.

재고자산 발생액도 매출채권 발생액과 유사한 특징이 있다. 당기순이익을 과대하게 보고하려는 의도가 있었다면, 아마도 보유하고 있는 재고자산이 제 값을 받지 못할 것이라는 것을 알면서도 재고자산평가손실을 적절히 인식하지 않았을지도 모른다. 그렇다면 보유하고 있는 상품이나 제품 등이 과대하게 평가되어 있을 가능성이 높아진다. 즉 재고자산에 투하된 현금이 아직은 현금화가 되지 않은 상태에서 (즉 아직 팔리지 않은 상태에서) 순이익은 높게 표시된다.

이제 발생액의 가장 중요한 특성에 대해 알아보자. 발생액 항목들로 인해 당기순이익이 늘었다면 내년도 순이익은 오히려 감소할 가능성이 높다. 그 이유는 매출채권의 예를 보면 명확해진다. 매출채권이라는 발생액은 금년도 순이익을 이미 증가시켰고, 내년도에는 매출채권의 대부분이 현금으로 회수될 것이다. 그러나 내년에 현금이 회수된다고 해도 그 해 순이익은 증가하지 않는다. 이미 전년도 이익으로 인식되었기 때문이다. 따라서 매출채권 발생액으로 인한 당해 연도 순이익 증가는 필연적으로 다음 연도 순이익에 부정적인 영향을 미치게 된다.

한국뿐 아니라 다른 나라 상장기업 자료를 분석해 보면 매우 흥미로운 결과를 찾을 수 있다. 다음 해의 당기순이익을 예측하는 데 있어서, 발생액의 지속성은 영업현금흐름의 지속성에 미치지 못한다는 것이다. 다시 말해 영업현금흐름 정보가 발생액 정보에 비하여 미래 순이익을 예측하는 데 더 유용하다는 것이다. 이 결과는 상식으로도 이해될 듯하다. "현금이 왕이다"라는 말도 있지 않은가?

## 02 발생액의 과대평가현상

그러나 실제로 일반 주식투자자들은 발생액 정보가치를 과대평가하는 반면 영업현금흐름의 정보가치는 과소평가하고 있는 것으로 보인다. 즉 발생액의 이익 예측력이 영업현금흐름의 이익 예측력에 비해 떨어짐에도 불구하고 투자자들은 발생액이 더 중요하다고 판단하고 투자의사결정을 한다는 뜻이다.

그렇다면 발생액의 과대평가 또는 영업현금흐름의 과소평가 현상을 잘 활용하면 주식시장에서 초과수익을 올릴 수 있을까? 흥미롭게도 대답은 '그렇다' 이다. 가상실험을 하나 해 보자.

우선 모든 상장기업들의 실제 손익계산서와 현금흐름표를 구해보자. 여기에서 발생액 금액(=당기순이익－영업현금흐름)을 구한 후 그 크기가 가장 큰 회사부터 가장 작은 회사까지 나열한다. 그리고 발생액이 가장 낮은 하위 10%의 기업군(G1)부터 상위 10%의 기업군(G10)까지 10개 기업군으로 분류한다. G10에 속한 기업들은 발생액 금액은 가장 클 것이며, 반대로 영업현금흐름 금액은 가장 낮을 것이다. 반대로 G1 기업들은 발생액 금액은 가장 낮으나, 영업현금흐름 금액은 가장 클 것이다. 어느 기업 집단에 투자하는 것이 초과수익을 낼 수 있을까?

발생액이 가장 낮은 대신 영업현금흐름은 가장 높은 기업군(G1)에 투자하는 것은 어떨까? 영업현금흐름에 초점을 두고 이들 기업에 투자하자니 무엇인가 확신이 없어 보인다. 그 이유는 이들 기업의 당기순이익도 10개 기업군 가운데 가장 낮게 나타났기 때문이다('당기순이익 = 발생액+영업현금흐름' 에서 발생액의 영향이 영업현금흐름의 영향보다 컸기 때문임). 비록 영업현금흐름이 가장 높다 하더라도 당기순이익이 가장 낮은 기업군에 투자하기가 쉽지는 않을 것이다.

한편 발생액이 가장 높으나 영업현금흐름은 가장 낮은 기업군(G10)에 투자하는 것은 어떨까? 비록 영업현금흐름이 가장 낮다 하더라도 이 투자안이 매력적으로 보일 수 있다. 이들 기업의 당기순이익이 10개 기업군 가운데 가장 높기 때문이다. 과연 어떤 투자대안이 초과수익을 낼 것인가?

대답을 하기 전에 G1과 G10 기업군의 발생액 특성을 살펴보자. 발생액은 크게 세 가지 유형으로 분류할 수 있다.

- **현금의 유출입이 없는 비용과 수익항목.** 대표적인 항목이 감가상각비(무형자산 감모상각비 포함)이다. 그 밖에 지분법손익, 유형자산처분손익 등은 일반적으로 감가상각비에 비해 금액도 적고 서로 상쇄되는 경향이 있어 심각하게 고려하지는 말자. 그런데 흥미로운 점은 비록 G1과 G10 기업군 간에 감가상각비 금액이 다를 수는 있으나, 어느 기업군이든 감가상각비가 발생하므로 이로 인한 기업군 간 차이는 크지 않다는 점이다.
- **영업부채의 변동.** 매입채무와 미지급 비용 등의 영업부채 역시 G1과 G10 기업군 간 차이가 있겠으나 이들 역시 어느 기업군이든 발생하므로 그 차이가 크지는 않을 것이다.
- **영업자산의 변동.** 영업자산의 기업간 차이는 매우 크다. 특히 매출채권과 재고자산의 크기로 인해 G1과 G10 기업군 간 차이가 큰 것이 일반적이다. 즉 정상적인 수준을 넘어서는 매출채권과 재고자산의 증가는 당기순이익을 증가시키는 효과는 있으나 영업현금흐름에는 공헌하지 못하고 있는 것이다. G1과 G10 기업군 간 매출채권과 재고자산의 차이는 결국 이 두 기업군 간의 발생액과 영업현금흐름 차이를 초래하는 데 결정적인 역할을 한다.

이제 투자결과를 살펴보자. 결론은 흥미롭게도 발생액이 가장 낮은 대신 영업현금흐름은 가장 높은 기업군(G1)의 완승으로 나타난다. 이들 기업은 향후 2년 동안 동종 산업, 유사 규모의 기업들과 비교하여 주가수익률이 높게 나타난 것이다. 반면 발생액은 가장 높으나 영업현금흐름은 가장 낮은 기업군(G10)에 속한 기업들은 향후 2년 동안 동종 산업, 유사 규모의 기업들과 비교하여 주가수익률이 낮게 나타났다. 만일 G10 기업의 주식을 증권회사에서 빌려서 팔고(이를 공매라 하며 영어로는 short-sale 이라고 함), 그 판매 대금으로 G1기업의 주식을 샀더라면 향후 2년 동안 약 15%의 초과수익률을 벌어들였을 것으로 나타났다. 물론 현실적으로는 이러한 공매를 통한 투자가 언제나 용이한 것이 아니다. 주식을 공매도하기 위해서는 주식 소유주로부터 주식을 빌려야 한다. 이 때 수수료를 지급해야 하는데, 공매도 수요가 적으면 수수료가 낮지만 공매도 수요가 많을수록 수수료도 상승하기 때문이다. 최근 연구에 의하면 대부분의 경우(미국 상장 기업의 86% 정도) 공매도 시 지급하는 수수료는 연 1% 미만이라고 한다. 이 같은 주식에 대해 공매도를 하는 것은 크게 어려워보이지 않는다. 그런데 공매도 수수료가 낮은 주식은 아마도 공매도 대상이 아닐 가능성이 높다. 주가가 고평가되지 않았을 가능성이 높다는 뜻이다.

반면 주가가 고평가되었다고 인식되는 기업의 주식은 공매도 수요가 많기 때문에 지급수수료가 가파르게 상승한다. 공매도 수요가 매우 많은 경우 연 수수료가 50%에 달하기도 한다. 따라서 실무적으로 공매도를 통해 수익을 얻기는 쉽지 않을 것이다.

그러나 기억해야 할 점은 쉽게 구할 수 있는 기업의 재무제표 자료, 특히 당기순이익과 영업현금흐름 자료만을 이용하여 주식시장에서 초과수익을 얻을 수도 있다고 하는, 어찌 보면 믿기 어려운 결과가 갖는 의미이다. 즉 주식시장 참여자들이 기업경영정보가 갖는 정보의 가치를 완전히 이해하지 못한 채 투자의사결정을 할 수도 있다는 것이다. 현실적으로 투자자들이 기업정보를 완전히 또 효율적으로 이해하고 난 후에야 투자의사결정을 한다고 볼 수는 없다. 그러기 위해서는 너무 많은 '노력'이 필요하기 때문이다.

다만 당기순이익과 영업현금흐름과 같은 기업경영성과를 측정하는 대표적인 정보들조차도 그 정보가치를 완전히 이해하는 것이 쉽지 않다는 사실을 지적하고자 한다. 다음 장에서는 주식투자자 이외에도 경영자와 재무분석가 그리고 회계감사인 역시 발생액의 정보가치를 완전히 이해하지 못하고 있을 수 있음을 보여준다.

SECTION

# 57 발생액과 현금흐름에 대한 경영자와 투자자의 평가

최근 한국의 재무담당임원을 상대로 다음과 같은 두 가지 형태의 설문을 하였다.

- **질문 1.** 다음의 이해관계자들이 귀사의 가치를 얼마나 잘 이해하고 있다고 생각하십니까?
- **제시된 이해관계자.** 기관투자자, 개인투자자, 임직원, 신용평가기관, 재무분석가
  (※전혀 이해하지 못하고 있다면 1점, 매우 잘 알고 있다면 10점을 줌)

- **질문 2.** 다음의 재무지표들이 귀사의 경영성과를 얼마나 적절히 대표할 수 있다고 생각하십니까?
- **제시된 재무지표.** 당기순이익, 영업이익, 매출액, 영업현금
  (※전혀 대표하지 못하고 있다면 1점, 매우 잘 대표한다면 10점을 줌)

## 01 설문의 목적

이 설문조사의 목적은 당기순이익을 구성하는 두 항목인 영업현금흐름과 발생액이 갖는 정보의 유용성에 관하여 기업 이해관계자들이 얼마나 잘 이해하고 있는지를 알아보기 위함이었다. 영업현금흐름은 비록 기간간 변동성이 크기는 하지만 검증하기가 용이하다는 장점이 있다. 예를 들어 매출로 인한 현금유입은 명확히 검증할 수 있다. 그러나 발생액은 영업현금흐름의 변동성을 완화시켜 주는 장점은 있으나 반대로 검증이 어려운 단점도 있다. 예를 들면 매출채권에 대한 예상손실(즉 대손상각비)이나 재고자산의 예상 감액손실금액이 적절하게 인식되었는지를 확인하는 것은 매우 어렵다. 이러한 특성을 갖는 발생액과 영업현금흐름의 합이 당기순이익이며, 이들의 정보가치에 대하여 투자자와 기업 재무담당임원들은 과연 어떠한 생각을 하고 있는지 매우 궁금하다.

## 02 설문의 결과

설문결과를 요약한 다음 그림을 보자. 우선 재무담당임원들은 그들 기업의 가치를 가장 잘 이해하고 있는 이해관계자로 임직원을 꼽았다. 최고경영층의 경영철학을 공유하고 희로애락을 함께 하는 임직원이 기업가치에 대하여 가장 잘 이해하고 있다는 생각은 어쩌면 당연하다고 볼 수 있다. 그 다음으로는 신용평가기관, 기관투자자, 그리고 재무분석가의 순으로 기업가치를 잘 이해하고 있는 것으로 조사되었다. 이 결과에서 가장 흥미로운 발견은 기업의 재무담당임원들은 개인투자자들이 기업가치에 대하여 가장 이해도가 낮다고 생각한다는 점이다. 재무담당임원들은 개인투자자들이 기업의 본질가치를 적절히 이해하고 장기적인 시각에서 기업경영층을 신뢰하려고 노력하기보다는 단기적인 의사결정행태를 보인다고 인식하고 있는 듯하다. 개인투자자는 기업성과가 나빠질 것이라고 판단되면 곧바로 주식을 처분하려 하고, 영업현금흐름이 풍부하다고 판단하면 기업의 투자정책은 아랑곳하지 않고 현금배당을 늘리라고 목소리를 높인다고 인식하고 있는 것이다.

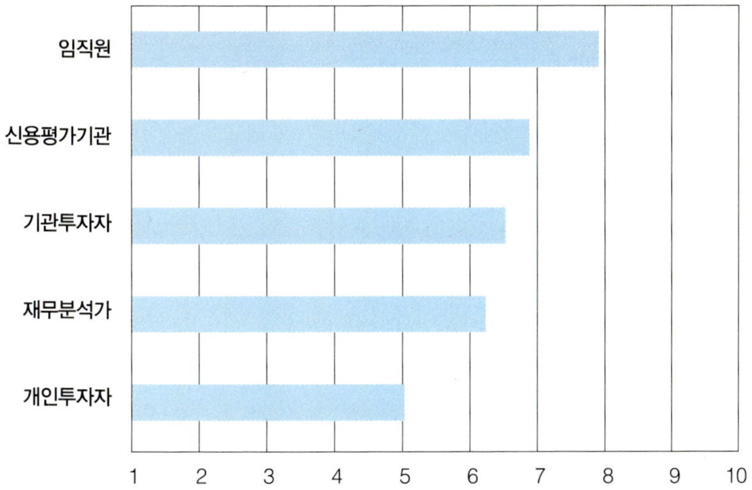


[그림 57-1] 질문 1에 대한 설문결과

최근 다른 연구에 의하면 개인투자자들은 기업가치를 판단함에 있어 가장 중요한 지표로 당기순이익을 꼽는 것으로 나타났다. 그 다음으로 매출액, 영업현금흐름 순으로 중요하다고 인식하고 있었다. 당기순이익이 영업현금흐름보다 더 중요하다고 인식한다는 것은, 당기순이익을 구성하는 두 항목인 영업현금흐름과 발생액 가운데 발생액 부분을 더욱 중요시한다는 견해를 밝힌 것과 같은 것이다. 그러나 앞에서 살펴본 대로 영업현금흐름에 비하여 발생액은 그 금액과 인식 시점의 적절성에 대한 검증이 어렵고 따라서 과대평가의 위험이 상대적으로 높다. 개인투자자들이 기업가치를 적절히 이해하지 못한다는 재무담당임원의 평가가 언뜻 설득력이 있는 대목이다.

그렇다면 앞의 설문조사 결과 기업의 재무담당임원들은 기업가치를 가장 잘 대표하는 것으로 어떤 경영지표를 선택했을까? 영업이익을 가장 중요한 지표로, 그 다음으로는 영업현금흐름, 매출액, 그리고 당기순이익의 순으로 답변을 하였다. 영업이익 역시 영업현금흐름과는 차이가 있다. 즉 영업이익을 구하기 위해서는 유, 무형자산의 감가상각비나 감모상각비를 차감하여야 하나, 이들은 현금유출이 없는 비용이므로 당기의 영업현금흐름과는 관계가 없다. 따라서 기업의 재무담당임원이나 개인투자

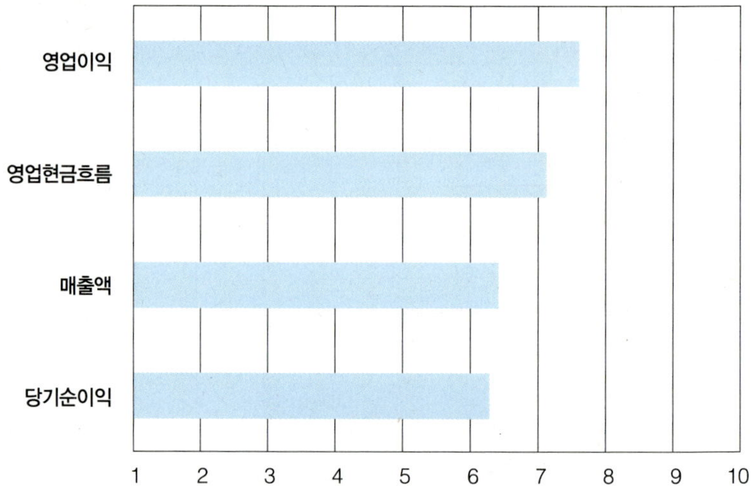


[그림 57-2] 질문 2에 대한 설문결과

자 모두 검증이 쉬운 영업현금흐름 정보보다는, 금액과 인식시점의 불확실성이 높은 발생액을 더욱 중요하게 생각하고 있다는 것은 매우 흥미로운 발견이다.

영업현금흐름의 '정보력'이 발생액의 정보가치에 비해 우월함에도 불구하고, 주식투자자와 기업의 재무담당임원 모두 발생액의 정보가치를 과대평가하고 오히려 영업현금흐름의 정보가치는 과소평가하는 경향을 보인다는 것이다. 정보가치의 과대·과소평가는 결국 그 판단을 하는 의사결정자의 경제적인 손실로 이어진다는 점을 기억해야 한다.

SECTION

# 58 발생액 평가의 어려움

발생액이 기업가치평가에서 차지하는 중요성은 이미 여러 차례 강조하였다. 또한 발생액의 정보가치를 평가하는 것도 매우 어려운 일임을 확인하였다. 즉 주식 투자자들은 발생액의 정보가치를 과대평가하고 오히려 영업현금흐름의 정보가치는 과소평가하는 경향이 있음을 살펴보았다.

## 01 재무분석가의 예측오차

그렇다면 전문 재무분석가들은 발생액의 특성을 정확히 파악하고 있을까? 일반 주식투자자들에 비해 재무분석가들은 기업정보의 처리와 해석에 우월한 위치에 있을 뿐 아니라 그럴 만한 유인도 있다. 일반 투자자뿐 아니라 기관투자자들은 재무분석가가 작성한 투자보고서를 중요하게 인식하며 여기에서 많은 정보를 얻기 때문이다. 특히 연금, 기금이나 투자신탁회사와 같은 기관투자자들은 재무분석가가 제공하는 당기순이익 예측치나 목표주가 등에 많은 관심을 갖고 있다.

재무분석가의 보고서에는 향후 2~3년간의 당기순이익 예측치와 장기성과에 대한 예측치가 포함되어 있다. 따라서 재무분석가들이 발생액과 영업현금흐름의 정보가치를 제대로 평가하고 있는지를 알아보려면 그들이 제시하는 당기순이익 예측치를 실제 순이익과 비교해 보면 된다. 이를 위해 재무분석가의 예측오차를 다음과 같이 정의하자.

예측오차 = 예측치 − 실적치

예를 들어 어느 기업의 실제 주당순이익(EPS: earnings per share)이 100원이라고 하자. 재무분석가는 대체로 낙관적인 예측치를 제공하는 경향이 있다. 비관적인 예측치를 제공하면 이익예측의 가장 중요한 정보원천인 기업경영자로부터 따돌림을 받을 수도 있기 때문이다. 또한 낙관적인 예측치를 제공하는 것이 주식거래를 활성화하는 데 도움이 되기도 한다. 거래가 늘어야 재무분석가가 소속되어 있는 증권회사의 영업실적이 향상되고 그 수익 중 일부가 재무분석가들을 지원하기 위한 재원이 되므로 재무분석가는 이와 같은 경제적 유인을 고려할 개연성이 높다.

재무분석가들이 연초에는 주당순이익 예측치를 130원으로 예측한다고 하자. 그렇다면 예측오차는 130원 − 100원 = 30원이 된다. 연말이 다가올수록 기업의 분기 및 반기 실적이 시장에 발표되고 동종업계 기업들의 경영성과가 알려지면서 재무분석가들은 연초의 낙관적인 예측치를 하향수정하게 될 것이다. 그러나 수정된 예측치도 일반적으로 여전히 낙관적인 경향이 있다. 예를 들면 연말의 수정 예측치는 110원 정도되며 예측오차는 10원이 되는 것이다.

## 02 재무분석가의 발생액 평가

발생액은 그 속성상 미래 이익을 예측하는 능력이 영업현금흐름에 비해 낮은 것이 일반적이다. 예를 들어 신용매출로 인해 매출채권이 발생하면 이는 당기의 순이익은 증가시키나 내년도의 순이익 증가에는 전혀 영향을 미치지 못한다. 올해의 매출로 순이익을 두 해나 증가시킬 수는 없는 일이다.

재무분석가가 이와 같은 발생액의 기본적인 속성을 충분히 고려한다고 하자. 그렇다면 발생액 부분이 높아서 당기순이익 수준이 높은 기업의 내년도 순이익을 예측하는 경우, 발생액 속성을 고려하여 내년도 이익전망치를 가능하면 낮게 제시하려 할 것이다. 앞의 예로 말하자면 연초의 이익예측치가 130원보다 낮은 120원 정도가 될 것이다. 반면 영업현금흐름이 높은 기업의 경우에는 내년도 이익전망치를 130원보다 높은 140원 정도로 약간은 낙관적으로 제시할 가능성이 있다.

그러나 실제로는 당기순이익에서 발생액이 차지하는 부분이 높은 기업에 대한 이익전망치가 영업현금흐름이 차지하는 비중이 높은 기업의 이익전망치에 비해 현저히 낙관적인 경향이 있다. 즉 올해 순이익 수준이 높으면 그것이 비록 영업현금흐름이 뒷받침되지 않고 발생액으로 인한 것이라고 하더라도(따라서 내년도 이익은 낮아질 것이라고 예측하여야 함에도 불구하고), 내년도 이익전망치를 더욱 낙관적으로 제시하는 경향이 있다는 것이다. 반면 올해의 이익수준이 낮으면, 비록 영업현금흐름이 높다고 하더라도(따라서 내년도 이익은 높아질 것이라고 예측할 수 있음에도 불구하고) 이익전망치를 비관적으로 제시하는 경향이 있다.

따라서 재무분석가들도 발생액의 정보가치에 대하여 충분히 인식하고 있지 못하거나 또는 인식하더라도 체계적인 오류를 범하고 있다고 볼 수 있다. 주식시장의 효율성을 높이기 위해서는 주가에 영향을 미치는 기업 경영정보들을 적시에 시장에 공급하는 것이 필수적이다. 여기에서 전문지식으로 무장한 재무분석가의 역할은 매우 중요하다. 경영성과지표 중 가장 기본적이라고 할 수 있는 당기순이익, 그리고 당기순이익을 구성하는 영업현금흐름과 발생액 정보가치에 대해서 재무분석가들은 보다 깊이 있는 관심을 가져야 할 것이다.

## 03 회계감사인의 발생액 평가

발생액과 영업현금흐름의 정보가치에 대하여 재무분석가들이 정확하게 인식하고 있지 못하고 있다면, 기업의 공식적인 재무회계시스템의 가까운 곳에서 이 정보를 확인하는 역할을 하는 회계감사인(공인회계사나 회계법인)은 과연 발생액의 정보가치를 어떻게 평가하는지 궁금하다.

회계감사인은 기업의 회계정보가 기업회계원칙에 따라 충실하게 재무제표에 반영되었는지 확인하고 그에 대한 감사의견을 표명한다. 만일 보고된 회계정보가 잠재적인 부실 위험을 안고 있다면 이에 대한 우려가 감사의견을 통해 제시되어야 한다. 예를 들어 재고자산이 과대평가되었다고 의심되면 회계감사인은 이에 대하여 납득할 만한 수준의 검증과정을 거친 후에야 감사의견을 제시하게 된다.

일반적으로 기업회계정보 가운데 잠재적 부실요인이 가장 높은 항목이 재고자산과 매출채권이다. 이 자산항목들이 과대평가될 위험이 높다면 그 만큼 회계감사인의 의견은 조심스럽게 제시되어야 한다. 이는 '적정의견' 대신 '한정의견'이 제시될 가능성이 높다는 것을 의미한다. 따라서 회계감사인이 발생액의 과대평가위험을 충분히 반영하여 감사의견을 제시한다면, 영업현금흐름에 비해 발생액금액이 과도하게 높은 기업에 대해서는 적정의견보다는 한정의견을 제시할 가능성이 높다고 예상해 볼 수 있다.

그러나 실제로는 반대 현상이 나타났다. 영업현금흐름은 작아도 발생액 금액이 높음으로써 당기순이익이 높게 보고된 기업은 한정의견을 받기보다는 적정의견을 받는 경향이 강하게 나타나고 있다. 이는 회계감사인이 발생액의 잠재적 위험을 적절하게 평가하지 않고 있다는 것을 의미한다. 앞에서 발생액에 대한 재무분석가의 평가가 매우 낙관적임도 살펴보았다. 재무분석가에게 제공되는 기업재무회계정보를 검증하는 역할을 하는 회계감사인 역시 발생액의 정보가치에 대하여 과대 평가하는 경향이 있다는 것은 의미있는 발견이다.

재무분석가와 회계감사인이 발생액의 정보가치를 과대평가한다는 것을 고려하면 개인 투자자들이 발생액에 대하여 과대평가하는 성향은 그다지 놀랄 만한 것이 아닐지도 모른다. 그러나 개인투자자들이 기업의 본질가치에 대한 예측과 평가를 함에 있어 기업재무정보에 대한 불확실성을 느끼면 당연히 불확실성에 대한 대가를 요구하게 된다. 그 대가는 기업의 자본비용 상승으로 이어지고 궁극적으로 기업가치 향상을 저해하는 요인이 된다. 그러므로 순이익에 포함되어 있는 영업현금흐름과 발생액의 정보가치에 대해 자본시장참여자가 갖고 있는 불확실성을 줄여주는 것이 기업가치를 향상시키는 데에 공헌한다는 것을 상기할 필요가 있다.

## 04 최고경영층과 발생액

지금까지 주식투자자, 재무분석가, 그리고 회계감사인 모두 당기순이익을 구성하는 영업현금흐름과 발생액에 대한 정보가치를 충분히 인식하지 못하고 있음을 살펴보았다. 특히 회계감사인은 기업재무회계정보에 가장 근접해 있으면서도 영업현금흐름과 비교하여 정보력이 상대적으로 떨어지는 발생액에 대한 정보가치를 감사의견에 적절히 반영하지 못하고 있는 것도 확인하였다.

그런데 회계감사인은 이 현상에 대한 근본 원인을 다른 곳에서 찾는 듯하다. 기업정보의 원천제공자인 경영층에 그 원인이 있다고 주장하는 것이다. 회계감사인은 기업이 자산가치 손상 등의 기업부실 인식을 고의적으로 회피하였다면, 자신들이 이를 확인하기는 매우 어렵다는 점을 예로 들고는 한다. 그렇다면 기업 경영층이 실제로 발생액 정보를 이해하기 어렵게 만드는 근본 원인을 제공하는 것일까?

이를 알아보기 위해 발생액에 대한 몇 가지 예를 살펴보자. 우선 당기에 순이익이 나는 대신 약간의 손실이 날 경우를 예상해 보자. 많은 기업들이 약간의 손실을 보고하기 보다는 적은 금액이라도 순이익을 내기를 희망한다. 적자가 발생하게 되면 은행도 보다 엄격하게 회사의 경영성과를 지켜보게 될 것이며, 주식시장도 손실을 결코 반가워하지 않기 때문이다. 적자 대신 순이익을 내려면 두 가지 방법이 있다. 하나는 어려운 방법이고 다른 하나는 쉬운 방법이다.

어려운 방법의 예로는 매출을 늘리거나 경영효율성을 높여 비용을 절감하여 순이익을 내는 방법이다. 쉬운 방법의 예로는 감가상각비를 조금 줄이거나 매출채권에 대한 대손상각비 등 발생액 금액을 조금 적게 인식함으로써 손실을 피하는 방법이다.

이와 같은 의사결정은 재무회계부서의 책임자가 아니면 결코 결정할 수 없다. 발생액에 대한 의사결정은 경영층의 자의적인 판단에 의해 결정되므로, 비록 공인회계사들이 기업정보에 가장 근접한 거리에서 이를 확인한다 하여도 발생액의 정보가치를 제대로 검증하기 어려울 수도 있다.

경영층의 자의적 판단으로 생긴 발생액의 또 다른 예로는 기업이 투자활동에 필요한 자금을 조달하기 위해 신주를 발행하는 경우이다. 최대한 많은 자금을 조달하기 위해서는 기업경영성과, 즉 순이익을 높게 보고할 필요가 있다. 순이익을 높이기 위해서는 역시 어려운 방법과 쉬운 방법이 있다. 어려운 방법은 신규고객에게 매출을 늘리는 방법이고, 쉬운 방법은 재고자산 평가손실을 낮게 인식하는 등 발생액을 이용하는 방법이다. 연구 결과에 의하면 신주발행 전 1년 정도의 기간 동안 발생액이 비정상적으로 높게 나타나 순이익도 높게 나타난다고 한다. 그러나 신주발행 후에는 임의로 높게 인식되었던 발생액이 정상적인 수준으로 회복되기 위해 발생액 비용이 과도하게 나타나고 그 결과 순이익은 하락하는 경향을 보인다는 것이다. 따라서 자의적으로 조정이 가능한 발생액의 정보가치는 당연히 떨어지게 되며 이와 같은 의사결정 역시 기업의 고위의사결정권자에 의해서만 가능하다.

이와 유사한 경우가 주식을 맞교환함으로써 인수합병을 하는 경우, 주식교환 전후로 비정상적 발생액이 많이 나타난다는 것이다. 교환되는 주식의 가격이 높을수록 적은 수의 주식을 발행해도 되므로, 기업은 자연스럽게 순이익을 높게 보고하기 위해 발생액을 과도하게 인식할 유인을 갖게 된다. 그리고 주식교환 후에는 과도한 발생액을 정상수준으로 되돌려야 하므로, 비용이 과도하게 발생하고 그로 인해 순이익이 감소하는 경향이 있다. 물론 이와 같은 의사결정 또한 고위책임자의 개입없이는 불가능할 것이다.

위의 논의를 종합하면 발생액의 정보가치가 낮은 이유는 기업경영의 고급 정보를 보유한 경영층의 자의적인 의사결정이 발생액에 과도하게 개입되어 있기 때문이라는 것이다. 이로 인해 공인회계사나 재무분석가도 발생액에 포함되어 있는 자의성을 충분히 제거할 수 없었을 것이다. 따라서 정보의 최열위에 위치한 주식투자자들 역시

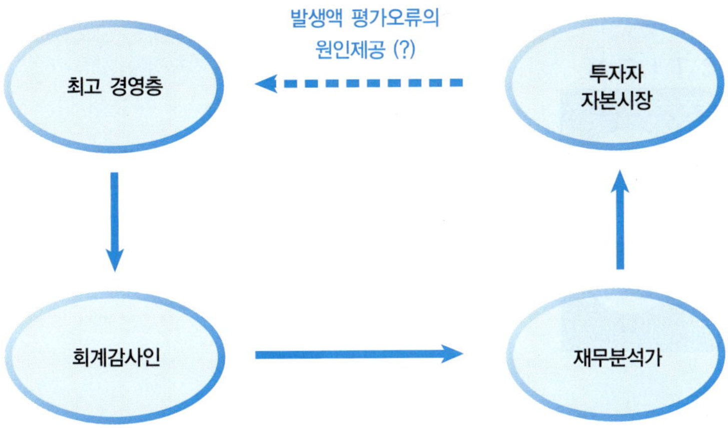


[그림 58-1] 발생액 평가오류의 원인제공

정보가치가 떨어지는 발생액 정보를 적절히 평가할 수 없는지도 모른다.

이같은 추론에 대해 경영자는 불만이 많을 것이다. 경영자는 오히려 주주들이 단기 성과에 집착하며, 당기순이익을 구성하는 영업현금흐름과 발생액의 서로 다른 정보가치에 관심을 두지 않고 단지 순이익 정보에 과도하게 의존한다고 생각할 수도 있다. 경영자의 주장이 타당하다면 발생액 정보가치의 하락 원인은 궁극적으로 다름 아닌 주주 또는 주식시장에 있다라는 매우 흥미로운 결론에 도달하게 된다. 결국 원점으로 돌아온 느낌이다.

# SECTION 59 발생액 평가오류의 근본원인

주주뿐 아니라 다른 시장참여자들이 발생액에 대한 정보가치를 적절히 평가하지 못하는 근본적인 이유는 무엇일까? 이에 대해 네 가지 이유를 살펴보자.

## 01 투자자의 미숙함(investor naivety)

투자자가 'naive' 하다는 의미는 '순진' 하다는 의미이다. 그러나 좋은 의미로서의 순진함보다는 미숙함이라고 표현하는 것이 지금 논의에서는 적절해 보인다. 즉 발생액과 현금흐름의 상대적인 정보가치에 대해 투자자들이 잘 이해하지 못할 가능성이 있다는 것이다.

여러 나라의 주식투자자와 기업임직원을 대상으로 한 설문조사 결과에 의하면 영업현금흐름보다는 당기순이익 또는 영업이익을 더 중요한 경영성과지표로 인식하고 있는 것으로 나타났다. 영업현금흐름에 비해 정보력이 떨어지는 발생액의 특성에 대해 변밀한 주의를 기울이지 않았을 가능성이 있는 것이다. 영업현금흐름 정보가 명확히 제시되기 시작한 것이 한국에서는 1994년부터, 미국에서는 1987년부터이고 자본시장이 영업현금흐름과 발생액 간 정보가치의 차이에 대해 관심을 보이게 된 것도 1990년대 중반이었다는 것을 고려하면 위 주장도 일리가 있다.

## 02 거래비용(transaction costs)

두 번째 이유는 투자자가 발생액의 정보가치를 제대로 이해할 수 있는 능력이 없다기 보다는, 이를 위해 투입되는 노력이나 비용이 지나치게 높기 때문에 발생액의 정보가치를 적절히 평가하지 못한다는 견해이다. 발생액의 특성을 파악하기 위해서는 상당한 노력(예, 재무회계의 특성을 학습하기 위한 노력과 비용)이 필요하다. 그러나 이에 상응하는 효익이 노력이나 비용에 비해 적다고 판단되는 경우 투자자는 발생액의 정보가치를 이해하기 위한 노력을 포기하게 된다. 이는 제한된 자원을 가장 효율적으로 사용하고자 하는 투자자의 입장에서는 합리적인 의사결정이다.

## 03 '위험한' 무위험거래(arbitrage risk)

무위험거래(arbitrage)란 투자자가 주가의 왜곡현상을 이용하여 자본을 투자하지 않고도 수익을 창출할 수 있는 거래를 의미한다. 예를 들어 당기순이익 중 영업현금흐름의 비중이 높은 기업의 주식은 과소평가되고, 반대로 발생액 비중이 높은 기업의 주식이 과대평가되었다고 하자. 투자자는 고평가된 주식을 금융기관으로부터 빌려 팔고(이를 공매도라고 하고, 영어로는 short sale이라고 함), 그 판매대금을 저평가된 주식의 구입에 사용할 수 있다. 이렇게 구입한 저평가된 주식의 가격이 예상대로 상승하면 이를 매각하여 수익을 올릴 수 있을 것이다. 또한 추후 예상대로 고평가된 주식의 가격이 하락하게 되면, 투자자는 낮은 가격에 주식을 재매입하여 주식을 빌려준 금융기관에 이를 되돌려 주면 된다. 물론 이 때 주식을 빌린 동안 그 금액에 상응하는 이자를 지급한다. 따라서 투자자는 투자원금 없이도 수익을 창출할 수 있고 투자수익률은 무한대가 된다. 물론 이런 일은 실제로 발생하기 어렵다. 주식을 빌려서 파는 일이 쉽지 않기 때문이다.

그러나 만일 이와 같은 가상적인 무위험거래가 가능하다고 하더라도 투자자는 쉽게 무위험거래를 실행하지 못한다. 그 이유는 무위험거래가 그 단어와는 달리 매우 위험할 수 있기 때문이다. 예를 들어 보자. 만일 현재 부동산가격이 가장 높은 수준에 도달했으며, 주가는 가장 낮은 수준에 머물고 있다고 믿는 투자자가 있다고 하자. 이 투자자는 재산의 수익률을 극대화하기 위해 부동산을 처분하고 그 대금으로 주식을 매입할 수도 있다. 하지만 실제로 이와 같은 의사결정을 하는 투자자는 많지 않을 것이다.

부동산가격은 더 올라가고 주식가격은 더 떨어지는 경우가 발생한다면, 아무리 그 가능성이 낮을 것이라고 예상하더라도 투자자들은 이런 거래는 하지 않을 것이다. 발생확률은 매우 낮을지 모르나 그와 같은 상황이 실제로 발생하는 경우 그 손실로 인한 고통은 너무 크기 때문이다. 비록 장기적으로 보면 저평가된 주식가격은 다시 올라가고 고평가된 부동산가격은 하락할 수도 있으나, 그 과정에서 나타날 수 있는 경제적 손실과 심리적·감성적 고통을 감내하는 것은 쉽지 않을 것이다. 따라서 무위험거래라는 개념은 자본의 제약이 존재하고 이익으로부터 느끼는 효용보다는 손실로 인한 비효용(즉 고통)이 더 큰 투자자에게는 실현가능한 대안이 될 수 없다. 이로 인해 어느 정도의 고평가현상과 저평가현상은 교정되지 않은 채 상당기간 지속될 수도 있는 것이다.

무위험거래를 전문적으로 하는 투자기관들도 유사한 상황에 처해있기는 마찬가지이다. 이들은 대체로 투자자로부터 투자자금을 제공받아 그 자금으로 시장에서 초과수익을 창출할 목적으로 주식에 투자한다. 이들은 고평가된 주식을 공매도하고 그 자금으로 저평가된 주식에 투자함으로써 초과수익을 올리기도 한다. 그러나 투자대상기업의 미래경영성과에 대한 정보는 언제나 불완전하다는 특성을 갖기 때문에, 기업주가가 고평가되었다고 추정되더라도 이 기업의 주식을 공매도하는 것을 꺼리게 된다. 공매도한 기업의 주가가 예상과는 다르게 상승할 수 있기 때문이다. 이 경우 자금을 제공한 투자자가 인내심을 갖고 고평가된 주가가 하락할때까지 기다려주면 문제가 되지 않는다. 그러나 이들 투자자들 역시 제한된 자금을 운영하며, 위험을 회피하려는 성향을 갖고 있을 것이다. 따라서 공매도한 주식의 가격이 예상 외로 상승하면 투자자는 투자원금 상환을 요청할 가능성이 높아진다. 투자전문기관은 이 경우 공매도한 가격보다 높은 가격에 주식을 구입해서 주식을 상환하여야 하므로 이로 인해 막대한 손실을 입을 수도 있다. 결국 기업의 본질가치에 대한 근본적인 불확실성이 존재하는 경우 고평가되었거나 저평가된 정보가 상당기간 해소되지 않은 상태로 지속될 수 있음을 의미한다.

## 04 대중심리(mass psychology)

발생액의 정보가치를 적절히 평가하지 못하는 원인으로 제시된 앞에 세 가지는 매우 과학적인 설명이다. 최근에 제시된 또 하나의 원인은 대중심리 또는 투자자의 집단행동심리(investor herding)이다. 전통적으로 기업의 경영성과를 평가할 때 당기순이익이나 영업이익지표를 사용해 왔기 때문에 정보가치가 뛰어난 새로운 평가지표가 있음에도 이를 수용하는 것이 쉽지 않다는 것이다.

더 좋은 지표가 있음에도 불구하고 일정한 한계가 있는 EBITDA(earnings before interest, taxes, depreciation and amortization)를 계속 사용하는 것도 대중심리 때문에 상대적으로 열등한 지표를 지속적으로 이용하는 예로 볼 수 있다. EBITDA는 이자비용, 법인세, 유무형자산의 감가상각비와 감모상각비를 차감하기 전의 영업이익을 의미하며 기업의 영업활동으로 창출된 현금흐름을 측정하는 데 종종 사용된다. 우선 EBIT는 지급이자와 세금공제 전의 이익을 뜻하며, 부채조달로 인한 이자지급과 정부에 납부할 세금을 지급하기 이전에 핵심영업활동에서 나온 이익창출능력에 초점을 두고 있다. 이 EBIT에 현금유출이 수반되지 않는 감가상각비와 감모상각비를 다시 더해주므로, EBITDA는 영업활동에서 나온 현금흐름창출능력을 측정하고자 하는 것이다. 그러나 EBITDA는 매출채권이나 재고자산 그리고 매입채무나 미지급비용 등 운전자본의 증감에 소요되는 현금흐름을 고려하지 않는 한계를 갖고 있다.

이 한계를 극복하기 위해 정교한 영업현금흐름 정보가 현금흐름표에 제공됨에도

EBITDA를 아직도 종종 사용하는 이유는 무엇일까? 현금흐름표가 등장한 것은 한국에서는 1994년도, 미국에서는 1987년도이다. 그 이전에는 영업현금흐름정보가 충분하지 않아서 EBITDA 정보가 영업현금흐름정보의 대용치 역할을 했을 것이다. 그러나 이제는 영업현금흐름정보가 현금흐름표에 정확히 제공됨에도 불구하고 EBITDA를 사용하는 이유는 다른 모든 이해관계자들이 이 지표를 계속하여 사용하기 때문인지도 모른다.

대중심리의 중요성을 상징적으로 나타내주는 일화를 소개하고자 한다. 미국 Berkshire Hathaway의 워렌 버펫 회장은 인수합병을 통한 기업가치향상에 탁월한 실적을 보여왔으며 가치투자자로 잘 알려져 있다. 워렌 버펫 회장에 대해서는 많은 것이 알려져 있는데, 이 중 흥미로운 사실은 주주에게 제공하는 회사 사업보고서의 상당부분을 본인 자신이 직접 작성한다는 점이다. 이 사업보고서 내용 중 경영자가 군중심리에 매우 취약하다는 점은 다음과 같이 서술되어 있다.

미국의 어느 굴지의 정유회사 최고경영자가 선행을 많이 베푸는 삶을 살다가 사망하여 옥황상제의 심판을 받게 된다. 옥황상제는 많은 선행을 베푼 이 경영자를 천당으로 보내주고 싶었다. 그러나 문제는 천당이 이미 꽉 차버려 자리가 없다는 것이었다. 옥황상제는 천당에는 자리가 없으니 지옥으로 보낼 수 밖에 없다는 실망스러운 답변을 주게 된다. 이에 이 경영자는 옥황상제에게 다음과 같은 제안을 한다. “만일 제가 천당에 제 자리를 만들수 있다면 그때는 천당에 들어가도록 허락해 주시겠습니까?” 옥황상제는 잠시 생각을 해보더니 흔쾌히 허락을 한다. 옥황상제로서는 전혀 손해가 되지 않는 제안이기 때문이다. 이 경영자는 천당문 앞에 다가가서는 두 손을 모아 큰 소리로 다음과 같이 외친다. “천당에 계신 여러분, 저 지옥문 앞에 대형 유전이 발견되었습니다.” 잠시 후 천당문이 활짝 열리면서 수많은 사람들이 지옥문 앞으로 쏜살같이 달려가는 것이었다. 유전이 발견되었다고 하므로 아무리 천당에 있다 하더라도 이 기회를 놓칠 수는 없는 것이었다. 많은 사람이 빠져 나간 천당에는 이제 빈 자리가 많이 생겼다. 이 경영자는 천당에서 당당히 자신의 자리를 차지할 수 있는 권리를 차지한 것이다. 옥황상제는 매우 감탄을 한다. 그리고는 경영자로 하여금 천당에 들어갈 것을 권유한다. 이 경영자는 의기양양한 모습으로 천당으로 향하는 것이었다. 그러나 그는 천당문 앞에서 어쩐 일인지 성큼 안으로 들어가지 않고 망설이고 있는 것이다. 옥황상제는 궁금하여 물어 본다. "아니, 왜 안으로 들어가지 않느냐?" 이에 그 경영자는 다음과 같은 답변을 하는 것이었다. "옥황상제님, 천당에 있었던 저 많은 사람들이 지옥문 앞으로 뛰어 가는 것을 보니, 그곳에 정말로 유전이 발견되었나 봅니다." 그러고는 그도 유전이 발견되었다는 지옥문을 향해 뒤돌아 뛰어 가는 것이었다.

대중심리가 잘 나타나는 예로 인수합병에 관한 경영자의 의사결정을 들 수 있다. 어느 산업에 M&A 대상기업이 매물로 나왔다고 하자. 이 기업을 인수하여 시너지를 창출할 수 있는 기업은 많지 않을 것이다. 인수대금의 조달, 기존 사업과의 조화, 새로운 경영전략의 수립, 인적자원의 재배치, 합병 후의 조직관리 등 인수합병으로 부가가치를 창출하기 위해서는 다양한 활동이 필요하며, 이 과정을 성공적으로 마무리할 수 있는 기업은 많지 않기 때문이다. 그럼에도 불구하고 동일 산업내 어느 기업이 인수합병대상기업에 관심을 갖게 되면 다른 기업들도 경쟁적으로 관심을 보내게 된다. 특히 전문경영자가 인수합병이라는 게임에서 경쟁자에게 뒤질 수 없다는 신념을 갖는 것은 쉽게 이해할 수 있다. 전문경영자들 간에는 그들의 임기가 종료되기 이전에 인수합병경쟁에 뛰어들어 그 경쟁에서 이길 수 있다는 것을 보여주는 것이 매우 중요한 과제일 수 있기 때문이다.

이렇듯 경영자나 투자자는 합리적인 의사결정을 하는 대신 종종 감성이나 경험을 중요시한다. 여기서 합리적인 의사결정이란 발생 가능한 모든 상황을 시나리오별로 확인하고 각 상황이 발생할 수 있는 확률을 추정한 후 그 두 정보를 동시에 고려하는 의사결정을 뜻한다. 그러나 실제로 경영자뿐 아니라 투자자들도 합리적인 의사결정 대신 과거 성공이나 실패경험 그리고 그 경험에 수반된 감성에 근거하여 의사결정을 한다는 것이다. 어쩌면 이는 당연할 수도 있다. 제한된 자원하에 최소의 노력을 들여 의사결정을 하기 위해서는 과거의 성공경험과 실패경험을 토대로 현재와 미래에 관한 의사결정을 하는 것이 최적일 수 있기 때문이다. 미국의 Vernon Smith 교수는 이 같은 문제를 체계화함으로써 2002년에 노벨 경제학상을 받기도 하였다. 문제는 이 같은 의사결정을 하는 경우 정보가치를 적절히 평가하지 못하게 되고 그로 인해 경제적 손실을 입을 가능성이 높다는 것이다.

SECTION

# 60 발생액은 필요악?

영업현금흐름은 검증력이 높은 정보이다. 현금흐름의 입출에 대해서는 그 금액이나 시점에 대한 불확실성이 거의 없기 때문이다. 그러나 영업현금흐름은 당기순이익에 비해 상대적으로 변동성이 높은 단점을 갖고 있다. 이 단점을 보완하기 위해, 즉 영업현금흐름의 변동성을 감소시키기 위해 도입한 것이 발생주의에 근거한 발생액이라는 개념이다. 그 이유는 발생액이란 영업현금흐름의 금액이나 입출시점과는 관계없이 기업가치에 변동을 가져오는 경제적 사건이나 거래에 대한 정보를 반영하기 때문이다. 따라서 발생액이란 당기순이익과 영업현금흐름과의 차이로 정의할 수 있다.

## 01 발생액의 예: 매출채권, 재고자산, 감가상각비

발생액과 영업현금흐름에 대해 구체적으로 예를 들어 보자. 제품의 판매나 용역의 제공이 현금으로 이루어지지 않는 경우, 이를 매출이 발생한 것으로 인식하여야 할 것인지 아니면 아직 현금이 유입되지 않았으므로 현금의 유입시점까지 매출의 인식을 지연시킬 것인지를 결정하여야 한다. 현금의 입출을 중심으로 매출(또는 비용)을 인식하는 현금주의 개념에 의하면, 당연히 영업현금흐름이 유입되는 시점에 매출(또는 비용)을 인식할 것이다. 그러나 기업회계의 근간인 발생주의 개념에 의하면 장래 현금흐름의 (1)금액과 (2)시점에 대한 두 가지 불확실성을 적절히 예측할 수만 있다면, 아직 영업현금흐름이 유입되지 않았어도 매출수익을 손익계산서에 인식할 수 있게 된다.

물론 이 경우 아직 현금이 회수되지 않았다는 사실을 표시하기 위해 매출채권(accounts receivable)이라는 재무상태표 항목이 증가하게 되는데, 바로 이 매출채권의 증가가 발생액인 것이다. 즉 수익창출활동인 매출로 인해 순이익은 증가하게 되나, 아직 영업현금흐름은 증가하지 않았기 때문에 '매출채권의 증가액' 만큼 발생액이 나타난다. 만일 현금으로 제품매출이나 용역제공이 이루어졌다면 당기순이익이 증가하는 한편 영업현금흐름도 동시에 증가하게 되므로 발생액에는 변동이 없게 된다. 아래의 그림은 이와 같은 관계를 보여주고 있다.

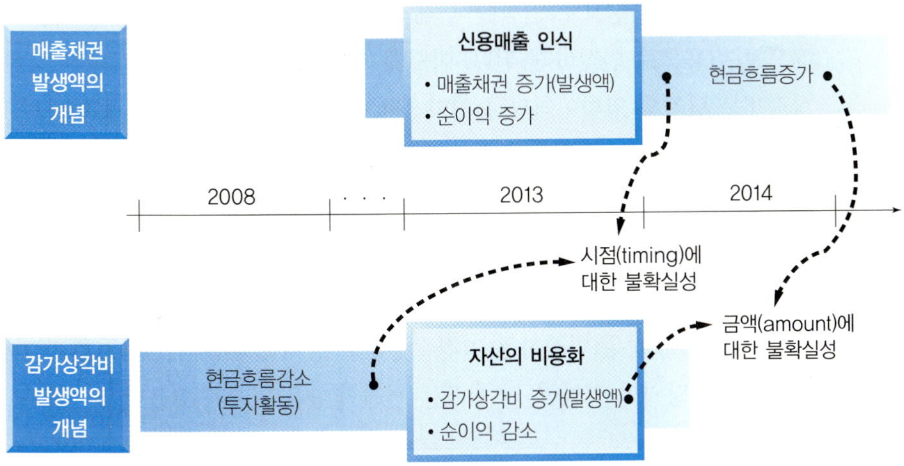


[그림 60-1] 영업현금흐름과 발생액

매출채권과 유사한 효과를 갖는 것이 재고자산이다. 재고자산은 상품이나 제품 등 아직 고객에게 판매되지는 않았으나 판매가 즉시 이루질 수 있는 상태로 있거나, 반제품이나 재공품과 같이 아직 완성된 제품이 아닌 형태로도 있을 수 있다. 재고자산이 증가하게 되면 기업의 순이익은 증가하는 특성이 있다. 그 이유는 재고자산이 증가하면 매출원가(=기초재고자산+재고자산 매입액 또는 제조원가−기말재고자산)라는 비용이 감소하게 되고 따라서 매출총이익(=매출−매출원가)이 증가하여 자연스럽게 순이익이 늘어나기 때문이다.

반면 이들 재고자산의 공통점은 이미 기업자원이 투자되어 있다는 점이다. 재고자산의 제작이나 구입과정에서 재료비, 노무비 및 기타 경비 등에 기업자원이 사용되기 때문이다. 이와 같이 투입된 자원은 현금지출이 수반되며, 이를 회사의 운전자본(working capital)이 투입되었다고 한다. 따라서 재고자산의 증가로 인해 순이익은 늘어났으나 매출로 인한 영업현금흐름은 아직 나타나지 않았으므로, 재고자산의 증가도 매출채권의 증가와 같이 발생액의 대표적인 예가 된다.

감가상각비도 중요한 발생액 중 하나다. 기업가치를 향상시키기 위해 필수적인 기업투자활동(예, 공장설비의 증설이나 취득)에 투입된 기업자원은 투자당시 비용으로 인식하지 않고 자산으로 인식한다. 대신 향후 그 투자금액을 일정한 기간 동안 점진적으로 비용으로 인식하게 된다. 이렇게 인식된 비용을 감가상각비라고 한다. 감가상각비는 당기의 영업이익과 순이익을 감소시키는 효과는 있으나, 당기의 영업현금흐름에는 영향을 미치지 않는다.

감가상각비와 유사한 효과를 갖는 발생액들이 여럿 있다. 매출채권 가운데 회수가 불가능할 것으로 예상하는 부분인 대손상각충당금이나, 자산의 본질가치가 훼손되었다고 판단될 경우 인식하는 자산손상손실 등이 그 예이다. 이들은 당기순이익은 감소시키나 당기의 영업현금흐름에는 전혀 영향을 미치지 않는다.

## 02 발생액의 긍정적인 측면

발생액은 기업재무회계정보의 유용성을 향상시키는데 중요한 역할을 한다. 만일 영업현금흐름을 중심으로 기업성과를 측정한다고 가정해 보자. 투자를 자산이 아닌 일시 비용으로 인식하는 경우, 좋은 투자대안이 있다 하더라도 영업현금흐름이 단기간에 창출되지 않을 경우 단기적인 성과평가제도에 의해 평가받고 있는 경영자는 이러한 투자대안을 선택하기 힘들다. 하지만 투자가 자산으로 인식되고 향후 감가상각비를 통해 점진적으로 비용화된다면 경영자는 이 투자대안을 선택할 것이다.

또한 매출채권의 예에서와 같이 매출로 인한 영업현금흐름이 아직 실현되지 않았다고 하더라도 매출활동이 기업가치향상에 매우 중대한 사건이므로 이를 수익으로 인식할 수 있다면, 경영성과를 평가하는 데 유용할 것이다.

따라서 발생액이 필요한 이유는 영업현금흐름이 가진 단점(즉 기업수익창출활동을 측정할 때 현금흐름 정보에 과도하게 의존하고 있다는 점과 변동성이 상대적으로 높다는 것)을 적절히 보완하기 위해서이다. 아마도 이와 같은 발생액의 긍정적인 측면 때문에 투자자나 경영자 모두 영업현금흐름과 발생액의 합으로 구성된 당기순이익을 기업가치평가에 있어서 가장 중요한 지표로 인식하고 있을 것이다.

## 03 발생액은 필요악인가

발생액이 갖는 고유의 장점에도 불구하고 단점도 있음을 인식하여야 한다. 감가상각비, 자산손상손실 또는 매출채권의 예상손실 등을 추정하기 위해서는 경영자의 추정이 필요하다. 감가상각비를 인식하기 위해서는 자산의 활용연수 또는 내용연수에 대한 경영자의 추정이 필요하며, 이와 함께 여러 감가상각방법(예, 정액상각법, 정률상각법) 가운데 자산의 수익창출능력과 가장 잘 조화를 이룰 수 있는 방법을 선택하여야 한다.

자산손상손실을 추정하는 것은 더욱 어렵다. 우선 자산이 창출할 것으로 예상하는 미래 현금흐름의 금액과 시점을 예측하여야 하고 이를 현재가치로 할인하여야 한다. 미래 현금흐름의 금액과 시점을 예상하는 것도 어렵지만, 이를 현재가치로 할인하기 위해 사용하는 '적절한 할인율'을 선택하는 것도 어려운 일이다. 이들에 대한 추정에는 경영자의 전문가적인 판단이 필요하다. 매출채권에 대한 대손상각충당금의 추정에도 역시 경영자의 경험과 판단이 필요하다.

결국 발생액에는 경영자의 판단과 추정이 자연스럽게 녹아있게 된다. 따라서 발생액에 담겨있는 경영자의 추정과 판단은 두 가지의 단점을 안고 있다.

- **추정 오차.** 경영자의 추정 및 판단에는 당연히 추정오차도 수반된다. 매출채권의 경우 장래에 회수불가능한 매출채권의 금액과 회수불능 시점을 추정하는 것이나, 자산손상손실의 경우 장래 예상 현금흐름의 금액과 시점을 추정하는 것 등은 고도의 전문적인 판단을 요구하고 있다. 하지만 이들 정보는 추정일 뿐이므로 추정오차가 수반될 수밖에 없다.
- **자의적 판단.** 경영자의 자의적인 판단이 개입될 수 있다. 예를 들면 매출채권의 경우 과거 경험이나 전문적 판단에 근거하여 적정한 수준의 대손상각충당금을 설정하여야 하나, 그 금액만큼 순이익이 감소하기 때문에 경영자는 매출목표나 순이익목표를 달성하기 위해서 대손상각충당금을 과소하게 인식할 수 있다. 금융기관의 경우에는 대출채권금액이 수십~수백조 원에 달하기 때문에 예상손실규모를 총대출자산의 1%에서 0.5% 수준으로 줄인다면 순이익이 수천억 원 증가할 수 있다.

영업현금흐름과 비교하여 발생액이 갖는 장점은 어쩌면 단점(즉 추정오차와 자의적인 판단 개입)이 없이는 불가능하다고도 볼 수 있다. 따라서 발생액의 장점을 극대화하기 위해서는 발생액의 단점을 이해하고 최소화하여야 한다. 이를 위해서는 발생액을 추정오차와 자의적인 판단에 상대적으로 크게 노출되어 있는 발생액인 '비정상적 발생액' 부분과 그렇지 않은 '정상적 발생액' 부분으로 구별하는 노력이 필요하다.

## 04 정상적인 발생액과 비정상적인 발생액

앞에서 당기순이익은 '영업현금흐름 + 발생액' 이라는 것과, 발생액도 '정상적 발생액 + 비정상적 발생액' 으로 나타낼 수 있음을 살펴보았다. 그렇다면 어떻게 정상적 발생액과 비정상적 발생액을 구별할 수 있을까?

정상적인 발생액은 영업 및 투자활동 결과 '자연스럽게' 나타나는 발생액이다. 반면 비정상적 발생액이란 영업 및 투자활동과 직접적인 관계가 적어 경영자의 추정오차나 이익조정 목적에 노출되어 있는 발생액을 뜻한다. 이를 구체적으로 살펴보면 다음과 같다.

- **매출의 변동.** 매출이 증가하면 회사의 신용매출 정책에 따라 매출채권 금액도 일정한 범위 내에서 자연스럽게 증가할 것이고, 보유 재고자산도 자연스럽게 늘어난다. 그러나 매출증가와는 밀접한 관계없이 매출채권이나 재고자산이 증가했다면 이는 경영자의 자의적인 영업의사결정 결과일 가능성이 높다. 예를 들어 회계연도 말에 매출이 증가하였는데 이 중 매출채권이 정상적인 수준을 초과하여 빠른 속도로 증가한 경우, 가공의 매출을 발생시켰을 가능성이 높다.
- **기업의 성장기회.** 향후 매출이 급격하게 증가할 것으로 예상되는 경우 경영자는 미리 재고자산을 축적해 놓아야 한다. 재고자산이라는 발생액이 증가하면 당기순이익은 자연스럽게 증가하나, 재고자산의 구매 또는 제작 과정에 자원이 투입되어 영업현금흐름은 악화될 수 있다. 문제는 향후 매출증감에 대한 경영자의 판단이 적절한지 여부는 사전적으로는 확인하기 어렵다는 점이다.
- **감가상각자산에 대한 투자 변화.** 감가상각자산에 투자를 늘릴수록 감가상각비금액도 함께 증가하게 된다. 이는 자연스러운 현상이다. 문제는 고정투자금액의 증감과는 밀접한 관계가 없는 과대 또는 과소 감가상각비가 나타난 경우이다. 예를 들면 사업부문장이나 최고경영자가 새로 부임한 경우 대개 기존사업의 수익성을 재검토하는 과정을 거치게 되며, 그 결과 기존투자 중 일부를 일시에 손실처리하는 경우가 있다. 이와 같은 구조조정 결과 순이익이 급락하는 경우가 종종 있는데, 문제는 영업현금흐름이 수반되지 않고서도 순이익을 줄이게 되므로 경영자의 자의

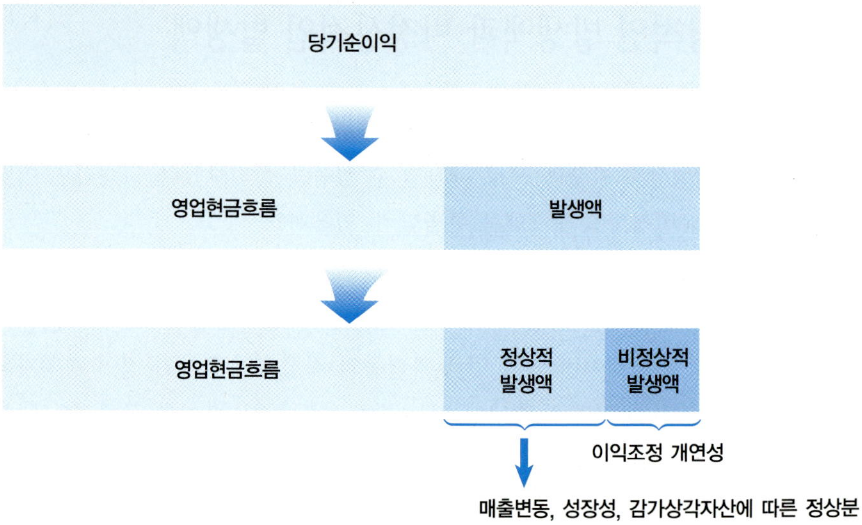


[그림 60-2] 당기순이익, 영업현금흐름 및 발생액 간의 관계

적인 판단이 개입될 개연성이 높다는 점이다. 당기에 일시에 손실을 과도하게 인식하는 경우 다음 기의 순이익은 상대적으로 높게 나타나게 된다. 그 이유는 추후에 인식하여야 할 비용이나 손실을 당기로 미리 당겨와서 인식하기 때문이다.

정상적 발생액과 비정상적 발생액 간의 관계를 간단히 표현하면 위의 그림과 같다.

내외부 의사결정자들은 비정상적 발생액에 내재되어 있는 추정오차나 자의적 판단에 대해 그 적절성을 독립적으로 검증할 수 있는 정보도 갖고 있지 않을 뿐 아니라 그럴만한 경제적 유인도 없을 수 있다. 특히 외부주주는 추가노력과 비용을 투입하여 비정상적 발생액의 정보가치를 파악하려 하기보다는, 비정상적인 발생액이 과도하게 높다고 판단되는 기업에 대해서는 상대적으로 높은 기대수익률을 요구하게 될 것이다. 높은 기대수익률을 요구한다는 의미는 주주들은 가능하면 저렴한 가격으로 주식를 취득하고자 한다는 의미이며, 이는 주가 상승을 억제하는 주요 원인이 된다. 주가가 오르지 않으면, 투자자금을 주주의 납입자본으로 조달해야 하는 기업은 주식을 더 많이 발행해야 한다. 이는 또 주가하락을 초래할 수 있다.

이 논의의 핵심은 비정상적 발생액이 과도하여 회계정보 투명성이 의심받게 되면 그 피해는 기업에게 되돌아 온다는 것이다. 따라서 경영자는 발생액의 장점은 극대화하되 비정상적 발생액의 단점은 완화하기 위해 추정오차나 자의적 판단의 개입이 최소화되도록 지속적인 노력을 기울여야 한다.

# SECTION 61 경영자 보상제도와 재무정보의 신뢰성

소유와 경영이 분리된 현대 기업의 핵심 관심사 중 하나는 외부주주와 경영자 간의 잠재적 이해관계 상충을 어떻게 효율적으로 해소하는가이다. 주주는 기업경영활동과 관련된 중요 정보에 접근하기가 어려울 뿐 아니라, 접근이 가능하더라도 경제적 유인이 강하지 않은 경우가 대부분이다. 이러한 잠재적 이해상충을 완화하기 위하여 성과급제도나 주식매수선택권 등 경영자 보상제도를 채택하게 된다.

## 01 성과급제도와 보고이익의 신뢰성

임직원 성과급은 대부분 회계이익에 근거하여 결정되기 때문에 경영자에게는 이익을 자의적으로 보고하려는 유인이 생기게 된다. [그림 58-1]은 일반적인 경영자 성과급제도의 개념적인 특성을 잘 보여주고 있으며, 특히 회계이익이 보상의 극대화에 어떻게 자의적으로 이용되고 있는지 보여준다.

경영성과가 성과급을 받기 위한 최소치에도 미치지 못할 것이라고 예상되는 경우 경

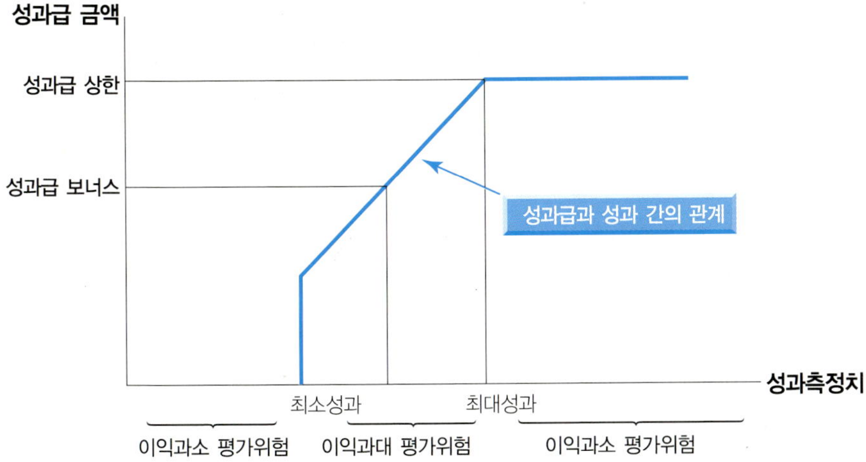


**[그림 61-1]** 성과급과 성과 간의 관계

영자는 당기이익을 적게 보고하려는 유인을 갖게 된다. 즉 당기의 이익을 적게 보고함으로써 다음 기의 이익이 성과급을 받기에 충분한 수준으로 보고될 수 있도록 하려는 것이다. 예를 들면 매출채권에 대한 예상손실인 대손상각액을 과대하게 보고하거나, 무형자산의 상각액을 과대하게 보고하는 등의 방법(즉 발생액을 이용하는 방법)으로 당기의 이익을 적게 보고하려는 경향이 발생한다.

이와 같은 현상은 특히 새로운 사업본부장이나 최고경영자가 선임되는 경우 종종 발생한다. 신임 경영자는 기존 사업의 수익성과 효율성을 전반적으로 점검하게 되고 이 과정에서 그동안 적절히 인식되지 않고 있었던 부실요인들을 손실로 인식하게 된다. 이때 인식되는 손실들은 영업현금의 유출이 수반되기보다는 앞에서 살펴본 대로 발생액을 통해 나타나게 된다. 이것이 영업현금흐름과 비교하여 발생액의 정보가치를 하락시키는 요인 중 하나이다. 이와 같이 일시에 손실을 인식함으로써 순이익을 낮게 보고하는 성향을 'a big bath' 현상이라고 한다. 즉 목욕을 해서 밀린 때를 닦아내듯 미뤄왔던 부실을 일시에 손실로 처리하는 것을 의미한다.

이와 같이 이익을 낮게 보고하려는 유인은 예상이익이 성과급 상한을 보장하는 이익

수준을 초과하는 경우에도 발생할 수 있다. 즉 당기의 이익수준이 이미 성과급 상한을 보장하고도 남을 만큼 크다면, 당기의 이익을 이연시키는 것이 다음기의 성과급을 극대화할 수 있는 방법이 되는 것이다. 따라서 예상이익이 성과 하한보다 적거나 반대로 성과 상한보다 클 경우, 당기의 이익을 적게 보고하려는 유인이 생기게 된다.

그러나 예상이익이 성과 하한과 성과 상한 사이에 있는 경우에는, 오히려 성과급을 극대화하기 위하여 당기의 이익을 높게 보고하려는 유인이 생기게 된다. 이와 같은 경우가 흔히 이익을 과대 보고하려는 유인으로 이해되고 있다. 일반적으로 경영자 보상제도의 도입으로 인해 이익을 과대평가하려는 유인이 있음은 잘 알려져 있으나, 그림에서 보는 바와 같이 성과의 상한과 하한이 존재하는 경영자 성과급제도의 특성으로 볼 때 이익을 과소보고하려는 유인도 존재한다는 점도 함께 고려하는 것이 바람직하다.

물론 이사회의 경영자보상위원회에서 성과급의 극대화에 사용된 이익조정수단과 그 유인에 대하여 적절히 인지하고 이를 수정하는 경우에는 이러한 자의적인 이익보고 경향이 감소할 수 있다. 따라서 최근 활발히 논의되고 있는 경영자보상위원회의 구성에 있어 재무회계 전문인이 포함되어야 한다는 논의는 매우 중요한 시사점을 준다.

## 02 주식매수선택권제도와 회계정보의 신뢰성

회계이익의 자의적인 보고를 초래하는 또 다른 경영자 보상제도는 주식매수선택권제도이다. 주식옵션 또는 주식매수선택권이란 보유자가 제공일(또는 부여일) 현재의 주가 등이 이미 정해진 행사가격만을 제공하면 이보다 높은 가격에 거래되고 있는 주식을 취득할 수 있는 권리를 의미한다. 따라서 낮은 행사가격을 지불하고 높은 가격에 거래되는 주식을 취득함으로써 생기는 가격차이만큼이 경영자의 보상금액이 된다.

물론 주식옵션의 가치는 보고된 이익이 아니라 주가에 의하여 결정된다. 그러나 회계정보가 주가에 중대한 영향을 준다고 시장참여자들이 믿고 있는 한 주식옵션가치를 극대화하기 위해 회계정보를 자의적으로 보고하고자 할 유인이 상존할 것이다. 주식

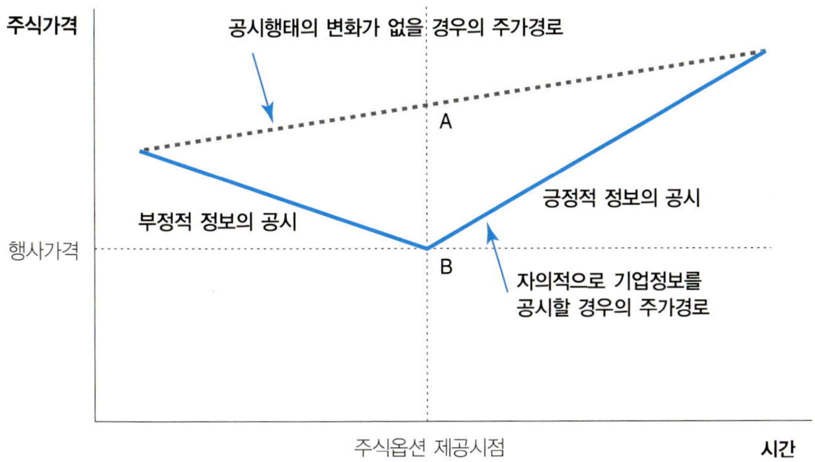


**[그림 61-2]** 공시행태와 주가의 관계

옵션을 경영자에게 부여(granting)하는 시점을 전후하여 기업 내부정보를 보유한 경영자의 공시행태에 중요한 변화가 일어날 수 있는 유인이 있게 된다. 주식가격이 일정하다고 가정할 경우, 행사가격이 낮을수록 옵션의 가치는 증가하는 특징이 있다. 따라서 경영자 입장에서는 행사가격을 가능한 낮게 책정하려는 유인을 갖게 된다. 문제는 어떻게 자의적으로 행사가격을 낮게 하느냐 하는 점이다. 여기에 경영자의 자의적인 공시행태가 문제가 된다. 현재 회계원칙에서는 옵션 제공시의 주가가 행사가격이 된다. 따라서 옵션제공 직전의 기간 동안에는 부정적인 영업관련 소식들을 공시함으로서 인위적으로 주가를 하향안정적으로 유지하려는 유인이 발생하게 된다. 이때에 중요한 점은 반드시 부정적인 기업정보를 공시하는 적극적인 방법뿐 아니라, 긍정적인 정보를 공시하지 않는 소극적인 방법도 사용할 수 있다는 점이다.

위 그림에서 공시행태의 변화가 없었을 경우(점선)의 주가는 일정한 경로를 따라 상승하고 있다. 그러나 인위적으로 부정적인 정보를 주식옵션제공 전에 공시하거나 긍정적인 정보를 공시하지 않았을 경우(실선) 주가는 하향 안정적으로 됨을 보여주고 있다. 그리고 주식옵션제공 이후에는 경영자의 공시행태가 반대로 나타난다. 옵션제공 이후에는 주가 상승을 위하여 그 동안 보유하고 있던 긍정적인 정보를 적극적으로 공시하려는 유인이 생기게 된다. 따라서 주가는 공시행위의 변화가 없었을 경우에 달성되었을 수준으로 회복될 것이다. 그러나 이 과정에서 기업내부정보로부터 차단되어 있는 일반 주식투자자들은 손실을 입을 개연성이 있다. 만일 어떤 투자자가 옵션제공 직전에 부정적인 공시의 영향을 받아 주식을 처분하였다면, 그 투자자는 이론적으로 (A–B)만큼의 가격손실을 입었다고 할 수 있다. 기업들은 옵션제공일을 곧바로 공시하여야 하는 의무가 없기 때문에 이와 같은 자의적인 공시행태가 발생할 수 있는 환경이 조성되어 있다.

최근에 밝혀진 또 다른 방법은 주식옵션 부여일을 결정할 때 이사회의 결의시점을 부여시점으로 확정하는 대신, 주가가 가장 낮은 시점으로 부여시점을 임의적으로 소급하여 결정하는 방법이다. 이와 같은 방법을 부여일소급적용(back-dating) 방법이라고 하며, 특히 주가변동성이 큰 기업들이 주가수준이 낮은 특정일을 자의적으로 주식옵션 부여일로 공시하는 경향이 있다. 최근 미국 증권거래위원회(The Securities and Exchange Commission)의 발표에 의하면 이와 같은 부여일소급적용방법을 편법으로 운영하여 주식옵션이익을 극대화하려는 시도들이 미국의 대기업에서 중소기업에 이르기까지 다양한 산업분야에서 광범위하게 일어나고 있다고 한다.

이와 같은 자의적 공시행태로 인한 주식투자자들의 손실이 사후적으로 밝혀질 경우 결국 그 손실은 주식투자자만의 손실에 그치는 것이 아니라 궁극적으로는 기업도 손실을 보게 된다. 그 이유는 투자자들이 기업공시정보의 신뢰성을 낮게 재평가함으로써 향후 주식시장에서 높은 자금조달비용을 감수하여야 하기 때문이다.

인터넷이나 전자상거래 기업 또는 통신업 등 신기술 산업에 속한 기업들에서 이와 같은 유인이 높다고 한다. 그 이유는 이들 기업의 경우 주식옵션을 통한 경영자 보상제도가 그 어느 산업에서보다도 활발하게 사용되고 있기 때문이다. 이들 기업들은 초기의 막대한 현금투자에 대한 수요는 높으나 영업활동으로 인한 현금흐름이 낮기 때문에 현금을 통한 성과급보다는 주식옵션을 선호하게 되며, 바로 이와 같은 특성 때문에 자의적인 기업정보 공시행태를 보일 수 있는 가능성도 크다고 본다. 그러나 궁극적으로는 기업 자신도 자본비용의 상승 등 경제적 손실을 감수하게 되므로 이들 신산업 기업들은 특히 그 부정적인 효과에 주의를 기울여야 할 것이다.

SECTION

# 62 두 얼굴을 가진 부채 그리고 최적 부채비율

원제가 'The Incredible Hulk'라는 미국 TV프로그램이 1970년대에 상당히 오랜 기간 시청자들의 사랑을 받은 적이 있다. 우리 나라에서 '두 얼굴을 가진 사나이'라는 제목으로 소개되었던 바로 그 프로그램이다. 최근에는 영화로도 제작되어 소개되고 있는 바로 그 제목이다. 고운 심성을 가진 주인공은 심리적 또는 육체적 충격을 받게 되면 헐크(Hulk)라는 괴력을 지닌 못난 거구로 둔갑하게 된다. 얼마간의 시간이 흐른 후 정상적인 그로 돌아오게 되면, 잠시 전까지의 모든 광적인 행동(대개는 악인들을 통쾌하게 해치우고 선하고 약한 사람을 돕는 행동)을 전혀 기억하지 못한다.

## 01 부채의 순기능과 역기능

기업의 외부자금조달은 크게 채권자로부터 조달하는 부채와 주주로부터 조달하는 자기자본으로 구분된다. 채권자라면 은행이나 보험회사 등과 같은 금융기관뿐 아니라, 채권시장에서 자금을 제공한 개인 또는 기업들도 포함된다. 부채의 조달원천에 관계없이 부채의 기본적인 특징은 일정 기간마다 이자를 갚아야 하고 만기가 되면 원금을 갚아야 한다는 점이다. 물론 최근에는 이자를 갚는 대신 원금에 이자부분이 포함되어 있는 무이표채권도 자주 활용되고 있다.

부채는 기본적으로 위에서 본 '두 얼굴의 사나이' 처럼 두 가지 특징을 갖고 있다. 첫째는 부채의 순기능이다. 부채의 순기능은 이자와 원금의 지급으로 인한 부담 때문에 불필요한 투자활동이나 낭비요인을 줄임으로써 나타난다. 마치 집을 장만하기 위해 은행빚을 지게 되면 자연스럽게 외식을 하는 빈도가 줄어드는 것과 유사하다고 할까?

여러 연구에서 밝혀진 대로 기업 내에 잉여현금(단기투자자산도 포함)이 많아질수록 경영층은 그 잉여현금을 배당이나 자사주의 취득을 통해 주주에게 돌려주기보다는 그 현금을 투자활동에 사용하고자 하는 유인을 갖게 된다. 사업다각화를 통한 시너지를 추구하려는 목적으로 인수합병(M&A: mergers and acquisitions)을 시도하기도 하고, 임직원의 보상과 복리후생을 높이기 위해 더 많은 지출을 하기도 한다.

그런데 부채가 많아져 이자와 원금 지급부담이 늘어나게 되면, 불필요한 투자에 사용될지도 모를 잉여현금이 줄어들 수 밖에 없다. 물론 '불필요한 투자' 를 정의하기는 쉽지 않다. 그러나 가장 설득력 있는 정의는 '주주의 기대수익률에 미치지 못하는 수익률을 창출하는 투자' 라고 할 수 있다. 따라서 부채의 증가로 불필요한 투자를 줄이게 되면, 궁극적으로는 기업의 낭비요인이 줄어들게 되고, 기업가치는 증가하게 될 것이다.

또 다른 부채의 순기능으로 '지렛대 효과' 를 들 수 있다. 부채로 조달된 자원을 사용하여 부채비용(또는 타인자본비용)을 초과하는 수익률을 창출하는 경우에는 자기자본수익률($=\frac{\text{당기순이익}}{\text{자기자본}}$)로 표시된 기업의 수익성이 더욱 좋아 보이는 효과를 지렛대 효과라고 한다. 이는 자기자본없이 은행 돈만으로 작은 장사를 하는 경우, 장사에서 나온 수익으로 은행이자와 원금을 갚아 갈수만 있다면 이는 큰 지렛대 효과를 볼 수 있는 것과 같은 이치이다. 지렛내 효과와 관련된 부채의 특싱에 대해서는 Section 01에서 살펴 보았으므로 자세한 설명은 생략한다.

[그림 62-1]은 부채의 순기능과 역기능을 간단하게 나타낸 것이다. 그림에서 (A)는 부채의 순기능, 즉 과잉투자와 낭비요소의 억제로 인한 기업가치의 상승효과를 보여준다.

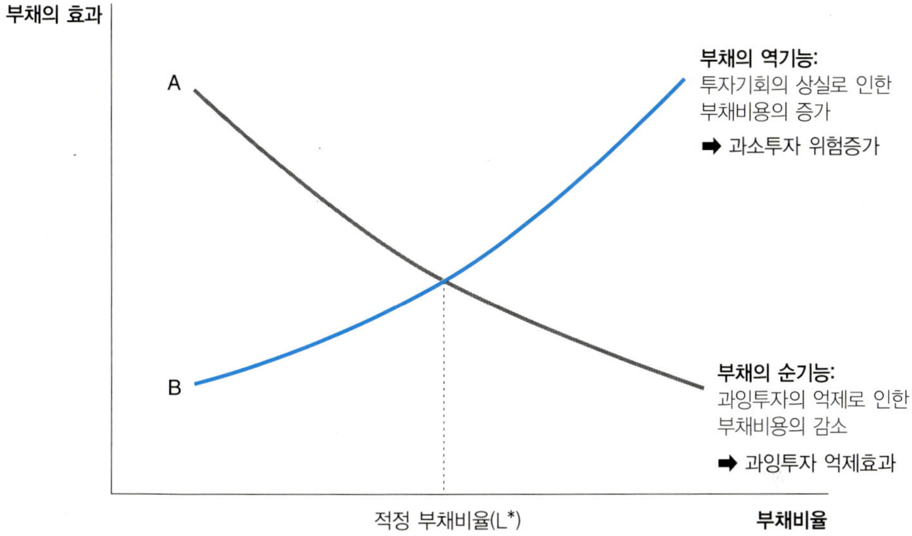


[그림 62-1] 부채의 순기능과 역기능

선이 오른쪽 아래 방향을 향하는 것은 부채사용으로 인한 '비용'을 상쇄한다는 점을 표현하였기 때문이다. 다음으로는 부채의 다른 얼굴인 역기능에 대해서 알아보기로 하자.

부채사용이 늘어날수록 이자와 원금의 지급부담이 증가하게 되어 필요한 투자를 적시에 실행할 수 없는 가능성이 커지게 된다. 좋은 사업기회가 있음에도 추가로 부채를 발행할 수 없거나 또는 주식발행이 여의치 않아 자금조달이 어려운 경우에는 투자를 적시에 실행하지 못함으로써 기업가치의 향상에 공헌하지 못하게 된다. 그림에서 (B)가 부채의 역기능, 즉 투자기회의 상실로 인한 기업가치의 하락을 보여주고 있다. 따라서 부채의 순기능(과잉투자의 억제)과 역기능(투자기회의 상실)이 교차하는 지점에서 최적의 부채규모가 결정될 것이다.

## 02 부채사용과 성장기회

그렇다면 어떤 기업들이 부채를 많이 사용할 것인가? 그 답은 어떤 기업 특성들이 부채의 순기능과 역기능에 영향을 주는지를 알아내면 된다. 산업의 특성(장치산업인가 또는 서비스업인가)과 제품의 특성(고정설비의 투자가 중요한가 또는 인적자원이 중요한가)도 부채 사용에 영향을 미치겠으나, 일반적으로는 '기업의 성장기회'가 중요하다.

성장기회가 큰 기업과 산업에서는 과잉투자의 위험 자체가 적다. 오히려 투자자금이 부족하여 투자기회를 적시에 활용하지 못할 위험성이 있다. 따라서 성장기회가 높은 기업은 과잉투자의 위험은 낮은 반면 투자기회 상실의 위험이 크므로, [그림 62-2]에서 부채의 순기능선인 (A)는 아래로 이동하여 (A′)이 될 것이며, 부채의 역기능선인 (B)는 위로 이동하여 (B′)이 될 것이다. 그렇게 되면 새로운 최적의 부채비율은 원래 위치($L^*$)에서 왼쪽($L^{**}$)으로 이동하며 부채사용은 줄어들게 될 것이다. 따라서 성장기회가 많은 기업은 부채가 갖는 '지렛대 효과'에도 불구하고 부채 사용에 소극적이 될 것이다.

부채의 역기능(즉 투자기회의 상실)에 대해서는 많은 논의가 있었다고 본다. 그러나 과잉투자의 억제라는 부채의 순기능에 대해서는 상대적으로 논의가 적었다. 잉여현금이 많아질수록 그 현금을 어떻게 사용하는가에 따라 기업가치가 달라질 수 있음을 유의하자.

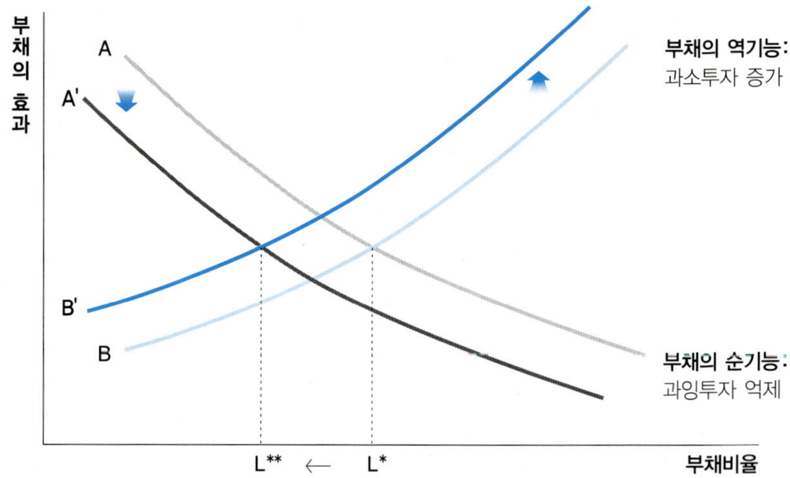


[그림 62-2] 적정 부채비율

## 03 부채 부담능력 판단지표

이제 보다 구체적으로 기업의 부채 수준이 적정한가를 판단하는 주요 지표들에 대해 살펴보자.

$$\text{부채비율} = \frac{\text{총부채}}{\text{순자산}} = \frac{\text{Liability}}{\text{Equity}} \qquad (1)$$

이 비율은 총부채를 순자산(= 자산 − 부채)으로 나눈 값으로 순자산에 비해 총부채가 얼마나 많은가를 나타낸다. 그러나 이 지표는 부채가 두 가지 종류로 구성되어 있다는 것을 구분하지 않는다는 특징이 있다.

부채는 금융부채(debt)과 영업부채(operating liabilities)로 나누어진다. 금융부채는 채권자로부터 조달한 재원(즉, '빚')으로 실무에서는 '이자부 부채(interest-bearing liabilities)' 라고도 한다. 은행차입금이나 회사채발행을 통해 조달한 금액이 그 예이다.

영업부채는 정상적인 영업활동으로 인해 발생한 것으로 실무에서는 '무이자부 부채(non-interest-bearing liabilities)' 라고도 한다. 외상으로 원재료를 구입했거나(매입채무), 법인세를 납부하지 않았거나(미지급법인세), 또는 급여를 지급하지 않은 경우(미지급급여) 영업부채가 나타난다. 즉, '외상값' 에 가까운 것이다. 또한 조선사나 건설사가 공사를 수주하고 계약금으로 미리 받은 선수금도 영업부채의 예이다.

따라서 위 부채비율은 금융부채와 영업부채를 구별하지 않고 이 둘을 궁극적으로 회사가 부담해야 할 부채로 인식한다는 의미가 있다. 한편 아래 비율은 총부채 중 금융부채(debt)만을 순자산으로 나눈 금융부채비율도 있다.

$$\text{금융부채비율} = \frac{\text{금융부채}}{\text{순자산}} = \frac{\text{Debt}}{\text{Equity}} \qquad (2)$$

경영진은 금융부채를 더 위협적으로 보기도 한다. 영업부채는 정상적인 경영활동을 통해 갚아나가면 되지만, 금융부채 원금과 이자는 경영실적이 나빠지더라도 기한이 되면 갚아야 하기 때문이다. 이 같은 관점을 반영하기 위해 경영진은 금융부채비율을 강조하기도 한다.

그런데 위 두 부채비율은 공통점도 갖고 있다. 두 비율 모두 축적된 양을 뜻하는 저량(貯量, stock) 정보를 활용한다는 점이다. 기말 현재 축적된 총부채 또는 금융부채 금액을 또 다른 축적된 정보인 순자산으로 나누었기 때문이다. 즉 모두 재무상태표 정보를 바탕으로 한다.

저량 정보의 반대 개념은 유량(流量, flow) 정보로, 이는 소득 또는 비용 개념을 뜻한다. 일정 기간 동안 얼마나 소득을 올렸는지 또는 얼마의 비용이 지출되었는 지를 나타낸다. 아래 세 개 지표들은 유량 정보를 바탕으로 구성되어 있다.

$$\frac{\text{금융부채}}{\text{EBITDA}} = \frac{\text{Debt}}{\text{EBITDA}} \qquad (3)$$

이 지표는 기말 현재의 금융부채를 일정 기간(대부분 1년) 동안 창출된 EBITDA (earnings before interests, taxes, depreciation and amortization)로 나눈 값이다. EBITDA는 영업현금흐름의 대용치이므로 연간 회사가 창출한 영업현금흐름 규모에 비해 금융부채 수준이 얼마인지를 나타낸다.

실무에서는 종종 이 비율이 3배(또는 최대 4배)가 넘지 않도록 금융부채 수준을 관리한다고 한다. 이 수준을 넘는 경우에는 회사 신용도가 떨어지고 그로 인해 이자지급 부담이 커지기 때문이다. 이 지표에서 분자의 금융부채는 저량 정보이며, 분모의 EBITDA는 유량 정보라는 점을 기억하자.

대부분의 회사는 금융부채 뿐 아니라 동시에 현금성자산도 보유하고 있다. 금융부채 상환을 위해 현금성자산을 모두 사용하지는 않는다는 의미이다. 현금성자산이 부족한 경우, 투자재원이나 운영자금을 신속히 조달하는 것이 어려운 경우가 많기 때문이다. 그럼에도 실무에서는 위 비율 산정시 총금융부채 대신 금융부채에서 금융자산을 차감한 순금융부채(net debt)를 사용하기도 한다.

위 지표에서 EBITDA를 사용하는 것에는 장점도 있고 단점도 있다(Section 52 참고). 장점은 EBITDA가 영업이익(EBIT, earnings before interest and taxes)에 감가상각비(depreciation)와 무형자산상각비(amortization)를 더한 것이므로 이해가능성이 높고 따라서 실무에서 활용도가 높다는 점이다.

단점은 실제 회사 영업현금흐름이 악화되는 경우에도 EBITDA는 기업의 영업현금흐름 창출역량을 고평가할 수 있다는 점이다. 매출채권, 재고자산 또는 미청구공사대금(조선사와 건설사의 경우)이 증가하는 경우 영업현금흐름은 아직 회수되지 않은 상태이다. 이를 운전자본이 묶여있다고 표현한다. 그러나 이 경우에도 영업이익은 늘어나고, 영업이익을 바탕으로 한 EBITDA 역시 증가한다.

또한 EBITDA에서는 이자, 법인세도 차감되어 있지 않다. 그 만큼 회사의 실제 영업현금흐름 창출역량이 과대 평가될 수 있다. 이 같은 한계를 극복하기 위해 다음 지표를 사용할 수 있다.

$$\frac{\text{금융부채}}{\text{영업현금흐름}} = \frac{\text{Debt}}{\text{OCF}} \tag{4}$$

이 지표는 영업현금흐름의 대용치인 EBITDA 대신 현금흐름표에 나타난 영업현금흐름(OCF, operating cash flows)을 직접 활용한다. 이 정보도 유량 정보이다.

흥미로운 점은 이 지표가 영업현금흐름 창출역량을 가장 명확하게 잡아내는 정보를 사용하고 있음에도 불구하고, 실무에서는 $\frac{\text{Debt}}{\text{EBITDA}}$에 비해 덜 활용된다는 점이다. 그 이유는 무엇일까?

실무에서 오랫동안 EBITDA를 사용해 왔던 관행으로 인해 영업현금흐름(OCF)을 사용하는 것이 친숙하지 않기 때문일지도 모른다. 특히 전사 차원이 아니라 주요 사업부문별로 영업현금흐름 정보를 산출하는 것이 실무적으로 어렵거나 불편할 수도 있다. 이 경우 사업부문 영업이익에 감가상각비를 더함으로써 부문별 영업현금흐름 창출역량의 대용치를 쉽게 산출할 수 있다. 무형자산상각비는 사업부문별로 배분되는 경우가 흔치 않으므로 종종 제외된다는 점도 기억하자.

또 다는 이유는 영업현금흐름(OCF)도 경영진의 '자의적' 의사결정에서 자유롭지 않을 수 있기 때문이다. 예를 들어, 원재료를 구입하고 대금지급을 과도하게 미루게 되면(즉, 매입채무의 증가) 영업현금흐름은 일시적으로 좋아져 보인다. 반대로 여러 영업비용을 과도하게 미리 지급하는 경우(즉, 선급비용의 증가) 영업현금흐름은 일시적으로 나빠져 보인다. 경영진이 영업현금흐름의 입금시점이나 출금시점을 자의적으로 선택하는 경우, 영업현금흐름(OCF)이 본래 담아내고자 하는 현금창출역량에 관한 정보를 적절하게 반영할 수 없다. 이 같은 우려가 클수록, $\frac{\text{Debt}}{\text{OCF}}$에 대한 신뢰성은 낮아질 것이다.

$$\text{이자보상배율(interest coverage)} = \frac{\text{영업이익}}{\text{이자비용}} \tag{5}$$

영업이익을 이자비용으로 나눈 이 지표는 모두 손익계산서 정보(즉, 유량 정보)를 활용한다. $\frac{\text{영업이익}}{\text{이자비용}} > 1.0$배라면, 영업이익으로 금융비용을 지급할 수 있는 역량을 갖추었다는 의미이다. 반대로 $\frac{\text{영업이익}}{\text{이자비용}} < 1.0$배라면 영업이익으로는 원금은 고사하고 이자도 갚을 수 없다는 것을 나타낸다. 한국 상장기업의 평균 이자보상배율은 4배 정도 된다.

지금까지의 지표 중 $\frac{\text{총부채}}{\text{순자산}}$와 $\frac{\text{Debt}}{\text{Equity}}$은 저량 정보만을 사용한 반면, $\frac{\text{Debt}}{\text{EBITDA}}$, $\frac{\text{Debt}}{\text{OCF}}$ 및 $\frac{\text{영업이익}}{\text{이자비용}}$은 유량 정보도 사용한다. 경영진은 어떤 지표들을 활용하여 부채의 부담능력을 판단하는 것이 좋을까? 결론은 저량 정보와 유량 정보를 균형적으로 사용할 필요가 있다. 그렇지 않은 경우 경영진이 선호하는 특정 지표가 남용될 수 있기 때문이다.

미국에서는 1990년대 중반부터 2008년 금융 위기 발생 전까지 흥미로운 현상을 경험한다. 이 기간 동안 미국 은행들이 기업의 금융부채 부담능력을 판단하는 경우 저량 정보($\frac{\text{총부채}}{\text{순자산}}$, $\frac{\text{Debt}}{\text{Equity}}$)의 가중치를 절반으로 낮춘 반면 유량 정보($\frac{\text{Debt}}{\text{EBITDA}}$, $\frac{\text{Debt}}{\text{OCF}}$ 및 $\frac{\text{영업이익}}{\text{이자비용}}$ 등)의 가중치를 상대적으로 높게 설정한 것이다. 이렇게 함으로써 부채비율이 높더라도 상환 능력을 갖고 있다고 판단되는 기업에게는 대출이 지속적으로 이루어졌다.

그러나 2008년 경제 위기 이후 미국 은행의 대출 의사결정시 저량 정보의 가중치는 다시 높아지는 반면 유량 정보의 가중치가 다소 낮아지는 현상을 나타난다. 결국 금융부채 부담능력을 파악하고 위험관리를 적절히 하기 위해서는 저량 정보와 유량 정보를 균형적으로 활용하는 것이 필요하다는 의미이다.

경영진은 회사의 금융부채가 적정한 수준인가를 지속적이고 냉정하게 평가해야 한다. 금융부채를 사용해서 투자와 성장을 하는 경우, 성장속도가 너무 빠른 것은 아닌지를 검증해야 하기 때문이다. 경제학에서는 민스키 순간(Minsky moment)이라는 개념이 있다. 미국 경제학자였던 Hyman Minsky교수는 금융부채를 과도하게 사용하는 경우 회사는 알짜 자산을 팔아서라도 빚을 갚아야 하는 상황을 맞을수 있다는 점을 강조하였다.

경기가 좋거나 금리가 낮은 경우 경영진은 금융부채를 적극적으로 활용하여 투자(인수합병 포함)를 확대하는 경향이 있다. 공격적인 성장전략을 추구하는 것이 경영진에게 매력적이기 때문이다. 그럼에도 경영진은 금융부채 수준이 회사의 미래 현금창출역량과 비교해 적절한지를 객관적으로 평가하는 노력을 지속적으로 해야 한다. 그렇지 않으면 빚을 갚기 위해 핵심 사업이나 자산을 매각해야 하는 민스키 순간을 경험할 수 있기 때문이다.

SECTION

# 63 자산재평가와 기업가치

자산재평가의 효과에 대해 다음과 같은 기사가 경제지에 실렸다.

> "기업들은 자산을 재평가하면 총자산과 자본이 늘어난다는 점에 환호하고 있다. 이렇게 되면 은행이나 거래처에서 해당 기업의 신용도를 평가할 때 가장 먼저 보는 부채비율이 낮아지는 효과가 있기 때문이다. … 이처럼 자산재평가를 통해 부채비율을 낮추면 좋은 점은 은행대출금리이다. 은행들은 낮아진 양도성예금증서 금리에도 불구하고 중소기업 부실 우려 때문에 기업 대출금리를 낮추지 못하는 상황인데 부채비율이 떨어진다면 대출금리도 많이 깎을 수 있다."
>
> – 매일경제, 2009년 1월 22일 –

자산재평가를 하면 회사가 보유한 토지나 건물을 장부금액이 아닌 시가로 평가함으로써 총자산과 순자산(=총자산－총부채)이 동시에 늘어난다. 물론 시가가 장부금액(토지의 경우는 취득원가, 그리고 건물의 경우는 감가상각 이후 남은 장부금액)보다 높다는 현실적인 가정을 하는 경우이다. 토지나 건물의 시가와 장부금액간의 차이를 자산재평가잉여금(또는 자산재평가차익*)이라고 부르고, 이는 순자산에 포함된다. 그런데 자산재평가를 하게 되면 기업가치에는 어떤 영향을 줄까? 자산재평가를 하지 않는 기업도 많은데 이들은 왜 그런 것일까?

## 01 기업의 신용평가에 영향을 미치는 요인

위의 신문기사에서 나타난 대로, 기업이 자산재평가를 하는 이유는 부채비율을 낮추고 이로 인해 부채조달비용인 이자율을 낮출 수 있다고 기대하기 때문이다. 그렇다면 자산재평가를 통해 과연 이자율을 낮출 수 있을까?

이에 대한 답을 하기 위해 우선 은행이나 신용평가기관이 회사의 신용상태를 평가할 때 어떤 재무회계정보에 관심을 갖는지 살펴보자. 채권자가 관심이 있는 정보들은 다음과 같다. 각 재무회계정보가 기업의 신용평가와 이자율에 미치는 영향은 괄호 안에 +(긍정적 영향) 혹은 − (부정적 영향)로 표시한다.

- **부채비율(−).** 순자산에 비해 부채규모가 크다면 은행이나 채권자는 원금과 이자의 회수에 불안감을 느낄 것이고, 이는 차입기업의 신용등급과 이자율에 부정적인 영향을 미치게 될 것이다. 이 같은 불안감을 완화하기 위해 은행은 실물자산을 담보로 제공할 것을 요구하거나, 차입기업이 추가적으로 부채를 조달하는 것을 억제하기도 한다.
- **수익성(+).** 차입기업의 경영성과가 좋다면 신용평가에 긍정적인 영향을 줄 것이라는 것도 당연하다. 그러나 중요한 점은 채권자가 회사의 수익성을 바라보는 시각이 비대칭적이라는 점이다. 즉 채권자는 평가대상 기업의 수익성이 좋아지는 것을 당연히 선호하기는 하지만, 기업의 수익성이 개선되는 것보다는 악화될 개연성에 더 많은 관심을 갖는다. 그 이유는 회사의 수익성이 나빠져 채권자가 원금과 이자를 제대로 받을 수 없을 가능성에 더 신경을 쓰기 때문이다(Section 61 참고). 수익성을

* 자산재평가차익을 과거에는 자산재평가적립금으로 불렀음.

나타내는 지표로는 총자산수익률(ROA: return on assets), 순자산수익률(ROE: return on equity) 또는 매출액수익률($=\frac{\text{당기순이익}}{\text{매출액}}$) 등이 주로 사용된다.

- **이자보상비율(+).** 이 비율은 영업이익이나 영업현금흐름을 이자비용으로 나눈 값으로, 회사가 제 때에 이자를 낼 수 있는 역량을 갖고 있는지를 나타내는 지표이다. 이 비율이 높을수록 채권자의 신용평가가 좋아진다.
- **경영성과의 변동성(−).** 회사의 영업이익이나 영업현금흐름의 크기뿐만 아니라 이들의 변동성도 중요한 정보이다. 경영성과의 변동성이 크다는 것은 경영환경의 불확실성에 노출되어 있는 정도가 크다는 의미이므로, 경영성과의 변동성은 신용평가와 이자율에 부정적인 영향을 미친다.
- **회사규모(+).** 규모가 큰 기업은 상대적으로 경영성과가 안정적일 수 있고 또한 자본조달에 있어 우위를 가질 수 있어 작은 규모의 회사에 비해 양호한 신용평가를 받는다.
- **현금성자산 보유규모(+/−).** 현금이나 단기유가증권 등 현금성 자산을 많이 보유할수록 원금과 이자지급에 사용할 수 있는 재원이 충분하다는 시각에서는 현금성자산보유가 기업 신용평가에 긍정적인 영향을 미친다. 그러나 반대로 취약한 자본조달역량으로 인해 기업이 현금성자산을 많이 보유하고 있다면 오히려 신용평가에는 부정적인 영향을 줄 수도 있다.
- **기업투명성 및 회계투명성(+).** 기업이 '건전한' 기업지배구조를 구축, 운용하고 있고 기업투명성도 높다고 판단되면 신용평가에 도움이 된다. 또한 기업이 공시하는 재무회계정보가 투명할수록 기업의 신용평가도 올라간다고 한다. 어떻게 기업지배구조의 투명성과 재무회계정보의 투명성을 측정할지는 실무적으로 중요한 주제이므로, 이에 대해서는 다음 기회에 살펴 보기로 하자 (Section 72 및 Section 81 참고).
- **기업집단 소속기업(+).** 연구에 의하면 기업집단에 속한 기업들은 그렇지 않은 기업들에 비해 낮은 이자비용을 지불하고 있다고 한다. 그 이유는 기업집단에 속한 기업들은 어려운 경제상황에서 서로 '의지' 할 수 있는 체제를 갖추고 있기 때문인 것으로 보인다. 즉 채권은행의 입장에서는 기업집단 소속기업들이 명시적 또는 암묵적으로 상호지급보증을 한 것으로 판단한다는 해석이다.
- **부채의 만기(−).** 부채의 만기가 길수록 채권자와 은행이 원금을 받지 못할 가능성이 높아지므로, 이자율은 부채의 만기가 길수록 높아진다. 이 같은 부채의 만기구

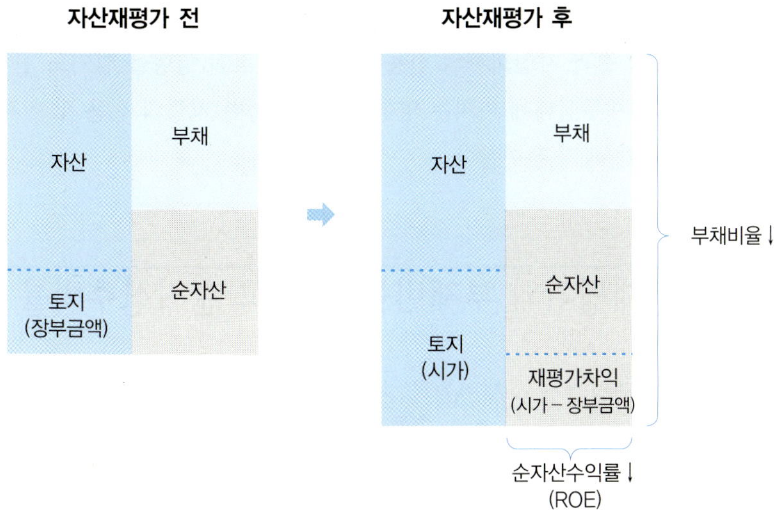


[그림 63-1] 자산재평가의 효과

조가 갖는 불이익을 줄이기 위해 기업들은 종종 만기가 짧은 부채로 자금을 조달하고 만기가 도래하면 이를 다시 연장하는 재무정책을 쓰고는 한다. 그러나 그 같은 과정에서 외부경제환경이 악화되어 단기부채의 만기가 연장되지 않거나 연장되더라도 높은 이자율을 부담하게 되면, 궁극적으로는 장기부채로 조달하는 경우에 비해 오히려 이자비용이 커지는 경우도 발생할 수 있다.

- **주식매수선택권을 이용한 보상제도(−).** 경영자 보상제도로 주식매수선택권 또는 스톡옵션(employee stock option)을 이용하는 기업들은 경영진에게 현금으로 성과급을 주는 대신 정해진 가격(exercise price 또는 행사가격이라고 함)을 지불하고 회사 주식을 살 수 있는 권리를 부여하기도 한다. 주식매수선택권을 받은 경영진은 주가가 행사가격보다 높을 때 이 권리를 행사하게 되면 '주가 − 행사가격' 만큼의 차액을 보상형태로 얻게 된다. 그런데 경영진이 주식매수선택권을 행사하면 회사의 주식유통물량이 늘어 주가가 하락할 수 있기 때문에, 회사는 유통주식의 일부를 자기주식으로 다시 사들일 필요성을 갖는다. 회사는 이 같은 자사주 취득을 위해 보유현금을 사용하는 것이 일반적이나 차입을 해서라도 유통주식수를 낮추기도 한다. 이 같은 보상제도를 갖는 기업에 대해 채권자나 은행은 부채의 원

금과 이자지급에 사용될 수 있는 회사재원이 잠재적으로 감소할 수 있다고 인식하고 그 결과 차입회사의 신용평가가 부정적인 영향을 받기도 한다. 경영자 보상제도가 재무상태에 미치는 영향까지 감안하여 기업의 신용 및 이자율이 책정된다는 연구결과가 흥미롭다.

## 02 자산재평가와 부채비율, 그리고 순자산수익률

이제 자산재평가가 부채비율과 순자산수익률에 미치는 영향을 살펴보자. 자산재평가를 하게 되면 부채비율($=\frac{\text{부채}}{\text{순자산}}$)이 낮아진다. 재평가 대상 자산의 시가와 장부금액의 차이만큼 순자산이 늘어나기 때문이다. 부채비율이 낮아지면 기업에 대한 신용평가가 그 만큼 향상되고 그 결과 이자율을 낮출 수 있을까?

이자율이 낮아지기 위해서는 은행이나 채권자가 낮아진 부채비율만큼 기업의 신용상태가 '실제로' 향상되었다고 인식해야 한다. 만일 계산상으로는 부채비율이 낮아졌다고 하더라도 기업의 신용상태가 실질적으로는 변화한 것이 아니라고 채권자나 은행이 판단하는 경우 이자율은 하락하지 않을 것이다.

따라서 어려운 질문은 채권자나 은행이 부채비율을 신용평가과정에서 이용할 때 재무상태표에 기록된 부채와 순자산을 있는 그대로 사용하는지, 아니면 자산재평가 차이와 같은 항목은 부채비율산정에서 제외하는가에 있다. 앞에서 인용한 경제기사에 의하면, 실무적으로는 자산재평가의 결과가 반영된 순자산금액을 사용하여 부채비율을 사용하는 것으로 보인다. 이 같은 현상은 의사결정자들이 재무상태표에 인식된 회계정보를 액면 그대로 사용하는 경향이 있기 때문일 것이다(인식된 정보와 공시된 정보간의 차이를 논의한 Section 05 참고).

그렇다면 자산재평가로 인해 부채비율이 낮아지고 이자비용도 줄어든다면, 자산재평가를 하지 않은 기업은 오히려 비합리적인 의사결정을 한 것으로 보아야 한다. 그렇지만 자산재평가를 하지 않는 기업들도 많이 있다. 그 이유는 무엇일까?

모든 기업들이 자산재평가를 하지는 않는 이유는 자산재평가로 인해 부채비율이 낮아질 뿐 아니라 수익성지표인 순자산수익률(ROE)과 총자산수익률(ROA)도 함께 하락하기 때문이다. 따라서 부채비율을 낮추는 것보다 수익성을 강조하는 기업은 자산재평가를 하지 않는다. 그렇다면 어떤 경로를 거쳐 수익성 지표가 악화되는지 살펴보자.

자산재평가를 하면 토지나 건물의 장부금액이 늘어난다. 토지는 감가상각 대상 자산이 아니므로 토지를 재평가하더라도 다음 해의 감가상각비가 늘어나지 않는다. 그러나 건물을 재평가하면 다음 해부터는 감가상각비 금액이 증가하고 이로 인해 영업이익과 당기순이익이 줄어 든다. 따라서 다음 해부터는 순이익은 줄고 순자산은 재평가차액만큼 늘어나므로 궁극적으로 순자산수익률이나 총자산수익률이 감소하게 된다.

따라서 자산재평가로 인해 부채비율과 수익성지표가 모두 낮아지므로 이 중 어느 것이 기업가치향상에 더 큰 영향을 주는가를 판단해야 한다. 현재의 부채비율이 이미 높은 기업은 부채비율을 낮추는 데 더 관심이 있고, 현재의 부채비율이 감내할 만한 수준에 있는 기업은 수익성을 높게 나타내는 데 초점을 둘 것이다. 또한 향후 주식발행을 통해 기업성장에 필요한 자금을 조달하려는 회사는 수익성을 좋게 보이게 하는 것이 중요할 것이다. 주주가 수익성을 강조하기 때문이다.

특히 토지를 재평가하는 경우에는 재평가차액이 향후에도 줄어들지 않게 되므로(토지에 대해서는 감가상각비를 인식하지 않기 때문에) 이로 인해 순자산수익률이 지속적으로 낮게 나타나는 부작용이 있다. 따라서 이 같은 현상을 회피하고자 재평가를 하지 않는 경영진도 있다.

## 03 자산재평가와 기업가치

그러나 이 같은 견해만으로는 자산재평가로 인해 궁극적으로 기업가치가 올라간다는 것인지 아니면 떨어진다는 것인지를 쉽게 파악하기 어렵다. 이 같은 어려운 숙제를 해결하기 위해 초과이익모형을 사용해 보자. 초과이익모형에 의하면, 주주의 입장에서

기업가치 = 투하자본 + 초과이익의 현재가치 (1)

로 나타난다(Section 12 참조). 투하자본은 재무상태표의 순자산으로 측정하였고, '초과이익 = 당기순이익 − 주주의 요구수익률 × 기초순자산' 으로 측정하였다. 따라서 자산재평가로 인해 다음과 같은 두 가지 상반된 효과가 나타난다.

- **순자산의 증가 ➔ 기업가치의 상승효과.** 자산재평가는 투하자본이 커 보이는 효과가 있으므로, 위 식 (1)에서 본대로 기업가치가 증가해 보일 수도 있다. 특히 자산재평가를 통해 부채비율이 낮아지고 그로 인해 이자비용을 낮출 수 있다면, 순자산의 증가가 기업가치에 긍정적인 영향을 준다고도 볼 수 있다.
- **초과이익의 감소 ➔ 기업가치의 하락효과.** 자산재평가를 하면 당기순이익이 줄거나(건물을 재평가하는 경우) 또는 영향이 없으나(토지의 경우), 순자산이 증가함으로써 투입된 자원에 대한 자본비용이 커지게 되어 결과적으로 초과이익이 줄어들 것이다.

만일 주주의 요구수익률이 달라지지 않는다면 위 두 효과는 서로 상쇄되어 기업가치에는 아무 영향을 미치지 않는다. 즉 자산재평가를 통해 기업가치를 높이려는 시도가 개념적으로는 근거가 없다는 뜻이다. 이는 Section 12에서 이미 보았듯, 수익성 향상 없이 자산규모의 확대만으로는 기업의 본질가치는 향상되지 않음을 보여주는 좋은 예이다. 이를 증명하기 위해 식 (1)을 아래처럼 표현해보자.

기업의 본질가치 = 투하자본 + 초과이익의 현재가치

$$V = B_0 + \sum_{t=1}^{\infty} \frac{NI_t - r \times B_{t-1}}{(1+r)^t} \tag{2}$$

자산재평가차액을 α라 하고, 자산재평가 후의 본질가치를 V′라 하면

$$\begin{aligned} V' &= (B_0 + \alpha) + \sum_{t=1}^{\infty} \frac{NI_t - r \times (B_{t-1} + \alpha)}{(1+r)^t} \\ &= \left[ B_0 + \sum_{t=1}^{\infty} \frac{NI_t - r \times B_{t-1}}{(1+r)^t} \right] + \left[ \alpha + \sum_{t=1}^{\infty} \frac{(-r \times \alpha)}{(1+r)^t} \right] \end{aligned} \tag{3}$$

그런데 식 (3)에서 두번째 항은 0이 됨을 알 수 있다.

$$\alpha + \sum_{t=1}^{\infty} \frac{(-r \times \alpha)}{(1+r)^t} = \alpha + \frac{-r \times \alpha^*}{r} = 0 \tag{4}$$

따라서

$$V' = B_0 + \sum_{t=1}^{\infty} \frac{NI_t - r \times B_{t-1}}{(1+r)^t}$$
$$= V$$

가 된다. 이 같은 표현이 복잡해 보이기는 하나 자산재평가 차액(α)은 기업의 본질가치(V)에 아무 영향을 못 미친다는 점을 명확히 보여주고 있다.

결국 본질적인 경쟁력의 원천(즉, 고부가가치 상품과 용역의 발굴, 효율적인 자원배분 관리체계의 운용, 그리고 자본비용의 절감)을 강화하는 것이 기업가치에 공헌하는 가장 중요한 방안임을 강조하고자 한다.

또 한가지 주의할 점은 경영자가 집중해야 할 역량이 자칫 기업의 본질가치와는 무관한 자산재평가 및 관리 활동에 분산될 수 있다는 것이다. 2011년부터 도입된 국제회계기준에서는 자산재평가를 회계정책으로 선택한 기업은 이후 주기적으로 자산재평가를 실시하고 자산의 장부금액과 공정가치와의 차액을 재무제표에 반영하도록 하고 있다. 즉 정기적으로 자산의 공정가치를 평가한 후 장부금액보다 높거나 낮으면 기타포괄이익 혹은 당기손실로 인식해야 한다. 따라서 자산의 공정가치가 변하는 만큼 기업의 경영성과가 영향을 받으니, 경영자는 자산의 공정가치에 민감하게 되고 이에 따라 자산의 공정가치에 대한 관리가 필요해질 지도 모르는 일이다. 하지만 자산재평가로 인한 자산의 변동은 기업가치를 본질적으로 향상시키지는 않으므로, 정작 경영자가 역량을 집중해야 할 수익성 향상이나 고부가가치 사업으로의 자산 재배분에 상대적으로 소홀해질 개연성도 있다. 이는 자산재평가로 인한 부작용이라고 할 수 있다.

---

* 이때 $\frac{-r \times \alpha}{r}$는 $(-r \times \alpha)$만큼의 이익이 미래에도 영원히 계속된다고 가정하는 경우, 이것의 현재가치를 의미한다.

SECTION

# 64 영업레버리지, 재무레버리지, 그리고 자본조달비용

한국 상장 기업 주식수익률의 연평균 변동폭은 약 40%로, 이는 미국 S&P500 지수 수익률의 연평균 변동성 20%에 비해 두 배나 높은 수준이다. 이는 한국 거래소 상장기업의 2008년 말 평균 주가가 20,000원 정도임을 고려할 때, 한 해 동안 주가가 12,000원과 28,000원 사이에서 형성될 확률이 약 70%(정확히는 [그림 64-1]에서 보듯이 68.2%임)라는 의미이다. 즉 주가변동폭이 ±8,000원(= 20,000원 ×40%)일 확률이 약 70%인 셈이다. 반면 미국 상장 기업의 평균주가는 약 30달러이므로, 이들 기업은 주가가 6달러(=30달러×20%) 정도 상하로 움직일 확률이 약 70%이다.

이렇게 한국 기업의 주식수익률 변동성이 높은 이유는 무엇일까? 또한 높은 주식수익률변동성은 한국 기업의 자본조달비용에 어떤 영향을 미칠까? 그리고 궁극적으로 기업의 투자 및 재무전략에는 어떤 영향을 미칠까? 한국 기업의 주식수익률 변동성이 높은 이유를 영업레버리지와 재무레버리지 개념을 활용해 설명해 보자.

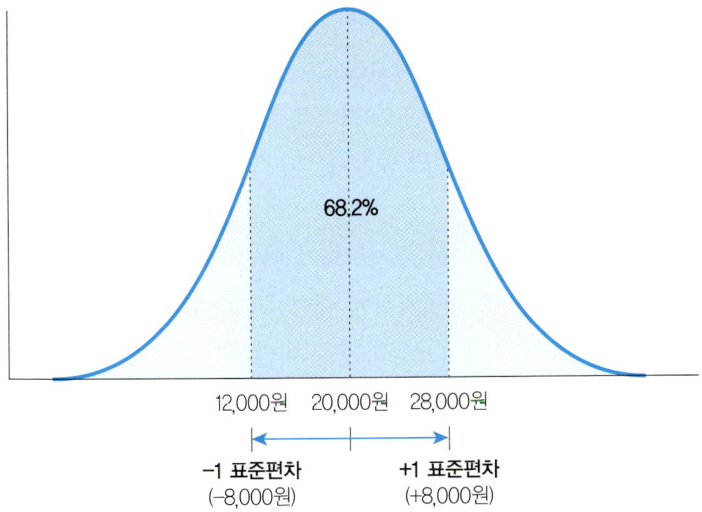


**[그림 64-1]** 주가와 주식수익률 변동성

## 01 영업레버리지

한국의 많은 주요 기업들은 생산제조분야에서 강한 경쟁력을 보유하고 있다. 생산성이 높은 생산제조설비를 구축하기 위해서는 대규모의 투자가 지속적으로 필요하다. 흥미로운 점은 투자확대로 인해 영업레버리지와 재무레버리지가 모두 높아진다는 점이다.

우선 생산설비 확대로 인한 영업레버리지 상승효과를 살펴보자. 생산설비에 대한 투자를 확대하면 필연적으로 감가상각비가 상승하게 된다. 감가상각비가 높아지면 제품제조원가가 높아진다. 더 중요한 점은 감가상각비는 고정영업비용이라는 점이다. 즉 제품의 생산수량이 늘거나 줄어도 매년 발생하는 감가상각비는 큰 변화가 없다. 고정영업비용이 전체 제조원가에서 차지하는 비중이 높아지는 것을 영업레버리지가 높아진다고 부른다. 그리고 고정영업비용이 상승하면 자연스럽게 손익분기점(BEP: break even point)도 높아진다. 즉 고정영업비용을 회수하기 위해서는 더 많은 제품을 판매해야 한다는 뜻이다(Section 08 참고).

따라서 경영환경이 악화되어 제품에 대한 수요가 감소하면 회사는 높아진 손익분기점을 달성하지 못하고 결국 영업손실을 감수해야 한다. 반면 경기가 좋아져 제품에 대한 수요가 늘어나면 영업이익은 빠르게 상승한다. 따라서 감가상각비의 상승으로 인해 영업레버리지가 높아지면 궁극적으로 경영성과의 변동성이 높아짐을 알 수 있다.

이제 생산제조설비에 대한 투자확대가 어떤 경로를 거쳐 재무레버리지를 높이는지 살펴보자. 일반적으로 실물자산에 대한 투자확대에는 사내유보금이 우선 사용된다(Section 01 참조). 사내유보금이 충분치 않다면 은행차입금이나 회사채 발행과 같은 타인자본에 의존하거나 주식발행을 통한 투자재원을 마련하게 된다. 그런데 주식발행을 통한 자금조달은 높은 암묵적비용(즉 주주의 요구수익률)을 수반함을 앞에서 상세히 살펴 보았다. 또한 자금여력이 없어 대주주가 증자에 참여하지 못하는 경우 대주주 지분이 희석되고 이로 인해 경영권이 약화되므로 주식발행을 통한 자금조달을 부담스러워하기도 한다. 따라서 경영진은 이자와 원금을 지급하더라도 타인자본을 조달해서 투자를 완결하려 한다. 물론 이와 같은 투자재원조달원천에 관한 순서를 자본조달의 우선순위(pecking order)라고 불렀음을 기억하자.

따라서 생산제조설비에 대한 투자확대는 부채사용을 늘리고, 이는 이자비용의 상승

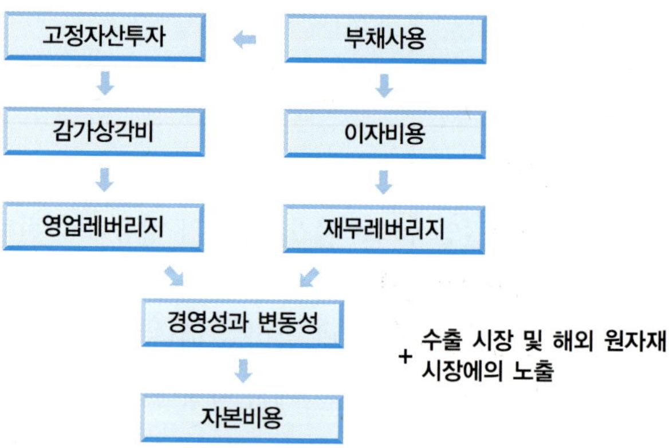


[그림 64-2] 영업레버리지와 재무레버리지의 영향

으로 이어진다. 즉 재무레버리지가 증가하는 것이다. 재무레버리지가 상승하면 회사의 순이익 변동성이 높아진다. 그 이유는 이자비용을 초과하는 수익성을 창출하는 사업에 투자를 확대하는 경우에는 순이익이 빠르게 증가하지만, 그 반대의 경우에는 순손실이 확대되기 때문이다.

결국 한국 기업들이 생산제조업을 기반으로 경쟁력을 유지, 강화하기 위한 투자 및 재무전략이 궁극적으로 영업레버리지와 재무레버리지를 높이고 그로 인해 경영성과의 변동성이 높아지게 된 것이다. 이 밖에도 한국 기업들은 해외 수출시장 및 원자재 시장의 가격변동성에 노출 되어 있어 경영성과의 변동성이 더욱 높아질 개연성이 있다. 특히 한국 주요 기업들은 수직적 계열화를 통해 원가경쟁력과 제품품질을 관리하고 신제품을 적기에 시장에 공급하는 전략(time-to-market)을 사용하고 있다. 이 경우 제품에 대한 소비자의 선호가 조금만 변동해도 생산, 제조 단계에서의 영향은 증폭되는 현상을 경험한다.

예를 들어, 특정 제품에 대한 최종 소비자의 수요가 5%정도 증가하였다고 가정하자. 이 같은 수요 증가에 대응하기 위해 유통단계의 도매기업은 제품 주문을 그 이상으로 할 가능성이 있다. 그래야만 재고부족으로 인한 판매 손실 가능성을 줄일 수 있기 때문이다. 이는 제조기업의 생산증가로 이어지고, 순차적으로 제조장비와 부품 판매기업의 생산확대로 이어진다.

그러다가 소비자 수요가 다시 조금만 감소해도 위와는 정반대 방향으로 기업들의 경영성과에 부정적인 영향을 미친다. 이 같은 현상을 채찍효과(bullwhip effect)라고 한다. 마치 채찍 손잡이를 잡고 손목으로 작은 힘을 주면 채찍 끝부분에는 큰 힘을 미칠 수 있는 것과 같은 현상이다. 따라서 앞에서 본대로 한국 기업들의 경영성과와 주가수익률 변동성이 미국 기업들에 비해 높은 수준을 보이게 되었다.

## 02 경영성과의 변동성, 자본비용 그리고 투자의사결정

이렇게 높아진 경영성과의 변동성은 자연스럽게 자본조달 비용의 상승으로 이어진다. 우선 주주의 시각을 보자. 경영성과의 변동성이 높아질수록 주식시장전체수익률의 변동성에 비해 회사의 주가수익률이 더욱 민감하게 변동할 개연성이 크다. 즉 회사의 체계적위험(또는 베타)이 높아진다는 뜻이다. CAPM모형을 상기하면 체계적위험이 커지면 주주의 요구수익률이 높아진다는 것을 알 수 있다.

또한 채권자도 회사 경영성과의 변동성이 커질수록 더 높은 이자비용을 요구하게 된다. 특히 채권자는 경영성과가 높은 것에도 관심을 갖지만, 경영성과가 악화되는 것에 더 많은 관심을 갖는다. 그 이유는 원금과 이자를 제 때에 갚지 못하는 상황에 대해 더 주의를 하기 때문이다. [그림 64-3]은 경영성과가 악화되는 경우(L)의 이자율 상승폭($i_L - i_M$)이 경영성과가 양호하게 되는 경우(H)의 이자율 하락폭($i_M - i_H$) 보다 크다는 것을 나타낸다. 이 같은 채권자의 비대칭적 경제적이해를 고려하면 경영성과의 변동성이 이자비용에 미치는 영향을 직관적으로 이해할 수 있다.

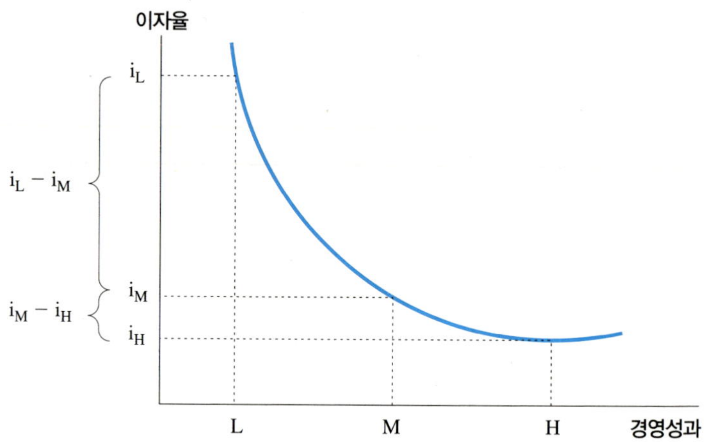


[그림 64-3] 경영성과와 이자율

이제까지 경영성과의 변동성이 커질수록 주주와 채권자로부터 조달하는 외부자금의 자본비용이 모두 높아짐을 살펴보았다. 자본비용이 상승하면 회사는 투자기회를 적기에 포착하기가 어려워지고 결과적으로 기업의 생존과 성장에 중대한 어려움에 처하게 된다. 특히 자본시장의 규모가 미국이나 일본에 비해 작은 한국의 경우는 이 같은 어려움에 더 크게 노출되어 있다.

이러한 이유로 인해 한국의 경영진은 '보수적인' 재무전략을 선호하기도 한다. 이들은 내부유보금이 충분치 않으면 굳이 은행차입이나 회사채를 발행하면서까지 투자규모를 확대하지 않는다. 그 대신 기존사업에서 나오는 현금흐름 범위 내에서 점진적인 투자확대를 모색하는 전략을 사용한다.

기업은 투자활동을 통해 생존과 지속 가능한 성장을 도모한다. 따라서 경영진은 투자활동에 필요한 투자재원의 조달형태와 방법에 대해 균형있는 시각을 가져야 하며 그와 동시에 자본조달비용을 낮추기 위한 다양한 위험관리방안에 대해서도 통찰력을 가져야 한다.

SECTION

# 65 매몰원가와 투자의사결정

매몰원가(sunk costs)란 과거에 집행된 투자로서 미래의 최적의사결정에 영향을 줄 수 없는 투자를 의미한다. 'sunk' 라는 단어가 의미하듯, 이미 실행된 투자는 향후 기업 성장을 위한 투자의사결정에는 영향을 미쳐서는 안 된다는 뜻이다. 그러나 경영진이 실제 투자의사결정을 하는 과정에서 과연 과거 투자를 매몰원가로 인식하는지는 분명하지 않다. 두 가지 사례를 들어 실제 경영의사결정과정에서는 매몰원가 개념이 잘 작동하지 않고 있다는 점을 살펴 보고자 한다.

## 01 감가상각비와 투자의사결정

감가상각비는 이미 투자한 실물자산을 일정 기간 동안(즉, 감가상각 내용연수) 일정한 방법으로 배분하는 과정에서 나타나는 비용이다. 감가상각비는 비용으로 인식되므로 영업이익과 당기순이익을 줄이나, 당해 연도에 현금이 지출되는 비용은 아니다. 이 같은 비용을 '발생액(accrual)' 이라고 함을 기억하자.

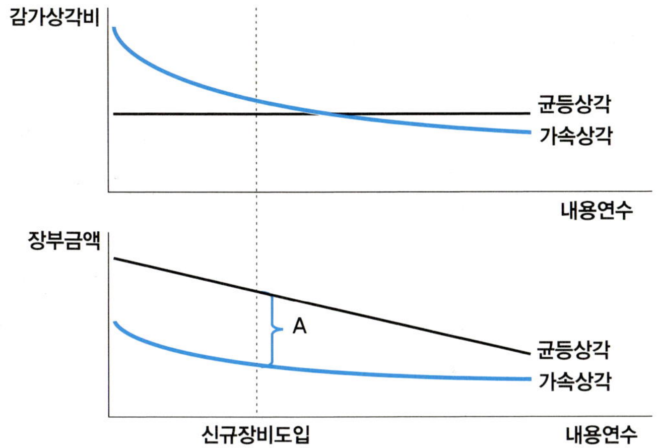


[그림 65-1] 감가상각비와 매몰원가

감가상각을 실행하는 방법은 가속상각(accelerated depreciation)방법과 균등상각 또는 정액상각(straight-line depreciation) 방법이 있다. 가속상각방법은 내용연수를 짧게 하든지 아니면 실물자산의 활용기간 초기에 감가상각비를 좀 더 많이 인식하는 방법이다. 반대로 균등상각방법은 감가상각비를 매년 균등하게 인식하는 것이다.

여기서 매몰원가개념과 관련된 질문을 해 보자. 이 두 가지 감가상각방법 중 어떤 방법을 선택하는가에 따라 향후 경영진의 투자의사결정이 영향을 받을까? 과거에 투자된(즉, 매몰원가인) 실물자산을 상각하기 위해 적용한 방법으로 인해 미래 투자의사결정이 영향을 받는다면, 이는 매몰원가개념이 실제 투자의사결정에는 적용되지 않는다는 의미이다. 이에 대한 답을 찾아 보자.

위 그림에서와 같이 가속상각방법을 사용하면 초기에 감가상각비 금액이 많이 발생하고, 그로 인해 재무상태표에 남아있는 자산의 장부금액(=자산취득금액 − 감가상각비누적액)은 낮아진다. 반면, 균등상각방법을 사용하면 자산의 장부금액은 상대적으로 높은 상태를 유지할 것이다.

이제 기존설비에 비해 생산성이 높은 새로운 설비를 도입하는 것을 경영진이 고려하고 있다고 하자. 또한 기존설비는 폐기 처분한다고 가정하자. 기존설비를 처분하고 새로운 설비를 도입하는 의사결정과정에서 경영진은 기존 설비의 처분으로 인해 나타나는 처분손실 금액에 대해 관심을 갖게 된다. 처분손실이 큰 경우 경영진의 경영성과지표(예, 세전이익이나 당기순이익)가 부정적인 영향을 받기 때문이다.

따라서 기존 설비에 대해 균등상각방법을 적용했던 경영진은 새로운 설비도입에 상대적으로 미온적일 개연성이 있다. 기존설비의 장부가치가 여전히 높으므로, 이를 모두 손실로 인식하는 것은 부담이 되기 때문이다. 반대로 기존설비에 대해 가속상각방법을 적용한 경영진은 이 같은 부담이 상대적으로 적기 때문에 신규설비 도입에 보다 적극적일 것이다. 위 그림에서 가속상각방법을 적용한 기업은 균등상각방법을 상용한 기업에 비해 A만큼 낮은 장부상의 손실을 인식한다는 것을 나타낸다.

최근 연구에 의하면 가속상각방법을 적용하는 기업들은 균등상각방법을 사용하는 기업에 비해 신규투자를 보다 적극적으로 추진하고 그 투자금액도 더 크다고 한다. 새로운 투자에 적극적인 기업이 생산성과 수익성이 높은 투자대안을 선택하는 것에 대한 관심도 높고 실행력도 갖추고 있다고 본다면, 궁극적으로 이들 기업의 경쟁력이 더욱 강해질 것이다.

| | 가속상각방법 | 균등상각방법 |
|---|---|---|
| 감가상각비 | 높음 | 낮음 |
| 장부가치 | 낮음 | 높음 |
| 구설비처분시 장부상 손실금액 | 낮음 | 높음 |
| 신규투자에 대한 적극성 | 높음 | 낮음 |

[그림 65-2] 매몰원가: 감가상각방법과 투자의사결정

실물투자를 어떤 방법으로 감가상각을 했는가에 따라 미래 투자의사결정이 영향을 받고 이로 인해 기업의 경쟁력에도 차별화가 나타난다는 점은, 매몰원가 개념이 실제 경영환경에서는 이론대로 작동되지 않을 수도 있음을 보여준다.

## 02 매몰원가개념과 경영관리철학

매몰원가개념은 실물 투자의사결정뿐 아니라 경영진의 경영철학에도 적용할 수 있다. 경영진은 기존에 구축한 판매방식, 생산방법, 구성원 육성방안, 기업문화 등을 그대로 유지하고자 하는 경향이 있다. 과거 시행착오를 통해 기존의 관리방안과 경영철학이 이미 최적화된 상태로 운영되기 때문이다.

그러나 새로운 기술의 등장, 상품이나 용역 판매방식의 변화, 시장 및 소비자 기호변화 등 경영환경에 변화가 나타나면 최적화된 기존의 경영전략과 경영철학을 그대로 유지하는 것은 오히려 위험할 수 있다. 기존의 최적화된 경영방식과 문화의 테두리 내에서 열심히 하는 것을 '활동적 타성(active inertia)' 이라고도 한다. 'inertia' 는 '관성' 을 뜻하는 물리학용어로, 이는 기존에 하던 대로 열심히 최선을 다하는 습성을 의미한다.

이미 최적화된 기존의 경영방식은 또 다른 형태의 매몰원가라고 볼 수 있다. 매몰원가 개념을 적용하면, 기존 경영방식과는 무관하게 새로운 환경에서는 새로운 경영전략과 대응전략이 필요하다는 의미이다. 그러나 실제로는 기존 문화와 경영방식을 버리고 새로운 경영체계를 모색하는 것은 상당히 어려운 일이다.

심리학에서도 이 같은 경영진의 습성에 대해 주목하고 있다. 경영진은 새로운 환경변화가 초래하는 위협을 과소평가하는 경향이 있다는 것이다. 그로 인해 새로운 기술이나 사업형태로 무장한 경쟁자의 출현이 불러올 수 있는 파괴력에 대해 경영진은 소극적으로 대응하게 된다. 아마도 그 이유는 이미 효율적으로 작동하고 있는 기존 경영방식을 바꾸는 것이 회사 내외에서 많은 충돌과 갈등을 일으키고 그로 인해 변화를 추진하고자 하는 동력을 상실하기 때문일 것이다.

활동적 타성 현상이 나타나는 것은 매물원가 개념이 실무에서는 그 만큼 잘 작동하지 않는 또 다른 예라고 볼 수 있다. 활동적 타성의 부작용을 최소화하고 새로운 환경에 효과적으로 대응하기 위해 경영진은 더욱 창의적인 발상을 하고 심도 있는 고민을 할 것으로 본다.

SECTION

# 66 선물환 매도계약과 부채비율

2008년도 말 한국 조선회사들은 매우 당혹스러운 경험을 하게 된다. 조선사 부채비율(= $\frac{\text{총부채}}{\text{순자산}}$ )이 1,000%를 넘어 1,500% 수준까지 치솟았기 때문이다. 즉 부채가 순자산(=자산−부채)의 10~15배나 되었다는 뜻이다. 1990년대 말 경제 위기를 경험한 후 한국 기업들의 경영진은 부채비율을 꾸준히 낮추어 왔고, 그 결과 최근 주요 기업들의 부채비율이 100~150%정도에 머물고 있다. 이 같이 낮아진 부채비율에 비해 조선사들의 부채비율은 지나치게 높아 보인다. 무슨 일이 있었던 것일까?

## 01 원화강세와 선물환 매도계약

2006~2007년까지 한국의 조선사들은 해외 선박발주회사로부터 많은 금액의 선박 건조 수주계약을 체결하였다. 한국 조선사들의 설계역량이 세계적 수준이었을 뿐 아니라, 약속한 기한 내에 선박을 완성해서 인도하는 역량도 뛰어났기 때문이다. 선박

건조계약을 수주하면 조선사는 전체 선박건조대금의 20~30%를 선수금으로 받고 나머지는 2~3년의 공사기간 동안 서너 차례 나누어 받는다.

그런데 문제는 선박건조대금을 한국 돈인 원화로 받는 것이 아니라 미국 달러화로 받는다는 점이다. 따라서 앞으로 달러화에 비해 원화 값이 강해진다면(즉, 원-달러 환율이 떨어진다면), 달러로 받은 선박건조대금을 원화로 바꾼 한국 조선사의 매출액은 그 만큼 낮아진다.

조선사가 매출액을 달러로 받는 반면 선박 건조에 들어가는 비용은 대부분 원화로 지급한다. 아래 그림에서 매출액이 100(달러 결제)이고 매출원가는 70이라고 해보자. 매출원가는 재료비 40, 노무비 10 및 제조간접비(설비투자에 대한 감가상각비, 동력비, 기타 비용 등) 20으로 구성된다고 하자. 또한 재료 가운데 핵심 부품은 20만

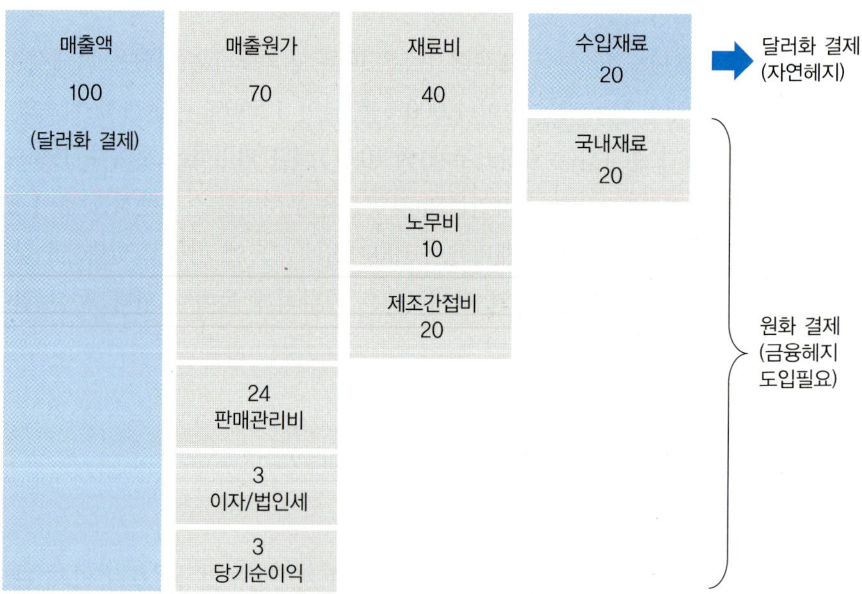


**[그림 66-1]** 수출기업의 손익구조와 환위험관리

큼 수입하고 대금은 달러로 지급한다. 수입 재료를 제외한 국내 재료 구입비 20, 노무비 10 및 제조간접비 지급과 인식 20은 모두 원화로 이루어진다고 가정하자. 그 밖에 판매 및 일반관리비 24와 이자 및 법인세 3도 원화로 지급한다. 한국 수출 및 수입의 대부분이 달러로 결제되고 국내 거래는 원화결제한다는 현실적인 가정이다.

경영진은 수입 재료 구입을 위해 달러를 사용할 수 있으니, 그 금액만큼은 환위험에서 자유롭다. 별도 위험관리가 필요 없다는 뜻에서 이를 자연헤지(natural hedge)라고 한다. 그러나 나머지 원가와 비용 항목 77(=97 − 20)에 대해서는 원-달러 환율 변동에 노출되어 있다. 경영진은 이 금액에 대해 금융상품을 활용하여 환율 변동 위험을 관리(금융헤지, financial hedge)할 것인지 고민한다.

예를 들어, 선박건조 수주계약을 맺었을 당시의 1달러당 원화환율이 1,000원이라고 하자. 그런데 주요 경제기관에서 향후 원화 값이 달러화에 비해 강해질 것이라고(예를 들면, 달러당 원화환율이 1년 내에 900원으로 하락) 예상하고 있다면, 경영진이 선택할 수 있는 대안은 두 가지이다.

첫째, 환율 변동위험에 대해 별도의 위험관리전략을 실행하지 않는 방안이다. 비록 원화환율이 달러당 900원까지 떨어질 것으로 예상하는 전문가들이 많더라도 달러화에 비해 원화가 강해질지 아니면 예상과는 다르게 약해질지 알 수는 없으므로, 조선사 경영진은 별도의 위험관리방안을 마련하지 않을 수도 있다. 이 경우 조선사는 앞으로 들어 올 달러를 그 시점의 실제 원화환율로 바꾸어 사용하면 된다.

둘째, 원화환율이 강세를 나타낼 것에 대비해 선물환 매도계약을 맺는 방안이다. 조선사 경영진은 원화환율이 달러화에 비해 떨어질 것이라는 전문가들의 예상을 받아들이기로 하고 다음과 같은 계약을 맺는다. 앞으로 1년 후 선박건조대금을 달러로 받으면 그 달러를 제공하고 그 대가로 미리 약정한 환율로 원화를 받기로 하는 계약을 맺는 것이다. 만일 약정환율이 1달러당 1,000원이라면, 1년 후 실제 원화환율수준과 관계없이 조선사는 1,000원을 받는 것이다. 이 같은 계약을 '선물환 매도계약'이라고 한다. 즉 앞으로 선박건조대가로 받을 달러(즉, 선물환)를 미리 약정한 환율에 따라 매도할 수 있는 계약을 맺는 것이다. 선물환계약을 맺음으로써 조선사는 원화환율이 900원까지 떨어져도 달러당 1,000원을 받게 되므로, 환율하락으로 인한 경제적 손실을 피할 수 있다. 그렇다면 조선사가 선물환매도계약을 했다면 선물환을 매수한 상대방은 누구일까 궁금해진다. 그 내용은 마지막 절에서 살펴보기로 하자.

## 02 선물환 매도계약과 재무제표

2006~2007년 당시 한국 조선사는 원화환율이 달러에 비해 강세를 보일 것이라는 전문가들의 예상에 따라 대규모 선물환매도계약을 맺게 된다. 그리고 전문가들의 예상대로 1년 후 원화환율이 1,000원 아래로 떨어졌다. 예를 들어 환율이 900원까지 강세를 나타냈다고 가정하자. 이 경우 조선사 재무제표에는 어떤 변화가 나타날까?

선물환매도계약을 맺은 조선사는 그렇지 않은 경우와 비교하여 1달러당 100원씩을 더 받게 된다. 조선사는 실제 원-달러 환율(즉, 900원/달러)과는 관계없이 약정에 의해 달러당 1,000원을 받기 때문이다. 따라서 조선사 재무상태표에는 자산이 100원만큼 늘게 되고(이를 '파생상품자산' 이라고 함), 그와 동시에 순자산도 100원만큼 늘어난다( '기타포괄이익' 이라는 순자산 항목임). 따라서 선물환매도계약으로 인해 조선사는 현금을 100원 더 받고 그로 인해 순자산도 늘어나므로 그 만큼 부채비율도 낮아지는 긍정적인 효과를 보게 된다.

이와 같이 선물환매도계약으로 인해 회사의 자산과 순자산이 동시에 증가하고 그로 인해 부채비율이 낮아진 것은 조선사가 '현금흐름헤지(cash flow hedge, 현금흐름위험회피회계)' 라는 회계처리방법을 사용했기 때문이다. 이 방법을 사용하면 그 헤지의 효과가 재무상태표에 나타나는 특징을 갖는다. [그림 66-2]의 우측은 현금흐름헤지 사용으로 인해 조선사 부채비율이 낮아지는 것을 보여준다.

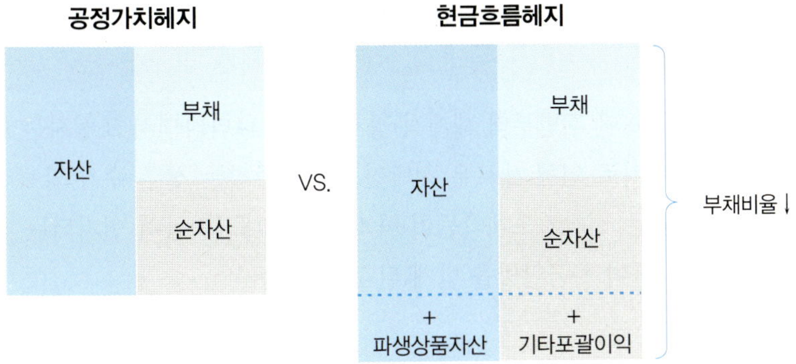


[그림 66-2] 선물환매도: 평가이익의 효과 (1,000₩/$ → 900₩/$)

그런데 현금흐름헤지 대신 또 다른 회계처리방법으로 '공정가치헤지(fair value hedge, 공정가치위험회피회계)' 방법도 있다는 점을 기억하자. 이 방법을 사용하면 선물환매도계약의 공정가치 상승으로 인한 이익과 선박 공사 계약의 공정가치 하락으로 인한 손실이 상쇄되어 재무상태표에는 그 영향이 나타나지 않는 특징을 갖는다. [그림 66-2]의 좌측은 공정가치헤지 사용이 재무상태표에는 영향을 미치지 않는다는 것을 나타낸다.

그렇다면 조선사들은 왜 선물환매도계약의 효과가 재무상태표에 나타나지 않은 공정가치헤지 대신 그 효과가 두드러지게 나타나는 현금흐름헤지 방법을 사용한 것일까? 물론 회계기준은 이 두 방법 중 하나를 선택하기 위한 조건을 규정해 놓았다. 향후 선박건조대가로 받게 될 공사대금을 (1) 그 금액이 명확하게 정해져 있는 대상으로 볼 것인지(그렇다면 공정가치헤지를 사용하고), 아니면 (2) 그 현금흐름금액이 변동될 수도 있는 불확실한 대상으로 볼 것인가(그렇다면 현금흐름헤지를 사용)에 따라 회계처리방법이 정해져 있다. 그럼에도 조선사들이 공정가치헤지 대신 현금흐름헤지 방법을 사용한 이유는 아마도 선물환매도계약으로 인한 효과를 재무상태표에 반영함으로써 부채비율을 낮추고자 하는 경제적 유인도 작동했을 것으로 보인다.

## 03 경제위기와 선물환매도 평가손실

그러나 2008년 후반부터 세계적 경제위기가 나타나면서 조선사는 어려움을 겪게 된다. 경제위기로 인해 새로운 선박건조를 발주하는 선주 수가 급격히 줄어들었을 뿐 아니라, 기존 선박건조계약들이 파기되거나 대금지급이 연기되는 경우도 늘어나 한국 조선사들이 자금압박을 받게 된 것이다.

더구나 경제위기시에는 안전자산인 미국 달러화를 선호하는 경향이 두드러져 달러당 원화가치가 급락하는 현상이 나타났다. 따라서 원-달러 환율이 900원대까지 하락하던 추세가 반전하여 달러당 1,500원까지 원화 가치가 급락하기에 이른다. 이 경우 선물환매도계약으로 인해 달러당 1,000원을 받기로 한 조선사에는 어떤 영향이 나타날까?

선물환매도계약을 맺지 않았더라면, 조선사들은 1달러 공사대금의 대가로 1,500원을 받았을 것이다. 그러나 선물환매도계약을 체결한 조선사가 실제로 받는 금액은 약속에 따라 500원이 적은 1,000원뿐이다. 그렇다면 조선사입장에서는 달러당 500원씩 적게 받은 것을 손실로 보아야 할까? 아니면 약정에 따라 1,000원을 받았으므로 손실이 없다고 보아야 할까?

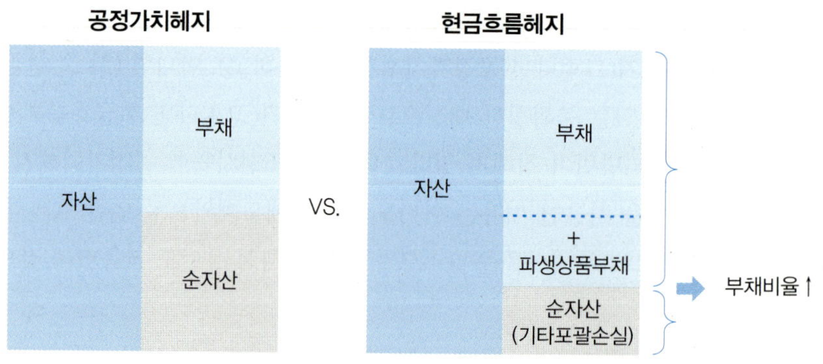


[그림 66-3] 선물환매도: 평가손실의 효과 (1,000₩/$ → 1,500₩/$)

만일 조선사가 선물환매도계약을 맺고 '공정가치헤지' 방법을 이용하여 회계처리를 했다면 달러당 500원씩 적게 받았더라도 그 효과가 재무상태표에는 나타나지 않았을 것이다. [그림 66-3]에서 좌측은 공정가치헤지를 사용하였다면 재무상태표에는 그 영향이 나타나지 않는다는 점을 나타낸다.

그러나 조선사들은 '현금흐름헤지' 방법을 사용했으므로, 달러당 500원씩 원화를 적게 받는 점을 재무상태표에 반영해야 한다. [그림 66-3]에서 우측은 현금흐름헤지의 사용이 재무상태표에는 미치는 부정적 영향을 보여주고 있다. 선물환매도계약을 맺지 않았을 경우와 비교하여, 조선사는 이제 1달러당 500원씩을 덜 받게 된다. 따라서 조선사 재무상태표에는 부채가 500원만큼 늘게 되고(이를 '파생상품부채'라고 함), 그와 동시에 순자산도 500원만큼 줄어든다(이는 '기타포괄손실'이라는 순자산 항목임). 따라서 선물환매도계약으로 인해 조선사는 현금을 달러당 500원을 덜 받을 뿐 아니라 부채는 늘고 동시에 순자산은 줄게 되므로, 궁극적으로 부채비율이 높아지는 부정적인 영향을 입게 된다.

조선사들이 대규모로 선물환매도계약을 체결하고 이를 현금흐름헤지 방법을 사용하여 회계처리하였다면, 경제위기로 인해 원-달러 환율이 1,500원 수준에 도달한 2008년 말경 조선사 부채비율이 1,000%를 초과한 이유를 이제는 이해할 수 있게 되었다.

## 04 선물환계약의 특징

앞의 예에서 조선사들이 선물환매도계약을 맺음으로써 1년 후 달러로 받을 공사대금으로부터 발생할 수 있는 환율변동 위험을 헤지하고자 했다면, 반대로 1년 후 약속대로 1달러당 1,000원을 조선사에 제공하는 의무를 지는 상대방도 있어야 한다. 그 상대방은 누구일까? 선물환계약의 구조를 나타내는 [그림 66-4]을 참고하면서 설명을 하자.

그 상대방은 외국계은행 국내지점인 경우가 대부분이다. 그 이유는 선물환계약을 이행하기 위해서는 달러를 낮은 비용으로 조달할 수 있는 역량을 가져야 하고, 외국계 국내지점이 이 같은 역량을 가졌기 때문이다. 그렇다면 왜 달러를 조달하는 것이 중요할까?

선물환계약의 상대방은 한국 조선사에게 1년 후 달러당 1,000원을 제공해야 하는 의무를 갖는다. 즉, 1년 후 실제 원-달러 환율수준에 관계없이 1,000원을 마련해야 하는 것이다. 이를 위해 외국계 국내지점은 선물환계약을 맺는 동시에 1달러를 해외은행에서 차입한 후, 이를 국내에서 현재 환율수준인 달러당 1,000원을 받고 원화로 환전한다. 그리고 이 금액을 정부가 발행한 채권이나 신용도가 높은 회사채(1년 만기)에 투자를 한다. 그리고 1년이 지난 후에는 원금 1,000원을 돌려받고 이자수익도 얻게 된다.

이렇게 받은 1,000원을 한국 조선사에게 제공하고 그 대가로 1달러를 받으면 조선사와 맺은 선물환계약은 성공적으로 이행된다. 그리고 조선사로부터 받은 1달러를 1년 전에 해외은행으로부터 차입한 달러를 갚는데 사용한다. 따라서 1년 후 실제 원-달러 환율수준과 관계없이 외국계 국내지점은 한국 조선사와 맺은 선물환계약을 무리 없이 해결하게 된다.

그렇다면 외국계 국내은행은 이 과정에서 어떤 경제적 이득을 얻을까? 이들이 얻는 수익은 (1) 1년 동안 채권에 투자해서 얻은 이자수익과 (2) 선물환계약시 조선사로부터 받은 수수료수입의 합으로부터 (3) 달러차입으로 인한 이자비용을 차감한 것이다. 그런데 외국계 국내지점이 해외은행이나 본사로부터 낮은 이자율로 달러를 차입할 수 있다면 선물환계약을 실행함으로써 적지 않은 수익을 낼 수 있다. 즉 실제 원-달러 환율수준과는 무관하게 외국계 국내지점은 안정적 수익을 창출할 수 있는 기회를 갖는 것이다.

그렇다면 이 같은 안정적인 수익을 한국 은행들이 취할 수는 없었을까? 위와 같은 선물환계약을 이행하기 위해서는 달러를 낮은 이자율로 조달할 수 있는 역량을 갖추

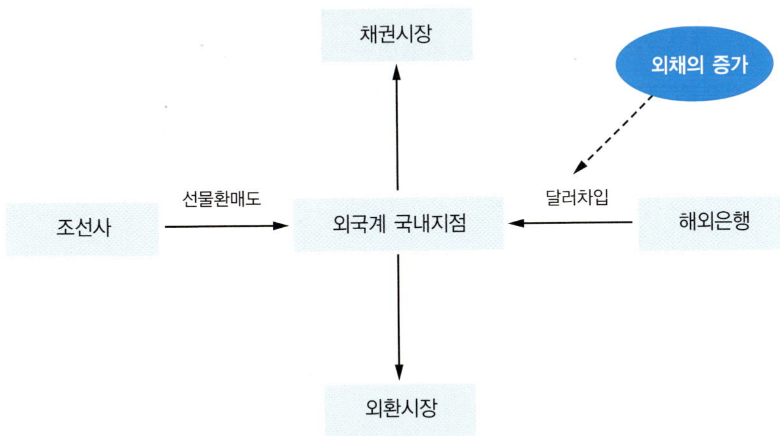


[그림 66-4] 선물환계약의 구조

어야 한다. 한국 은행들이 달러를 차입하기 위해서는 더 많은 이자비용이 소요될 뿐 아니라 달러를 해외에서 대규모로 차입하는 것이 어려울 수도 있다.

그 이유는 [그림 66-4]에서 보듯이 해외은행에서 달러를 빌려 오면 이로 인해 한국의 외화부채(또는 외채)가 증가하는 효과가 있기 때문이다. 1990년대 말 단기간에 외채가 유출되는 과정에서 외환위기를 겪은 한국 정부에게 외채증가는 반가운 소식이 아니다. 물론 위의 달러차입은 그 성격이 일반 외채의 증가와는 다르다. 조선사나 수출기업이 수출대금을 원화로 환전하는 과정에서 발생하는 환율위험을 헤지하기 위한 목적으로 차입한 달러이기 때문이다.

그렇더라도 외채증가에 대해서는 국내외의 경제전문가들이 편치 않은 시각을 갖고 있음을 인식할 필요는 있다. 특히 2008년 경제위기시 한국이 단기외채가 많고 이로 인해 또 다시 외환위기를 겪을지도 모른다는 해외 언론의 기사에 대해 편치 않았던 기억을 한국 경영진은 아직도 갖고 있다.

이제까지 그래왔듯이 향후에도 한국 조선회사 및 수출기업이 경제성장 과정에서 중요한 역할을 수행할 것이다. 또한 수출입거래의 80% 이상을 미국 달러화로 결제하는 한국 기업의 관점에서는 환율변동으로부터 발생하는 위험을 이해하고 이를 효과적으로 관리하기 위한 지식 및 역량강화에 관심을 갖는 것이 당연해 보인다. 따라서 선물환거래에 대한 이해는 한국 경영진에게는 꼭 갖추어야 할 지식 중의 하나라고 본다.

SECTION

# 67 키코(KIKO)와 환율상승

2008년 하반기 한국의 많은 중소형 수출기업들은 원-달러 환율의 급등으로 큰 어려움을 겪게 된다. 1 달러당 1,000원 미만이던 원화 값이 세계적 경제 위기로 인해 미국 달러 값은 강세를 띤 반면 한국 원화가치는 1,500원까지 급락하는(따라서 원-달러 환율은 급등) 현상이 나타났기 때문이다.

그런데 원화가치가 달러당 1,000원에서 1,500원으로 하락하면 수출대금을 달러로 받는 한국 중소 수출기업들은 원화로 환산된 매출액이 오히려 늘어나는 경제적 이득을 누릴 수 있다. 예를 들면, 수출대금 1달러는 매출액이 원화로 1,000원이 아니라 1,500원으로 늘어난다는 의미이다. 그런데 이 같은 경제적 이득을 얻을 수 있는 중소수출기업이 왜 어려움을 겪었다는 것일까? 그 이유는 이들 기업이 맺은 키코(KIKO)라는 계약으로 인해 발생한 대규모의 파생상품손실 때문이다.

## 01 원화값 강세와 키코(KIKO)계약

2006~2007년 한국 기업들은 수출호조로 많은 수출대금을 받게 되고, 이 수출대금의 80% 이상이 달러로 결제된다. 한국 수출기업과 조선회사의 수출실적이 좋을수록 한국으로 유입되는 달러의 양이 많아지므로, 이로 인해 흔해진 달러 값은 떨어지고 반대로 원화 값은 강세를 띄게 되었다. 수출호조가 진행될수록 원-달러환율이 떨어지는(예를 들면, 1달러당 1,000원하던 원화 값이 900원대로 낮아지는) 현상이 나타난 것이다.

이렇게 원-달러 환율이 떨어지면 원화로 환산된 수출기업의 매출액이 낮아지는 부작용이 발생한다. 이 같은 상황이 지속된다면 수출기업은 수출을 하면 할수록 (원화)매출액에는 부정적인 영향을 입을 것이다. 따라서 중소수출기업의 경영진은 이 같은 경제적 손실을 줄이려는 유인을 갖게 된다. 이 때 등장한 것이 키코계약이다.

키코(KIKO)는 Knock-In-Knock-Out의 약자로 중소수출기업들이 원화 값이 달러에 비해 강세(즉, 원-달러 환율이 하락)를 나타낼 것이라는 예상하에 은행과 맺은 계약이다. 키코계약의 특징을 아래 그림을 참고하여 살펴 보자.

키코계약을 이해하기 위해서는 다음과 같은 세 가지 환율수준을 정의해야 한다.

- **약정환율 (예: 1,000원).** 약정환율이란 기업이 1달러의 수출대금을 지급하고 받게 되는 원화 값을 나타낸다. 예를 들어, 약정환율이 1,000원이라면 기업은 실제 원-달러환율수준에 관계없이 달러당 1,000원을 받게 된다.
- **환율하한 (예: 950원).** 환율하한이란 원-달러 환율이 이 하한 아래로 떨어지면 키코계약이 무효가 되는 환율을 의미한다. 예를 들어, 하한이 950원이라면, 환율이 이 아래로 내려갈 정도로 원화 값이 강세를 띄면, 수출기업과 은행간 맺은 키코계약은 자동으로 소멸된다. 이를 키코계약의 중요한 특징 중 하나인 Knock-Out (KO) 조항이라 한다.
- **환율상한 (예: 1,050원).** 환율상한이란 원-달러 환율이 이 상한을 초과하여 상승하

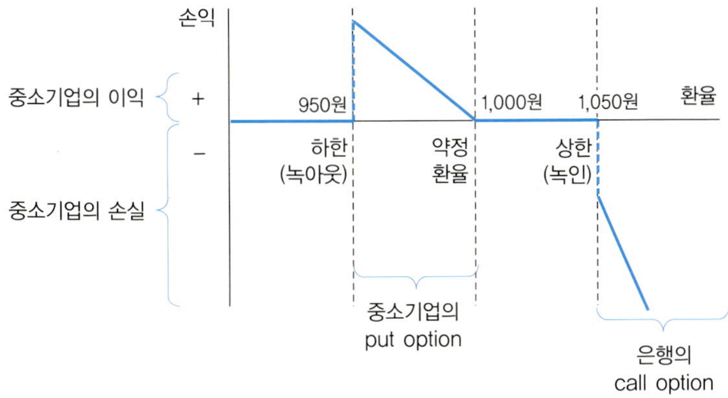


[그림 67-1] 키코(KIKO)계약의 특징

면 수출기업은 계약에 따라 '실제환율 – 약정환율'의 두, 세배를 은행에게 지급해야 하는 의무가 발생하는 환율이다. 예를 들어, 상한이 1,050원이고, 환율이 이 수준 이상인 1,300원으로 상승할 정도로 원화 값이 약세를 띄면, 수출기업은 1,300원 – 1,000원 = 300원의 두, 세배를 은행에 지급해야 하는 부담을 갖는다. 수출기업 의무가 발생한다는 점에서 이를 Knock-In (KI) 조항이라 하며, 이는 키코계약의 또 다른 특징을 구성한다.

## 02 키코(KIKO)계약과 경제위기

2006~2007년 한국 중소수출기업들은 수출호조로 인해 원-달러 환율이 점진적으로 하락할(즉, 원화 값이 달러에 비해 강세를 띨) 것이라는 예상을 하고, 이로 인한 원화 매출액 감소를 완화시키기 위해 키코계약을 맺는다.

예상대로 원-달러 환율이 1,000원 아래로 내려가면, 수출기업은 키코계약 상대방인 은행에 1달러를 제공하고 1,000원을 받게 된다. 이를 달리 표현하면, 수출기업은 은행에 달러를 약정환율인 1,000에 팔 수 있는 권리인 풋옵션(put option)을 갖는다고 한다. 따라서 환율이 떨어져도 수출기업에는 경제적 손실이 없는 것이다.

그러나 수출기업이 갖는 풋옵션은 원-달러 환율이 하한인 950원까지만 유효하다. 그 이하로 환율이 더 강세를 띠면, 키코계약은 자동적으로 소멸하는(즉, knock-out 조항) 특성이 있기 때문이다. 따라서 수출기업이 원화 값 강세로 인해 발생하는 원화 매출액 감소위험을 최소화할 수 있는 환율수준은 950원까지인 것이다. 환율하한을 950원으로 설정한 이유는 아마도 수출기업과 은행 모두 이 수준 아래로 원-달러 환율이 떨어질 것이라고는 예상하지 않았기 때문이었을 것이다.

원-달러 환율이 달러당 1,000원에서 1,050원 사이에 있는 경우는 어떨까? 이 때는 키코계약이 의미가 없다. 수출기업은 보유하고 있는 달러를 단순히 한화로 환전하면 되기 때문이다.

그러나 원-달러 환율이 1,050원을 넘어가면 수출업체는 큰 경제적 손실을 입게 된다. 예를 들어, 2008년 세계적 경제위기시 환율이 달러당 1,500원 수준까지 상승했다고 하자. 이 같은 상황이 발생하면 키코계약을 맺은 은행은 수출기업으로부터 1달러를 실제 환율인 1,500원보다 현저하게 낮은 1,000원의 약정환율로 살 수 있는 권리인 콜옵션(call option)을 갖는다. 그리고 은행이 갖는 이 콜옵션에 대해 수출기업은 거절할 수 있는 권리가 없다.

실제 원-달러 환율이 1,500원인 상황에서 은행이 1,000원만 지급하고 수출기업으로부터 달러를 살 수 있다는 의미는, 반대로 수출기업은 달러당 1,500원 대신 500원씩 적은 1,000원을 받는다는 뜻이다. 더구나 키코계약은 환율이 상한(1,050원)을 초과하면 수출기업은 '실제환율 − 약정환율' = 1,500원 − 1,000원 = 500원의 두 배 또는 세배를 은행에게 지급해야 하는 약정이 포함되어 있다. 그러므로 원-달러 환율이 상승할수록 수출기업의 손실은 반대로 눈덩이처럼 커지게 된다.

따라서 경제위기가 발생하여 달러가치는 치솟고 원화가치가 하락한 경우(즉, 원-달러 환율이 급등한 경우), 수출기업은 수출대금으로 받은 달러를 높은 원화 매출액로 인식할 수 있었음에도 불구하고, 키코계약을 맺은 결과 오히려 은행에게 많은 금액을 지급함으로써 큰 손실을 입게 되었다. 그렇다면 중소 수출기업은 자신들에게 불리해 보이는 이 같은 키코계약을 왜 맺은 것일까?

## 03 환율변동과 환위험관리

중소 수출기업 경영진은 수출이 지속적으로 호조를 보일 것이고 따라서 원-달러 환율은 점진적으로 하향 안정추세를 나타낼 것으로 예상한 것으로 보인다. 실제로 키코계약을 맺은 후 얼마 동안은 예상했던 대로 원-달러 환율이 1,000원 미만이었다. 그 기간 중 수출기업은 달러당 약정환율 1,000원을 받음으로써 경제적 이득을 보았다.

그러나 2008년 세계적 경제위기는 이 모든 상황을 일시에 반전시킨다. 원-달러 환율이 1,050원을 훌쩍 뛰어 넘으면서 수출기업은 많은 손실을 입게 된 것이다. 따라서 수출기업의 경영진은 이 같은 상황이 실제로 나타날 확률은 매우 낮을 것이라는 판단을 한 것으로 보인다. 경제위기 전 대부분의 경제기관들이 원-달러 환율이 상승하기보다는 하락할 것이라는 예측을 내놓았기 때문이다.

그렇더라도 수출기업 경영진이 위와 같은 특성을 갖는 키코계약을 맺었다는 것은 사후적인 평가이기는 하나 매우 아쉽게 느껴진다. 원-달러 환율이 높아진다는 것은 수출기업의 관점에는 (원화)매출액을 획기적으로 늘릴 수 있는 좋은 기회를 갖는다는 뜻이다. 그러나 이 같은 좋은 기회가 나타날 때 오히려 큰 손실을 볼 수 있는 키코계약을 맺었다는 것은 합리적인 의사결정을 하지 못한 것으로 보인다.

중소 수출기업 경영진은 키코계약이 수출기업에는 불리하고 은행에게는 유리하게 만들어진 불공정한 계약이라는 주장을 하며 법원에 소송을 제기했다. 중소 수출기업이 키코계약으로부터 얻을 것으로 기대하는 이익(풋옵션 가치)에 비해, 은행의 잠재이익(콜옵션 가치)이 비대칭적으로 크다는 것이다.

키코계약에서 수출기업이 갖는 풋옵션과 은행이 갖는 콜옵션의 가치는 환율 움직임이 정규분포를 따른다는 가정하에 산출되었다고 한다. [그림 67-2]에서 점선은 원-달러 환율이 따른다고 가정한 정규분포 모습을 나타낸다. 이 가정에서는 달러당 1,100원 하는 원화 값이 900원으로 강해지거나 또는 1,400원으로 약해지는 경우가 자주 발생하지 않는다.

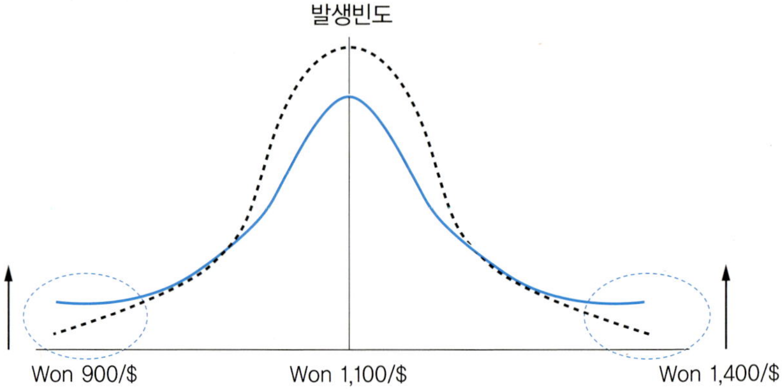


**[그림 67-2]** 정규분포와 원-달러 환율변동

그러나 실제 원-달러 환율은 정규분포에서 가정하는 것 보다 더욱 높은 변동성을 보여왔다. 즉 원-달러 환율이 1,100원에서 900원으로 떨어지거나 1,400원 이상으로 상승하는 경우가 정규분포에서 가정하는 것보다 더욱 자주 발생한다는 점이다. 이는 위 그림에서 양쪽 꼬리부분이 정규분포보다 더 두터운 실선으로 나타나고 있다.

이 같은 실제 원-달러 환율변동성을 고려하여 키코계약의 가치를 다시 계산하는 경우, 중소 수출기업 경영진의 주장대로 중소 수출기업의 풋옵션가치는 낮아지고 은행의 콜옵션 가치는 높아질 수도 있다.

그런데 한국 수출기업들만 키코계약으로부터 피해를 본 것은 아니다. 일본 기업들도 키코와 유사한 계약으로 인해 손실을 보았다고 한다. 그럼에도 그 피해규모는 한국 수출기업들에 비해 현저히 작았다. 그 이유는 일본 기업들의 수출입거래에서 엔화로 결제하는 비중이 40%를 넘으므로 그 만큼 엔-달러 환율변동에 노출되어 있는 정도가 낮기 때문이다. 반면 한국 기업들의 수출입거래에서 원화로 결제하는 비중은 2%를 약간 넘는다.

수출입거래 대부분을 달러로 결제하는 한국 기업의 경영진은 향후에도 원-달러 환율 움직임에 지속적인 관심을 가질 것이다. 또한 생산, 제조 역량이 뛰어난 한국 기업들

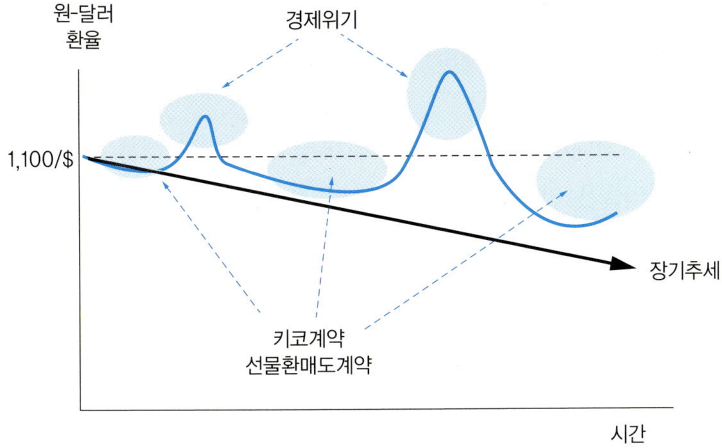


[그림 67-3] 환율변동의 장기추세와 환위험관리

은 앞으로도 수출시장에서 경쟁력을 지속적으로 키워 나갈 것이다. 그렇다면 일본이 그랬던 것처럼 한국 원화는 장기적으로 달러화에 비해 강세를 띨지 모른다. 비록 단기적으로는 경제위기 등으로 원화가 약해질 수는 있으나, 장기적 관점에서는 강력한 수출경쟁력을 갖춘 한국의 통화가치는 강해질 수 있다는 의미이다.

일본의 경우 1980년대 중반까지 엔-달러 환율이 250~360엔/$이었다. 일본 기업이 1달러어치 수출을 하면 엔화 매출이 250엔 이상이었다는 의미이다. 그러나 2016년 12월 엔화 환율은 110엔/$ 수준이다. 지난 30년간 엔화 환율이 절반 이상으로 하락(엔화 강세)한 것이다. 이제는 일본 기업이 1달러를 수출하면 과거에 비해 엔화 매출액이 절반 이하로 줄어 들었다는 뜻이다. 이 과정에서 일본 수출 기업들은 가격경쟁력을 잃었고 결국 '잃어버린 20년' 을 경험하게 된다.

이 기간 중 한국은 정반대의 환율 변화를 경험한다. 30년 전 원-달러 환율이 400~500원/$ 수준에서 현재는 1,200/$ 정도로 2배 이상 상승(원화 약세)한 것이다. 과거에는 한국 기업이 1달러를 수출하면 원화로는 매출이 400~500원이었다면, 지금은 1,200원 정도로 많아진 것이다. 이 과정에서 한국의 주요 산업분야(전자, 반도체, 자동차, 석유화학, 철강, 조선, 기계 등)의 수출 기업들은 세계적인 가격 경쟁력을 갖추게 된다.

[그림 67-3]에서 보듯이, 한국 원화가 장기적으로 강세를 띈다면 그 과정에서 한국의 수출기업들은 키코계약이나 또는 앞 장에서 살펴본 선물환매도계약을 사용하고자 하는 경제적 유인을 갖게 될 것이다. 그래야만 원화로 인식되는 매출액이 줄어들지 않기 때문이다. 그러나 한국의 경영진은 경제위기가 예상치 못한 시기에 나타날 수 있다는 점을 기억해야 한다. 이 때는 원-달러 환율이 예상과는 달리 급등할 수 있으므로, 키코계약이나 선물환매도계약 사용으로 인해 회사의 경영성과가 부정적인 영향을 입을 개연성에 대해서도 겸허하게 준비를 해야 할 것이다.

## 04 원화강세의 정치 · 경제적 효과

한국 원화가치가 장기적으로 달러에 비해 강해진다면(즉, 원-달러환율 하락) 수출기업들은 그만큼 가격경쟁력을 잃게 된다. 달러로 받은 수출대금을 원화로 환산하면 그만큼 매출액이 낮아지고, 이를 상쇄하기 위해 판매가격을 높이고자 할 것이기 때문이다.

[그림 67-4]에서 보듯이, 만일 해외시장에서의 치열한 경쟁으로 인해 수출가격을 올리는 것이 어렵다면, 한국 기업들은 생산 및 판매거점을 해외로 이전함으로써 원화가치 상승의 부정적 효과를 줄이고자 할 것이다. 한국의 주요 자동차기업들이 전체 생산량의 절반 이상을 해외에서 생산하는 것이 대표적인 예이다. 이 같은 해외진출이 지속되면 제조업의 공동화(hollowing-out)현상이 나타나고, 한국 경제는 실업률 상승과 소득감소라는 고통을 겪을지도 모른다. 일본은 지난 20여년간 이 같은 어려움을 이미 경험했다.

그러나 한국 통화가치의 상승으로 인해 혜택을 받는 경제주체도 있다. 항공 및 해운업에서는 항공기, 엔진 또는 선박을 구매하거나 리스를 할 때 달러부채로 자금을 조

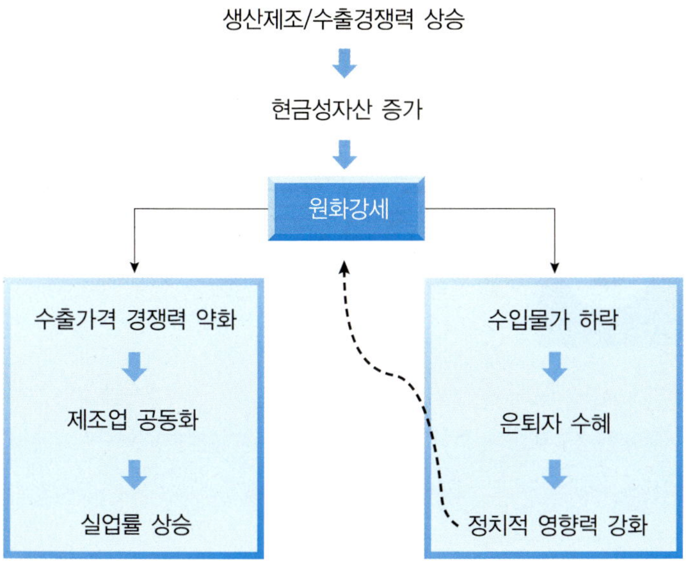


[그림 67-4] 환율의 정치 · 경제적 효과

달하는 경우가 많다. 따라서 원화가치가 강해지면 그만큼 한화로 갚아야 하는 부채가 낮아지는 효과(외화부채평가이익)가 있다.

원화가치 상승은 수입물가를 낮추는 효과도 있다. 따라서 소득수준이 빠르게 늘지 않는 경제주체(예, 정액급여 생활자나 은퇴자)는 낮은 물가로 인해 그 만큼 경제적 혜택을 받게 된다. 한국은 인구노령화가 세계에서 가장 빠른 속도로 진행되는 국가라고 한다. 전체 인구 중 노령인구의 비중이 커지면 이들의 정치적 영향력도 함께 커질 것이다. 그리고 이들 경제주체는 원화강세를 지지하는 정부정책을 선호할 개연성이 높다.

원화약세를 통해 수출시장에서 가격경쟁력을 유지하고자 하는 수출, 제조기업과 원화강세를 선호하는 경제주체간의 힘겨루기가 앞으로 한국의 환율정책에 어떤 영향을 미칠 것인지로 지켜보기로 하자.

SECTION

# 68 배당소득과 양도차익

주주가 투하자본을 회수하는 방법은 두 가지가 있다. 첫째는 현금배당을 통한 자본회수이며, 둘째는 주가가 상승하는 경우 주식을 처분함으로써 양도차익(또는 자본이득)으로 회수하는 방법이다. 이론상으로는 주주가 현금배당이나 양도차익 중 어느 방법을 통해 투자자금을 회수하더라도 관계가 없을 것으로 생각할 수 있다. 그러나 현실에서는 현금배당과 양도차익은 서로 완전히 대체될 수는 없는 성격을 갖고 있다. 세금효과가 서로 다르기 때문이다.

## 01 배당소득세와 양도소득세

현금으로 배당(dividend)을 받게 되면 주주는 배당소득에 대한 소득세를 내야 한다. 이를 배당소득세($t_d$)라고 부른다. 현재 배당소득세는 15.4% 수준이다. 이 세율은 배당소득세로 배당금액의 14%와 주민세로 배당소득 원천징수세금액의 10%를 원천징수한 것을 더한 숫자이다.

자본이득(capital gain)과 양도차익에 관한 세금은 서로 다른 형태를 띠고 있다. 우선 거래소시장에서 일반투자가가 거래하는 주식에 대한 양도차익에 대해서는 부과되는 세금이 없다. 즉 거래소시장에서 거래하는 주식에 대해서는 양도소득세($t_g$)가 0인 것이다. 그러나 장외주식의 양도차익에 대해서는 세금을 내야 한다. 장외시장이란 거래소시장 밖에서 주식 거래가 이루어지는 시장을 뜻하며, 장외시장에서는 거래소에 상장된 주식은 물론 비상장주식에 대해 고객과 증권회사, 증권회사 상호간, 또는 고객 상호간 개별적인 접촉에 의해 거래가 이루지는 시장을 의미한다. 장외주식이 대기업 주식인 경우는 양도차익의 20%, 중소기업 주식의 경우는 양도차익의 10%를 양도세로 내야 한다.

일반적인 투자자가 거래소시장에서 거래되는 주식에 투자하였다고 가정하면, 이 투자자가 주식 보유기간 동안의 현금배당에 대해서는 15.4%의 세금을 내나, 가격이 상승하여 주식을 매각하였을 경우 양도차익에 대해서는 세금을 내지 않게 된다. 따라서 이 투자자에게는 배당으로 인한 투하자본의 회수보다는 양도차익을 통한 회수가 세금을 절약하는 효과가 있다. 다시 말해 배당수익에 대해서는 세금으로 인해 그만큼 경제적 손실을 입게 된다.

## 02 배당소득세와 주주 요구수익률

배당소득에 대해서 세금을 내야 하는 주주들은 어떤 형태로든 배당소득세로 인한 손실을 보상받기를 원할 것이다. 그렇다면 주주가 요구하는 기대수익률은 과연 배당소득세로 인한 손실을 반영하여 높아질까? 이에 대해 구체적으로 살펴보자.

우선 배당소득세든 양도소득세든 세금이 없는 가상적인 경우를 상상해 보자. 내년도에 예상되는 현금배당금($D_{t+1}$)과 내년말 시점의 주가($P_{t+1}$)를 주주 요구수익률로 할인하면 당해 연도 말 시점의 주가($P_t$)가 된다. 이를 표현하면 다음과 같다.

$$P_t = \frac{D_{t+1} + P_{t+1}}{1 + r_{tf}} \tag{1}$$

식 (1)에서 $r_{tf}$는 세금이 없는 경우(tax-free)의 주주요구수익률 또는 할인율을 의미한다. 예를 들어 내년도에 예상되는 현금배당금 $D_{t+1} = 5$, 내년 말 시점의 주가 $P_{t+1} = 105$, 주주의 요구수익률 $r_{tf} = 10\%$ 라면, 당해 연도 말 시점의 주가는 100이 된다.

$$P_t = \frac{5 + 105}{1 + 10\%} = 100$$

이 표현의 핵심은 주주 입장에서 내년도 말 주주의 부는 배당의 형태로 나타나든 또는 주가의 상승으로 나타나든 전체 부의 크기에는 차이가 없다는 인식이다. 즉 전체 부를 어떻게 나누는지는 관계없다는 것이다.

## 03 세금효과와 주주기대수익률

그러나 현실적으로는 이 가정은 타당성이 별로 없다. 배당소득에 대해서는 세금을 내야 하나, 거래소주식의 양도차익에 대해서는 세금을 내지 않거나 아니면 장외시장 중소기업주식의 양도차익에 대해서는 배당소득 세금보다 낮은 세금을 내기 때문이다. 여기서 논의를 단순하게 하기 위해 장외시장 대기업 주식의 양도차익에 대한 세금은 생략하기로 하자.

배당소득과 양도차익에 대한 세금이 주주의 요구수익률에 미치는 영향을 살펴보기 위해 식 (1)을 다음과 같이 변형해 보자.

$$P_t = \frac{D_{t+1} + P_t + (P_{t+1} - P_t)}{1 + r_{tf}} \qquad (2)$$

식 (2)의 분자를 살펴보면 다음 세 항목이 눈에 띈다.

- 다음 연도에 예상되는 현금배당금액($D_{t+1}$)
- 당해 연도 말의 주가($P_t$)
- 다음 연도 중 예상되는 주가상승분($P_{t+1} - P_t$)

주주가 배당소득과 양도차익에 대한 세금을 내는 경우 위 첫 번째와 세 번째 항목에 배당소득세율($t_d$)과 양도소득세율($t_g$)을 각각 곱하게 된다. 또한 세금을 내고 난 후(after-tax)의 주주요구수익률($r_{at}$)을 할인율로 하여 당해 연도 말의 주가를 다시 나타내면 다음과 같다.

$$P_t = \frac{D_{t+1} \times (1 - t_d) + P_t + (P_{t+1} - P_t) \times (1 - t_g)}{1 + r_{at}}$$

이 표현에서 세후 주주요구수익률($r_{at}$)을 나타내기 위해 분모인 $(1+ r_{at})$를 왼쪽으로 보내면 아래와 같다.

$$1 + r_{at} = \frac{D_{t+1} \times (1 - t_d) + P_t + (P_{t+1} - P_t) \times (1 - t_g)}{P_t}$$

따라서 세후 주주요구수익률($r_{at}$)은 다음과 같다.

$$r_{at} = \frac{D_{t+1} \times (1 - t_d) + (P_{t+1} - P_t) \times (1 - t_g)}{P_t}$$

$$= d_t \times (1 - t_d) + g_t \times (1 - t_g)$$

여기서 $d_t$와 $g_t$는 다음과 같다.

$$d_t = \frac{D_{t+1}}{P_t} = \text{배당수익률}$$

$$g_t = \frac{P_{t+1} - P_t}{P_t} = \text{양도차익수익률}$$

즉 주주의 세후요구수익률($r_{at}$)은 배당소득세 공제 후의 배당수익률 $[d_t \times (1 - t_d)]$과 양도차익세 공제 후의 양도차익수익률 $[g_t \times (1 - t_g)]$의 합이라는 것을 알 수 있다.

세전 주주요구수익률이 세금이 없는 경우의 주주요구수익률보다 높을 것이라는 것은 쉽게 예상할 수 있다. 배당소득과 양도차익에 대해 세금을 내야 하므로 당연히 더 높은 수익률을 요구할 것이기 때문이다. 문제는 얼마나 높을 것인가를 판단하는 것이다. 이제 그 답을 찾아보자.

## 04 세후 주주요구수익률

배당소득과 양도차익에 대해 세금을 내는 경우이든 아니면 세금이 없는 경우이든 주주는 궁극적으로는 동일한 수준의 기대수익률을 요구할 것이다. 이를 다음처럼 표현해 보자.

$$r_{at} = d_t \times (1 - t_d) + g_t \times (1 - t_g) = r_{tf}$$

위 식을 정리하여 양도차익수익률($g_t$)을 나타내 보면 다음과 같다.

$$g_t = \frac{r_{tf}}{1 - t_g} - \frac{1 - t_d}{1 - t_g} \times d_t$$

주주의 세전(before-tax) 요구수익률($r_{bt}$)은 배당수익률($d_t$)과 양도차익수익률($g_t$)의 합이므로 다음과 같다.

$$\begin{aligned} r_{bt} &= d_t + g_t \\ &= d_t + \left( \frac{r_{tf}}{1 - t_g} - \frac{1 - t_d}{1 - t_g} \times d_t \right) \\ &= \frac{r_{tf}}{1 - t_g} + \frac{t_d - t_g}{1 - t_g} \times d_t \end{aligned}$$

이는 다음 두 항으로 구성된다.

- 세금이 없는 경우의 요구수익률($r_{tf}$)을 (1 − 양도소득세율)로 나눈 것으로, 세전 요구수익률은 당연히 세금이 없는 경우의 주주요구수익률($r_{tf}$) 보다 높을 것임을 보여주고 있다.

■ 배당소득세율과 양도소득세율 간의 차이를 (1 − 양도소득세율)로 나눈 것에 배당수익률로 곱한 것으로, 바로 이 부분이 배당소득세율이 양도소득세율보다 높은 경우($t_d > t_g$), 배당으로 인한 추가 세금 부담으로 인해 주주의 세전요구수익률이 높아지고 있음을 보여준다.

앞에서 살펴본 대로 배당소득에 대해서는 15.4%의 세금을 내나, 거래소 주식의 양도차익에 대해서는 세금을 내지 않거나 장외중소기업 주식의 양도차익에 대해서는 10%를 양도세로 내야 한다. 따라서 배당으로 인한 추가 세금 부담은 거래소 주식의 경우 배당수익률의

$$\frac{15.4\% - 0\%}{1 - 0\%} = 15.4\%$$

그리고 장외중소기업 주식의 경우 배당수익률의

$$\frac{15.4\% - 10\%}{1 - 10\%} = 6\%$$

만큼 주주의 세전요구수익률이 높아지는 효과를 갖는다.

한국 상장기업들의 평균 배당수익률이 2%라고 한다면 거래소 주식의 경우 주주의 세전요구수익률은 15.4% × 2% = 0.31%, 장외중소기업의 세전요구수익률은 6% × 2% = 0.12% 만큼 상승요인이 있게 되는 것이다.

## 05 배당소득세의 영향

배당소득세로 인해 주주의 요구수익률이 0.31% 상승한다면 주가에는 얼마만큼의 영향을 미치게 될까? 예를 들어 보자. 배당소득세를 고려하기 전의 주주 요구수익률이 10%라고 가정하자. 또한 현재의 경영성과인 당기순이익이 미래에도 동일할 것이라고 가정하자. 이 경우 주가는 당기순이익의 10배($=\frac{1}{10\%}$)로 거래된다. 즉 당기순익이 1,000원인 경우 주가는 10,000원이 되는 것이다. 그 이유는 동일한 금액이 향후에

도 무한대로 계속되는 경우 그 현재가치는 $\frac{1}{\text{주주의 요구수익률}}$ 이기 때문이다.

이제 배당소득세로 인해 주주요구수익률이 10%에서 10.31%로 상승한다고 하자. 이 경우 주가는 당기순이익의 9.699배($=\frac{1}{10.31\%}$)인 9,699원이 되므로, 주가는 3%나 하락하게 된다. 이 같은 주가하락은 결코 작지 않다.

이 같은 논리를 국가 조세정책의 영향을 분석할 때도 적용할 수 있다. 기업이 부담하는 법인세를 낮추거나 개인이 부담하는 배당소득세를 낮추는 경우 그 정책의 영향을 어떻게 평가하는가는 쉽지 않다. 그러나 위에서 살펴 본대로 가치평가의 개념을 응용하면 세율하락이 미치는 영향을 명쾌하게 설명할 수 있다.

# SECTION 69 '과도한' 현금보유와 VaR

최근 경제지에서는 한국의 많은 기업들이 '과도한' 현금을 보유하고 있다고 지적하고 있다. 일부 기업들은 현금(현금화가 손쉽게 될수 있는 현금성자산, 예를 들면 단기유가증권 등을 포함) 보유금액이 수조 원에 달하고 있다. 그 대신 이들 기업의 금융부채(또는 이자지급부채)의 사용액은 매우 낮은 수준이다. 결국 금융부채에 비해 현금 등의 금융자산보유액이 더 커지게 되어 순금융부채금액(=금융부채−금융자산)이 음수가 되는 경우도 발생한다.

## 01 지렛대 효과와 순금융부채

순금융부채가 음수인 경우 자기자본에 비해 저렴한 타인자본을 사용함으로써 기업의 순자산수익률(ROE: return on equity)을 향상시킬 수 있는 장점을 잃게 된다. 즉 지렛대 효과를 얻지 못하게 되는 것이다. 이와 같은 경우 전통적인 시각으로는 부채사용을 늘리는 것이 권고될 것이다. 즉 부채를 조달하여 그 재원으로 회사주식(즉 자사주)을 취득한다면, 세후 이자비용만큼 순이익이 감소하기는 하지만 순자산 역시 감소하게 되어 ROE를 높일 수 있기 때문이다. ROE가 높아지는 만큼 주가를 높일 수 있다는 논리인 것이다.

또한 보유금융자산을 활용해 현금배당을 지급함으로써 '과도한' 현금보유에 대한 우려를 감소시킬뿐 아니라, 배당금 지급은 자기자본을 감소시키므로 ROE를 향상시킬 수 있는 장점까지도 있다. 즉 현금배당은 동시에 두 가지 효과를 얻을 수 있는 매력적인 방안인 것처럼 보인다. 과연 이와 같은 논리에는 문제가 없을까?

우선 한국기업들이 현금을 과도하게 보유하고 있다는 지적은 너무 성급한 판단이다. 세계시장에서 한국 기업과 경쟁하는 기업들은 더 많은 현금을 보유하고 있는 경우도 많다. 특히 미국기업들은 가장 발달된 자본시장을 갖고 있어 다른 나라 기업들에 비해 투자재원조달에 있어 우위에 있음에도 불구하고 그들의 현금보유수준은 평균적으로 한국기업들에 비해 오히려 더 높다.

또한 한국 기업들이 부채 상환에는 적극적이면서도 보유현금을 줄이려고 하지 않는 경향에 대해서도 새로운 시각으로 평가하여야 한다. 이 새로운 시각은 Value-at-Risk (VaR)를 통해서 구현될 수 있다.

## 02 VaR

VaR이란 매우 작은 확률이긴 하지만 기업가치가 중대하게 훼손될 수 있는 정도를 나타내는 개념이다. 예를 들어 기업가치가 1,000억 원만큼 손상될 확률이 연 1%라고 한다면, 1년간 약 3일(=연간 252일의 거래일×1%) 동안 기업가치가 이 금액만큼 훼손될수도 있다는 의미이다. 여기에서 중요한 것은 중대한 기업가치 훼손이 발생할 수 있는 확률은 매우 낮을지 모르나, 만일 그와 같은 우려가 현실화되는 경우에는 기업가치에 치명적인 영향을 미친다는 점이다.

그러나 위의 예에서 평균손실은 최대손실금액과 발생확률의 곱인 1,000억 원 × 1% = 10억 원에 불과하다. 전통적인 시각에서 판단한다면 이 손실금액은 그다지 커보이지 않는다. 과연 경영자는 이와 같은 현상에 대하여 어떻게 생각할까?

## 03 경영자의 보수주의

위와 같은 상황에 대하여 경영자는 보수적으로 판단할 가능성이 높다. 그 이유는 경영자는 일반투자자와는 전혀 다른 특성을 지니고 있기 때문이다. 일반투자자는 투자로 인한 위험을 분산할 수 있는 장치를 갖고 있다. 한 기업의 주식을 취득한 투자자라면 다른 기업의 주식을 살 수도 있고, 부동산을 살 수도 있다. 그러나 경영자는 한 기업 특유의 경영문화, 직무관리, 영업방침, 인적자원관리 등과 매우 밀접하게 관련되어 있어, 그로 인해 발생하는 위험을 분산하기가 어렵다고 할 수 있다. 따라서 일반주식투자자와는 달리 경영자는 기업가치에 부정적인 영향을 줄 수 있는 외부정보나 기업내부정책에 대해 보수적으로 대응하게 될 것이다.

이러한 경영자의 보수성을 앞에서 논의한 한국기업의 '과도한' 현금보유와 '소극적인' 부채사용 현상에 적용해 보자. 경영자들은 과다한 현금 또는 금융자산 보유는 기업경영성과에 그다지 도움이 되지 않는다는 것을 알고 있다. 또한 적극적인 부채사용으로 인해 기업가치를 높일 수 있다는 것도 잘 인식하고 있다. 그런데도 불구하고 현금을 충분히 보유하고 부채사용을 자제하는 이유는, 확률은 매우 낮을지는 모르나 기업가치가 중대하게 훼손될 수 있는 기업내 · 외적 위협요인들을 사전적으로 차단하겠다는 의지 때문이다.

한국 기업은 1997년 중대한 경제위기를 겪었다. 이 위기의 중심에는 과도한 단기부채 사용으로 인한 부채상환능력의 감퇴가 있었다. 영업활동에서 창출되는 현금흐름이 충분하지 않은 상황에서 부채의 상환압력은 많은 기업들을 파산으로 몰아갔다. 그 이후 경영자들은 향후 발생할지도 모르는 또 다른 극단적인 기업가치 훼손위험을 본질적으로 차단하고자 하는 강력한 유인을 갖게 된다. 그러한 위험차단전략으로 충분한 현금보유와 부채사용의 억제가 자연스럽게 나온 것이다. 물론 이와 같은 보수적인 경영전략으로 인해 기업의 수익성은 손해를 보았을 것이 분명하다. 그러나 매우 낮은 확률이기는 하나 기업전체가 위험에 처하는 것은 피할 수 있는 장점을 더욱 중시한 결과이다.

따라서 기업의 재무정책을 논의할 때 위험에 대한 태도 및 선호 등 경영자의 개인적 특성에 대한 고려를 할 필요가 있다. 그렇지 않으면 경영자 관점에서 합리적인 의사결정이 일반투자자의 입장에서는 비합리적으로 보일 수 있다.

SECTION

# 70 유효세율과 한계세율

법인세는 경영진에게 매우 중요한 비용 항목이다. 세계 시장에서 경쟁하는 한국 기업이 해외 경쟁사에 비해 더 많은 법인세를 부담한다면 장기적으로 경쟁력을 갖추고 일자리를 창출하는데 어려움을 겪을 것이다. 기업의 법인세 부담 정도를 측정하는 지표는 무엇일까? 그리고 경영진은 신규 투자와 금융부채 조달 등 경영의사결정시 법인세 효과를 어떻게 고려해야 할까?

## 01 유효법인세율

손익계산서의 여러 항목들을 살펴보자. 매출액에서 매출원가를 차감하면 매출총이익(gross profit)이 산출된다. 매출원가(COGS, cost of goods sold)는 매출액을 창출하기 위해 희생한 자원의 원가를 의미한다. 제조기업의 매출원가에는 재료비, 노무비 및 제조간접비(설비투자에 대한 감가상각비 포함)가 포함되어 있다.

매출총이익에서 판매비 및 일반관리비(판관비)를 뺀 것이 핵심 사업 이익인 영업이익

(operating income)이다. 영업이익에 영업외손익(금융비용, 지분법손익 등)을 조정하면 법인세차감전순이익(pre-tax income)이 산출된다. 여기서 법인세비용(income tax expense)을 차감한 것이 당기순이익(net income)이다.

2020년도 삼성전자의 매출원가율(연결기준)은 매출액 대비 61%, 매출총이익률 39%, 판관비율 23.8%, 영업이익률 15.2%, 그리고 당기순이익률 11.2%이다. 법인세비용은 매출액의 4.2%인 9.9조원이다. 해외 경쟁사에 비해 삼성전자는 법인세를 더 많이 부담할까? 법인세 부담을 측정하는 지표는 무엇일까?

경제신문에서는 삼성전자의 법인세부담이 해외 경쟁사에 비해 높다는 기사를 다음과 같이 실었다.

"한국경제신문은 1일 전국경제인연합회에 의뢰해 한국, 미국, 대만의 반도체 간판기업인 삼성전자와 SK하이닉스, 인텔, TSMC의 최근 3년(2018~2020년) 유효법인세율을 비교 · 분석했다. 유효법인세율은 연결재무제표상 '법인세비용' 을 '법인세차감전순이익' 으로 나눈 값으로, 기업의 실질적인 세 부담을 보여주는 지표다. 조사 결과 삼성전자의 유효세율이 27.3%(이하 2020년 기준)로 가장 높았고, SK하이닉스가 23.7%로 뒤를 이었다. TSMC와 인텔의 유효세율은 각각 11.4%와 16.7%에 불과했다. 삼성전자의 경우 TSMC의 2.5배, 인텔의 1.6배에 달하는 세 부담을 지고 있다는 분석이다(한국경제신문, 2021년 4월 21일 기사)".

위 신문기사 내용과 같이 2020년도 삼성전자의 법인세비용(9.9조원)을 법인세차감전순이익(36.3 조원)으로 나누면 유효법인세율(ETR, effective tax rate, 또는 유효세율)은 27.3%이다. 따라서 법인세비용은 매출액의 4.2%이며, 법인세차감전순이익의 약 1/4 이상을 차지하는 중요한 항목임을 확인할 수 있다. 2018~2020년 3년간 법인세비용의 합을 법인세차감전순이익의 합으로 나눈 값인 평균 유효법인세율은 27.7%이다.

기업의 유효법인세율(ETR)은 보통 법정세율과 다른 것이 일반적이다. 회사가 이익

유효법인세율(2020년)

$$= \frac{9.9조}{36.3조} = 27.3\%$$

**손익계산서 (삼성전자)** (단위: 백만 원)

| | 2020 | % | 2019 | % | 2018 | % |
|---|---|---|---|---|---|---|
| 수익(매출액) | 236,806,988 | 100.0% | 230,400,881 | 100.0% | 243,771,415 | 100.0% |
| 매출원가 | 144,488,296 | 61.0% | 147,239,549 | 63.9% | 132,394,411 | 54.3% |
| 매출총이익 | 92,318,692 | 39.0% | 83,161,332 | 36.1% | 111,377,004 | 45.7% |
| 판매비와 관리비 | 56,324,816 | 23.8% | 55,392,823 | 24.0% | 52,490,335 | 21.5% |
| 영업이익 | 35,993,876 | 15.2% | 27,768,509 | 12.1% | 58,886,669 | 24.4% |
| 기타수익 | 1,384,068 | | 1,778,666 | | 1,485,037 | |
| 기타비용 | 2,448,902 | | 1,414,707 | | 1,142,018 | |
| 지분법이익 | 506,530 | | 412,960 | | 539,845 | |
| 금융수익 | 12,267,600 | | 10,161,632 | | 9,999,321 | |
| 금융비용 | 11,318,055 | | 8,274,871 | | 8,608,896 | |
| 법인세비용 차감전순이익 | 36,345,117 | 15.3% | 30,432,189 | 13.2% | 61,159,958 | 25.1% |
| 법인세비용 | 9,937,285 | 4.2% | 8,693,324 | 3.8% | 16,815,101 | 6.9% |
| 당기순이익 | 26,407,832 | 11.2% | 21,738,865 | 9.4% | 44,344,857 | 18.2% |
| 당기순이익의 귀속 | | | | | | |
| 지배기업의 소유주에게 귀속되는 당기순이익 | 26,090,846 | | 21,505,054 | | 43,890,877 | |
| 비지배지분에 귀속되는 당기순이익 | 316,986 | | 233,811 | | 453,980 | |
| 주당이익 | | | | | | |
| 기본주당이익 (단위: 원) | 3,841 | | 3,166 | | 6,461 | |
| 희석주당이익 (단위: 원) | 3,841 | | 3,166 | | 6,461 | |

으로 인식하더라도 법인세 납부 대상이 아닌 항목(예, 비과세 수익)이 있거나, 설비투자 또는 연구개발 투자에 대해 세액공제를 받은 경우라면 유효법인세율이 법정세율보다 낮아질 것이다. 반대로 벌금이나 한도초과 접대비 등 회사가 비용이나 손실로 인식하더라도 세법상 비용으로 인정되지 않는 항목이 있으면, 유효법인세율이 높아진다. 비과세수익이나 벌금 등의 항목은 영구적으로 재무회계와 세무회계상 차이를 발생시키므로 '영구적차이(permanent differences)' 라고 한다.

그런데 유효법인세율 산출에 사용한 법인세비용은 회사가 현금으로 납부한 법인세를 나타내는 것은 아니다. 회계상 이익은 발생주의에 근거하여 결정되는 데 반해, 세무상 이익은 세법에 따라 결정된다. 따라서 회계상 이익과 세무상 이익 간에 차이가 발생하고, 이 차이 중 일부는 이연법인세 회계라는 회계처리에 의해서 법인세비용에 반영된다. 즉, 손익계산서 상 법인세비용은 (1) 당기 법인세 부담액(당기 세무상 이익에 대해 납부해야 할 법인세)과 (2) 이연법인세회계에 따라 인식된 법인세 비용으로 구성된다. 따라서 유효법인세율은 기업이 실질적으로 부담하는 (또는 현금으로 납부하는) 세부담의 정도를 정확히 나타내기 못한다는 한계가 있다. 이를 보완하기 위하여 대체적인 유효세율 지표를 구해볼 수 있다. 즉, 회사가 당기에 현금으로 납부한 법인세 금액이나 당기에 부담한 법인세 금액을 세전이익과 비교해 보는 것이다.

## 02 이연법인세 회계

회계상 이익과 세무상 이익의 차이로 인해 발생하는 이연법인세 회계가 재무제표에 어떤 영향을 미치는지 살펴보기 위해, 다음과 같이 두 가지 상황을 예로 들어보자. 첫번째 예로, 당해 연도에 이자수익 400이 발생하였고, 아직 현금으로 받지 않았다고 하자. 비록 현금 유입이 없더라도 손익계산서에는 이를 이자수익으로 기록하고 재무상태표에서는 미수수익이라는 자산으로 기록한다. 이 같은 (손익계산서의) 수익 및 (재무상태표의) 자산 인식은 발생주의 개념을 적용한 결과이다(발생액 개념에 대한 추가 내용은 Section 54~60 참고).

발생주의 개념을 적용해 이자수익과 미수수익을 재무제표에 기록하는 행위를 인식(認識, recognition)한다고 하고, 실무에서는 다음과 같이 분개(分介, 나누어 기록함)한다.

| | | | |
|---|---|---|---|
| (차) 미수수익<br>(재무상태표) | 400 | (대) 이자수익<br>(손익계산서) | 400 |

이자수익으로 인해 법인세차감전이익도 늘어난다. 그러나 이자수익은 현금으로 받기 전에는 세법상 소득에 해당하지 않는다. 따라서 당해 연도에 현금으로 납부할 법인세는 없다(이를 법인세 실무에서 '익금불산입' 이라고 함). 다만, 미래에 미수수익을 현금으로 받을 때 법인세를 현금으로 납부해야 하는 부담이 발생하므로, 재무상태표에는 '미수수익×법인세율' 만큼 '이연법인세부채(DTL, deferred tax liability)' 를 인식하고, 이 금액을 손익계산서에 법인세비용으로 인식한다.

법인세비용과 이연법인세부채를 재무제표에 인식하기 위한 분개는 다음과 같다(법인세율을 25%로 가정).*

(차) 법인세비용 100 (대) 이연법인세부채 100
(손익계산서) (재무상태표)

이러한 회계처리 결과, 이자수익과 그에 해당하는 법인세비용을 같은 회계 기간에 대응하여 인식한다. 따라서 미수수익으로 인해 당기에 납부할 세금이 없음에도 불구하고 미래에 납부할 것으로 예상되는 법인세만큼을 회계상 법인세비용으로 인식하는 것이다. 그리고 추후 해당 미수수익을 현금으로 회수하면 '미수수익×법인세율' 만큼 현금으로 법인세를 납부하고, 대신 이연법인세부채를 줄인다. 이와 같이 이연법인세부채가 발생하고 추후 감소하는 현상은 재무회계와 세무회계상 인식 시점의 차이로 인해 발행하는 것이며, 이를 일시적차이(temporary differences)로 인한 결과물이라고 부른다.

두번째 예로, 당해 연도에 품질보증비용 100을 인식했다고 가정하자. 비록 품질보증비용은 당해 연도 손익계산서에 비용으로 인식하나, 품질보증을 위한 현금 지급은 미래에 이루어진다. 미래 품질보증을 위한 현금 유출 가능성을 반영해, 품질보증충당부채를 인식하기 위한 분개는 다음과 같다.

(차) 품질보증비용 100 (대) 품질보증충당부채 100
(손익계산서) (재무상태표)

품질보증비용으로 인해 법인세차감전이익은 감소한다. 그러나 실제 현금유출이 발생하지 않은 품질보증비용은 세무상 비용에 해당하지 않으며, 따라서 현금으로 납부하는 법인세는 영향을 받지 않는다(이를 '손금불산입' 이라고 함). 대신 미래에 품질보증을 위한 현금 유출이 발생하면 세무상 비용으로 인식되어 법인세를 적게 내게 된다. 이렇게 미래 법인세를 줄여주는 효과를 자산으로 인식하기 위해 재무상태표에 '품질보

* 2022년 현재 법인세율은 과세표준에 따라 네 단계로 구성되어 있다: (1) 과세표준 2억 이하, 세율 = 10%, (2) 과세표준 2억 초과, 200억 이하, 세율 = 20%, (3) 과세표준 200억 초과, 3,000억 이하, 세율 = 22%, (4) 과세표준 3,000억 초과, 세율 = 25%. 여기에 지방소득세 10%를 가산하면 최고 세율은 27.5%가 된다.

증비용 × 법인세율' 만큼 '이연법인세자산(DTA, deferred tax asset)' 을 기록한다.

이를 분개하면 다음과 같다(법인세율을 25%로 가정).

| (차) 이연법인세자산<br>(재무상태표) | 25 | (대) 법인세비용<br>(손익계산서) | 25 |
|---|---|---|---|

이러한 회계처리 결과, 품질보증비용과 그에 해당하는 법인세절감효과를 같은 회계기간에 대응하여 인식한다. 또한 품질보증비용으로 인해 당기에 납부할 세금에는 영향이 없음에도 불구하고 미래에 세금을 줄여줄 것으로 예상되는 부(−)의 법인세 비용을 인식하는 것이다. 그리고 추후 품질보증비용을 현금으로 지출하면 '지출금액 × 법인세율' 만큼 현금으로 납부하는 법인세를 적게 내고, 대신 이연법인세자산을 줄인다(이 역시 일시적차이로 인한 효과임).

## 03 현금유효법인세율과 당기법인세부담률

그럼 당해 연도에 현금으로 납부한 법인세 금액은 어디서 찾을 수 있을까? 현금흐름표 중 '영업활동 현금흐름' 부분에서 현금으로 납부한 법인세 금액을 찾을 수 있다. 2020년 삼성전자의 법인세납부액은 4.77조이다. 이를 (손익계산서상) 법인세차감전순이익(36.3조)으로 나눈 값은 13.1%이다. 이를 현금유효법인세율(CETR, cash effective tax rate)이라고 한다.

2019년과 2018년 현금유효법인세율(CETR)은 각각 43.4%($=\frac{13.2조}{30.4조}$), 20.3%($=\frac{12.4조}{61.1조}$)이다. 흥미로운 점은 이 비율이 안정적이지 않고 높은 변동성을 보인다는 것이다. 현금유효법인세율의 변동성이 높은 이유는, 법인세 납부시점과 해당소득이 발생한 시점이 다르기 때문이다. 예를 들어, 당해 연도 소득에 대한 법인세(중간예납금액을 제외한 금액)는 실제로 다음해 초에 납부된다. 따라서 현금유효법인세율은 해당기간에 발생한 세전이익과 법인세부담액을 잘 대응시키지 못할 수 있다.

## 현금흐름표(삼성전자)

(단위: 백만 원)

| | 2020 | 2019 | 2018 |
|---|---|---|---|
| 영업활동 현금흐름 | 65,287,009 | 65,382,915 | 67,031,863 |
| 영업에서 창출된 현금흐름 | 68,158,810 | 56,635,791 | 78,025,064 |
| 당기순이익 | 26,407,832 | 21,738,865 | 44,344,857 |
| 조정 | 41,618,554 | 37,442,682 | 43,604,573 |
| 영업활동으로 인한 자산부채의 변동 | 122,424 | (2,545,756) | (9,924,366) |
| 이자의 수취 | 2,220,209 | 2,306,401 | 1,788,520 |
| 이자의 지급 | (555,321) | (579,979) | (548,272) |
| 배당금 수입 | 243,666 | 241,801 | 215,992 |
| 법인세 납부액 | (4,770,355) | (13,221,009) | (12,449,441) |
| 투자활동 현금흐름 | (53,628,591) | (39,948,171) | (52,240,453) |
| 단기금융상품의 순감소(증가) | (20,369,616) | (2,030,913) | (12,368,298) |
| 단기상각후원가금융자산의 순감소(증가) | 184,104 | (818,089) | (1,436,844) |
| 단기당기손익-공정가치금융자산의 순감소(증가) | 1,704,512 | 374,982 | (139,668) |
| 장기금융상품의 처분 | 12,184,301 | 4,586,610 | 255,850 |
| 장기금융상품의 취득 | (8,019,263) | (12,725,465) | (7,678,654) |
| 상각후원가금융자산의 처분 | 1,023,117 | 694,584 | 0 |
| 상각후원가금융자산의 취득 | 0 | (825,027) | (158,716) |
| 기타포괄손익-공정가치금융상품의 처분 | 32,128 | 1,575 | 16,211 |
| 기타포괄손익-공정가치금융상품의 취득 | (245,494) | (63,773) | (456,134) |
| 당기손익-공정가치금융자산의 처분 | 39,746 | 64,321 | 80,138 |
| 당기손익-공정가치금융자산의 처득 | (84,184) | (135,826) | (193,848) |
| 관계기업 및 공동기업 투자의 처분 | 0 | 12,149 | 148 |
| 관계기업 및 공동기업 투자의 취득 | (83,280) | (12,778) | (51,226) |
| 유형자산의 처분 | 376,744 | 513,265 | 556,973 |
| 유형자산의 취득 | (37,592,034) | (25,367,756) | (29,556,406) |
| 무형자산의 처분 | 7,027 | 7,241 | 11,935 |
| 무형자산의 취득 | (2,679,779) | (3,249,914) | (1,020,517) |
| 사업결합으로 인한 현금유출액 | (49,240) | (1,019,405) | (99,108) |
| 재무활동 현금흐름 | (8,327,839) | (9,484,510) | (15,090,222) |
| 단기차입금의 순감소(증가) | 2,191,186 | 865,792 | (2,046,470) |
| 자기주식의 취득 | 0 | 0 | (875,111) |
| 장기차입금의 차입 | 14,495 | 0 | 3,580 |
| 사채 및 장기 차입금의 상환 | (864,947) | (709,400) | (1,986,597) |
| 배당금의 지급 | (9,676,760) | (9,639,202) | (10,193,695) |
| 현금 및 현금성자산의 순증가 | 2,496,527 | (3,454,506) | (204,625) |
| 기초의 현금 및 현금성자산 | 26,885,999 | 30,340,505 | 30,545,130 |
| 기말의 현금 및 현금성자산 | 29,382,578 | 26,885,999 | 30,340,505 |

현금유효법인세율

$$= \frac{4.7조}{36.3조} = 13.1\%$$

이러한 문제점을 해결하기 위해 여러 기간의 금액을 합산하여 평균 유효세율을 계산하는 방법이 종종 사용된다. 평균 현금유효법인세율을 파악하기 위해 2018~2020년 3년간 법인세 납부금액 합계액(=4.7조+13.5조+12.4조=30.3조)을 동기간 법인세 차감전순이익의 합계액(=36.3조+30.4조+61.1조=127.8조)으로 나누어 보자. 3년 평균 현금유효법인세율은 23.7%($=\frac{30.3조}{127.8조}$)로, 평균 유효법인세율인 27.7%에 비해 약 4% 포인트 낮다.

현금유효법인세율 대신에 당기법인세부담률(Current ETR, current effective tax rate)을 이용하여 세부담을 측정할 수도 있다. 손익계산서 상 법인세비용 중 이연법인세 효과를 제외한 부분을 '당기 법인세' 또는 '당기 법인세 부담액'이라고 하며, 이 수치는 재무제표의 법인세비용 관련 주석에 표시된다. 삼성전자의 2020년 당기법인세(7.7조)를 세전이익(36.3조)으로 나누어 당기법인세부담률을 계산하면 21.2%이며, 이는 유효법인세율인 27.3% 보다 6.1% 포인트 낮다. 즉, 세전이익의 6.1% 포인트 만큼의 법인세비용은 이연법인세 효과로 인해 발생한 것이다.

경영진은 유효법인세율이나 현금유효법인세율 또는 당기법인세부담률 개념을 활용하여 법인세 부담 정도를 파악한다. 그리고 경쟁사와 비교해 법인세부담이 높다면, 국제 무대에서 어떻게 원가 경쟁력을 확보할 것인가를 고민한다. 경영진의 그 같은 고뇌를 이해하기 위해 법인세 회계지식에 관심을 갖도록 하자.

## 04 한계세율

유효법인세율은 회사의 현재 경영 성과에 대한 법인세 부담 수준을 나타내는 중요한 정보이다. 그렇다면 신규 투자의사결정이나 금융부채 조달을 고려할 때에도 경영진은 유효법인세율을 고려하는 것이 적절할까? 아니라면 어떤 개념이 필요할까?

경영진의 신규 투자와 금융부채 조달 의사결정에는 유효법인세율 대신 한계법인세율(MTR, marginal tax rate) 개념이 보다 적절하다. 한계세율이란 한 단위의 추가 이익이 발생할 때 법인세 부담이 현재 시점에서 얼마나 늘어나는가를 측정한다. 예를 들어, 신규 투자로 인해 이익이 한 단위 늘 때, 그로 인한 미래 법인세 부담액의 증가를 현재 가치로 환산한 값이 한계세율이다. 반대로 금융부채 조달로 발생한 이자비용으로 인해 이익이 한 단위 줄어들 때, 그로 인한 미래 법인세 경감액을 현재 가치로 환산한 값이 한계세율이다.

그러나 경영진이 실무 경영의사결정에서 한계세율 개념을 명시적으로 활용하는 사례는 찾아보기 어렵다. 이유는 무엇일까?

첫째는, 유효세율에 비해 한계세율은 생소한 개념이다. 경영진은 경영성과에 대한 '평균' 법인세 부담 수준(유효법인세율)에 대해서는 당연히 높은 관심을 갖는다. 그러나 설비 투자, 연구개발투자, 또는 금융부채 조달시 한 단위 이익 증가로 인한 미래 법인세부담액의 현재가치인 한계세율 개념에 대해서는 관심도가 낮다.

둘째, 한계세율은 개념상으로는 명확하나, 실무에서 추정하기는 쉽지 않다. 미래 법인세 부담액을 파악하기 위해서는 회사의 미래 경영 성과를 예측해야 한다. 이는 미래 경영 성과에 대해 여러 가정을 해야 하고, 이러한 가정은 현재 시점에서는 불확실한 추정치일 뿐이다. 또한 미래 법인세부담액을 현재가치로 환산하기 위해 적정 할인율을 결정하는 것도 필요하다.

셋째, 한계세율을 추정하기 위해서는 법인세 제도에 대해서도 잘 이해해야 한다. 경영성과가 좋아 세금을 낼 때도 있으나, 반대로 법인세를 내지 못할 정도로 경영 성과가 악화할 때도 있다(즉, '결손금(tax loss)' 발생). 결손금이 발생하면, 회사는 이를 미래 납부할 법인세를 덜 내는데 활용하거나(결손금 이월공제, carryforward), 아니면 과거 납부한 세금을 돌려받는 데 사용할 수도 있다(결손금 소급공제, carryback). 한계세율을 추정하기 위해서는 결손금 이월공제 및 소급공제 제도의 특성을 고려해야 한다. 또한 산업 및 국가 경쟁력을 높이기 위한 다양한 법인세 경감 제도에 대한 이해도 필요하다. 경영진이 이 같은 상세한 세무 지식을 적극적으로 활용하기는 쉽지 않다.

그럼에도, 한계세율 개념은 경영진의 미래 투자 및 자금조달 의사결정에 중요한 개념이므로, 지속적으로 관심을 가져 보자. 이제부터는 아래 사례를 통해 한계세율을 추정해 본다.

본 사례에서는 결손금 발생시 회사가 지난 연도에 납부한 법인세를 돌려받기로(결손금 소급공제) 했다고 가정한다.* 그러고도 결손금이 남을 때는 이월공제를 적용한다. 여기서는 결손금 이월공제기간을 5년으로 가정하자.** 법인세율은 25%라고 가정하자.

| | t = 0 | t = 1 | t = 2 | t = 3 | t = 4 | t =5 |
|---|---|---|---|---|---|---|
| | ■ 기본 상황(소급공제기간 = 1) | | | | | |
| 소득 | 2 | −5 | 2 | 2 | 2 | 2 |
| 결손금공제(소급/이월) | 0 | 2 | 2 | 1 | 0 | 0 |
| 과세소득 | 2 | −2 | 0 | 1 | 2 | 2 |
| 법인세(=과세소득×25%) (A) | 0.50 | −0.50 | 0 | 0.25 | 0.50 | 0.50 |
| 차기 이월결손금 | 0 | 3 | 1 | 0 | 0 | 0 |
| | ■ t = 0년도 추가 이익 발생 | | | | | |
| 소득 | 3 | −5 | 2 | 2 | 2 | 2 |
| 결손금공제(소급/이월) | 0 | 3 | 2 | 0 | 0 | 0 |
| 과세소득 | 3 | −3 | 0 | 2 | 2 | 2 |
| 법인세(=과세소득×25%) (B) | 0.75 | −0.75 | 0 | 0.50 | 0.50 | 0.50 |
| 차기 이월결손금 | 0 | 2 | 0 | 0 | 0 | 0 |
| | ■ t = 0년도 추가 이익 발생으로 인한 법인세 | | | | | |
| 추가법인세 (B−A) | 0.25 | −0.25 | 0 | 0.25 | 0 | 0 |
| 현재가치(할인율 10%) | 0.25 | −0.23 | 0 | 0.19 | 0 | 0 |
| 한계세율 | **0.211** | | | | | |

먼저 표의 기본상황을 살펴보자. 법인세율을 25%라고 가정하면, t = 0연도 소득(2)에 대한 법인세는 0.5(=2×25%)이다. t = 1연도에는 경영 성과가 나빠 결손금(−5)

* 결손금 소급공제를 적용하기 위해서 다음 조건을 충족해야 한다: (1) 대상은 조세특례제한법상 중소기업, (2) 직전 사업연도에 과세된 소득금액이 존재, (3) 법인세 및 소득세의 신고기한 준수, (4) 결손금 소급공제 신청. 이 때 결손금 소급공제 기간은 직전 연도 1년이다.

** 2008년 12월 31일 이전까지는 결손금 이월공제기간이 5년, 2020년 12월 31일 까지는 10년, 2021년부터는 15년으로 늘어났다.

이 발생한다고 가정하자. 경영진은 결손금을 소급공제하기로 한다. 따라서, 작년 소득금액(2)에 결손금(-2)을 적용해 0.50을 돌려받는다. 소급공제 후에도 남은 결손금(−3)은 미래 기간으로 이월한다. t = 2연도에는 추정 소득(2) 보다 이월한 결손금액(−3)이 더 크므로, 세금 부담이 없다. 여기서 남은 결손금(−1)을 t = 3연도 추정 소득(2)에 적용하면, t = 3연도의 세금은 0.25가 된다. t = 4연도와 t = 5연도 추정 소득금액이 매년 2라면, 법인세는 매년 0.50가 된다.

한계세율을 추정하기 위해 t = 0연도 소득이 한 단위(2에서 3으로) 증가하는 상황을 설정해보자. t = 0연도 소득(3)에 대한 법인세는 0.75(= 3 × 25%)이다. t = 1연도 결손금 중 일부(−3)를 작년 소득금액(3)에 적용해 0.75를 돌려받는다. 잔여 결손금(−2)은 미래 기간으로 이월한다. t = 2연도에는 추정 소득(2)과 이월결손금액(−2)이 동일하므로, 추가 세금 부담은 없다. 그리고 남아있는 결손금도 없다. t = 3, t = 4, t = 5연도 추정 소득금액이 매년 2라면, 법인세는 매년 0.50이 된다.

위의 두가지의 상황을 비교해보면, t = 0연도 소득이 한 단위 늘면, t = 0연도에는 세금을 0.25만큼 더 낸다. 한 단위의 추가소득에 대해서 0.25만큼의 세금을 더 내게 되었으므로, 한계세율이 25%일까? 그렇지 않다. t = 0연도에 발생한 한 단위의 소득이 미래 세금에도 영향을 미치기 때문이다. 즉, t = 1연도에는 환급을 0.25만큼 더 받는다. t = 2 연도에는 세금차이가 없으나 t = 3연도에는 0.25만큼 더 낸다. t = 4와 t = 5 연도에는 세금차이가 없다. 이와 같이 현재와 미래에 발생하는 법인세 납부액 차이를 현재가치로 환산(할인율 10%로 가정)하면 현재가치는 0.211($=0.25+\frac{-0.25}{1+10\%}+\frac{0.25}{(1+10\%)^3}$)이 되고 이를 단위 소득(1)으로 나누어주면, 한계세율은 21.1%이 된다.

한계세율(21.1%)은 당초 가정한 법인세율(25%)에 비해 낮다. 이 같은 결과는 결손금이 발생할 때 이를 납부한 세금을 돌려받는데 활용(결손금 소급공제)하거나, 미래 납부할 세금을 줄이는데 사용(결손금 이월공제)할 수 있기 때문이다. 결손금 이외에도 실무에서는 다양한 법인세제 차이로 한계세율이 달라진다.

산업 경쟁력을 높이기 위해 설비투자나 연구개발투자에 대해 세금을 줄여 주기도 하고(투자세액공제), 기업 규모에 따라 법인세 부담을 다르게 적용하기도 한다. 반대로 투자를 적극적으로 하지 않거나 일자리 창출에 소극적인 기업에 대해서는 세금 부담을 높이기도 한다(기업소득환류세제, 투자상생협력촉진세제). 이러한 세제 차이가 한계세율에 차이를 가져온다.

또한 한계세율 추정치는 미래 경영 성과를 어떻게 예측하는가에 따라 달라진다. 앞에서 기술한대로, 미래 법인세 부담액을 파악하기 위해서는 회사의 미래 경영 성과를 예측해야 한다. 이 때 어떤 가정을 하는가에 따라 미래 경영성과와 법인세 부담 추정치가 달라지고, 궁극적으로 한계세율 추정치도 달라진다. 학계에서는 미래 경영 성과를 합리적으로 추정하기 위해 여전히 많은 고민을 한다(Section 41 미래이익 추정방법 참고). 한계세율은 미래 법인세율 변화나 또는 조세감면제도의 변화에 따라서도 달라지게 된다.

경영진은 신규투자의사결정이나 투자재원 조달시 유효법인세율 뿐 아니라 한계세율 개념에 좀 더 관심을 가질 필요가 있다. 예를 들어, 한계세율이 높은 기업과 낮은 기업이 있다면, 한계세율이 높은 기업이 더 큰 이자비용의 법인세 절감효과를 누릴 수 있다. 따라서 한계세율이 높은 기업은 자기자본보다는 금융부채를 이용하는 자본조달 방법이 더 유리하다. 또한 기업의 미래 한계세율이 변화할 것으로 예상된다면, 이를 투자나 자본조달 의사결정에 반영해야 할 것이다. '평균' 법인세 부담을 나타내는 유효법인세율 개념과 함께, 투자 및 재원조달시 한계세율 개념에 대한 지식을 갖춘다면 경영진은 더욱 정교한 의사결정을 할 수 있다.

# SECTION 71 적정 현금성자산 보유수준

2007년 4월 6일자 매일경제신문에 의하면 한국 기업들이 설비투자나 인수합병 등을 통한 성장동력을 찾지 못하고 현금만 쌓아두고 있다고 한다. 유가증권시장 12월 결산법인 527개사의 2006년 말 현금성자산(현금+단기금융상품)은 53.3조 원으로 2005년 50.4조 원, 2004년 46.8조 원에 비해 꾸준히 늘어나고 있다. 그리고 10대 그룹의 현금성자산은 전체 상장사 현금성자산의 53%인 28.4조 원이라고 한다.

## 01 현금성자산 증가에 대한 견해

현금성자산(이하 간단히 '현금'이라고도 한다)이 최근 크게 증가한 것에 대해 시장의 시각은 크게 두 가지이다. 하나는 기업의 최고경영층이 투자환경에 대한 불확실성으로 인해 부득이 현금을 쌓아놓고 있다는 견해이다. 불확실한 경영환경에서 투자를 감행하는 대신 현금성자산을 보유함으로써 안정적인 재무구조를 유지하겠다는 의지가 반영되었다는 것이다. 다른 하나는 외환위기를 경험하고 난 후 부채를 상환하는데 주력하고, 적극적으로 투자하는 대신 현금성자산을 보유하는 기업이 많아졌다는 견해이다. 후자에 대해서는 외환위기 이후 한국 기업들이 과도하게 자신감을 상실한 것이 아니냐는 평가도 뒤따르고 있다.

후자의 견해를 제시하는 전문가들은 과도한 현금성자산의 보유는 인수합병의 위험을 초래할 수 있다고 경고한다. 현금성자산은 주주가 요구하는 수익률만큼의 수익성을 창출하지 못하고 궁극적으로 기업가치 향상에 공헌하지 못하므로, 현금성자산 보유수준이 과도한 기업에 대해 적대적 인수합병 시도가 나타날 수 있다는 것이다. 따라서 적대적 인수합병 시도를 원천적으로 차단하고 기업가치를 높이기 위해서는 현금배당이나 자사주취득을 늘려 현금보유를 줄이라는 제안도 같이 하고 있다.

## 02 적정 현금성자산 보유수준의 결정

그러나 현금성자산 보유수준을 줄이자는 논의를 하기 전에 한국 기업들의 현금성자산 보유수준이 과도한지를 판단해 볼 필요가 있다. 전년도에 비해 현금성자산이 증가하였다는 것을 과연 과도한 현금성자산 보유로 해석할 수 있을까? 어떠한 시각으로 현금성자산의 적정 보유수준을 평가해야 하는가? 이제부터 적정 현금성자산 보유수준의 결정요인을 살펴보자.

적정 현금성자산 보유수준을 논의하기 위해서는 (1) 현금성자산을 보유함으로써 발생하는 기회비용과 (2) 현금성자산이 부족한 경우 나타날 수 있는 손실을 함께 고려하여야 한다. 그리고 난 후 현금성자산 보유에 대한 기회비용과 부족에 대한 손실이 일치하는 지점에서 적정 보유수준이 결정될 것이다.

우선 현금성자산 보유에 대한 기회비용은 현금성자산을 다른 곳에 투자했다면 얻을 수 있는 잠재수익금액일 것이다. 이자율이 높은 경우, 현금성자산을 보유함으로써 그만큼 이자수익을 얻지 못하는 것이 기회비용의 예라고 할 수 있다. 여기서 기억할 점은 현금보유수준이 높아지더라도 보유현금 단위당 기회비용은 일정하다라는 것이

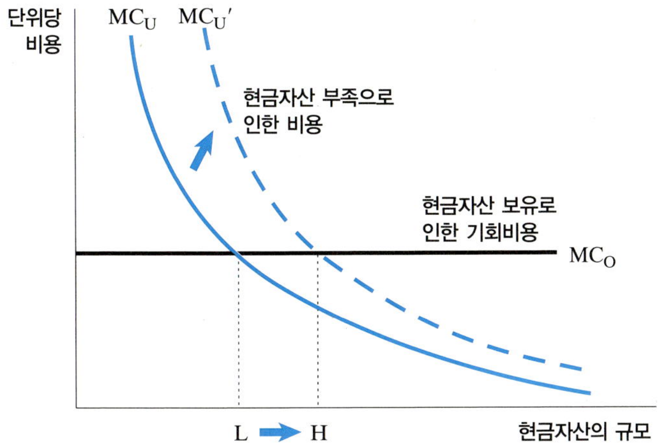


[그림 71-1] 적정 현금보유수준의 결정

다. 이를 나타내기 위해 [그림 71-1]에서 $MC_O$는 수평선으로 일정하다.

다음으로 현금성자산 부족으로 인한 손실을 따져보자. 보유현금이 증가할수록 현금 부족으로 인한 경제적 손실은 줄어들 것임은 쉽게 이해할 수 있다. 즉 [그림 71-1]에서 $MC_U$는 우하향하게 된다. 주식 또는 회사채를 발행하여 외부자금을 조달하는 것은 쉬운 일이 아니다. 특히 주식발행을 통해 자금을 조달하는 데는 더 큰 비용이 수반된다. 자금조달 시에 소요되는 직접비용이 커서가 아니라, 주주의 요구수익률이 너무 높아 적정투자기회를 놓칠 수도 있는 기회비용 때문이다. 조달된 자금이 적절히 투자될 것인가에 대한 시장의 신뢰가 높지 않을 경우 시장에서는 매우 높은 할인율을 요구하게 되어 투자자체를 실행하지 않은 것이 오히려 합리적인 상황도 나타날 수 있기 때문이다. 따라서 보유현금 규모가 늘어날수록 적기에 투자기회를 포착하기가 용이하고 궁극적으로 기업가치를 향상시키는데 공헌하게 된다.

그림에서 L 지점이 현금보유로 인한 기회비용과 현금부족으로 인한 비용이 일치하는 곳으로 바로 현금보유 적정수준이다. 그런데 동일 규모의 현금을 갖고 있어도 경우에 따라서는 현금부족으로 인한 기회비용이 커질 수 있다. 그림에서 $MC_U$는

$MC_U'$으로 이동하는 것이다. 따라서 현금보유 적정수준은 L 지점에서 H 지점으로 옮겨간다. 그렇다면 어떤 경우에 현금부족으로 인한 비용이 커지는지를 알아보자.

- 기업의 투자의사결정에 대해 기업과 시장간 정보불균형이 심한 경우 현금부족으로 인한 손실이 크다. 예를 들어 보자. 제약회사는 막대한 연구개발비가 장기간 소요된다는 특징이 있다. 그러나 외부 투자자들은 이러한 연구개발투자가 적절한 투자대안인가를 판단할 수 있는 전문지식이 부족하거나 혹 전문지식이 있다 하더라도 장기간 투자를 지속할 경제적 유인이 없을 수도 있다. 이 경우 제약회사는 외부에서 자금을 조달하여 연구개발투자를 실행하기가 어려워지고, 보유현금도 부족하다면 투자기회 상실로 큰 기회 비용을 지불하게 될 지도 모른다.
- 소규모 투자를 지속적으로 하는 것이 아니라 대규모 투자를 단속적으로 실시하는 기업일수록 현금부족으로 인한 손실이 크다. 투자에 대한 경영자의 의사결정기간은 주주(특히 소액주주)의 의사결정기간에 비해 장기적이므로 최적의 투자시점을 선택하기 위해 전략적으로 현금성자산 보유수준을 높게 유지하고자 할 것이다.
- 영업현금흐름의 변동성이 크거나 제품군이 다양하지 않아 현금회수기간이 긴 경우에도 현금부족으로 인해 필수적인 투자를 적기에 실시하지 못할 위험이 커진다.
- 신용등급이 낮아 차입비용이 높거나 또는 신용한도가 낮은 경우에도 현금부족에 대한 대가는 크다. 현금보유수준이 낮아 기존 차입금의 이자나 원금을 적기에 갚지 못한다면 신용등급이 더 악화되어 추가차입비용이 급격하게 상승할 것이기 때문이다.
- 배당금 지급을 일정수준으로 유지하고자 하는 기업도 현금부족으로 발생할 수 있는 비용이 클 수 있다. 단기적으로 경영성과가 악화되어 손실이 발생하고 현금부족으로 현금배당을 줄이게 되면, 시장에서 기업성장 잠재력에 대해 부정적으로 평가할 것이기 때문이다.
- 과거 현금성자산 부족으로 인해 부채원금상환과 이자지급을 적기에 할 수 없어 기업소유권이 채권단이나 법정관리에 이전되었던 경험을 한 기업의 경우에는 현금성자산 보유로 인한 기회비용에도 불구하고 높은 수준의 현금성자산 보유전략을 추구하게 된다. 특히 대주주가 경영권을 장악하고 있는 경우에는 경영권방어

가 가장 중요한 문제이므로 채권자에게 경영권을 넘기는 것을 원천적으로 방지하기 위해 부채를 조기에 상환하던지 또는 현금성자산을 높은 수준으로 유지하려 할 것이다.

따라서 위와 같은 요인이 있는 기업의 경우, 현금성자산 부족으로 인한 기회비용이 상승함에 따라 적정 보유수준이 L에서 H로 증가할 것이다.

물론 이러한 요인을 모두 고려하더라도 적정 현금성자산의 기업별 구체적인 수준을 판단하는 것은 쉬운 일이 아니다. 다만 동종산업에 종사하고 있는 기업들의 현금보유수준을 잣대로 하여 결정하는 것은 피해야 할 것이다. 기업마다 투자전략, 성장전략, 재무정책, 신용상태 등이 다르므로 기업 스스로 기업가치를 극대화할 수 있는 적정현금 보유수준을 파악하려는 노력이 중요하다. 예를 들어 신규투자금액과 투자시기, 핵심영업비용, 연구개발투자, 부채원금 및 이자 상환계획 등을 고려하여 매출액의 일정 비율을 적정현금보유수준으로 정한 후 위에서 살펴본 경영환경의 변화에 따라 이 비율의 적정성에 대해 지속적으로 평가하고 수정하는 방안을 사용할 수도 있다.

## 03 과도한 현금성자산 보유의 문제점

현금성자산을 많이 보유할수록 경영자는 시장의 압력에서 자유로울 수 있다. 투자재원을 자본시장에서 조달하면 그만큼 경영자는 시장의 견제와 압력에 노출되지만, 현금을 충분히 보유하고 있으면 필요할 때마다 시장의 견제 없이 투자재원으로 사용할 수 있기 때문이다. 물론 투자금액이 일정액 이상이면 이사회 결의나 승인이 필요하나 최근 경향은 사내이사로 구성된 경영 및 투자위원회에서 투자를 결정하는 경우도 많아, 실질적으로는 보유현금을 사용하는 데에 어려움이 없다고 하겠다.

그러나 현금성자산을 과도하게 보유하면 자본시장의 견제가 작동하지 않게 되어 수익성이 낮은 투자안을 선택할 개연성이 높아지는 문제점도 있다. 투자재원을 자본시장에서 조달하였더라면 자본조달비용이 높아 채택되지 않았을 투자안이 보유현금을 재원으로 사용함으로써 투자가 가능해지는 것이다. 이 투자의 수익성이 자본제공자의 요구수익률에 미치지 못하면 기업가치는 하락하게 될 것이나, 더욱 어려운 문제는 이러한 투자의사결정을 사전적으로 방지할 수 없다는 것이다. 다시 말해 이러한 잠재적 과잉투자의 위험 때문에 자본시장의 견제가 필요하나, 현금보유가 많을수록 이 견제가 작동하지 않을 수도 있다.

여기서 현금성자산을 부(−)의 부채로 보는 시각에 대하여 살펴보자. 기업의 부채상환능력을 측정할 때 흔히 금융부채총액에서 현금성자산을 차감한 순금융부채를 사용한다. 즉 현금성자산을 보유하고 있는 것은 마치 부채를 감소시키는 것과 같은 경제적 효과를 갖는다는 것이다. 그러나 부채가 갖는 '자본시장의 견제' 라는 기능에서 살펴보면 현금성자산의 속성은 부채와는 전혀 다름을 알 수 있다. 현금성자산은 경영자의 독자적인 판단으로 자유롭게 사용할 수 있으나, 현금성자산을 부채상환에 사용하고 투자를 위해서 추가로 채권자로부터 재원을 조달하게 되면 채권자의 견제를 받게 된다. 따라서 경영자는 현금성자산을 부채상환에 사용하는 대신 그대로 보유함으로써 시장의 견제를 회피하고자 할 것이다.

한국 기업들은 1990년대 말 외환위기를 경험한 후 금융부채를 적극적으로 상환하고 현금성자산을 지속적으로 늘리고 있다. 이 현상을 두고 일부 전문가들은 한국기업들이 현금성자산을 과도하게 보유하고 있다고 평가한다. 그러나 이러한 평가에 대한 반론도 있다. 자본시장이 잘 발달되어 있는 미국의 상장기업에 비하면 한국 상장기업의 현금성자산 보유수준은 미국의 절반 정도 밖에 되지 않는다. 미국 기업에 비해 한국 기업의 자본조달비용이 더 높을 것이라는 점을 감안하면, 오히려 한국 기업들의 현금성자산 보유수준이 미국보다 높아야 하나 실제로는 그 반대 현상이 나타나는 것이다. 다시 말해 한국기업의 현금성자산 보유수준이 과도하지 않을 수도 있다는 의미이다.

현금성자산의 보유에는 경제적 효용과 경제적 손실이 동시에 수반된다. 기업 경영자가 이같은 효용과 손실에 영향을 주는 요인들을 합리적으로 평가하여 보유현금수준을 결정하는 것이라면 현재 한국 상장기업들의 현금보유수준이 과도하다고 단정지을 수 없다는 뜻이다. 중요한 것은 시장이 기업의 현금성자산 보유에 대해 어떻게 평가하고 있는가이다. 합리적인 경영자라면 시장의 평가에 귀를 기울여야 할 이유가 여기에 있다.

최근의 연구에 의하면 현금성자산의 보유금액이 늘수록 기업가치가 높아진다고 한다. 물론 기업의 경영성과가 좋아져 영업현금흐름이 늘어나고 그로 인해 기업가치와 현금성자산 보유금액이 동시에 높아진다고도 볼 수 있다. 그러나 위에서 살펴본 대로 현금성자산을 투자재원으로 적절히 사용할 수 있으리라는 자본시장의 기대로 인해 기업가치가 높아질 수도 있다. 중요한 점은 적절한 수준의 현금성자산 보유는 기업가치 향상에 도움이 된다는 실증연구결과이다.

그러나 현금성자산의 증가로 인해 기업가치가 상승한다는 결과가 모든 기업에게 동일하게 적용되지 않는다는 것도 기억할 필요가 있다. 또 다른 연구에 의하면 경영권 방어장치가 잘 갖추어져 있는 기업의 경우에는 현금성자산이 늘어난다고 해도 기업가치의 상승이 그다지 높지 않다고 한다. 시장에서는 적대적 M&A 위협이 적은 기업의 경우 경영진이 보유하고 있는 현금성자산을 방만하게 사용할 수 있다고 생각하기 때문이라는 것이다. 예를 들면, 보유 현금성자산을 배당이나 자사주취득에 사용하는 대신, 비관련사업으로의 다각화를 추진하기 위한 인수합병의 재원으로 사용하는 경우 주주들은 이 같은 경영진의 결정을 달가워하지 않을 수 있다.

반면 경영권 방어장치가 상대적으로 적어 주주중심의 기업지배구조를 갖추었다고 평가 받는 기업들의 경우 현금성자산의 증가로 인해 기업가치가 더 높게 상승한다고 한다. 주주와 자본시장의 견제에 노출된 경영자는 주주의 요구수익률을 초과하는 투자대안에 현금성자산을 투입함으로써 궁극적으로 기업가치에 공헌할 것이라는 긍정적인 평가를 시장참여자들이 하기 때문일 것이다. 따라서 현금성자산이 기업가치에 미치는 영향은 전적으로 이 재원을 통제하는 경영진의 투자역량과 효율적 운영에 대한 의지에 달려있다고 하겠다.

# SECTION 72 매력적인 인수 대상기업의 조건

미국의 최대 부호인 워렌 버펫(Warren Buffett)은 잘 알려진 대로 전략적 투자자일뿐 아니라 경영자이다. 그는 미국뉴욕증권거래소에 상장되어 있는 Berkshire Hathaway Inc.라는 지주회사의 이사회 의장이다. 이 회사의 주식가격은 주당 12만 달러(약 1억 2천만 원)가 넘으며, 그는 이 회사 주식의 33.5%를 보유하고 있는 지배경영주주이다. 주가가 100달러만 넘어도 비싸다고 생각하고 주식액면분할을 해서 주식의 유동성을 확보할 것을 주문하는 미국 주식시장에서, 그는 주가가 12만 달러를 넘어서도 주식액면분할에 대해서는 요지부동이다. 그가 주식액면분할을 해서 주가수준을 낮추지 않는 이유는 간단하다(Section 52 참고).

그는 주주라고 해서 모두 같은 주주가 아니라고 생각하고 있다. 그는 주주를 두 집단으로 분류한다. 첫 번째 집단은 기업의 본질가치를 고려하지 않고 단기적인 경영성과에 의해 주식투자의사결정을 하는 단기적인 성향을 갖는 투자자들이다. 그는 이 같은 주주들은 마치 물 위를 떠다니는 부초와 같은 주주인 transient investors라고 부른다. 이러한 주주들은 주가가 높은 기업에 투자하는 것을 부담스럽게 생각하며 기업의 단기 경영성과에 과도한 관심을 보인다. 두 번째 집단은 투자의사결정기간이 길어도 참을성 있게 기업의 투자의사결정에 대해 신뢰를 보여주는 주주들이다. 그는 이 같은 주주들을 공헌적인 주주, 즉 dedicated investors라고 부른다. 이들은 기업의 본질가치에 관심을 두기 때문에 주가가 높더라도 그에 개의치 않는다. 워렌 버핏은 공헌적인 투자자들을 주주로서 확보하기를 희망하고 그 방법의 하나로 주가가 12만 달러가 넘어도 주식분할을 하지 않는다는 것이다.

워렌 버핏이 2007년도에 받은 연봉은 10만 달러(약 1억 원)였다. 연봉 이외에는 스톡옵션도 없다. 많은 미국의 대기업 CEO들이 기본급(salary)만 해도 1백만 달러(약 10억 원) 이상을 받고, 여기에 성과급(bonus), 스톡옵션, 장기성과보상 등을 합해 수백만 달러에서 수천만 달러의 급여를 받는 것을 고려하면, 그가 받은 연봉은 매우 낮아 보인다. 물론 본인이 최대주주이므로 연봉 대신 주가상승으로 인한 경제적 보상이 더 중요한 몫을 차지했음은 말할 나위가 없다.

## 01 기업 인수를 통한 성장 전략

지주회사인 Berkshire Hathaway사는 2010년 말 현재 78개의 사업자회사를 거느리고 있다. 한국의 어느 주요 기업 집단보다도 많은 사업자회사를 갖고 있는 것이다. 이들 중 10개사는 보험 및 재보험회사들이며 나머지 68개사는 다양한 사업 분야에 분포되어 있다. 전체 임직원 수는 260,000명이 넘는다.

워렌 버핏이 운영하는 Berkshire Hathaway 회사의 주력사업은 보험사업이다. 보험사업의 핵심경쟁력은 보험계약자로부터 받은 보험료를 보험금 지급 시점까지 효율적으로 운영함으로써 기업가치를 높이는 데 있다. 워렌 버핏은 기업가치를 높이는 전략 중의 하나로 적극적인 기업인수 전략을 활용해 왔다. 그가 인수한 기업들을 살펴보면 흥미로운 점을 발견할 수 있다. 인수 대상기업들이 특정 산업이나 업종에 국한되어 있지 않고 다양한 산업과 상품 그리고 서비스 영역에 걸쳐 있다는 점이다.

예를 들어 보자. 우선 주력 사업인 보험 및 재보험을 들 수 있다. 미국 출장을 가면 TV에 자주 등장하는 가이코(Geico)라는 자동차보험회사 광고를 볼 수 있는데 이 회사가 자회사 중 하나이다. 또한 세계적으로 유명한 General Re와 Berkshire Hathaway Reinsurance Group이라는 재보험회사도 주력 자회사들이다. 보험사업 이외의 자회사나 투자회사를 살펴보자. 이 가운데는 카펫사업, 산업코팅재 생산 및 유통업, 단열 및 건축자재 제조업, 의류 및 신발사업, 채소 및 물품 유통업, 항공기 조종사 및 선박 운항요원 교육사업, 항공임대사업, 가구사업, 보석사업, 소매대출 및 상업대출업, 차량 및 가구 리스업, 신문사업, 초콜릿 및 과자류사업, 축산 및 농업장비 제조사업, 부엌 물품 판매업, 레저용 차량 제조업 등이 있다.

한국의 여러 기업 집단들도 이 정도로 다양한 사업을 하고 있지는 않을 것이다. 이는 사업영역이 다양하기 때문에 발생할 수 있는 사회적인 압력이나 견제보다는, 주주에게 가장 높은 가치를 제공하기 위해 회사가 가장 잘 할 수 있는 사업을 선택한 결과라고 보인다. 이와 같은 전략은 사업영역이 집중되어 있는 경우보다 사업다각화를 잘 실행하는 기업이 오히려 기업가치가 높다는 최근의 국내외 연구결과와도 부합한다고 하겠다.

Berkshire Hathaway 회사는 위와 같은 다양한 사업영역에서 발생하는 영업의사결정을 각 사업의 경영자에게 위임하고 있다고 한다. 그러나 투자의사결정과 자원배분에 관한 의사결정만은 워렌 버펫도 부회장인 87세의 Charles Munger의 자문을 받아 행한다고 한다.

## 02 인수 대상기업의 조건

여기서 워렌 버펫에 대한 또 다른 흥미로운 점을 소개하고자 한다. 기업이 제공하는 사업보고서는 크게 재무제표 정보를 제공하는 부분과 대표이사 또는 이사회 의장이 경영성과나 투자의사결정 그리고 경영환경에 대한 내용을 기술하는 부분으로 구성되어 있다. 대표이사나 이사회 의장이 제공하는 이 부분을 영어로는 Management Discussion and Analysis(MD&A)라고 한다. 일반적으로 대표이사가 MD&A를 직접 작성하는 경우는 많지 않다. 이를 작성할 시간도 없을 뿐 아니라 경영성과에 관한 재무정보를 기술하는 것은 고도의 전문지식을 필요로 하기 때문에 쉽지 않은 일이기 때문이다. 그런데 워렌 버펫은 이 MD&A을 본인이 직접 작성한다고 한다. 여기서 그의 진가가 나타나는 것이다. 그는 다양한 사업군에서 발생하는 경영의사결정에 대해 명확한 평가를 하고 있어야 하기 때문에 경영전략뿐 아니라 높은 수준의 재무 및 회계 지식을 보유하고 있다고 보인다. 그렇기 때문에 주주에게 제공하는 사업보고서에 최대주주로서 그리고 이사회 의장으로서 한 회계연도 동안 이룩한 경영성과를 자신의 독특한 경영철학이 녹아 있는 재무회계 관점을 바탕으로 상세하게 전달하고 있는 것이다.

워렌 버펫은 2006년 사업보고서의 MD&A에서 다음과 같이 인수대상기업이 갖추어야 할 조건들에 대해 기술해 놓았다. 그의 문체와 서술형식을 맛볼 수 있도록 그가 작성한 원문을 그대로 제시하고자 한다. 그리고 간단히 추가설명을 달았다.

1. **Large purchases (at least $75 million of pre-tax earnings unless the business will fit into one of our existing units).** 워렌 버펫이 관심을 갖는 인수대상기업은 세전이익규모가 약 700억 원 정도 이상은 되어야 할 정도로 규모가 커야 한다. 만일 세전수익률($=\frac{\text{세전이익}}{\text{매출액}}$)을 10%라고 가정한다면 매출액 규모가 약 7,000억 원 이상은 되어야 한다는 뜻이다. 회사의 시가총액(=주가×유통주식수)이 170조 원에 달하기 때문에 작은 규모의 기업을 인수해서는 큰 영향을 미치지 못하기 때문일 것이다. 최근 그는 5조 원에서 20조 원의 가격대에 있는 기업을 인수하고 싶다는 희망을 피력하고 있다. 2008년 초 현재 1,700개사가 넘는 한국 상장기업 중 단 다섯 기업(삼성전자 86조 원, 포스코 45조 원, 현대중공업 28조 원, 한국전력 23조 원, 국민은행 20조 원)만이 시가총액 20조 원을 넘고 있다는 것을 고려하면 인수합병 대상 기업의 범위가 어느 정도 인지 짐작할 수 있다.

2. **Demonstrated consistent earning power (future projections are of no interest to us, nor are "turn-around" situations).** 지속적인 이익력을 실현해 왔던 기업들만이 그의 관심을 끈다고 한다. 따라서 현재의 성과는 좋지 않으나 미래의 경영성과가 좋을 것으로 예상되는 기업이나, 과거

의 부실을 떨어내고 이제 새롭게 출발할 준비가 되어 있는 기업들은 그의 인수대상에서 제외된다. 지속적으로 이익을 낼 수 있는 기업은 원가경쟁력을 갖고 있거나 세계적으로 인식되는 브랜드이다.

3. **Businesses earning good returns on equity while employing little or no debt.** 부채를 거의 사용하지 않거나 무차입 경영을 하는 기업 가운데 자기자본수익률(ROE: return-on-equity)이 높은 기업을 인수대상으로 고려한다. 여기서 흥미로운 점은 무차입경영을 선호한다는 것이다. 적절한 수준의 부채를 사용하게 되면 자기자본수익률을 높일 수 있는 재무레버리지의 긍정적인 효과를 기대할 수 있다(Section 10 참고). 이 같은 긍정적인 효과를 기대하는 대신 경영성과가 나빠지는 경우 원금과 이자를 지급하지 못하게 되어 기업의 경영권을 채권자에게 넘기게 되는 극단적인 상황을 방지하고자 하는 의도가 더 중요해 보이는 전략이다.

4. **Management in place (we can't supply it).** 인수기업에 이미 훌륭한 자질을 갖춘 경영자가 있을 것을 주문하고 있다. 그 이유는 자신이 경영자를 파견할 수 없기 때문이라고 친절하게 설명까지 하고 있다. 위에서 지적한 대로 그는 지주회사의 이사회의장이며 지주회사는 회장과 부회장을 보좌하고 있어 파견할 경영자가 없다는 말이 정확한 표현이다. 흔히 투자회사에서 피투자기업에 경영자를 파견하는 것과는 다른 전략이다. 참고로 2010년 말 현재 회장실의 구성인원수는 회장과 부회장을 포함하여 21명에 지나지 않는다.

그가 이 같은 조건을 제시한 또 다른 이유도 있어 보인다. 회사 매각을 고민하는 소유주나 경영진은 기업이 인수된 후에도 임직원이 계속해서 일을 할 수 있는가에 많은 관심을 갖는다. 워렌 버펫은 기업 인수 후에도 경영진의 고용을 보장하겠다는 조건을 제시함으로써 이 같은 고민을 완화해 준다. 이로 인해 기업매각 및 인수 의사결정이 신속하게 이루어지는 장점도 있어 보인다.

**5. Simple businesses (if there's lots of technology, we won't understand it).** 인수대상기업이 수행하는 사업은 이해하기 쉬워야 한다고 한다. 이와 관련하여 흥미로운 점은 1990년대 미국에서 IT 붐이 일어났을 때 그는 절친한 친구인 Bill Gates가 대주주로 있는 Microsoft의 주식에조차도 투자하지 않았다. 그 이유는 Microsoft의 수익모형에 대해 잘 이해할 수 없었기 때문이라고 한다. 이같은 투자전략으로 인해 그 당시 Berkshire Hathaway의 주가는 45,000달러까지 하락하고, 미국 월가의 증권계는 워렌 버펫이 IT가 주도하는 신경제(new economy) 경영환경에서 투자감각을 잃은 것이 아니냐며 비판적인 평가를 하게 된다. 그러나 잘 알려진 대로 그후 미국의 IT산업이 주도한 거품경제는 꺼졌고, 워렌 버펫 회사의 주가는 현재 12만 달러가 넘고 있다. 그 당시 워렌 버펫을 비판했던 많은 재무분석가들은 과도하게 낙관적인 분석보고서를 작성함으로써 주식투자자들에게 손실을 입혔다고 판결을 받아 그들 자신들의 경제적인 손실뿐 아니라 그들이 속해 있는 증권회사들도 상당한 경제적인 손실을 입게 된다.

**6. An offering price (we don't want to waste our time or that of the seller by talking, even preliminarily about a transaction when price is unknown).** 인수대상기업은 희망 판매가격을 제시하기를 요구하고 있다. 기업을 매각하기를 희망하는 경영자가 기업의 본질가치에 대해서 가장 잘 이해하고 있을 것이므로 이에 대한 의견을 인수자에게 제시하는 것이 당연하지 않겠느냐 하는 점이다. 그는 기업인수에 대해 명확한 입장을 밝히고 있다. '좋은 기업(good companies)'을 '적정한 가격(fair prices)'에 사겠다는 것이다. 여기에는 나쁜 기업을 낮은 가격에 살 의도도 없으며 좋은 기업을 높은 가격에 살 의도도 없다는 의미가 포함되어 있다. 기업을 매각하려는 경영자에 스스로 기업의 본질가치에 부합하는 적정한 가격을 제시하라고 주문을 함으로써 기업인수과정에 내재되어 있는 불확실성을 최소화하고자 하는 것이다.

또한 워렌 버펫은 적대적 기업인수에는 관심이 없다고 한다. 매각을 희망하는 경영자나 지배주주가 적정 매각가격을 제시하고 스스로 매수요청을 하는 경우에만 관심을 갖는다고 한다. 기업 매도희망자가 매수요청을 하는 경우에는 그가 대상기업의 인수에 관심이 있는지의 여부를 완벽한 보안을 유지하는 상태에서 매우 신속하게 알려주겠다고 약속하기까지 한다. 통상적으로 5분 정도 내에 매수희망이 있는지를 판단하여 알려준다고 MD&A에서 자랑 아닌 자랑을 하고 있다.

또 하나 그가 강조하는 점은 기업 인수를 하는 경우 주식을 발행하기보다는 현금매수를 선호한다는 점이다. 미국의 경영자들이 기업인수를 할 때 주식을 발행한다든지 교환하는 경우가 많은 데 반해, 워렌 버펫은 자신의 주식소유지분이 희석되는 것을 원하지 않기 때문인 것으로 보인다. 현금매수와 주식매수를 비교하는 연구에 의하면 현금매수의 경우 기업인수가 보다 성공적이라고 한다. 그 이유는 현금으로 기업을 매수하는 경우 매수기업이 더 철저히 인수대상기업을 평가하고 과도한 프리미엄을 지급하지 않도록 유의하기 때문일 것이다.

최근 한국의 많은 상장기업들이 높은 수준의 현금보유를 나타내고 있으며, 중요한 경영 화두 중 하나가 풍부한 유동성을 바탕으로 인수합병을 통해 기업을 성장시키는 전략이다. 인수합병에 대한 전문가들의 다양한 의견을 위에서 소개한 워렌 버펫의 인수대상기업의 조건들과 비교해 보는 것도 유익할 것으로 보인다.

SECTION

# 73 카멜레온 사채

카멜레온은 빛의 강약과 온도, 또는 감정의 변화 등에 따라 몸의 빛깔을 자유롭게 바꾼다는 동물이다. 자신의 몸 빛깔을 자유롭게 바꿀 수 있는 능력은 적의 공격을 피할 때나 긴 혀로 먹이를 잡아먹을 때 유용할 것으로 보인다. 기업도 혹시 카멜레온과 같이 상황에 따라 서로 다른 특성을 갖는 자금조달원천을 사용할 수는 없을까?

## 01 기업자금 조달원천

기업의 투자활동에 필요한 자금을 조달하기 위해서는 전통적으로 다음 세 가지 방안이 있다. 우선 기업의 내부 유보자금을 활용하는 방안이다. 기업영업활동의 결과 창출된 이익 가운데 배당으로 주주에게 분배하지 않고 기업 내에 유보한 자금은 가장 매력적인 투자재원이다. 이 재원을 사용하는 데는 제한이 별로 없기 때문이다. 문제는 내부 유보자금이 부족한 경우이다. 이 때는 부채를 사용할 것인지, 아니면 주식을 발행할 것인지를 고민하게 된다.

부채를 사용한다고 하자. 은행에서 차입을 하든, 사채를 발행하든 이들의 공통점은 정기적으로 이자를 지급하여야 하고, 만기가 되면 원금을 상환하여야 한다는 점이다. 따라서 채권자 입장에서는 투자원금을 회수하는 데 큰 어려움이 없다고 할 수 있다. 물론 기업 경영상태가 악화되어 이자와 원금을 제대로 받지 못하는 경우도 있을 것이다. 기업에게는 이자지급금액이 세금을 절약해 주므로 부채사용비용(즉 타인자본비용)을 낮추어 주는 효과가 있다. 반면 부채사용은 부채비율(부채 ÷ 자기자본)을 높이므로 기업의 재정상태를 악화시키는 단점이 있다. 만일 신용평가기관이 높아진 부채비율로 인해 신용등급을 떨어뜨린다면 향후 기업의 차입비용이 올라가게 될 것이다.

마지막으로는 주식을 발행하여 주주로 하여금 자본을 제공하도록 하는 경우이다. 주주는 투자원금을 회수하는 방안으로 두 가지를 생각할 것이다. 첫째, 현금배당이며 둘째, 기업에게 주식을 되팔거나(이를 기업입장에서는 자사주를 취득한다고 함), 아니면 다른 주식투자자에게 주식을 매각하는 방안이다. 여기서 현금배당은 이자지급과는 달리 비용으로 인식되는 것이 아니라, 내부유보자금(즉 이익잉여금)을 주주에게 환원하는 것으로 처리되므로, 기업에게는 세금절감효과가 없게 된다.

더욱 중요한 것은 주주 입장에서는 투자자본의 회수가 불확실하다는 점이다. 배당금의 지급은 전적으로 기업의 의사결정에 달려있고, 주식의 매각도 손실을 입을 수 있기 때문이다. 따라서 타인자본에 비해, 주주로부터의 자기자본은 그 대가가 높을 수밖에 없다. 자기자본비용이 타인자본비용에 비해 높은 이유가 바로 이 때문이다. 그 대신 자기자본의 사용은 기업의 부채비율을 낮추는 효과가 있으므로 신용등급의 하락으로 인한 손실은 피할 수 있다. 또한 자기자본은 부채와 달리 만기가 없으므로 원금을 상환하지 않는다.

## 02 카멜레온 사채(Chameleon bonds)

기업 입장에서는 부채 사용으로 낮은 자본비용(즉 이자비용)의 이점을 취하면서도 동시에 부채비율은 크게 상승시키지 않는 새로운 형태의 자금조달원천을 찾고자 할 것이다. 이와 같은 목적에 잘 부합하는 사채가 있다. 이 신종사채는 부채의 장점(낮은 타인자본비용과 세금절약효과)과 자기자본의 장점(부채비율의 악화방지와 만기 상환의무가 없음)을 모두 얻을 수 있는 특성을 갖고 있다.

이 카멜레온과 같은 신종사채는 일반사채의 이자율보다 약간 높은 수준(약 0.75%)에서 이자비용이 결정되므로 자기자본에 비하여 저렴하다고 할 수 있다. 신종사채도 사채이기 때문에 이자비용이 세금을 절감시키려면 만기가 있어야 한다. 이들의 만기는 일반사채와는 달리 40년에서 60년이나 되는 초장기이다. 채권자가 이자비용을 일반사채에 비하여 그다지 높지 않게 요구하는 이유는 바로 만기에 원금상환이 보장되기 때문이다.

동시에 이 사채는 자기자본의 특징도 갖고 있다. 기업의 자금여력이 충분치 않을 경우에는 이자지급이 연기되기도 한다. 이는 마치 기업의 재정상태가 악화되는 경우 배당금 지급이 감소 또는 폐지되는 것과 다름이 없다. 이와 같은 자기자본의 특성 때문에 미국의 신용평가기관은 신종사채의 발행금액 중 50~75%의 부분을 자기자본인 것으로 간주한다고 한다. 기업의 부채비율이 그만큼 감소하는 긍정적인 효과를 얻을 수 있다는 것이다.

## 03 신종자본증권

2012년 하반기 한국의 주요 기업에서 카멜레온사채의 예인 영구채(perpetual bonds)를 발행해 투자재원을 조달하고자 시도하였다. 영구채란 만기가 없거나 만기가 있더라도 연장함으로써 타인자본의 중요한 특징인 원금상환 부담을 없애거나 현저히 낮춘 채권을 의미한다. 물론 이자지급 의무는 처음부터 존재한다. 그렇다면 영구채 발행을 통해 조달한 투자재원은 타인자본일까 아니면 자기자본일까?

이자지급 의무가 있는 채권을 발행한 것으로 인식한다면 영구채를 금융부채로 분류하는 것이 적절하다. 그러나 만기가 없거나 연장될 수 있으므로 원금지급 의무가 실질적으로 존재하지 않는다는 점을 고려하면 금융부채 대신 자기자본으로 분류할 수도 있을 것이다. 영구채를 금융부채가 아닌 자기자본으로 분류하면, 영구채 이자는 손익계산서에서 비용으로 인식되는 대신 현금배당을 지급한 것으로 본다. 이 경우 (1) 당기순이익은 줄어들지 않으면서도, 동시에 (2) 부채비율을 낮추는 장점이 있다.

그런데 영구채에 투자를 하는 투자자가 조건을 제시하는 경우가 있다. 일정기간 후에 원금을 상환하지 못하면 그 대신 이자율이 급격하게 상승하는 조건(금리상향조건)을 요구하기도 한다. 이 경우 영구채는 실질적으로 원금을 상환해야 하는 부담이 존재하므로 자기자본이 아니라 금융부채의 특성을 갖는다. 따라서 영구채를 금융부채로 인식할 것인지 또는 자기자본으로 분류할 것인지는 영구채 발행조건을 고려해야 한다.

그렇다면 어떤 기업들이 영구채 발행을 통해 자금을 조달하고자 할까? 영구채 발행은 경영성과가 좋고 부채비율이 낮은 기업들이 선호할까 아니면 부채비율이 높아서 추가로 차입을 하거나 회사채를 발행하는 것이 부담스러운 기업들이 활용하고자 할까? 답은 후자로 보인다.

대규모 투자재원이 장기적으로 소요되는 산업에 속한 기업들은 평균적으로 높은 부채비율을 갖고 있다. 타인자본에 의존해서 투자재원을 조달했기 때문이다. 이들 기업이 영구채를 발행하여 추가로 재원을 조달하고 이를 금융부채가 아닌 자기자본으로 분류할 수 있다면 신용등급에 미치는 부정적인 영향을 줄일 수 있을 것이다.

그런데 영구채를 자기자본으로 인식하는 것이 기업에게 유리하다는 주장은 얼마나 설득력이 있을까? 영구채 이자를 현금배당으로 분류하면 당기순이익이 줄지 않는 것은 맞다. 그러나 주주가 자기자본에 대해 요구하는 기대수익률(자기자본비용)이 채권자가 요구하는 이자율에 비해 높다는 점을 기억하자.

영구채를 자기자본으로 분류하는 경우 주주 기대수익률만큼 추가로 이익을 창출하지 못하면 초과이익(＝당기순이익－자기자본×주주기대수익률)이 음(－)수가 되어 오히려 기업가치에 부정적인 영향을 미친다. 예를 들어, 영구채 발행금액 100억, 금리 4%, 주주 기대수익률 10%라고 가정하자. 매년 지급하는 4억 원을 이자 대신 현금배당으로 인식하면 당기순이익은 줄어들지 않는다.

그러나 영구채 발행으로 인해 자기자본이 늘어나고, 주주는 100억 원 × (10% − 4%) = 6억 원만큼 경영진이 당기순이익을 추가로 창출할 것을 기대할 것이다.* 자본비용이 이자율 수준인 4%에서 주주 기대수익률 수준인 10%로 높아진 만큼, 기업이 창출해야 하는 수익이 더 많아야 한다는 의미이다. 영구채 발행을 통해 조달한 재원으로 10% 이상의 수익성을 달성하지 못하면 오히려 기업가치에 부정적인 영향을 준다는 뜻이다. 따라서 영구채 이자지급이 손익계산서에서 금융비용으로 인식되지 않는다는 점을 지나치게 강조하는 것은 적절해 보이지 않는다.

## 04 메자닌(Mezzanine) 증권

부채와 자기자본의 특성을 모두 갖는 증권을 메자닌 증권이라고 한다. 메자닌이란 본래 1층과 2층 사이에 위치한 공간을 의미한다. 마치 기업의 재무상태표(또는 대차대조표)에서 타인자본과 자기자본의 중간에 위치한 공간이 있다면, 이 공간은 메자닌 증권을 위한 자리일 것이다.

위의 신종사채 등장 이전에도 여러 종류의 메자닌 증권이 있었다. 그 중 전환사채(convertible bonds)는 일정 요건이 충족되면 주식으로 전환될 수 있는 사채이다. 전환사채의 발행시에 미래 일정 시점에는 주식으로 전환될 수 있는 가능성을 고려하여 전환사채 발행금액 중 자기자본의 성격에 해당하는 부분을 따로 파악할 수 있다.

* 영구채를 부채 혹은 자기자본으로 인식하는 경우 초과이익 차이는 다음과 같다. 영구채를 발행하지 않았을 때 당기순이익과 자기자본을 각각 'NI'와 'B(book value)'라 하자. 영구채를 발행하며 부채로 인식하는 경우, 이자비용을 차감한 후 당기순이익은 'A − 4억'이 되어 초과이익은 '$RI_1$ = (A − 4억) − B(book value) × 10%'가 된다. 반면 영구채를 발행하며 자기자본으로 인식하는 경우, 당기순이익은 'A'와 같으므로 초과이익은 '$RI_2$ = A − [B(book value) + 100억] × 10%'가 된다. 따라서 영구채를 부채로 인식하는 대신 자기자본으로 인식하면 초과이익은 6억이 감소한다 ($RI_2 - RI_1$ = −6억).

또 다른 메자닌 증권으로는 상환우선주(redeemable preferred stock)가 있다. 우선주는 보통주와 더불어 자기자본을 구성한다. 그러나 보통주와 비교하여 배당에 관해서는 우선권을 보장 받지만, 의결권은 없거나 낮은 특성을 가진다. 이들 우선주 가운데 원금의 상환이 강제되는 우선주가 있다. 원금상환이 강제된다면 이는 타인자본과 유사하다고 할 수 있다. 또한 정기적인 배당금지급이 보장된다면 이 역시 타인자본의 이자지급과 다름없어 보인다. 이와 같은 상환우선주도 형태는 자기자본이나, 경제적인 실질은 부채와 유사하므로 개념적으로는 자기자본부분과 타인자본부분으로 각각 나누어 파악할 수 있다.

최근 한국 기업들은 상환전환우선주(RCPS, redeemable convertible preferred stock) 발행을 통해 투자재원을 조달하기도 한다. 이는 우선주로서 보통주로 전환되거나(covertible) 또는 현금으로 상환되는(redeemable) 특성을 갖는다. 보통주로의 전환가능성을 고려하면 자기자본의 속성을 갖고 있으나, 원금의 상환가능성을 고려하면 금융부채의 속성도 갖고 있다. 그렇다면 이를 어떻게 분류하는 것이 적절할까?

현재 국제회계기준에서는 상환전환우선주의 상환권리를 투자자가 아닌 발행 회사가 갖는 경우에는 이를 자기자본으로 분류한다. 회사가 상환권을 갖는 경우 상환전환우선주 발행을 통해 조달한 재원은 보통주로 전환할 수 있는 개연성이 더 중요하고, 갚아야 할 의무가 있는 금융부채로 여길 필요가 없기 때문이다.

은행과 같은 금융회사들이 관심을 갖는 또 다른 신종유가증권으로 코코본드(COCO bonds, contingent convertible bonds)가 있다. 코코본드(또는 조건부 자본증권)는 은행의 경영성과가 정상적일 경우에는 원금과 이자를 갚아야 하는 금융부채의 성격을 갖는다. 그러나 은행이 부실해져 원금과 이자상환이 어려운 경우(예, 정부가 공적자금을 투입할 만큼 은행 부실이 큰 경우 등)에는 코코본드는 주식으로 전환되거나 또는 상각되는 특성을 갖는다. 상환전환우선주와 마찬가지로 코코본드 역시 금융부채와 자본의 성격을 동시에 갖고 있으나 국제회계기준에서는 이를 자본으로 분류한다. 은행이 부실화되면 코코본드 발행을 통해 조달한 재원을 갚지 않아도 된다는 특성을 고려했기 때문일 것이다.

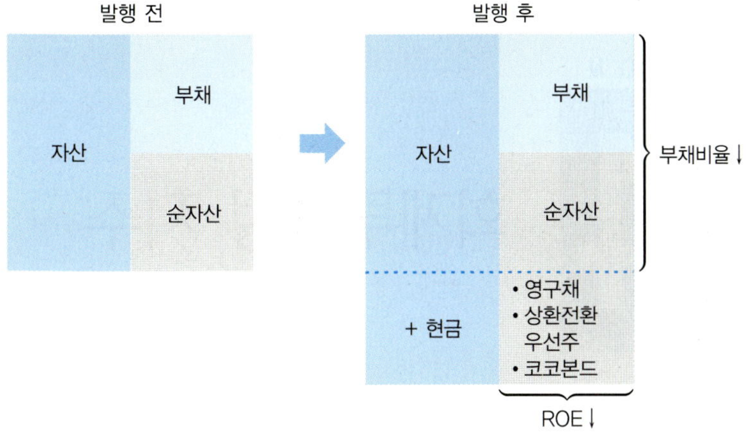


[그림 73-1] 신종유가증권 발행의 효과

영구채, 상환전환우선주 및 코코본드를 자기자본으로 분류하면 그 만큼 부채비율이 낮아진다. 부채비율이 높은 기업들이 이 같은 신종유가증권에 관심을 갖는 이유가 바로 이 때문이다. 그러나 자기자본이 증가하면 순자산수익률(ROE = 당기순이익/순자산) 역시 낮아진다. 수익성이 악화되어 보이는 것이다. 따라서 신종유가증권 발행을 통해 조달한 재원으로 더 많은 수익을 창출하지 못하는 경우, 수익성은 낮아지고 그로 인해 기업가치 평가에 부정적인 영향을 미칠 수 있다는 점도 기억하자.

전통적인 시각에서는 기업 자본조달의 원천을 타인자본과 자기자본으로 구분하였다. 그러나 위에서 살펴본 신종유가증권과 메자닌 증권들은 형태로는 타인자본 또는 자기자본이나, 경제적인 실질은 다른 자본의 특성도 많이 포함하고 있다. 이와 같은 새로운 종류의 증권들이 기업의 자본비용과 부채비율 그리고 가치평가에 미치는 영향에 대해서 보다 많은 관심을 가질 필요가 있다.

SECTION

# 74 회계투명성 지수

증권선물거래소에 상장되어 있는 기업들의 '회계투명성'에 대한 논의가 무성하다. 그 논의의 기저에는 상장기업들의 회계투명성을 확보하지 않고서는 자본시장을 건실하게 성장시킬 수 없다는 공감대가 형성되어 있다. 회계투명성 없이는 자본제공자로부터 (특히 주주들) 싼 값에 자금을 조달할 수 없기 때문이다.

기존사업의 수익성 향상과 더불어 경영자가 수행하여야 할 또 하나의 중요한 역할은 장래 성장동력을 발굴하여 성장시키는 일이다. 기존사업에서 창출되는 현금흐름이 충분하지 않다면 성장동력을 발굴하고 성장시키는 데 필요한 자금을 외부의 투자자로부터 조달할 수밖에 없다. 은행이나 기타 채권자들은 이자수익과 원금의 회수로 그들의 투자자본을 상대적으로 어렵지 않게 회수할 수 있다. 그러나 이제까지는 시도되지 않았던 신기술을 활용하여 완전히 새로운 사업에서 성장동력을 찾으려 하는 기업에 대해서는 채권자들이 투자하기를 매우 꺼려할 것이다. 따라서 신사업의 불확실성을 감수하고서라도 자본을 제공할 용의가 있는 주주들을 설득하는 것이 매우 중요하다.

주주들은 그들의 투자자금이 기업경영자에 의해 잘 사용되어, 궁극적으로 투자자금을 회수할 뿐 아니라 적정이윤도 실현할 수 있기를 기대한다. 그렇다면 어떻게 이를 달성할 수 있을까? 이 같은 주주의 기대에서 가장 중요한 역할을 하는 것이 신뢰할 수 있고 투명한 재무정보일 것이다.

## 01 회계투명성의 측정: 당기순이익과 영업현금흐름

그렇다면 회계투명성을 어떻게 측정할 것인가? 투명성에 관한 정의는 다양할 수 있다. 여기서는 경영자의 성과평가에 있어서 가장 중요한 두 가지 지표를 사용하여 회계투명성을 계량화해 보기로 한다. 그 하나는 당기순이익(NI: net income)이고 다른 하나는 영업활동으로 인한 현금흐름(OCF: operating cash flows)이다.

영업현금흐름은 본래 변동성이 높은 경영성과지표이다. 이유는 간단하다. 현금이 지출되면 영업현금흐름은 감소하고, 현금이 유입되면 영업현금흐름은 증가한다. 영업현금흐름의 변동성이 높다는 것을 통계적인 표현으로 나타내면 영업현금흐름의 "분산"이 높다라고 한다. 분산(variance)이란 변동폭을 의미하는 통계용어이다.

현금흐름의 높은 변동성을 보완하기 위해 고안된 장치가 바로 발생주의 회계(accrual accounting)이다. 예를 들어 상품이나 용역을 외상으로 판매하게 되면, 매출은 이미 실현되어 당기순이익은 증가하나 영업현금흐름은 아직 증가하지 않는다. 따라서 매출채권이라는 발생액이 증가하게 되는 것이다. 또 다른 예로 생산설비의 감가상각비를 들어 보자. 생산설비를 구입한 과거에 이미 현금 지출은 이루어졌으나, 생산설비의 사용으로 인한 비용인 감가상각비는 당기에 발생한다. 따라서 당기순이익은 감가상각비만큼 감소하였으나, 영업현금흐름은 감소하지 않을 것이다. 따라서 발생주의 회계를 바탕으로 작성되는 당기순이익은 변동성이 높은 영업현금흐름 정보를 보완하기 위해 고안된 매우 정교한 장치라고 볼 수 있다.

## 02 회계투명성의 계량화

이와 같은 발생주의회계의 개념을 다음과 같이 표현해 보자.

$$당기순이익(NI) = 영업현금흐름(OCF) + 발생액(Accruals)$$

과거 상장기업들의 자료에 의하면 '정상적'인 경우 당기순이익은 자산의 6%, 영업현금흐름은 자산의 10%, 그리고 발생액은 자산의 −4% 수준임을 알 수 있다. '정상적인 경영수준'이란 영업활동에서 창출되는 영업현금흐름이 당기순이익을 넘어서는 단계를 의미하며, 이는 투자의 수익성이 안정적인 수준에 달했다는 것을 뜻한다.

이 표현에서 발생액이 음(−)수인 것은 무슨 이유인가? 이는 유형자산 감가상각비나 무형자산상각비와 같이 현금의 지출이 수반되지 않은 비용으로 인해 당기순이익이 감소하기 때문이다. 특히 상장 제조기업들의 경우 적극적인 투자가 기업의 성장에 필수적이고 이들 투자로 인한 감가상각비가 당기순이익에 미치는 영향이 매우 클 것이라는 것은 쉽게 이해할 수 있다.

이와 같은 발생주의 회계의 특성으로 인해 영업현금흐름과 발생액은 자연스럽게 반대 방향으로 움직이게 된다. 통계적인 표현을 사용하면 영업현금흐름과 발생액의 상관관계(correlation)가 일반적으로 음(−)이라는 점이다. 이를

$$Correlation(OCF, Accruals) < 0 \text{ 또는 } Corr(OCF, Accruals) < 0$$

**[표 74-1] 회계투명성 지수**

| | |
|---|---|
| 1. 영업현금흐름과 발생액의 상관관계 | $Correlation(OCF, Accruals) \ll 0$ |
| 2. 당기순이익과 영업현금흐름의 변동성 비교 | $\frac{Var(NI)}{Var(OCF)} \ll 1$ |
| 3. 발생액과 영업현금흐름의 절대값 비교 | $\frac{\lvert Accruals \rvert}{\lvert OCF \rvert} \uparrow\uparrow$ |
| 4. 적자보고 회피경향 | 작년도 성과($\Delta NI > 0$), 적자 여부($NI > 0$),<br>재무분석가의 예측치 |

라고 표현하기로 하자.

그러나 영업현금흐름과 발생액이 일반적으로 음(−)의 상관관계를 갖는다는 것을 고려한다 해도, 그 상관관계가 '과도하게' 음(−)이 되는 경우에는 보고된 당기순이익의 품질에 관해 의구심을 가질 수 있다. 즉 Corr(OCF, Accrual)이 과도하게 0보다 낮다면, 외부의 이해관계자, 특히 주주들은 혹시 영업현금흐름이 악화되었으나 이를 실제보다 좋게 보이기 위해 기업이 발생액을 과도하게 사용한 것은 아닐까 하고 의구심을 가질지도 모른다.

이와 같은 이해를 바탕으로 첫 번째 회계투명성지수를 개발해 보자. Corr(OCF, Accruals)이 과도하게 0보다 낮다는 것을 Corr(OCF, Accruals) $\ll$ 0라고 표현하자($\ll$은 '매우' 낮다는 표현이다). 상관관계를 측정하기 위해서 기업의 과거 당기순이익과 영업현금흐름자료가 필요하다. 5년 이상의 연간 자료를 사용하거나 분기보고를 하는 기업의 경우에는 분기자료를 사용할 수 있다.

두 번째 지수는 당기순이익의 변동성과 영업현금흐름의 변동성(Var: variance)을 비교한다. 위에서 살펴본 대로 영업현금흐름의 변동성이 당기순이익의 변동성보다 클 것임은 쉽게 이해할 수 있다. 발생액이 본질적으로 영업현금흐름의 변동성을 감소시키기 때문이다. 이를 $\frac{\text{Var(NI)}}{\text{Var(OCF)}} < 1$라고 표현하자. 즉 당기순이익의 변동성이 영업현금흐름의 변동성보다 작다는 의미이다. 그러나 발생액을 과도하게 사용함으로써, 영업현금흐름 실적을 포장하였다면, 이 비율은 과도하게 낮은 수준으로 나타날 것이다. 이를 $\frac{\text{Var(NI)}}{\text{Var(OCF)}} \ll 1$라고 표현할 수 있다.

세 번째 지수는 발생액의 절대값과 영업현금흐름의 절대값을 비교하여 구할 수 있다. 만일 발생액을 과도하게 사용하였다면, 영업현금흐름에 비해 발생액의 절대적인 크기가 커질 것임에 분명하다. 이를 $\frac{|\text{Accruals}|}{|\text{OCF}|}$ ↑↑라고 표현한다(↑↑는 '매우' 높다는 표현이다).

네 번째 지수는 보고된 당기순이익의 분포를 바탕으로 한다. 당기순이익을 보고할 때 기업은 다음과 같은 비교기준을 염두에 두고 있는 듯하다.

- **작년도 성과.** 당기의 순이익이 작년도의 순이익과 비교하여 증가하였는가?
- **재무분석가의 성과예측치.** 재무분석가들이 예측하는 성과치보다 더 나은 실적을 보이는가?
- **적자 여부.** 당기에 혹시 손실이 발생하지는 않는가?

기존 연구에 의하면, 이들 비교기준들을 만족시키기 위해 일부 기업들은 의도적으로 순이익을 조정하는 경우도 있다고 한다. 만일 이들이 이익을 조정하여 비교기준을 초과하는 경영실적을 보고하려 한다면, 당연히 발생액을 조정하려 할 것이다. 물론 영업현금흐름을 조정할 수도 있다. 예를 들어 연말에 낮은 가격으로 상품을 현금 판매한다면 영업현금흐름과 당기순이익이 함께 늘어날 수 있다. 그러나 일반적으로는 발생액을 조정하는 것이 훨씬 '비용'이 덜 들 것이라는 것을 쉽게 상상할 수 있다. 예를 들어 매출채권에 대한 예상손실금액을 조금 덜 인식하게 되면 그만큼 당기순이익을 늘릴 수 있다.

따라서 만일 보고된 당기의 순이익이 전년도 순이익 수준을 간신히 초과하거나 또는 거의 같은 경우에는, 주주들은 기업이 발생액을 조정했을 개연성이 있다고 의심할 수도 있다. 또한 재무분석가의 예측치를 정확히 맞추거나, 또는 약간 초과하는 실적을 보고하는 경우, 그리고 손실을 간신히 면하는 수준으로 당기의 순이익을 보고하는 경우에도 주주의 우려가 발생할 수 있다.

## 03 회계의 불투명성과 위험프리미엄

회계정보가 불투명하다면 그 대가는 무엇일까? 위에서 주주들은 보고되는 회계정보의 투명성에 높은 관심을 보일 것이라고 주장하였다. 그렇다면 실제로 주주들은 불투명한 회계정보에 어떠한 형태로 대응을 할 것인가?

우선 회계정보가 투명하지 않으면 주주는 보고된 경영실적이 과연 적정한 것인가에 대한 의구심을 갖게 될 것이며, 그에 상응하도록 주가의 할인을 요구할 것이다. 주가의 할인은 다른 표현으로는 주주가 요구하는 수익률이 그만큼 높아진다는 의미이다.

반대로 기업의 입장에서는 투자활동에 필요한 자금을 조달하는 데 있어서 높은 대가를 지불하지 않으면 주주의 관심을 끌지 못하게 된다. 이는 적절한 시기에 투자를 하지 못하게 되어 기업가치의 훼손으로 연결될 수도 있다.

관련되는 또 다른 문제는 주식거래의 위축현상과 단기거래 행태이다. 주주는 기업 내부의 경영정보를 알지 못하므로 기업의 회계정보를 신뢰하지 않는 경우 자연스럽게 거래가 위축될 수밖에 없다. 기업정보에서 열위에 있는 외부투자자가 내부정보에 정통한 경영자를 상대로 투자수익을 창출하기가 어렵다고 판단할 것이기 때문이다. 만일 이를 무릅쓰고 주식거래를 하고자 하는 투자자가 있다면, 이들은 가능하면 회계정보의 신뢰성과는 관련없는 단기 거래에만 관심을 가질 것이다. 장기적인 투자의 사결정을 하기에는 회계정보가 충분한 신뢰를 제공하지 못하기 때문이다.

따라서 회계정보의 투명성을 확보하는 것은 기업이 성장을 하는 데 있어서 선택사항이 아닌 전략적 가치를 지닌 것으로 인식하여야 한다. 자본시장 참여자들은 매우 합리적이다. 그들은 어떤 형태의 위험이든 적정한 수준의 보상(또는 프리미엄)을 요구한다. 그 위험이 회계정보의 불투명성에서 발생한 것이라도 기업은 그 대가를 지불하여야 한다.

회계정보의 불투명성이 주주의 기대수익률을 높여 궁극적으로 기업의 자금조달비용을 높일 것이라는 견해가 설득력을 갖기 위해서는 전통적인 재무시각을 보다 현실적으로 해석할 필요가 있다. 전통적 재무이론에서는 개별 기업에 한정되는 위험(즉 비체계적위험)에 대해서는 주주들에게 보상할 필요가 없다고 한다. 그 이유는 주주들이 여러 기업에 분산 투자함으로서 비체계적위험을 거의 없앨 수 있을 것이라고 생각했기 때문이다.

그러나 실제로는 회계정보의 불투명성이 클 경우, 정보의 열위에 있는 외부주주들은 경영활동에 대한 고급정보를 보유하고 있는 기업내부인 등의 의사결정능력을 따라잡기가 거의 불가능하다. 즉 분산투자를 통해 이와 같은 정보소유의 열위에 따른 경제적 손실을 만회하기가 어렵다는 점이다. 따라서 외부주주가 취할 수 있는 유일한 합리적인 대안은 단기 투자의사결정을 통해 정보력의 열세를 회피하는 것이라고 하겠다. 물론 이 같은 결과의 궁극적인 피해자는 비싼 자금조달비용을 지불하여야 하는 기업임을 기억할 필요가 있다.

## 04 한국기업의 회계투명성에 관한 규형적 시각

최근 연구 및 설문조사에 의하면 한국 상장기업의 회계투명성은 국가경제력에 걸맞지 않게 낮은 것으로 나타나고 있다. 특히 위에서 소개된 방법으로 측정된 회계투명성지수에 따르면 한국 상장기업들의 투명성은 하위권에 머물고 있다. 한국기업과 민간 회계기준제정기구 그리고 정부 규제기관 등이 그동안 회계투명성을 향상시키기 위해 많은 노력을 기울였음에도 불구하고 각종 연구보고서와 설문에서 한국 상장기업들의 회계투명성이 일반적으로 낮게 나타나는 이유는 무엇일까? 연구결과와 설문

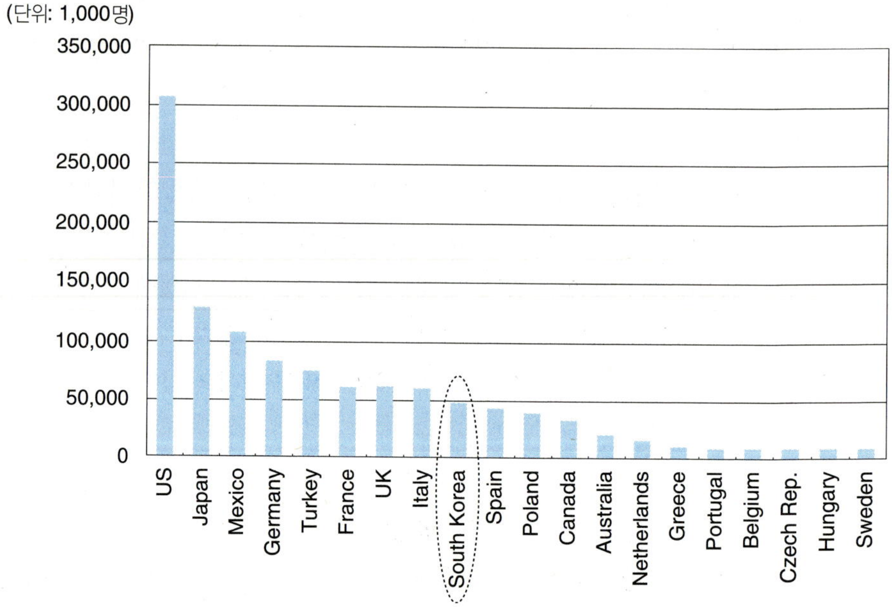


[그림 74-1] 국가별 인구규모

결과가 의미하는 바과 같이 한국 상장기업들이 불투명한 회계정책을 광범위하게 채택하고 있는 것일까? 아니면 다른 이유가 있는 것일까?

회계투명성 지수는 필연적으로 영업현금흐름의 변동성에 영향을 받는다. 영업현금흐름의 변동성이 클수록 이 변동성을 완화시키기 위해 영업현금흐름의 움직임과는 반대방향으로 발생액이 도입될 수밖에 없다. 결과적으로 당기순이익에서 발생액 부분이 차지하는 비중이 높아지게 된다. 발생액 비중이 커지게 되면 위에서 소개한 회계투명성지수 가운데 세 가지가 부정적으로 나타나게 된다. 영업현금흐름과 발생액의 관계도 과도하게 음수로 나타나고, 현금흐름의 변동성과 비교하여 당기순이익의 변동성이 더욱 낮게 나타나며, 발생액의 절대값도 현금흐름의 절대값에 비해 높아지게 된다. 결국 높은 현금흐름의 변동성이 발생액의 크기를 결정짓게 되는 것이다.

한국 경제의 특징을 잘 나타내는 영어표현으로 'a small and open economy' 를 들 수 있다. GDP* 로 나타난 한국 경제규모는 2010년 현재 전세계 15위이지만, 그 절대규모는 아직도 미국이나 일본의 경제규모에 비해 작은 수준이다. 그리고 1인당 GDP도 2만 불 정도로 아직은 전세계에서 30위 이하로 낮은 상태이다. 중국이나 인도는 차치하더라도, 일본 인구 1억 3천만 명이나 미국 인구 3억 1천만 명에 비해 한국 인구는 5천만 명에 지나지 않는다. 한국 경제를 여전히 'a small economy' 라고 부르는 이유이다. 한편 한국은 부존 자연자원이 풍족한 것도 아니다. 또한 절대적인 경제규모가 작다 보니 내수시장이 작고, 따라서 성장을 지속하기 위해서는 당연히 수출을 강조할 수 밖에 없다. 한국 상장기업들이 전략적 원자재 시장의 변동성과 상품 및 용역수출시장의 변동성에 노출되는 정도가 그만큼 높아질 수 밖에 없고, 한국 경제가 'an open economy' 가 되는 이유이다.

해외시장에의 노출이 커질수록 이들 기업의 영업현금흐름의 변동성도 당연히 높아질 것이다. 그리고 높아진 영업현금흐름의 변동성은 자연스럽게 발생액의 과도한 개

* 한 나라의 경제규모를 나타내는 지표로 GDP(gross domestic product)를 사용한다. 즉 GDP란 국내에서 발생된 재화와 용역의 순가치를 모두 더한 것을 의미한다.

입을 초래하고, 결과적으로 회계투명성지수를 악화시키게 된다. 이로 인해 한국 상장기업의 회계투명성이 나쁘게 나타날 수 있는 것이다.

한국 기업들의 또 다른 공통점은 생산제조업에서의 경쟁력을 바탕으로 수출중심의 강력한 성장전략을 성공시켰다는 점이다. 이 때문에 위의 연구에서 제시된 회계투명성지수가 악화될 수 밖에 없는 상황이 나타나게 된다. 우선 생산제조설비에 대한 막대한 투자로 인해 감가상각비나 감모상각비 등의 발생액이 필연적으로 높게 나타나게 된다. 발생액을 이용한 회계투명성지수가 악화되어 나타날 수 있다. 또한 성장전략을 추구하는 과정에서 재고자산이나 신용매출의 급속한 증가가 수반될 수도 있다. 물론 부실 재고자산이나 매출채권의 증가는 바람직하지 않으나, 매출성장이 예상되는 경우 재고자산 부족으로 인한 매출손실을 최소화하기 위해 재고자산의 생산을 늘리고 신용매출을 늘리는 것은 합리적인 경영의사결정의 결과일 수 있다. 그러나 재고자산이나 매출채권의 급속한 증가는 위의 회계투명성지수를 악화시키는 주요 요인으로 작동하는 부담이 있다.

부족한 부존자원에도 불구하고 한국은 세계 경제무대에서 이 정도로 성장하였다. 그 과정에서 강력하게 추구했던 생산제조중심의 수출전략이 성공하였고 바로 그 이유 때문에 오히려 회계투명성지수가 악화되어 보인다는 점은 흥미로운 분석이다.

이 같은 시각은 한국 기업의 회계투명성을 평가하는 데 있어 균형을 유지하여야 함을 뜻한다. 한국 기업의 경영환경을 충분히 고려하지 않은 채 회계투명성에 관한 연구결과와 설문결과를 액면 그대로 받아들이는 것은 적절하지 않기 때문이다. 향후 이 같은 한국 기업의 특성을 적절히 반영한 회계투명성 지수가 개발되기를 기대한다.

# SECTION 75 보수주의 회계철학

전통적인 의미에서 보수적인 회계처리는 이익이나 자산은 낮게 보고하고 손실이나 부채를 높게 보고하고자 하는 회계방법의 선택을 일컬어 왔다. 최근에는 이와 같은 전통적인 정의에 비하여 포괄적으로 보수주의를 해석하고 있다. 새로운 시각에서 보수적인 회계처리란 기업가치에 부정적인 영향을 미치는 정보를 가능한 한 재무제표에 빠르게 인식하고 낙관적인 정보는 그 정보력에 대한 검증이 충분할 때까지 가능한 한 늦게 인식하고자 하는 기업 회계철학을 의미한다.

## 01 부정적인 정보

여기서 부정적인 정보로는 다음과 같은 예가 있다.

- 영업권, 자산화된 연구개발비 등 각종 무형자산의 잠재적 효용창출능력이 이미 영구적으로 손상되어 있는 경우

- 재고자산이나 매출채권의 시장평가액이나 실현가능액이 재무상태표상의 장부금액보다 현저히 낮은 경우
- 장치자산의 장부금액이 미래 현금흐름 창출 능력에 비하여 현저하게 높게 보고되어 있는 경우

기업가치에 부정적인 영향을 미치는 정보가 적시에 손익계산서에 손실로 반영되게 되면 당기순이익이 그만큼 감소하게 되는 단점이 있다. 그러나 이 단점이 경영자나 이사회의 투자, 영업의사결정에는 매우 중요한 정보가 된다. 즉 이익이 감소하게 되면 경영자는 현재의 투자 및 영업활동이 효율적으로 이루어지지 않고 있음을 적시에 인식할 수 있어 추가 손실이 발생하지 않도록 구체적인 전략을 수립할 수 있기 때문이다.

만일 이와 같은 부정적인 정보가 적시에 손실로 반영되지 않는다면 잠재적인 손실규모가 누적되어 결국 기업손실규모가 더욱 커지게 되거나, 극단적인 경우에는 기업의 파산 또는 매각에 이르는 경우도 발생하게 된다. 따라서 보수적인 회계처리 철학은 기업의 건실한 경영에 공헌할 수 있다는 점을 기억할 필요가 있다.

특히 보수적인 회계처리를 하는 기업은 공격적인 회계처리를 하는 기업에 비하여 자본비용이 낮아지게 되어 기업가치의 증가에 직접적으로 공헌한다는 점도 중요하다. 보수적인 회계처리는 기업의 부가 사외로 불공정하게 유출됨으로써 기업가치가 손상될 수 있는 잠재적 위험을 줄여 줄 수 있다. 예를 들면 재고자산이나 매출채권이 과대평가되거나, 무형자산이 과대평가됨으로써 순이익이 가공으로 높아지면 이로 인해 주주의 배당압력이 증가할 수도 있다. 또한 신용평가기관은 배당지급으로 인해 기업의 유동성이 악화된다고 판단하는 경우, 채권의 신용등급을 낮게 평가하여 궁극적으로 차입비용이 늘어날 수도 있다. 최근의 연구결과는 주식투자자와 신용평가기관이 이와 같은 보수적인 회계처리의 이점을 적절히 이해하고 있음을 보여주고 있다.

## 02 보수주의

그렇다면 보수적인 회계처리의 정도를 측정할 수 있는 방법이 있을까? 만일 기업별, 산업별 또는 국가별로 회사들의 회계처리방침이 얼마만큼 보수적인지를 측정할 수 있다면 여러 가지 흥미로운 논의를 할 수 있을 것이다. 여기서는 두 가지 방법에 대해 알아보자.

첫째는 주식수익률과 회계이익의 관계를 살펴봄으로써 보수적인 회계방침의 정도를 측정할 수 있다. 아래 [그림 75-1]에서 주식수익률이 음(−)인 경우는 부정적인 기업정보가 있음을 나타내며, 주식수익률이 양(+)인 경우는 경영성과에 대한 낙관적인 정보가 있음을 나타낸다.

이 그림에서 주식수익률이 음(−)인 경우 회계이익도 그와 상응하는 속도로 감소하고 있다. 따라서 회계이익과 주식수익률이 서로 밀접한 관계를 보이게 된다. 경기상황이 악화되어 매출이 감소하는 경우, 기업이 보유한 유형 또는 무형자산의 수익창출능력도 함께 손상을 받게 된다. 이와 같은 자산의 손상이 공식적인 회계시스템에 반영된

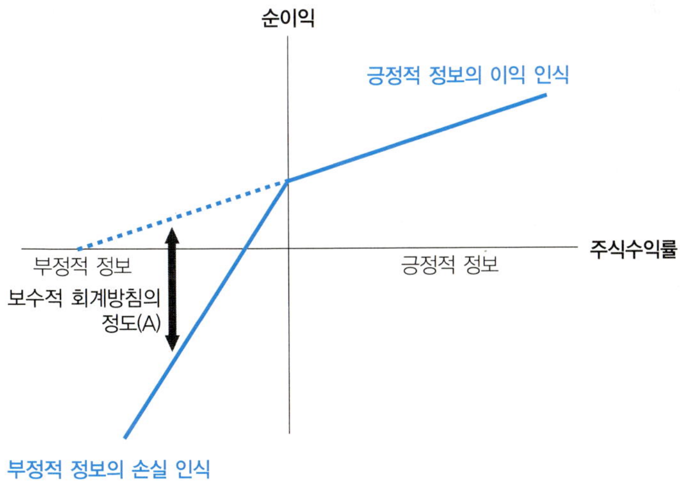


[그림 75-1] 주식수익률과 회계이익의 관계

다면, 보고되는 회계이익도 당연히 빠른 속도로 감소하게 될 것이다. 이와 같이 부정적인 기업정보를 적시에 회계정보에 반영하는 것이 보수주의의 핵심이라고 하겠다.

반대로 주식수익률이 양(+)인 경우에는 기업정보가 평균적으로 긍정적인 경우라고 가정할 수 있다. 이 경우 회계이익은 주식수익률의 상승속도에 비하여 매우 느린 속도로 긍정적인 정보를 반영하고 있음을 알 수 있다. 그 이유는, 긍정적인 정보는 회계이익으로 곧바로 인식할 수 없는 경우가 종종 있기 때문에 부정적인 정보에 비하여 느린 속도로 기업이익에 반영되기 때문이다.

예를 들면 중요한 공사입찰계약이나 제품 또는 용역의 제공계약 등을 체결한 경우, 이들 정보가 회계이익으로 반영되기까지는 일정한 시차가 존재하게 된다. 그 이유는 수익을 손익계산서에 인식하기 위해서는 일정한 요건(즉 수익획득의 과정이 종료되고 추가적인 불확실성이 존재하지 않는 경우)을 충족한 후에만 가능하기 때문이다. 그러나 이들 긍정적인 정보는 이미 주가에 반영되어 있을 것이다. 주가는 미래의 경영성과에 대한 투자자의 기대를 반영하기 때문이다.

이제 보수적 회계방침의 정도를 측정하기 위한 준비가 되었다. 위 그림에서 보수적 회계정책의 실행 정도는

- 부정적인 정보가 회계이익에 반영되는 속도와
- 긍정적 정보가 회계이익에 반영되는 속도의

차이인 (A)로 측정된다. 즉 (A)의 거리가 길수록 회사의 회계방침이 보수적이다. 따라서 긍정적인 정보에 비해 부정적인 경영정보를 공식적인 회계시스템에 더욱 신속하게 반영하는 경영진은 그만큼 보수적인 회계정책을 실행하고 있다고 볼 수 있다.

보수적인 회계방침의 정도를 살펴볼 수 있는 두 번째 방법은 회사의 경영성과지표인 당기순이익이나 영업이익의 분포를 살펴보는 방법이다. 보수적인 회계방침을 실행하고 있지 않은 국가나 산업에서는 회사들이 공시하는 당기순이익의 분포가 [그림 75-

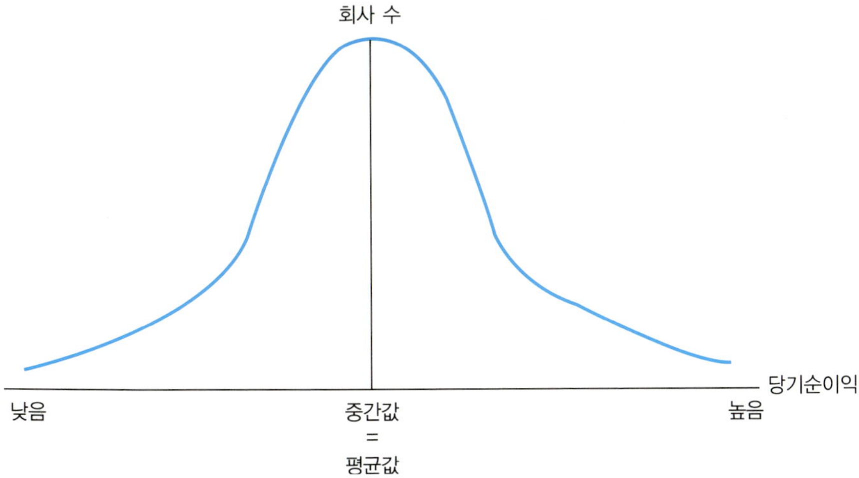


[그림 75-2] 보수적 회계방침이 아닌 경우: 정규분포

2]와 같이 정규분포(normal distribution)의 형태를 갖게 된다. 그 이유를 살펴보자.

그림의 횡축은 순이익의 크기를 나타내며, 오른쪽으로 갈수록 순이익은 커지고, 왼쪽으로 갈수록 순이익은 작아진다. 그림의 종축은 회사의 수를 나타낸다. 이 그림의 특징은 순이익이 매우 높거나 또는 매우 낮은 회사들의 수는 그다지 많지 않을 뿐 아니라 그 수가 비슷해서 대칭적인 모습을 나타내고 있다. 또한 대부분의 회사들의 당기순이익이 중간 부분에 몰려 있어 마치 당기순이익의 분포가 종을 뒤집어 놓은 모습을 띠고 있다. 이를 달리 표현하면 국가나 산업내의 모든 기업들이 공시하는 순이익의 평균값(mean)이 중간값(median)과 동일하다는 점이다. 물론 이 같은 특징은 정규분포의 특징이기도 하다.

그렇다면 당기순이익의 평균값과 중간값이 같다는 것은 무슨 의미일까? 위에서 언급한 대로 이는 매우 높은 순이익을 달성한 회사들의 수와 매우 낮은 순이익을 공시하는 회사들의 수가 비슷하다는 것이므로, 부정적인 경영정보를 공식적인 회계시스템에 신속하게 반영하는 회사들의 수가 그다지 많지 않다는 의미이다. 만일 긍정적인 정보에 비해 부정적인 경영정보를 신속하게 손익계산서에 반영했다면 더욱 많은

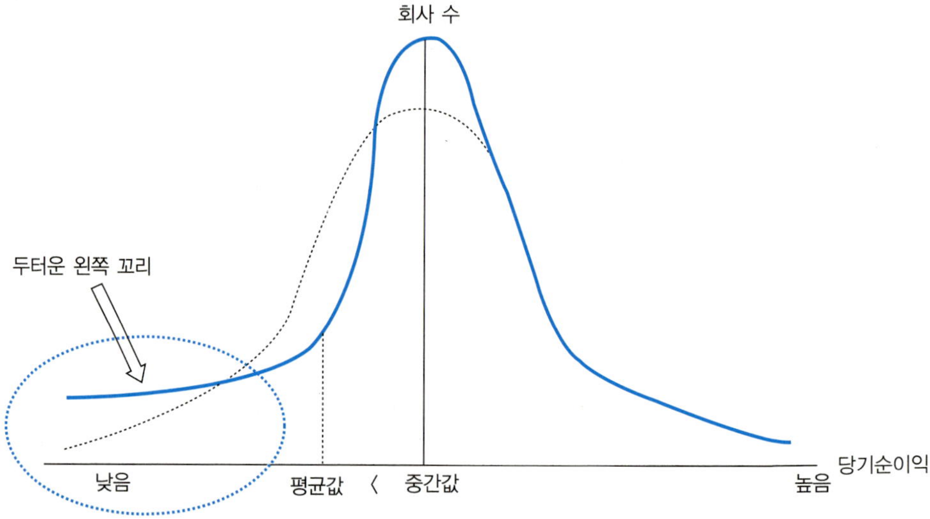


[그림 75-3] 보수적 회계방침의 경우

회사들이 매우 낮은 순이익을 공시했을 것이기 때문이다. 따라서 회사들이 공시하는 당기순이익의 분포가 정규분포에 가까울수록 보수적인 회계방침을 사용하지 않고 있다고 볼 수 있다.

그렇다면 이제 보수적인 회계정책을 실행하고 있는 국가나 산업내의 회사들이 공시하는 당기순이익의 분포에 대해 알아보자. [그림 75-3]의 당기순이익 분포에서 왼쪽 꼬리 부분이 두텁게 나타나 있다. 그 이유는 매우 높은 순이익을 보고한 회사들의 수에 비해, 매우 낮은 순이익을 공시한 회사들의 수가 더 많았기 때문이다.

이 같은 분포가 나타난 이유는 부정적인 경영정보를 보다 신속하게 손익계산서에 반영함으로써 당기순이익이 그만큼 낮아졌기 때문이다. 즉 보수적인 회계정책이 실행되었기 때문이다.

또한 그림에서 보듯이, 보수적인 회계정책을 실행하는 국가나 산업내 기업들이 공시한 당기순이익의 평균값(mean)이 중간값(median)보다 낮게 나타난다. 즉 더욱 많은 기업들이 낮은 수준의 당기순이익을 공시했다는 의미이다.

긍정적인 기업정보를 조기에 인식함으로써 발생할 수 있는 자의적인 회계처리는 보수적인 회계철학과는 정반대의 효과를 초래한다. 즉 기업의 유형, 무형자산과 회계이익이 과대평가되어 기업가치가 훼손될 잠재적 위험성이 커지게 되고, 이는 자본조달 비용의 상승으로 이어져 결국은 공격적인 회계처리의 손실을 기업이 감수하게 된다.

빠르게 성장하는 기업이나 산업의 경우에는 위의 보수주의에 관한 논의가 더욱 중요하다. 이들 기업의 경영 및 투자환경이 전통 제조업에 비하여 더욱 빠르게 변화하고 있다고 보면, 그에 상응하여 유형, 무형자산의 미래 수익창출능력이 빠르게 손상될 수 있기 때문이다. 따라서 이들 기업의 투자성과 측정과 평가에 유용한 회계정보를 적시에 제공하기 위해서는 보수적인 회계철학을 채택하는 것이 기업의 성장에 공헌한다고 보겠다.

보수주의는 회계처리 방침만의 문제가 아니라고 보아야 한다. 오히려 경영철학이라고 할 수 있다. 기업이 낙관적인 정보에 과도하게 의존하기보다는 경영활동의 잠재적 위협요인들을 적시에 파악, 인식하고 그 정보를 바탕으로 경영위험과 기회를 평가함으로써 기업가치의 보존 및 향상에 공헌할 수 있기 때문이다.

SECTION

# 76 보수주의와 회계기준: 곱셈의 개념

보수주의 회계철학은 경영성과에 긍정적인 영향을 미치는 기업정보는 가능하면 천천히 반영하고 부정적인 영향을 미치는 정보는 신속하게 공식적인 정보시스템인 손익계산서와 재무상태표에 반영할 것을 요구한다. 그리고 보수주의회계의 효과는 자본비용의 하락과 회계정보의 신뢰성 향상으로 나타남을 보았다.

그렇다면 왜 어떤 나라에서는 보고되는 재무회계정보가 보수주의를 충실히 따르지 않고 있는 것일까? 보수주의 회계를 따르면 회계정보의 투명성도 향상되고 더불어 자본조달비용도 낮출 수 있다는 사실을 이들 국가에서는 잘 이해하지 못하고 있는 것일까? 아니면 보수주의 회계를 실질적으로 구현하는 데 있어 어떤 장애가 있는 것은 아닐까? 이에 대해 상세히 살펴보기로 하자.

## 01 투명성 = 회계기준 × 경제적 유인

투명한 회계정보가 창출되기 위해서는 두 가지 조건이 동시에 만족되어야 한다. 우선 회계원칙이나 규정이 잘 정비되어야 한다. 즉 회계원칙이 기업경영활동에 관한 경제적 실체를 적절히 반영할 수 있도록 높은 품질을 갖추고 있어야 한다. 예를 들어 보자. 최근 금융회사들은 파생상품을 이용하여 다양한 새로운 금융상품을 개발하여 판매, 운용하고 있다. 이들 새로운 상품과 서비스의 경제적 실체를 적절히 반영할 수 있는 회계원칙이나 규정 또는 지침이 완비되어야 하는 것이 그 예이다.

그러나 회계원칙이나 규정의 완비보다도 더욱 중요한 것은 이와 같은 원칙과 규정들을 실질적으로 적용할 수 있는 여건이 마련되는 것이다. 기업경영활동의 실질을 반영할 수 있는 좋은 원칙이나 규정이 있어도 이를 실제로 재무정보로 변환하기 위해서는 공식적인 정보시스템인 재무제표에 이들 정보를 적절히 반영하여야 한다. 재무제표에 정보를 실질적으로 반영하는 것을 회계전문용어로는 인식(recognition)한다고 표현한다.

예를 들면 경제여건이 나빠져 상품의 판매가 부진하다고 하자. 판매가 부진하면 팔리지 않고 있는 재고자산의 가치가 하락할 위험이 커지게 된다. 이 경우 회계원칙에서는 보유한 재고자산의 시장가격이 장부금액과 비교하여 심각하게 하락하였는지 평가한 후 만일 그렇다면 재고자산의 장부금액을 시장가격 수준으로 낮추기 위해 손실을 손익계산서에 인식하도록 규정하고 있다. 그러나 재고자산 평가손실을 인식하게 되면 당기순이익이 감소하게 되어, 경영성과는 나빠 보이게 된다. 따라서 경영자는 재고자산 평가손실을 인식하는 대신 이 정보를 무시하려는 유인도 존재하게 된다. 즉 회계원칙보다도 이를 실질적으로 적용하는 것이 더욱 중요한 점이다. 판매기업의 매출채권에 대한 예상손실이나 은행의 대출채권에 대한 예상손실에도 동일한 이야기가 적용된다.

또 다른 예로는 비유동자산에 대한 손상차손을 들 수 있다. 비유동자산이란 자산으로부터 창출되는 효용(즉 미래현금흐름)이 장기간에 걸쳐 실현되는 자산을 의미한다. 회계원칙에 의하면, 고정자산의 미래 현금흐름창출능력이 현저히 손상되었다고 판단되는 경우, 그 자산에 대하여 손상차손이라는 손실을 손익계산서에 인식하도록 규정하고 있다. 그러나 손상차손(impairment)을 인식함으로써 경영성과가 악화되어 보이는 것을 회피하려는 유인이 있다면, 손상차손의 인식은 나타나지 않을 수도 있다. 즉 손상차손의 인식을 요구하는 회계원칙의 존재가 중요할 뿐 아니라, 손상차손을 실질적으로 인식하고자 하는 경제적 유인도 존재하여야만 손익계산서에 손상차손이 비로소 인식된다는 점이다.

이 논의를 요약하면 재무회계정보의 정보가치를 제고하려면 높은 품질의 회계원칙과 규정이 있어야 하고 이를 실질적으로 적용, 운영하고자 하는 경제적 유인이 동시에 만족되어야 한다는 것이다. 따라서 회계원칙과 규정을 새로운 경제환경에 부합하도록 개정하는 작업도 중요하지만, 이를 실효적으로 적용하기 위한 여러 환경이 갖추어졌을 경우에만 진정으로 회계정보의 가치가 향상된다는 것을 명심하자.

## 02 국제회계기준의 채택과 회계정보의 투명성

회계정보의 투명성이 회계원칙의 품질과 이를 적용하고자 하는 경제적 유인과의 '곱셈'으로 이루어져 있다는 것을 잘 보여주는 예를 소개하고자 한다. 태국, 싱가포르, 그리고 말레이시아는 국제회계기준을 채택하고 있는 국가들이다. 일반적으로 국제회계기준은 높은 수준의 회계원칙이라고 알려져 있다. 즉 기업의 경제적 실체를 잘 반영하기 위한 세심한 원칙들이 담겨져 있다고 생각하는 것이다. 그렇다면 이들 국가의 상장기업들이 보고한 회계정보도 정보가치가 높을 것으로 기대된다. 과연 그럴까?

보고되는 당기순이익의 정보가치를 평가하는 잣대로 보수주의 개념을 이용하자. 위에서 살펴본 대로 보수주의란 부정적인 기업정보(예, 재고자산의 평가손실, 고정자산의 손상차손 등)를 적시에 재무회계시스템에 반영하는 것을 의미한다. 따라서 국제회계기준을 채택한 국가들의 기업은 회계원칙에서 규정한 대로 재무정보의 투명성을 높이기 위해 부정적인 정보를 적시에 반영했어야 한다. 그러나 실증연구결과에 의하면, 이들 국가의 상장기업들이 보고한 순이익정보는 전혀 보수적이지 않았다고 한다. 그 이유는 무엇일까?

그 까닭은 회계규정이나 원칙이 불충분해서가 아니다. 문제는 부정적인 기업정보를 적시에 인식하고자 하는 경제적 유인(economic incentives)이 존재하지 않기 때문이다. 그렇다면 어떠한 이유에서 이 같은 경제적 유인이 존재하지 않는 것일까? 우선 이들 국가들의 일반적인 공통점은 기업관행 및 경영환경이 '중국식 모형'과 유사하다는 점이다. 기업내부인과 외부이해관계자 간의 정보전달이 재무회계시스템이나 공시제도 대신 이해당사자간의 '관계'와 같은 비공식적인 정보전달 경로로 이루어지는 것이 그 예이다. 즉 부정적인 기업정보는 공식적인 회계정보체계에 반영되어 전달되는 것보다 비공식적인 경로를 통해 이해관계자간에 공유된다는 점이 특징이다. 따라서 보고되는 순이익이 보수적인 성향을 띠지 않게 되는 것이다.

높은 수준의 회계원칙이나 규정을 도입한다고 하여 회계정보의 투명성이 향상될 것이라고 생각하는 것은 바람직하지 않다. 오히려 기업정보가 적시에 공식회계정보체계내에 반영되지 않는 이유가 무엇인지를 파악하여 이를 개선하려는 노력이 더욱 중요하다고 하겠다.

한국의 모든 상장기업들은 2007년부터 증권관련 집단소송제도에 노출되어 있다. 기업정보, 특히 부정적인 정보를 적시에 반영하는 보수주의 회계정책을 실시하는 것이 잠재적인 집단소송의 위험을 감소시키는 데 공헌할 것이다. 집단소송이 가장 활발한 미국에서는 부정적인 기업정보(예, 재고자산의 과대평가, 매출채권의 과대평가 등)가 적시에 반영되지 않았다가 추후 밝혀지는 경우, 주가가 급락하고 그로 인해 집단소송을 당하는 경우가 자주 발생한다. 따라서 보수주의적인 회계정책을 수행하는 것이 궁극적으로 기업가치의 훼손을 방지하는 매우 효과적인 전략이 될 수 있음을 기억하자.

SECTION

# 77 증권집단소송제도의 연착륙

## 01 세계시장에서의 경쟁과 투자 및 영업성과의 변동성

한국 기업은 글로벌시장의 경쟁상황에 전적으로 노출되어 있다. 세계시장에서의 경쟁은 한국 기업을 상품 및 제품시장 그리고 전략적 원자재 시장에서 발생하는 변동성에 직면하게 한다. 이는 기업의 투자의사결정에 영향을 주게 될 뿐 아니라 궁극적으로는 경영성과의 변동성을 확대시키게 된다. 수익과 영업활동으로 인한 현금흐름의 변동성이 증가하기 때문이다. 현금흐름 변동성의 증가는 필연적으로 회계이익의 변동성을 수반하게 된다. 보고이익은 본질적으로 영업현금흐름의 변동성을 줄이기 위한 (수익과 비용에 관한) 여러 회계원칙들을 근거로 작성되기 때문이다.

회계이익의 변동성 증가는 경영성과를 투자자에게 전달하는 과정에서 부가가치를 창출하는 회계감사인이나 전문분석기관 등과 같은 정보견제 및 중개기능조직의 실패가능성도 함께 높이게 된다. 이는 회계법인이나 재무분석기관들이 회계정보를 창출, 제공하는 과정에서 발생하는 기업의 사적정보에 접근하기가 쉽지 않기 때문이다.

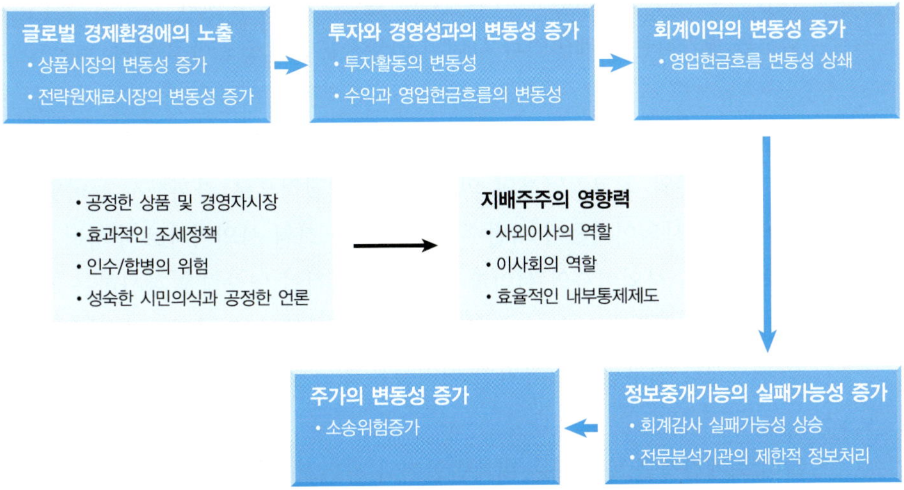


[그림 77-1] 경영환경변화와 재무회계정보의 중요성

결과적으로는 이와 같은 변동성이 주가의 변동폭을 높이게 된다. 정보의 최열위에 있는 외부주주는 증가된 주가변동성으로부터 발생하는 위험에 가장 취약하게 노출되어 있다. 고급기업정보에의 접근도 어려울 뿐 아니라, 접근이 가능하더라도 그에 대하여 자원을 충분히 투입할 수 없기 때문이다.

## 02 증권집단소송제도의 도입

증권관련 집단소송의 도입으로 기업의 최고경영자와 지배주주, 이사회, 감사위원회, 회계법인, 그리고 사내외 법률자문단 모두 이제까지는 경험하지 않았던 근본적인 변화를 겪게 될 것이다.

기존사업의 수익성 극대화와 새로운 성장기회의 발굴에 전적인 책임을 갖는 최고경영자와 지배주주의 의사결정과정에 대하여 신뢰(trust)를 제공하고 그와 더불어 검증(verification) 역할을 하는 장치는 이미 존재하고 있다. 사외이사가 참여하는 이사회,

전원 사외이사로 구성된 감사위원회가 많은 기업에 존재하며, 기업 재무보고서의 적절성을 평가하는 회계법인과 사내외 법률자문단도 활동하고 있다.

그러나 이제까지는 이들 검증장치가 기업투자 및 재무활동에 대한 고급정보를 보유한 지배주주와 최고경영자의 의사결정을 실질적으로 견제하지 못하였다는 인식이 있어 왔다. 사외이사들이 과반수인 이사회나 전원 사외이사로 구성된 감사위원회라고 하더라도 사외이사의 선임과 연임에 결정적인 영향력을 행사하는 지배주주나 최고경영자를 실질적으로 견제하기는 어렵기 때문이다. 사외에서 법률자문을 제공하는 변호사나 법무법인도 유사한 어려움을 겪었을 것이다.

특히 회계감사를 수행하는 회계법인이나 공인회계사는 감사나 비감사업무의 수임과 관련된 경제적 유인으로 인해 지배주주와 최고경영자와의 대립적인 관계를 가능하면 회피하려 했을 것이다. 결과적으로는 지배주주, 최고경영자 그리고 견제장치집단들은 대립과 충돌은 피하는 대신 '편안한' 공존의 관계를 유지하게 된다.

그러나 이제 이와 같은 '편안한 관계'는 급격하게 변화할 수밖에 없을 것이다. 그 변화의 핵심에는 2007년부터 도입된 증권관련 집단소송제도가 있으며, 구체적으로는 부실기재나 중요한 정보의 누락 등으로 인한 주주의 경제적 손실에 대하여 손해를 가한 피고(최고경영자, 사외이사, 회계법인 또는 감사인 등)의 연대책임제도가 있다. 주주에게 입힌 경제적 손실을 그 손실의 귀속책임과 정도에 따라 비례하여 부담하지 않고 관련 가해자들이 연대하여 책임을 지게 되는 새로운 환경에서는 견제장치의 구성주체들이 종전까지와는 전혀 다른 위험에 노출되기 때문이다.

특히 회계법인은 자본금도 취약하고 손실준비금이나 적립금 규모도 작기 때문에 단기적으로는 매우 보수적으로 회계감사를 수행할 것으로 판단된다. 이는 최고경영자와 회계법인 간의 관계를 종전의 '편안한 관계' 로부터 벗어나, 상호 존중하되 검증은 철저하게 하는 '균형적인 관계(trust but verify)' 로 이전시키는 동인이 될 것이다. 또한 장기적으로는 회계법인은 소송위험을 최소화하기 위해 수준 높은 회계인력을 양성하기 위해 힘쓸 것이며, 이는 많은 자원의 투입이 필요하므로 회계법인의 전문화와 대형화로 이어질 것이다.

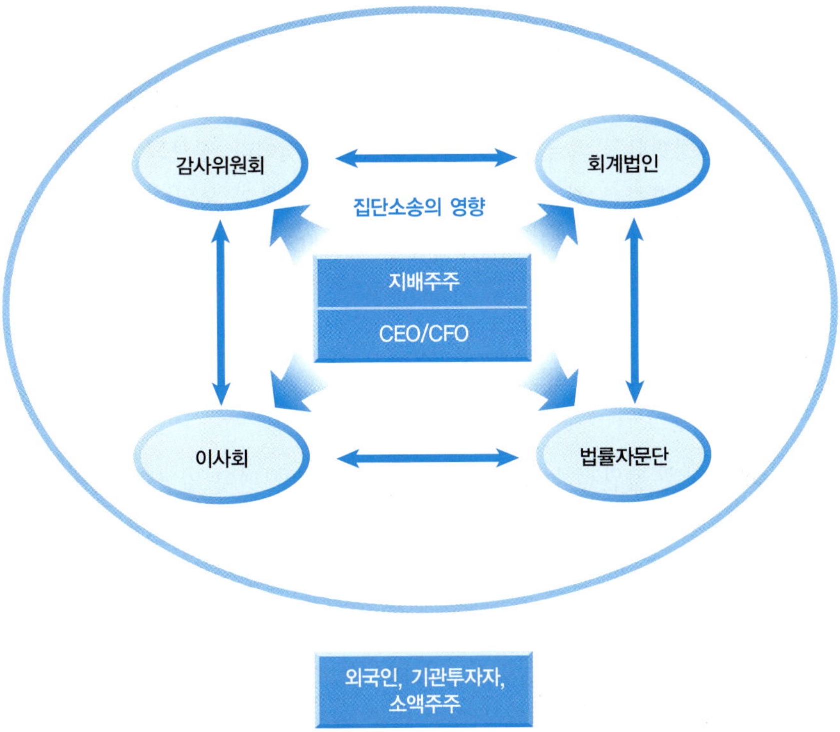


[그림 77-2] 집단소송의 영향

일부에서는 오히려 회계법인이 집단소송의 위험을 줄이고 손실을 최소화하기 위해 회계법인의 규모를 줄이려는 유인도 있을 것으로 예상하고 있다. 그러나 보고되는 회계정보의 신뢰성 확보에 궁극적인 책임을 지는 감사위원회 역시 집단소송의 위험에서 자유로울 수 없기 때문에, 감사품질이 높은 회계법인을 감사인으로 선임하고자 할 것이다. 감사위원회의 이와 같은 유인이 커질수록, 회계법인들은 보다 높은 수준의 회계사를 확보하기 위한 투자를 적극적으로 할 것으로 판단된다.

위의 그림에서 지배주주나 최고경영층으로부터 견제장치 쪽으로 화살표가 그려져 있다. 이는 집단소송의 잠재적 위협으로 인해 각 견제장치의 주체들이 외국인 주주나, 기관투자자 그리고 소액주주의 이해를 우선적으로 고려할 수 밖에 없는 새로운 상황이 도래했음을 보여주는 것이다. 지배주주나 최고경영자의 의사결정은 존중하되 외부 이해관계자들의 시각에서 이를 검증하고 견제하는 역할을 한다는 의미이다.

기업의 지배주주와 최고경영자뿐 아니라 회계법인의 최고경영층도 이와 같은 근본적인 환경변화를 적극적으로 받아들여야 할 것이다. 정보의 열위에 있는 외부주주의 권익을 보호하는 것이야말로 궁극적으로는 정보의 우위에 있는 경영자나 회계법인의 권익을 보호하는 최선의 전략이기 때문이다.

## 03 자기규제의 중요성

자본시장은 불완전하지만 효율적이다. 어느 한 편이 일방적인 이득을 보는 구조는 존재할 수 없다. 연대책임 대신 비례책임제도를 도입하는 것에 대해서는 동의한다. 다만 외부주주의 권익 침해시 그 손실을 충분히 보상할 수 없는 구조가 나타나게 된다면, 현재와 미래의 외부주주는 자본시장을 외면할 가능성이 있다. 이는 궁극적으로 회계산업 종사자와 상장기업을 비롯한 자본시장 참여자 모두의 손해로 되돌아 올 수 있음을 명심해야 한다. 이것이 바로 외부주주의 권익을 잘 보호하는 국가일수록 주식시장에 상장되었거나 새롭게 상장하려는 기업의 수도 많아진다는 실증결과를 인용하고 싶은 이유이다.

그러나 법률적인 보호장치만으로는 성숙한 자본시장으로의 발전을 이룰 수 없다고 판단된다. 건전한 상식과 윤리의식을 갖춘 성숙한 시민의식의 발달, 공정하고 엄정한 언론의 순기능, 유효한 경쟁이 존중되는 시장, 그리고 합리적인 조세정책 등과 같은 대체적인 장치들의 동반 발달이 필수적이다. 물론 집단소송제의 도입은 이와 같은 큰 변화를 촉발하는 중대한 사건이 될 것이다.

외부로부터의 압력이 존재하지 않고서는 조직이나 제도가 스스로 변화하기가 쉽지 않다는 것은 역사적으로도 잘 알 수 있다. 그러나 보통(average)의 의사결정자가 아닌 현명한 의사결정자는 외부로부터의 압력을 내재화하여 스스로 변화를 주도한다고 한다. 그것이 조직과 제도의 생존과 번영을 담보하는 가장 효율적인 전략이기 때문이다. 효율적인 자본시장에서 가장 중요한 개념 또한 바로 자기규제라는 점도 흥미롭다.

SECTION

# 78 증권관련 집단소송위험의 결정요인

2007년부터 모든 상장기업은 증권관련 주주집단소송의 위험에 직면하게 되었다. 2006년 말까지는 상장기업 중 자산 2조 원 미만인 기업은 집단소송 대상에서 제외되었으나, 2007년부터는 그와 같은 예외도 없어지게 되었다. 현재까지 실제로 집단소송이 제기된 상장기업은 없으나 앞으로도 그럴 것인지는 지켜보아야 한다.

현재 증권관련 집단소송법에 의하면 회사가 주주의 투자의사결정에 필요하다고 인정되는 중요한 정보를 적절히 공시하지 않는 경우, 불공정공시를 하는 경우, 또는 내부정보를 이용한 주가조작 등이 있는 경우 소송을 당할 수 있다. 이 같은 소송의 원인을 살펴보면 기업의 재무회계정보가 적절히 공시되는가 여부가 증권관련 집단소송에서 결정적인 역할을 할 것임을 알 수 있다.

그렇다면 실제로 주주에 의한 집단소송제도가 가장 활발하게 발생하고 있는 미국에서는 어떠한 특성을 갖는 기업들이 증권관련 집단소송의 위험에 노출되어 있을까?

첫째, 주가하락이 클수록 집단소송의 위험이 높아지는 것은 당연하다. 증권 관련 집단소송에서는 '공개된' 모든 기업정보는 주가에 효율적으로 반영되어 있다는 가정을 하고 있다. 이를 'the fraud on the market theory' 라고 하여 우리말로는 '시장사기이론' 으로 번역되어 있다. 즉 주가가 급락하는 이유는 주식시장에 충분히 공개되지 않았던 경영자나 대주주 등 기업내부인이 독점하고 있었던 기업에 대한 부정적인 사적정보가 시장에 제공됨으로써 발생한다는 것이다. 예를 들면 부실대출에 대한 손실을 적기에 적절히 인식하지 않음으로써 주가가 일정수준을 유지하고 있었으나, 뒤늦게 대출손실이 공시되는 경우 주가가 급락할 수 있다. 이 경우 외부 주주는 기업내부인이 부실대출에 대한 부정적인 사적정보를 주식시장에 적절히 제공하지 않았기 때문에 주식을 적기에 처분할 수 없었다고 주장할 것이며, 따라서 주가하락에 대한 손실을 보상받기 위해 소송을 제기할 가능성이 높아지게 된다.

둘째, 주가변동성이다. 주가변동성이 높을수록 소송의 위험에 많이 노출된다. 주가변동성이 높다는 것은 주가가 상승할 가능성도 높으나, 반대로 주가가 급락할 가능성도 높다는 것을 의미한다. 물론 주가가 상승하는 경우에는 소송의 위험이 없거나 매우 낮을 것이나 주가가 단기간 동안에 급락하는 경우 위에서 살펴본 대로 소송 위험이 매우 높아진다. 이는 집단소송의 위험을 낮추기 위해서는 주가변동성을 낮추어야 함을 뜻한다. 따라서 기업경영성과에 대한 주식시장의 기대치가 경영자나 대주주 등 기업내부인이 보유한 정보에 비해 과도하게 차이가 나지 않도록 하는 것이 중요하다. 주주를 위한 지속적인 정보제공활동이 중요성을 갖는 이유는 이 때문이다. 이같은 활동을 '시장기대치 관리' 라고 하며 영어로는 'expectations management' 라고 한다.

셋째, 주가변동성과 더불어 주식의 거래가 활발할수록 소송위험이 높다. 외부주주와 기업 내부인간 기업가치에 대한 의견이나 평가가 크게 다른 경우, 이 같은 정보의 불균형을 해소하려는 과정에서 서로 다른 기대를 갖는 주주간의 손바뀜 현상이 빈번하게 나타나게 되고 이로 인해 주식거래가 활발하게 발생하게 된다. 거래가 늘어나게 되면 자연스럽게 주식거래로 인한 손실을 주장하는 주주의 수도 많아지게 되며, 만일 이 과정에서 기업의 재무정보가 불충분하게 제공되었다는 의문이 제기되는 경우 집단소송의 위험이 높아지게 된다.

넷째, 기업규모가 커질수록 소송 위험이 높아진다. 기업규모가 클수록 부적절한 공시로 인한 주주의 추정손실금액이 커지게 된다. 소송원고측인 주주는 소송제기로 인해 여러 비용이 발생함을 감안할 때 추정손해배상금액이 소송비용보다 클 것이라고 예상하는 경우에만 소송을 제기할 것이다. 또한 규모가 큰 기업일수록 소송 진행기간 중에 발생할 수 있는 기업명성의 손상에 더욱 민감할 수 있어, 원고측과 손해배상에 대한 합의를 선호할수도 있다. 이를 인지하고 있는 원고측은 따라서 규모가 큰 기업을 소송의 목표로 선정할 개연성이 높아진다.

다섯째, 기업재무회계정보가 불투명할수록 소송 위험이 높아진다. 특히 기업내부인의 사적정보가 가장 많이 포함되어 있는 부분은 영업현금흐름과 발생액 중에서 발생액 부분이다. 발생액이란 영업현금흐름이 수반되지 않고도 당기순이익에 영향을 미치는 수많은 항목들로 구성되어 있다. 감가상각비, 대출손실, 지분법평가손실, 외화환산평가손실, 재고자산 평가손실 등 당기에 영업현금이 유출되지 않아도 당기순이익을 감소시키는 항목들과 매출채권이나 재고자산의 증가 등 당기에 영업현금이 유입되지 않아도 당기순이익을 증가시키는 항목들이 그 예이다.

이들 발생액은 기업내부인의 전문적인 판단이 개입된다는 공통점을 갖고 있다. 따라서 당기순이익에서 차지하는 발생액 비중이 높은 기업일수록 기업내부인의 사적정보가 주식시장에 충분히 전달되지 않았을 개연성이 높기 때문에, 외부주주의 정보불균형을 심화시키는 요인이 되고 그만큼 집단소송의 위험도 증가시키게 된다.

특히 이 가운데 매출채권이나 재고자산은 과대평가의 위험이 높은 발생액들이며, 따라서 이들이 집단소송을 초래하는 가장 위험한 자산들이라고 할 수 있다. 가공의 매출을 기록하거나(예, 해외 자회사에 제품을 이전해 놓고서는 이를 고객에게 신용판매한 것처럼 기록) 또는 조기에 매출을 인식함으로써 매출채권을 과도하게 기록하였다가, 이를 대손손실로 처리 공시하는 경우 주가가 급락할 개연성이 높아진다. 재고자산의 경우에도 판매부진으로 발생한 재고자산 평가손실을 적시에 손익계산서에 인식하지 않았다가 추후 재고자산을 일시에 손실로 처리하는 경우 주가하락이 가속화될 수 있다. 이 때문에 우량 상장기업들은 매출채권과 재고자산이 적정하게 평가될 수 있도록 경영역량을 집중하고 있다.

여섯째, 기업성장속도가 빠른 기업이나 신주를 자주 발행하는 기업도 소송 위험에 노출되기 쉽다. 이들 기업은 자금의 조달원천으로 부채를 사용하기보다는 주주로부터의 납입자본에 의존하는 경향이 높다. 따라서 이들은 발행 주식의 가격을 높게 하기 위해 영업현금흐름과는 무관한 발생액금액(예, 매출채권이나 재고자산의 과대평가 또는 대손상각비의 과소인식)을 과도하게 발생시킴으로써 영업이익을 높게 보고하려는 유인이 존재하게 된다. 그러나 추후 발생액이 지나치게 많이 사용되었다는 것이 밝혀져 이를 수정하는 경우 순이익이 감소하게 되고 주가가 급락하게 되면 주주로부터의 소송위협에 노출되게 된다.

요약하면 기업 내부인의 사적정보가 주식시장 참여자에게 적절히 제공되지 않는 경우, 이로 인해 정보의 불균형이 초래되고 이를 해소하는 과정에서 주가가 급격히 하락하게 되면 주주로부터의 집단소송에 직면하게 된다. 집단소송의 폐해는 잘 알려져 있다. 집단소송의 제기로 인해 주가가 추가로 하락할 위험도 있으며, 기업의 명성도 손상을 입게 되어 핵심투자 및 영업활동에도 많은 어려움을 받게 된다. 이로 인해 기업 핵심 임직원의 고용도 불안해 질 수 있다. 따라서 증권관련 집단소송의 가장 효율적인 방어책은 위에서 제시된 여러 요인들을 면밀히 분석하여 기업내부인과 외부주주간의 정보불균형을 해소시키는 데 있음을 기억할 필요가 있다.

# SECTION 79 주가의 볼록성과 시장기대치 관리

주가는 경영성과의 기대치에 비례해서 움직인다. 경영성과가 좋을 것으로 예상하면 주가는 올라가고 그 반대이면 주가는 하락한다. 그러나 주가는 경영성과의 기대치에 직선처럼 정비례하지는 않는다. [그림 79-1]에서 보듯이 경영성과가 일정 수준(M지점)을 넘어서기 전까지 주가가 상승하기는 하지만 아주 큰 폭으로 오르지 않는다. 그러다가 그 수준 이후(H지점)부터는 주가가 급격한 상승추세를 따르는 경우가 종종 나타난다.

## 01 주가의 볼록성(convexity)

주가와 경영성과간의 관계가 정비례하지 않고 볼록한 모습(또는 볼록성: convexity)을 갖는 이유는 무엇일까? 이에 대한 답은 의외로 간단하다. 우선 주가($P_0$)가 기업의 본질가치를 잘 반영한다고 가정하고, 다음과 같은 주식가치평가모형을 고려하자(Section 11 참조).

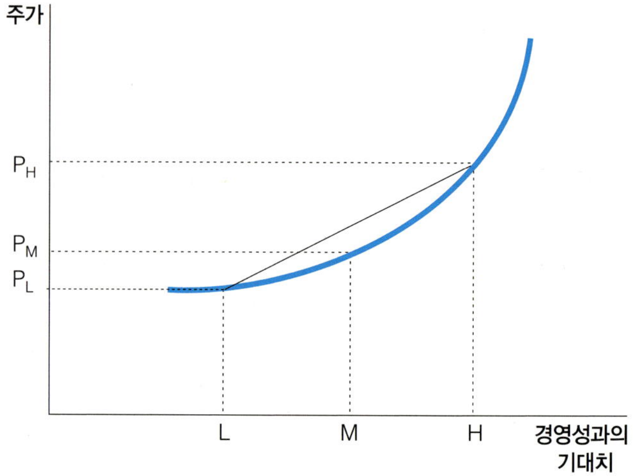


**[그림 79-1]** 주가의 볼록성

$$P_0 = \text{미래배당금의 현재가치} = \frac{D_1}{r - g}$$

여기서 $D_1$ = 다음 연도의 예상 배당금액, r = 주주의 요구수익률(또는 할인율), g = 배당성장률을 나타낸다. 또한 배당금액($D_1$)이 예상순이익($E_1$)의 일정비율(k: 배당성향)로 유지된다고 가정하면,

$$P_0 = \frac{k \times E_1}{r - g} = \frac{\text{배당성향} \times \text{예상순이익}}{\text{할인율} - \text{순이익성장률}}$$

배당성향이 일정하다고 가정하는 경우 배당성장률(g)과 순이익성장률은 동일하다는 것을 기억하고*, 위 식을 조금만 변환하면 다음과 같다.

* 이 같은 관계를 배당성향이 30%인 경우의 예를 들어 아래 표에서 살펴보면, 배당성향이 변하지 않는 경우 배당성장률과 당기순이익성장률은 동일함을 알 수 있다.

| | 지난해 | 올해 | 성장률 |
|---|---|---|---|
| 당기순이익 | 100원 | 120원 | 20% |
| 배당금 | 30원 | 36원 | 20% |

$$\frac{P_0}{E_1} = PER = \frac{k}{r - g}$$

이제 주가와 경영 성과 간의 관계가 왜 볼록한 모습을 갖는지 알 수 있다. 만일 주주의 요구수익률(r)이 일정하다고 가정하면, 순이익성장률(또는 배당성장률, g)이 높아질수록 PER은 급격하게 상승하는 모습을 띠게 될 것이다. r = 10%, k = 30%인 경우를 가정하자. 이제 순이익성장률(g)이 1%에서 9%까지 올라간다고 할 때 PER은 다음과 같은 값을 갖게 된다.

순이익성장률(g) = 4%인 경우, PER = $\frac{30\%}{(10\% - 4\%)}$ = 5배가 되고, g = 5%인 경우, PER = $\frac{30\%}{(10\% - 5\%)}$ = 6배가 된다. 그런데 g = 8%라면 PER = $\frac{30\%}{(10\% - 8\%)}$ = 15배가 되고, 마지막으로 g = 9%인 경우, PER = $\frac{30\%}{(10\% - 9\%)}$ = 30배가 된다.

[그림 79-2]는 이같은 주가와 경영성과간의 볼록성을 잘 보여주고 있다.

따라서 순이익성장률이 매우 높은 경우, 즉 경영성과가 매우 좋을 것이라는 기대를 주주들이 갖는 경우, 주가는 완만하게 상승하는 것이 아니라 급상승하는 모습을 보이게 된다.

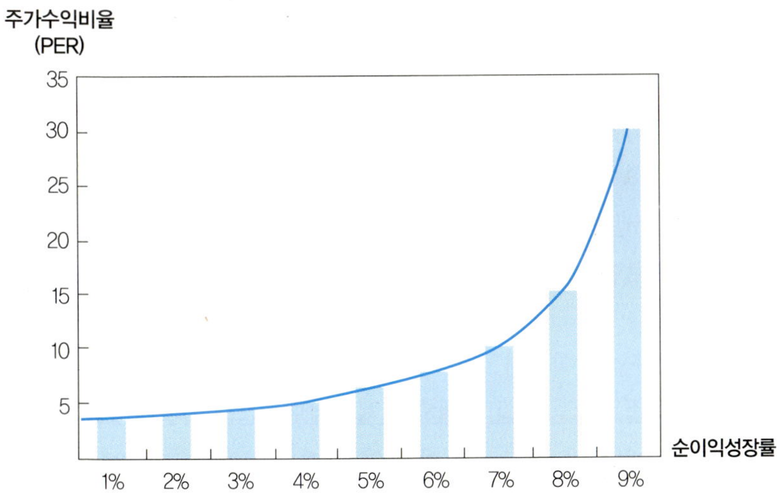


[그림 79-2] 순이익성장률에 따른 주가수익비율 비교

주가와 경영성과간의 관계가 정비례하지 않고 볼록성을 띠고 있다는 점은 회사의 경영성과에 대한 주식시장참여자(주주, 재무분석가, 신용평가기관, 회계법인 등)들의 기대치를 적절하게 조정해야 할 필요가 있음을 의미한다. 이를 시장기대치의 관리(expectations management)라고 부른다. 만일 시장에서의 기대치가 과도하게 낙관적이었다면 향후 실제 경영성과는 시장의 기대치(expectations)에 밑돌게 될 것이고, 궁극적으로 주가는 천천히 하락하는 것이 아니라 볼록성의 특성으로 인해 급격히 하락할 수 있기 때문이다. 이 같은 논의에는 시장참여자의 지나친 낙관으로 인해 주가가 과도하게 평가될 수 있다는 가정이 숨겨져 있다. 비록 위에서는 주가가 기업의 본질가치를 잘 반영하고 있다는 가정하에 주가의 볼록성을 도출하였지만, 더욱 중요한 점은 경영성과에 대한 시장의 기대치가 실제보다 과도하게 낙관적이거나 비관적일 수 있고 그 결과 주가가 본질가치를 벗어날 수 있다는 통찰력을 갖는 것이다.

## 02 낙관적인 시장기대치의 형성

해외에서 신규사업을 하고 있는 어느 기업을 예로 들어 주가와 경영성과의 볼록성과 시장기대치 관리의 중요성에 대해 논의해 보자. 이 회사는 지난 몇 년간 해외사업에서 적자를 면치 못하였으나, 최근 영업이익이 흑자로 돌아섰다. 해외사업이 흑자를 내기 시작하면서 경영층에서는 미묘하지만 의미있는 변화가 나타나기 시작했다. 최고경영자나 해외사업본부장 그리고 재무담당임원 모두 재무분석가들과의 정보교환 과정에서 작지만 명확한 메시지를 전달하고 있었다. 비록 해외사업의 규모가 현재로서는 크지 않으나, 몇 년 후에는 회사 전체 영업이익의 20%를 차지할 것이라는 중장기 계획도 세워놓았다. 따라서 재무분석가들의 관심이 해외사업에 집중되는 것은 자연스러워 보인다.

재무분석가들은 회사에 대한 '흥미로운 주제(theme)'를 찾고 싶어한다. 재무분석가들이 재무정보를 아무리 상세하게 제시해도 주식시장참여자들은 그 내용을 잘 이해하려 하지 않고 또 시도조차 하지 않는 경우도 있다. 그 정보들이 주가에 어떤 영향을 주는지에 대해 확신이 없기 때문이다. 그 대신 주식시장은 회사에 대한 '흥미로운 이야기' 를 듣고 싶어한다. 해외사업에서 드디어 영업이익이 흑자로 돌아섰다는 것은 시장에 좋은 이야기 소재가 된다.

재무분석가들은 이 같은 소재에 관해 확신을 얻고 싶어하므로 공시담당(IR: investor relations) 임원진과 최고경영자에게 보다 적극적으로 접근하게 된다. 이 과정에서 경영진은 무의식적으로 재무분석가들이 듣기를 원하는 확신을 제공하게 된다. 해외사업에서 영업이익이 나기 시작했을 뿐 아니라 곧 손익분기점(BEP: break-even point)* 을 넘을 것이라는 자신감을 숨기지 않는다. 해외사업이 본 궤도에 접어들어 공헌이익이 설비투자로 인한 감가상각비, 현지 임직원급여 및 기타 고정경비를 초과했다는 소식은 본사의 임원진과 최고경영층에게 많은 자신감을 주게 된다.

이는 그 동안 해외사업의 성공여부에 대한 시장의 의구심을 드디어 해소할 수 있게 되었다는 자신감이다. 재무분석가들의 해외사업에 대한 날카로운 질문에도 이제는 과거와는 달리 자신 있게 설명할 수 있게 되었다. 손익분기점을 넘어선 경영성과가 일시적인 행운 덕분이 아니라 그 동안 추진했던 경영전략이 효과를 나타내기 시작했기 때문이라는 설명을 잊지 않는다. 이 같은 설명에도 불구하고 재무분석가들은 다시 한번 결정적인 질문을 던진다. "해외사업은 이제 성공한 것으로 생각해도 됩니까?" 최고경영자의 답변은 간결하고 명확하다. "이제는 믿으셔도 됩니다."

최고경영자와 경영진의 자신감은 재무분석가의 보고서와 경제전문기사를 통해 주식시장에 빠른 속도로 전달되고, 시장참여자들은 이제까지 망설였던 것과는 달리 확신을 갖고 주식에 투자를 시작한다. 그리고 주가는 아직은 미미한 수준의 해외사업실적과는 달리 큰 폭으로 오르기 시작한다. 일단 탄력을 받은 주가는 [그림 79-1]에서 보듯이 경영성과의 기대치와 일직선의 형태로 올라가는 대신 포물선을 그리듯 가파르게 상승한다. 회사의 경영성과가 일정 수준 이상을 넘어설 것이라는 기대치가 시

* 손익분기점이란 공헌이익(=매출액−변동영업비용: 변동비를 초과하는 매출규모)이 고정영업비용을 충당할 수 있는 경영실적을 의미한다(Section 08 참고).

장참여자들에게 공유되는 순간, 즉 [그림 79-1]에서 H지점에 다다른 순간 주가는 볼록성의 특성을 나타내는 것이다.

## 03 시장기대치의 불확실성과 주가의 과대평가

이 같이 가파르게 오르는 주가는 과연 합리적일까? 경영성과에 대한 주식시장의 기대는 언제나 다양한 형태로 존재한다. 회사의 경영실적에 대해 비판적인 견해를 갖고 있는 시장참여자가 있는가 하면, 반대로 동일한 재무회계지표에 대해 낙관적인 해석을 하는 참여자도 있다. 경영성과에 대한 시장참여자간의 견해 차이가 커질수록 비판적인 견해보다는 낙관적인 기대가 주가에 반영될 가능성이 높아진다. 왜 그런지 아래에서 살펴보자.

비판적인 시장기대를 갖는 투자자가 선택할 수 있는 대안은 두 가지이다.

- 현재 주식을 보유하고 있는 주주라면 주식을 처분할 수 있다.
- 만일 현재 주식을 보유하고 있지 않다면 주식을 금융회사에서 빌려서 매각한 후(이를 공매도라고 함), 추후 주가가 예상대로 하락하면 그 때 낮은 가격으로 주식을 매입하여 빌린 주식을 갚는 방안이다.

그러나 공매도 전략을 선택하는 투자자는 많지 않다. 공매도 전략을 실행하는 과정에 수반되는 실질적인 어려움이 있어서만은 아니다. 만일 빌려서 매각한 주식가격이 하락하지 않고 오히려 상승하게 되면 투자자는 큰 손실을 입을 수 있기 때문이다. 또한 현재 주식을 보유하고 있는 주주들도 경영성과에 대한 기대수준이 낮다 하더라도 주식을 매각하는데 주저하는 경우가 많다. 주식을 장기간 보유하면 결국은 주가가 상승할 것이라는 희망을 갖기 때문이다. 어쨌거나 경영성과에 대한 시장참여자의 비판적인 기대가 주가에 신속하게 반영되지 않는 현상이 나타나게 된다.

반면 낙관적인 견해는 상대적으로 시장참여자들에게 주식을 취득하고자 하는 강력한 동기를 제공한다. 이를 영어로는 excitement factor라고 한다. 흥분할만한 소재거리라는 의미이다. 결국 주가는 시장참여자의 비관적인 기대보다는 낙관적인 견해를 보다 적극적으로 반영하는 경향이 있어, [그림 79-1]에서 보듯이 경영성과가 의미하는 것 이상으로 주가가 상승하는 볼록성이 나타난다.

## 04 시장기대치의 조정

그런데 문제는 그 이후에 나타난다. 주가가 낙관적인 기대만을 반영하여 크게 상승한 후, 시장참여자는 낙관적인 기대를 만족시킬 만큼 경영실적이 충분히 뒷받침하고 있는지를 확인하고자 한다. 만일 경영성과가 낙관적인 기대수준을 충족시키지 못할 것이라고 판단하면 주가는 비로소 떨어지기 시작한다. 이제는 주가가 추가로 상승할 것이라고 예상하는 시장참여자에 비해 하락할 것을 예상하는 참여자가 많아지게 되고, 결국 주가는 빠른 속도로 하락할 수 있다. [그림 79-1]에서 살펴보면 경영성과의 기대치가 H지점에서 L지점으로 옮겨감으로써 주가가 급락하게 되는 것이다.

최고경영자와 임원진은 이 같은 주가움직임의 속성을 충분히 인식하고 있어야 한다. 주가가 급격히 하락하게 되면 주식을 보유한 임직원이 경제적 손실을 입는 것뿐만 아니라 주가급락으로부터의 손실을 보상받고자 하는 외부주주들에 의해 증권관련 집단소송(class action lawsuits)을 당할 위험도 높아지기 때문이다. 소송의 원고측은 혹시라도 회사가 부정적인 경영정보를 적시에 시장에 제공하지 않음으로써 주가를 인위적으로 높은 수준으로 유지하려 했는가를 의심하게 된다.

한국 상장기업들도 2007년부터 증권관련집단소송의 위험에 노출되어 있다. 주가가 단기적으로 급락하는 경우에는 상장기업들이 주주의 손해배상압력에 노출될 가능성이 있다. 따라서 경영성과에 대해 긍정적인 정보를 지나치게 적극적으로 시장에 전달하려는 의욕을 억제하여야 한다. 대신 경영성과에 대한 부정적인 정보는 가능하면 신속하게 시장참여자에게 전달함으로써 주가가 과대평가될 개연성을 줄여야 한다.

그러나 이 같은 권고사항을 경영진에서 실천하기는 쉽지 않다. 경영진은 경쟁기업에 뒤지지 않으려는 경쟁의식을 갖기 마련이다. 경쟁기업에 비해 경영성과가 뒤떨어지거나 주가상승률이 더디게 되면 경영진은 시장에서 여러 형태의 압력에 직면하기 때문이다. 또한 경영진의 자존심도 상하게 된다. 따라서 가능하면 경영실적에 관한 긍정적인 정보는 신속하게 시장에 전달하려고 하고, 부정적인 정보는 가능하면 뒤로 미루게 된다.

일류기업의 경영진이라면 '좋은 소식은 빨리, 나쁜 소식은 천천히 공시' 하려는 유혹을 효과적으로 억제하는 장치를 설계, 운용함으로써 시장참여자로부터 신뢰를 확보하고 결과적으로 증권 관련 집단소송의 위험도 감소시키는 경제적 혜택까지도 향유할 것이다. 독립적이면서도 재무회계에 대해 전문성을 갖춘 사외이사를 감사위원으로 선임하거나, 전문성을 갖춘 회계법인을 외부회계감사인으로 선임하는 방법 등이 그와 같은 장치들의 좋은 예이다.

SECTION

# 80 지주회사제도의 도입과 주가 볼록성

주가와 경영성과는 정비례의 관계가 아니라 볼록성(convexity)을 갖는 관계임을 기억하자(Section 79 참조). 경영성과가 낮을 경우 주가가 낮은 것은 당연히 이해할 수 있다. 그런데 경영성과가 일정 수준을 초과하게 되면 주가는 경영성과에 정비례해서 올라가는 것이 아니라 월등히 높은 수준까지 오를 수 있다. 이 같은 주가 볼록성의 특성을 활용하여 기업의 경영전략 선택도 설명할 수 있다. 이 장에서는 주가볼록성 개념을 활용하여 지주회사제도의 도입과 책임경영에 대해 논의해 본다.

## 01 주가 볼록성의 특성

주가와 경영성과의 관계가 볼록성을 갖는다면, 다음 그림에서 보듯이 경영성과가 낮은 수준(L)인 경우의 주가는 $P_L$에 머물 것이며, 경영성과가 중간 정도(M)라면 주가는 $P_M$에 이르게 된다. 그런데 경영성과가 매우 좋다(즉 초과이익 수준이 높다)고 판단된다면(H) 주가는 $P_H$ 수준까지 매우 가파르게 올라간다.

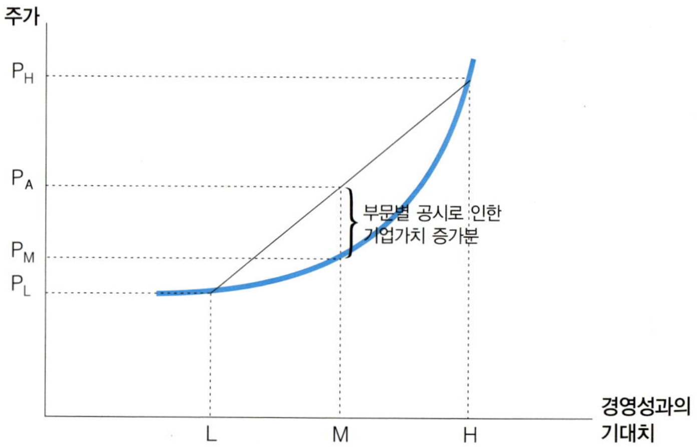


**[그림 80-1]** 부문별 공시와 주가의 볼록성

한 기업 내 두 사업부가 있다고 하자. 한 사업부는 경영성과가 낮은 수준(L)인 반면, 다른 사업부는 높은 경영성과(H)를 달성했다고 가정하자. 그런데 이 두 사업부는 같은 기업 내에 있으므로 사업부별의 경영성과가 각각 시장에 알려지는 대신 두 사업부 경영성과의 평균치(M)가 이 기업의 경영성과로 공시될 것이다. 이 경우 회사의 주가는 위에서 보듯이 $P_M$에 머물게 된다.

그런데 만일 이 두 사업부를 독립적인 사업자회사로 분할한다면 경영성과가 낮은 기업의 주가는 $P_L$에 머물 것이지만 경영성과가 좋은 기업의 주가는 $P_H$ 수준까지 올라가게 될 것이다. 따라서 이 경우 기업의 평균가치는 $\frac{P_L + P_H}{2}$인 $P_A$가 된다. 즉 두 사업부가 한 회사 내에 함께 있을 경우와 비교하여 기업가치는 $(P_A - P_M)$만큼 높아지게 된다. 결국 사업부별의 경영성과를 시장에 각각 공시함으로써 기업 전체적으로 기업가치를 높일 수 있게 된 것이다. 이 개념을 이용하여 지주회사제도의 도입과 책임경영이 기업가치에 미치는 영향을 분석해 보자.

## 02 지주회사제도의 도입

최근 몇 년간 한국의 주요 기업집단들은 지주회사 형태의 소유구조를 적극적으로 도입했거나 도입 가능성을 고려하고 있다. 지주회사 소유구조에서는 모기업 또는 지배회사 역할을 하는 지주회사(holding company)가 여러 사업자회사(50% 이상 소유하는 경우)나 관계회사의 지분을 소유함으로써 투자 및 배당의사결정에 유의적인 영향력을 행사하게 된다.

지주회사제도에서는 사업자회사들이 투자의사결정 및 영업성과에 대해 보다 명확한 책임을 갖게 된다. 한편 사업자회사들은 어려움을 겪고 있는 다른 사업자회사들을 쉽게 도와줄 수도 없게 된다. 자연스럽게 각 사업자회사들의 최고경영층은 투자수익률을 극대화하기 위한 전략을 구상하고 실행하기 위해 노력한다. 지주회사제도를 도입하는 기업들이 이 제도를 도입한다는 이유로 책임경영문화의 정착을 강조하는 이유가 이 때문이다.

그리고 모기업역할을 하는 지주회사는 각 사업자회사로부터 현금배당금을 받거나 브랜드 사용료를 받아 재원을 마련한다. 그리고 지주회사 독자적으로 수익사업을 발굴하는데 그 재원을 사용하거나 성장이 필요한 사업자회사에 지분투자를 늘림으로써 지주회사의 기업가치를 높이고자 한다.

이제 앞에서 살펴본 주가의 볼록성 개념을 사용해 지주회사제도를 도입하는 이유를 설명해 보자. 지주회사제도에서는 기업집단 내 사업자회사들이 각각의 경영성과에 대해 시장에서 독자적으로 평가 받게 된다. 그리고 과거와 같이 경영성과가 좋지 않은 기업집단 내 다른 기업을 도와주기가 어렵게 된다. 각 사업자회사의 경영층과 이사회가 이 같은 지원거래를 꺼려하기 때문이다. 결국 경영성과가 좋지 않은 사업자회사는 시장에서 비판적인 평가를 받게 되고, 지주회사는 이들 기업으로부터 자원을 회수해 경영성과가 좋은 다른 사업자회사로 투자재원을 집중시키게 될 것이다.

따라서 지주회사제도를 도입하는 목적은 지주회사를 구성하는 각 사업자회사의 경영성과를 시장에서 냉정하게 평가 받음으로써 한정된 자원을 효율적으로 재배분하고 궁극적으로 기업집단의 전체 가치를 극대화하기 위해서라고 이해할 수 있다.

## 03 CIC (a company-in-company)

최근 여러 기업에서 도입하고 있는 또 다른 형태의 경영전략 중에는 CIC(a company-in-company)제도가 있다. 기업 내 사업부를 마치 독립된 사업자회사 형태로 운영하는 것을 의미한다. 이 제도 역시 각 사업부문이 더 많은 경영의사결정 권한을 갖고 인사, 영업 및 투자의사결정을 하게 된다. 물론 이에 상응하여 경영성과에 대한 책임도 함께 높아진다. 이 같은 제도를 도입하는 목적도 각 사업부가 보다 명확한 책임경영을 하도록 하기 위함이다. 즉 경영성과가 높은 사업부문으로 한정된 기업의 인적, 물적자원이 효율적으로 재배분됨으로써 궁극적으로 기업 전체의 가치를 높이기 위해서이다.

CIC제도는 마치 많은 기업들이 이미 보편적으로 채택하고 있는 사업부문제도와 유사해 보인다. 그런데 중요한 차이점은 사업부문제도와는 달리 CIC제도에서는 각 CIC 단위가 최고경영자를 갖게 되며, 전사차원에서도 별도의 총괄 역할을 하는 최고경영자가 존재한다는 점이다. CIC 최고경영자는 당해 CIC 내의 투자, 인사, 영업 및 재무에 관한 의사결정을 독자적으로 수행하고, 그 대신 전사 최고경영자는 CIC 차원을 넘어서는 기업 전체의 새로운 성장동력을 찾기 위해 더 많은 시간과 노력을 들이게 된다.

따라서 CIC제도를 효율적으로 운영하기 위해서는 전사 최고경영자와 CIC 최고경영자들간의 역할분담이 명확해야 한다. 만일 전사 최고경영자가 CIC 최고경영자의 의사결정과정에 과도하게 개입을 하거나 또는 기업 전체의 성장동력발굴에 필요한 장기적이고 전략적인 역량을 갖추지 못한 경우 CIC제도는 오히려 기업의 의사결정과정에 혼란을 가져올 수 있음을 기억해야 한다.

## 04 지주회사제도와 CIC제도의 도입 여건

기업가치와 경영성과 간의 볼록성을 고려하면 기업 집단이나 기업들이 지주회사제도 혹은 CIC제도를 보다 적극적으로 고려할 것으로 예상할 수 있다. 그러나 이 같은 제도를 도입하기 위한 여건을 갖추기는 쉽지 않다. 지주회사제도의 경우 지주회사가 사업자회사의 의결권 주식을 일정 비율 이상 소유해야 하는데 현재 모기업이 보유하고 있는 지분율이 낮은 경우 추가로 사업자회사의 지분을 확보하는 것은 많은 재원이 필요할 수 있다. 이 경우 당연히 지주회사제도의 도입은 어렵게 된다.

또한 사업자회사나 CIC가 독립적으로 '생존력'을 갖추지 않으면 이 같은 제도를 도입하기가 쉽지 않다. 만일 일부 사업자회사나 CIC의 경영성과가 매우 열악하여 다른 사업자회사나 CIC의 지원 없이는 독자적으로 생존할 수 없는 경우 이 같은 제도를 도입하는 것은 오히려 기업 전체의 경쟁력을 떨어뜨릴 수 있기 때문이다.

자본시장의 발달과정이나 성숙도에 따라 기업이 자본시장에서 주식이나 채권발행을 통해 투자재원을 직접 조달하는 것이 어렵거나 또는 가능하더라도 너무 많은 비용이 들 수도 있다. 이 경우 자본비용이 과도하여 투자를 하지 않은 것이 오히려 합리적인 선택일 수 있다. 이 같은 과소투자의 위험을 최소화하는 한편 성장전략을 추구하기 위해서는 사업자회사 또는 CIC들이 투자재원을 공유하거나 상호 지원함으로써 자본시장으로부터의 재원조달에 과도하게 의존할 필요가 없게 된다.

그러나 자본시장에서 투자재원을 조달하지 않게 되면 부작용도 있다. 기업내부의 재원만으로 경영을 하는 경우 시장으로부터의 견제가 작동하지 않기 때문이다. 만일 시장의 견제가 없다면, 현금흐름창출능력은 뛰어나지만 투자기회는 많지 않은 기업이 수익률이 낮은 투자안에 잉여현금흐름(free cash flow)을 투입할 개연성도 있다.

성장기회와 투자재원조달역량의 관점에서 사업자회사나 CIC가 독자적인 생존력을 갖추었다고 판단한 후에는 최고경영층은 경영성과가 좋은 사업자회사와 CIC를 그렇지 않은 사업자회사나 CIC와 차별화함으로써 독립경영제도를 정착시키고자 하는 강력한 '경제적 유인'을 가져야 한다. 최고경영층이 갖는 경제적 유인은 다음 네 가지 요소에 의해 결정된다.

- **주식보유를 통한 기업가치 상승분.** 일반적으로 최고경영층은 회사의 의결권이 있는 지분을 보유하고 있다. 물론 회사에 따라 최고경영층이 보유한 의결권 비율은 많은 차이가 있다. 최고경영층은 기업의 본질가치를 높임으로써 보유 지분비율에 해당하는 만큼 경제적 이득을 얻게 된다. 따라서 책임경영제도를 정착시켜 기업의 가치가 향상되고 최고경영층의 경제적 이익도 커지게 되므로, 주식보유비율이 높은 최고경영층일수록 이 같은 제도의 도입에 관심을 갖게 된다.
- **보상의 증가.** 경영성과가 좋게 되면 당연히 최고경영층의 보상도 함께 올라간다. 따라서 지주회사제도나 CIC제도의 도입, 운영으로 인해 기업가치가 상승하게 되면 그만큼 최고경영층의 보상도 높아지므로 이 같은 제도 도입에 적극적일 것이다.
- **사적이익(private benefits)의 감소.** 최고경영층은 기업으로부터 여러 형태의 사적이익을 향유한다. 생소하게 들리는 이 용어는 최고경영층이 경영권을 행사하는 과정에서 얻을 수 있는 이득을 의미한다. 예를 들면 사무실을 과도하게 호화롭게 꾸민다든가 꼭 필요하지 않은 회사출장에 회사경비를 사용하는 것 또는 회사차량을 가족용도에 전용하는 것 등이 포함된다. 사적이익의 특징은 이로 인한 효용은 최고경영층이 모두 향유하나, 사적이익으로 인해 기업가치가 하락하면 최고경영층은 보유지분비율만큼 손실을 보게 되므로 그 비용은 외부 주주와 나누어진다는 것이다. 지주회사제도나 CIC제도를 도입함으로써 책임경영과 투명경영이 강화되면 최고경영층의 사적이득이 오히려 감소할 수 있다.
- **최고경영층의 명성.** 최고경영자로서의 명성은 계량적 의미에서의 경제적 유인은 아닐지 모르나 매우 강력한 유인을 제공할 수 있다. 경제적 부를 달성한 후에는 회사 구성원과 사회로부터의 존경이 더욱 중요한 가치일 수 있기 때문이다. 또한 다음 세대로 경영권을 승계하는 과정에서도 최고경영층의 명성이 중요할 수 있다.

최고경영층은 지주회사제도나 CIC제도의 도입을 검토할 때 새로운 전략이 기업의 본질가치향상에 미치는 영향과 최고경영자로서의 명성 그리고 새로운 제도 도입 전까지 향유했던 사적이익에 미칠 수 있는 영향을 모두 고려할 것이다.

경영성과가 나쁜 사업자회사나 CIC를 시장의 감시와 견제에 직접 노출시키는 것은 매우 힘든 결정이다. 최고경영층이 경영책임에 대해 그만큼 큰 부담을 갖게 되기 때문이다. 최근 연구에 의하면 미국 상장기업들이 산업평균이나 경쟁사에 비해 성과가 떨어지는 사업부를 별도로 공시하기 보다는 경영성과가 좋은 사업부에 섞어서 공시하는 경향이 있다고 한다.

이 같은 부담에도 불구하고 새로운 제도를 도입하는 기업들은 이로 인한 긍정적인 경제적 효과가 사적이익의 감소보다도 클 것이라는 기대와 확신을 가졌기 때문일 것이다. 이 같은 의사결정에 주가와 경영성과 간의 볼록성 개념이 활용될 수 있음을 기억하자.

SECTION

# 81 사업다각화와 기업가치할인

한국뿐 아니라 서유럽 및 동남아의 대부분 국가들에서 기업집단(영어로는 conglomerates라고 함)의 경제적 영향력은 매우 크다. 기업집단에 소속되어 있는 기업들은 사업다각화 전략을 통해 사업영역을 확장하고, 위험관리 및 자금조달의 효율성을 추구한다. 물론 기업집단 소속 여부에 상관없이 많은 기업이 사업다각화 전략을 고민하지만 이는 특히 기업집단에 소속되어 있는 기업에서 많이 나타난다.

최근 연구에 의하면 다양한 영역으로 사업을 다각화한 기업은 그렇지 않은 기업에 비해 신용등급도 높고 따라서 금융부채 조달비용이 낮다고 한다. 서로 다른 특성을 갖는 다양한 사업영역에서 창출되는 영업현금흐름으로 인해 위험이 상쇄되는 효과가 있기 때문이다. 금융부채 조달비용이 낮아진다는 것은 다각화된 기업의 생존 및 성장잠재력이 높아진다는 것을 의미한다.

그런데 지금까지는 사업다각화가 오히려 기업가치를 떨어뜨린다는 연구들이 더 많았다. 사업다각화가 기업가치에 부정적인 영향을 미치는지 아닌지는 어떻게 알 수 있을까? 그리고 사업다각화가 기업가치에 미치는 영향이 부정적이라면 그 원인은 무엇일까? 마지막으로 사업다각화로 인해 기업가치가 낮아질 수 있음에도 불구하고 사업다각화 전략을 추진하려는 이유는 무엇일까?

## 01 사업다각화와 기업가치 할인현상

우선 사업다각화로 인해 기업가치가 실제로 감소하는지 살펴보자. 이를 위해 어느 기업이 두 개의 서로 다른 사업 영역에서 사업을 하고 있다고 가정하자. 각 사업영역에서는 여러 다른 기업들이 경쟁하고 있을 것이다. 그 경쟁기업들 가운데 그 사업영역에서만 영업활동을 하는 상장기업들을 추려낸다. 이들을 '다각화기업'의 반대 말인 '전문화기업'이라고 부르자.

그리고 이들 전문화기업의 기업가치를 구한다. 기업가치(EV: enterprise value)는 시가총액(=주가×유통주식수)과 금융부채의 합으로 나타낸다. 즉 기업가치는 주주의 몫과 채권자의 몫으로 구성되어 있다는 의미이다. 이제 전문화기업들의 기업가치를 매출액(sales)으로 나눈다. 이 값을 '매출액 대비 기업가치($=\frac{EV}{Sales}$)'라고 부르자.

$$\text{매출액 대비 기업가치} = \frac{\text{기업가치}}{\text{매출액}} = \frac{EV}{Sales} \tag{1}$$

그리고 각 사업영역에서 활동하고 있는 전문화기업들의 매출액 대비 기업가치($\frac{EV}{Sales}$) 중 가장 가운데 값인 중간값(median)을 선택한다. 중간값을 선택하는 이유는 이 값이 가장 대표적인 전문화기업의 매출액 대비 기업가치($\frac{EV}{Sales}$)를 나타낸다고 가정하기 때문이다. 물론 중간값 대신 평균값을 사용할 수도 있다.

처음에 가정한 다각화기업은 두 사업 영역에서 활동하고 있으므로 이 회사의 기업가치 추정치를 다음과 같이 사업가치의 합으로 추정할 수 있다.

다각화기업의 기업가치 추정치

= 다각화기업의 사업가치 합

= 사업영역 1의 매출액 × 사업영역 1에 속한 전문화기업들의 $\frac{\text{EV}}{\text{Sales}}$ 중간값

+ 사업영역 2의 매출액 × 사업영역 2에 속한 전문화기업들의 $\frac{\text{EV}}{\text{Sales}}$ 중간값 (2)

이제 마지막으로 식 (2)에서 추정한 다각화기업의 기업가치를 실제 기업가치와 비교한다.

다각화기업의 기업가치 할인액

= 다각화기업의 기업가치 추정치 − 다각화기업의 실제 기업가치 (3)

조금 복잡해 보이기는 하나, 식 (3)의 의미는 명료하다. 만일 이 값이 양(+)이라면 다각화기업은 전문화기업에 비해 기업가치가 그 만큼 낮게 평가되었다는 것을 의미한다.

연구에 의하면 다각화기업의 기업가치가 전문화기업에 비해 약 10%~15% 낮은 것으로 나타난다. 물론 모든 다각화기업에서 기업가치 할인현상이 나타나는 것은 아니다. 다각화기업들 중에서도 약 30~40%는 전문화기업에 비해 기업가치가 더 높은 것으로 나타난다. 그러나 평균적으로는 사업다각화로 인해 기업가치가 낮아진다는 부작용이 있다는 것이다. 이 같은 연구결과는 다각화전략을 긍정적으로 검토하려는 최고경영층에 부담을 주기에 충분하다.

## 02 기업가치 할인현상의 전통적 이유

그렇다면 이와 같이 평균적으로 사업다각화가 기업가치에 부정적인 영향을 미치는 이유는 무엇인지 알아 보자.

## ■ 자원배분의 비효율성

사업다각화의 부작용으로 가장 먼저 언급되는 것은 한정된 기업재원을 효율적으로 배분하는데 어려움을 겪는다는 점이다. 최고경영자는 현재 경쟁력이 있는 사업영역에 자원을 선택적으로 집중하기 보다는, 당장은 경쟁력이 떨어지더라도 장기적으로 사업전망이 좋을 것으로 기대되는 사업영역에도 투자재원을 배분해야 할 경우도 있을 것이다. 한정된 기업재원이 효율성이 낮은 사업영역에 배분되는 만큼 회사의 미래 이익창출 역량은 훼손되고 따라서 기업가치에는 부정적인 영향을 받게 된다.

개념적으로 기업가치는 미래 이익창출역량을 적절히 할인한 것이다. 미래의 이익창출역량을 영업이익이나 영업현금흐름(OCF: operating cash flows)으로 나타내 보자. 그리고 이익창출역량이 해마다 일정하게 성장(g, growth)하고, 할인율(r, 가중평균자본비용 혹은 WACC)은 일정하다고 가정하자. 그렇다면 기업가치를 다음과 같이 간결하게 표현할 수 있다.

$$\text{기업가치(V)} = \frac{\text{OCF}}{r - g} \tag{4}$$

어떤 이유에서든 한정된 기업재원이 비효율적으로 배분되면 이는 식 (4)의 분자에 있는 이익창출역량을 낮추게 되고 분모에 있는 성장률에도 부정적인 영향을 준다. 따라서 다각화기업의 가치가 전문화기업에 비해 그 만큼 낮아질 수 있다.

## ■ 경영정보의 불투명성

여러 사업 영역에 대한 경영정보가 시장참여자와 주식시장에 충분히 전달되지 못할 가능성도 있다. 물론 각 사업부문별로 경영성과를 상세하게 나타내도록 요구하는 사업부문별 공시제도도 있다. 그러나 경영진이 보유하고 있는 고급 경영정보가 사업부문별 공시제도를 통해 모두 시장에 전달되기는 어려울 수도 있다. 특히 전사차원에서 발생하는 공통 관리비용(예를 들면, 경영진의 급여, 연구개발비용, 전산투자, 회계나 법률지원에 소요되는 재원 등)을 여러 사업영역에 배분하는 경우, 경영진의 '전략적' 판단이 개입될 수 있으며, 이 같은 정보를 외부 이해관계자가 파악하기는 쉽지 않다.

정보의 투명성이 낮아질수록 주주의 요구수익률은 높아지고 이로 인해 자본조달 비용이 높아지는 부작용을 감수해야 한다. 주주의 요구수익률이 높아지면 식 (4)의 분모에 있는 할인율(r)을 높이게 되고, 이로 인해 기업가치는 낮아지게 된다.

■ **취약기업의 다각화전략 후유증**

다각화기업이 전문화기업에 비해 기업가치가 할인되는 또 다른 원인으로는 취약한 기업의 경영진이 다각화전략을 실행하기 때문이라는 주장이다. 기존 사업의 경쟁력이 떨어지면 경영진은 새로운 성장동력을 찾게 되고, 그 전략적 대안으로 다른 기업을 인수합병(M&A, mergers and acquisitions)하고자 하는 강한 의욕을 갖는다. 인수합병시의 핵심 고려사항은 기존 사업과의 전략적 적합성(또는 시너지(synergy)라고 함)에 대한 경영진의 평가이다. 인수합병을 통해 새로운 성장동력을 모색하고자 하는 경영진은 전략적 적합성에 대해 종종 낙관적인 평가를 하게 되고 이로 인해 경영권 프리미엄을 과도하게 지불하기도 한다. 그 후유증으로 경영진은 인수합병후 기업가치의 향상에 어려움을 겪게 된다.

이 같은 견해에 따르면 다각화기업의 가치가 전문화기업에 비해 낮은 이유는 앞에서 살펴본 두 가지 이유(즉, 비효율적인 자원 배분과 불투명성) 때문이 아니라, 경쟁력이 낮은 기업이 다각화전략을 무리하게 실행했고 그로 인한 후유증을 겪는 것이라는 또 다른 해석을 제시한다. 그러나 해석을 조금 다르게 하더라도 다각화전략으로 인해 기업가치가 낮아진다는 공통점을 갖고 있다.

## 03 사업다각화로 인한 기업가치 할인현상의 새로운 해석

다각화전략이 기업가치에 부정적인 영향을 미친다는 위와 같은 해석을 따른다면, 더 어려운 질문이 남아 있다. 그렇다면 다각화기업의 경영진은 왜 전문화전략을 실행하지 않는 것일까? 외부 주주들이나 시장은 왜 이 같은 현상을 해소하려 하지 않을까?

경영진은 여러 사업부들을 독립회사로 분할하고 이들을 사업자회사로 갖는 지주회사를 만들 수도 있다. 지난 수 년간 한국의 주요 기업집단들이 지주회사제도를 활용한 것은 전문화전략의 장점을 구현한 것으로도 볼 수 있다. 모기업인 지주회사와 사업자회사 간의 명확한 지분구조를 통해 의사결정의 투명성을 높이고 한정된 투자재원을 보다 효율적으로 배분하고자 하는 최고경영층의 전략적 선택인 것이다(Section 80 참조).

그러나 많은 경우 경영진은 다각화전략을 쉽게 포기하지 않는다. 이 같은 의사결정은 잘못된 것일까? 기업가치에 미치는 부정적인 영향에 대해 인지하면서도 경영진은 비효율적인 의사결정에 집착하는 것일까? 최근 연구에 의하면 이 같은 다각화전략을 고수하는 경영진에게 타당성을 주는 새로운 해석이 등장한다.

이 새로운 해석은 기업가치와 경영성과간의 관계가 선형(linearity)이 아니라 볼록성(convexity)을 갖는다는 인식에서 출발한다. 기업가치와 경영성과가 선형(linear)의 관계가 아니라 볼록한(convex) 모습을 갖는다는 것이 무슨 의미일까?

기업가치(EV)를 나타내는 식 (4)에 기업가치와 경영성과간 볼록성 개념이 이미 담겨져 있다. 이 표현에 따르면, 분자에 있는 기업성과(예를 들어, 영업현금흐름 창출역량)가 좋아지면 기업가치는 당연히 올라간다. 그런데 영업현금흐름 창출역량이 정체되어 있는 것이 아니라 매년 g%만큼 성장한다고 가정하자. 이 같은 경영성과의 성장성(g)이 기업가치에 미치는 영향은 마치 식 (4)의 분모에서 할인율을 낮추는 것과 같은 효과를 갖는다. 즉, 기업가치를 추정할 때 경영성과의 성장률을 분모의 할인율에서 차감한다는 의미이다. 따라서 경영성과의 성장률이 어느 수준을 넘어서면 경영성과가 기업가치에 미치는 영향은 매우 커지게 된다.

[그림 81-1]은 이 같은 기업가치와 경영성과간의 관계를 보여 준다. 경영성과의 성장률이 낮은 경우($g_L$)의 기업가치는 $V_L$인 반면, 성장률이 높은 경우($g_H$)의 기업가치는 매우 높은 수준인 $V_H$만큼 상승한다. 그리고 성장률이 중간인 경우($g_M$)의 기업가치는 $V_M$이 되는데, 이 값은 볼록성의 개념이 의미하듯이 $\frac{V_L + V_H}{2}$에 비해 낮음을 알 수 있다(Section 77 참조).

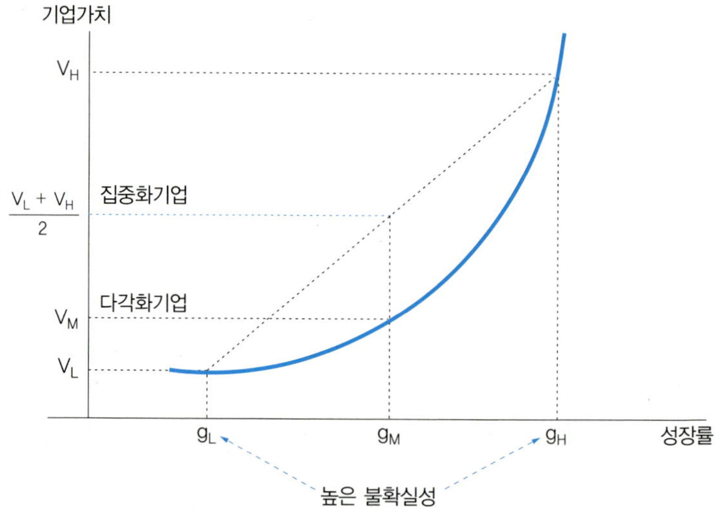


**[그림 81-1]** 다각화기업의 기업가치 할인현상

이제 다시 본론으로 돌아와서, 위의 볼록성 개념을 활용하여 다각화기업의 가치할인 현상을 설명해 보자. 우선 다각화기업의 경영성과 변동성이 전문화기업의 경영성과 변동성에 비해 낮다는 점을 인식하자. 다각화기업 내에는 성과가 좋은 사업부가 있는가 하면 성과가 좋지 않은 사업부도 있으므로, 다각화기업의 경영성과가 상대적으로 낮은 변동성을 나타낼 것이라는 것을 추측하기는 어렵지 않다. 한편 전문화기업의 경영성과는 좋을 수도 있지만 예상치 않게 나쁠 수도 있으며 이는 상대적으로 높은 변동성으로 나타날 것이다.

변동성이란 통계적으로는 표준편차(σ)를 의미하므로 이 같은 관계를 식 (5)처럼 간단히 표현해 보자.

$$\sigma_{다각화기업} < \sigma_{전문화기업} \qquad (5)$$

다각화기업처럼 경영성과의 변동성이 낮은 기업은 경영성과가 중간 정도($g_M$)에 가까울 것이다. 그러나 전문화기업처럼 경영성과의 변동성이 높은 기업은 위 그림에서 성장률이 매우 낮을 수도 있고($g_L$), 빈대로 매우 높을 수도 있다($g_H$).

그렇다면 다각화기업의 기업가치는 중간 정도의 변동성($g_M$)에 상응하는 기업가치 ($V_M$)를 갖게 된다. 반면 전문화기업의 경영성과가 좋거나 나쁠 확률이 반반이라고 가정하면, 전문화기업의 기업가치는 $V_H$(경영성과가 높은 경우의 기업가치)와 $V_L$(경영성과가 나쁜 경우의 기업가치)의 평균값인 $\frac{V_L + V_H}{2}$이 될 것이다. 이를 정리하면, 볼록성 개념에 의해 아래처럼 된다.

$$\text{다각화기업의 기업가치}(V_M) < \text{전문화기업의 기업가치}\left(\frac{V_L + V_H}{2}\right) \quad (6)$$

이제 다각화기업의 기업가치가 전문화기업에 비해 평균적으로 낮게 평가되는 이유에 대해 보다 균형있는 시각을 갖게 되었다. 즉 사업다각화를 통해 경영성과의 변동성을 낮춘 결과, 기업가치와 경영성과의 볼록성에 기인하여 기업가치가 낮게 평가된 것이다.

다각화전략의 부정적인 효과(즉, 기업가치 할인현상)에도 불구하고 경영진이 다각화전략을 쉽게 포기하지 못하는 이유는, 다양한 사업영역에서 영업활동을 함으로써 경영성과의 변동성을 줄이고 궁극적으로 기업의 생존과 지속가능한 성장을 도모하고자 하는 경영진의 전략적 선택 때문인지도 모른다. 이 같은 해석에 부합하는 연구 결과가 최근에 제시되었다. 이 연구에 따르면 전문화기업에 비해 다각화기업이 수익성도 높고 파산확률이 반 정도 밖에 되지 않는다고 한다.

경영진은 기존 사업의 경쟁력을 유지, 강화할 뿐 아니라 새로운 성장기회를 찾기 위해 끊임없이 고민을 한다. 기존사업의 경영성과가 높은 변동성을 갖는다면, 이는 회사의 자본비용을 높이게 되고, 그로 인해 투자에 필요한 자금조달에 어려움을 겪을 수도 있다. 따라서 경영진은 다양한 사업영역에서 영업활동을 함으로써 경영성과의 변동성을 낮추려 노력하고, 이를 위한 전략적 수단 가운데 하나가 다각화전략 일지도 모른다.

이제 다각화전략을 기업가치 할인현상으로 인한 부정적인 측면으로만 볼 것이 아니라, 기업 경영성과의 변동성을 낮추고 궁극적으로 기업의 생존과 성장을 추구하기 위한 경영진의 고민에 찬 선택이라는 측면으로도 이해할 수 있는 보다 균형적인 시각을 갖게 되었다.

# SECTION 82 기업 재무회계정보 품질의 등급화

현재의 미국증권분석사협회(Chartered Financial Analysts Institute)는 과거 AIMR(Association for Information Management and Research)이란 명칭을 사용하는 동안 산하 조직인 기업재무회계정보위원회(Corporate Information Committee)를 통하여 미국 상장기업들의 재무회계정보 및 공시의 양과 품질을 계량, 등급화하였다. 각 산업별로 적게는 수 명에서 많게는 20여 명에 달하는 전문 재무분석가들로 구성된 소위원회가 아래에 소개되는 재무정보에 대해 구체적인 점수를 부여하고 이를 등급화하는 작업에 참여하였다. 또한 재무정보 등급 사용자의 이해를 높이기 위해 평가과정과 평가결과 및 특이 사항에 대한 의견을 제시하고, 등급화된 점수와 평가의견을 매년 책자로 발표하여 관심있는 투자자나 이해관계자들이 이에 쉽게 접근할 수 있도록 하였다.

## 01 등급화 대상 기업재무회계 정보

AIMR에서 계량화한 기업재무정보는 어떠한 정보들일까? 이들 정보는 다음과 같이 크게 세 가지 부문으로 분류된다.

- 연간사업보고서에서 제공하는 정보
- 분기 및 반기보고서에서 제공하는 정보
- 기타 정보

특히 연간사업보고서가 제공하는 재무정보는 매우 다양하나 대체로 다음과 같은 내용을 포함한다.

- 요약재무정보
- 대표이사의 주주에게 드리는 글
- 임직원 및 이사회 정보
- 기업의 장단기 목표 및 실행전략
- 주요사업부문 정보
- 재무정보의 요약 및 주석사항

또한 이들 각 항목마다 매우 구체적인 항목들이 포함되어 있다. 이 항목들은 기업정보에 대하여 열위에 있는 일반투자자의 입장에서 기업재무정보가 그들의 투자의사결정에 유용하게 사용될 수 있는가에 초점이 맞추어져 있다. 따라서 기업정보가 객관적으로 기술되지 않고 긍정적인 정보만이 강조되었거나 또는 부정적인 정보가 소홀하게 다뤄지는 경우에는 소위원회 소속 재무분석가들로부터 낮은 점수를 받게 된다. 또한 기업의 단기 및 장기목표에 대한 구체적인 실행전략이 적절히 전달되지 않는 경우에도 좋은 평가를 받기 어렵게 된다.

분기 및 반기보고서에 대한 평가는 연간사업보고서에서 제공하기에는 적시성이 떨어지는 정보들을 얼마나 충실하고 객관적으로 제공하였는가에 초점을 두고 있다. 이들 보고서는 회계법인의 회계감사(audit) 대상이 되지 않고 그 대신 검토(review) 대상이 되는 보고서들이다. 따라서 회계감사 대상이 되는 연간사업보고서와는 달리 분기 및 반기보고서는 상대적으로 적시성 있는 정보를 얼마나 충실하게 제공하는가가 일반투자자의 투자의사결정에 중요하다.

기타 정보에 대한 평가는 IR(investor relations) 담당자의 여부, 재무분석가가 기업정보를 획득하기 위해 경영자에게 접근하기가 용이한지의 여부, 기업/공장 방문이나 재무분석가들을 위한 모임 등의 개최 여부, 주주총회에서 투자자 및 재무분석가를 위한 유용한 정보가 제공되는가의 여부 등이 포함된다. 즉 공식적인 연간사업보고서나 분기/반기보고서에서 제공되는 정보들 이외에 기업전략, 재무상태 및 경영성과를 이해하는 데 유용한 정보들이 충분하면서도 객관적으로 그리고 적시에 접근가능한지에 대한 평가를 하는 것이다.

## 02 등급화된 기업재무정보와 기업경영

이와 같은 기업재무정보에 관한 등급은 일반 주식투자자뿐만 아니라 기업경영자에게도 매우 유익하게 사용될 수 있다. 등급정보를 이용한 연구들에 의하면, 각 산업내에서 기업재무정보 등급이 높은 기업일수록 보다 많은 수의 재무분석가들이 해당기업에 대한 분석보고서를 작성, 제공하는 것으로 나타났다. 이는 재무정보등급이 높은 기업일수록 재무분석가들이 적극적인 관심을 나타낸다는 의미로, 기업재무정보의 품질이 높을수록 재무분석가들의 기업분석에 필요한 노력과 비용을 감소시키는 효과가 있음을 나타낸다.

재무정보등급이 기업경영자에게도 유용하게 사용될 수 있는 것을 보여주는 또 하나의 중요한 결과가 있다. 각 산업 내 재무정보등급이 높은 기업일수록 해당기업의 자기자본비용이 낮아진다는 연구 결과가 바로 그것이다. 제공되는 재무정보의 양과 품질이 높을수록 투자자는 기업의 영업 및 투자활동에 대한 불확실성을 해소할 수 있으므로, 투하자본에 대한 수익률을 높게 요구하지 않는다는 논리이다. 주주의 기대수익률을 낮추는 것은 기업성장에 필요한 투자재원조달에 매우 큰 도움이 될 것이다.

이와 같은 결과는 일견 당연한 듯 보이지만 한편으로는 과연 그러할까 하는 의구심도 불러일으킬 수 있다. 재무정보의 유용성을 판단하는 경우 간혹 기업경영자는 투자자의 입장이 아닌 기업내부인의 시각을 앞세울 수 있다. 그러나 기업내부인인 경영자는 기업의 영업, 투자 및 재무활동에 관한 고급정보를 보유한 반면, 외부투자자는 그 정보에 접근하기가 매우 어려운 위치에 있다. 이같은 정보의 비대칭성으로 인한 궁극적인 결과는 투자자의 높은 요구수익률로 나타난다. 요구수익률이 높아진다는 것은 현재의 주식가격이 하락했다는 것을 의미한다. 그래야만 향후에 주가가 올라갈 가능성이 높기 때문이다. 이는 기업성장에 필요한 투자재원을 주주로부터 조달하는 경우 그 대가가 비싸다는 것을 의미한다. 따라서 기업재무정보를 적시에 충실하게 제공함으로써 주주의 요구수익률을 낮출 수 있다는 이와 같은 결과는 경영자에게도 많은 시사점을 제시한다고 하겠다.

## 03 한국의 현황

최근 한국 상장기업들에 대해서도 재무정보에 대한 등급을 제공하려는 시도가 있다. 주요 경제신문사나 IR 단체에서 IR 우수기업을 선정하기 위해 재무정보의 신뢰성, 충실성, 적시성, 그리고 IR 활동의 효과성과 기업지원 등에 관한 내용에 관해 상세한 점수를 부여한다. 그리고 그 중 가장 높은 점수를 받는 기업에 대해 IR 우수상을 시상하고 있다.

미국 AIMR의 재무정보등급제도와 한국의 IR 우수기업 선정제도 중 다른 점은 수상기업 이외의 기업들에 대해서는 이들 등급정보가 한국에서는 일반대중에게 공개되지 않는다는 점이다. 구체적인 등급정보가 시장에 알려지는 것은 물론 편치않을 수 있다. 그러나 재무정보등급의 제공이 투자자만을 위한 것이 아니라 오히려 기업이 자본비용을 하락시킬 수 있는 수단으로 활용할 수 있다는 점을 기억한다면, 재무정보 등급정보를 시장에 제공하는 방안도 고려하여야 한다. 시장에서 평가하고 있다는 사실을 인식하는 것만으로도 기업재무정보의 품질을 향상시키고자 하는 유인이 생길 것이기 때문이다. 이는 기업의 본질가치를 향상시키는 또 하나의 전략이 될 수 있다.

SECTION

# 83 기업지배구조와 기업가치

기업지배구조에 관한 논의는 이제 경영 상식이 될 정도로 보편화되어 있다. 기업지배구조란 주주나 채권자로부터 받은 투하자본을 경영자가 효율적으로 사용함으로써 기업가치를 높이고 궁극적으로 자본제공자에게 적정한 이윤을 환원할 수 있도록 고안, 작동하는 기업내외의 유무형 장치들을 포함한다.

특히 주주들은 채권자와는 달리 그들의 투자자금을 회수할 수 있는 장치가 매우 빈약하다. 채권자는 이자수익과 원금상환을 통해 투하자금을 회수할 수 있으나, 주주는 기업의 재량으로 결정되는 배당정책(자사주정책 포함) 이외에는 의존할 것이 없다. 다만 주주들은 그들의 투하자본을 회수하는 중요한 통로로서 다른 주식투자자들에게 그들의 지분을 매각할 수 있다.

따라서 주주의 시각에서 기업지배구조가 적절하지 않다고 판단되면, 낮은 가격 수준에라도 그들의 지분을 양도할 경제적 유인이 발생하게 된다. 이는 기업지배구조가 주가, 즉 기업가치에 미치는 영향을 매우 간결하면서도 직관적으로 잘 설명하게 한다.

이와 같은 기업지배구조와 기업가치 간의 관계를 간단한 모형을 사용하여 보다 직관적이면서도 정치하게 살펴보기로 하자.

## 01 기업지배구조와 경영자의 사적 용도

몇 가지 간단한 가정을 해보자. 기업 경영자의 지분비율을 $\alpha$라고 하면 외부주주의 지분은 $(1 - \alpha)$가 된다. 기업의 내부유보금액은 I라고 하고, 경영자는 이 내부유보금액 가운데 S만큼(단 $S \geq 0$)을 '사적인 용도'로 사용한다고 하자. '사적인 용도'라는 표현은 경영자만의 복지를 위해 사용되는 기업자원을 모두 포괄하는 넓은 의미이다.

사적인 용도로 사용되는 기업자원이 증가할수록 경영자의 부담은 더욱 빨리 늘어날 것이다. 즉 기업 자원의 사적 사용이 증가하게 되면 주주의 감시를 피하기가 더욱 어려워지고 극한 상황에는 소송의 위험 등에 직면할 수 있다.

여기서 기업지배구조의 역할을 살펴볼 수 있는 중요한 가정을 하기로 하자. 만일 기업지배구조가 이와 같은 경영자의 방만한 사적 유용을 허용하게 되면, 경영자는 사적 유용을 멈추지 않을 것이라는 것이다. 한편 사적 유용에 부수되는 경영자가 부담하는 '비용(C)'을 다음과 같이 설정하기로 하자.

$$C(S) = \frac{S^2}{2k} \qquad (1)$$

이 표현의 분자에 있는 $S^2$는 경영자가 부담하는 비용은 사적 용도의 금액이 증가할수록 더욱 빠른 속도로 증가한다는 것을 나타내고 있다. 분모에 있는 k는 기업지배구조가 '부실한' 정도를 나타내는 간편한 표시이다. 즉 기업지배구조가 열악할수록 (k값이 커질수록), 경영자가 부담하는 비용이 감소한다는 뜻이다. 다음 [그림 83-1]은 기업지배구조가 경영자의 사적 사용으로 인한 비용에 미치는 영향을 잘 보여주고 있다.

따라서 사적 용도의 가치는 사적 유용액에서 그에 수반하는 비용을 차감한, 즉 $[S - C(S)]$

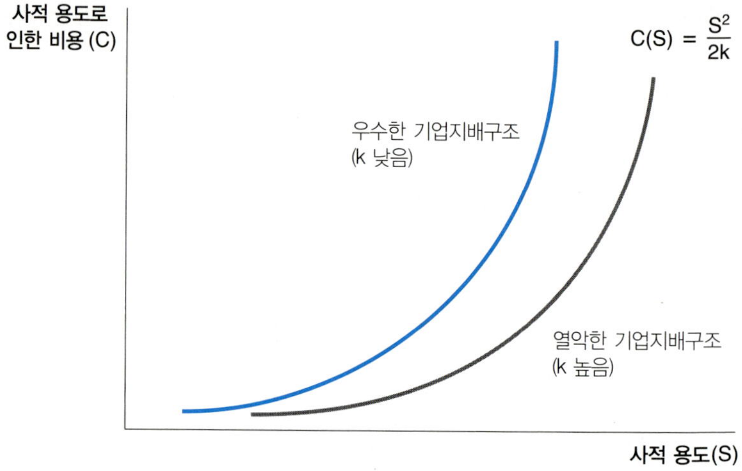


**[그림 83-1]** 기업지배구조와 경영자의 사적 비용

가 된다. 경영자는 내부유보금액(I) 가운데 사적 용도로 유용한 금액(S)을 제외한 금액을 투자하여 그 투자로부터

$$\text{총수익률}(R) = \frac{\text{원금} + \text{투자수익금액}}{\text{원금}}$$

을 얻는다고 하자. 그렇다면 경영자는 그 중 경영자 지분(α)만큼을 수익으로 가져갈 것이다. 따라서 경영자는 다음과 같은 효용함수(U)를 갖게 되며, 이를 극대화시키기 위해서 노력할 것이다.

$$U = \underbrace{\alpha R(I - S)}_{\text{기업가치 증가분}} + \underbrace{S - \frac{S^2}{2k}}_{\text{사적유용으로 인한 이득}} \qquad (2)$$

즉 경영자의 효용은 두 가지에서 발생함을 알 수 있다. 첫째, 투자수익률(R)이 높은 투자대안을 선택함으로써 향상된 기업가치 증가분 중 경영자의 지분비율만큼 효용이 증가하게 된다. 따라서 지분비율이 높은 경영자일수록 투자자수익률이 높은 투자대안 발굴에 관심을 갖게 된다.

둘째, 경영자는 사적유용에서 얻을 수 있는 이득이 커질수록 더 큰 효용을 갖게 된다. 그러나 경영자의 사적유용금액이 커질수록 투자금액은 줄어들게 되어 위 첫 번째에서 소개한 투자수익률은 그만큼 낮아질 것이라는 것을 주목할 필요가 있다.

이제 경영자가 사적인 용도로 유용하고자 하는 최적금액($S^*$)을 구해 보자. 이를 위해서는 간단한 경제학 방법론을 사용한다. 우선 식 (2)에서 표현된 경영자의 효용을 사적 용도(S)로 편미분(∂로 표시함)하고 이를 0과 같게 한다. 그러면 경영자가 추구하는 최적수준의 사적 유용금액($S^*$)을 구할 수 있다.

$$\frac{\partial U}{\partial S} = -\alpha R + 1 - \frac{S^*}{k} = 0 \tag{3}$$

따라서 최적 유용금액은 아래와 같다.

$$S^* = k(1 - \alpha R) \tag{4}$$

식 (4)로부터 다음과 같은 흥미로운 결과를 얻어낼 수 있다.

- $\alpha$ 값이 커질수록 $S^*$ 값은 작아진다. 즉 경영자의 지분비율이 커질수록 경영자의 사적 유용 금액이 낮아진다. 반대로 경영자 지분비율이 낮을수록 경영자가 기업자원을 사적인 용도로 전용하고자 하는 유인이 커질 것이다. 경영자 지분비율이 높아지면 경영자와 외부주주간의 경제적 이해가 보다 잘 일치된다는 견해가 설득력 있는 이유이다.
- R 값이 커질수록 $S^*$ 값은 작아진다. 즉 투자로부터의 수익성이 향상될수록 경영자의 유용금액이 낮아진다. 투자수익성이 높다고 예상되면 경영자는 기업자원을 사적 용도로 전용하기보다는, 투자를 통한 부의 증대에 더욱 큰 관심을 갖기 때문이다.
- k 값이 커질수록 $S^*$ 값이 커진다. 즉 기업지배구조가 열악할수록 기업자원을 사적 용도로 사용하고자 하는 경영자의 경제적 유인이 증가한다. 반대로 기업지배구조를 구성하는 여러 장치들이 잘 작동되고 있다면 경영자의 사적유용을 적절히 견제할 수 있다.

따라서 식 (4)는 기업지배구조가 경영자의 사적 유용에 직접적인 영향을 미친다는 것을 잘 보여주고 있다. 또한 기업지배구조뿐 아니라 경영자의 지분구조와 투자대안의 수익성 역시 경영자의 사적 이익 추구에 영향을 주고 있음을 알 수 있다.

식 (4)에서 알 수 있는 또 하나의 결과는, 경영자의 사적 유용금액은 최대 k까지 올라갈 수 있다는 점이다. 그 이유는 만일 $\alpha R = 0$ 이라면 $S^* = k(1 - \alpha R) = k(1 - 0) = k$ 이기 때문이다. 물론 그렇다고 하더라도 경영자의 최대 사적유용금액(k)은 기업이 보유하고 있는 내부유보금을 초과할 수 없다.

## 02 기업지배구조와 기업가치

이제 위의 결과를 활용하여 기업가치와 기업지배구조와의 관계를 살펴보자. 우선 기업가치(V)는 내부유보금액(I) 중 사적 용도로 유용된 부분을 제외한 자원을 투자하고 그로부터 발생하는 총수익으로 나타낼 수 있다.

$$V = R(I - S) = R[I - k(1 - \alpha R)] \tag{5}$$

이를 자세히 살펴보면 적절히 설계, 운영되는 기업지배구조는 기업가치를 향상시키는 데 매우 중요하다는 점을 찾아낼 수 있다. 우선 투자대안의 수익성(R)이 기업가치(V)에 어떠한 영향을 미치는지를 알아내기 위해, 식 (5)를 R로 편미분해 보자.

$$\frac{\partial V}{\partial R} = I - k + 2Rk\alpha > 0 \tag{6}$$

식 (6)에서 경영자가 유용할 수 있는 최대금액은 $\alpha R = 0$인 경우에 한하여 k 만큼이고 이는 기업유보자원(I)보다는 작을 것이므로 $I - k > 0$이고, 따라서 언제나 '$I - k + 2Rk\alpha > 0$' 이 된다. 즉 투자안의 수익성이 높아지면, 기업가치도 높아진다는 매우 당연한 결과가 도출된 것이다.

이제 기업지배구조(k)가 기업가치(V)에 미치는 영향에 대해 알아보기 위해, 식 (5)를 k로 편미분해 보자.

$$\frac{\partial V}{\partial k} = R(\alpha R - 1) \tag{7}$$

식 (7)로부터 다음과 같은 흥미로운 분석을 할 수 있다.

■ 만일 $\alpha R - 1 > 0$ (즉 $R\alpha > 1$) 이면 ➡ $\frac{\partial V}{\partial k} > 0$

경영자의 주식소유비중(α)이 높고 경제상황이 매우 양호하여 투자안의 수익성(R)이 높다고 예상되는 경우에는, 비록 기업지배구조가 열악하다 하더라도 투자가 왕성하게 일어나고 기업가치는 향상되며, 경영자는 기업자원을 사적용도로 유용하는 것을 스스로 자제하게 된다. 지속적인 고도 성장을 이루는 시기에는 기업지배구조가 효과적으로 작동하지 않더라도, 경영자 스스로가 투자를 통한 기업가치향상을 통해 부를 축적하고자 하는 유인이 존재한다.

■ 만일 $\alpha R - 1 < 0$ (즉 $R\alpha < 1$) ➡ $\frac{\partial V}{\partial k} < 0$

경영자의 주식소유비중이 높지 않고 경제상황도 열악해져 투자안의 수익성이 낮은 경우에는, 열악한 기업지배구조로 인해 기업가치가 파괴될 수 있다. 성장이 정체되는 경우 경영자는 적극적인 투자를 통한 기업가치향상에 관심을 두기보다는 기업자원을 사적용도로 유용하고자 하는 유인을 갖게 된다. 따라서 이 경우 경영자의 유용을 억제하기 위한 효과적인 기업지배구조의 역할이 중요하게 된다.

위의 분석에서 얻을 수 있는 교훈은 기업지배구조는 경영자의 경제적인 이해가 주주의 이해와 괴리되어 있고(즉 경영자의 지분이 낮고), 기업이 어려운 경영환경에 처해 있을 때(즉 투자대안의 수익성이 낮을 때) 더욱 중요한 역할을 한다는 점이다. 경제의 성장 속도가 둔화될 때, 기업지배구조에 관한 논의가 상대적으로 더 많아지는 이유는 바로 이 때문일 것이다.

한국기업지배구조원에서는 매년 상장기업을 대상으로 기업지배구조의 건전성을 등급화하여 그 중 우수한 지배구조를 갖추었다고 평가되는 기업들을 선정하여 발표하고 있다. 기업지배구조의 건정성을 각 개별 기업별로 평가하는 것이 쉬운 일은 아니나, 이 같은 활동을 통해 자본시장 참여자에게 기업지배구조의 중요성을 인식시키고자 하는 것은 중요하다고 하겠다.

# SECTION 84 지배권과 소유권의 괴리

경제지에서는 한국 주요 기업의 대주주 및 가족이 경영의사결정 과정에서 '과도하게' 높은 영향력을 행사하고 있다는 점을 종종 지적한다. 영향력이 지나치다는 것은 어떤 의미일까? 특히 무엇에 비해 대주주의 영향력이 높다는 뜻일까? 그리고 이 주장이 적절하다면 이 같은 현상은 한국 기업에만 해당되고 다른 나라에는 없는 것일까? 이 같은 질문에 대한 답을 찾아보기로 하자.

## 01 대주주의 지배권과 소유권

위 질문에 대한 답을 찾기 위해서는 한국 주요 기업의 소유구조에 대해 살펴보아야 한다. 우선 상대적으로 간단한 소유구조의 모습부터 살펴보자.

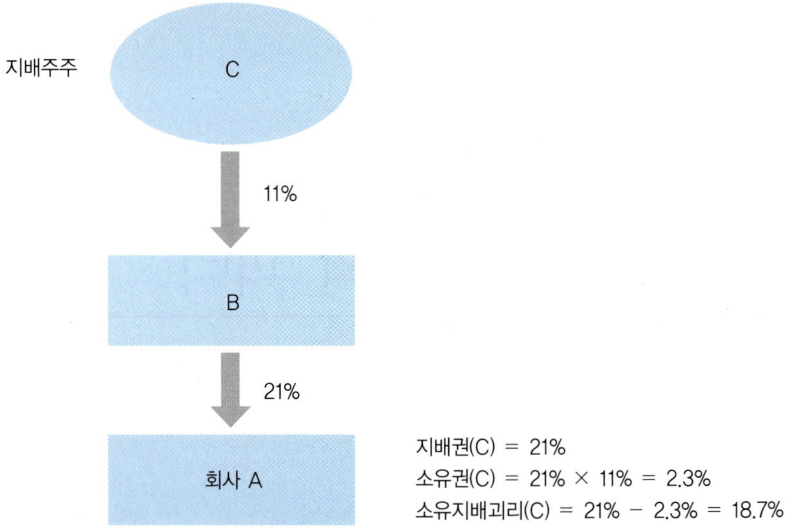


**[그림 84-1]** 지배주주의 지배권 및 소유권

위 그림에서 회사 A의 최대 주주는 B사이며, B사는 A사 의결권 지분 21%를 보유하고 있다. 여기서 B사 이외에는 이 만큼의 주식을 보유하고 있는 다른 주주는 없다고 가정하자. 그래야만 B사가 기타 주주의 견제없이 A사에 대해 유의적인 영향력을 행사할 수 있기 때문이다.

그리고 B사의 최대주주는 개인 C이다. 여기서 C는 지배주주(controlling shareholder)의 영어 약자를 나타낸다. 지배주주는 소유구조의 정점에 위치하고 있는 궁극적인 최대주주를 의미한다. 지배주주 C는 B사 주식 11%을 보유하고 있으며, 역시 다른 주요 주주는 없다고 가정한다.

그렇다면 지배주주 C는 소유구조 가장 아래에 위치한 회사 A에 대해 얼마 만큼의 소유권(ownership rights)을 갖고 있을까? 지배주주는 회사 A에 대해 다음과 같이 2.3%의 소유권을 갖는다.

소유권 = 21% × 11% = 2.3%

소유권이 2.3%라는 의미는, 회사 A의 가치가 100원 만큼 증가하거나 감소하면 그 중 21%가 회사 B의 몫이고, 그리고 그 몫의 11%가 지배주주 C의 몫이라는 것을 나타낸다.

소유권을 배당권(dividend rights)이라고도 한다. 회사 A가 100원을 배당금으로 지급하면 21원은 회사 B로 가고, 그리고 그 가운데 11%가 지배주주 C에게 지급된다는 의미이다. 물론 회사 B는 A로부터 받은 배당금 모두를 다시 배당으로 지급하고, 받은 배당금에 대해서는 세금도 내지 않는다는 단순한 가정을 한 것이다.

그러나 소유권에 비해 지배주주 C는 회사 A의 경영의사결정과정에서 월등히 높은 영향력 또는 지배력(control rights)을 행사할 수 있다. 지배주주 C가 회사 A의 이사회를 실질적으로 장악함으로써 최고경영자 선임 등 전략적 의사결정을 주도할 수 있기 때문이다. 지배주주 C는 회사 A에 대해 다음과 같이 '최소한' 21%의 지배권을 갖는다.

지배권 = 21%

지배권이 최소 21%인 이유는 지배주주 C는 회사 B를 통해 '최소한' 21%의 의결권을 행사할 수 있기 때문이다. 그러나 지배주주를 견제할 수 있는 기타 주주가 없는 경우 지배주주의 실제 영향력은 21%보다 클 가능성도 있다. 그러나 보수적으로 지배주주 C의 지배권을 21%로 정의하자.

이제 소유지배괴리(control divergence) 개념에 대해 살펴 보자. 소유지배괴리란 회사 A에 대한 지배주주 C의 지배권이 소유권에 비해 얼마나 큰가를 의미한다. 위 예에서 소유지배괴리 정도는 18.7%p이다.

소유지배괴리 = 지배권(21%) − 소유권(2.3%) = 18.7%

지배주주 C는 소유권에 비해 18.7%p만큼 더 높은 지배권과 영향력을 행사한다는 의미이다.

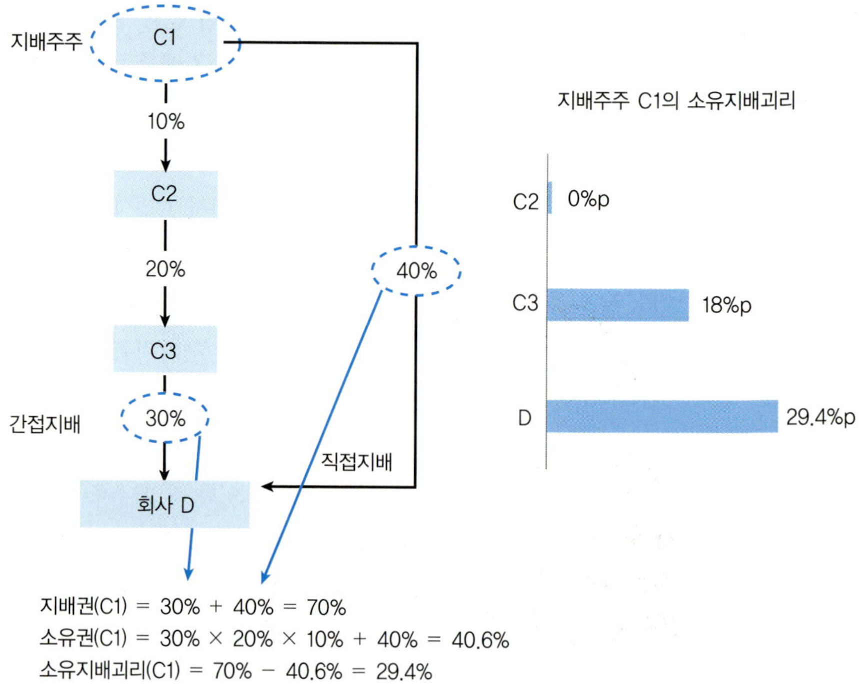


[그림 84-2] 지배주주의 지배권 및 소유권

이제 좀 더 복잡한 소유구조의 예를 살펴 보기로 하자. 아래 그림에서 회사 D의 주요 주주는 둘이다. 회사 C3은 30%, 개인 C1은 40%, 나머지 30%는 소액주주 몫이라고 가정하자.

이 경우 회사 D의 지배주주는 C1이다. 회사 D에 대한 지배주주 C1의 직접 소유지분은 40%이며 회사 C3을 통한 간접 소유지분은 30%이므로, 총 70%의 지분을 소유하고 있기 때문이다. 따라서 지배주주 C1의 소유권, 지배권 및 소유지배괴리는 다음과 같다.

소유권 = 30% × 20% × 10%(간접지배) + 40%(직접지배) = 40.6%
지배권 = 30%(간접지배) + 40%(직접지배) = 70%
소유지배괴리 = 지배권(70%) − 소유권(40.6%) = 29.4%

지배주주의 소유지배괴리 현상은 소유구조 상단에 위치한 기업보다는 하단에 위치한 기업의 경우에 더 심화된다. 기업 C1과 C3의 경우를 비교해보자.

- 기업 C2에 대한 지배주주 C1의 소유권, 지배권 및 소유지배괴리 현상:

  소유권 = 10%
  지배권 = 10%
  소유지배괴리 = 지배권(10%) − 소유권(10%) = 0%

지배주주는 기업 C3의 소유권 10%를 보유하고 있고 지배주주와 기업 C3 사이에는 다른 기업이 존재하기 않으므로 소유지배괴리 현상이 나타나지 않는다.

- 기업 C3에 대한 지배주주 C1의 소유권, 지배권 및 소유지배괴리 현상:

  소유권 = 20% × 10% = 2%
  지배권 = 20%
  소유지배괴리 = 지배권(20%) − 소유권(2%) = 18%

지배주주 소유지배괴리가 18%p로 높아지는 것은 지배주주와 기업 C1 사이에 다른 기업이 존재하기 때문이다. 지배주주는 2%의 소유권(또는 배당권)만 보유한 반면 그 보다 큰 지배권(또는 영향력)을 행사하고 있다.

따라서 소유구조 하단으로 갈수록 지배주주 소유권은 빠르게 감소하지만 지배권은 여전히 매우 높은 수준을 유지할 수 있다. 이로 인해 소유지배괴리 현상이 더욱 강해진다.

그렇다면 위와 같이 지배주주가 소유권에 비해 더 높은 지배권을 행사하는 경우 지배주주는 어떤 경제적 유인을 갖게 될까?

## 02 소유지배괴리의 경제적 영향

최근 연구에 의하면 지배주주의 지배권이 소유권에 비해 더 클수록 다음과 같은 현상이 나타난다고 한다.

### ■ 낮은 배당성향

지배주주의 소유지배괴리가 큰 기업일수록 배당금을 적게 지급하려는 경향이 있다. 회사 A가 배당금을 100원 지급하더라도 지배주주 C의 몫은 최대 2.3원이고, 나머지는 모두 소액주주 몫으로 되기 때문이다. 지배주주는 배당금 대신 다른 형태로 경제적 이득을 높이고자 할 것이다.

### ■ 사적이익 추구 현상 증가

지배주주의 소유지배괴리가 클수록 지배주주는 다양한 방법으로 사적이익(private benefits)을 추구할 가능성이 있다. 예를 들면, 지배주주(또는 경영에 참여하는 가족이나 인척)에게 지급하는 급여와 성과급을 과도하게 책정할 수 있다. 또는 지배주주 개인이 소유한 회사에게 일감을 몰아줄 수도 있다. 이 같은 사적이익 추구현상을 터널링(tunnelling)이라고도 한다. 회사 아래에 땅굴을 파서 회사 재산을 빼돌린다는 부정적인 의미를 갖고 있다.

### ■ 수익성 대신 외형성장 추구

소유지배괴리가 큰 기업은 수익성 중심의 경영철학 보다는 외형 중심의 성장 전략을 추구할 개연성이 있다. 배당금으로 유출될 재원을 활용하여 그 대신 성장전략을 추구하므로 엄격한 수익성 중심의 경영전략 대신 외형을 강조할 가능성이 있다. 비록 수익성이 악화되더라도 지배주주 몫이 낮고 따라서 경제적 손실에 대한 염려가 상대적으로 적기 때문이다.

### ■ 소극적인 구조 조정

지배주주는 외형을 키우는데 관심을 갖는 한편 경쟁력을 갖추지 못한 경우에도 적극적이고 신속하게 구조조정을 하는데 큰 관심을 보이지 않을 수 있다. 오히려 회사가 생존할 수 있도록 직간접으로 지원할 개연성이 있다. 그래야만 회사에 대한 영향력을 지속적으로 유지, 행사할 수 있기 때문이다. 이를 부실기업 지원(propping) 또는 떠받히기 현상이라고도 한다.

### ■ 낮은 투명성

수익성 대신 외형 성장에 관심이 많고, 부실 기업을 신속히 구조조정하는 대신 존속시키는데 관심이 많은 지배주주는 경영정보를 투명하게 제공하는 것을 꺼려할 수도 있다. 경영의사결정에 관한 정보가 투명하게 제공되는 경우 자본시장 참여자들이 지배주주의 과도한 영향력을 행사하려 하기 때문이다.

### ■ 기업가치 하락

소유지배괴리가 커질수록 위에서 살펴본 부정적 영향이 커지고 이로 인해 기업가치가 낮게 평가된다. 연구에 의하면 지배주주의 지배권이 소유권에 비해 커질수록 주가순자산비율(PBR, price-to-book ratio)이 낮아진다고 한다. 순자산(= 자산 − 부채)에 비해 시가총액이 낮다는 것은 회사의 수익창출역량과 그 지속성이 그 만큼 높지 않다는 의미이다.

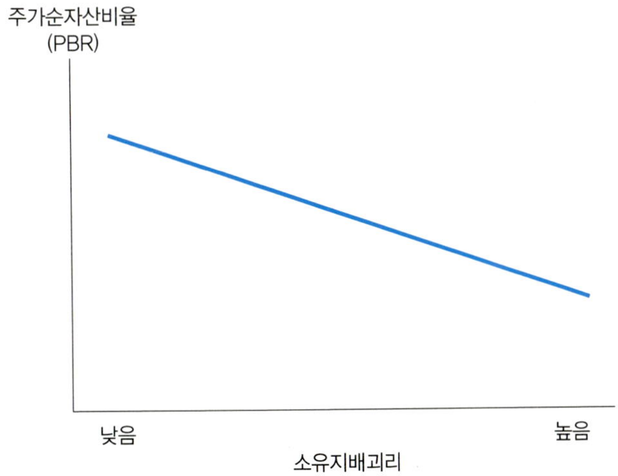


**[그림 84-3]** 소유지배괴리와 주가순자산비율

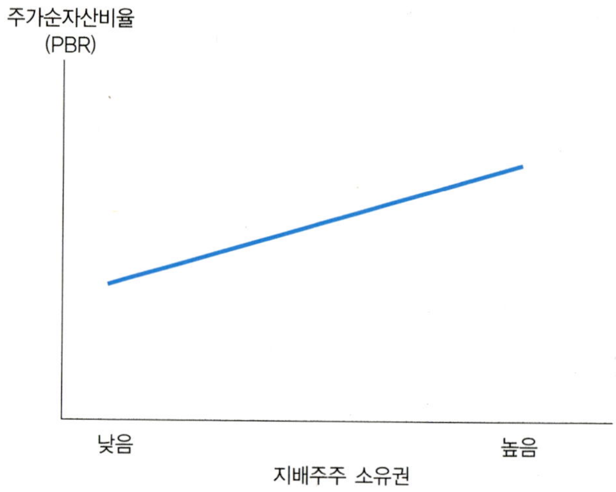


**[그림 84-4]** 지배주주 소유권과 주가순자산비율

지배주주 소유지배괴리 현상은 소유구조 하단에 위치한 기업의 경우 더 강하게 나타난다는 점을 위에서 살펴 보았다. 따라서 상단에 위치한 기업들과 비교해 이들 기업의 주가순자산비율이 더 낮을 것이라는 것도 자연스럽게 이해할 수 있다.

반대로 지배주주의 소유권(또는 배당권)이 높은 기업일수록 주가순자산비율도 높아진다고 한다. 지배주주가 수익성 중심의 경영전략에 더 많은 관심을 갖는다는 의미이다.

## 03 소유지배괴리의 보편성

지배주주의 소유지배괴리는 한국뿐 아니라 세계적으로 나타나는 현상이다. 개발도상국가 뿐 아니라 선진국에서도 나타난다. 개발도상국가들의 경우 경제성장률이 상대적으로 높기 때문에 대규모 설비투자를 통해 원가경쟁력을 갖추는 것이 중요하다. 문제는 설비투자에 필요한 재원을 어떻게 조달하는 것인가이다.

지배주주는 자신의 부를 직접 투입하지 않고도 기존 회사(기업 C3) 재원을 활용해 새로운 회사(기업 D)를 설립할 수 있다. 이 같은 소유구조를 통해 지배주주는 새로운 회사에 대한 실질적인 영향력과 지배력을 보유하면서도 직접적인 경제적 부담은 최소화할 수 있다. 많은 개발도상국가들에서 지배주주의 소유지배괴리 현상이 더욱 높게 나타나는 이유가 바로 이 때문이다.

선진국에서도 소유지배괴리현상이 존재한다. 그러나 개발도상국가들과 비교하여 상대적으로 낮은 수준이다. 아마도 대규모 설비투자에 필요한 재원조달이 상대적으로 덜 중요하기 때문일 것이다.

흥미로운 것은 일부 선진국에서는 지배주주가 차등의결권을 갖는 주식을 소유함으로써 경영권과 지배력을 행사하기도 한다. 주식 1주당 1개의 의결권 대신 월등히 많은 의결권을 행사할 수 있다면 지배주주는 위와 같은 여러 단계의 소유구조를 이용하지 않고도 강력한 지배력을 보유하게 된다.

한국에서는 차등의결권을 갖는 보통주식을 발행할 수 없다. 따라서 지배주주가 소유권에 비해 더욱 강력한 영향력을 행사하기 위해서 다단계 소유구조를 활용하고자 하는 경제적 유인이 커진다고도 이해할 수 있다.

그렇다면 지배주주의 소유지배괴리 현상은 형태는 다르지만 세계적인 현상임에도 불구하고 한국 기업에 대해 더 많은 비판과 염려를 하는 이유는 무엇일까? 그것은 아마도 지배주주의 과도한 영향력과 지배력을 효과적으로 견제할 수 있는 장치가 적절하게 작동하지 않기 때문일 것이다.

이사회가 사외이사로 대부분 구성되어 있다고 하더라도 사외이사들이 독립적인 관점에서 지배주주(또는 지배주주를 대리하는 경영진)를 견제하기는 쉽지 않다. 외부 회계감사인이나 신용평가사 또는 재무분석가 등 외부 시장참여자들 모두 회사와 밀접한 (혹은 종속적인) 경제적 이해관계를 갖고 있기 때문에 강한 견제를 실행하기 어렵다. 또한 소유지배괴리 현상으로 인한 부작용을 발견하고 방지하는 법률적 장치

(집단소송, 주주소송, 규제감독기관 등)와 비법률적장치(언론, 사회적 인식, 재무분석가 등)가 효과적으로 작동되지 않고 있기 때문이다.

그러나 주목할 점은 지배주주의 소유지배괴리현상이 커질수록 기업가치가 낮게 평가된다는 것이다. 이를 바꾸어 표현하면 소유지배괴리 현상을 줄일 수 있다면 기업가치를 높일 수 있다는 의미도 있다. 기업가치가 높아지면 그 혜택이 누구에게 돌아갈까?

지배구조가 투명해지고 소유지배괴리 현상이 개선되면 소액주주에게 그 혜택이 돌아갈 것이라고 흔히 생각한다. 그러나 최대 수혜자는 소액주주가 아니라 지배주주 자신이다. 소액주주는 투명성이 낮고 소유지배괴리 정도가 심한 기업에 대해서는 그 가치를 이미 낮게 평가하고 있다. 이로 인해 이들 기업이 주식발행을 통해 투자재원을 조달하는 경우 높은 가격을 받지 못할 것이다. 이를 소액주주에 대한 가격보호(price protection)기능이라고 한다.

따라서 지배주주가 소유지배괴리 현상을 개선하고 투명성을 강화하는 것은 외부 소액주주를 위해서가 아니라 지배주주 자신을 위해서라는 점을 기억하자. 사외이사의 독립성을 강화하고, 외부회계감사인, 신용평가사 또는 재무분석가 등 외부 시장참여자의 견제와 조언을 긍정적으로 수용하는 것이 지배주주의 경제적 이해를 향상시킨다는 점은 흥미로운 관점이다. 향후 한국 기업의 지배구조 및 투명성 향상에 관한 논의에서 이 같은 관점이 어떻게 다루어지는지 지켜보기로 하자.

SECTION

# 85 차등의결권과 경영권 방어장치

미국 뉴욕증권거래소 상장 기업인 쿠팡은 차등의결권(superior voting rights)을 부여하는 주식을 발행했다. 차등의결권은 복수의결권이라고도 한다. 쿠팡은 두 종류의 주식을 발행했다. A형(Class A) 주식은 1주당 1개 의결권(one vote per share)을 갖는 반면, B형(Class B) 주식은 1주당 29개 의결권(29 votes per share)을 갖는다. A형 주식은 주식시장에서 거래되고 있으나, B형 주식은 거래되지 않는다.

쿠팡의 창업자인 김범석(Bom Kim) 이사회 의장은 2024년 4월 현재 A형 주식은 보유하고 있지 않고, 대신 B형 주식은 100%를 보유하고 있다(표 [85-1] 참조). 이로 인해 김 의장은 전체 의결권의 76.5%를 행사할 수 있다.

쿠팡이 차등의결권을 부여하는 주식을 발행한 이유는 무엇이고, 쿠팡의 성장전략과 기업가치에 미치는 영향은 무엇일까? 또한 쿠팡과 경쟁하는 한국 기업의 투자의사결정과 기업가치에는 어떤 영향을 미칠까?

[표 85-1] 쿠팡의 차등의결권

| Name of Beneficial Owner | Voting Shares Beneficially Owned<br>Class A Common Stock<br>Shares | % | Class B Common Stock<br>Shares | % | % Total Voting Power[1] |
|---|---|---|---|---|---|
| **Named Executive Officers and Directors** | | | | | |
| Bom Kim[2] | — | — | 181,410,881 | 100% | 76.5% |
| Gaurav Anand[3] | 3,407,500 | * | — | — | * |
| Hanseung Kang[4] | 418,330 | * | — | — | * |
| Harold Rogers[5] | 996,021 | * | — | — | * |
| Tae Jung Kim[6] | 182,408 | * | — | — | * |
| Jason Child | 30,345 | * | — | — | * |
| Pedro Franceschi[7] | 53,528 | * | — | — | * |
| Neil Mehta[8] | 48,036,760 | 3.0% | — | — | * |
| Benjamin Sun[9] | 9,353,768 | * | — | — | * |
| Ambereen Toubassy | 6,020 | * | — | — | * |
| Kevin Warsh | 424,975 | * | — | — | * |
| All directors and executive officers as a group (11 persons)[10] | 62,735,785 | 3.9% | 181,410,881 | 100% | 77.3% |
| **Other > 5% Security Holders** | | | | | |
| Entities associated with SVF Investments (UK) Limited[11] | 396,156,413 | 24.5% | — | — | 5.9% |
| Baillie Gifford & Co[12] | 166,669,365 | 10.3% | — | — | 2.5% |
| Entities associated with Morgan Stanley[13] | 81,988,740 | 5.1% | — | — | 1.2% |

출처: 쿠팡의 Proxy Statement (2024년 4월)

## 01 차등의결권 주식 발행 현황

차등의결권은 주식 1개당 2개 이상의 의결권을 부여하기 때문에 이 제도에 부정적 인식을 갖고 있는 이해관계자가 많다. 특히 대주주나 창업자가 차등의결권을 통해 경영권을 확보하고 행사하는 것에 대해 공정하지 않다고 보는 시각이 많다. 대주주 또는 창업자가 경영 역량이 미흡함에도 불구하고 차등의결권을 통해 의결권을 절반 이상 확보하고 있다면, 외부에서 인수합병 시도를 통해 기업 전략을 바꿀 수 있는 기회를 가질 수 없기 때문이다. 대주주가 아닌 소수 주주에게는 주식을 매각하고 기업을 외면하는 것 이외에는 다른 대안이 없다.

[표 85-2] 미국의 차등의결권 주식 사례

■ 알파벳의 차등의결권

| Name of Beneficial Owner | Voting Shares Beneficially Owned: Class A Common Stock Shares | % | Class B Common Stock Shares | % | Total Voting Power[1] % |
|---|---|---|---|---|---|
| Executive Officers and Directors | | | | | |
| Larry Page | — | — | 389,051,160 | 44.9 | 26.7 |
| Sergey Brin[2] | — | — | 363,474,028 | 41.9 | 25.0 |

■ 메타의 차등의결권

| Name of Beneficial Owner | Shares Beneficially Owned: Class A Shares | % | Class B Shares | % | % of Total Voting Power[1] |
|---|---|---|---|---|---|
| Named Executive Officers, Directors, and Nominees: | | | | | |
| Mark Zuckerberg[2] | 958,000 | * | 344,515,496 | 99.7 | 61.0 |

■ 테슬라의 일론 머스크 지분

| Beneficial Owner Name | Shares Beneficially Owned | Percentage of Shares Beneficially Owned |
|---|---|---|
| **5% Stockholders** | | |
| Elon Musk[1] | 715,022,706 | 20.5% |

출처: 알파벳, 메타, 테슬라의 Proxy Statement (2024년 4월)

한국에서는 현재 기존 설립된 회사에 대해서는 차등의결권을 발행할 수 없다.* 창업자라 하더라도 주식 1개당 1개 의결권만을 갖는다. 한국 상법과 회사 정관에 그렇게 규정되어 있다. 그렇다면 다른 나라에서는 차등의결권을 허용할까? 차등의결권을 허용하는 나라가 많을까, 아니면 한국과 같이 허용하지 않는 나라가 더 많을까?

[표 85-2]는 미국 주요 기업의 차등의결권 주식 발행 사례를 보여준다. 미국 구글(Google Inc.)의 지배회사인 알파벳(Alphabet Inc.)도 쿠팡과 같이 A형과 B형 주식

* 한국도 2023년 벤처기업육성에 관한 특별조치법이 개정되어 벤처기업은 창업자에게 제한적인 조건에서 차등의결권 주식을 발행할 수 있게 되었다. 그러나 차등의결권 존속기간이 10년이고, 상장사는 허용되지 않으며, 일부 의결권이 제한되는 등 여러 제약조건이 있다.

을 발행하였다. A형 주식은 1주당 1개 의결권을 갖고, B형 주식은 1주당 10개 의결권을 갖는다. 공동 창업자인 래리 페이지(Larry Page)와 세르게이 브린(Sergey Brin)은 A형 주식은 보유하지 않고, B형 주식은 각각 44.1%와 41.8%를 갖고 있다. 이를 통해 전체 의결권 중 26.3%와 25.0%를 각각 행사한다. 따라서 두 공동창업자의 의결권은 총 51.3%로 알파벳은 외부 인수합병 시도로부터 완전히 자유롭다.

페이스북을 운영하는 메타(Meta Platforms, Inc)도 A형과 B형 주식을 발행하였다. 알파벳과 같이 A형 주식은 1주당 1개 의결권, B형 주식은 1주당 10개 의결권을 부여한다. 창업자인 마크 저커버그(Mark Zuckerberg)는 A형 주식은 1% 미만을 보유하고 있으나, B형 주식은 99.8%를 보유하고 있어 전체 의결권 중 61.1%를 갖고 있다. 따라서 메타 역시 외부에서 적대적 인수합병 시도를 하는 것은 의미가 없다.

일론 머스크(Elon Musk)가 창업한 테슬라(Tesla, Inc.)는 어떨까? 테슬라는 쿠팡, 알파벳, 메타와는 다르게 차등의결권을 부여하는 주식을 발행하지 않았다. 이유는 무엇일까? 흥미로운 점은 일론 머스크는 보상으로 주식매수청구권(stock option)을 대량으로 받았다는 것이다. 이를 합하면 일론 머스크는 테슬라 지분의 20.5%를 보유하고 있다.

그렇다면 차등의결권을 허용하는 나라가 더 많을까, 아니면 한국과 같이 허용하지 않는 나라가 더 많을까? 연구에 따르면 차등의결권은 미국, 캐나다, 영국, 프랑스, 독일, 이탈리아, 이스라엘, 홍콩, 중국, 일본 등을 포함해 전세계 70% 정도 국가에서 허용된다.

이 중에서 홍콩은 많은 시사점을 갖는다. 중국 전자상거래 기업 알리바바(Alibaba Group Holding Limited)는 당초 홍콩 증권 시장에 상장을 시도한다. 그러나 당시 홍콩 증권시장은 창업자 잭 마(Jack Ma)를 포함한 경영진에게 차등의결권을 부여하는 주식 발행을 허용하지 않았다. 알리바바는 결국 뉴욕증권거래소에 상장하기로 결정한다. 이에 자극 받은 홍콩증권거래소는 추후 차등의결권을 허용하는 제도를 도입하였다.

## 02 차등의결권과 투자재원조달

차등의결권이 중요한 이유는 기업 성장전략 및 투자재원조달과 연결되어 있기 때문이다. 사업 초기에 경영자는 이제 시작한 사업에서 창출한 현금흐름만으로는 투자재원을 모두 마련하기 어렵다. 설비투자도 계속 해야 하고 핵심 인적자원도 확보해야 한다. 신사업 특성에 따라서는 투자재원이 추가로 막대하게 들어 간다. 또한 투자 수익을 충분히 창출하기까지 오랜 시간이 필요하다.

기존 사업에서 창출한 현금흐름만으로 투자재원을 충당할 수 없을 때 경영자는 금융부채(debt)로 조달하기도 한다. 그러나 금융부채를 사용하는 것도 한계가 있다. 특히 사업 초기에는 수익성이 충분하지 않기 때문에 담보제공 역량도 크지 않다.

경영자는 마지막 수단으로 투자재원을 주주로부터 조달하는 것에 대해 고려한다. 이때 창업자나 대주주는 큰 고민이 있다. 새로운 주주로부터 투자를 받는 대신 지분(equity)을 양보해야 하기 때문이다. 현 경영진의 보유 지분이 낮아지더라도 새로운 주주가 제공한 재원으로 기업을 성장시킬 것인지 (그래서 소유 지분 가치를 높일 것인지), 아니면 기업 성장을 포기하더라도 지금의 경영권을 유지할 것인지를 놓고 장단점을 분석할 것이다.

차등의결권은 이 같은 고민을 해결해 준다. 창업자나 대주주는 의결권이 월등히 많은 주식은 계속 보유하고, 대신 주식 1개당 1개 의결권을 갖는 주식을 주식시장에서 발행해 투자재원을 조달할 수 있다. 이 재원으로 생산설비와 인적자원을 공격적으로 확보해 경쟁사를 추격하거나 따돌릴 수 있다. 특히 경영 및 기술 환경 변화로 인해 기존 사업의 경쟁력이 하락하면 경영자는 새로운 투자 기회를 찾아 변신해야 하고 새로운 사업 개척에 많은 시간과 재원 투입이 필요할 것이다. 이때 차등의결권을 보유한 경영자라면 주식 추가발행을 통한 신규 재원조달에 부담이 적어 그만큼 경쟁력을 확보할 수 있을 것이다.

## 03 '평평한' 운동장 ('level' playing field)

많은 한국 기업은 경영 환경 변화에 대응하기 위해 막대한 투자를 실행할 계획을 갖고 있다. 신기술 확보와 기후 변화 대응을 위해 새로운 투자도 해야 하고 연구개발 역량도 강화해야 한다. 투자재원도 적기에 충분히 확보해야 한다. 그렇지 않으면 경쟁력을 잃을 수 있다.

그러나 한국 기업은 쿠팡, 알파벳, 메타와는 달리 증자를 통한 투자재원 조달방법을 적극적으로 활용하기 어렵다. 창업자나 대주주는 보유 지분이 낮아지는 것을 꺼려하기 때문이다. 보유지분이 낮아지면 외부 인수합병 시도를 방어하기 어렵고, 경영권을 내놓아야 할 수도 있다.

결국 창업자나 대주주는 기업을 적극적으로 성장시키기 보다는 경영권이 위협받지 않도록 하는 것에 더 많은 경제적 유인을 갖게 된다. 이 같은 현상이 특정 기업 뿐 아니라 여러 기업에서 오랫동안 나타난다면, 일자리도 늘지 않고 국가 경제도 활력을 잃는다.

경영환경과 제도가 특정 국가나 산업에 불리하게 형성되어 있다면, 장기적으로 투자활동이 위축되고 기술 축적이 늦어져 기업과 산업 경쟁력이 약해진다. 그렇기 때문에 각 나라에서는 '평평한 운동장(level playing field)'을 설계하는데 많은 노력을 기울인다. 영어 단어 'level' 은 가치나 품질의 수준을 의미하는 명사이기도 하지만, 형용사로는 '평평한' 이라는 뜻도 있다.

운동장(playing field)이 기울어져 있다면, 줄다리기 경기에서 공정한 경쟁을 할 수 없다. 차등의결권 제도는 단점도 있으나 장점도 있다. 세계 여러 나라에서 차등의결권을 허용한 것은 궁극적으로 단점 보다는 장점이 많다는 판단을 한 것으로 볼 수 있다. 장점을 취하고 단점을 보완하는 제도를 설계하고 실행하는 역량과 지혜를 가진 것이다.

경영자는 경영 환경이 가장 유리한 곳에서 기업 활동을 하고자 한다. 기업 가치를 높이고 생존가능성을 높여야 하기 때문이다. '기울어진' 운동장을 바로잡을 수 있는 지혜와 노력이 없으면, 피해를 보는 것은 바로 그 현상을 방치한 주체라는 점을 기억하자.

## 04 경영권 방어장치의 양면성

앞에서 살펴본대로 차등의결권은 적대적 인수합병 시도에 대항하여 경영권을 효과적으로 방어할 수 있는 장치이다. 그 밖에도 경영진은 적대적 인수합병 시도를 줄이기 위해 여러 장치를 둘 수 있다. 대표적으로 시차임기제(classified board)를 통해 이사회 구성원의 임기가 같은 시기에 종료하지 않도록 하기도 한다. 이렇게 하면 이사회 구성원을 교체하기 위해서는 여러 해가 걸리므로 적대적 인수합병을 시도하기가 부담스럽다.

또한 포이즌 필(poison pill) 제도를 갖고 있다면 적대적 인수합병이나 경영권 침해 시도가 있을 때 기존 주주에게 시가보다 낮은 가격에 지분을 매각해서 잠재적 인수자의 부담을 높일 수 있다. 보유 주식의 수량에 관계없이 기업의 주요 경영 사항에 대해 거부권을 행사할 수 있는 황금주(golden share)를 발행할 수도 있다. 포이즌 필이나 황금주 제도는 한국에서는 허용하지 않는다.

한국에서도 다양한 경영권 방어장치를 허용하는 것이 좋을까? 이 질문에 대한 답은 경영권 방어장치가 기업 경쟁력과 기업가치에 어떤 영향을 미치는가에 달려있다. 이에 대한 연구 결과는 어떨까? 기존 연구에 의하면 경영권 방어장치가 기업가치에 미치는 영향은 긍정적 영향과 부정적 영향이 같이 있었다. 적대적 인수합병이 양면성을 갖기 때문이다.

우선 외부투자자들은 적대적 인수합병을 기업가치 향상에 긍정적이라 인식하고 경영권 방어장치에 대해서는 부정적으로 반응한다. 경영진이 기업가치를 높일 수 있는 역량이 미흡할 때 적대적 인수 합병 시도는 경영자에게 심각한 위협을 줄 것이므로, 경영진은 경영권 상실 위험을 줄이기 위해 기업 가치 향상을 위해 노력할 경제적 유인을 갖는다고 생각하는 것이다.

반대로 경영진은 외부로부터의 인수합병 시도를 부정적으로 인식하고, 경영권 방어장치의 필요성을 주장한다. 적대적 인수 시도는 단기적으로 주가를 높여 시세차익을 노리는 것을 목표로 하므로 결국 기업의 장기 성장 전략을 방해한다고 믿는 것이다. 어떤 견해가 더 타당할까?

최근 연구에 따르면 경영권 방어장치가 기업가치에 미치는 영향은 기업이 직면한 경영환경과 전략과제에 따라 다르게 나타난다고 한다. 구체적으로 다음과 같은 실증 연구 결과가 눈에 띈다.

■ **경쟁력 확보전략과 경영권 방어장치**

연구개발 투자가 많고 혁신 역량이 높은 기업에는 경영권 방어장치를 두어 적대적 인수 시도 위협을 줄이는 것이 기업가치에 도움이 된다. 경영진이 장기 경쟁력 강화에 관심을 갖고 있으므로 경영권을 보호해 주는 것이 기업가치에 긍정적인 것이다.

■ **기업 생애주기(life cycle)와 경영권 방어장치**

기업 생애주기에 따라 경영권 방어 장치가 기업가치에 미치는 영향이 달리 나타난다. 기업 연수가 얼마 안 된 신생기업에서는 경영권 방어장치가 기업가치에 긍정적 영향을 미치나, 기업 연수가 일정 시점을 넘어선 성숙기업에서는 오히려 기업가치를 떨어뜨린다(그림 [85-1] 참조). 이를 반영하듯, 신생기업 특히 창업자가 경영하는 기업에서는 차등의결권을 부여하는 주식을 발행하는 회사가 증가하고, 반대로 성숙기업에는 차등의결권 제도를 줄이는 현상이 나타나고 있다. 이 같은 현상은 시차임기제에서도 발견된다.

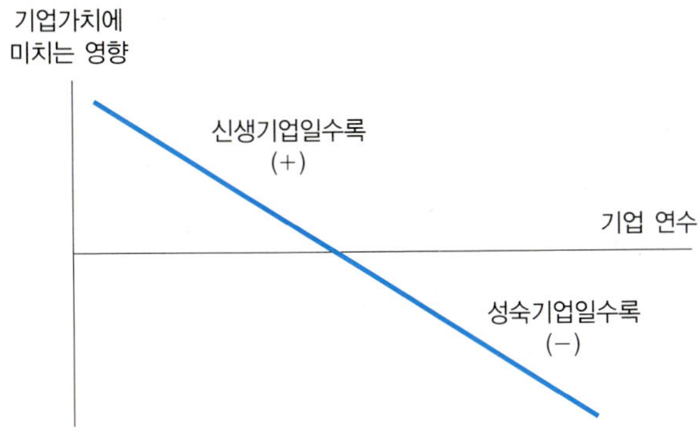


[그림 85-1] 경영권 방어장치가 기업가치에 미치는 영향

이러한 새로운 실증 연구에서 공통적인 시사점은 무엇일까? 경영자가 단기 실적을 달성해야 하는 압박에서 벗어나 장기 관점에서 전략을 수립하고 실행할 수 있도록 제도를 갖추는 것이 중요하다는 점이다. 새로운 성장 기회를 발굴하고 가시적인 성과를 내기 위해서는 많은 연구개발과 지속적 투자 그리고 경영자 역량을 축적할 수 있는 시간이 필요하기 때문이다.

경영권 방어장치가 기업가치 향상에 긍정적 영향을 준다는 기존 인식은 중요하다. 그러나 경영 환경 변화에 따라 투자 규모와 투자 (회수) 기간이 늘어난다면 그에 상응해 경영자가 역량을 축적하고 몰입할 수 있는 충분한 시간을 제공하는 것도 필요하다. 경영권 방어 장치가 기업 경쟁력과 기업 가치에 미치는 영향에 대해 조심스럽고 세심하게 평가할 필요가 있다. 한국 기업 경영진이 미래 경쟁력 강화를 위해 어떤 고민을 하는가를 균형적인 시각에서 볼 때가 되었다.

SECTION

# 86 CD&A와 최고경영층 보상정보

상장 기업이 제공하는 사업보고서는 대표이사 또는 이사회 의장이 경영성과나 투자의사결정 그리고 경영환경에 대해 기술하는 부분과 외부감사인의 의견을 포함한 재무제표정보를 제공하는 부분으로 구성되어 있다. 대표이사나 이사회 의장이 제공하는 경영성과에 대한 기술 부분을 영어로는 Management Discussion and Analysis라고 하며 이를 줄여서 MD&A라고 부른다. '경영성과 논의 및 분석' 정도로 해석할 수 있다.

2007년도부터 미국에서는 MD&A와 더불어 CD&A도 함께 제공하여야 한다. CD&A란 Compensation Discussion and Analysis의 간단한 표현이다. 상장기업 최고경영층에게 제공하는 보상의 제도와 종류에 대한 회사의 정책과 성과평가지표 그리고 성과평가방법 등에 대한 상세한 공시가 이루어지는 것을 의미한다.

## 01 전문경영자와 주주의 이해상충 그리고 경영자 보상제도

주식소유비율이 높지 않은 전문경영층과 외부의 지배주주나 소액주주간에는 전형적인 대리인문제(agency problem)가 존재한다. 주주의 부는 기업 가치의 변동에 직접적인 영향을 받으나 전문경영자의 부는 반드시 그런 것은 아니기 때문이다. 이로 인해 때로는 전문경영자가 주주의 부를 극대화시키기보다는 자신의 경제적 이해를 극대화하는데 더 큰 관심을 가질 수 있다. 주주와 경영자의 경제적 이해관계를 밀접하게 일치시키기 위해 고안된 장치가 경영자 보상제도이다. 대표적인 경영자 보상제도로 단기성과급인 상여금, 주식매수선택권(stock options), 매각이 제한된 주식(restricted stocks) 등의 보상제도가 있다. 이들은 기본 직책급 이외에도 기업성과에 연동하는 보상체계들이다.

보너스는 재무회계정보를 바탕으로 결정되는 것이 일반적이다. 순자산수익률(ROE: return on equity), 주당순이익(EPS: earnings per share), 매출액성장률 등 재무성과지표가 이사회에서 미리 설정한 목표에 도달하는 경우 보너스를 지급하는 것이다. 따라서 경영자는 이러한 재무지표를 향상시키기 위해 노력하게 된다. 주식매수선택권의 경우 주가가 행사가액(exercise price)을 초과하게 되면 경영자는 이익을 보게 되므로 경영자는 주가를 올리기 위해 노력하게 된다. 매각제한부 주식은 일정 기간 동안 회사를 위해 노력을 제공한 후에만 매각할 수 있으므로, 경영자가 장기적인 안목을 갖고 경영의사결정을 할 것을 요구하는 경우에 사용된다.

## 02 한국의 최고경영층 보상에 대한 공시

최고경영층 보상제도에 대한 구체적인 정보는 소액주주나 채권자 등 자본제공자뿐아니라 종업원, 공급자 그리고 소비자 등 기타 이해관계자들이 기업에 대한 투자의사결정이나 경영성과평가 때 유용하게 사용할 수 있다. 그렇다면 현재 한국의 상장기업들은 이처럼 중요한 경영자 보상제도에 대해 어떤 형태의 정보를 어느 정도로 구체적으로 제공하고 있는지 살펴보기로 하자.

**[표 86-1] 한국의 최고경영층 현금보상 정보(삼성전자)**

(1) 이사(사외이사 포함) 및 감사위원회 위원(감사)의 보수현황

(단위 : 억원)

| 구 분 | 지급총액 | 주총승인금액 | 1인당평균 지급액 | 비고 |
|---|---|---|---|---|
| 사내이사(6인) | 488.9 | 600억원 | 81.5 | |
| 사외이사(7인) | 4.7 | | 0.7 | 감사위원회위원(3인) 포함 |

※ 삼성전자 사업보고서 실제 예임

[표 86-1]은 삼성전자의 2005년 말 현재 사업보고서에서 공시하고 있는 이사(사외이사 포함) 및 감사위원회 위원 보수에 대한 정보이다. 이 표를 보면 2005년 회계연도에 사내등기이사 6인에게 지급한 총보수금액은 488.9억 원이며, 이를 1인당 평균금액으로 환산하면 81.5억 원임을 알 수 있다. 또한 사외이사 7인에게 지급한 총보수금액은 4.7억 원, 1인당 평균 지급액은 7천만 원이다.

그러나 이같은 공시로는 사내등기이사와 사외이사 각 개인에게 지급한 보수금액이 얼마인지 파악할 수 없다. 또한 보수금액 지급에 대한 원칙이나 성과평가지표 그리고 평가방법에 대한 상세한 설명이 없어, 사내이사와 사외이사의 보수금액이 기업성과와 어느 정도 연동이 되어 있는가를 판단하기가 쉽지 않다. 이러한 공시형태는 특정 기업에만 국한된 것이 아니라 한국 상장기업 전체에서 발견되고 있다.

삼성전자는 최고경영층에 지급한 현금보수에 관한 공시와는 달리 주식매수선택권에 대해서는 [표 86-2]와 같이 경영층 개인별로 상세한 정보를 제공하고 있다. 공시되는 정보로서는 주식매수선택권을 부여 받은 임원과 회사와의 관계, 부여일(grant date), 부여된 주식의 종류, 부여주식 수량, 연말 현재 행사되지 않은 주식매수선택권의 수량, 부여일의 주가수준에 따라 결정된 행사가액, 연말 현재 주식가격 등이다.

삼성전자의 공시 내용을 살펴보자. 윤종용 부회장의 경우 2000년 3월 16일 100,000주의 주식매수선택권을 그 당시의 주가인 272,700원의 행사가액으로 부여받았다.

**[표 86-2] 한국의 최고경영층 주식매수선택권 보상정보(삼성전자)**

[2005년 12월 31일 현재] (단위 : 원, 주)

| 부여 받은자 | 관 계 | 부여일 | 부여방법 | 주식의 종류 | 변동수량 | | | 미행사 수량 | 행사기간 | 행사 가격 | 종가 |
|---|---|---|---|---|---|---|---|---|---|---|---|
| | | | | | 부여 | 행사 | 취소 | | | | |
| 윤종용 | 등기임원 | 2000년 03월 16일 | 자기주식 교부 | 보통주 | 100,000 | - | 5,226 | 94,774 | '03.3.17~'10.3.16 | 272,700 | 659,000 |
| 이학수 | 등기임원 | 2000년 03월 16일 | 자기주식 교부 | 보통주 | 100,000 | - | 5,226 | 94,774 | '03.3.17~'10.3.16 | 272,700 | 659,000 |
| 이윤우 | 등기임원 | 2000년 03월 16일 | 자기주식 교부 | 보통주 | 70,000 | 40,000 | 3,659 | 26,341 | '03.3.17~'10.3.16 | 272,700 | 659,000 |
| 진대제 | 등기임원 | 2000년 03월 16일 | 자기주식 교부 | 보통주 | 70,000 | - | 3,659 | 66,341 | '03.3.17~'10.3.16 | 272,700 | 659,000 |
| 이기태 | 등기임원 | 2000년 03월 16일 | 자기주식 교부 | 보통주 | 50,000 | - | 2,612 | 47,388 | '03.3.17~'10.3.16 | 272,700 | 659,000 |
| 이상완 | 등기임원 | 2000년 03월 16일 | 자기주식 교부 | 보통주 | 50,000 | 20,000 | 2,612 | 27,388 | '03.3.17~'10.3.16 | 272,700 | 659,000 |
| 임형규 | 등기임원 | 2000년 03월 16일 | 자기주식 교부 | 보통주 | 50,000 | 25,200 | 2,612 | 22,188 | '03.3.17~'10.3.16 | 272,700 | 659,000 |
| 황창규 | 등기임원 | 2000년 03월 16일 | 자기주식 교부 | 보통주 | 50,000 | 23,000 | 2,612 | 24,388 | '03.3.17~'10.3.16 | 272,700 | 659,000 |
| 최도석 | 등기임원 | 2000년 03월 16일 | 자기주식 교부 | 보통주 | 50,000 | 15,000 | 2,117 | 32,883 | '03.3.17~'10.3.16 | 272,700 | 659,000 |
| 김인주 | 등기임원 | 2000년 03월 16일 | 자기주식 교부 | 보통주 | 50,000 | - | 2,612 | 47,388 | '03.3.17~'10.3.16 | 272,700 | 659,000 |
| 한용외 | 등기임원 | 2000년 03월 16일 | 자기주식 교부 | 보통주 | 40,000 | - | 2,090 | 37,910 | '03.3.17~'10.3.16 | 272,700 | 659,000 |
| 이상현 | 등기임원 | 2000년 03월 16일 | 자기주식 교부 | 보통주 | 40,000 | - | 2,090 | 37,910 | '03.3.17~'10.3.16 | 272,700 | 659,000 |

※ 삼성전자 사업보고서 실제 예임

이 가운데 2005년 말 현재 5,226주는 취소되었고 따라서 미행사 주식매수선택권의 수량은 94,774주이다. 이는 부여일 후 3년이 지난 2003년 3월 17일부터 10년 후인 2010년 3월 16일까지 행사할 수 있는 것으로 공시되어 있다. 2005년 말 현재 주가가 659,000원, 행사가액은 272,700원이므로 주식매수청구권 1주당 '659,000원 − 272,700원 = 386,300원' 의 미실현이익이 발생하였고, 이를 94,774주로 곱하면 그 금액은 약 366억 원이 된다.

이 예에서 알 수 있듯 한국의 상장기업은 주식매수선택권에 대해서는 경영자 개인별로 비교적 상세한 정보가 제공되고 있어, 앞에서 살펴본 경영자 현금보수에 대한 공시와는 대조를 이루고 있다. 그렇다면 미국에서는 최고경영층에 대한 보상에 대해 어떤 정보를 제공하고 있는지를 살펴보자.

## 03 미국의 최고경영층 보상에 대한 공시

미국의 상장기업들은 [표 86-3]에서 보는 것과 같이 최고경영층의 보상에 대한 상세한 정보를 제공하고 있다. 이 표는 General Motors의 2005년 Proxy Statement에서 발췌한 것이다. GM은 최고경영층 가운데 보수금액이 가장 높은 상위 5인에 대해 연간급여(annual compensation)와 장기급여(long-term compensation) 두 종류의 보상형태에 대해 당해 연도를 포함한 3년 간의 보수금액을 공시하고 있다.

우선 연간급여는 기본급(salary), 보너스(bonus), 그리고 기타연간보수(other annual compensation)로 구성되어 있다. GM의 대표이사 겸 이사회 의장인 Wagoner, Jr.는 2005년도에 기본급 220만 달러를 받았으며, 이는 2004년도 기본급 220만 달러 및 보너스 246만 달러와 비교할 때 약 절반으로 줄어든 금액이다.

[표 86-3] 미국의 최고경영층 보상정보(GM)

| | | | Annual Compensation | | | Long-Term Compensation | | | |
|---|---|---|---|---|---|---|---|---|---|
| | | | | | | Awards | | Payouts | |
| Name and Principal Position | Year | Total Compen-sation(2) | Salary | Bonus | Other Annual Compen-sation(3) | Stock Options (4) | Stock Options | Long-Term Incentives (5) (6) | All Other Compen-sation(7) |
| | | $ | $ | $ | $ | $ | #Shares | $ | $ |
| G. R. Wagoner, Jr. | 2005 | 5,479,305 | 2,200,000 | 0 | 345,082 | 2,884,000 | 400,000 | 0 | 50,223 |
| Chairman of the Board | 2004 | 10,065,855 | 2,200,000 | 2,460,000 | 186,797 | 5,140,000 | 400,000 | 0 | 79,058 |
| & CEO | 2003 | 12,835,303 | 2,200,000 | 2,860,000 | 95,309 | 4,290,000 | 500,000 | 3,313,000 | 76,994 |
| J. M. Devine | 2005 | 3,893,819 | 1,550,000 | 0 | 313,807 | 1,153,600 | 160,000 | 429,162 | 447,250 |
| Vice Chairman and | 2004 | 6,441,910 | 1,550,000 | 1,400,000 | 173,676 | 2,056,000 | 160,000 | 796,000 | 466,234 |
| Chief Financial Officer(1) | 2003 | 8,362,683 | 1,550,000 | 1,612,000 | 200,211 | 1,716,000 | 200,000 | 2,821,000 | 463,472 |
| R. A. Lutz | 2005 | 3,019,408 | 1,550,000 | 0 | 274,736 | 1,153,600 | 160,000 | 0 | 41,072 |
| Vice Chairman, Global | 2004 | 6,506,295 | 1,550,000 | 1,400,000 | 147,301 | 2,056,000 | 160,000 | 1,291,000 | 61,994 |
| Product Development | 2003 | 8,209,355 | 1,550,000 | 1,612,000 | 98,361 | 1,716,000 | 200,000 | 3,171,000 | 61,994 |
| T. A. Gottschalk | 2005 | 1,971,793 | 1,000,000 | 0 | 426,176 | 519,120 | 72,000 | 0 | 26,497 |
| Executive Vice President, | 2004 | 2,879,672 | 950,000 | 736,000 | 230,478 | 925,200 | 72,000 | 0 | 37,994 |
| Law & Public Policy | 2003 | 3,989,831 | 929,167 | 850,000 | 205,301 | 772,200 | 90,000 | 1,196,000 | 37,163 |
| and General Counsel | | | | | | | | | |
| G. L. Cowger — Group | 2005 | 1,684,044 | 850,000 | 0 | 161,784 | 360,500 | 50,000 | 297,738 | 14,022 |
| Vice President, Global | 2004 | 2,194,110 | 850,000 | 659,000 | 17,303 | 642,500 | 50,000 | 0 | 25,307 |
| Manufacturing and | 2003 | 2,742,671 | 775,000 | 646,000 | 21,527 | 471,900 | 55,000 | 787,000 | 23,244 |
| Labor Relations | | | | | | | | | |

| | Individual Grants | | | | |
|---|---|---|---|---|---|
| Name | Number of Securities Underlying Options Granted | % of Total Options Granted to Employees in 2005 | Exercise Price | Expiration Date | Grant Date Present Value(1) |
| | # Shares | % | $/Share | | $ |
| G. R. Wagoner, Jr. | 400,000 | 4.98 | 36.37 | 1/24/2015 | 2,884,000 |
| J. M. Devine | 160,000 | 1.99 | 36.37 | 1/24/2015 | 1,153,600 |
| R. A. Lutz | 160,000 | 1.99 | 36.37 | 1/24/2015 | 1,153,600 |
| T. A. Gottschalk | 72,000 | 0.90 | 36.37 | 1/24/2015 | 519,120 |
| G. L. Cowger | 50,000 | 0.62 | 36.37 | 1/24/2015 | 360,500 |

※ GM의 Proxy Statement 실제 예임

장기급여는 주식매수선택권(stock options)과 장기성과급(long-term incentives)으로 구성되어 있다. Wagoner, Jr.의 경우 2005년도에 40만 주의 주식매수선택권을 부여받았고, 이는 회사 임직원에게 부여된 주식매수선택권 중 4.98%에 해당된다. 이를 금액으로 환산하면 288만 4천 달러에 이른다. 주식매수선택권의 행사가액(exercise price)은 부여 당시의 주가수준인 36.37달러이며, 2015년 1월 24일까지 행사할 수 있다.

따라서 Wagoner, Jr.는 2005년도 기본급, 기타연간보수, 주식매수선택권을 합하여 총 547만 9천 달러에 이르는 보수를 받았으며, 이를 2005년 연말 환율인 1달러당 1,013원을 기준으로 원화로 환산하면 약 55억 6천만 원이다. 이 금액은 Wagoner, Jr.가 2004년도에 받은 보수총액 1,006만 5천달러, 약 105억원의 절반 수준이다.

이외에도 [표 86-4]를 보면 Wagoner, Jr.는 2005년도에 장기성과급(long-term incentives)를 받을 수 있는 권리 102,224단위를 받았음을 알 수 있다. 보상위원회가 정한 재무성과기준을 2005년부터 2007년까지 3년의 기간 중에 달성한 경우 102,224단위 전체를 받을 수 있으며, 이에 미리 정해진 일정 금액을 곱한 금액이 보상금액이 된다.

만일 이 목표를 달성하지 못한다고 하더라도 일정 수준 이상의 성과를 달성하는 경우 50%인 51,112단위를 받게 되며, 성과를 초과달성하는 경우 그 두 배인 204,448단위에 해당하는 보수를 받게 된다. 이 보수금액은 성과평가기간이 종료되는 2007

**[표 86-4] 미국의 최고경영층 장기성과급 보상제도(GM)**

| Name | # Shares, Units, or Other Rights | Performance Period | Estimated Future Payouts Under Non-Stock Price-Based Plans | | |
|---|---|---|---|---|---|
| | | | Threshold | Target | Maximum |
| | | | Units | Units | Units |
| G. R. Wagoner, Jr. | 102,224 | 2005-2007 | 51,112 | 102,224 | 204,448 |
| J. M. Devine | 51,112 | 2005-2007 | 25,556 | 51,112 | 102,224 |
| R. A. Lutz | 51,112 | 2005-2007 | 25,556 | 51,112 | 102,224 |
| T. A. Gottschalk | 25,556 | 2005-2007 | 12,778 | 25,556 | 51,112 |
| G. L. Cowger | 25,556 | 2005-2007 | 12,778 | 25,556 | 51,112 |

※ GM의 Proxy Statement 실제 예임

년 말 이후에 사후적으로 결정되기 때문에 2005년도의 총보수에는 포함되어 있지 않다. 덧붙여 흥미로운 점은 2003년도에도 이와 유사한 형태의 장기성과급여제도가 있었다는 점이다. 그러나 그 당시에 부여되었던 장기성과단위는 2003년부터 2005년까지의 평가기간 중 성과목표를 달성하지 못하였기 때문에 2005년도의 장기성과급여는 0으로 나타나있다. 그 만큼 회사의 경영성과는 좋지 않았다는 의미이다.

## 04 최고경영층 보수금액과 주식수익률

GM의 Wagoner, Jr.는 2005년도에 기본급, 주식매수선택권, 장기성과급여, 그리고 기타연간보수를 합하여 총 547만 9천 달러에 이르는 보수를 받았으나 이 금액은 2004년도 보수총액 1,006만 5천 달러의 절반 수준임을 위에서 살펴보았다. 이는 그 만큼 회사의 경영성과가 만족스럽지 않았다는 뜻이다. 회사의 경영성과에 대해 보다 명확한 정보를 전달하기 위해 GM은 [그림 86-1]과 같이 지난 5년간 회사 주식의 수익률을 시장지수인 S&P 500 Index와 경쟁사인 Ford 및 DaimlerChrysler의 주식수익률과 대비하여 보여주고 있다.

이 그림에 의하면, 2000년 말을 기준으로 DaimlerChrysler의 주가는 51%나 상승하였고, S&P 500 지수의 수익률도 3% 상승한 반면, Ford의 주가는 61%, GM의 주가는 51%나 하락한 것을 알 수 있다. 특히 GM의 경우 주가하락폭이 2005년 중에 가장 컸음을 볼 수 있다. 따라서 최고경영자의 2005년도 총보수가 그 전년도에 비해 하락한 것은 어쩌면 당연해 보인다.

GM이 5년이라는 장기간 동안의 회사의 주식수익률을 경쟁사 및 시장지수 수익률과 함께 제공하는 것은 회사가 자발적으로 결정한 것은 아닐 것이다. 이 정보가 공시되는 이유는 최고경영층의 보수금액이 경영성과와 부합하는가를 주주들이 직관적으로 그리고 쉽게 파악하고 이해할 수 있도록 1992년에 미국 증권거래위원회가 상장기업들에 대한 공시규정을 강화하였기 때문이다. 1992년 이전에는 미국에서도 이러한 상세한 경영층 보상정보가 제공되지 않았다.

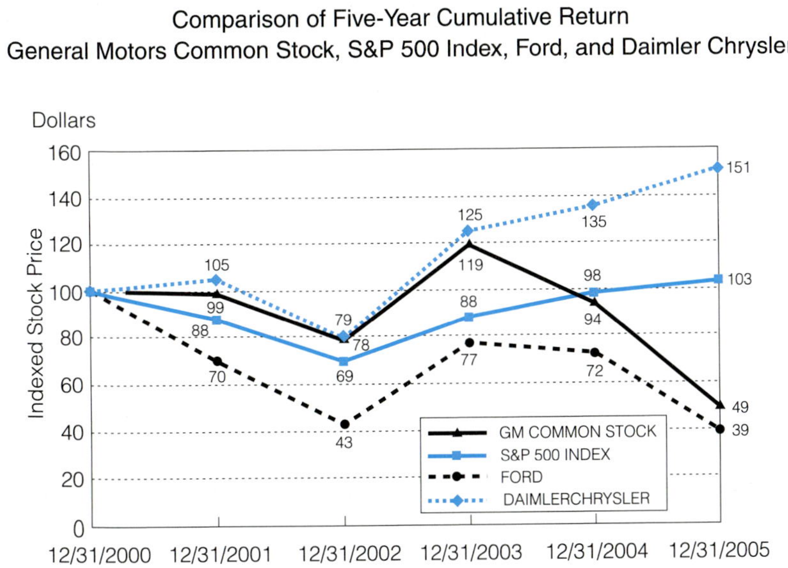


**[그림 86-1]** 미국의 경영성과평가 벤치마크 정보(GM)

※ GM의 Proxy Statement 실제 예임

## 05 새로운 공시제도

최고경영층에 대한 보상은 앞으로도 많은 관심의 대상이 될 것이다. 물리적인 국경을 넘어서 전세계 시장을 상대로 경쟁하는 기업들은 방대한 사업영역에서 발생하는 복잡한 투자, 영업 및 재무에 관한 의사결정을 효율적으로 수행할 수 있는 능력있는 최고경영자를 확보하고 유지할 수 있어야 한다. 이같은 업무를 탁월하게 수행해 낼 수 있는 최고경영자에게는 높은 보상을 제공하지 않을 수 없다. 경쟁기업에서 그 인재를 선점하는 것을 방지하여야 하기 때문이다. 어려운 점은 최고경영층에 대한 보상과 경영성과가 밀접하게 연관될 수 있도록 효과적인 장치들을 마련하고 운용하여야 한다는 점이다.

이를 위해 최근 미국 증권거래위원회는 2007년부터 미국의 상장기업들이 최고경영층에 대해 다음과 같은 정보를 제공하도록 새로운 규정을 만들었다.

- 최고경영층에 대한 보상을 명료하게 표로 나타내고, 경영자 개인별로 매각제한부주식(restricted stocks)과 주식매수선택권(stock options)으로 얻은 보상을 금액으로 환산하여야 할 뿐 아니라 퇴직연금이나 기타 보상금액의 현재가치도 제공할 것.
- 경영자 개인별로 총보상금액을 제공함으로써, 기업간 비교를 용이하게 할 것(종전에는 총보상금액을 공시하지 않아도 되었음).
- 기업에서 제공한 각종 특전(perks 또는 perquisite라고 함)의 가치가 1만달러를 넘는 경우 그 내용을 상세히 공시할 것(종전에는 그 한도가 5만달러로 높았음).
- CD&A(Compensation Discussion and Analysis)를 통해 최고경영층에게 제공하는 보상에 대한 회사의 정책, 성과평가방법, 그리고 성과평가지표 등에 대해 상세한 정보를 서술형식으로 제공할 것. 또한 CD&A를 사업보고서의 기재사항으로 규정함으로써 CEO와 CFO의 재무제표 인증의무 대상에 CD&A도 포함될 수 있도록 할 것.
- 주식매수선택권에 관해서는 부여일, 부여일 현재의 주식매수선택권의 공정금액 등 상세한 정보를 제공할 것.

특히 마지막 항목에 주식매수선택권의 부여에 관한 상세한 규정을 도입한 이유는 최근 미국의 여러 상장기업들이 주식매수선택권 부여일을 주가가 가장 낮은 날로 임의적으로 소급 적용하는 행태가 적발되었기 때문이다(이를 back-dating이라고 부름).

한국의 주요 상장기업들의 경영지배구조는 미국의 초일류기업과 비교해도 손색이 없는 경우가 많다. 그러나 최고경영층의 보상제도에 관한 정보는 위에서 살펴본 대로 대체로 부실하다고 평가된다. 그리고 이사회 내 보상위원회의 역할도 아직은 그리 활발하지 않다. 또한 성과보상위원회가 경영자보수를 결정하는 과정에서 고려하였던 재무 및 비재무 정보에 관해서도 전혀 공시되지 않고 있다. 예를 들어, 중요 보상정책과 성과평가지표(개인별 성과평가지표 포함) 등에 관한 정보는 찾아보기 힘들다.

한국도 이 같은 문제점을 적극적으로 개선하려는 노력을 시작한 것으로 보인다. 2013년 12월 규제기관인 금융위원회는 연간 5억 원 이상의 보수를 받는 상장기업의 등기임원에 대해 개인별로 상세한 급여정보를 공시하도록 하는 규정을 발표한다. 공개대상 보수는 당해 연도 급여나 상여금뿐 아니라, 주식매수선택권을 행사해서 얻은 이익과 퇴직금도 포함된다.

공개 대상은 기업의 등기임원이나 감사뿐 아니라 그 해 퇴임한 임원도 포함된다. 퇴임 임원을 포함시킨 이유는 보수 공개 대상을 현직 임원으로만 한정하는 경우 퇴임 시 퇴직금이나 퇴직위로금 등으로 과도한 보수를 지급하는 방법을 사용함으로써 보수 공개를 회피하는 것을 방지하기 위해서라고 한다.

그럼에도 불구하고 한국 상장기업들은 아직 미국에서와 같은 엄격한 경영자보상에 관한 공시환경에 노출되어 있지는 않다. 그러나 세계시장을 대상으로 경쟁하고 있는 많은 초일류 한국 기업들은 멀지 않은 장래에 최고경영층의 보상에 관한 보다 투명한 정보를 시장에 제공해야 할지도 모른다. 이같은 정보에 대한 시장의 요구가 커질 것임은 쉽게 예측할 수 있기 때문이다.

SECTION

# 87 주식매수선택권과 과도보수

최근 은행, 증권사, 보험사 등 금융회사의 최고경영자들은 몇 년 전에 부여받은 주식매수선택권(stock options)의 평가차익이 회사성과에 비해 과도한 것이 아니냐는 비판에 처해있는 듯하다. 2007년 7월 21일 매일경제신문에 의하면 강정원 국민은행장은 70만 주의 주식매수선택권으로부터 180억 원에서 320억 원 사이의 평가이익을 기대할 수 있다고 하며, 라응찬 신한지주회장과 신상훈 신한은행장도 각각 71억 원과 55억 원의 예상평가이익을 기록하였다고 한다. 이같은 평가이익만 고려한다면 금융회사 최고경영자들에게 과도한 보수를 지급한 것이 아니냐는 시각도 이해될 듯 하다.

## 01 주식매수선택권의 특성

주식매수선택권이란 미리 정한 가격인 행사가액(exercise price)으로 회사의 신주를 인수하거나 매입할 수 있는 권리를 의미한다. 주가가 행사가액을 웃돌게 되면 경영자는 주식매수선택권을 행사함으로써 주가와 행사가액과 차이를 보수로 얻게 된다. 하지만 주가가 행사가액 미만으로 하락하는 경우에는 경영자는 주식매수선택권을 행사하지 않으면 그만이다. 왜냐하면 경영자는 주식을 매수할 수 있는 선택권한을 가질 뿐 이 권한을 행사하여야 하는 의무는 없기 때문이다.

따라서 경영자에게 주식매수선택권을 부여하는 이유는 단순하다. 주가하락으로 인한 손실로부터 경영자를 보호하는 대신, 주가상승의 이익은 향유할 수 있는 기회를 제공하기 위해서이다. 주식매수선택권이 갖는 '손실보호–이익향유' 라는 비대칭적 구조로 인해 경영자 입장에서는 주식매수선택권이 아주 매력적인 보상수단으로 인식된다.

그러나 주식매수선택권이 주주에게도 동일하게 매력적일까? 이 질문에 대한 답변에 따라 최고경영자에게 부여된 주식매수선택권의 평가이익이 과도하다고 생각할 수도 있고 적절하다고 생각할 수도 있다. 이에 대한 균형적인 시각을 제공하기 위해 우선 행사가액에 대해 알아보자.

## 02 행사가액의 결정

행사가액은 일반적으로 이사회에서 주식매수선택권을 경영자에게 부여하기로 결의한 날의 주가를 기준으로 결정한다. 예를 들어 이사회 결의일의 주가가 5만 원이라면 행사가액을 5만 원으로 결정하는 경우가 대부분이다. 그러나 일부 회사는 행사가액을 동종업종의 주가수익률에 연동시킴으로써 경영자의 성과를 보다 엄격하게 평가하기도 한다. 앞의 예를 계속하면, 행사가액을 5만 원으로 고정시키는 대신 '5만 원 × (1+동종업종 주가상승률)' 로 정하는 것이다. 이렇게 되면 경영자는 자사 주가를 동종업계의 주가상승률 이상으로 높여야만 주식매수선택권에서 평가이익을 얻을 수 있다.

그런데 만일 동종업종 주가상승률이 음(−)수라면 어떻게 될까? 회사의 주가는 10% 하락한 반면 동종업종 주가는 20% 하락했다면 행사가액도 낮아질 수 있을까? 이 경우 비록 회사 주가가 하락하였으나 동종업종 주가보다는 하락률이 낮으므로 경영자의 역량이 뛰어나다고 평가할 수 있고 따라서 주가하락이라도 행사가액을 낮춤으로써 평가이익을 얻을 수 있도록 하는 것이 합리적일 수 있다. 그러나 현재 법령으로는 이 같은 방법은 사용할 수 없고 동종업종 주가가 상승하는 경우에만 행사가액을 높일 수 있다. 법령에서 허용하지 않더라도 주가가 하락하는 경우에도 경영자가 주식매수선택권으로부터 이익을 얻는다는 것을 일반 주주들은 받아들이기 어려울지도 모른다.

행사가액 결정에 대한 두 가지 방법을 잘 보여주는 예가 [표 87-1]에 나타나 있다. 이 예시는 대우증권의 2006년도 사업보고서에서 발췌하였다. 2007년 3월 31일 현재 대우증권의 손복조 대표이사는 2005년 9월 22일에 부여된 20만주의 주식매수선택권을 보유하고 있으며, 행사기간은 2007년 9월 22일부터 2012년 9월 21일로 나타나 있다. 즉 주식매수선택권을 부여한 후 2년 동안은 주가가 행사가액보다 높더라도 이 권리를 행사할 수 없으며, 부여 후 7년 내에 행사할 수 있도록 정해져 있는 것이다. 부여 후 2년간 주식매수선택권을 행사를 할 수 없도록 한 것은 경영자가 단기성과에 몰입하기보다는 장기적으로 기업가치를 높일 수 있는 방안들을 실행하라는 의미로 해석할 수 있다.

**[표 87-1] 주식매수선택권 공시내용(대우증권)**

(2) 주식매수선택권 부여 · 행사현황

[2007년 03월 31일 현재] (단위 : 원, 주)

| 부여 받은자 | 관 계 | 부여일 | 부여방법 | 주식의 종류 | 변동수량 | | | 미행사 수량 | 행사기간 | 행사 가격 | 종가 |
|---|---|---|---|---|---|---|---|---|---|---|---|
| | | | | | 부여 | 행사 | 취소 | | | | |
| 박승균 | 미등기임원 | 2000년 06월 03일 | 차액보상형 | 보통주 | 30,000 | - | - | 30,000 | 2003.06.03~2010.06.02 | 7,000 | 28,950 |
| 성계섭 | 미등기임원 | 2000년 06월 03일 | 차액보상형 | 보통주 | 30,000 | - | - | 30,000 | 2003.06.03~2010.06.02 | 7,000 | 28,950 |
| 조성준 | 미등기임원 | 2001년 08월 24일 | 차액보상형 | 보통주 | 10,000 | 10,000 | | - | 2003.08.24~2006.08.23 | 8,900 | 28,950 |
| 손복조 | 등기임원 | 2005년 09월 22일 | 차액보상형 | 보통주 | 200,000 | - | - | 200,000 | 2007.09.22~2012.09.21 | 주1)참조 | 28,950 |
| 임형구 | 미등기임원 | 2005년 09월 22일 | 차액보상형 | 보통주 | 14,000 | - | 5,833 | 8,167 | 2007.09.22~2012.09.21 | 주1)참조 | 28,950 |

주1) 부여수량의 50%는 고정형[주당 14,000원], 나머지는연동형[법규상 가격 * (1+상장증권업지수 상승률), 단, 12,000원 이상]으로 부여.
 * 법규상 가격 : 이사회 결의일 기준시가

※ 대우증권 사업보고서 실제 예임

특이한 점은 다른 임원들은 행사가액이 7,000원 또는 8,900원으로 고정되어 있으나, 대표이사의 행사가액은 고정형과 연동형 두 가지를 모두 갖고 있다는 것이다. 우선 부여수량의 50%인 10만주는 이사회 결의일의 주가인 14,000원으로 행사가액이 결정되어있는 고정형이다. 나머지 10만주는 연동형으로 '14,000원 × (1 + 상장증권업지수 상승률)' 또는 12,000원 중 큰 금액으로 행사가액을 결정함으로써 동종업종주가가 하락하더라도 행사가액이 과도하게 낮아지지 않도록 견제장치를 도입하고 있다.

또 하나 흥미로운 점은 부여방법이 '차액보상형' 이라는 점이다. 차액보상형이란 주가와 행사가액간의 차액을 현금으로 지급하는 것을 의미한다. 이는 '주식교부형' 과는 달리 주식매입에 소요되는 현금을 지불할 필요도 없으므로 경영자에는 더할 나위 없이 매력적인 보상방법이 된다.

## 03 고액보수와 과다보수

주식매수선택권에서 얻은 평가이익이 수억 원에서 수십억 원에 달한다면 이를 어떻게 이해하여야 할까? 중요한 점은 이 보상이 경영자 노력의 대가이냐 아니면 시장경기의 결과이냐를 판단하는 것이다. 흔히 주가상승으로 기업의 시가총액(=주가×유통주식수)이 현저히 높아졌다면 경영자에게 많은 보수를 지급하는 것을 당연하게 여기기도 한다. 하지만 주가상승이 경영자가 주주의 부를 늘리는 역할을 충실히 한 결과인지 아니면 주식시장의 전반적인 영향에 의한 것인지를 구분하는 것은 쉬운 일이 아니다. 주가상승이 경영자 노력에 의한 것이라면 높은 보상을 받을 자격이 있으며, 이때 현금 보상이냐 아니면 주식매수선택권에 의한 보상이냐는 그다지 중요하지 않다.

반면 경영성과에 관계없이 고액보수가 지급되었다면 이는 '과다보수' 가 될 것이다. 경영성과를 높이기 위해서 고액보수를 지급하는 것에 대해서는 사회적인 저항이 상대적으로 낮지만, 경영성과와 관계없이 지급되는 '과다보수' 에 대해서는 반대의 목소리가 높다. 이 때 과다보수를 억제하는 방안으로 주식매수선택권을 경영성과와 연동시키는 방법이 있다. 앞에서 논의한 대로 행사가액을 성과연동형으로 하거나 부여 수량을 경영성과에 연동하는 것이다. 그러나 이러한 방법도 성과목표를 낮게 설정한다면 실효성이 없으며 여전히 과다보수에 대한 부정적인 시각을 피할 수 없을 것이다.

한편 주식매수선택권뿐 아니라 연봉, 단기성과급(보너스), 또는 매각제한부 주식 등 모든 경영자보상정책은 기업의 성장과 비전을 달성하기 위한 전략적 수단임을 염두에 두어야 한다. 예를 들어 기업의 목표가 10년 후 매출액 2배, 시장점유율 2배, 또는 시가총액 3배 달성 등과 같이 구체적으로 정해졌다면 단기·중기·장기 전략목표를 설정하고 이를 달성하기 위한 전략으로 경영자보상제도를 운영하여야 한다. 또한 각 보상항목이 전체 보상에서 차지하는 비율도 목표와 전략에 맞게 구성해야 한다. 새로운 성장동력을 발굴하고 실행하기 위해서는 주식매수선택권이나 매각제한부 주식이 전체 보상에서 차지하는 비중이 높아질 것이나, 현재 사업의 수익성을 향상시키는데 주력하고자 하는 기업은 현금보너스 비중이 높을 수도 있다.

## 04 이사회와 성과보상위원회의 역할

이사회는 경영자보상제도의 성공적인 운영을 위해 중요한 역할을 하여야 한다. 특히 성과보상위원회는 전문성과 독립성을 갖춘 사외이사로만 구성될 필요가 있다. 그래야만 최고경영층의 영향을 견제하면서 기업가치를 높이는데 가장 효율적인 경영자보상제도를 도입하여 운영할 수 있기 때문이다.

물론 사외이사가 전문성과 독립성을 갖추었는가에 대해서는 의견이 나뉘어져 있다. 하지만 이미 사외이사의 진정한 역할을 모색하는 새로운 분위기는 나타나고 있다. 최근 많은 사외이사들이 주주의 경제적 이해를 보호함으로써 개인의 명성을 유지하고 시장에서 긍정적인 평가를 받으려고 노력하고 있고, 사외이사 추천위원회도 이러한 전문가들로 사외이사를 선별하려고 노력하고 있는 것을 볼 수 있다.

한국의 은행들은 대부분 성과보상위원회를 전원 사외이사로만 구성하여 운영하고 있으며, 이 추세는 앞으로 다른 금융회사와 일반 기업으로 빠른 속도로 확산될 것으로 보인다. 특히 외국인 지분이 높은 기업은 물론이고 대주주가 직접 경영에 참여하고 있는 기업에서도 전문경영층에 대한 동기부여와 우수한 인력을 확보하고 유지하기 위해서라도 전문가로 구성된 성과보상위원회의 역할을 강화하여야 하기 때문이다.

기업에서 가장 중요한 자산은 인적자원이다. 이사회는 우수한 최고경영층 확보를 위해 평가보상제도를 전략적으로 잘 운영해야 하고, 최고경영층 역시 기업성장에 공헌할 수 있는 우수한 인재를 확보하고 그들의 역량을 강화하는 데 평가보상제도를 효과적으로 활용하여야 할 것이다. 적절한 평가보상제도가 기업의 생존과 성장에 필수적이라는 것에는 의문의 여지가 없다.

SECTION

# 88 주식매수청구권 가치평가

임직원에게 부여한 주식매수선택권(주식매수청구권) 가치는 어떻게 평가할까? 향후 주가가 행사가격보다 높아 주식매수선택권이 가치를 가질지, 아니면 주가가 오르지 않아 주식매수선택권이 쓸모가 없을지 부여시점 현재에는 알 수가 없다(Section 84 참조). 다만 미래 주가가 행사가격보다 높아질 수 있으리란 경영진 기대만이 있을 뿐이다. 그럼에도 주식매수선택권 가치를 추정하는 것이 필요할까? 그렇다면 가치를 합리적으로 추정할 수 있을까? 주식매수청구권은 기본적으로 콜옵션(call option)이므로 콜옵션의 가치평가방법을 활용할 수 있다.

## 01 내가격과 외가격

위 그림에서와 같이 행사가격(K, exercise price)은 부여시점 주가와 대부분 동일하다. 추후 회사 경쟁력이 강해지거나 경기가 좋아져 주가가 행사가격보다 높은 상황을 ‘내가격(in-the-money) 상태’라고 한다. 이 때 임직원은 주식매수청구권을 행사

**[그림 88-1]** 주식매수청구권 가치평가

하면 행사가격을 지급하고 주식을 받을 수 있으므로 주가(S)와 행사가격(K) 차액인 'S − K' 만큼 보상 가치를 갖는다. 반대로 주가가 행사가격 아래에 머물고 있다면 '외가격(out-of-the-money) 상태' 라고 하고, 임직원은 권리를 행사하지 않을 것이므로 주식매수청구권 가치는 영( '0' )이다.

- 내가격상태 [미래 주가(S) > 행사가격(K)] ➡ 주식매수청구권 가치(C) = S − K
- 외가격상태 [미래 주가(S) ≤ 행사가격(K)] ➡ 주식매수청구권 가치(C) = 0

이를 간결하게 주식매수청구권의 가치는 'S = K' 와 '0(영)' 중 큰 값으로 표현할 수 있다.

주식매수청구권 가치(C) = Max [S − K, 0]

이렇듯 주식매수청구권은 내가격 상태인지 아니면 외가격 상태인지에 따라 가치가 크게 다른 구조인데, 주식매수청구권 가치(C)와 주가(S)의 관계를 아래 그림과 같이 나타낼 수 있다. 외가격 상태에서는 주식매수청구권의 가치가 없다가, 주가(S)가 행사가격(K)을 넘으면(즉, 내가격 상태) 주식매수청구권(C)은 주가 수준에 비례하여

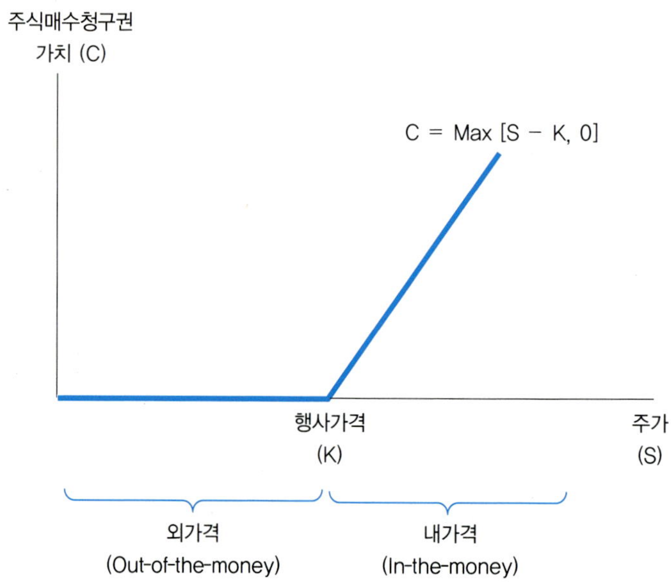


**[그림 88-2]** 주식매수청구권 가치

가치가 커진다.

## 02 블랙-숄즈-머튼 모형

실무와 학계에서 사용하는 대표적인 콜옵션 평가방법은 블랙-숄즈-머튼 모형(Black-Scholes-Merton model)이다. 피셔 블랙(Fisher Black), 마이론 숄즈(Myron Scholes), 로버트 머튼(Robert Merton) 교수 이름을 딴 이 모형은 미래 특정 시점의 주가가 행사가격보다 높아져 내가격상태(S > K)인 경우, 주식매수청구권의 가치는

주식매수선택권 가치(C)
= 예상 수취금액 현재가치 − 예상 지급금액 현재가치
= 예상 주가의 현재가치 − 행사가격의 현재가치

로 정의하였다. 이를 정교하게 표현하면 부여시점 현재 주식매수선택권 가치($C_0$)는

$$C_0 = S_0N(d_1) - Ke^{-rT}N(d_2)$$

로 나타낸다. 표현이 복잡해 보이나, 첫째 항은 내가격 상태시 부여 받을 주식의 예상가격(S)을 현재가치로 환산한 금액이며, 둘째 항은 그 때 지급할 행사가격(K)의 현재가치를 뜻한다. 이 모형에서 사용한 변수는 다음과 같다:

$S_0$ = 주식매수선택권 부여 시점의 주가,
K = 행사가격,
N ( ) = 누적정규분포,

$$d_1 = \frac{\ln(\frac{S_0}{K}) + (r + \frac{1}{2}\sigma^2)T}{\sigma\sqrt{T}}$$ ➡ 주가가 $S_0$에서 S까지 올라갈 확률,

$$d_2 = \frac{\ln(\frac{S_0}{K}) + (r - \frac{1}{2}\sigma^2)T}{\sigma\sqrt{T}}$$ ➡ 주식매수선택권이 내가격상태(S > K)가 될 확률,

r = 무위험자산수익률,
σ = 주식수익률 표준편차,
T = 주식매수청구권 행사만기,
ln = 자연로그(natural logarithm).

블랙-숄즈-머튼 모형으로 계산한 주식매수청구권 가치는 [그림 88-3]과 같이 '볼록한' 형태로 나타낼 수 있다.

예를 들어, 어느 기업이 현재주가($S_0$)가 50,000원일 때 만기(T) 5년에 행사가격(K)이 50,000원인 주식매수청구권을 부여했다고 하자. 그리고 무위험이자율(r)이 2%이고, 주식수익률 표준편차(σ)는 23%로 가정한다. 블랙-숄즈-머튼 모형에 의하면 주식매수선택권 가치(C)는 약 10,000원으로 계산된다. 이는 부여시점 주가($S_0$) 50,000원 대비 20% 수준이다. 참고로 한국 기업을 대상으로 주식매수청구권 가치를 산정하면 대체로 부여시점 주가의 10~30%이다.

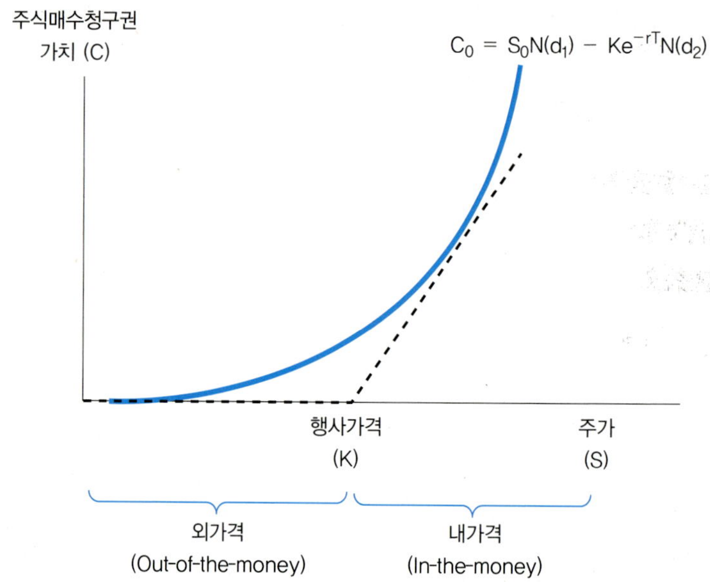


[그림 88-3] 블랙-숄즈-머튼 모형

그런데 미래에 주식매수청구권이 내가격 상태에 있을지, 그리고 그렇다면 언제 그 상태에 도달할지 예단하기 어려운 상황에서 주식매수선택권 가치를 추정하려면 주요 변수에 대해 가정을 해야 한다. 위 예에서 주식 수익률 변동성(σ)을 23%로 가정했다. 이 수치는 과거 실제 주가 변동성 자료를 바탕으로 산출한 것이다. 경영진은 미래에도 주식수익률변동성이 23%일 것으로 가정했으나 실제로도 그럴지는 알 수 없다. 무위험이자율(r) 2%에 대한 가정 역시 동일한 불확실성이 있다.

블랙-숄즈-머튼 모형에는 이 같이 여러 가정이 들어 있어 실무에서는 쓰이지 않을 것처럼 보일 수 있다. 그러나 이 모형으로 계산한 금액이 임직원 보상비용으로 재무제표에 실제로 인식되므로 주요 변수의 영향에 대해서는 기억하기로 하자.

여러 변수 가운데 두 가지만 살펴 보자. 첫째는 주가 변동성(σ)이 높을수록 주식매수선택권 가치는 높아진다. 변동성이 높을 수록 미래 주가(S)가 행사가격을 초과할(내가격 상태) 가능성이 높기 때문이다. 물론 변동성이 높다면 주가가 떨어질 가능성도 높지만, 외가격상태가 되더라도 임직원은 손실을 부담하지 않는다. 주식매수청구권의 비대칭적인 보상 구조가 임직원에게 매력적인 이유이다. 둘째는 주식매수청구권 만기(T)가 길수록 주식매수선택권 가치가 높아진다. 행사할 수 있는 기간이 길면 경영진이 기업 가치를 높일 수 있는 시간 여유가 그 만큼 많기 때문이다.

## 03 주식매수청구권 가치가 재무제표에 미치는 영향

주식매수청구권 가치가 산정되었으니, 재무제표에는 어떻게 기록되는지도 살펴 보자. 실무에서는 두 종류의 주식매수청구권을 부여한다. 첫째는 현금결제형(또는 차액보상형)으로, 주식매수청구권을 행사하면 임직원은 실제 주식을 부여받는 대신 그 시점의 주가(S)와 행사가격(K) 간 차이를 현금으로 받는다. 이를 회계처리하기 위해서는 부여시점에 회사는 주식매수선택권 추정 가치를 손익계산서에 '보상비용' 으로 인식하고, 재무상태표에 '보상부채' 로 기록한다. 따라서 부여시점에 영업이익과 당기순이익이 낮아진다. 만기에 임직원이 주식매수청구권을 행사하면 회사는 그동안 기록했던 보상부채를 소멸시키고 현금을 지출하게 된다.*

둘째는 주식결제형(주식교부형)으로, 주식매수청구권 행사시 임직원은 회사에 행사가격(K)을 현금으로 지급하고 그 대가로 주식을 받는다. 부여시점에 주식매수선택권 추정 가치를 손익계산서에 '보상비용' 으로 인식하는 것은 위 현금결제형과 같다. 그러나 재무상태표에는 부채 대신 자본으로 인식하는 것이 현금결제형과 다르다. 만기에 임직원이 주식매수선택권을 행사하면 회사는 행사가격을 현금으로 받고 주식

* 현금결제형 주식매수청구권 가치는 부여시점의 손익계산서에서 보상비용으로 인식되나, 아직 현금 유출이 없어 법인세법상 비용(손금)은 아니다(이를 '손금불산입' 항목이라 함). 따라서 그만큼 세법상 소득이 높아 세금을 많이 내고, 이를 재무상태표에 '이연법인세자산(DTA, deferred tax asset)' 으로 기록한다. 반대로 추후 행사시점에 주가와 행사가격 간 차이를 보상으로 지급하면 그 금액을 법인세법상 비용으로 인식한다. 따라서 법인세를 적게 내고, 이는 과거 이연법인세자산을 소진한 것으로 본다. 이렇게 이연법인세자산이 발생했다가 추후 소멸하는 특성을 세무조정에서 '일시적 차이' 라고도 한다.

을 지급하므로 재무상태표에 '주식매수청구권 자본'으로 인식하는 것이다.**

주식결제형을 부여하면 회사는 미래에 주식(신주 또는 보유중인 자기주식)을 지급하므로 기존 주주의 지분율이 희석될 수 있다. 지분희석으로 인해 주가가 하락하는 것을 완화하기 위해 경영진은 추가로 자사주를 취득하기도 한다. 그래서 경영진 보상으로 주식매수청구권을 적극적으로 활용하는 기업일수록 자사주 취득에 관심을 많은 이유를 알 수 있다.

** 주식결제형 주식매수청구권을 부여하면 회사는 행사시점에 현금 대신 주식을 지급하므로 법인세법상 비용이 아니라 주주 납입자본 증가로 인식한다. 따라서 손익계산서에서는 보상비용을 인식하나 법인세법에서는 어느 시점에서도 비용으로 보지 않는다. 이 같은 특성을 '영구적 차이'라고 한다.

SECTION

# 89 지속가능경영과 기업가치

최근 재무회계정보의 품질(accounting quality) 또는 정보가치에 관한 논의가 무성하다. 이 때 중요한 개념이 지속성(persistence)이다. 지속성이 높은 정보란 현재의 재무회계 정보를 사용하여 미래의 경영성과를 예측하거나 설명하는데 도움이 되는 정보를 의미한다. 따라서 지속성이 높은 정보는 예측력(predictability)이 높은 정보라고도 한다. 예를 들어 재무회계 정보 중 당기순이익 정보의 지속성을 측정하기 위해 다음과 같은 표현을 사용한다.

$$NI_{t+1} = b_0 + b_1 \times NI_t + \text{예측오차}$$

NI는 당기순이익(net income)을 의미하므로, $NI_t$는 당해 년도의 당기순이익, $NI_{t+1}$는 다음 년도의 순이익을 표현한다. 따라서 위 표현은 다음 년도의 순이익을 예측하는 데에 있어서 당해년도의 순이익이 얼마나 도움이 되는지를 나타낸다. 기업의 규모에 따라 당기순이익 금액의 크기가 다르므로, 이 표현에서 당기순이익 금액 자체를 사용하는 대신 총자산이나 자기자본으로 나누어 사용한다. 이 표현에서 $b_1$이 당기순이익의 지속성(또는 예측력)을 나타내는 지표이다.

과거 상장 기업의 실제 당기순이익 정보를 사용하여 지속성 계수 $b_1$을 산정해 보면 0.7 정도이다. 즉 금년도 당기순이익이 100원이라면 내년도의 당기순이익은 이 금액의 70%인 70원 정도가 내년도의 당기순이익으로 지속된다는 의미이다. 이 같은 실증결과로부터 다음과 같은 세 가지 발견을 할 수 있다.

- 당기순이익의 지속성(또는 예측력)은 평균적으로 1.0보다 낮다. 즉 금년도의 당기순이익을 알고 있더라도 내년도의 당기순이익을 완전히 예측하기는 어렵다는 의미이다. 과거 경영성과 정보만을 사용하여 미래 경영성과를 예측하는 것이 어렵다는 것을 생각하면 이 같은 발견은 당연해 보인다.
- 당기순이익의 지속성(또는 예측력)은 평균적으로 0보다 높다. 즉 금년도의 경영성과정보를 알고 있다면 내년도의 경영성과를 예측하는데 도움이 되는 것은 분명하다.
- 당기순이익의 지속성(또는 예측력)은 0보다는 1.0에 가깝다. 즉 금년도의 경영성과를 알고 있다면 비록 내년도의 경영성과를 완전하게 예측하는 것은 어렵더라도 상당 부분(약 70%정도) 예측이 가능하다는 의미이다.

## 01 지속성과 기업가치

당기순이익의 지속성(또는 예측력)은 0보다 높고 1.0보다는 낮으나 1.0에 가깝다는 실증결과는 기업가치평가에서 중요한 의미를 갖고 있다. 기업가치평가모형에 관한 연구에 의하면 지속성(또는 예측력)이 높은 재무회계정보가 기업가치에 더 큰 영향을 준다고 한다. 위 표현에서 $b_1$이 클수록 주가를 설명하는데 당기순이익의 중요성이 커진다는 뜻이다. 두 가지 경우를 소개하여 이 같은 결과를 직관적으로 설명해보자.

우선 금년도 당기순이익이 음(−)인 경우이다. 당기순이익이 음(−)이라면 경영진은 손실이 발생한 이유를 파악하여 신속한 대응을 하게 된다. 이 같은 손실이 일시적인 것이라면 다음해에는 경영성과가 호전될 것이며, 손실이 구조적인 이유로 나타난 것이라면 적자를 발생시키는 사업부문에서 철수함으로써 추가손실을 방지하려 할 것이다. 결국 금년도 손실이 미래에도 계속되기보다는 일시적일 가능성이 크다. 따라서 주식시장참여자들도 당해 연도의 경영성과가 미래경영성과를 예측하는 데 있어 지속성이 높은 정보로서 인식하지 않을 것이며 따라서 주가는 금년도 손실에 대해 크게 반응하기 않을 것이다.

위와 다르게 금년도 경영성과가 영속적으로 계속된다고 가정하자. 이 경우 당기순이익의 지속성(또는 예측력)이 1.0이다. 앞에서 살펴본 대로 동일한 금액의 당기순이익이 영속적으로 계속되는 경우 그 현재가치는 '영구연금의 현재가치' 개념에 의해 '$\frac{\text{당기순이익}}{\text{주주요구수익률}}$'이 된다. 예를 들어, 주주요구수익률이 10%라고 가정하면 주가가 당기순이익 대비 '$\frac{1}{\text{주주요구수익률}} = \frac{1}{10\%} = 10$배' 나 높게 평가된다는 의미이다.

따라서 주가는 당기순이익의 지속성(또는 예측력) 정도에 따라 당기순이익정보를 무시하거나(당기순손실이 일시적인 것으로 인식하는 경우) 아니면 매우 중요시(당기순이익이 영속되는 것으로 인식하는 경우) 하게 된다. 실제로는 주가는 이 같은 양 극단의 중간에서 당기순이익의 중요성을 반영하게 될 것이다.

## 02 영업현금흐름 변동성과 투자활동

당기순이익의 지속성과 기업가치평가에 대한 위의 논의는 언뜻 이해할 것 같으나, 어쩐지 연결고리 하나가 빠져있는 듯한 느낌을 준다. 현금흐름 변동성이 투자의사결정에 미치는 부정적인 영향을 살펴봄으로써 그 연결고리를 제시해보자. 연구에 의하면 영업현금흐름의 변동성이 커질수록 연구개발투자나 신규사업투자 또는 광고선전비 투자 등 기업의 투자활동이 전체적으로 위축된다고 한다. 실무적으로 보면 이 같은 결과는 당연해 보인다. 영업현금흐름의 변동성이 높다는 것은 경우에 따라서는 현금부족현상이 나타날 수 있다는 의미이고 이 경우 투자활동이 위축되는 것은 이상해 보이지 않는다.

만일 일시적인 현금부족현상을 겪는 기업들에게 자본시장이 투자에 필요한 자금을 충분히 제공한다면 영업현금흐름의 변동성으로 인해 나타날 수 있는 과소투자의 위험성은 줄어들 것이다. 그러나 채권자와 주주 등의 자본시장 참여자들은 영업현금흐름의 변동성이 높은 기업에 대해 그렇게 너그럽지 않다. 투자자들이 가장 싫어하는 것이 변동성 또는 불확실성이기 때문이다. 따라서 영업현금흐름의 변동성이 큰 기업은 높은 자본비용을 감수할 수밖에 없고 이는 투자감소로 이어지게 된다.

물론 자본시장이 잘 발달되어 있는 경제일수록 그리고 기업과 자본시장간 신뢰가 높을 수록 영업현금흐름의 변동성이 투자활동에 미치는 부정적인 영향을 줄일 수 있다. 기업과 자본시장참여자간의 신뢰를 높이기 위한 장치들에 최고경영층이 관심을 가져야 하는 이유가 바로 이 때문이다.

## 03 지속가능경영과 기업가치

당기순이익의 변동성과 영업현금흐름의 변동성이 기업가치와 투자활동에 미치는 영향을 최근 활발히 논의되고 있는 '지속가능경영' 개념에 응용해 보자. 지속가능경영(sustainable growth)에는 두 가지 개념이 이미 포함되어 있다. 첫째는 지속성(persistence)의 개념이고, 둘째는 성장(growth)의 개념이다. 지속성과 성장을 동시에 추구하기 위해 경영진이 관심을 가져야 하는 분야는 다양하다.

임직원의 역량을 지속적으로 강화하기 위한 전략, 고객과 사회 그리고 환경에 대한 세심한 배려를 하는 기업문화, 경영관리제도를 개선하고 경영투명성을 향상시키는 전략 등이 모두 지속가능경영의 다양한 실행방안들이다. 흥미로운 점은 이 같은 구체적인 실행전략들이 많은 기업에서 성공적으로 운영하고 있는 균형성과관리(BSC: balanced score cards) 개념과 유사하다는 것이다. BSC가 재무관점뿐 아니라 내부경영관리제도의 효율성, 고객 및 환경에 대한 배려, 그리고 인적자원의 성장관점을 균형 있게 고려하는 경영전략이기 때문이다.

이 같은 방안들이 유기적으로 작동될 때 경영성과목표도 달성할 수 있을 뿐 아니라 경영성과지표들이 높은 지속성과 예측력을 갖게 된다. 높은 지속성이 기업가치에 미치는 긍정적인 영향과 영업현금흐름의 변동성이 기업투자활동에 미치는 부정적인 영향을 고려하면 지속가능경영이 갖는 경영관리측면에서의 의미가 이론적으로도 명확해진다. 이제 기업가치를 향상시키는데 지속가능경영개념이 도움이 된다는 것을 기업가치 평가이론으로도 뒷받침할 수 있는 근거가 생긴 것이다.

SECTION

# 90 좋은 기업과 위대한 기업

최근 좋은 기업(a good company)과 위대한 기업(a great company)에 대한 논의가 활발하다. 위대한 기업이란 과연 어떤 조건을 갖추어야 할까? 위대한 기업에는 '위대한(great)' 경영자가 있어야 할까? 특히 위대한 기업의 최고경영자는 어떤 자질을 가져야 할까? 이 같은 질문에 대해 다양한 의견이 있을 것이다. 워렌 버펫은 자신이 33.5%의 지분을 갖고 있는 Berkshire Hathaway의 2007년도 사업보고서에서 위대한 기업(a great company)에 대한 본인의 생각을 소개해 놓았다. 여기서는 워렌 버펫이 그 동안 이들 주제에 대해 밝혀 놓은 생각들을 정리해 본다.

## 01 위대한 기업의 조건

워렌 버펫이 생각하는 위대한 기업(또는 훌륭한 기업)은 높은 투자수익률을 지속적으로 창출하고 이를 지켜낼 수 있는 경쟁력을 갖춘 기업이라고 한다. 그는 이 같은 경쟁력을 성곽이나 도시를 에워싸고 있는 견고한 해자(a moat)에 비유한다. 해자란적으로부터 성이나 도시를 보호하기 위해 구축해 놓은 못을 뜻한다. 적군이 해자를 넘어 성안으로 들어오기는 매우 어렵다.

이 같은 해자 역할을 하는 경쟁력의 원천으로 그는 두 가지를 꼽는다. 첫 번째는 원가경쟁력이며, 두 번째는 브랜드 가치이다. 원가 경쟁력은 원유, 철광석, 천연가스 등 전략적 원자재의 가격에 많이 노출되어 있는 한국 기업에 특히 중요한 전략이다. 또한 세계 시장에서 널리 알려진 제품이나 용역에 대해서 고객이나 소비자는 높은 가격에도 불구하고 브랜드 프리미엄을 지급할 수도 있다. 이 두 가지 경쟁력 원천 가운데 어떤 전략을 선택할 것인지는 최고경영층에게 달려있다. 기업의 임원진은 조직의 비전과 구성원의 역량을 판단하여 각 기업에게 가장 유효한 '해자' 가 무엇일까를 고민해야 한다.

## 02 평범한 경영자와 위대한 기업

위대한 기업에는 위대한 경영자가 있어야 한다고들 한다. 위대한 경영자는 '보통(average)' 경영자와는 달리 통찰력과 강력한 지도력을 갖고 있어 임직원에게 영감을 불러일으킬 수 있는 수퍼스타와도 같은 존재일지도 모른다. 그리고 한 명의 명석한 경영자가 수많은 임직원의 경제적 안위를 책임질 수 있기 때문에 걸출한 능력을 보유한 소수 영재의 발굴과 육성에 보다 많은 관심을 가져야 한다는 견해도 일리는 있다. 이에 대해 워렌 버펫은 무어라 했을까?

그는 걸출한 경영자에 의존하는 기업은 진정한 의미의 위대한 기업이 될 수 없다는 독특한 의견을 제시한다. 수퍼스타에 의존하는 기업은 오히려 경쟁력을 쉽게 상실할 수도 있기 때문이라고 한다. 그는 미국 미네소타 주에 있는 세계 최대병원인 메이요 클리닉(Mayo Clinic)을 예로 들어 그의 생각을 설명한다. 우리는 메이요 클리닉의 병원장이 누구인지를 알 필요가 없다고 한다. 다만 중대한 병에 걸렸을 때 이 병원에 가면 생존확률과 완치율이 높을 것이라는 믿음은 변치 않는다는 것이다. 수많은 역량 있는 의료진과 지원부서 임직원, 그리고 여러 이해관계자들이 끊임없이 노력하고 개선하는 과정에서 병원의 경쟁력이 향상되고 궁극적으로 견고한 해자가 구축되었다는 것이다.

기업 임직원의 역할도 이와 다르지 않을지도 모른다. 수퍼스타와 같은 걸출한 최고경영자가 있다면 이는 축복이다. 위대한 기업이 되는 것이 그만큼 수월할 것이다. 그러나 수퍼스타 최고경영자가 없다고 하더라도 위대한 기업이 될 수 있다는 희망을 가질 수 있다면 이 또한 나쁘지 않다. 최고경영자를 꿈꾸는 수많은 임직원들이 각자 맡은 업무에 최선을 다할 수 있도록 경영관리체계가 설계되고 운영된다면 좋은 기업을 넘어 위대한 기업이 될 수 있다는 자신감을 갖는 것이 중요하다.

## 03 최고경영자의 역할과 조건

그렇다면 최고경영자 또는 CEO(chief executive officer)는 어떤 자질을 가져야 할까? 이에 대해서도 다양한 견해가 있다. CEO는 조직의 장으로 응원단장(cheer leader)과 같은 역할을 주문하기도 하고, 때로는 감성적인 리더십을 가져야 한다는 견해도 있다. 이에 대해 워렌 버펫은 CEO의 역할을 어떻게 정의했을까?

그는 CEO란 기업의 경쟁력 구축과 확장을 위해 필수적인 투자의사결정에 관한 최고의사결정권자임을 강조한다. 즉 CEO는 CIO(chief investment officer)라는 것이다. 투자의사결정과 한정된 물적, 인적자원 배분에 궁극적인 책임을 지는 투자의사결정의 최고책임자란 의미이다.

투자의사결정은 공사기업을 막론하고 기업의 핵심이다. 기업 환경은 예측하기 어려울 뿐 아니라 단 한번의 실수로 오랫동안 쌓아왔던 성공이 물거품이 되기도 한다. 따라서 CEO는 경영위험을 감지하고 이를 회피할 수 있는 역량을 갖추어야 한다. 이 같은 위험을 현재 사용하고 있는 예측모형으로는 쉽게 파악할 수 없을지도 모른다.

여기서 말하는 위험은 사업추진과정에서 나타날 수 있는 협의의 위험관리만을 의미하는 것이 아니다. 오히려 과감한 투자를 해야 할 때 여러 이유로 인해 투자를 적기에 실행하지 못함으로써 시장을 선점하지 못하고 궁극적으로 시장진입에 많은 비용을 감수해야 하는 위험이 더 큰 위험일지도 모른다. 즉 기회비용이 더 중요한 위험일 수도 있다.

예를 들어 보자. 과거 국내 유력 기업집단의 한 최고경영자는 집단 내 한 기업의 경영진에 중국 소비시장에 진출할 것을 요청하였다. 그런데 이 기업의 경영진은 중국 소비시장에서 고급소비재에 대한 수요가 아직 형성되지 않았을 뿐 아니라 국내시장의 경쟁 악화로 인해 당분간 국내시장에서의 시장지배력 강화에 초점을 두기로 하고 그 후 중국시장에 진출하기로 결정한다. 그러는 사이 중국 시장의 고급 소비재시장은 다른 국가의 기업들에 의해 선점되었고, 후발 주자인 이 기업은 시장진입에 많은 비용과 어려움을 겪게 된다.

따라서 CEO의 역할은 이처럼 적기에 투자를 실행하지 못함으로써 궁극적으로 기업의 본질가치를 향상시키는 데 실패하는 위험을 최소화하는 것이다. 이 같은 위험관리는 아무리 걸출한 CEO라 하더라도 혼자서는 감당할 수 없다. CEO를 지원하는 임직원 모두가 이 역할을 함께 해야 한다. 이러한 이유로 수퍼스타 CEO를 갈구하기보다는 다양한 배경과 역량을 보유한 임직원들이 CEO를 도와 효율적인 경영관리체계를 구축, 운영하는 것이 중요하다.

그렇다면 최고경영자뿐 아니라 임직원이 투자의사결정에 관련된 위험을 최소화하고 기업가치를 높이기 위해 갖추어야 할 역량이란 어떤 것일까? 이에 대해 워렌 버펫은 다음과 같은 세 가지를 제시하고 있다. 본인이 어떤 표현을 사용했는가를 음미하기 위해 원문도 함께 소개한다.

- **Independent thinking: 독립적 사고.** 이는 임직원이 업무에 대한 역량이 높아야 함을 의미한다고 본다. 여기에는 사업에 대한 지식뿐 아니라 경영의사결정에 필요한 다양한 지식도 포함될 것이다. 지식을 갖추지 못하면 독립적인 판단을 할 수 없고 의사결정권자의 판단에만 의존하게 된다. 투자의사결정에 대한 다양하고 독립적인 견해를 제시할 수 있는 임직원의 역할이 중요하다는 의미로 해석해도 좋을 것 같다.
- **Emotional stability: 정서적 안정.** 경영의사결정은 불확실성을 떠나서는 생각할 수 없다. 투자의사결정의 결과가 예상했던 대로 좋을 것일지는 알 수 없다. 유가, 환율, 원자재 등의 가격변동과 같은 경제환경변화는 임직원이 통제할 수 없는 것들이기 때문이다. 정서적 안정이라는 의미는 불확실성과 변동성으로 요약되는 경영환경에

서 임직원들이 중심을 잃지 않는 것이 중요하다는 것으로 해석하고자 한다. 어느 기업의 임직원이 어렵다고 생각하면 다른 기업들의 임직원들도 다를 리 없다. 이때 중요한 것은 기본에 충실하면서도 균형적인 의사결정자세를 유지하는 것으로 보인다.

- **A keen understanding of both human and institutional behavior: 인간과 조직행동양식에 대한 통찰력.** 이렇게 번역하니 언뜻 이해가 되지 않는다. 대신 이를 경영진이 갖추어야 할 '정치력'이라고 이해하자. 여기서의 '정치력'이란 최고경영자가 선호하는 것에 관심을 보이는 통념상의 정치력을 의미하는 것이 아니다. 임원진의 가장 중요한 역할은 투자재원의 조달이다. 한정된 기업자원을 조달하여 역량있는 조직원들과 함께 투자를 하고 그로부터 높은 수익률을 창출해야 하기 때문이다. 기업 내에서 투자재원을 조달하기 위해서는 최고경영자와 다른 임원진이 참여하는 투자심의위원회 또는 이와 유사한 이름을 갖는 의사결정과정에서 투자재원과 수익률 목표를 제시하고 이를 효과적으로 설득해야 한다. 이때 목표수익률뿐 아니라 과거 당해 임원진의 투자실행성과 및 책임의식도 중요한 역할을 한다. 투자에는 위험이 따르기 마련이다. 계획대로 투자성과가 나타나지 않아도 이를 끝까지 책임있게 마무리하는 주인의식이 임원진에게는 중요한 덕목이다. 그리고 주인의식과 책임의식을 갖고 있다는 점을 동료 임원진과 최고경영층에서도 인정해 주어야 한다. 이 같은 임원진의 역량을 '정치력'이라고 해석한 이유가 바로 이 때문이다.

위대한 기업을 만들기 위해서는 걸출한 능력을 보유한 소수의 수퍼스타만이 필요한 것이 아니라는 점이 흥미롭다. 위에서 소개된 세 가지 역량을 갖춘 임직원들의 지혜와 참여가 위대한 기업을 만들 수 있다는 견해는 보통사람이라고 스스로 생각하는 수많은 조직 구성원들에게 희망과 자신감을 주기에 충분하다고 하겠다. 임직원에게 기업의 본질가치를 높이기 위해 필요한 지식과 통찰력을 지속적으로 제공하고 이들로부터 지속적인 변화를 끌어낼 수 있는 조직문화를 만들어 간다면 워렌 버펫의 주장대로 위대한 기업으로 가는 것이 얼마든지 가능할 것이다.

# 주제별 참고문헌


Section **01** 자본조달 우선순위와 재무레버리지

Section **02** 재무레버리지와 재무상태표

Section **03** 손익계산서와 KPI

Section **04** 영업이익, 영업이익률 및 투하자본수익률

Section **05** 인식된 정보와 공시된 정보의 차이: 금융리스와 운용리스

Section **06** 재무약정과 성과연동 변동이자율 차입금

- Asquith, P., Beatty, A., Weber, J., 2005. Performance pricing in bank debt contracts. *Journal of Accounting and Economics* 39, 101-128
- Bhanot, K., Mello, A.S., 2006. Should corporate debt include a rating trigger?. *Journal of Financial Econonmics* 79, 69-98

Section **07** 영업레버리지와 고정영업비용

- Anderson, M.C., Banker, R.D., Janakiraman, S.N., 2003. Are selling, general, and administrative costs "sticky"? *Journal of Accounting Research* 41, 47-63
- Bai, H., Zhang, L., 2022. Searching for the equity premium. *Journal of Financial Economics* 143, 897-926
- Banker, R.D., Basu, S., Byzalov, D., Chen, J.Y.S., 2016. The confounding effect of cost stickiness on conservatism estimates. *Journal of Accounting and Economics* 61, 203-220
- Belo, F., Donangelo, A., Lin, X., Luo, D., 2023. What drives firms' hiring decisions? an asset pricing perspective. *Review of Financial Studies* 36, 3825-3860
- Donangelo, A., Gourio, F., Kehrig, M., Palacios, M., 2019. The cross-section of labor leverage and equity returns. *Journal of Financial Economics* 132, 497-518

Section **08** 손익분기점과 투자의사결정

Section **09** 재무상태표와 손익계산서의 재구성: 영업활동과 재무활동

- Feltham,G., Ohlson, J., 1995. Valuation and clean surplus accounting for operating and financial activities, *Contemporary Accounting Research* 11, 689-731
- Penman, S.H., 2007. *Financial Statement Analysis and Security Valuation.* McGraw-Hill International Edition, New York

Section 10 순자산수익률(ROE)과 순영업자산수익률(RNOA)의 전략적 활용

- Penman, S.H., 2007. *Financial Statement Analysis and Security Valuation*. McGraw-Hill International Edition, New York
- Penman, S.H., Richardson, S.A., Tuna, I., 2007. The book-to-price effect in stock returns: accounting for leverage. *Journal of Accounting Research* 45, 427-467
- Soliman, M.T., 2008. The use of DuPont analysis by market participants. *The Accounting Review* 83, 823-854

Section 11 가치평가의 기본: 배당할인모형

Section 12 기업의 본질가치와 초과이익모형

- Ali, A., Hwang, L.S., Trombley, M., 2003. Residual-income-based valuation predicts future stock returns: evidence of mispricing vs risk explanations. *The Accounting Review* 78, 377-396
- Feltham, G., Ohlson, J.A., 1995. Valuation and clean surplus accounting for operating and financial activities. *Contemporary Accounting Research* 11, 689-731
- Ohlson, J.A., 1995. Earnings, book values, and dividends in equity valuation. *Contemporary Accounting Research* 11, 661-687

Section 13 초과이익모형의 사례

Section 14 PBR(주가순자산비율)의 의미

- Ali, A., Hwang, L.S., Trombley, M., 2003. Arbitrage risk and the book-to-market anomaly. *Journal of Financial Economics* 69, 355-373
- Penman, S.H., 2007. *Financial Statement Analysis and Security Valuation*. McGraw-Hill International Edition, New York

Section 15 무형자산투자와 초과이익

Section 16 PER(주가순이익비율)의 의미

Section 17 초과이익성장모형

- Ohlson, J.A., Juettner-Nauroth, B.E., 2005. Expected EPS and EPS growth as determinants of value. *Review of Accounting Studies* 10, 349-365

Section 18 초과이익성장모형의 사례

Section 19 PBR과 PER

- Penman, S.H., 2007. *Financial Statement Analysis and Security Valuation*. McGraw-Hill International Edition, New York

Section **20** PER과 국공채수익률

- Ohlson, J.A., Juettner-Nauroth, B.E., 2005. Expected EPS and EPS growth as determinants of value. *Review of Accounting Studies* 10, 349-365
- Penman, S.H., 2007. *Financial Statement Analysis and Security Valuation.* McGraw-Hill International Edition, New York

Section **21** PEG 비율

- Easton, P.D., 2004. PE ratios, PEG ratios, and estimating the implied expected rate of return on equity capital. *The Accounting Review* 79, 73-95

Section **22** 주주 기대수익률(r)의 추정

- Hwang, L.S., Lee, W.J., Lim, S.Y., Park, K.H., 2013. Does information risk affect the implied cost of equity capital? An analysis of PIN and adjusted PIN. *Journal of Accounting and Economics* 55, 148-167
- Easton, P.D., Monahan, S.J., 2005. An evaluation of accounting-based measures of expected returns. *The Accounting Review* 80, 501-538
- Fama, E.F., French, K.R., 1992. The cross-section of expected stock returns. *Jornal of Finance* 47, 427-465

Section **23** '실제' 주주 요구수익률

- Easley, D., O' Hara, M., 2004. Information and the cost of capital. *Journal of Finance*, 59, 1553-1583
- Fama, E., French, K., 1992. The cross-section of expected stock returns. *Journal of Finance* 47, 427-465
- Fama, E., French, K., 1993. Common risk factors on the returns of stocks and bonds. *Journal of Financial Economics*, 33, 3-56
- Sharpe, W. F., 1966, Mutual fund performance. *Journal of Business* 39, 119-138.
- Welch, I., 2000. Views of financial economists on the equity premium and on professional controversies. *Journal of Business* 73, 501-537

Section **24** 주주 요구수익률과 경영성과

- Fama, E.F., French, K.R., 1989. Business conditions and expected returns on stocks and bonds. *Journal of Financial Economics* 25, 23-49
- Li, Y., Ng, D.T., Swaminathan, B., 2013. Predicting market returns using aggregate implied cost of capital. *Journal of Financial Economics* 110, 419-436
- Lambert, R.A., Leuz, C., Verrechia, R.E., 2007. Accounting information, disclosure, and the cost of capital. *Journal of Accounting Research* 45, 385-420

Section **25** 가치주와 성장주의 미래 투자수익률

- Cohen, R.B., Polk, C., Vuolteenaho, T., 2009. The price is almost right. *Journal of Finance* 64, 2739-2782

- Lewellen, J., Nagel, S., 2006. The conditional CAPM does not explain asset-pricing anomalies. *Journal of Financial Economics* 82, 289-314
- Piotroski, J.D., So, E.C., 2012. Identifying Expectation Errors in Value/Glamour Strategies: A Fundamental Analysis Approach. *Review of Financial Studies* 25, 2841-2875

Section **26** 베타(β): 현금흐름베타($\beta_{CF}$)와 할인률베타($\beta_{DR}$)

- Campbell, J.Y., Polk, C., Vuolteenaho, T., 2010. Growth or glamour? Fundamentals and systematic risk in stock returns. *Review of Financial Studies* 23, 305-344
- Campbell, J.Y., Vuolteenaho, T., 2004. Good beta, bad beta. *American Economic Review* 94, 1249-1275
- Cohen, R.B., Polk, C., Vuolteenaho, T., 2009. The price is almost right. *Journal of Finance* 64, 2739-2782
- Da, Z., Warachka, M.C., 2009. Cashflow risk, systematic earnings revisions, and the cross-section of stock returns. *Journal of Financial Economics* 94, 448-468

Section **27** PBR(주가순자산비율)과 고평가주식

- Ohlson, J.A., 1995. Earnings, book values and dividends in equity valuation. *Contemporary Accounting Research* 11, 661-687
- Ohlson, J.A., 2009. Accounting data and value: the basic results. *Contemporary Accounting Research* 26, 231-259

Section **28** PER(주가순이익비율)과 고평가주식

- Ohlson, J.A., 2009. Accounting data and value: the basic results. *Contemporary Accounting Research* 26, 231-259
- Ohlson, J.A., Juettner-Nauroth, B.E., 2005. Expected EPS and EPS growth as determinants of value. *Review of Accounting Studies* 10, 349-365

Section **29** PER개념을 활용한 주주 기대수익률(r)의 추정

- Baginski, S.P., Hinson, L.A., 2016. Cost of capital free-riders. *Accounting Review* 91, 1291-1313
- Easton, P., 2006. Use of forecasts of earnings to estimate and compare cost of capital across regimes. *Journal of Business, Finance and Accounting* 33, 374-394
- Ohlson, J.A., 2009. Accounting data and value: the basic results. *Contemporary Accounting Research* 26, 231-259
- Ohlson, J.A., Juettner-Nauroth, B.E., 2005. Expected EPS and EPS growth as determinants of value. *Review of Accounting Studies* 10, 349-365

Section **30** 부채의 증가와 가중평균자본비용의 하락

Section **31** 타인자본을 기준으로 한 가중평균자본비용의 결정

Section **32** EVA와 ΔEVA

Section **33** 금융부채사용과 베타(β)

Section **34** 경기, 주주 기대수익률 및 주가


- Choi, J., 2013. What drives the value premium? the role of asset risk and leverage. *Review of Financial Studies* 26, 2845-2875
- Choi, J., Richardson, M., 2016. The volatility of a firm' s assets and the leverage effect. *Journal of Financial Economics* 121, 254-277
- Cochrane, J.H., 2005. *Asset Pricing (Revised Edition)*. Princeton University Press. Princeton, New Jersey
- Jones, C.S., Tuzel, S., 2013. Inventory investment and the cost of capital. *Journal of Financial Economics* 107, 557-579
- Shiller, R.J. 2014. Speculative asset prices. *American Economic Review* 104, 1486-1517
- Tuzel, S., 2010. Corporate real estate holdings and the cross section of stock returns. *Review of Financial Studies* 23, 2268-2302


Section **35** 주가 급등락의 원인: 위험회피성향과 준거수준


- Cochrane, J.H., 2005. *Asset Pricing (Revsied Edition)*. Princeton University Press, Princeton, New Jersey
- Cochrane, J.H., 2011. Presidential address: discount rates. *Journal of Finance* 66, 1047-1108
- Cochrane, J.H., 2017. Macro-finance. *Review of Finance* 21, 945-985
- Guiso, L., Sapienza, P., Zingales, L., 2018. Time varying risk aversion. *Journal of Financial Economics* 128, 403-421
- Martin I., 2017. What is the expected return on the market?. *The Quarterly Journal of Economics* 132, 367-433


Section **36** 현금흐름할인모형(DCF)의 특징

Section **37** 초과영업이익모형과 본질가치창출


- Feltham, G., Ohlson, J.A., 1995. Valuation and clean surplus accounting for operating and financial activities. *Contemporary Accounting Research* 11, 689-731
- Ohlson, J.A., 2009. Accounting data and value: the basic results. *Contemporary Accounting Research* 26, 231-259


Section **38** 초과영업이익모형과 현금흐름할인모형: 사례

Section **39** 현금흐름할인모형과 배당할인모형


- Feltham, G., Ohlson, J.A., 1995. Valuation and clean surplus accounting for operating and financial activities. *Contemporary Accounting Research* 11, 689-731

- Ohlson, J.A., 2009. Accounting data and value: the basic results. *Contemporary Accounting Research* 26, 231-259

Section **40** 위험, 변동성, 불확실성 그리고 주주의 요구수익률

- Brenner, M., Izhakian, Y., 2018. Asset pricing and ambiguity: empirical evidence. *Journal of Financial Economics* 130, 503-531

Section **41** 미래이익 추정방법

- Barber, B., Lyon, J., 1996. Detecting abnormal operating performance: the empirical power and specification of test statistics. *Journal of Financial Economics* 41, 359-399
- Blouin, J., Core, J.E., Guay, W., 2010. Have the tax benefits of debt been overestimated?. *Journal of Financial Economics* 98, 195-213

Section **42** NPV와 IRR: 투자의사결정방법

Section **43** 투자의사결정방법의 특성: NPV, DCF, IRR, ROIC, 샤프지수

Section **44** NPV와 실물옵션투자전략

- Denison, C.A., 2009. Real options and escalation of commitment: a behavioral analysis of capital investment decisions. *Accounting Review* 84, 133-156

Section **45** IRR과 투자의사결정: 다요인 CAPM의 역할

- Fama, E., French, K., 1992. The cross-section of expected stock returns. *Journal of Finance* 47, 427-465
- Fama, E., French, K., 1995. Size and book-to-market in earnings and returns. *Journal of Finance* 50, 131-155

Section **46** 투자확대와 기업가치

- Dechow, P.M., Richardson, S.A., Sloan, R.G., 2008. The persistence and pricing of the cash component of earnings. *Journal of Accounting Research* 46, 537-566
- Fairfield, P.M., Whisenant, J.S., Yohn, T.L., 2003. Accrued earnings and growth: implications for future profitability and market mispricing. *The Accounting Review* 78, 353-371
- Fama, E.F., French, K.R., 2006. Profitability, investment and average returns. *Journal of Financial Economics* 82, 491-518

Section **47** 조정비용과 투자의사결정

- Armstrong, C.S., Glaeser, S., Kepler, J.D., 2019. Accounting quality and the transmission of monetary policy. *Journal of Accounting and Economics* 68, 101265

- Binz, O., 2022. Managerial response to macroeconomic uncertainty: implications for firm -profitability. *Accounting Review* 97, 89-117
- Bloom, N., 2009. The impact of uncertainty shocks. *Econometrica* 77, 623-685

Section **48** 배당성향과 배당의 역할

- Chay, J.B., Suh J., 2009. Payout policy and cash-flow uncertainty. *Journal of Financial Economics* 93, 88-107
- DeAngelo, H., DeAngelo, L., Stulz, R., 2006. Dividend policy and the earned/contributed capital mix: a test of the life-cycle theory. *Journal of Financial Economics* 81, 227-254

Section **49** 자사주 취득

- Almeida, H., Fos, V., Kronlund, M., 2016. The real effects of share repurchases. *Journal of Financial Economics* 119, 168-185
- Dittmar, A.K., 2000. Why do firms repurchase stock? *Journal of Business* 73, 331-355
- Hribar, P., Jenkins, N.T., Johnson, W.B., 2006. Stock repurchases as an earnings management device. *Journal of Accounting and Economics* 41, 3-27

Section **50** 주식수익률 변동성과 주식시장의 활성화

- Bartram, S.M., Brown, G., R.M. Stulz. 2012. Why are U.S. stocks more volatile?. *Journal of Finance* 67, 1329-1370
- Brown, G., Kapadia, N., 2007. Firm-specific risk and equity market development. *Journal of Financial Economics* 84, 358-388
- Sadka, G., 2007. Understanding stock price volatility: the role of earnings. *Journal of Accounting Research* 45, 199-228

Section **51** 투자, 수익성 그리고 주식수익률

- Belo, F., Xue, C., Zhang, L., 2013. A supply approach to valuation. *Review of Financial Studies* 26, 3029-3067
- Hou, K., Mo, H., Xue, C., Zhang, L., 2024. The economics of security analysis. *Management Science* 70, 164-186
- Lin, X., Zhang, L., 2013. The investment manifesto. *Journal of Monetary Economics* 60, 351-366
- Sloan, R., 2019. Fundamental analysis redux. *Accounting Review* 94, 363-377
- Zhang, L., 2017. The Investment CAPM. *European Financial Management* 23, 545-603

Section **52** 확률적 할인계수와 가치평가

- Cochrane, J.H., 2005. *Asset Pricing (Revised Edition)*. Princeton University Press. Princeton, New Jersey

◆ Nekrasov, A., Shroff, P.K. 2009. Fundamentals-Based Risk Measurement in Valuation. *Accounting Review* 84, 1983-2012

◆ Cosemans, M., Frehen, R. 2021. Salience theory and stock prices: Empirical evidence. *Journal of Financial Economics* 140, 460-483

Section **53** 동반자적 투자자와 단기 투자자

Section **54** 당기순이익의 비밀: 영업현금흐름과 발생액

Section **55** 영업현금흐름: EBITDA 또는 OCF

◆ Rozenbaum, O. 2019. EBITDA and managers' investment and leverage choices. *Contemporary Accounting Research* 36, 513-546

◆ Laurion, H. 2020. Implications of non-GAAP earnings for real activities and accounting choices. *Journal of Accounting and Economics* 70, 101333

Section **56** 발생액과 영업현금흐름에 대한 평가오류

◆ Ball,R., Gerakos, J., Linnainmaa, J.T., Nikolaev, V., 2016. Accruals, cash flows, and operating profitability in the cross section of stock returns. *Journal of Financial Economics* 121, 28-45

◆ Beneish, M.D., Lee, C.M.C., Nichols, D.C., 2015. In short supply: Short-sellers and stock returns. *Journal of Accounting and Economics* 60, 33-57

◆ Sloan, R.G., 1996. Do stock prices fully reflect information in accruals and cash flows about future earnings?. *The Accouting Review* 71, 289-315

◆ Xie, H., 2001. The mispricing of abnormal accruals. *The Accouting Review* 76, 357-373

Section **57** 발생액과 현금흐름에 대한 경영자와 투자자의 평가

Section **58** 발생액 평가의 어려움

◆ Bradshaw, M.T., Richardson, S.A., Sloan, R.G., 2001. Do analyasts and auditors use information in accruals?. *Journal of Accounting Research* 39, 45-74

Section **59** 발생액 평가오류의 근본원인

◆ Ali, A., Hwang, L., Trombley, M.A., 2003. Arbitrage risk and the book-to-market anomaly. *Journal of Financial Economics* 69, 355-373

◆ Ball, R., Bartov, E., 1996. How naïve is the stock market' s use of earnings information?. *Journal of Accounting and Economics* 21, 319-337

◆ Lesmond, D., Schill, M., Zhou, C., 2004. The illusory nature of momentum profits. *Journal of Financial Economics* 71, 349-380

◆ Shleifer, A., Vishny, R., 1997. The limits of arbitrage. *Journal of Finance* 52, 35-55

Section **60** 발생액은 필요악?

Section **61** 경영자 보상제도와 재무정보의 신뢰성


- Aboody, D., Kasznik, R., 2000. CEO stock option awards and the timing of corporate voluntary disclosures. *Journal of Accounting and Economics* 29, 73-100
- Healy, P., 1985. The effect of bonus schemes on accounting decisions. *Journal of Accounting and Economics* 7, 85-107
- Yermack, D., 1997. Good timing: CEO stock option awards and company news announcements. *Journal of Finance* 52, 449-476


Section **62** 두 얼굴을 가진 부채 그리고 최적 부채비율


- Christensen, H.B., Nikolaev, V.V., 2012. Capital versus performance covenants in debt contracts. *Journal of Accounting Research* 50, 75-116
- Denis, D.J., Wang, J., 2014. Debt covenant renegotiations and creditor control rights. *Journal of Financial Economics* 113, 348-367
- Demerjian, P.R., 2011. Accounting standards and debt covenants: Has the "balance sheet approach" led to a decline in the use of balance sheet covenants?. *Journal of Accounting and Economics* 52, 178-202
- Jung, K., Kim, Y.C., Stulz, R.M., 1996. Timing, investment opportunities, managerial discretion, and the security issue decision. *Journal of Financial Economics* 42, 159-186
- Rhodes, A., 2016. The relation between earnings-based measures in firm debt contracts and CEO pay sensitivity to earnings. *Journal of Accounting and Economics* 61, 1-22


Section **63** 자산재평가와 기업가치


- Ashbaugh-Skaife, H., Collins, D., LaFond, R., 2006. The effects of corporate governance on firms' credit ratings. *Journal of Accounting and Economics* 42, 203-243
- Lee, Y., 2008. The effects of employee stock options on credit ratings. *The Accounting Review* 83, 1273-1314


Section **64** 영업레버리지, 재무레버리지, 그리고 자본조달비용


- Aboody, D., Levi, S., Weiss, D., 2018. Managerial incentives, options, and cost-structure choices. *Review of Accounting Studies* 23, 422-451
- Chen, Z., Harford, J., Kamara, A., 2019. Operating leverage, profitability, and capital structure. *Journal of Financial and Quantitative Analysis* 54, 369-392
- McGuire, S.T., Rane, S.G., Weaver, C.D., 2023. Cost structure and tax-motivated income shifting. *Accounting Review* 98, 435-456
- Novy-Marx, R., 2011. Operating leverage. Review of Finance 15, 103-134

Section **65** 매몰원가와 투자의사결정

- Jackson, S.B., Liu, X., Cecchini, M., 2009. Economic consequences of firms' depreciation method choice: evidence from capital expenditures. *Journal of Accounting and Economics* 48, 54-68

Section **66** 선물환 매도계약과 부채비율

- Hoberg, G., Moon, S.K., 2017. Offshore activities and financial vs operational hedging. *Journal of Financial Economics* 125. 217-244

Section **67** 키코(KIKO)와 환율상승

Section **68** 배당소득과 양도차익

- Dhaliwal, D., Krull, L., Li, O.Z., Moser, W., 2005. Dividend taxes and implied cost of capital. *Journal of Accounting Research* 43, 675-708

Section **69** '과도한' 현금보유와 VaR

- Dittmar, A., Mahrt-Smith, J., Servaes, H., 2003. International corporate governance and corporate cash holdings. *Journal of Financial and Quantitative Analysis* 38, 111-133
- Opler, T., Pinkowitz, L., Stulz, R., Williamson, R., 1999. The determinants and implications of corporate cash holdings. *Journal of Financial Economics* 52, 3-46
- Qiu, J., Wan, C., 2015. Technology spillovers and corporate cash holdings. *Journal of Financial Economics* 115, 558-573

Section **70** 유효세율과 한계세율

- Graham, J.R. 2000. How big are tax benefits of debt?. *Journal of Finance* 55, 1901-1941
- Graham, J.R., Hanlon, M., Shevlin, T., Shroff, N. 2017. Tax rates and corporate decision-making. *Review of Financial Studies* 30, 3128-3175
- van Binsgergen, J.H., Graham, J.R., Yang, J. The cost of debt. 2010. *Journal of Finance* 65, 2089-2136

Section **71** 적정 현금성자산 보유수준

- Dittmar, A., Mahrt-Smith, J., Servaes, H., 2003. International corporate governance and corporate cash holdings. *Journal of Financial and Quantitative Analysis* 38, 111-133
- Opler, Y., Pinkowitz, L., Stulz, R., Williamson R., 1999. The determinants and implications of cash holdings. *Journal of Financial Economics* 52, 3-46

Section **72** 매력적인 인수 대상기업의 조건

Section **73** 카멜레온 사채

- Marquardt, C. Wiedman, C., 2005. Earnings management through transaction structuring: contingent convertible debt and diluted earnings per share. Journal of Accounting Research 43, 205-243.

Section **74** 회계투명성 지수

- Bhattacharya, U., Daouk, H., Welker, M., 2003. The world pricing of earnings quality. *The Accounting Review* 78, 614-678
- Christensen, T.E., D'Adduzio, J., Nelson, K.K., 2023. Explaining accruals quality over time. *Journal of Accounting and Economics* 76, 101575
- Haw, I., Hu, B., Hwang, L., Wu, W., 2004. Ultimate ownership, income management, and legal and extra-legal institutions. *Journal of Accounting Research* 42, 423-462
- Hribar, P., Nichols, D.C., 2007. The use of unsigned earnings quality measures in tests of earnings management. *Journal of Accounting Research* 45, 1017-1054
- Leuz, C., Nanda, D., Wysocki, P., 2003. Investor protection and earnings management: an international comparison. *Journal of Financial Economics* 69, 505-527

Section **75** 보수주의 회계철학

- Ball, R., Shivakumar, L., 2005, Earnings quality in U.K. private firms: comparative loss recognition timeliness. *Journal of Accounting and Economics* 39, 83-128
- Ball, R., Shivakumar, L., 2006. The role of accruals in asymmetrically timely gain and loss recognition. *Journal of Accounting Research* 44, 207-256
- Basu, S., 1997. The conservatism principle and the asymmetric timeliness of earnings. *Journal of Accounting and Economics* 24, 3-37

Section **76** 보수주의와 회계기준: 곱셈의 개념

- Ali, A., Hwang, L., 2000. Country-specific factors related to financial reporting and the value relevance of accounting data. *Journal of Accounting Research* 38, 1-23
- Ball, R., Kothari, S.P., Robin, A., 2000. The effect of international institutional factors on properties of accounting earnings. *Journal of Accounting and Economics* 29, 1-52
- Ball, R., Robin, A., Wu, J.S., 2003. Incentives versus standards: properties of accounting income in four East Asian countries and implications for acceptance of IAS. *Journal of Accounting and Economics* 36, 235-270

Section **77** 증권집단소송제도의 연착륙

Section **78** 증권관련 집단소송위험의 결정요인

- Cahan, S.F., Zhang, W., 2006. After Enron: auditor conservatism and ex-Anderson clients. *The Accounting Review* 81, 49-82
- Francis, J., Philbrick, D., Schipper, K., 1994. Shareholder litigation and corporate disclosures. *Journal of Accounting Research* 32, 137-164
- Lys, T., Watts, R.L., 1994. Lawsuits against auditors. *Journal of Accounting Research* 32 (Supplement), 65-93
- Kim, I., Skinner, D.J., 2012. Measuring securities litigation risk. *Journal of Accounting and Economics* 53, 290-310

Section **79** 주가의 볼록성과 시장기대치 관리

- Pastor, L., Veronesi, P., 2006. Was there a Nasdaq bubble in the late 1990s?. *Journal of Financial Economics* 81, 61-100

Section **80** 지주회사제도의 도입과 주가 볼록성

- Berger, P., Hann, R.N., 2007. Segment profitability and the proprietary and agency costs of disclosure. *The Accounting Review* 82, 869-906
- Chen, P., Zhang, G., 2007. Segment profitability, misvaluation, and corporate investment. *The Accounting Review* 82, 1-26

Section **81** 사업다각화와 기업가치할인

- Borghesi, R., Houston, J., Naranjo, A., 2007. Value, survival, and the evolution of firm organizational structure. *Financial Management* 36, 5-31
- Hund, J., Monk, D., Tice, S., 2010. Uncertainty about average profitability and the diversification. *Journal of Financial Economics* 96, 463-484
- Pastor, L., Veronesi, P., 2006. Was there a Nasdaq bubble in the late 1990s?. *Journal of Financial Economics* 81, 61-100

Section **82** 기업 재무회계정보 품질의 등급화

- Lang, M.H., Lundholm, R.J., 1993. Cross-sectional determinants of analyst ratings of corporate disclosures. *Journal of Accounting Research* 31, 246-271
- Lang, M.H., Lundholm, R.J., 1996. Corporate disclosure policy and analyst behavior. *The Accounting Review* 71, 467-492

Section **83** 기업지배구조와 기업가치

- Durnev, A., Kim, E.H., 2005. To steal or not to steal: firm attributes, legal environment, and valuation. *Journal of Finance* 60, 1461-1493
- Johnson, S., Boone, P., Breach, A., Friedman, E., 2000. Corporate governance in the Asian financial crisis. *Journal of Financial Economics* 58, 141-186

Section **84** 지배권과 소유권의 괴리


- Claessens, S., Djankov, S., Fan, J.P.H., Lang, L.H.P., 2002. Disentangling the incentive and entrenchment effects of large shareholdings. *Journal of Finance* 57, 2741-2771
- Lepetit, L., Saghi-Zedek, N., Tarazi, A., 2015. Excess control rights, bank capital structure adjustments, and lending. *Journal of Financial Economics* 115, 574-591


Section **85** 차등의결권과 경영권 방어장치


- Aggarwal, D., Eldar, O., Hochberg, Y.V., Litov, L.P., 2022. The rise of dual-class stock IPOs. *Journal of Financial Economics* 144, 122-153
- Bhojraj, S., Sengupta, P., Zhang, S., 2017. Takeover defenses: entrenchment and efficiency. *Journal of Accounting and Economics* 63, 142-160
- Cremers, K.J.M., Litov, L.P., Sepe, S.M., 2017. Staggered boards and long-term firm value, revisited. *Journal of Financial Economics* 126, 422-444
- Field, L.C., Lowry, M., 2022. Bucking the trend: why do IPOs choose controversial governance structures and why do investors let them?. *Journal of Financial Economics* 146, 27-54
- Johnson, W.C., Karpoff, J.M.,Yi, S., 2022. The life cycle effects of corporate takeover defenses. *Review of Financial Studies* 35, 2879-2927


Section **86** CD&A와 최고경영층 보상정보

Section **87** 주식매수선택권과 과다매수

Section **88** 주식매수청구권 가치평가


- Black, F., Scholes, M., 1973. The pricing of options and corporate liabilities. *Journal of Political Economy* 81, 637-654
- Merton, R.C., 1973. Theory of rational option pricing. *Bell Journal of Economics and Management Science* 4, 141-183


Section **89** 지속가능경영과 기업가치


- Francis, J., Smith, M., 2005. A reexamination of the persistence of accruals and cash flows, *Journal of Accounting Research* 43, 413-451
- Minton, B, Schrand, C., 1999. The impact of cash flow volatility on discretionary investment and the costs of debt and equity financing. *Journal of Financial Economics* 54, 423-460


Section **90** 좋은 기업과 위대한 기업

# 찾아보기

## ㅈ

## ㅊ



## ㅋ



## ㅌ



## ㅍ